사회과학 연구 조사 방법론

진영재

박영사

머리말

저자는 사회과학의 다양한 영역들 중에서 정치학을 전공하였으며, 통계학을 부전공하였습니다. 통계학을 부전공으로 한 이유는 저자의 세부전공 영역인 정치과정론이 연구설계 방법의 연장 선상에서 통계적 지식을 필요로 했기 때문입니다. 교단에 서서 학생들에게 보다 체계적인 지식을 전달하려는 열망이 쌓일수록 통계학이나 방법론에 관심을 갖고 수업을 들었던 저자 자신의 과거 경험에 감사하고 있습니다. 연구설계 및 조사방법론 그리고 통계학적 지식에 대한 연습은 사회과학도들이 보다 체계적으로 사고하는 데 필수적인 과정이라고 생각합니다. 현대의 사회과학을 이해함에 있어서 이들에 대한 체계적 지식이 없는 경우 많은 논문과 서적을 제대로 읽어낼 수 없습니다. '사회과학연구조사방법론'은 두 가지 분야를 통합하여 다루고 있습니다. 하나는 연구설계 및 조사방법에 해당하는 부분이고, 또 다른 하나는 기초적인 통계학적 지식에 해당하는 부분입니다.

사회과학도라면 누구든지 학습해야만 하는 기초 영역이 연구설계(research design) 부분입니다. 저자는 특히 연구설계 및 조사방법 부분을 독자들이 쉽고 명확하게 이해할 수 있도록 최선의 노력을 경주하였습니다. 저자는 학부와 대학원에서 학생들을 가르치면서, 다양한 단편적인 지식들을 풍부히 가진 학생이 전체적인 연구설계에 지식 체계가 빈약하여 보고서나 논문을 제대로 쓰지 못하는 상황을 빈번히 경험하게 됩니다. 연구를 진행함에 있어서 부분적 지식들의 나열을 넘어서는 전체적인 연구설계에 대한 종합적 지식체계가 필수적입니다. 연구설계에 대한 지식은 학위 논문뿐만이 아니라, 모든 종류의 논문과 보고서를 쓸 때도 필요한 기초 지식입니다. 다양한 연구설계 방법 및 이와 연관된 조사방법들을 공부하면서 기초적인 통계 지식의 필요성이 자연스럽게 생길 것입니다. 통계학에 대한 학습 필요성이 강해지면 이에 비례하여 숫자를 다루는 것에 대한 불편함은 약화될 수도 있으며, 연구설계 방법 이해와 연관하여 통계학의 이해도 보다 쉬워질 것입니다.

저자는 통계를 일종의 언어로 생각합니다. 사회과학도들은 일종의 언어로서 통계학에 대한 기초 지식을 학습해야 할 필요가 있습니다. 새로운 언어를 배우면 또 다른 세상에 대한 이해가 확장됩니다. 영어를 영문과 학생만 배우는 것이 아닙니다. 통계 지식을 통계학과 학생만 배우는 것이 아닙니다. 사회과학도들에게 기초 통계학은 일종의 언어이기에 현상 분석의 논리(logics)와 체계적으로 사고하는 철학(philosophy)으로 기능합니다. 기초 통계학이라고는 하지만, 기초를 확실히 하는 경우 고급 통계학도 그 연장선상에서 해결이 되리라고 봅니다. 항상 기초가 중요합니다. 제한된 지면이지만, 저자가 독자들에게 반드시 전달해야 된다고 생각하는 내용을 예제로 만들어서 독자들로 하여금 직접 생각하면서 풀어보도록 하였습니다. 별도의 연습문제까지는 아니어도, 독자들에게 불편이 없도록 예제에 대한 자세한 해제를 동시에 실어 놓았습니다. 독자들은 예제를 풀 때, 반드시 해제를 가리고 혼자의 힘으로 직접 풀어 보고 난 후가 아니면 절대로 해제를 먼저 보지 말아야 합니다. 그래야만 해결하는 논리와 방법을 생각하게 됩니다. 미리 답을 보는 순간에 이미 아이디어와 사고방식은 사라지게 됩니다. 생각하지 않는 공부는 사실상 공부가 아닙니다.

간혹 사회과학 연구 논문들을 보면, 연구설계에 대한 개념이 취약한 상태에서 연구 목적이나 상황과 유리된 통계적 방법을 무리하게 적용하는 사례를 보게 됩니다. 연구자의 연구 상황이나 연구 목적하에 적합한 연구설계가 취해지고 그 연장선상에서 방법론적인 수단들이 적절히 사용되어야 합니다. 해당 연구조사방법론 단행본은 연구자로 하여금 방법론을 남용하지도 오용하지도 않는 태도를 취하는 데 도움이 될 것이라고 생각합니다. 관건은 저자가 얼마나 쉽고 분명하게 독자들을 이해시키느냐 입니다. 아직 제가 부족한 점이 있어서 이 소기의 목적을 얼마나 이룰 수 있을지 조심스럽지만, 독자들이 이 책을 일독한다면 연구설계 및 조사방법, 통계학적인 접근에 대해서 두려움을 해소할 수 있을 것으로 기대해 봅니다.

유학시절, 저에게 통계학과 연구조사방법론에 대한 식견을 늘리는 데 도움을 주셨던, Hiroyuki Kawakatsu, David Lillian, Jack Johnston, Benjamin Page 교수님들께 감사드립니다. 원고를 탈고하는 데 도움을 준 최선 박사과정생과 차은호 석사과정생에게 고마움을 전합니다. 설문 자료 사용을 허락해 주셨던 한국갤럽의 허진재 이사, R&R의 배종찬 본부장, TNS의 정진우 차장, 한국사회과학데이이터센터의 장대홍 팀장께 감사의 말을 전합니다. 본 저서를 흔쾌히 출간해 준 박영사에 감사드리며, 특히 조성호 기획부장님께 감사드립니다. 저자의 다양한 요구를 수렴하여 책을 편집하는 데 고생하신 우석진 편집부장님과 편집부 직원 분들께 감사드립니다.

이 책이 보다 많은 독자들에게 도움이 되기를 기원해 봅니다.

2011년 7월 5일
연세-삼성 학술정보관 645호실에서
저자 진 영 재 씀

차 례

제 4 장 표본과 대표값

제 5 장 확률분포와 가설검정

제 6 장 변량분석들(variate analyses)

제 7 장 시계열 분석

제 8 장 비모수 통계

제 1 장

사회과학 연구조사 방법 서설(序說)

Ⅰ. 개념과 명제
Ⅱ. 가설과 이론
Ⅲ. 변 수
Ⅳ. 측정과 개념조작
Ⅴ. 추론: 전체와 부분

제1장 사회과학 연구조사 방법 서설(序說)

'사회과학'(社會科學, social science)의 '이론'(理論, theory)들은 현실(reality)에서 일어나는 사회현상들을 이해하기 위한 도구입니다. 과학이란 현실에 대한 보다 완벽한 표현과 올바른 이해를 위하여 존재하는 것입니다. 그런데 현실에 대한 보다 완벽한 표현과 이해를 하기 위해선 몇 가지 '방법론'(方法論, methodology)이 필요합니다.

ⓐ 우선 완벽한 표현을 하기 위해선 언어들이 발달되어야만 합니다. 우리가 다루게 될 '숫자'나 '통계'라는 것들은 언어의 한 종류입니다. 단순히 문자만으로 표현하는 것보다도 '숫자'나 숫자들을 사용하는 논리체계인 '통계'를 동시에 이용한다면 보다 완벽하고 명료한 표현이 가능합니다. '통계방법론'(statistical method)이 필요한 이유입니다.

통계방법론

ⓑ 사회현상에 대한 올바른 이해를 한다는 것은 두 가지의 절차로 구성되어 있습니다. 우선, 현상들을 올바로 조사(調査)하는 것인데, 조사방법론(調査方法論, survey method)을 공부해야 하는 이유가 됩니다. 또 다른 하나는 현상들을 올바로 해석하는 것인데 '자료분석방법'(data analysis)을 체계적으로 이해하고 학습할 필요가 있습니다.

조사방법론

결론적으로, 이상의 내용을 종합한다면, '사회과학 방법론'의 체계는 크게 '통계방법론'과 '조사방법론'으로 나뉜다고 정리해 볼 수 있을 것입니다. 상대적인 측면에서 이해하자면, 통계방법론은 언어(language)의 측면이 강하며, 조사방법론은 기법(technique)의 측면이 강합니다. 통계방법론이나 조사방법론을 설명하기 이전에, 사회과학에서 '이론'(理論, theory)이란 무엇인지를 설명하려고 합니다.

이론

우리는 '이론'이라고 말하면 학술적이고 제한적으로 사용되는 용어로 딱딱한 느낌을 받습니다. 하지만, 우리는 일상생활에서 '이론'이란 말을 꽤 빈번히 씁니다. 친구들하고 이야기하면서 "네 이론이 맞는지, 내 이론이 맞는지 한번 내기해 보자"라는 표현을 종종 합니다. 이런 경우에 이론이란, 어떤 사건들(events)이나 상황들(conditions)을 설명하는 자신의 주장을 지칭하는 것입니다. "어떤 사건 또는 상황에 대해서 누구 주장이 맞는지 한번 확인해 보자"라는 의미일 것입니다. 마찬가지 의미에서, "그것 봐, 내 이론이 맞잖아!"하는 표현의 경우, "내 말(또는 주장)이 맞지?"라는 의미의 또 다른 표현일 수 있습니다. 물론 좋은 이론이란 나만의 주장으로 한정되지 않고, 그러한 주장이 다른 사람들로부터 객관적 동의를 얻어야 할 것입니다. 사회과학 방법론에서 '이론'이라고 함은 다음과 같은 내용을 의미하는 것으로 한정됩니다.

일상적으로 쓰는 표현 중에 "이론적(theoretical)으로는 그렇지만, 실제적(practical)으로는 그렇지 않아"라는 표현이 있습니다. 브레흐트(Arnold Brecht)는 '이론과 실제'(theory versus practice)란 일상생활 속에서의 이러한 대구적 의미로서 이론에 대한 이해는 오류가 있다고 봅니다. 브레흐트는 이론과 실제의 대구적 의미는 사실상 '시행과 착오'(trial and error)라는 의미로 이해되어야 함을 주장합니다(Brecht 1959). 이론은 착오를 지적하고 정정하는 기능을 한다는 것입니다. 실제적인 시행(즉, 실천)은 항상 정정(訂正, correction)을 요구하게 되고 정정의 기능을 수행하는 것이 이론이란 것입니다. 이것은 이론과 실제가 동전의 양면으로서 서로 불가분의 관계임을 강조한 것이며, 구분되는 두 개의 대조적 개념이 아닐 수 있음을 지적한 말입니다.

사회과학이론(social theory)은 명제들(propositions) 사이의 관계로 구성되어 있고, 명제들은 일련의 추상적 개념들(concepts) 사이의 관계로 구성되어 있습니다. 사회과학이론의 기본적 구성 단위는 개념이며, 개념이 모여서 구성된 일련의 명제들로 이론이 형성되는 것입니다(Bohrnstedt and Knoke 1988: 3-8).

I 개념과 명제

개념

개념(槪念, concepts)이란 어떤 사물이나 행태 또는 인식이나 현상에 대한 간결히 정의된 의미들을 말합니다. 예를 들면, '민주주의'란 "주권이 국민들에게 있다"는 의미로 정의될 수 있고, 이때 '민주주의'는 하나의 개념이 됩니다.

명제

광의의 의미에서, 명제(命題, propositions)란 추상적이라고 할 수 있는 일련의 개념들이 모여서 형성된 것입니다. 예를 들면, "민주주의는 경제발전의 정도와 연관되어 있다"라는 것은 '민주주의', '경제발전'이란 개념들이 모여서 하나의 명제를 이루고 있음을 알 수 있습니다. 사전에도 'proposition'의 의미는 "a statement that expresses a judgement or opinion"이라고 한 것을 보면, 어떤 사람의 판단이나 의견을 나타내는 언급(言及) 또는 언명(言明)이니까 "연구자가 어떤 현상에 대해서 취하는 의견이나 입장" 정도가 될 것입니다. 하지만, 이러한 언급이나 언명이 단순히 개인의 주관적인 경험이나 정서, 감정, 규범에 연관된 심리적 상태를 말하는 것은 아닙니다. 연구자가 언급한 명제에 대해서 타인들은 실험을 통해서건, 관습을 통해서건 그 내용이 진실인지 거짓인지에 대한 판단을 할 수 있는 수준이어야 합니다. 사회과학 방법론에서, 명제란 단순히 '추상적인 몇 개의 개념들로 이루어진 어떤 언급을 넘어서, 그 언급이 진실인지 거짓인지를 판별할 수 있는 수준의 언급'을 말합니다.

협의의 의미에서, '명제'의 정의를 "참과 거짓을 판별할 수 있는 상황의 문장"으로 정의하기도 합니다. 더 이상 분해할 수 없는 '단순명제' p와 q가 있다고 가정합시다. 'p 또는 q' ($p \vee q$로 나타냄), 'p 그리고 q' ($p \wedge q$로 나타냄) 등으로 단순명제들을 연결시킨 경우를 '합성명제'라고 합니다. 합성명제는 논리학(logics)의 기본을 구성합니다. 논리학에서 어느 명제의 내용이 진실인지 거짓인지를 나타내는 것을 '진리값'이라고 하는데, 기본적인

단순명제

합성명제

사항들은 다음과 같이 정리될 것입니다.

① 명제가 조건문 "p이면 q이다" ($p \rightarrow q$로 나타냄: *if p, then q*: 예를 들면, 그 사람이 나타나면, 분위기가 부드러워진다)인 경우, p가 진실이고, q가 진실이면 $p \rightarrow q$의 진리값은 진실입니다. p가 진실이고, q가 거짓이면 $p \rightarrow q$의 진리값은 거짓입니다. p가 거짓이면, q가 진실이나 거짓에 상관없이 명제의 진리값은 참입니다. 명제 p를 "닭이 운다"라고 하고, 명제 q를 "동이 튼다"라고 하면 $p \rightarrow q$는 "닭이 울면 동이 튼다"가 됩니다. 조건문 진리값

ⓐ 명제 $p \rightarrow q$에 대한 '역'(逆, converse)은 $q \rightarrow p$이며 "동이 트면 닭이 운다"입니다.

ⓑ 명제 $p \rightarrow q$에 대한 '이'(裏, inverse)는 $\sim p \rightarrow \sim q$이며 "닭이 울지 않으면, 동이 트지 않는다"입니다.

ⓒ 명제 $p \rightarrow q$에 대한 '대우'(對偶, contraposition)는 $\sim q \rightarrow \sim p$이며, "동이 트지 않으면, 닭이 울지 않는다"입니다. 중요한 것은 명제 $p \rightarrow q$의 진리값과 대우의 진리값은 항상 일치한다는 것입니다. 명제 $p \rightarrow q$의 진리값이 진실이면 대우의 진리값도 진실이고, 명제 $p \rightarrow q$의 진리값이 거짓이면 대우의 진리값도 거짓이 됩니다.

② 명제가 쌍조건문, "p일 때만 q이다" ($p \leftrightarrow q$로 나타냄: p if and only if q: p이면 q이고, q이면 p이다)인 경우, p, q가 모두 진실이거나 모두 거짓일 때, $p \rightarrow q$의 진리값은 진실입니다. $p \leftrightarrow q$에서 어느 한 쪽이 진실이고 어느 한 쪽이 거짓이면 명제의 진리값은 거짓입니다. 쌍조건문

③ p와 q의 진리값이 일치하는 경우 두 명제는 '등치명제'(等値, equivalent proposition)이며 $p \Leftrightarrow q$ 또는 $p \equiv q$로 나타냅니다. 등치명제

④ p와 q의 진실, 거짓에 상관없이, 진리값이 항상 진실인 합성명제를 '항진명제'(tautology)라고 하고,[1] 진리값이 항상 거짓인 합성명제를 '모순 항진명제 모순명제

1) 사회과학에서 'tautology'를 '동어반복'의 의미로 사용하는 경우도 있습니다. 예를 들어서, "그 여자는 예쁘다. 왜냐하면 그 여자는 아름답기 때문이다"와 같은 표현은 '동어반복'이 됩니다. '왜냐하면'이란 단어의 이하 문장에는 그 여자가 예쁘다고 판단하는 것에 대한 더 구체적인 수준의 내용이 포함되어야 하는데, 단순히 예쁘다와 추상성이 동일한 수준의 동의어가 반복되고 있는 것입니다. 연구자가 어떤 현상을 설명할 때, '동어반복'과 같은 설명 유형은 피해야 합니다.

명제'(contradictory proposition)라고 합니다.

공집합 조건명제 명제함수

⑤ 공집합(空集合: ∅; empty set)이 아닌 전체집합 U의 원소들 중에서 어떤 원소들을 대입하여 $f(x)$의 진실과 거짓을 판명할 수 있을 때, $p(x)$는 조건명제(또는 명제함수)가 됩니다. 명제함수 $p(x)$를 진실로 하는 모든 원소 x들의 집합을 명제함수 $p(x)$의 진리집합(T: truth set)이라고 합니다. 진리집합은 $T=\{x|p(x),\ x\in U\}$로 나타냅니다.

전체집합 전칭명제 보편명제

⑥ 공집합이 아닌 전체집합 U에서 "모든 x에 대하여 $p(x)$"를 '전칭명제'[全稱命題, all-statement proposition 또는 '보편명제'(universal proposition)]라고 하고,[2] $\forall x,\ p(x)$로 나타냅니다. "모든 x에 대하여 $p(x)$"라는 의미는 "$p(x)$를 참이 되게 하는 모든 x"와 같은 의미가 됩니다. 모든 x에 대하여 $p(x)$가 진실이려면, 전체집합 U의 모든 원소에서 $p(x)$가 성립해야 합니다.

진리집합

$p(x)$의 진리집합을 T라고 하면, $\forall x,\ p(x)$는 $T=U$ 일 때 진실이고, $T\neq U$ 일 때 거짓입니다.

존재명제

⑦ 공집합이 아닌 전체집합 U에서 "어떤 x에 대하여 $p(x)$"를 '존재명제'(existential proposition)라고 하고, $\exists x,\ p(x)$로 나타냅니다. '존재명제'란 "~가 존재한다", "~가 있다"와 같이 존재에 대한 판단을 나타내는 명제를 말합니다. 어떤 x에 대하여 $p(x)$가 진실이려면, 전체집합 U에서 어느 한 원소라도 $p(x)$가 성립하는 것이 있으면 됩니다. $p(x)$의 진리집합을 T라고 하면, $\exists x,\ p(x)$는 $T\neq\varnothing$일 때 진실이고, $T=\varnothing$일 때 거짓입니다.

⑧ "모든 x에 대하여 $p(x)$"를 부정하면, "어떤 x에 대하여 $\sim p(x)$"가 됩니다. $\sim[\forall x,\ p(x)] \Leftrightarrow \exists x,\ \sim p(x)$로 표시됩니다.

⑨ "어떤 x에 대하여 $p(x)$"를 부정하면, "모든 x에 대하여 $\sim p(x)$"가 됩니다. $\sim[\exists x,\ p(x)] \Leftrightarrow \forall x,\ \sim p(x)$로 표시됩니다.

⑩ 조건명제 $p(x)$와 $q(x)$에 대하여 진리집합이 각각 P와 Q인 경우에,

---

2) 학문에서 통용되는 수준의 법칙 명제들은 대부분 '보편명제'의 수준으로 되어있는데, 이것은 "모든 X의 성질을 가진 것들은, Y의 성질을 가지고 있다"라는 형식으로 표현됩니다. 따라서 '보편명제'를 전칭명제라고도 합니다. 예를 들면, "모든 x에 대하여, 만일 x가 파충류(爬蟲類)라면, x는 변온(變溫)동물이다"입니다. '전칭명제'의 반대개념은 '특칭명제'(particular proposition)입니다. "모든 백조는 희다"가 전칭명제라면, "적어도 하나의 백조는 검다", "일부의(몇몇의) 백조는 검다" 등은 특칭명제가 됩니다.

"모든 x에 대하여 $p(x)$이면 $q(x)$이다"가 진실이라면, $P \subset Q$가 됩니다. 이런 경우, $q(x)$는 $p(x)$이기 위한 '필요조건'(necessary condition)이며, $p(x)$는 $q(x)$이기 위한 '충분조건'(sufficient condition)이 됩니다. 소나무는 식물의 한 종류로서 부분입니다. 어떤 것이 존재하고, 그것이 식물이라고 단정을 내리는 방법에서 어떤 것이 전체에 대한 부분인 소나무라면 그것이 전체인 식물이라고 단정하기에 충분하므로 충분조건이 됩니다. 역으로 어떤 식물이 존재하고 그것이 소나무라고 단정을 내리기 위해선 전체 식물들 중에서 특정 종류인 소나무인 것을 확인하는 것이 필요하므로 필요조건이 됩니다. 만약, $P = Q$라면 $p(x)$와 $q(x)$는 서로 '필요충분조건'이 됩니다.

필요조건

충분조건

필요충분조건

예제 (1) 두 개의 명제 p와 q에 관하여 진실과 거짓의 가능한 경우들을 구분하여 합성명제 $p \rightarrow q$의 진실과 거짓을 판단하고, 동시에 $p \rightarrow q$의 역, 이, 대우에 대한 진리값을 판단해 보시오.

(2) 명제 "해가 지면, 달이 뜬다"의 역, 이, 대우를 언급해 보시오.

(3) 명제 "이 지역에 서식하는 모든 백조는 흰색이다"의 부정을 언급해 보시오.

해제 (1) 진실을 T, 거짓을 F로 표시한다면,

		명제	역	이	대우
p	q	$p \rightarrow q$	$q \rightarrow p$	$\sim p \rightarrow \sim q$	$\sim q \rightarrow \sim p$
T	T	T	T	T	T
T	F	F	T	T	F
F	T	T	F	F	T
F	F	T	T	T	T

이상의 도표에서 명제와 대우의 진리값이 역과 이의 진리값과 같음을 알 수 있다.

(2) 역: 달이 뜨면, 해가 진다. 이: 해가 지지 않으면, 달이 뜨지 않는다. 대우: 달이 뜨지 않으면, 해가 지지 않는다.

(3) "이 지역에 서식하는 모든 백조는 흰색이다"의 부정은 "이 지역에 서식하는 모든 백조는 흰색이 아니다"로 하면 틀린다. 논리상, 이 지역에 서식하는 백조들에 대해선 다음의 3가지 경우가 존재한다. ㉠"모두 흰색

이다" ㉡"흰색도 있고 흰색이 아닌 경우도 있다" ㉢"모두 흰색이 아니다"의 3가지 경우이다. ㉠이 아닌 것은 ㉡과 ㉢의 경우이며, ㉡과 ㉢을 종합하는 논리적 표현은 "이 지역의 어떤 백조는 흰색이 아니다"가 된다. 앞서 "모든 x에 대하여 $p(x)$"를 부정하면, "어떤 x에 대하여 $\sim p(x)$"가 된다는 것을 참조하면 된다.

II 가설과 이론

〈이론〉이란 사회적 현상을 설명하는(개념들 사이의 관계로서 형성되는) 일련의 명제들로 이루어진 주장을 말합니다. 구체적인 예를 들면서 이해하도록 하겠습니다. 어떤 사람이 몇 개의 명제들을 통해서 "여당과 야당에 대한 지지율의 변화"에 대한 이론을 만들었다고 생각해 봅시다. 그 사람이 이론을 만드는 과정에서 사용한 개념들과 명제들이 다음과 같이 구성되면서 논리가 형성되었다고 생각해 볼 수 있을 것입니다.

P-1: 경제 '인플레이션'(inflation)은 여당(與黨, government party)에 대한 '불만족'(disaffection)을 가져온다.

P-2: 여당에 대한 정치 불만족은 야당(野黨, opposition party)에 대한 지지율을 높인다.

이상 두 개의 명제는 P-3과 같이 간단하게 연역적인(deductive) 형태로 변환이 가능하며 나름대로의 한 이론이 될 수 있습니다.

P-3: 경제 '인플레이션'은 야당에 대한 지지율을 높인다.

두 개의 명제가 하나의 이론을 만들었으며, 결국 P-3이라는 이론은 경제 인플레이션, 여·야정당에 대한 만족도(또는 불만족도), 여·야정당에 대한 지지율이란 3개의 개념으로 구성되어 있습니다.[3)] 여기서 주의할 점은, 이론이란 것이 일련의 개념들로 구성된 것이라고 정의하지만, 단순히 개념들의 합 그 이상이라는 점입니다. 왜냐하면, 이론이라고 할 수 있는 P-3의 경우 개념들을 단순히 나열한 것이 아니라, 개념들 사이의 '관련성'[인과관계(causal relationship) 또는 상관관계(associational relationship)]를 규정하여 언급하고 있기 때문입니다.[4)]

인과관계
상관관계

추가적으로 생각해야 할 점은, '사회과학이론'이란 것이 사회현상을 설명할 수 있는 전지전능한 어떤 것이라기보다는 시간(時間, time)과 공간(空間, space)의 제약을 받는 것이라는 점입니다. 경제 인플레이션이 야당에 대한 지지율을 높이는 상황을 상정해 볼 수 있습니다. 야당에 대한 지지가 경제 인플레이션을 해결해 줄 수 있다는 국민적 기대가 가능한 상황은 일정 수준 이상 정치발전이 이루어진 사회에서만 가능할 것이라고 생각해 볼 수도 있습니다. 아예 민주주의가 제대로 발전되지 않은 곳에서는 경제 인플레이션의 전환을 야당보다 여전히 여당에게 기대하는 상황이 지속될 수도 있기 때문입니다.

---

3) 물론 보다 세분화하여 여·야정당에 대한 만족도가 여당에 대한 불만족과 야당에 대한 불만족으로 구분되어 있으며, 여·야정당에 대한 지지율도 여당에 대한 지지율과 야당에 대한 지지율로 개념적 구분이 가능하므로 모두 5개라고 할 수도 있을 것입니다. 하지만, 정당에 대한 만족도나 정당에 대한 지지율이란 개념으로 통합 구분해도 무방함을 알 수 있습니다.

4) 이런 의미에서 '모델'(model)이란 '이론'의 개념과 밀접히 연관되어 있습니다(Frankfort-Nachmias and Nachmias 2008: 39-41). 사회과학 방법론에서 '모델'이란 개념들을 체계적으로 조직화시켜 놓은 것을 말합니다. 단순한 개념들의 나열이 아니라 그러한 개념들을 논리적으로 정렬시켜 놓았다는 것입니다. 모델은 실제(實際, the real)를 묘사하기 위해서(그리고, 궁극적으론 이해하기 위해서) 개념들을 논리적으로 정렬해 놓은 실제 현상에 대한 일종의 미니어처(miniature)라고 이해하면 좋을 것입니다. 사회현상 속에서 다양한 사물들과 이들로부터 형성되는 구체적이고 복잡다기한 개념들로부터 공통적인(또는 근본적인) 요소들만을 뽑아서 연구자가 설명하고자 하는 사회의 실제 현상에 대응하는 축소판의 형태를 만드는 작업을 '모델링'(modeling)이라고 합니다. 따라서, 모델은 다음과 같은 특성들을 갖습니다. ① 모델은 추상성(抽象性, abstraction)이나 상징성(象徵性, symbolism)을 강조하는 형태로 표현됩니다. ② 모델은 직접적으로 관측할 수 없는 현상에 대한 통찰력(洞察力, insight)을 제시할 수 있으며, 동시에 예측성(豫測性, predictability)을 갖고 있습니다. ③ 모델은 결코 그 자체가 실제가 아니며, 과학적으로 검증되어 진실로 받아들여질 수도 있고, 허위적인 모델로 판명될 수도 있습니다.

모델

또 다른 예로서 마르크스의 자본주의 몰락의 상황도 국제화가 심화된 곳보다는 개별 국가들의 독립성이 강한 곳에서 더 예견될런지도 모릅니다. “마르크스 이론”은 다음의 세 가지의 핵심적 주장으로 구성됩니다. ① ‘과잉생산’(過剩生産)의 법칙입니다. 자본주의 사회에서는 물건이 과잉생산된다는 것입니다. 필요한 만큼 물건을 만드는 것이 아니고 필요 이상으로 물건을 생산해 낸다는 것입니다. 과잉생산이 지속되면서 노동자의 임금은 계속 낮아지게 됩니다. ② ‘자본집중’(資本集中) 현상입니다. 임금이 낮아지는 경우, 생산품을 살 수 있는 사람들이 줄어들며, 자본가들은 망하고 결국 노동자로 전락하기 때문에 자본가의 절대수는 줄고 노동자의 절대수가 늘어난다는 것입니다. 결국 한정된 자본은 소수의 손으로 집중됩니다. ③ 자본이윤율 감소(資本利潤率 減少)의 법칙입니다. 이상과 같은 현상들에 근거해서 자본가들은 자본을 투자해서 얻을 수 있는 이윤율이 계속 감소하기 때문에 투자할 동기가 없어집니다. 그래서 결국 자본주의체제는 멸망한다는 것입니다. 그런데 현재 자본주의는 오히려 더 성행하고 있습니다. 마르크스의 이론은 어떤 면에서 논리적 허점을 갖고 있을까요? 마르크스는 이상의 세 가지 법칙을 한 국가 내에서만 적용한 것입니다. 세계는 국가간의 무역으로 서로 상품을 사고 팔 수 있습니다. ① 잉여생산품을 외국에 팔 수 있습니다. 20세기 초반 경제 대국들의 잉여생산품을 파는 시장이 바로 식민지 국가들이었던 셈입니다. ② 국내 투자가 없어서 이윤율이 떨어지는 경우 넓은 외국에 투자하여 공장도 짓고 상품을 팔 수 있습니다. ③ 외국 식민지나 다른 국가들로부터 원료를 싼 가격에 공급받을 수 있으니, 생산단가를 낮추게 되어 임금이 낮아져도 상품을 살 수가 있으며, 자본가의 이윤율이 무조건 감소한다고 생각할 수 없습니다. 낮은 상품가격은 낮은 임금의 노동자들의 불만을 상쇄시킬 수도 있습니다. 아무튼 국가간의 경계가 약한 세계화라는 조류 속에선 ‘경험적으로’ 이윤율 감소라는 법칙이 현실에 잘 부합한다고 보기 어렵습니다. 그렇다면 우리는 P-3을 어떤 특정 시점에서 (연구자가 자신의 이론을 이론이라고 주창하는 시점에서) 자신 있게 이론이라고 말할 수 있을까요?

도표 1-1 연구행위에 있어서 이론과 가설의 관계

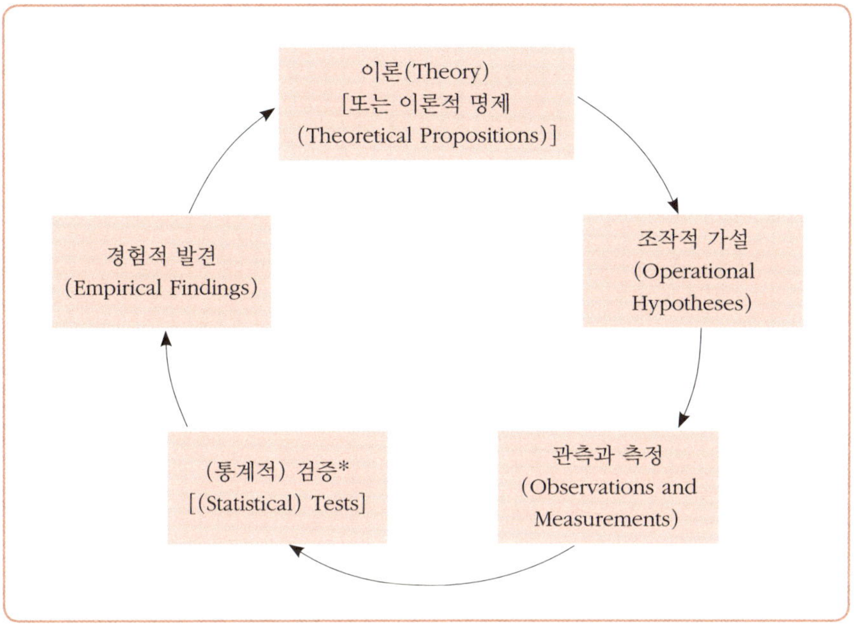

출처: Walter Wallace, *The Logic of Science in Sociology*(Chicago: Aldine Publishing Co., 1969): re-ceited from George W. Bohrnstedt and David Knocke, *Statistics for Social Science Data Analysis*(IL:Peacock Press, 1988), p. 7.
*: 검증절차가 반드시 통계적 방법에 의존하는 것은 아님(저자 주)

'과학적 의미'(scientific meaning)에서의 '이론'이란 '경험적 입증'(provement through empirical test or empirical findings)의 의미가 포함됩니다. 결론적으로, 경험적 입증을 거치지 않은 어떤 이론을 '가설'(假設, hypothesis)로 간주할 수 있습니다. 앞서서 이론은 개념들 사이의 관련성을 규정하는 언급이라고 하였는데, 가설도 관측 가능한 현상들 사이의 관련성에 대한 언급들을 말합니다. 참고로 다음의 도표는 여러분의 이해를 도울 것입니다.

경험적 입증

가설

도표 1-1은 이론과 가설의 관계에 대해서 두 가지 사실을 알려줍니다.

첫째, 사회과학적 가설은 단순히 어떤 사실에 대한 추측성 언급이 아니고, 기존의 이론으로부터 도출된다는 것입니다. 여기서 기존의 사회현상에 대한 이론들로부터 "있음직한 이야기(plausible scenario)"가 새로이 도출될 수 있을 것입니다(예를 들면, 경제적 불안정이 정치적 불안정을 가져온다는 이론

으로부터, 경제적 불안정이 궁극적으론 경제 관료의 경제정책 주도 능력에 따른다는 것에 착안하여, 경제 관료의 리더십 스타일이 정치적 안정과 함수관계가 있다고 생각해 보는 단계를 말합니다). 아니면, 단순히 연역적 논리에 의해서 도출될 수도 있을 것입니다(예를 들면, 앞서서 P-1과 P-2로부터 P-3이 도출되었듯이). 가설이라는 어휘는 마치 상상할 수 있는 모든 언급들이라는 어감을 갖게 하지만, 이것은 전적으로 틀린 것입니다. 오히려, 가설이야말로 적어도 "이론이라고 할 수 있는 어떤 언급들"로부터 유추되기 때문에 사람들이 상식적인 논리로 받아들일 수 있는 범위 내에서의 상상을 말합니다. 결론적으로 가설이란 "있음직한 이야기"이고 이것을 경험적으로 입증하게 되면 단순히 있음직한 이야기의 수준이 아닌 "실질적으로 의미 있게 존재하며 미래를 예측하는 힘을 가진 이야기" 수준으로 격상되어 이론이 됩니다.

둘째, 다른 사람들에게 있어서의 이론이 여전히 연구자에겐 가설 수준에 머무를 수도 있다는 사실입니다. 기존의 사회과학자들에 의해서 주창된 이론들도 연구 조사자가 가설로 여기고 한 번 더 입증의 과정을 거칠 수도 있다는 점입니다. 따라서 이론이라는 말은 다른 모든 사람들이 이론으로 받아들여도 내 입장에서 받아들이지 않으면 여전히 가설의 단계이며, 내가 이론으로 인정하면 이론이 되는 것입니다. 결론적으로, 똑같은 주의 주장도 이론이 될 수도 있고, 가설이 될 수도 있음에 유의하시기 바랍니다. 어떤 똑같은 사회현상에 대한 주장이 이론이냐 아니면 가설이냐의 판단은 궁극적으로 연구자 당사자가 하게 되는 것입니다. 따라서 어떤 연구자가 자신의 논문에서 가설이라고 규정한 명제는 기존의 이론들로부터 도출된 어떤 '있음직한 이야기' 수준으로, 경험적 검증이 되지 않은 단계로 이해하는 것이 좋을 것입니다.

가설의 성격을 일반화하는 경우 다음과 같이 정리됩니다.[5] ① 구체성

5) 가설에 대한 검증 과정을 다루는 것이 결국 방법론이라고 할 수 있기 때문에 가설의 성격을 아는 것이 중요합니다. 대조적으로, '이론'의 경우엔 반드시 어떤 것을 이론이라고 규정하기보다는 "이론의 유형"(types of theory)을 살펴보는 것이 도움이 될 것입니다. 이스턴(David Easton)은 이론을 이론의 내용적 성격에 따라서 다음과 같이 4가지 유형으로 구분합니다. ① 이론이 다루는 내용의 영역(scope)과 관련된 거시(巨視, macro)이론과 미시(微視, micro)이론; ② 이론이 갖는 기능(function)에 따른 정적(靜的, static)이론, 동

(specification)을 지니고 있어야 합니다. 현상을 설명함에 있어서 '개념'들간의 관계나 방향에 대한 내용이 구체적으로 지시되어야 합니다. "온도가 따뜻한 지방에 사는 사람들일수록 더 게으르다"와 같은 것은 관계와 방향이 분명히 제시되는 언급입니다. 현상이 이럴 수도 저럴 수도 있다는 언급이 되어서는 곤란합니다. ② 가설에 포함된 개념들은 명확하게 정의될 수 있어야 합니다. 여기서 '정의된다' 함은 최소한 '개념적 정의'(conceptual definition)가 '조작적 정의'(operational definition)로 표현될 수 있음을 의미합니다. 예를 들면, 경제발전의 개념적 정의는 "인간생활의 유지·발전에 필요한 재화를 획득·이용하는 과정과 활동에 있어 그 수준이 높아지는 것"이라면, 조작적 정의는 'GDP의 증가', 'GNP의 증가', '기업생산량의 증가' 등을 말합니다. 개념적 정의는 추상적인 데 반해서, 상대적으로 조작적 정의는 구체적이고 다양할 수 있음을 알 수 있습니다. ③ 가설은 "이용 가능한 어떤 방법들"(available method)에 의해서 '검증'(verification)이 가능해야 합니다. 가설을 설정하는 주요 목적은 그러한 가설이 참인지, 거짓인지를 알아보려는 것이므로 검증이 가능하지 않은 가설이란 그 존재 이유가 약해질 것입니다. ④ 가설은 가치중립적(value-free)이어야 합니다. 연구자가 규범적 판단에 의존하는 내용을 가설로 설정할 경우, 검증 단계에서 주관성과 편견이 개입되

개념적 정의

조작적 정의

검증

가치중립

적(動的, dynamic)이론; ③ 이론의 구조(structure)에 따라서 공준(公準; postulate)들에 기반한 이론, 명제(proposition)들에 기초한 이론, 논리적 연관성(logical interrelations)에서 파생된 이론; ④ 이론의 수준(level)에 관련되어 위계적 행태체계의 상호연관성까지 다루는 경우 등을 말합니다(Easton 1966). 파슨즈와 쉴즈(Talcott Parsons and Edward A. Shils)는 이론화되는 수준에 따라서 다음과 같은 4개의 유형으로 구분합니다. ① 임시분류체계(ad hoc classificatory systems) 정도에 해당하는 이론들로서 여론조사 각 항목들에서 나타난 경험적 증거를 집합 수준에서 정리하는 수준에 머무르는 이론으로 경험적 사실을 정리하는 수준에 머무르는 이론; ② 분류(taxanomies) 수준에 해당하는 이론으로서 분류는 마치 구매 목록(shopping list)과 같은 역할을 하는 이론; ③ 개념적 준거틀(conceptual framework)의 수준에 해당하는 이론으로 분류수준보다 한 단계 높은 것인데, 이는 '분류'수준의 이론이 단지 사실을 기술(description)하는 수준에 머무르는 반면에, 개념적 준거틀 이론은 설명과 예측(explanation and prediction)을 포함하는 이론이기 때문입니다. 하지만, 개념적 준거틀에서의 명제(propositions)들은 여전히 연역적으로 만들어진 것이 아니기 때문에 설명력과 예측력을 제공해도 한계를 지니게 됩니다.; ④ 이론체계(theoretical systems) 수준에 해당하는 이론들인데, 이것은 분류와 개념적 준거틀 수준을 모두 포함하며, 나아가 연역적 체계로 되어 있습니다. 뒤르껭(Émile Durkheim)의 자살이론(theory of suicide)은 이론체계 수준에 해당하는 이론의 한 예가 됩니다(Homans 1964).

어 그 가설을 일반화된 이론으로 받아들이기 어려울 것입니다. ⑤ 항상 참으로 규정되는 인생세간의 진리(truth)와 같은 언급들은 이미 이론 단계에 있는 것으로 가설이라고 하기 어렵습니다. "인간은 죽을 운명이다"(The human being is mortal)와 같은 언급은 가설의 위치에 있지 않습니다.

마지막으로, 연구조사 방법에 있어서 명제-가설-이론으로 발전되는 과정을 실제의 예를 통해서 이해해 보도록 하겠습니다.[6] 유명한 정치학자 잉글하트(Ronald Inglehart)의 '조용한 혁명(silent revolution)' 이론은 20세기 말을 풍미한 이론이며, 21세기로 넘어온 이 시점에도 그 이론이 예언하는 방향과 관련하여 추가적 연구들이 뒤따르고 있는 유명한 이론입니다. 잉글하트의 이론을 한 마디로 표현하면 "세상이 탈물질주의의 방향으로 이동하는 변화의 과정을 겪고 있다"는 것입니다(Inglehart 1990).

문제의식

연구와 조사의 '근거'(rationale)

연구와 조사는 연구자의 '문제의식'으로부터 출발합니다. 이유없이 연구하거나 조사하는 것이 아니고, 조사와 연구를 하는 분명한 이유가 존재하는데, 그것이 결국 문제의식이며, 달리 표현하면 연구와 조사의 '근거'(rationale)라고 합니다. 모든 사람들은 어떤 현상에 대한 호기심이 발동하면 그러한 호기심을 해결하기 위한 연구조사자가 됩니다. 호기심은 질문의 형태로 나타나며 그 질문에 답하는 과정이 이론을 도출하는 과정이 됩니다. 어떤 질문에 대하여 경험적 입증을 통한 답을 구했다면 그 답이 바로 이론인 것입니다.

(i) 잉글하트의 문제의식은 "세상이 변화하는가, 변화하지 않는가? 세상이 변한다면, 변한다는 것의 의미는 무엇인가? 그리고, 만약 변한다면, 어느 속성을 지닌 사회로 변하는가?"라는 의문문의 형태로 정리될 수 있을 것입니다. 우선 잉글하트는 세상이 변화한다는 것을 사회 구성원들의 '가치변화'(value change)라는 입장에서 접근합니다. 따라서, 잉글하트는 자신의 이론을 위한 초기 작업으로서 명제들을 설정함에 있어서 "사회의 가치가 변화하고 있다", "사람들의 가치가 변화하고 있다", "나이 든 사람들은 '물

6) 이러한 내용은 저자가 잉글하트의 이론을 가지고 "이렇게 구성하였을 것이다"라고 저자가 상상하여 재구성한 것이며, 잉글하트가 책에서 실제로 이렇게 밝힌 것은 아닙니다.

질주의적 가치'(materialistic value)를 지니고 있다", "젊은 사람들은 '탈물질주의적 가치'(post-materialistic value)를 가지고 있다"라는 '가치변화'라는 개념으로 구성된 명제들을 상정합니다.

(ii) 상위의 명제들로부터 잉글하트는 "세상은 '물질주의'(materialism)에서 '탈물질주의'(post-materialism)의 방향으로 변화하고 있다"라는 가설을 채택합니다.

(iii) 상위의 가설을 이론으로 입증하기 위한 절차는 세 가지로 구성됩니다. 일단 분석 대상을 선택하고, 가설을 이론으로 입증하기 위한 논리를 세워야 하며, 그러한 논리를 구체적인 지표로 나타내야 합니다.

① 잉글하트는 분석 대상국가로 유럽의 주요 6개국을 선정하여 이들 국가들에서 1970년부터 1988년 사이에 이루어졌던 시민 인식조사 결과를 분석 활용합니다.

② 먼저, 가설을 이론으로 입증하기 위한 논리는 다음과 같이 구성해 볼 수 있습니다. ⓐ 사회의 가치가 변화한다는 것은 사회 구성원들의 가치가 변화한다는 것이며, 구성원들의 가치변동은 구성원들이 속한 사회체계나 사회문화의 영향력에서 자유로울 수 없다. ⓑ 한 사회는 여러 '세대들'(generations)로 이루어지는데, 나이든 세대의 변화 속성이 연속되는 새로운 세대에서도 지속적으로 나타날 것이다.[7] ⓒ 한 사회 속에서 여러 세대들은 서로 다른 기간효과를 경험하지만, 세대별로 다른 기간효과에도 불구하고 가치가 종합되어 표현되는 경우 일정한 방향으로의 가치변화가 감지될 것이다. ⓓ 어떤 가치변화의 방향성과 지속성에 (+)의 효과를 주는 요인이 (−)의 효과를 주는 요인보다 강하게 나타난다.

③ 잉글하트는 가설을 입증하는 과정에서 5가지의 지표들을 사용합니다: 3가지 효과[동년배 효과(cohort effect), 기간효과(period effects), 나이효과(aging effect)]와 2개의 기존 가설[사회화 가설(socialization hypothesis), 희소성 가설(scarcity hypothesis)]을 구체적 지표로 사용하여 서구 선

7) 젊은 세대의 가치는 변화하는데, 그러한 젊은 세대가 나이가 들 경우 다시 가치변화를 일으켜 변화에 대한 상쇄효과를 갖는다면 변화가 실질적으로 발생하지 않을 수 있다는 것을 뜻합니다.

진국 약 20개 국가들에 대한 과거 50년 이상의 가치 인식조사에 대한 자료를 바탕으로 "세상에서 '탈물질주의적' 방향으로 꾸준히 가치변화가 일어나고 있음"을 경험적으로 입증합니다. 잉글하트가 경험적으로 입증한 내용은 다음과 같습니다. ⓐ 가치 변화량의 측정을 두 가지 수준에서 하였는데, ㉠ 사람들은 나이가 들면서 '물질주의적' 성향이 증가하는 '나이효과'(aging effect)를 보인다. 하지만, '동년배'(cohort)를 중심으로 세대별(generational) 가치수준을 측정한 결과 젊은 시절 소유한 '탈물질주의적' 가치가 '나이효과'에 상쇄되어 사라지지 않고 일정 수준에서(비록 젊은 시절과 같은 수준은 아니지만) 유지되는 성향을 보인다. ㉡ 세대간(intergenerational) 가치수준을 비교한 결과, 새로운 세대들은 지속해서 더 '탈물질주의적' 경향을 보이는 것으로 나타나고 있다. ⓑ 같은 세대 내에서 가치를 일관되게 유지해 주는 것은 '동년배 효과'인데, 동년배 효과는 '기간효과'에 영향을 받아서 일시적으로 변화하기도 하지만, '사회화 가설'과 더 밀접히 연관되어 젊은 시절의 가치가 나이가 들어서도 사라지지 않고 지속적으로 일정수준으로 유지되는 것으로 나타난다. 궁극적으로 '기간효과'도 '동년배 효과'보다 크게 나타나지 않는다.

(ⅰ), (ⅱ), (ⅲ)의 절차를 통하여, 잉글하트는 "세상은 '물질주의'(materialism)에서 '탈물질주의'(post-materialism)의 방향으로 장시간에 걸쳐 변화해 왔으며, 앞으로도 당분간 지속될 것 같다"라고 결론을 내립니다. 그리고 그것을 '조용한 혁명'(silent revolution)이라고 이름 지었습니다. 결론적으로, 왜 그러한 가치변동이 가능한지에 대해서 종합적으로 5가지 지표들을 사용하여 표현한다면 다음과 같을 것입니다. 잉글하트의 이론에 따르면, 사람들은 젊은 시절엔 나이든 때보다 상대적으로 '탈물질적인' 성향을 갖게 되며, 그들이 사회정책 결정구조에서 중요한 역할을 하는 40대 말 50대까지에도 일정수준의 '탈물질주의적' 가치가[즉, '탈물질주의적' 성향의 정책의 분위기 형성, 입안(立案) 결정에 호의적인 상태가] 유지된다고 봅니다. 동시에, 잉글하트는 '희소성 가설'과 '사회화 가설'을 자신의 이론

을 입증하는 데 논리적 수단으로 이용합니다.[8] '희소성 가설'이란 사람들의 가치는 그 사회에서 희소한 가치를 지닌 것에 대해서 더 선호를 나타낸다는 것입니다. 경제 법칙과 일맥상통하는 "있음직한 이야기"라고 할 수 있습니다. '사회화 가설'은 사람들이 평생 다양한 경험을 하고 살지만, 상대적으로 청소년기에 선호했던 가치들을 더 기억하고 소중하게 간직하여 나이가 들어가는 사회화 과정 속에서도 젊은 시절의 가치를 유지하려고 한다는 것입니다. 사람들은 나이가 들면서 물질주의적 가치를 받아들여도, 청소년기 사회화 과정에서의 경험은 그 사람의 행태에 소중하게 남아있기에, 국가에서 중요한 일을 맡을 나이인 40세 중반에서 50세 중반 사이에도 청소년기의 가치를 반영하는 정책 결정들을 하게 된다는 것입니다. 사람들의 가치는 그들이 속한 정치체계나 사회문화의 영향력에서 자유로울 수 없습니다. 국가정책의 방향에서 '복지주의' 내지는 '자유주의'의 흐름을 규정하는 데 큰 역할을 맡는 40대 50대 사람들의 행태가 청소년기의 가치를 반영하여 나타나기에 탈물질주의적 가치는 사회체계 수준에서도 유지됩니다. 그리고 사회체계 수준의 영향을 받는 개인들도 나이가 들어감에 따라 물질주의적 가치뿐만 아니라 탈물질주의적 가치를 유지할 수 있는 것입니다. 더욱이, 시간이 흐름에 따라 새로 나타나는 신세대들은 그 이전 세대보다 더욱 더 '탈물질주의적' 가치를 갖고 있으며, 이러한 성향은 '물질주의적' 가치로의 변화를 부추기는 '희소성 가설'에 영향을 받는 '기간효과'가 있다 하더라도 '사회화 가설'에 영향을 받는 '동년배 효과'로서 유지되어 나타난다는 것입니다.

수없이 많은 이론들 중에서 잉글하트의 '사회변동이론' 도출 과정을 소개하였는데, 수없이 많은 연구들이 산출한 이론들도 다양하지만, 이론을 도출하는 방법론도 다양합니다. 어떤 이론을 도출하는 방법에는 '귀납주의, 연역주의, 경험주의, 규약주의, 반증주의가 그 대표적인 것들입니다. 실제

8) 잉글하트의 연구 목적은 사회의 가치가 어느 방향으로 변하는가를 입증하는 데 있기 때문에 2개의 가설은 가설로서만 받아들여서 자신의 논리를 발전시키는 수단으로만 이용합니다. 따라서, 가설이라는 말을 붙여서 사용합니다. 연구에서 잉글하트는 희소성 가설이나 사회화 가설 그 자체를 입증하지는 않습니다.

연구에선 이들 방식들로 혼합되어 사용되는 경우가 오히려 일반적인 상황이라고 할 수 있습니다.

귀납주의 ‘귀납주의’(reductionism)란 연구자가 관찰한 경험들을 모아서 “까마귀는 온몸이 검다”라는 보편적인 지식으로서의 이론을 도출하는 방식입니다.[9] “과학이란 실험이나 관찰을 반복하여 문제를 해결함으로써 얻은 권위를 축적하는 것”이란 프란시스 베이컨(Francis Bacon, 1561-1626)의 전통을 따르는 것입니다. 문제는 실험과 관찰 그 자체에 있습니다. 실험과 관찰의 횟수나 장소는 제한될 수밖에 없고, 과연 제한된 관찰들로부터의 귀납적 추론이 ‘보편적 진리’인 이론을 생산할 수 있는지 문제입니다. “까마귀는 검다”라는 것이 이론인데, 아프리카 오지(奧地)에는 실제로 “흰부리 까마귀”가 있습니다. 지구상의 사람의 발길이 잘 닿지 않는 곳에 부리만 하얀 까마귀도 있으니, ‘귀납적 추론’이 갖는 한계가 느껴집니다.

연역주의 ‘연역주의’(inductionism)는 ‘전제’(前提, premise)들로부터 시작하여 전제들 사이에서 이성적인(rational) 연역적 추론을 거치면 보편적 진리로서의 이론을 얻을 수 있다는 입장을 취합니다. “과학적 지식체계는 사물에 대해서 이성적으로 회의(懷疑)하는(즉 추론하는) 것에서 비롯된다”는 르네 데카르트(René Descartes, 1596-1650)의 전통을 따르는 것입니다. 추론 방식은 “모든 인간들은 성 정체성을 가지고 있다”와 “갑돌이는 인간이다”로부터 “갑돌이는 성 정체성을 가지고 있다”라고 삼단논법의 원리가 기본입니다. 연역적 방식은 두 가지의 특성을 지닙니다. 전제들이 참이면, 그 추론된 연역적 결과도 반드시 참이라는 특징이 있습니다. 앞서 언급했던 뒤르껭의 자살율 연구를 참조하면, ⓐ 어떤 사회에서, 자살율은 개인주의(egoism)의 정도에 따라서 직접적으로 변한다. ⓑ 개인주의의 정도는 개신교의 영향과 함께 변한다. ⓒ 그러므로, 자살율은 개신교의 영향과 함께 변한다. ⓓ 스페인에서는 개신교의 영향이 낮다. ⓔ 그러므로 스페인에서는 자살율이 낮

9) 여기서의 관찰은 반드시 연구자 자신의 직접적인 관찰뿐만이 아니라 진정성이 있는 것으로 인정되는 문헌들로부터의 간접적 관찰도 포함한다고 보아야 합니다. 관찰이 아닌 귀납적 논리로서 “까마귀는 검다”라고 할 수도 있습니다. “북반구에서 발견된 까마귀는 검다” “남반구에서 발견된 까마귀는 검다” 그러므로, “지구상의 까마귀는 검다”

다. 여기서 ⓒ는 ⓐ와 ⓑ의 연역적 결과이며, ⓔ는 ⓒ와 ⓓ의 연역적 결과입니다.[10] 비록 연역주의라고는 하지만, 각 명제들의 진위는 경험적 증거에 의존할 수밖에 없다는 것을 알 수 있습니다. 따라서, 연역적 논리도 어떤 의미에선 귀납적 성격의 논리가 그 안에 내포되어 있을 수 있습니다. 귀납적인 논리와 달리, 연역적 논리란 명제들의 내용 그 자체보다는 추론하는 형식과 절차에 관련된 것임을 알 수 있습니다.

이론이란 궁극적으로 사물들간의 관계적 진실을 밝혀놓은 언급들입니다. 사물들간의 관계적 진실을 밝히는 것이 이론을 만들어내는 데 핵심이라면 사물들간의 관계를 경험적으로 '검증'(檢證, verification)하는 절차의 중요성에 주목하여야 할 것입니다. 데이비드 흄(David Hume, 1711-1776)은 전통적 '귀납적 추론'만으론 어떤 사실들을 법칙으로 일반화시킬 수 없다고 봅니다. '연역적 추론'도 명제의 진위를 결정할 수는 있지만, 사물의 관계적 진실을 밝히는 데는 역부족이라고 봅니다. 인간이 갖는 직관이나 추론만으로는 사물들의 관계적 진실을 밝히는 데 한계가 있으며, 관찰 및 경험을 통한 '검증'이 '보편화된 지식'으로서의 이론을 산출하는 데 가장 긴요하다고 주창하였습니다.[11] 흄의 이러한 전통을 '경험주의'(empiricism)라고 합니다.

칼 포퍼(Karl Popper, 1902-1994)도 '증명'(證明, proof)의 중요성에 대해서 주목하지만, '좋은 이론'이 되기 위해선 특히 '허위화'(虛僞化, falsification)의 중요성을 강조하는데, 이러한 전통을 따르는 것을 '반증주의'(反證主義)라고 합니다. '반증'이란 어떤 명제가 허위임을 입증하는 것을 말합니다. 포퍼(Popper)는 어떤 명제가 수없이 많은 '반증'(反證, falsification)을 극복하면서 '이론'이 될 수 있다고 봅니다. 포퍼는 사회과학의 많은 명제들이 전체로부터의 완벽한 경험을 통한 확증을 얻는 것이 불가능하기 때문에, 일부로부터의 '반증'을 극복해 나가는 과정이 중요하다고 봅니다. 어떤 명제에 대한 열려 있는 '반증가능성'이란 그 명제가 이론이 되기 위한 조건이 되

허위화

반증주의

반증

10) 자살이론은 자살율에 대한 설명과 예측이 가능할 수 있습니다.

11) 흄은 귀납적 추리의 한계성을 극복하기 위해서 경험적 검증(verification)의 중요성을 강조한 것이며, 귀납주의와 연역주의의 절충적 방안(eclectic method)으로 경험주의를 주장한 것은 아닙니다. David Hume, *A Treatise of Human Nature*, 1739.

는 셈입니다. 포퍼가 주장한 반증의 중요성을 받아들인다면, 어떤 시점에서 완벽한 이론이란 없으며, 항상 장래에는(현재는 그렇지 않더라도) '반증'되어 폐기될 가능성이 있는 것입니다. 반증을 극복하고 살아 남은 이론 그 자체는 '진리'가 아닌 '진리접근성'(verisimilitude)이며, 진리접근성이 바로 과학의 발전이라고 포퍼는 주장합니다. 모든 명제와 가설들이 감히 '이론'이라는 지위에 오를 수 없습니다. 이론이란 높은 추상성으로 모든 현상들을 포괄하여 설명할 수 있어야 합니다. 높은 추상성은 다양한 경험적 사실들을 포함하기 때문에 '반증'에 취약할 수 있으며, 끊임없는 반증을 극복하고 살아남아야만 비로소 '이론'의 자격을 얻게 되는 것입니다. 절대적인 진리는 발견한다기보다는, 어떤 이론이 제시되면 그러한 이론에 끊임없이 반복되는 반증을 극복하면서 진리에 지속적으로 다가가는 진리접근성이 중요하다는 것입니다.

진리접근성

높은 추상성은 그만큼 다양한 경험적 사실들을 포함하기 때문에 보다 많은 사실들을 설명할 수 있는 힘이 됩니다. 포퍼는 허위화될(반증될) 가능성이 더 높되, 경험적으로 거짓임이 판명되는 선을 넘지 않는 '가설'이 가장 좋은 이론일 수 있다고 봅니다. 예를 들어서, "모든 행성은 타원형 궤도로 태양 주위를 돈다"라는 명제와 "화성은 타원형 궤도로 태양 주위를 돈다"라는 명제가 있다고 가정합시다. 전자는 후자보다 더 허위화의 가능성이 높습니다. 전자가 허위화된다고 해도 후자는 허위화되지 않지만, 후자가 허위화되면 전자는 저절로 허위화가 입증되기 때문입니다. 전자는 의미상 후자를 포함합니다. 그러면서도 전자는 경험적으로 거짓임이 판명되지 않는 선을 지키고 있습니다. 이론화 수준에서도 전자는 후자보다 더 높은 수준에 있는 것입니다.[12)]

과학의 발전이란 것은 이론의 발전으로 현실화되는데, 이에 대비되는 두 가지 시각이 존재합니다. 바로 쿤(Thomas Kuhn, 1922-1996)과 라카토스

12) 케플러의 타원궤도의 예는 포퍼의 사상을 명확하게 이해하는 데 좋은 예가 될 것입니다. 김영석, 사회조사방법론(서울: 나남, 2000), p. 23에서 재인용; 원전은 Alan F. Chalmers, *What is This Thing Called Science?: An Assessment of the Nature and Status of Science and Its Methods*, 2nd ed. (St. Lucia Queensland: University of Queensland Press, 1982), p.42.

(Imre Lakatos, 1922-1974)의 입장입니다. 토마스 쿤은 '패러다임'(paradigm) 이란 용어를 사용하면서 '과학'의 발전이란 것은 하나의 패러다임으로부터 또 다른 패러다임으로 옮겨가는 것이라고 하였습니다. 여기서 쿤이 말하는 과학이란 '정상과학'(normal science)이라고 하여 "과거의 과학적 업적에 기반을 둔 조사연구들로서 어떤 과학 공동체가 실제적으로 행하는 현재와 미래의 연구활동에 기반이 되는 과학"을 의미합니다. 하지만 어떤 패러다임 하에서 '이례적인 것들'(amomalies, 그 패러다임으로는 잘 설명이 안 되는 것들)이 발견되는 경우 이것을 해결하기 위한 표준과 기준이 바뀌게 됩니다. 결국 정상과학이란 그 시대나 사회의 '주류'(主流)가 되는 과학을 의미한다고 이해할 수 있을 듯합니다. 특정 패러다임의 정상과학의 범위 내에선 그 패러다임이 제공하는 법칙이나 가치의 틀 속에서 사고합니다. 정상과학의 범주와 내용은 당시 시대의 최고 석학들의 견해가 가장 중요한 기준점이 됩니다. 따라서, 쿤에 따르면, 새로운 수수께끼들에 대한 해답을 특정 패러다임의 틀 속에서 제공할 수 없는 경우 진정한 과학적 해결을 위해선 '과학적 혁명'(scientific revolution)이 요구됩니다. 이상을 종합하여 예로써 이해한다면 다음과 같습니다. 천동설(天動說)이 일정시기 동안 정상과학으로 기능하면서 하나의 패러다임을 제공하였습니다. 하지만 자연현상을 관측함에 있어서 새로운 의문점들이 생겨나고, 따라서 지동설(地動說)이란 새로운 패러다임이 나타나 경쟁하면서 정상과학으로 자리매김하여 결국 새로운 패러다임인 '지동설'로 옮아간다는 것입니다. 이로써 과학의 발전이 이룩된다는 것이 쿤의 주장입니다.

패러다임

정상과학

여기서 중요한 점은 패러다임과 패러다임의 관계인데, 쿤은 '경쟁하는 패러다임들'(competing paradigms)은 같은 표준을 사용하여서는 비교할 수 없는 '비등가성'(比等價性, incommensurability)의 관계에 있다고 주장합니다. 그렇다면 비교할 수 있는 기준도 없는데, 경쟁하는 패러다임간의 경쟁이 어떻게 판가름되는지의 문제가 중요합니다. 쿤에 따르면, 그 판가름나는 기준은 결국 '신념'(faith)이라는 것입니다. 즉, 어떤 패러다임을 정상과학에 놓았을 때 문제발생이나 문제해결과 관련된 모든 현상들을 측정할 수 없기 때문에 과학 공동체의 '신념'에 좌우된다는 것입니다. 결국, 자연과학이건 사회과학이건, 과학이란 이름으로 행하는 모든 것들이 그러한 현상을 파악하는 인간의 신념, 그리고 확대 해석하자면, 가치관, 인생관에서 자유로울 수 없음을 뜻합니다.[13)]

과학적 연구 프로그램

쿤의 '패러다임'이란 개념과 대비하여, 라카토스(Imre Lakatos)는 '과학적 연구 프로그램'(scientific research program)이란 개념을 제시합니다. 라카토스는 어떤 특정한 '연구 프로그램'은 이론을 형성하는 논리와 내용이 ⓐ '중심'(hard core)과 ⓑ '주변'(protective belt)으로 구분된다고 봅니다. 어떤 연구 프로그램이든지 ⓐ 생존하기 위해서 절대적이고 필연적인 내용에 해당하는 중심적 논리와 내용으로 구성된 부분과 ⓑ 그러한 이론의 골간을 보조하는 논리와 내용으로 구성된 부분이 조합되어 있다는 것입니다. 따라서 중심부가 허물어지면 그 연구 프로그램은 생명을 다하지만, 주변부가 허물어지는 경우엔 여전히 그 연구 프로그램은 사멸하는 것이 아닙니다. 따라서 '패러다임의 전이(轉移)'는 새로운 패러다임의 생존과 낡은 패러다임의 사멸을 의미하는 것과는 대조적으로, '연구 프로그램'은 '전진적'(progressive)이거나 '퇴행적인'(degenerative) 것의 과정에 있습니다. 연구 프로그램이 새롭게 특정 현상을 설명하고 예측하는 데 도움이 된다면 그것은 전진적인 것입니다.[14)] 이러한 전진적이고 퇴행적인 것은 시대 상황과 연관되기도 합니다. 현재에 전진적이었던 것도 또 다른 연구 업적들에 의해서 미래에 퇴행적인 것으로 모습을 바꿀 수도 있다는 의미입니다. 비교할 수 있는 하나의 기준과 표준이 불명확한 상태에선, 그리고 신념이란 주관성이 배제될 수 없는 상태에선, 과거 퇴행적인 것으로 여겨졌던 것들도 전진적인

13) 막스 베버(Max Weber)는 '간주관성'(間主觀性, inter-subjectivity)이란 개념을 통해서 모든 해석과 판단에 주관성이 완전히 배제될 수 없지만 객관성을 만들어 내는 것도 가능하다고 봅니다. '간주관성'이란 개인들의 상호작용을 통해서 형성되는 객관성입니다. 비록 개인들은 주관성을 지녀도, 사회생활 속에서의 상호작용은 지나친 주관성을 막으며, 객관화를 지향하는 주관성을 만들어 냅니다. 독불장군(獨不將軍)은 없기 때문입니다. "사회과학에서도 자연과학과는 구분되는 객관성이 존재하는데 이른바 간주관성이란 객관성이다"라고 이해할 수도 있을 것입니다. 하지만 용어에서도 보듯이 여전히 주관성으로부터 자유로운 객관성이 아닙니다. 소위 주관성이 진화한 객관성인 것입니다.

14) 연구 프로그램을 일종의 '이론'과 같은 것으로 간주해 볼 수도 있겠습니다.

것으로 탈바꿈할 가능성을 배제할 수 없을 것입니다. 쿤의 개념이 자연과학에 더 적용성이 높은 반면에, 라카토스의 '과학적 연구 프로그램'이란 개념이 정치학, 경제학, 사회학, 법학, 행정학 등과 같은 사회과학에 보다 더 적용가능성이 크다고 보는 사람들이 많습니다.

라카토스의 이러한 생각은 포퍼의 '허위화'라는 개념과 대조되어 다양한 사회현상을 이해하는 데 많은 시사점을 줍니다. 포퍼는 어떤 이론이 타당성을 갖는 것은 경험적 검증을 통해서이며, 과학적이기 때문에 경험적으로 입증된다는 것은 '허위'(false)임이 밝혀지지 않는 것임을 주장합니다. 모든 것을 실험하는 것이 불가능한 상태에서, 입증은 불확실하지만, 부정은 한두 가지에 의해서도 확실히 드러날 수 있다는 것입니다. 라카토스의 입장에선 연구 프로그램이 몇 가지 사실에 의해서 타당성을 지니지 못해도, 그것이 또 다른 연구를 통해서 수정되고 보완된다면 다시 전진적 위치에 설 수도 있기 때문에, 퇴행적인 입장에서도 연구 프로그램 자체는 타당성을 완전히 잃는 것이 아닙니다. 쿤의 입장과는 달리, 포퍼의 입장과는 유사하게, 라카토스는 '진리접근성'의 관점을 지니고 있습니다.[15] 과학이나 이론의 모습을 전진과 퇴행을 반복하며 시행착오를 거쳐 진리에 접근해 가는 모습으로 묘사하고 있는 것입니다. 자연과학과는 상대적으로, 인간들의 주관성, 사회환경, 시대적 배경(또는 시대정신)에 기반하는 사회과학의 경우 전진성과 퇴행성은 그 기준이 다양하고, 심지어 모호하여, 타당성을 판단할 수 있는 일반화된 표준을 선명하게 제시하기 어려울 수 있습니다.

15) 분명한 것은 어떤 연구 프로그램이 전진적 위치에 설 수 있는 판단의 근거는 새로운 이론이 지금까지 예측되지 않았던 새로운 사실들을 발견하여 예측할 수 있을 때입니다. 이런 측면에선 연구 프로그램이 마치 '패러다임'과 같은 역할을 하기도 합니다. 그래서 라카토스의 철학은 쿤과 포퍼 철학을 변증법적으로 승화시켰다고 평가하기도 합니다.

III 변수(變數, variables)

앞서서 명제는 '개념'들을 단위로 이루어진다고 말했지만, 이때 개념을 방법론상의 전문 용어를 사용하는 경우 '변수'[變數, variables; 또는 변인(變因)]라고 할 수 있습니다. 달리 표현하자면, 한 개의 개념이 여러 개의 값을 지니는 경우에 변수라고 할 수 있습니다. 예를 들면 유권자의 '정당지지율'은 90%, 80%, 50%, 25%, 9% 등으로 여러 개의 값을 갖게 되며 이런 경우 정당지지율은 변수가 됩니다. 연령(age)이란 개념도 하나의 변수가 될 수 있습니다. 10대, 20대, 30대, 40대, 50대, 60대, 70대 등으로 여러 개의 값을 지니고 있습니다.

변수

'변수'는 개념의 내용이 상황에 따라서 여러 개의 값으로 변할 수 있다는 것입니다. 정당지지율(%)이나 경제 인플레이션 증감비율(%) 모두는 시간과 공간적 상황에 따라서 변합니다. 변수는 상수(常數, constant)에 대비되는 개념이라고 보면 됩니다. 상수는 변하지 않고 고정된 값을 지닌 것을 말합니다.

상수

변수와 상수가 사회과학 방법론에서 중요한 용어인 것은 앞서서 어떤 이론을 만들 때 개념들 사이의 연관성은 변수와 상수의 조합으로 표시할 수 있기 때문입니다. X와 Y 사이의 연관성을 $Y=a\cdot X+b$라고 표시할 때, X와 Y는 변수이고, a와 b는 상수입니다. 변수와 상수를 가지고서 X와 Y 사이의 관련성을 표시하였습니다. 즉 X값이 변하면 Y값이 변하되 a라는 비율로 변할 것입니다. 물론 X와 Y의 관계를 표현하는 형식은 다양할 것입니다. 예를 들면, $Y=X^2$, $Y=bX^3$, $Y=(a+b)X$ 등으로 다양합니다. 어떤 형식이건 변수와 상수로서 두 변수 사이의 관계를 규정지을 수 있습니다.

상관관계
인과관계

일반적으로 사회과학에선 두 변수 사이의 '관계'(關係, relation)를 '상관관계'(相關關係, associational relationship)와 '인과관계'(因果關係, causal relationship)라는 두 가지의 큰 틀로 분류하기도 합니다. 인과관계는 한 변수가 다른 변수의 원인으로만 작용하는 것을 말하며, 상관관계는 두 변수 모두에게서 원인과 결과로 상호작용할 수도 있는 경우를 말합니다. 하지만, 방법론에서는 통계 논리체계를 생각하여, '관계'를 인과관계, 공변관계(共變關係, covariational relations), 영관계(零關係, null relations)로 구분하곤 합니다. 먼저 관계의 성격을 파악함에 있어서 방법론적으로 단순한 것부터 복잡한 것으로 설명해 나가고자 합니다.

공변관계

영관계

① 영관계: 한 개의 변수(또는 개념)가 또 다른 변수와 관련성을 갖지 않는 경우를 말합니다. 만약 두 변수 사이에 영관계가 있다는 것을 부정한다면 이것은 관계가 있다는 것을 뜻합니다. 통계방법론에서 영가설(null hypothesis)을 받아들이면 변수들 사이에 관련성이 없는 것이고, 영가설을 부정하면 변수들 사이에 관련성이 존재한다는 논리로 이용됩니다.

② 공변관계: 공변관계란 용어는 사실상 상관관계란 용어보다 통계학적인 용어라고 생각하셔도 무방할 것입니다. 공변관계는 두 개의 변수(또는 개념)가 연관되어서 그 정도가 상호 변화하는 것입니다. "*X*가 높아질수록 *Y*는 낮아진다"라든지 "*X*가 높아질수록 *Y*가 많아진다" 등의 것들입니다. 예를 들어 보겠습니다. "온도가 높아질수록 비오는 횟수가 적어진다"라는 주장에 대해서, 마치 문장에서는 높은 온도가 비오는 횟수의 감소의 원인인 것처럼 느껴지지만, 다시 한 번 생각해 보면, 애매할 수도 있습니다. 즉, 비오는 횟수가 적어지니까 역으로 온도가 높아질 수도 있는 것이지요. 하지만, 어쨌든 온도가 높아질수록 비오는 횟수가 적어진다는 것의 정도 관계는 입증할 수 있다면, 이런 경우, 온도의 높낮이 정도와 비오는 횟수는 '공변관계'에 있다고 할 수 있습니다.

③ 인과관계: 두 변수 사이에 인과관계가 있다고 말하기 위해서는 다음 세 가지의 조건을 필수적으로 충족시켜야만 합니다. ⓐ 우선 두 변수는 공변관계에 있어야 합니다. ⓑ 두 변수 사이에는 시간적으로 원인이 되는 변수가 결과가 되는 변수보다 시간적으로 선행하여야만 합니다. 과거 1970년대 '형사 콜롬보'(colombo)란 유명한 TV 프로그램이 있었습니다. "말이 끄는 마차가 말보다 먼저 달릴 수 없다"라는 평범한 사실로부터 콜롬보가

범인의 알리바이를 무너뜨리는 장면이 있었습니다. 말은 원인이고 마차의 움직임은 결과입니다. 사회현상에서 결과가 되는 변수는 원인이 되는 변수보다 시간적으로 먼저 발생할 수 없다는 뜻입니다. ⓒ 두 변수 사이의 관계는 '비허위적 관계'(nonspurious relationship)이어야 합니다. 연구에서 설정된 독립변수와 종속변수의 인과관계는 제3의 독립변수에 의해서 설명되어서는 안 됩니다.[16)]

비허위적 관계

변수의 종류에는 '독립변수'(獨立變數, independent variable), '종속변수'(從屬變數, dependent variable), '통제변수'(統制變數, control variable), 매개변수(媒介變數, intervening variable), 그리고 '지위변수'(地位變數, status variable)가 있습니다. 하나씩 알아보도록 하겠습니다.

종속변수
독립변수

연구자가 변수간의 관계를 설정한다는 것은 '설명되는 것'[종속변수(從屬變數), dependent variable]과 '설명하는 것'[독립변수(獨立變數), independent variable]을 구분하는 행위입니다. '설명되는 것'은 연구자가 '설명하고자 하는 대상'을 말합니다. '설명하는 것'은 '설명되는 것'을 설명하는 수단들을 말합니다. 연구자가 '정치발전의 정도'(degree of political development)란 주제에 관심이 있는 경우, '정치발전 정도'는 연구자가 설명하고자 하는 대상이며, 독자들에게 설명되어야 합니다. 설명되어야(즉, 분석되어야) 하는 것이 '종속변수'입니다. 반면에 설명되는 대상을 무엇을 통해서 설명할 것인지 설명하는 수단이 필요합니다. '독립변수'가 필요한 것입니다. 독립변수는 수없이 많이 존재할 것입니다. 독립변수의 선택은 연구자가 하는 것입니다. 연구자가 경제 발전수준, 교육수준, 국가 청렴도수준을 선택하여 그 사회의 정치발전의 정도를 설명하려고 합니다. 이때 선택된 세 변수는 독립변수가 됩니다.

통제변수

'통제변수'란 두 변수 사이의 관계가 허위적인 관계인지 아닌지를 검증하기 위해서 사용되는 변수를 말합니다. 예를 들면, 어떤 특정 지역에 화학

16) 사회현상은 실제에 있어서 결코 두 변수간의 단순한 인과관계가 아니며 수없이 많은 변수들의 복잡다기한 '교호작용'(交互作用, interaction)으로부터 비롯될 수 있습니다. 아무튼, 정도(degree)의 문제라는 것을 염두에 두시기 바랍니다. 다양한 변수들이 상호작용하고 있다고 해도 특정 변수와 관련성을 맺고 있는 것이 두드러지는 현상을 말하는 것입니다.

공장의 설립(독립변수)과 도래하는 철새의 숫자(종속변수) 사이에 관련성이 있는 것으로 관측되었다고 할 때, 이 두 변수들 사이의 관련성이 허위인지 아닌지를 판명하기 위해 사용하는 변수를 말합니다. 단순히 화학공장의 설립이 문제가 아니고 또 다른 변수들이 철새 숫자 감소에 영향을 미치는 또 다른 독립변수들이 존재합니다. 예를 들면, 근처 강의 폐기물 오염정도, 철새의 출생률, 부근의 환경, 좋은 지역으로의 철새 도래 숫자 등입니다. 이런 독립변수들은 연구자의 원래 연구 의도와는 상관없는 독립변수로서 종속변수에 미치는 영향이 제거되거나 통제되어야 하는 '통제변수'가 됩니다.

'매개변수'란 독립변수가 종속변수에 영향을 미칠 때 그 영향력을 구분해 줄 수 있는 변수를 말합니다. 예를 들면, "교수가 학생들에게 시험예상문제에 대해서 많은 문제를(내용을) 알려줄수록, 학생들은 더 열심히 공부한다"는 연관성을 발견했다고 합시다. 그런 연관성에 "여학생들이 남학생들보다 더 열심히 공부한다"라는 사실이 매개될 가능성이 있습니다. 이러한 가설에서 독립변수(시험예상문제 공개 정도)는 종속변수(공부시간)에 영향을 미치는데 이때 매개변수(성별)에 따라서 다르게 독립변수와 종속변수의 관계가 설정된다는 것입니다. 즉, 남학생이냐 여학생이냐에 따라서 종속변수와 독립변수의 관계는 차별성을 지니게 됩니다. 그런데 '성별'(性別, sex)과 관련해서 추가적으로 참고해야 할 사안이 있습니다. 매개변수

변수란 한 개의 개념 안에 여러 개의 값으로 변할 수 있습니다. 그런데, 조금 독특한 경우로 '성별'(sex) 또는 '인종'(race)과 같은 변수는 몇 개의 값을 갖고 있지만 사실상 그 값들이 정해져 있어서 그 몇 개의 값 이외의 것들로 조작되거나 변화될 수 없습니다. 예를 들면 인종의 경우, 백인종, 황인종, 흑인종의 값으로, 성별의 경우 남성과 여성의 값으로 고정되어 있습니다. 앞서서 정당지지율이나 인플레이션 증감비율은 시간과 공간에 따라서 변할 수 있다고 하였습니다. 반면에 어떤 개인에게 있어서나 인종이나 성별은 사실상 고정값이나 다름이 없습니다. 변수라는 말이 틀린 것은 아니지만, 일반적인 변수와는 미묘한 차이가 있음을 알 수 있습니다. 참고하시기 바랍니다. 보통 '사회·경제적 변수'(socio-economic variable)라고 하면, 사회·경제적 변수

성별, 인종, 연령(age), 교육수준(education), 소득정도(income), 종교(religion), 직업(vocation) 등 개인의 사회·경제적 배경과 연관된 변수들을 말합니다. 그런데 이들 변수들 중에서 성별과 인종을 제외하면, 연령도 시간에 따라서 변하고, 교육수준도 평생 교육으로 자신의 학위 수준을 높일 수 있고, 소득도 노력여하에 따라서 변할 수 있으며, 종교도 바뀔 수 있습니다. 같은 변수들인데도 그 성격에 차이가 있음을 아셨을 것입니다.

변수들은 변화하는 값을 갖는데, 변화하는 값들 사이의 관계는 크게 '불연속변수'(不連續變數, discrete variable)와 연속변수(連續變數, continuous varialble)로 구분되며, 보다 세분화된 구분은 다음과 같습니다.

불연속변수

① 불연속변수: 사람, 사물, 그리고 사건에 대해서 그들 '속성의 질'(the quality of the attribute)에 관련된 값들로 구성된 변수들을 말합니다.

ⓐ 서수적-불연속변수(orderable discrete variable): 불연속변수인데, 높고 낮음, 많고 적음 등의 정도에 따라서 순서를 매길 수 있는 변수를 말합니다. 졸업학력은 그 대표적인 예가 됩니다.

ⓑ 기수적-불연속변수(nonorderable discrete variable): 불연속변수인데, 선호에 관련되어 있거나 단순히 특별한 순서를 매기기가 곤란한 변수를 말합니다. 성별, 혈액형, 국가들 등이 그 예가 됩니다.

연속변수

② 연속변수: 사람, 사물, 그리고 사건에 대해서 그들의 '속성의 양(the quantity or the magnitude of the attribute)에 관련된 값들로 구성된 변수들을 말합니다. 온도, 속도, 시간, 몸무게 등은 연속변수의 대표적인 예가 됩니다.

IV 측정(測定, measurement)과 개념조작(operationalization)

개념들(즉 변수들)로 이루어진 이론(또는 가설)을 결정하고 난 후에, 연구자는 그 이론을 검증하려고 할 것입니다. 이때, 가장 먼저 하는 작업이 개념의 조작입니다. 일반적으로 조작이란 번역을 많이 사용하기 때문에 그대로 번역을 따랐지만, 조정이라고 하는 것이 오히려 오해의 소지가 없을 수도 있습니다.

예를 들어 보겠습니다. 자신이 만든 이론에 사용된 개념 중에 경제발전이란 개념(또는 변수)이 들어 있습니다. 문제는 이론을 검증하기 위해서는 경제발전이란 변수를 가능하도록 해야 할 것입니다. 그러면 경제발전을 측정할 때, GNP를 사용할 것입니까? 아니면 GDP를 사용할 것입니까? GNP를 사용할지, 아니면 GDP를 사용할지 아니면, 국민 1인당 소득을 사용할지 결정하는 것을 개념조작이라고 합니다. 연구자는 자신의 연구 목적을 생각하여 어떤 구체적인 지표(indicator)를 사용할지 결정할 것입니다. 변수의 개념과 관련하여 그러한 변수를 대표할 수 있는 구체적인 지표를 결정하는 일을 우리는 개념조작이라고 합니다. 개념조작을 제대로 하는가, 그렇지 않은가는 연구의 '타당도'(妥當度, validity)와 연관되는 중요한 작업입니다. '타당도'란 측정하고자 하는 것을 정확하게 측정하는 것을 의미하는데, 측정하고자 하는 것을 정확하게 측정한다는 것은 개념조작을 제대로 해야만 가능한 것입니다. 예를 들면, 경제개발을 측정하기 위해서 '시민 인권의식'이란 지표로 개념조작하는 경우엔 연구의 타당도가 떨어지게 될 것입니다.[17]

지표

개념조작

타당도

연구의 타당도와 관련해선, 조작화(operationalization)의 개념과 함께, '망라성'(網羅性, exhaustiveness)의 개념과 '상호배타성'(相互排他性, mutual exclusiveness)의 개념을 동시에 숙지할 필요가 있습니다. 앞서서 변수의 성격으로서 불연속변수와 연속변수를 소개했는데, 어떤 변수이건 상관없이 관측(observations)에 있어 '상호배타성'의 문제를 해결해야만 합니다. 예를 들면, 종교라는 변수를 정하면서 그 값의 범주를 신교(Protestant), 구교(Catholic), 침례교(Baptist)라고 한다면 이것은 상호배타성과 망라성 모두에 문제가 있는 범주 설정이 됩니다. ⓐ 우선 신교와 침례교는 서로 겹치는 범주입니다. 침례교는 신교의 부분집합입니다. ⓑ 종교에 신교와 구교만 있

망라성

상호배타성

17) '시민의 인권의식'은 '정치발전'을 측정하기 위한 지표로 개념조작되면 적합할 것입니다.

는 것이 아닙니다. 물론 전세계에 존재하는 종교의 종류는 우리의 생각 이상으로 많은 종류가 존재할 수도 있지만, 상식적인 수준에서 납득할 수 있는 범주 구분은, 크리스트교, 불교, 이슬람교, 힌두교, 기타 정도로 한다면 이것은 주요 종교를 나름대로 망라하는 것이 됩니다. 결론적으로 종교에 대한 최초의 범주 구분인 신교, 구교, 침례교라는 범주 구분은 상호배타성과 망라성 모두에서 문제가 있는 구분이 됨을 알 수 있습니다. 망라성이란 모든 측정이 어떤 범주 안에서 모두 망라되어 포함되어야 함을 의미합니다. 상호배타성이란 변수의 값들 사이에 서로 부분 집합적인 관계에 있어서 겹치지 말아야 한다는 것입니다. 변수 값을 정함에 있어서 상호배타성과 망라성을 고려해야 연구의 타당성을 높일 수 있습니다.

연구자들은 자신의 연구 목적에 합당하도록 변수와 연관된 구체적인 지표를 결정하는데, 이것은 연구자의 '양심의 자유'에 해당하는 영역입니다. 연구자는 자유롭게 변수와 연관된 지표를 선택하여 개념조작을 할 수 있지만, 만약 연구자의 연구 과정에서 이론과 연관된 개념을 제대로 대표하지 못하는 지표로 변수에 대한 개념조작이 이루어진 경우엔 연구의 타당성이 없어지게 됩니다. 덧붙여서, 만약 연구자와 똑같은 지표를 사용하여(즉, 동일한 개념조작하에서) 연구를 수행한 결과가 다르게 나온다면, 이것은 연구의 '신뢰도'(信賴度, reliability)가 없는 것을 뜻합니다. 동일한 시간과 공간을 대상으로 하여, 동일한 변수하에서 동일한 개념조작들로 이루어진 연구는 어떤 사람들이 수행하든지 동일한 연구 결과를 만들어 낼 것입니다.

신뢰도

V 추론: 전체와 부분

연구자가 관측(observations)을 통해서 가설을 이론으로 입증해 갈 수 있습니다. 문제는 아무리 많이 관측한다고 해도 이것이 전체이기 어렵습니다. 예를 들면, "까마귀는 검다"라는 것을 가설의 단계로 설정하고 이것을 이론화하려고 할 때, 현실적으론 지구상의 모든 까마귀를 관측할 수 없습니다. 까마귀가 검다는 것을 모두 다 시험할 수는 없고 부분적으로 추출되어 시험된 전체만을 대상으로 합니다. 시험된 전체는 실제의 전체와는 차이점이 있습니다.

이때 연구자는 자신의 거주 영역 주위에 살고 있는 까마귀들만을 살펴볼 수 있습니다. 그것도 쉬운 일은 아닐 것입니다. 아니면, 전세계를 돌면서 까마귀들을 살펴볼 수 있습니다. 비록 전세계를 돌아다닌다고 해도 모든 까마귀를 모두 볼 수 없는 것은 마찬가지입니다. 그리고 비록 전세계의 모든 까마귀를 모두 살펴보았다고 하더라도 시간적으로도 문제입니다. 즉, 내가 전세계를 10년 동안 돌아다녔어도, 10년 이후 20년 이후에 나타나는 까마귀에는 흰색이나 노란색 까마귀가 존재할 수 있을는지 모릅니다.[18] 역으로 까만색이 아닌 까마귀가 발견될 때까지는 "까마귀는 검다"라는 명제는 진실로 받아들일 수밖에 없습니다. "까마귀는 검다"라는 것에 대해서 반증가능성을 논하면 다음과 같습니다. '전칭명제'에 대해서 검증은 불가능하지만, 반증은 가능합니다. 반증은 '특칭명제'에 의해서 이루어집니다.

	명제의 형태	검증가능	반증가능
"모든 까마귀는 검다"	전칭명제	불가능	가능
"모든 까마귀가 검은 것은 아니다"	전칭명제의 부정	가능	불가능
"검지 않은 까마귀가 있다"	존재명제	가능	불가능
"검지 않은 까마귀는 없다"	존재명제의 부정	불가능	가능
여기에 검지 않은 까마귀가 있다	특칭명제		

출처: 김영석, 사회조사방법론(서울: 나남, 2000), p. 23에서 재인용; '특수명제'는 용어를 '특칭명제'로 변경하고 '백조'의 예를 '까마귀'로 변경하였음.

'반증'의 논리적 중요성은 뒤에서 다룰 '가설검정'의 과정에서도 그대

18) 부리만 노랑색인 노랑부리 까마귀는 실제로 존재하는 생명체입니다. 연구자가 장시간 동안 전세계를 대상으로 여행하면서 관측하는 동안에도 노랑부리 까마귀가 서식하는 오지(奧地)에 못갈 수도 있습니다.

로 나타나게 됩니다. 가설을 검정할 때, 가설에 대한 완전한 입증을 하기 어려우므로, 가설에 대한 부분만을 가지고 입증하여 가설을 검정하게 됩니다. 연구조사자는 시간적·공간적 제약 때문에 항상 관찰 대상 모두를 조사할 수 없는 경우가 다반사이며, 따라서 부분을 통해서 전체를 생각합니다. 사람, 사물, 그리고 사건들의 모든 값을 포함하는 전체(全體, universe)에 해
모집단 당하는 '모집단'(母集團, population)에서 추출된 제한된 숫자의 관측인 '표
표본 본'(標本, sample)을 통해서 행해집니다. 표본은 모집단으로부터 추출되기 때문에 전체에 대한 일부에 불과합니다. 부분적인 표본으로부터 전체 모집
추론 단의 속성을 추론(推論, inference)하는 과정이 중요합니다. 부분적인 표본으로부터 전체 모집단의 속성을 추론화하는 과정은 통계적 방법론을 통해
대표성 서 이루어집니다. 표본이 모집단에 대한 대표성(代表性, representativeness)을 갖추어야만 모집단 모두를 조사하지 않아도 표본으로부터 모집단의 속성을 올바로 이론화할 수 있습니다. 일반적으로, 표본으로부터 모집단을 추론하기 위해서 표본의 성격에 두 가지의 조건이 필요합니다. ⓐ 모집단에서 표본을 만드는 과정에서 어떤 의도없이 무작위로 이루어지는 추출은 모집단의 성격을 가장 잘 대표할 수 있습니다. 표본을 '무작위표본'(無作爲標本, random sampling)으로 만들어야 합니다. ⓑ 표본의 수가 충분히 커야 합니다. 모집단으로부터 추출된 표본의 크기가 너무 작은 경우엔 표본이 모집단을 대표할 수 없습니다.

제 2 장

연구 설계

Ⅰ. 실험 설계
Ⅱ. 준실험 설계
Ⅲ. 전실험 설계
Ⅳ. 상관성 설계

제2장 연구 설계

연구자들은 가설을 정하고, 가설 속의 개념들로 변수를 정하고 난 후엔, 가설이 참인지 거짓인지에 대한 검증(檢證, test) 작업을 하게 됩니다. 가설을 검증한다는 것은 궁극적으로 연구자가 알아내고자 하는 것을 알아내기 위한 전략을 세우는 작업이 됩니다. 이러한 작업을 '연구 설계'(research design)라고 합니다. 일반적으로 연구 설계 방법은 ① 실험 설계(experimental design), ② 준(準)실험 설계[quasi-experimental design], ③ 전(前)실험 설계(pre-experimental design), ④ 상관성 설계(correlational design)로 분류가 가능합니다.

연구 설계

I 실험 설계(Experimental Design)

대다수의 사회과학 가설을 검증하는 의미는 인과관계를 밝히는 것에 연관되어 있습니다. 문제는 X가 Y에 영향을 미친다고 가정할 때, 두 가지 문제점을 해결해야 합니다. ⓐ 우선, X변수가 실제로 Y에 영향을 미치는지이며, ⓑ 그 다음엔, X 변수가 배타적으로 Y에 영향을 미치는지, 아니면 제3의 다른 변수들이 복합적으로 영향을 미치는지입니다. 이 두 가지 문제점을 완전하게 해결하기 위해선 우리는 변수나 상황을 마치 실험실에서처럼 통제할 필요가 있을 것입니다. 연구 설계 방법 중에서 실험 설계 방법은 여타의 방법들보다 완벽한 상황 통제를 통하여 실험실에서의 연구와 같은 효과를 얻을 수 있습니다. 현실적인 사회현상들은 통제가 불가능하다는 의미에서 실험 설계 방법이 현실성이 없다고 생각할 수도 있습니다. 하지만, 실험 설계의 논리는 여타 설계 방법의 장단점을 분명히 이해하는 출발점이 되며, 연구자로 하여금 보다 완벽한 연구설계를 설정할 수 있도록 도와줍니다. 실험 설계에 대한 이해는 나머지 방식들에 대한 파악을 보다 쉽게 합니다.

사회학자 머튼(Robert Merton)의 '자기충족적 예언'(self-fulfilling prophecy)이란 이론이 있습니다. 이것은 여러 차례 경험적으로 입증된 유명한 이론입니다. 이론의 내용을 보면, 교육자가 피교육자에게 "잘한다, 더 잘할 수 있다"하고 긍정적인 면을 부각시켜주면 피교육자는 긍정적인 방향으로의 자기암시를 통해서 장래에 그러한 긍정적인 효과를 현실화시킨다는 것입니다. 교육자의 피교육자에 대한 긍정적인 기대(positive expectation)는 피교육자 자신들에 대한 최면효과를 가져와서 교육받은 긍정적인 방향으로 자신을 움직여 간다는 것이 자기충족적 예언 이론의 논리 구조입니다. 반면에 피교육자가 "못한다, 너는 기껏해야 그 정도 하기도 어려울 것이다"라는 교육자의 말을 듣고 피교육자가 자기암시에 빠진다면 결국 피교육자는 무의식중에도 자신이 정말 무능력하다는 분위기 속에서 그러한 방향으로 부정적인 미래를 만들어 간다는 것입니다. 어떤 연구자가 '자기충족적 예언'에 관한 이론이 참인지 거짓인지를 검증하고자 했다고 가정해 봅시다(물론 연구자 입장에서 검증을 결심했다면 그 단계에선 이론이 아니라 가설의 단계일 것입니다). 가장 상식적으로 생각할 수 있는 실험 설계 형태는 다음과 같습니다.

우선 어떤 초등학교에서 학생들을 두 집단으로 나눕니다. 두 집단을 나눔에 있어서는 '무작위'(Randomization: R)로 할당합니다.[1] 그렇게 나누어진 두 집단 중에서 한 집단에는 희망찬 기대로 학생들의 지적 능력을 격

무작위

1) 번역을 '무선화'(無選化)라고도 합니다. (의도적으로)선택하지 않고, 아무 생각 없이 되는대로 추출하는 것을 말합니다. 여기서 무작위로 할당한다는 것은 방법론적으로 매우 중요한 의미가 있는데, 그 의미는 무작위로 할당된 집단들은 서로 동질적(同質的, homogeneous)이라고 가정할 수 있기 때문입니다. 만약 할당된 집단들이 서로 이질적(異質的, heterogeneous)이라고 한다면 연구에서 사용된 독립변수가 종속변수에 대한 순수한 효과를 알 수 없게 됩니다. 왜냐하면, 두 집단이 동질적이라고 가정해야 그 한 집단에 독립변수를 '처치'(treatment)한 후에 두 집단의 변화를 독립변수의 순수효과에 근거하여 비교할 수 있기 때문입니다. 만약, 두 집단이 서로 특수성을 지녀서 이질적이라고 하면, 독립변수에 대한 처치 효과로 인한 차이가 집단간의 본질적인 차이점에서 비롯된 것인지, 순수한 독립변수의 효과인지를 구분하기 곤란하기 때문입니다.

려하는 임무를 맡은 선생님들이 투입되어 학생들을 격려합니다. 또 다른 집단은 원래의 상태대로 그냥 둡니다. 만약 선생님들이 투입되어 학생들에게 희망에 찬 기대감을 계속 심어준 집단에서 더 높은 지적 능력을 나타내는 결과가 후에 나타났다면 '자기충족적 예언'은 참으로 검증될 것입니다. 자기충족적 예언이란 이것을 표로 나타내면 다음과 같습니다.

도표 2-1 실험 설계의 전형[2)]

		사전검사		사후검사
실험집단	R	O_1	X	O_2
통제집단	R	O_3		O_4

실험집단
통제집단

도표 2-1에서 '실험집단'(experimental group)이란 희망찬 격려를 전하는 선생님들이 의도적으로 투입된 집단이고, '통제집단'(control group)이란 평상시의 상태를 유지하도록 통제된 집단입니다. 선생님들의 학생들의 지적 능력에 대한 '희망찬 격려'(독립변수 X)가 실제로 효과가 있었는지 없었는지(종속변수는 지적 능력의 '향상 여부')를 알려면 선생님들이 투입되기 이전의 상태와 이후 관측된(observation, O) 상태들에 대한 비교가 있어야 할 것입니다. 따라서 독립변수가 시행되었던 시점 이전의 상태[즉, 사전(事前)검사, pretest]와 이후의 상태[사후(事後)검사, posttest]의 차이점을 통해서(즉, $O_2 - O_1 = d_E$) 선생님들의 학생들의 지적 능력에 대한 희망찬 격려(encouragement)가 실제로 학생들의 지적 능력 향상으로 이어졌는지를 알 수 있을 것입니다.

하지만, $(O_2 - O_1)$의 의미에 대한 보다 완전한 이해는 선생님들의 학생들에 대한 의도된 희망찬 격려가 없는 통제집단에서의 지적 능력의 향상 정도(즉, $O_4 - O_3 = d_C$)와의 비교를 통해서 이루어질 것입니다. 왜냐하면, 아무리 d_E의 수치가 크게 나타났더라도, d_C도 그에 못지 않게 나타날 수도 있

사전-사후검사 통제집단 설계
사전-사후검사 비교설계

2) '사전-사후검사 통제집단 설계'(pretest and posttest control group design), 또는 '사전-사후검사 비교설계'라고도 합니다.

으며, 이런 경우 선생님들의 희망에 찬 격려는 특별히 효과가 있다고 주장하기 어렵기 때문입니다. 비교집단이 없다면, 다시 말해 통제집단이 없이 실험집단만 있다면, 독립변수와 종속변수간에 인과관계를 추정하는 데 한계가 있을 것입니다.

허구성

한 개의 집단으로부터만 연구 결과를 본다면, '허구성'(虛構性, spuriousness)의 문제에 더 쉽게 노출될 것입니다. '허구성'이란 독립변수(지적능력에 대한 희망찬 격려)와 종속변수(지적능력의 향상 정도) 사이에 또 다른 제3의 변수가 개입될 가능성을 말합니다. 예를 들면, 학생들의 지적 능력이라는 것은 시간이 흐르면 자연스럽게 향상되는 것일 수도 있습니다. 사후검사 이후에 나타난 지적 능력의 향상이 선생님들의 희망찬 격려로 인한 것인지, 아니면 시간이 흐르면서 자연스럽게 생긴 효과인지 분명치 않을 수도 있다는 의미입니다. 이 경우 '시간효과'(time effect)는 제3의 변수가 되는 것입니다. 이런 의미에서 실험집단에서의 d_C는 시간이 흐르면서 자연스럽게 생긴 효과를 포함하고 있을 것입니다. $(d_E - d_C)$는 실험에서 독립변수 X와 시간효과 사이의 차이를 동시에 말해 줄 수 있을 것입니다.

사회과학의 많은 연구와 조사들이 변수들간의 인과관계를 규명하는 것이라고 하였는데, 두 변수간의 인과관계를 완전하게 증명하기 위해서는 두 변수 사이의 '시간적 순서'(time order), '공변성'(covariation), 그리고 '비허구성'(nonspuriousness)이란 3가지 요소가 충족되어 결과로 나타날 때라고 지적한 바 있습니다. 인과관계인지 아닌지의 결과를 얻는 과정인 연구 설계 방법론에서는 ⓐ '내적 타당도'(internal validity)와 ⓑ '외적 타당도'(external validity)를 확보하는 것이 필요합니다.

내적 타당도(internal validity)

'내적 타당도'란 연구설계에 있어서 비허위성을 확보하기 위한 노력으로써 보상되는 타당도를 말합니다.[3] 달리 표현하자면, 연구자가 설정한 독

3) '내적 타당도'는 캠벨과 스탠리(Donald Campbell and Julian Stanley)가 그들의 저서인

립변수에 의한 영향만을 분리시켜서(다른 제3의 변수들의 영향력이 복합되지 않고서) 측정하고 있을 때 내적 타당도가 보장됩니다. 내적 타당도는 다시 내적요인(intrinsic factor)과 외적요인(extrinsic factor)으로 구성됩니다.

(1) 내적 타당도의 내적요인

연구에 포함된 변수들간의 인과관계 추정에 영향을 미치는 요인들은 다음과 같이 정리할 수 있습니다.

① 역사(history)요인: 연구기간 동안에 일어나는 사건들이 종속변수에 영향을 미치게 되는 경우를 말합니다. 예를 들면, 선거기간 동안에 어떤 선거 캠페인이(즉, 어떤 선거 캠페인을 선택하느냐가) 선거결과에(즉, 유권자의 선택에) 미치는 영향력을 조사한다고 가정합시다. 조사는 유권자를 두 집단으로 나누어서 한 집단은 선거 캠페인에 노출되게 하고, 다른 집단은 선거 캠페인에 노출되지 않게 합니다. 그리고 선거 캠페인을 시행하기 이전과 이후 사전검사와 사후검사를 시행하여 두 집단을 비교하게 될 것입니다. 문제는 선거기간 동안에 유권자들이 특정 선거 캠페인과는 별도로 여러 가지 사건들을 접하게 됩니다. 후보자의 스캔들, 정부 세금 인상, 국제 금융위기, 국내 안보위기 상황 등 다양한 사건들이 일어날 수 있습니다. 연구나 조사 프로젝트는 그것이 진행되는 시기에 따라서 상이한 사건들을 경험하게 됩니다. 선거 캠페인이 선거 결과에 어떤 효과가 있는지를 파악하는 데 선거가 있었던 특정 시기 그 자체가 중요한 요인으로 작용하게 됩니다. 일반적으로 사전검사와 사후검사의 간격이 크면 클수록, 이러한 다양한 사건들이 그 사이에 개입될 가능성이 커집니다.[4)]

② 성숙(maturation)요인: 어떤 연구가 시간을 두고 진행된다고 할 때, 연구에 참여하는 개인들은 시간의 흐름에 따라서 새로운 학습이나 정신적 성장을 경험할 수도 있고, 연구 분위기나 상황에 익숙해질 수 있습니다. 선

Experimental and Quasi-Experimental Designs for Research(Chicago: Rand McNally, 1963)에서 사용한 용어입니다.

4) 그렇다고 해서, 사전검사와 사후검사의 시기 간격을 너무 좁게 하면, 선거 캠페인의 효과가 충분히 스며들지 않을 수 있어서, 연구의 본래 취지를 무너뜨릴 수가 있습니다.

생님들이 잘 가르쳐서(즉, 희망찬 격려를 해서) 학생들이 좋은 학습결과를 낸 것인지, 아니면 시간이 흐르면서 학생들이 점점 철이 들고 똑똑해져서 그런 것인지 분명하지 않을 수도 있습니다. 연구 과정과 관련하여서도 성숙 효과가 있을 수 있습니다. 연구가 길어지면 연구 참여자들은 참여 자체를 지루해하면서 연구를 끝내기 위해서 연구의 초점과 상관없는 응답으로 연구 결과를 혼란스럽게 할 수도 있습니다.

③ 탈락(mortality)요인: 이것은 연구자가 어떤 이유에서 목표로 정한 연구 사례수(cases)에 대한 완전한 정보를 얻는 데 흠결이 되는 요인들을 말합니다. 예를 들면, 실험집단이건 통제집단이건, 이러한 집단에 속해 있던 조사대상자가 질병으로 병원에 입원했다거나, 먼 곳으로 이사를 간 경우 표본의 사례 수는 줄어들게 됩니다. 조사 참여자가 어떤 이유에서건 탈락(dropout)하여 조사를 위한 경우의 수가 줄어들게 되면 연구의 타당성에 영향을 미치게 되는 것입니다.

④ 도구(instrumentation)요인: 연구 실험 중에 사전검사 사후검사에 사용되는 측정도구는 일관성 있게 동일해야 합니다. 도구요인은 연구의 신뢰도에도 동시에 영향을 미치는 중요한 요인인데, 조사자의 심리상태에서 발생하기도 하고, 조사 도구가 사용되면서 낡은 물건이 되면서 발생하기도 합니다. 연구 조사자가 사전검사와 사후검사를 하여 판단함에 있어서 일관된 판단을 위한 심리적 상태를 유지하지 못한 경우 발생될 수 있습니다. 어떤 능력에 대해서 판단하고 그것에 점수를 부여하는 연구 조사가가 판단을 위한 일관된 심리상태를 조정하지 못하는 경우엔, 같은 능력에 대해서 다른 점수를 부여할 수 있는 것입니다. 연구자들은 이성이나 타 인종에 대해서 다른 태도로 조사할 수 있으며, 피조사자보다 우월한 입장을 느낄 수도 있습니다. 이런 것들은 '연구자 요인'(researcher factor)이 됩니다. 연구자 요인

⑤ 회귀(regression)요인: 어떤 현상이건, 극단적으로 갈 수 있는 상황은 제한적이며, 극단으로 간 이후에 오히려 평균으로 회귀하는 성향이 있습니다. 예를 들면, 평상시에는 게을렀으나, 시험 전날 평상시와는 달리 밤을 새면서 열심히 공부했으며 공부가 잘 되어 시험에서 높은 점수를 받았

을 수 있습니다. 반면에 평상시에는 공부를 했었는데, 시험 전날 독감에 걸려서 시험 공부에 박차를 가하지 못하고 낮은 점수를 받았을 수도 있습니다. 만약 시험을 반복하게 되면, 평상시에 공부를 게을리하는 사람은 그에 합당한 평균 점수로 회귀할 가능성이 높습니다. 평상시에 공부를 열심히 하는 사람은 그에 합당한 평균 점수로 회귀하는 성향이 있습니다.[5] 우리는 프로야구경기에서도 비슷한 예를 봅니다. 페넌트 레이스(pennant race)에서의 팀 성적과 플레이오프(play-off)에서의 팀성적은 반드시 일치하지 않을 수 있는데, 페넌트 레이스에서의 성적은 팀의 평균 실력으로 회귀된 성적일 것입니다. 아무튼, 어떤 실험에서 종속변수에 대해 극단적인 점수를 기록하는 경우들을 고려하는 경우엔 회귀요인에 대해서 주의를 해야 합니다.

⑥ 검사(test)요인: 조사 대상자가 한 번 검사(즉, 사전검사)를 받고 나면, 그 다음의 검사(즉, 사후검사)에서 더 잘하려고 의도적으로 노력을 기울이게 되어 발생하는 효과를 말합니다. 어떤 사회 속에서 사람들은 그들의 다양한 개성에도 불구하고 보편적인 선과 악, 좋고 나쁨에 대한 유사한 판단기준을 갖고 있습니다. 덧붙여서 자신들을 더 좋은 방향으로 보이고 싶은 본능이 존재합니다. 만약, 어떤 사후검사가 특히 개인들의 이러한 성향이 관련되어 나타난다면, 사후검사의 해석을 사전검사와는 다른 가중치로서 해석하기도 합니다. 또한 검사에 대한 민감화(敏感化, sensitivity) 현상도 검사요인의 한 종류로 파악할 수 있습니다. 즉, 일반인들에게 검사나 시험은 주의력과 집중력을 높이게 되어 평소와는 다른 행태로 나타날 개연성이 있습니다.

민감화(敏感化, sensitivity) 현상

(2) 내적 타당도의 외적요인

내적 타당도의 외적요인은 연구실험을 진행하기 전에 구성되는 실험집단이나 통제집단의 선정문제에서 발생하는 '선정(selection)요인'을 말합니

선정(selection) 요인

5) 다음과 같은 가능성도 있습니다. 학생들의 수학 학업 능력을 측정하는 경우, 어떤 학생이 최고의 수학점수를 받았다면, 그 다음엔 그 최고 점수 이상으로 갈 수 없기 때문에 오히려 점수가 내려올 개연성이 높을 것입니다. 반대로, 어떤 학생이 최저 점수를 받았다면 그 점수 이하로 내려갈 수는 없으며 점수가 올라갈 개연성이 더 큽니다.

다. 앞서서 '자기충족적 예언'에 대한 이론적 검증을 위해서 실험집단과 통제집단을 선정한 것에 대해서 설명한 바 있습니다. 이런 경우 연구조사자는 실험집단과 통제집단을 구성함에 있어서 집단선정에 편견이 개입될 소지가 있습니다. 즉, 실험집단을 통제집단보다 더 지적 능력이 우수한 학생들로 구성할 수 있는 편견이 존재할 수 있습니다. 그러한 편견이 선정요인입니다. 연구에서 두 개의 집단을 선정함에 있어서, 처음부터 교육수준, 재산수준, 인종, 거주지 등에서 차별성이 있는 사람들로만 실험집단과 통제집단을 구성할 수 있습니다. 그런 경우 실험집단과 통제집단은 처음부터 교육, 재산, 인종, 거주지 등의 차이점을 전제로 시작하게 됩니다. 이렇게 처음부터 차별적인 집단으로 구성된 연구 결과는 무작위효과를 무시하게 되며, 차별성의 기준이 되는 교육수준, 재산수준, 인종적 차이, 거주지의 차이 등이 제 3 의 변수로 작용하게 됨으로써 연구의 내적 타당성을 무너뜨립니다.

(3) 내적-외적 상호요인

내적 타당도의 외적 요인인 선정 요인이 내적 타당도의 내적 요인인 성숙요인이나 역사요인과 상호작용으로 발생하는 경우가 빈번하여 이들 두 가지 상호작용의 경우를 구분합니다.

① '성숙-선정' 상호요인(selection-maturation interaction effect): 실험집단과 통제집단의 그룹 성숙도(정신적 성숙도 또는 육체적 성숙도)가 다른 수준에서 구성되는 것을 말합니다. 연구 조사가가 그룹 성숙도에서 차이가 있는 집단을 선정함으로써 생기는 문제입니다.

② '역사-선정' 상호요인(selection-history interaction effect): 예를 들면, 실업자들을 자신의 거주지 부근의 공업단지(industral plants)에 취직시키려는 직업교육이 시행되었고, 그러한 직업교육이 실제적 취직에 얼마나 효과가 있는지에 대해서 연구가 진행되었다고 가정합시다. 실업자들이 직업교육을 마치고 취직할 그 시기에, 우연히도 그들 실업자 거주지에 있는 공단들의 사업체들이 관련 산업의 경제적 어려움으로 대다수 문을 닫게 되었습니다. 이렇게 된 경우 직업교육의 효과는 제대로 평가될 수 없습니다. 연구

자의 의도와는 상관없는 역사적 요인이 궁극적으로 역사-선정 상호요인이 되어 연구의 내적 타당도에 영향을 미칩니다.

외적 타당도(external validity)

'외적 타당도'란 어떤 연구가 다시 한 번 시행되는 경우 얼마나 잘 "일반화될 수 있을 것(generalizability)인가?" 하는 문제와 연관되어 있습니다.[6] 어떤 특정 연구가 훗날 또는 같은 시기 다른 장소에서도 유사한 결론에 이르게 되면, 일반화의 수준이 높게 보장된 것을 의미하며, 이것은 외적 타당도가 높은 것을 의미합니다.

① 표본의 대표성(representativeness of sampling): 연구가 반복되는 경우 그들 연구들이 거의 유사한 결론을 낸다는 것은(비록 똑같지는 않을지라도) 우선 실험을 위해 추출된 표본에 대표성이 있어야 합니다. 표본이 대표성을 갖기 위해서는 표본은 모집단(population)의 축소된 소우주(microcosm)여야 함을 의미합니다. 단순히 표현해서, 어떤 모집단의 인구 구성이 남자 50%, 여자 50%, 화이트 칼라 40%, 블루 칼라 60%였다면, 표본의 인구 구성도 남자 50%, 여자 50%, 화이트 칼라 40%, 블루 칼라 60%로 같아야 함을 의미합니다.[7] 방법론적으로 무작위 추출법을 그대로 쓰기 곤란한 곳에서는 그에 준하는 방법들을 쓰는데, 이에 대해서는 해당 부분에서 자세히 논하겠습니다. 연구자의 표본에 대한 관리는 중요합니다. 이런 예도 있

6) 이러한 내용은 '신뢰성'(reliability)의 문제와 일치하는 것입니다. 일반적으로, '타당성'은 연구자가 의도했던 것을 의도했던 대로 정확히 하는 성향의 것을 말합니다. 이와 대조적으로, '신뢰성'은 특정인이 진행한 어떤 연구에 대해서 다른 사람이 유사한 절차에 의해서 연구를 진행했을 때 유사한 결과가 나오는 것을 말합니다. 어떤 연구자가 진행해도 유사한 결과가 나온다면 해당 연구는 신뢰성이 높은 연구이며, 연구 결과는 높은 일반화의 수준을 갖게 됩니다.

7) 이런 비유가 어떨지 모르겠습니다. 우리는 아빠나 엄마의 모습과 성격을 그대로 빼닮은 아이를 볼 때, 복사판이라고 이야기 하면서 '장조림' '제록스'라고 별명 짓는 경우가 있습니다. 장조림이라는 의미는 그대로 크기만 줄여서 작게 만들어 놓았다는 의미일 것이고, 제록스는 그대로 복사했다는 의미일 것입니다. 크기만 다를 뿐 그대로 아빠와 엄마의 모습을 원형 축소한 형태로서 아이의 모습과 행태는 아빠나 엄마의 모습에 대한 대표성을 지니고 있을 것입니다.

습니다. 유권자들의 투표에 대한 선거관리위원회의 투표독려공익광고 효과 문제입니다. 어떤 연구자가 유권자들에 대한 선거관리위원회의 투표독려 공익광고 효과문제를 측정하려고 합니다. 이때, 실험대상자들이 실제로 투표를 한 사람들인지, 아니면 투표를 하지 않은 사람들인지, 그 속성 자체가 중요할 수 있습니다. 이런 경우는 세 가지 경우의 수로 나누어질 것입니다.

㉠ 투표한 사람들에 대한 투표효과를 알아보는 경우, ㉡ 투표하지 않은 사람들에 대한 투표효과를 알아보는 경우, ㉢ 전체 유권자들에 대한 투표효과를 알아보는 경우가 그것입니다. 무작위 추출이 제대로 이루어지는 경우엔 통계적으로 투표독려공익광고 이후에 선거에서 투표한 사람과 투표하지 않은 사람들의 비율이 모집단에 대한 대표성을 지니게 될 것이니 크게 걱정할 필요가 없을 것입니다. 하지만, 연구의 목적이 ㉠과 ㉡의 경우에 관련되어 있다면 처음부터 표본 관리를 해야 할 것입니다.

② 반동적 장치(reactive arrangement)효과: 실험연구의 가장 큰 문제점은 자연스러운 실생활 속에서의 실험이 아니라, 실험실이란 제한된 공간인 장치(또는 설비) 속에서 행하는 인간에 대한 실험이란 점입니다. 따라서 인위적인 실험으로부터 추출된 결론이 특히 자연적 사회 상황 속에서 인간들의 상황을 설명하는 사회과학 일반의 이론으로 적용되는 데 한계가 있을 것입니다. 극단적인 예로, 인간에게 불안정한 상황을 만들어주기 위해, 실험실의 좁은 방에서 불을 끈 상태에서, '자동광점현상'(autokinetic phenomenon)을 이용한 실험을 한다면, 그것이 자연 상황에서 인간에 대한 불안정한 상황으로 일반화되는 데 커다란 한계가 있을 것입니다.[8] 자연상태가 아닌 실험실과 같은 장치 속에서 조사 대상자들은 보다 민감하게 반응할 수 있습니다. 조사대상자들이 평소와는 달리 민감하게 반응하는 문제는 내적 타당도와 외적 타당도 모두에 연관되어 있음을 알 수 있습니다. 자연상태

8) 그렇기 때문에, 실험연구보다는 준실험연구나 전실험연구, 또는 상관실험연구가 사회과학적 연구로서는 더 현실성이 있습니다. 더 현실적으로 말한다면, 준실험연구조차도 이용되기 어렵고, 전실험연구나 상관실험연구 정도가 상용적으로 사용될 가능성이 높습니다. 하지만, 연구자가 실험연구나 준실험연구를 이해하면 전실험연구나 상관실험연구가 갖는 문제점들을 극복하기 위한 최소한의 고려를 할 수 있게 됩니다. 다양한 방법론을 배우는 이유입니다.

우리는 이상에서 내적 타당도가 침해받는 내적, 외적 요인들, 외적 타당도가 침해받는 요인들에 대해서 살펴보았습니다. 그런 여러 가지 요인들을 복합적으로 생각하면서, 도표 2-1과 대비되는 실험 설계의 다양한 종류들을 살펴보도록 하겠습니다.

솔로몬 4개 집단 설계(Solomon 4 Group Design)

솔로몬 4개 집단 설계는 가장 완벽한 실험 설계라고 해도 과언이 아닐 것입니다. 앞서 제시한 도표 2-1의 실험 설계가 제법 완벽한 실험 같지만, 종속변수에 대한 독립변수의 효과를 말함에 있어서 내적 타당도의 내적요인이나 외적요인을 배우고 난 후엔 문제가 있다는 것을 느끼셨을 것입니다. 연구에 포함된 독립변수의 다른 제3의 독립변수들로부터 구분되는 배타적인 효과(exclusive effect)를 측정하기 위한 보다 완벽한 상황을 만들기 위해선 도표 2-1에서의 두 집단 이외에 두 개의 집단이 더 필요합니다.

솔로몬 4개 집단 설계를 채택하는 이유는 종속변수에 제3의 독립변수가 영향을 미치는지 여부를 가장 크게 통제하여 연구 설계에 포함된 독립변수의 배타적 효과(또는 순수효과)를 가장 잘 추론할 수 있다고 보기 때문입니다. 연구 설계에 포함된 관심 있는 독립변수 이외의 변수들로서 종속변수에 대한 대안적 설명(alternative explanation)의 가능성을 가장 최소화할 수 있는 방법인 것입니다. 도표 2-2와 같이 표시됩니다.

대안적 설명

도표 2-2 솔로몬 4개 집단 설계

	사전검사		사후검사
R	O_1	X	O_2
R	O_3		O_4
R		X	O_5
R			O_6

도표 2-2에서 보듯이, 연구 설계는 실험집단을 다시 두 개로 나누고, 통제집단도 다시 두 개로 나누었음을 알 수 있습니다. 연구 목적상 사용되는 독립변수에 노출되는 실험집단을 두 개로 하되, 한 개의 집단에서는 사전검사를 한 후에 독립변수의 영향력을 실시하고 나머지 한 개의 집단에서는 사전검사 없이 사후검사만을 시행하는 것입니다. 마찬가지로 독립변수에 노출되지 않는 통제집단의 경우도 사전검사와 사후검사를 모두 하는 집단과 단순히 사후검사만을 하는 집단으로 구분하여 구성합니다. 결론적으로, 연구 설계의 구조를 이렇게 생각해도 될 것입니다. 도표 2-1의 '전형적인 실험 설계'에 사전검사를 제외한 또 하나의 세트(실험집단-통제집단)를 비교하고 있는 형태입니다. 앞서 우리는 사전검사를 받는 집단의 경우엔 그러한 검사에 조사대상자들이 민감해질 수 있음을 지적한 바 있습니다. 이것은 실험 설계의 내적 타당도의 내적요인과 관련되어 실험 설계가 갖는 근본적인 문제점들 중에 하나입니다. 즉, 사후검사의 결과가 자연적으로 도출된 결과라기보다는 사전검사에 영향을 받아 민감해진 조사 대상자들의 반응의 결과일 가능성이 있는지에 대한 확신을 갖기 어려운 것입니다. 또 하나의 세트란 궁극적으로 반동적 장치(reactive arrangement) 효과로부터 상대적으로 자유로운 세트여서 O_2를 O_5에 비교하고($O_2 - O_5$), O_4를 O_6에 비교한다면($O_4 - O_6$) 연구설계에 포함된 독립변수 X의 종속변수에 대한 '배타적 효과'(즉 제3의 독립변수들로부터의 효과를 제외한 X만의 효과)를 아는데 보다 완전한 상황을 만들어 내게 됩니다. 그러니까, O_2와 O_4에 대한 정보만 갖는 것보다는 O_5에 비교한 O_2의 정보와 O_6에 비교한 O_4의 정보를 갖는 경우에 독립변수 X의 배타적 효과에 대한 논의를 더 심도있게 할 수 있다는 의미입니다.

배타적 효과

솔로몬 4개 집단 설계에서는 독립변수의 종속변수에 대한 영향력을 보다 높은 수준에서 일반화할 수 있는 장점과 더불어 독립변수의 효과에 대한 보다 높은(또는 다양한) 추리(推理, inference)의 효과도 얻을 수 있습니다. 독립변수 X를 적용한 실험집단의 관측물은 O_2와 O_5입니다. 솔로몬 4개 집단 실험에서는 X의 효과를 추론하는데, ($O_2 - O_5$), ($O_4 - O_6$)의 비교 이외에도, O_2를 O_1과 O_4에 각각 비교하고[$(O_2 - O_1)$, $(O_2 - O_4)$], O_5를 O_6와 O_3에 각각 비교할 수[$(O_5 - O_6)$, $(O_5 - O_3)$] 있어 보다 다양한 추론의 관점들을 제시할 수 있습니다(Campbell and Stanley 1963: 25).

이해의 편의를 위해서, 도표 2-1에서 사용했던 '자기충족적 예언'의 효과성에 대한 실험을 생각해 봅시다. 선생님들의 학생들에 대한 희망에 찬 기대라는 독립변수의 효과는 관측된 (O_2, O_5)가 (O_4, O_6)에 비교하여 얼마나 크게 나타났는가에 달려 있습니다. 하지만, 학생들의 지적능력 여부를 판단하기 위한 사전검사를 시행하는 경우, 학생들은 "열심히 공부해야만 한다"라는 경각심이 고취되어 사전검사 이후 열심히 공부를 할 수 있습니다. 선생님들의 학생들에 대한 희망에 찬 격려와는 상관없이 이러한 학생들의 경각심(즉, 제3의 독립변수가 될 것임)이 지적 능력 향상에 주요한 요인이 되어 O_2나 O_4가 관측될 수도 있습니다. 따라서 O_2는 단순히 O_4와의 비교가 아니라, 사전검사가 되지 않은 또 다른 실험집단의 O_5와의 비교를 통해서 그 추론의 방향이 더 적실해질 수 있습니다.

그런데, O_5에 대한 해석이 문제입니다. 궁극적으로 O_5는 O_6와 가장 먼저 비교될 것입니다. 문제는 다른 곳에서 발생합니다. 사전검사 없이 포함된 실험집단과 통제집단도 어떤 심각한 문제점을 발생시킬 수 있습니다. 앞서서 내적 타당성의 내적요인에서 제기한 '탈락요인'이 바로 그것입니다. 일반적으로 사전검사를 시행하지 않은 집단에서는 사전검사를 시행하며 관리하는 집단보다 사후검사에서의 조사 참여자들의 탈락률(the dropout rate)이 상대적으로 높습니다. O_5와 O_6는 탈락률이 높은 상태에서의 관측값일 개연성이 큰 것입니다. 따라서, O_5는 단순히 O_6뿐만이 아니라, O_4 내지는 O_4와 연결되어 있는 O_3의 의미도 동시에 참조한다면 보다 적실성 있는 추론의 방향을 결정하는 데 유익할 것입니다.

솔로몬 4개 집단 설계의 대표적인 예로 회자되는 연구가 로빈슨(Michael Robinson)의 연구입니다. 해당 연구는 공적 사안을 다루는 TV 프로그램이 공기관들(군대, 행정부, 입법부, 사법부 등)에 대한 시민들의 느낌에 미치는 영향을 측정한 연구입니다(Robinson 1976). 로빈슨은 CBS의 공적 사안에 대한 다큐멘터리 프로그램인 “펜타곤의 판매”(The Selling of the Pentagon)의 방영에 대하여 시민들의 공기관에 대한 인식에 TV 방송이 실제로 영향력을 갖는지를 검사하였습니다. 2개의 실험집단과 2개의 통제집단이 사용되었습니다. 실험집단에 대한 사후검사는 해당 프로그램 방영 직후에 이루어졌고, 통제집단에 대한 사후검사는 해당 프로그램 방영 직전에 이루어졌습니다. 연구에 따르면, 시민들은 공적 사안을 다루는 프로그램이었던 ‘펜타곤의 판매’ 방영 직후엔 군대에 대한 이미지가 바뀐 것으로 드러났습니다. 해당 프로그램 시청 후에 많은 미국인들은 애국의 첨병인 군대 조직이 움직이는 메커니즘은 그들이 과거에 생각했던 것과는 달리(즉, 시민들은 방송의 내용을 받아들이면서, 또는 방송에 영향을 받아서) 군대가 정치적인 연루 속에서 움직인다는 부정적 이미지를 갖게 된 것입니다. 실험집단에서는 통계적으로 유의미한 차이로 나타났는데(O_1, O_2, O_5), 통제집단에서는 관측값들 사이에 어떤 의미 있는 변화가 없었습니다(O_3, O_4, O_6). 실험집단에서 관측값들 사이에 변화가 분명하며, 통제집단에서의 관측값들에는 변화가 없다는 것은 독립변수의 영향력이 분명하다는 의미입니다. 실험 연구 결과 CBS 다큐멘터리 프로그램은 시민들의 정부 조직들에 대한 불신감에 영향을 미치고 있음을 보여주고 있습니다.

단독 사후검사 통제집단 설계(The Posttest-Only Control Group Design)

‘솔로몬 4개 집단 설계’에서 ‘전형적 실험 설계’에 추가된 실험 설계 세트는 단순히 사전검사 없이 독립변수의 효과를 알아보는 것이었습니다. 추가된 실험 설계 세트만을 말할 때, ‘단독 사후검사 통제집단 설계’라고 합니다. 단순하지만 그 자체로서 매우 강력한 설계가 되는 것을 앞 부분에서 느끼셨을 것입니다.[9] 단독 사후검사 통제집단 설계는 연구 설계에서 사전검사

9) 가장 단순화된 방법이 가장 효율적이고 강력한 방법일 수 있습니다. 이런 유명한 연구 일화가 있습니다. 극지방에 사는 여우의 개체수 증가와 감소를 측정하는 방법에 대한 논쟁이 있었습니다. 일단의 연구자들이 여우의 개체수를 과학적으로 조사한다는 목표하에 독립변수와 종속변수를 정하였습니다. 독립변수는 먹이사슬체계(food chain system) 속에서 하

를 하는 것이 불가능하거나, 하는 것 자체가 부담인 상황에서 자유롭게 그렇지만 상당히 효율적인 방법으로 사용할 수 있는 설계일 것입니다. 다음과 같이 표시될 것입니다.

도표 2-3 단독 사후검사 통제집단 설계

		사후검사
R	X	O_1
R		O_2

앞서서 전형적인 실험 설계의 형태로 자기충족적 예언에 대한 실험이 있었는데, 동일한 실험을 한다고 할 때, 학생들의(즉, 조사대상자들의) 사전검사에 대한 민감화 효과를 제거시키기 위해서 사전검사를 하지 않는 형태가 도표 2-3이 됩니다. 하지만 앞서서 말한 대로 사전검사가 없는 통제집단은 탈락요인에 덧붙여서 또 다른 보다 근본적인 문제점이 발생할 수 있습니다. 사전검사가 없는 통제집단은 제대로 된 무작위 표본이 전제되지 않는다면, 탈락요인보다 더 심각한 연구결과의 타당성에 대한 훼손을 가져올 수 있습니다. 제대로 무작위 추출되지 않은 통제집단은 사실상 이미 독립변수에 노출된 사람들이 상당수 있을 가능성을 내포하기 때문입니다.[10] 자기충

위에 속하는 집단들의 개체수(생산자로서 식물, 1차 소비자로서의 쥐, 작은 새 등)이며, 종속변수는 극지방 여우의 개체수입니다. 따라서 툰드라 지역에서의 식물 군집, 소비자로서의 쥐의 개체수 등을 우선 조사하였습니다. 그리고 내린 결론은 툰드라 지역에서 생산자나 1차 소비자의 개체수가 줄어들기 때문에 2차 소비자에 해당하는 여우는 그 개체수가 줄어들고 있다고 결론을 내렸습니다. 연구기간과 범위에 있어서 비용이 상당히 들어간 연구로 기록되었습니다. 그런데 어떤 생물학자가 또 다른 방법으로 여우의 개체수 감소를 측정하였습니다. 직접적이고 단순한 변수였습니다. 즉, 툰드라 지역을 몇 개로 나누어서 각 지역마다 여우의 출생률과 사망률을 측정한 것입니다. 사망률이 출생률보다 높으면 개체수는 줄어들고, 출생률보다 낮다면 개체수는 늘어난다는 논리였습니다. 사망률이 출생률보다 높다는 것을 알게 되었고, 여우의 개체수 감소를 예언했습니다. 여러분들은 이 두 가지 측정방법에 대해서 어떻게 생각하십니까?

10) 독립변수가 실험집단이 아닌 통제집단에서도 영향력을 갖는(즉, 역으로 말하면, 통제집단에서 독립변수가 제대로 통제되지 않은) 예를 들어 보기로 합시다. 한국에서의 민주화 과정은 순탄치 않았습니다. 1960년 4·19혁명은 1년 남짓한 기간을 지나면서 1961년 5·16군사혁명으로 그 빛이 바랬습니다. 20년이 지난 1979년 부마사태 이후 10·26 사태가 발생하였고 곧 민주화의 물결이 다시 한번 도래하였습니다. 20년 만에 새로운 민주화

족적 예언의 효과에 대한 실험에 있어서 통제집단에 이미 다른 곳에서 또 다른 선생님들에게 학생을 격려하는 기대에 찬 교육방식으로 교육받았거나 받고 있는 학생들이 무너진 무작위 추출 방식의 결과로 지나치게 포함되어 있을 가능성을 배제할 수 없다는 것입니다. 따라서, 민감화의 효과가 있더라도 그다지 크게 걱정할 것이 아니라면, 사전검사의 중요성을 고려하여 실험 연구에 포함하는 모든 집단들에 대하여 사전연구를 시행할 수도 있습니다. 자기충족적 예언에 관한 실험연구에서 학생들이 사전검사에 민감해질 수 있음을 언급한 바 있습니다. 하지만, 사전검사 때문에 많은 학생들의 공부에 대한 경각심이나 의무감이 고취되어 사후검사에까지 영향을 미친다고 생각할 필요는 없을 수도 있습니다. 사전검사로부터의 관측값이 없다면 사후검사로부터의 관측값의 의미를 해석하는 데서 생기는 문제가 더 심각할런지도 모릅니다. 연구설계에서 궁극적으로 해석하는 결과는 가장 최근 시점인 사후검사의 관측값인데, 사전검사의 관측값에 대한 자료 없이는 사후검사 관측값의 변화 양상을 적합하게 추론하는 데 한계가 있기 때문입니다. 사전검사가 없는 사후검사 관측값의 의미에 대한 해석과 추론은 비교대상이 없는 경우 평소의 직관에 의존할 수밖에 없을 것입니다. 아무튼 사전검사의 중요성 때문에 그렇게 쉽게 사전검사를 포기할 일이 아니라면 사전검사는 실험집단이건 통제집단이건 모두 행해야 하는지도 모릅니다. 앞서서 도표 2-2의 '솔로몬 4개 집단 설계'에서도 캠벨과 스탠리는 $(O_2 - O_5)$, $(O_4 - O_6)$의 비교 이외에도, O_2를 O_1과 O_4에 각각 비교하고 $[(O_2 - O_1), (O_2 - O_4)]$, O_5를 O_6와 O_3에 각각 비교할 수$[(O_5 - O_6), (O_5 - O_3)]$ 있어 보다 다양한 추론의 관점들을 제시할 수 있음을 장점으로 지적한 것도 역설적으로 말한다

의 물결이 다가왔지만, 곧 5.18 광주항쟁으로 수많은 사람들이 5공화국 군사정부 탄생의 희생양이 되었습니다. 어떤 연구자가 "민주항쟁(X)이 한국 국민들의 민주화 의식에 미친 영향력"을 검증하기 위한 연구 설계를 한다고 가정해 봅시다. 언제 어느 곳에서 민주항쟁이 일어나는 것을 전제로 '사전검사'가 가능하겠습니까? 그러한 항쟁을 겪고난 이후에 사후검사만이 가능할 것입니다. 더 근본적인 문제점은 민주항쟁 이전에 한국민들의 민주화 의식의 정도에 대한 자료가 없다면 사후검사 관측값에 대한 추론 방향은 복잡해질 것입니다. 사후검사 관측값에서 높은 민주의식이 나왔다고 하더라도 민주항쟁 이전에 민주의식이 높은 것이었는지 낮은 것이었는지가 분명치 않다면 사후검사 관측값에 대한 추론의 방향은 적절하게 이루어지는 데 한계가 있을 것입니다.

면 사전검사가 없는 집단 때문에 다양한 비교가 필요할 것입니다. 연구 주제상 교육효과(educational effect)나 정책효과(policy effect)에 관련된 연구주제들은 특별한 교육방식이나 특정한 정책의 채택에 대한 효과 여부를 판단해야 하기 때문에 그러한 교육방식이나 정책을 채택하기 이전과 이후로 나누어 변화양상을 살펴보아야만 할 것입니다. 따라서 앞서서 제시한 '자기충족적 예언'의 효과성 여부에 대한 연구설계는 사전검사를 포함하는 것이 더 적실성 있는 연구방법론이 될 것입니다.

지연된 효과에 대한 실험 설계(Experimental Design for Delayed Effect)

앞서서 배운 두 가지 중요한 항목을 다시 한 번 기억해 봅시다. "첫째, 사전검사는 민감화 효과라는 미시적인 문제점에도 불구하고, 연구 추론상의 필요성이라는 거시적 차원의 장점 때문에 쉽게 포기하기 어렵고, 둘째, 너무도 당연한 이야기지만, 연구 방법론의 채택은 연구 주제에 따라서 유연하게 결정되는 것이다"라는 것이었습니다.

독립변수의 효과성 여부를 알아보는 데 있어서 사회과학적 연구주제에 해당하는 독립변수들의 상당수는 그 효과에 있어서 장기적인 시점에서 평가되어야 할 것들이 많습니다. 자기충족적 예언이란 교육적 효과도 장기적으로 나타나는 것이지 단기적으로는 그 효과성 여부에 대한 추론에 한계를 지닐 것입니다.[11] 시민의식의 변화, 정치·사회문화의 변화 추이, 특정 정책의 사회적 파급효과 등 장기적 시점에서 판단되어야 할 것들이 많습니다. 독립변수의 종속변수에 대한 판단이 장기적 시점에서 이루어지는 것이라면, 독립변수의 종속변수에 대한 효과를 알아보는 데 두 가지 방법이 존

11) 모든 인간들은 자신의 개성과 적성을 갖고 살아갑니다. 자기충족적 예언의 효과성은 단순히 특정 시험에서의 성적 증진이 아닌 인생에서의 자신의 경로와 포괄적으로 연관되는 것입니다. 선생님들의 기대에 찬 격려가 학생들에게 장기적인 인생관의 관점에서 효과를 지니는 경우가 더 일반적일런지도 모릅니다. 자기충족적 예언의 전반적인 의미 속에서 교육의 효과성 여부를 추론하는 것은 선생님이 학생에게 "너 대장감이다" "너 대통령감이다"라고 하면서 포괄적인 인생 경로에 대한 격려에 대한 것이며, 이것이 장시간 이후에 효과로 나타날런지도 모릅니다.

재합니다. (ⅰ) 사후검사가 한 번만 시행될 수밖에 없다면, 사후검사의 시기가 너무 이르면 곤란하고, 충분한 시간간격을 두고서 사후검사가 이루어져야 할 것입니다. (ⅱ) 독립변수의 효과가 장기적으로 나타나는 것이라며, 한 번만의 사후검사는 부족하며, 아예 사후검사를 두 번의 시기로 나누어서 하는 것입니다.[12] 첫 번째 연구 설계 방법은 사실상 이미 다룬 것입니다. 두 번째 방법은 현실적인 어려움이 따름에도 불구하고, '솔로몬 4개 집단 설계'와 비교하여 방법론상의 중요성이 부각될 수 있습니다. 두 번째 방법에 대해서 좀 더 구체적으로 살펴보겠습니다.

도표 2-4 지연된 효과에 대한 실험 설계

	사전검사		사후검사(1)	사후검사(2)
R	O_1	X	O_2	
R	O_3		O_4	
R	O_5	X		O_6
R	O_7			O_8

도표 2-4에서 보듯이, '지연된 효과에 대한 실험 설계'는 관리하는 비용이 많이 드는 실험 설계 방식입니다. 집단도 4개이며, 시간적으로는 '솔론몬 4개 집단 설계'보다 더 장기간 이루어지게 됩니다. 4개의 집단들은 모두 사전검사와 사후검사를 합니다. 단, 두 개의 실험집단에서 사후검사를 각각 한 번씩 하되, 시기를 나누어서 두 번에 걸쳐서 합니다. 두 개의 통제집단도 사후검사를 실험집단과 같은 방식으로 합니다.

도표 2-4의 특징은 실험집단이나 통제집단 모두에서 사전검사를 시행한다는 점입니다. 일반적으로 두 번째 사후검사[즉, 사후검사(2)]는 첫 번

12) 이렇게 본다면, 솔로몬 4개 집단 설계는 논리적으로 완벽한 상황을 상정한 것에 불과한 것이지, 어떤 연구 주제에나 완벽한 것이 아님을 알 수 있습니다. 연구 방법론은 연구 주제에 따라서 그 적합한 방법이 유연하게 결정되는 것입니다. 저자의 이런 생각을 책 표지 디자인을 약속해 주신 분께 전달해 드렸더니, '카멜레온'(cameleon)의 스케치를 포함하여 책을 디자인해 주셨습니다.

째 사후검사[사후검사(1)] 이후 6개월이나 1년의 시점을 기준으로 충분한 시간 간격을 두고서 이루어집니다. 하지만, 여러분들은 '지연된 효과에 대한 실험 설계'의 형식을 보고서 이미 문제점을 감지하셨을지 모릅니다. 사후검사(1)과 사후검사(2)의 시간 간극 때문에 '역사효과'가 개입할 가능성이 있습니다. 따라서 시간 간극을 지닌 사후검사(1)과 사후검사(2)를 비교하는 데 어려움이 따를 수 있습니다. 물론 이것은 수없이 많은 연구 주제의 특성과 연관된 것이어서, 너무도 다양한 상황이 존재할 것입니다. 자신이 관심이 있는 특정 연구 주제를 정한 후에 그 주제와 연관시켜서 '지연된 효과에 대한 실험 설계'의 방법론을 한 번 적용시켜보시기 바랍니다. 두 가지의 핵심 포인트만 명심하면 될 것입니다. (ⅰ) O_2에서는 나타나지 않았던 효과가 O_6에서는 나타날 수 있는지(또는 O_2에서 나타났던 효과가 O_6에서도 사라지지 않고 지속되어 나타나고 있는지)를 보는 것입니다. (ⅱ) O_2와 O_6는 각각 O_4, O_8과의 비교를 통해서 변화의 정도를 추론하게 됩니다.

요인설계(factorial design)

인자(因子, factor)

요인설계(factorial design)란 여러 개의 인자(因子, factor)가 있는 실험에서 각 인자의 모든 조합들이 실험대상이 되는 경우를 의미합니다. 여기서 인자는 독립변수를 말합니다. 결론적으로, 요인설계는 2개 이상의 독립변수를 한 개의 실험 설계에 동시에 포함시켜서 가능한 조합들의 경우의 수를 모두 살펴봅니다.

요인설계의 가장 기본형은 '2×2 요인설계'입니다. 한 개의 독립변수는 양분적(兩分的, dichotomous) 값을 갖는 경우, 그러한 독립변수 두 개를 조합하여 만든 실험 설계가 '2×2 요인설계'입니다. 예를 들어 보겠습니다. 앞서 '자기충족적 예언'에 대한 선생님들의 교육법을 독립변수로 사용하였습니다. 하지만, 우리가 '자기충족적 예언'에 연관되어 있는 다양한 기존 이론들을 리뷰하면서 가설을 설정하는 단계에서, 선생님들의 교육법 이상으로 학생들의 성향이나 태도 역시 중요하다고 느낄 수 있습니다. 선생님이 희망찬 격려로 학생들을 독려하더라도, 학생들이 이러한 교육을 잘 받아들이지 않는 소극적인 학생이라면 선생님의 교육효과는 줄어들 것이기 때문입니다. 이런 경우, 연구자는 실험 설계에 '선생님들의 교육법'(X_1)과 '학생들의 성향'(X_2)이란 두 가지 독립변수를 동시에 고려하여야 할 것입니다. 두 가지 독립변수는 각각 '학생들에게 희망찬 격려를 반복하는 적극적 교육법'(X_{1e})과 '그렇지 않은 소극적 교육법'(X_{1d})으로 양분하고, 또한 '교육자의 가르침을 적극적으로 흡수하는 태도를 지닌 학생'(X_{2a})과 '그렇지 않은 소극적 학생'(X_{2p})으로 양분합니다.[13] 종속변수는 앞에서와 마찬가지로 '지적능력 향상 여부'입니다. 다음과 같이 표시될 것입니다.

도표 2-5 교육태도와 수업태도의 조합

		선생님의 교육법	
		적극적	소극적
학생들의 태도	적극적	1	2
학생들의 태도	소극적	3	4

요인설계에서는 도표 2-5에서 표시된 1, 2, 3, 4의 네 집단에 대해서 지적능력 향상 여부를 각각 조사하게 됩니다. 따라서, 요인설계에서는 관련 독립변수들을 중심으로 집단을 나누는 일(grouping)이 선행되어야 합니다. 요인설계의 경우엔, 처음부터 적극적인 학생들과 소극적인 학생들로 나누고 선생님들도 구분되어 적극적인 교육법과 소극적인 교육법을 행하는 선생님들로 나누어서 1, 2, 3, 4는 전체 실험집단 내에서 4개의 하위집단(subgroup)이 된다는 의미입니다. 적절한 규모의 4개의 하위집단을 형성할 수 있을 정도로 전체 실험집단의 수가 충분히 큰 경우에만 요인설계 방법을 적용할 수 있습니다. 2×2 조합으로 구성된 4개의 집단들이 각각 충분한 크기가 되어야만 관측 결과에 대해서 신뢰할 수 있기 때문입니다. 관측은 1, 2, 3, 4 네 개의 집단에 대해서 '지적 능력 향상여부'를 관측하면 됩니다.

13) 참고로 밑에 붙는 문자(subscript)의 약자는 다음과 같이 구성하였습니다: e: encouragement; d: discouragement; a: active; p: passive.

이것을 실험 설계 도표로 표시하면 결국 4개 집단에 대해서 행하는 4개의 서로 다른 '처치'(또는 처방, treatment: T)를 행하는 것과 같습니다. 한 개 처방의 내용은 2개 독립변수의 조합으로 이루어져 있습니다.[14] 다음과 같이 표시될 것입니다.

도표 2-6 요인설계

		사후검사
R	$T(X_{1e}+X_{2a})$[15]	$O_1(1)$
R	$T(X_{1d}+X_{2a})$	$O_2(2)$
R	$T(X_{1e}+X_{2p})$	$O_3(3)$
R	$T(X_{1d}+X_{2p})$	$O_4(4)$

교육태도와 수업태도의 2×2 조합의 요인설계를 2×2×2 조합의 요인설계화할 수도 있습니다. 만약 연구자가 여자 선생님과 남자 선생님의 근본적인 성적 차이가 교육법에 크게 영향을 미치고 있다고 생각하여 이를 연구 설계에 반영하려고 한다면 다음과 같이 모두 8개의 하위집단으로 구성되는 2×2×2 조합의 요인설계로 표시됩니다. 앞에서와 마찬가지로 8개 하위집단에 대한 관측을 하면 됩니다.

도표 2-7 교육태도와 수업태도와 교육자 성별의 2×2×2 조합

		선생님의 교육법			
		적극적		소극적	
		여자 선생	남자 선생	여자 선생	남자 선생
학생들의 태도	적극적	1	2	3	4
	소극적	5	6	7	8

14) 앞부분에서 다루었던 다른 종류의 실험 설계에서는 한 개의 '처치'는 한 개의 독립변수를 단위로 이루어졌다는 점에서 요인설계와 차이가 있습니다.

15) T를 포괄적으로 X로 표기하기도 하는데, 이런 경우 하나의 독립변수로 오해할 수 있습니다. 여기서는 혼돈을 막기 위해서 T가 X_1과 X_2의 조합임을 구체적으로 표기하였습니다.

요인설계는 2×2×2 조합에서도 더 나갈 수도 있습니다. 만약 학생들의 경우 적극적·소극적 태도라는 것도 성장기에 따라서 초등학생, 중·고등학생, 대학생이 각각 서로 다른 수준이어서 구분이 필요하다고 생각한다면 2×2×2×3 조합의 요인설계를 행할 수도 있습니다. 전체 실험집단의 수가 상당히 커야 할 것이며, 24개라는 너무 많은 하위집단으로 구분하여야 하므로 비효율적임을 알 수 있습니다.[16]

이상에서, 우리는 실험 설계의 다양한 방법들을 살펴보았습니다. 그러한 개별적 방법들은 어떤 연구 주제와 연관되어 복합적으로 사용될 수도 있을 것입니다. 문제는, 사회과학의 영역 대다수의 연구 주제들은 국가와 사회의 여론이나 정책 등과 관련되어 실험 설계를 행하기에는 여러 가지 제약이 따를 수밖에 없다는 것입니다. 따라서 상대적으로 완벽한 상황에 대한 논리적 사고틀을 유지한 채로 사회과학적 주제를 다루는 데 현실적 방법론인 준실험 설계를 살펴보도록 하겠습니다.

II 준실험 설계(Quasi-Experimental Design)

준실험 설계는 실험 설계와 비교하여 실험집단과 그에 대한 비교집단

16) 도표 2-8 교육태도와 수업태도와 교육자 성별의 2×2×2×3 조합의 예

			선생님의 교육법			
			적극적		소극적	
			여자 선생	남자 선생	여자 선생	남자 선생
학생들의 태도	적극적	초등학생	1	2	3	4
		중·고등학생	5	6	7	8
		대학생	9	10	11	12
	소극적	초등학생	13	14	15	16
		중·고등학생	17	18	19	20
		대학생	21	22	23	24

인 통제집단을 무작위추출에 따라서 선정할 수가 없는 경우에 채택하는 방법으로, 소위 '집단의 동등성(또는 순수성)'을 보장받을 수 없습니다. 실생활에서 자연적으로 형성된 집단들에 대해서 관측하기 때문에 사후검사의 관측값은 독립변수의 처치에서 비롯된 것인지, 아니면 무작위추출이 무너지면서 발생된 집단의 고유 특성(예를 들면, 특정 학력이 다수인 집단, 특정 지역출신이 다수인 집단, 특정 연령이 다수인 집단, 특정 성별이 다수인 집단, 특정 정당지지자들이 다수인 집단 등)에서 비롯된 것인지 확신하기 어렵습니다. 결론적으로 준실험 설계는 실험 설계의 관점에서 만들어지는 이론의 입장에서 본다면 '내적 타당도'가 낮습니다. 따라서 독립변수와 종속변수간에 상관관계를 넘어서서 인과관계로까지 추론하는 데 한계가 존재합니다.

유사(類似)실험
의사(疑似)실험

'준실험' 설계는 '유사(類似)실험' 설계 또는 '의사(疑似)실험' 설계라고도 번역합니다. 사회과학 연구방법론의 명저로 평가받는 저서를 남긴 쿡과 캠벨(Thomas D. Cook and Donald D. Campbell)은 그들의 저서 제목을 아예 「준실험 설계」라고 정한 바 있습니다(Cook and Campbell 1979). 준실험 설계 방법은 사실상 실험 설계에서의 연구 방법론에서 출발하여 그러한 방법을 적용시키기에 현실적인 한계가 있는 것을 감안한 방법론 체계라고 생각하시면 됩니다. 하지만, 이러한 상황을 준실험 설계가 실험 설계보다 방법론적으로 미흡한 방법이라는 의미로 확대 해석해서는 곤란합니다. 방법론은 수단일 뿐이기 때문에, 연구자는 연구 목적과 상황에 따라서 실험 설계와 준실험 설계 중에서 가장 적합한 방법론을 선택하게 됩니다.

맞교환 관계
(trade-off)

연구방법론에서 '맞교환 관계'(trade-off)란 하나의 장점을 얻으면, 동시에 또 다른 하나의 단점이 발생하는 것을 말합니다.[17] 실험연구에서 '내적 타당도'와 '외적 타당도'는 맞교환 관계에 있을 수 있습니다. 지나치게 높은 수준의 내적 타당도는 외적 타당도를 약화시킬 수도 있습니다. 높은 수준의 내적 타당도를 유지하기 위해서는 실험집단이나 통제집단에 속한 개인들에 대한 확실한 관리 운용이 필요한데, 이것은 실제적인 사회생활 속에서 개인들에 대한 행태로 일반화하는 데 문제가 있을 수 있습니다. 무작

17) '상충관계' 또는 '비교이익의 관계' 등으로도 번역합니다.

위추출을 통해서 형성된 집단은 그 두 집단이 동질적이라는 것을 전제하는 것입니다. 내적 타당도를 높이면, 그것은 관리된 특수한 실험집단, 통제집단 속에서 추출된 추론(또는 이론)이기 때문에 인과관계를 추론하는 수준 그 자체는 높아질 수 있지만, 이를 사회 속에서의 일반적 전체 집단에 적용하는 데(즉, 외적 타당도와 연관된 일반화를 시도하는 데) 한계가 있을 수밖에 없습니다.

결론적으로, 실험 설계에서 통제(control)와 대표성(representation)이 맞교환의 관계에 있는 셈입니다. 집단들에 대한 높은 수준의 관리 통제를 받은 실험 설계는 표본을 '비대표성을 지닌 표본'(nonrepresentative sample)으로 만들어버리는 성향이 있으며, 이는 표본의 보다 큰 어떤 종류의 전체 모집단에 대한 대표성을 훼손합니다. 실험연구로부터 나온 연구 결과를 역사적 요인에 다양하게 노출된 보다 큰 사회의 전체 집단에 적용하는 데 한계가 존재할 수밖에 없습니다. 반면에, 준실험 설계에서는 통제가 되지 않아서 내적 타당도는 떨어지지만(즉, 실험에 포함된 변수들간에 원인-결과 관계 추론에 한계가 있지만), 표본은 상대적으로 높은 수준의 대표성을 띠게 됩니다. 실험 설계는 무작위로 추출되기는 했지만, 실험집단이나 통제집단은 사실상 구성원들의 동질성(homogeneity)이 강조된 집단들을 대상으로 원인-결과의 논리를 추론합니다. 실험 설계의 경우엔 조사 대상자들이 많은 경우 지원자이며, 이들을 대상으로 무작위추출했을 뿐입니다. 그런데 실생활의 전체 모집단은 상대적으로 구성원들간의 이질성(heterogeneity)이 강하며,[18] 오히려 준실험 설계의 경우 이러한 전체 모집단을 대변할 수 있어, 일반화에 유리할 수도 있습니다. 역으로, 준실험 설계에서는 전체 모집단의 이질성의 성향을 반영하려는 경우 내적 타당도가 낮아지고, 변수간의 원인과 결과를 추론하는 데 제3의 변수가 개입할 가능성이 높아지게 됩니다. 준실험 설계는 무작위로 추출될 수도 없고, 특수하게 관리되는 집단들이 아니지만 자연스럽게 형성된 표본집단입니다. 실제 생활의 상태에 더 근접한 속성을 지니고 있어서 연구결과를 타 집단들에게까지 일반화할 수 있는 개

동질성

이질성

18) 구성원들이 보다 다양하고 복잡다기한 속성을 지녔다는 의미로 생각하시면 됩니다.

연성이 높은 것입니다.

준실험 설계가 실험 설계에 비해서 상대적으로 낮은 수준의 내적 타당도를 갖고 있지만, 상대적으로 높은 수준의 일반화를 추구할 수 있는 가능성이 있다고 하였습니다. 구체적인 방법론상의 이유는 두 가지입니다: ① 두 개 이상의 표본 집단들을 비교함으로써(비록 실험집단과 통제집단처럼 엄격히 관리된 것은 아니지만) 변수들간의 원인-결과 관계를 추론합니다. ② 한 개의 집단을 관측하더라도, 종종 확장된 기간(extended period of time) 속에서 집단의 속성을 살펴서 변수들간의 원인-결과 관계를 추론합니다. 즉, 시계열 연구(time-series analysis)를 통해서 관측된 시점들간에 비교를 하여 추론의 수준을 높이게 됩니다. 준실험 설계의 종류를 분류하는 방법들은 학자들마다 다양합니다(Cook and Campbell 1979; Kidder 1980; Frankfort-Nachmias and Nachmias 2008; Wimmer and Dominick 1994; Barbie 1998). 본 책에서는 연구설계의 목적을 가장 직접적으로 대변할 수 있는 변수들의 상관성(원인-결과 관계)에 대한 추론의 수준을 중심으로 한 구분법을 사용하기로 합니다.[19] 준실험 설계의 방법론적인 대분류 체계를 ① 비교집단 설계(contrasted groups designs), ② 사전 사후 비등가 통제집단 설계(pre- and post-test nonequivalent control group design), ③ 시계열 설계(time-series design), ④ 통제 시계열 설계(control-series design), ⑤ 패널 설계(panel design)로 분류하여 설명하고자 합니다.

비교집단 설계(Contrasted Groups Designs)

연구자가 조사 대상자들을 실험집단과 통제집단(또는 비교집단)에 무작위로 할당합니다. 하지만, 사회과학 연구주제들과 관련해서 연구자는 실험집단과 비교집단에 조사 대상자를 무작위로 할당할 수 없는 경우가 많습니다. 이런 경우, 연구 대상이 되는 독립변수가 종속변수에 영향을 미친다

19) 특히, 프랭크퍼트-나흐미아스와 나흐미아스의 저서는 이러한 논리 체계를 따라서 분류합니다(Frankfort-Nachmias and Nachmias 2008).

는 추론을 함에 있어서 한계가 있습니다. 예를 들면, 관측집단이 특정한 사회·경제적 배경(socio-economic background)[20]에 연관된 사람들로 구성된다면 소위 그러한 속성이 종속변수에 영향을 미치게 되기 때문입니다.

독립변수에 대한 통제된 비교집단이 없는 경우, 그리고 사후검사만을 할 수밖에 없는 상태에 있는 경우엔, 독립변수와 종속변수의 관련여부를 추론함에 있어서 비교성(comparability)이 낮은 상태에 있는 집단들끼리라도 비교하는 것(비록 내적 타당도가 떨어진다고 하더라도) 이외에 또 다른 방법론적 대안이 있기 어려울 것입니다. 이러한 속성을 역으로 이용하여, 비교집단 설계가 '사후검사(또는 사후관측)만을 하는 설계'(posttest-only design)[21]로 진행될 때는 각각의 집단들의 속성을 지닌 구성원들을 종속변수의 관점에서 취급하면서, 집단들간의 차이점을 비교 분석하여 원인-결과를 추론해 나갑니다.

도표 2-9 사후검사만 하는 비교집단연구

O_1

O_2

O_3

·

·

·

·

O_n

여러 집단들에 대해서 사후관측만을 시도한 경우는 도표 2-9와 같이 표시될 것입니다. 예를 들면, O_1, O_2, O_3 … O_n에서 O_1, O_2, O_3를 각각 높은 연령, 중간 연령, 낮은 연령의 속성들이 강하게 나타나는 표본들이었다고

20) 사회·경제적 배경은 사람들의 성별(sex), 나이(age), 학력(education), 소득(earning), 인종(race) 등을 말하며, 이러한 내용의 변수들을 일컬어서 '사회·경제적 변수'(socio-economic variable)라고 합니다.

21) 사회과학적 주제들과 관련하여 아마도 가장 빈번히 이용되는 방법일 수 있을 것입니다.

가정합시다. 예를 들어, 선생님의 새로운 교육법의 채택이 '자기충족적 예언' 효과로 나타나는지 O_1, O_2, O_3의 관측값을 살펴보고 있습니다. 이런 경우, 각각의 개별 집단에서 관측값이 높게 나타났더라도, 그러한 현상을 일반화하기는 어려울 것입니다. 만약 저연령에서는 자기충족적 예언 효과에 대한 관측값이 높게 나타났더라도, 다른 연령들에서는 관측값이 낮게 나타났다면, 낮은 연령에서만이 새로운 교육법이 효과가 있는 것이고, 이런 경우, 교육법이 특정 연령집단에 영향을 미친다는 의미에서 낮은 연령이란 집단의 속성은 일종의 종속변수처럼 간주되고 있음을 알 수 있습니다. 만약 모든 연령대에서 높은 관측값이 측정되었다면, 새로운 교육법의 효과를 보다 이질성을 지닌 여러 집단들에 적용할 수 있는 일반화 가능성이 확장됩니다. 중요한 것은 집단들간의 서로 다른 속성들에도 불구하고 여러 집단들을 비교하는 경우(즉, 관측 평균값을 비교하는 경우), 원인-결과에 대한 추론의 힘이 생긴다는 것입니다. 그럼에도 불구하고 여전히 통제된 비교집단이 없는 관계로 종속변수에 대한 '제 3 의 변수'에 관한 개입가능성을 배제할 수 있는 확신은 없습니다.

비교집단 설계를 '사전사후검사'(pre-and post-test design)와 함께 사용

도표 2-10 특정 지역에서 새로운 판매 전략 도입과 신발 판매량

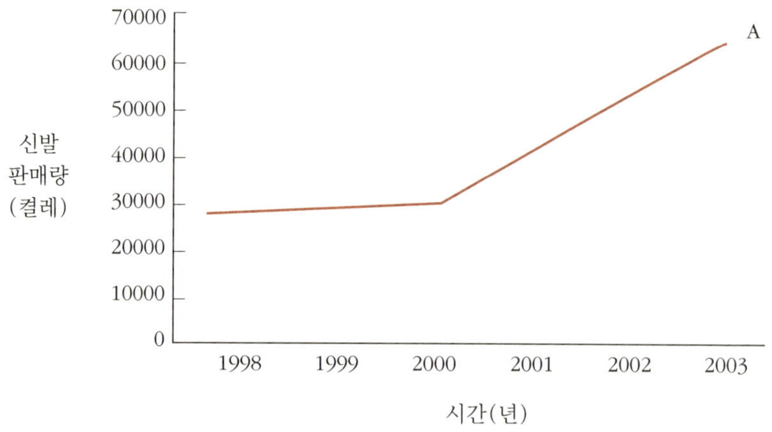

할 수도 있습니다. 이런 경우엔 '사후검사만을 하는 설계'보다 더 독립변수와 종속변수의 원인-결과 관계를 추론하는 데 도움이 되는 보조적인 자료가 늘어날 것입니다. 왜냐하면, 독립변수 처치의 사전과 사후 비교는 추론의 범위와 종류를 당연히 증가시키기 때문입니다. 다음과 같은 연구를 예로 들어 생각해 봅시다. 1998년에 창업하여 전국적인 판매망을 가지고 있는 어떤 신발 프랜차이즈(franchise) 업체가 있습니다. 그 신발 프랜차이즈 업체는 전국 10개의 지역으로 구분되어 각 지역 내에서 대략 30개 정도의 신발 가게를 운영하고 있습니다. 새로운 판매전략을 개발하고 그 효율성을 알아보고자, 특정한 A지역을 선택하여 그 지역 내의 가게들을 대상으로 새로운 판매법을 시행하였고, 판매량의 증진에 효율적인 전략인지 분석하고자 한다고 가정합시다. 특정 지역 내의 신발 가게들의 새로운 판매법은 개업한 지 3년 만인 2000년을 계기로 적용되었으며 적용하기 이전과 이후의 판매량에 대한 자료들은 도표 2-10과 같이 나타났습니다.

도표 2-10에 한정해서 판매전략과 판매량 사이의 관계를 추론한다면, 신발 프랜차이즈 업체의 새로운 신발 판매전략의 도입은 판매량의 증진에 효과가 있다고 추론할 수 있을 것입니다. 판매량의 증가하는 비율도 2000

도표 2-11 다른 지역의 프랜차이즈 업체들과의 판매량 비교(1)

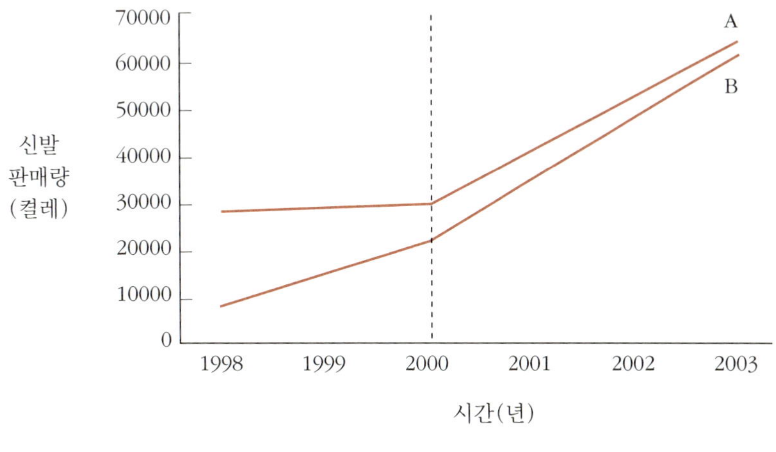

도표 2-12 추가된 집단들과의 신발 판매량 비교

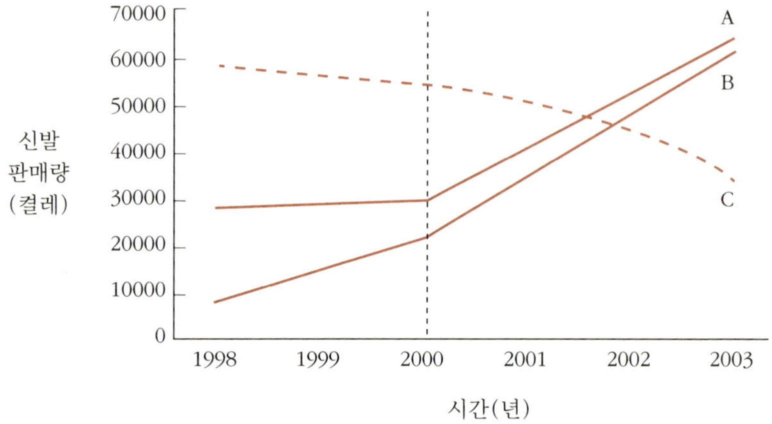

년 이후에 매년 계속 유지되고 있습니다. 하지만, 이러한 추측은 도표 2-11을 보면, 환상(幻想, illusion)일 수도 있습니다.

도표 2-11은 새로운 판매전략을 채택하지 않은 비교집단 B지역이 포함된 경우인데, B지역에서의 신발 판매량들을 볼 때, A지역에서의 새로운 판매량 도입이 신발 판매량의 증가에 효과가 있었다고 확신하기 어려워 새로운 신발 판매전략의 효과성에 의구심을 갖게 합니다. 왜냐하면, A지역의 2000년 이후 신발 판매 증가율이 B지역의 신발 판매량 증가율보다 오히려 낮은 듯하기 때문입니다.[22] 판매량 증가에 대한 새로운 판매기법 이외의 '제 3 의 변수'가 개입했을 가능성이 있습니다. 20세기에서 21세기로 전환하면서 역사요인이 있었을 수도 있고, 특정 신발 생산회사의 특정 제품생산과 이에 대한 인기 효과일 수도 있고, 개업한 지 3년 정도 되니까 단골 손님도

22) 여기서 이웃 신발 가게는 전략을 도입하지 않은 것이니까, 사실상 실험 설계에서 통제집단과 마찬가지 효과를 지니는 것이라고 생각할는지 모릅니다. 하지만, 이웃 신발 가게에 대해서는 통제집단으로 설정해 놓고 관리하지 않았기 때문에, 비슷한 전략을 썼는지 아닌지에 대한 확신이 없을 것입니다. 단순히 비교집단이지 독립변수(즉, 새로운 판매전략 도입)에 대한 통제집단은 아니어서 실험 설계와는 차이가 있습니다. 준실험 설계에선 독립변수(판매전략)와 종속변수(판매량)의 원인-결과 관계에 대한 확신의 수준이 더 낮기 때문에(즉, 내적 타당도의 낮은 수준 때문에) 추론의 수준은 제한받을 수밖에 없습니다.

늘고, 많은 주민들이 가게가 있다는 것을 알고 찾아왔을 수도 있습니다. 아무리 사전검사 사후검사의 자료가 있더라도 비교집단의 중요성이 원인-결과의 추론에서 강조되는 대목입니다. 그런데 이것이 전부가 아닙니다. 또 다른 비교 집단인 C지역이 추가되어 도표 2-12와 같이 나타났다면 여러분들은 어떻게 판단하시겠습니까?

연구 대상이 된 지역의 판매전략이 분명 '효율적'인 것 같기도 하고, 아닌 것 같기도 합니다. 이것은 비교집단이 다수가 존재하더라도 일정한 경향으로 통일된 현상이 나타나지 않으면, 여전히 추론의 범위가 제한될 수밖에 없음을 말해줍니다. 추론을 보조해 줄 또 다른 관측값들이 더 필요하다는 의미입니다. 더 중요한 것은 이러한 혼란을 극복해 줄 어떤 방법을 보다 일반화된 차원에서 논의할 수는 없을까 하는 점입니다.

사전 사후 비등가 통제집단 설계
(Pre and Posttest nonequivalent Control Group Design)

실험 설계에는 통제집단이 무작위로 추출되어 동질성을 전제로 실험집단에 대한 '등가(等價)집단'(equivalent group)의 자격으로 비교됩니다. 따라서 독립변수와 종속변수 사이의 추론수준을 높일 수 있습니다. 하지만, 준실험 설계에서는 '비등가(比等價)집단'(nonequivalent group)을 비교집단으로 이용할 수 있습니다. 설계의 제목에 통제집단이란 말이 들어가 있지만, 실제로 통제한다는 의미가 아니라 실험연구에서의 통제집단과 같은 역할을 하는 비교집단이란 의미입니다. 실험집단과 유사한 집단을 선정하여 통제집단이라고 간주하고 서로 비교하면서 추론의 범위를 넓히는 것입니다. 비교집단 선택 요령은 실험집단과 자연상태에서의 속성이 유사한 집단을 골라내는 것입니다. 사전 사후 비등가 통제집단 설계의 형식은 실험 설계의 전형적인 형태와 같습니다.

등가(等價)집단

비등가(比等價)집단

도표 2-13 사전 사후 비등가 통제집단 설계

사전검사		사후검사
O_1	X	O_1
O_3		O_4

사전 사후 비등가 통제집단 설계에서도 비교집단 사이에 존재하는 집단 속성의 이질성이 독립변수와 종속변수간의 원인-결과 관계 추론에 영향을 미치게 됩니다. 앞서서 전국적인 판매망을 지닌 신발 프랜차이즈 업체의 판매량 연구의 예를 연장해서 생각해 봅시다. 앞서서 도표 2-11이나 도표 2-12는 원인-결과 관계의 추론에 함정을 지니고 있음을 보여줍니다. 새로운 판매기법의 도입에 대한 실험집단으로 선택된 특정 지역과 비교하기 위해서 어떤 지역을 선택하느냐가 중요한 것입니다. A지역과 비교하기 위해서 선택된 B지역, C지역에 소속된 가게들의 분포 속성이 원래 연구 대상 지역의 가게 분포 속성과 크게 차이가 있는지 아닌지가 핵심입니다. 비교집단이 선택될 때, 그 비교성(comparability)을 높이려면, 실험집단과 가장 유사한 분포 속성을 가진 지역이 선정되는 것이 적합할 것입니다.

비교성

A지역과 유사한 분포 속성을 지닌 지역으로 D지역이 선정되고(물론 D지역에서는 새로운 판매전략을 채택하지 않았음) 그 비교 결과가 도표 2-14와 같이 나타났다고 가정해 봅시다. 이런 경우, 판매전략과 판매량 사이의 관계를 추론한다면, 신발 프랜차이즈 업체의 A지역에서의 새로운 신발 판매전략의 도입은 판매량의 증진에 효과가 있다고 추론할 수 있을 것입니다.

도표 2-14에선 2000년을 기점으로 A지역과 D지역의 판매량이 증가하는 비율의 크기가 상반되게 나타나는 차이점을 보이고 있습니다. 어떤 신발 가게를 비교 대상으로 쓰느냐에 따라서 그 해석과 연구 결과에 대한 추론의 적실성이 결정됩니다. 비교대상인 신발 가게는 실험대상인 지역 내의 신발 가게 분포 특성과 동일하지는 않더라도 유사한 분포 특성을 지닌 지역이면 바람직할 것입니다. 물론 이런 경우에 도표 2-14와 같이 나타나지 않

도표 2-14 다른 지역의 프랜차이즈 업체들과의 판매량 비교(2)

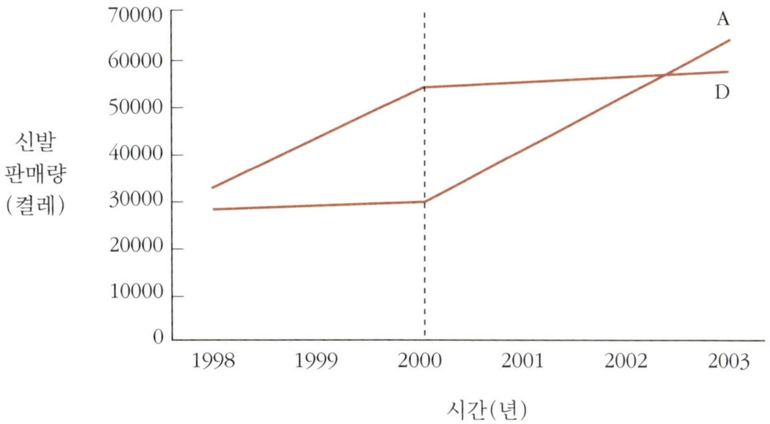

고 도표 2-11과 같이 나타날 수도 있을 것입니다. 결론적으로, 준실험연구는 무작위추출로 실험집단과 비교집단을 할당할 수 없는 상황을 전제로 한 것입니다. 이런 경우, 무작위추출의 효과와 유사한 상황을 만들어 주기 위해선 실험집단과 유사한 분포적 성향을 지닌 집단으로 비교집단을 구성하여야 합니다.

시계열 설계(Time Series Design)

앞서 '사전 사후 비등가 통제집단 설계'에서는 통제집단이 없는 경우에도 독립변수의 종속변수에 대한 원인-결과 관계의 추론의 수준을 높이기 위해서 실험집단과 유사한 비교집단을 사용하였습니다. 하지만, 실험집단과 유사한 분포를 지닌 집단을 비교집단으로 설정하기가 곤란하거나 불가능한 경우도 많습니다. 이런 경우 추론의 수준을 높이는 방법은 시계열 설계를 이용하는 것입니다. 독립변수의 작용(또는 처치) 시점을 중심으로 사전-사후에 대한 다수의 관측값들이 변화된 정도를 살펴보는 방법입니다. 도표 2-15와 같이 표시됩니다.

도표 2-15 시계열 설계의 전형

O_1	O_2	O_3	O_4	X	O_5	O_6	O_7	O_8

틈입 시계열 설계

도표 2-15는 시계열 설계의 전형인데, 그냥 시계열 설계라고도 하고, 혹은 '틈입 시계열 설계'(interrupted time series design)라고도 합니다.[23] 시계열 설계는 관측값들 사이의 시간 간격을 통해서 변화의 정도에 대한 분석을 하는 것입니다. 도표 2-15의 경우, 핵심은 $(O_5 - O_4)$의 값이 $(O_4 - O_3)$, $(O_3 - O_2)$, $(O_2 - O_1)$의 값과 비교해서 변화의 정도와 그 의미를 추론하는 것입니다. 인식할 만한 변화가 있다고 추론되면, 이것은 독립변수 X가 종속변수에 영향을 미치고 있는 것입니다. 동시에 $(O_5 - O_4)$의 값을 $(O_6 - O_5)$, $(O_7 - O_6)$, $(O_8 - O_7)$과 비교하면서 $(O_5 - O_4)$의 변화가 그대로 유지되고 있는지, 아니면, 변화가 약화되거나 증폭되는지를 살피면서 독립변수와 종속변수의 관련성에 대한 추론의 폭을 넓혀가는 방법입니다.[24]

23) 방법론상 독립변수가 시계열상의 어떤 두 시간 사이에 끼어든다는 의미에서 '틈입'(interrupted)의 개념을 강조하여 '틈입 시계열 설계'라고 소개하는 경우도 있고(Cook and Campbell 1979), 단순히 '시계열 설계'라고 명명하는 경우도 있습니다(Frankfort-Nachmias and Nachmias 2008). 용어상 모두 일장일단(一長一短)이 있습니다. 방법론상, 독립변수의 처치는 사전검사와 사후검사를 하는 경우 사전검사와 사후검사 사이에 존재할 수밖에 없습니다. 이런 경우 우리는 '틈입'이란 말을 사용하지 않더라도 당연히 '틈입'일 수밖에 없다는 것을 알고 있습니다. 마찬가지로 '시계열 설계'에서는 '틈입'의 개념을 구태여 나타내지 않아도 시계열상의 어떤 관측점들 사이에 존재하는 것은 당연한 것입니다. 단적으로, 도표2-15의 경우에도 X의 처치가 연구 설계의 필요성 때문에(즉, 어떤 특정 시점에서 독립변수를 처치해야만 하는 필요성 때문에) $(O_7 - O_6)$, $(O_6 - O_5)$, $(O_4 - O_3)$, $(O_3 - O_2)$ 사이에서 존재할 수도 있습니다. 일반적으로 본다면, 처치된 독립변수를 중심으로 사전검사와 사후검사들의 관측값의 수가 서로 유사한 상황을 만들면(즉, 그렇게 되도록 자료를 확보한다면) 더 바람직할 것입니다. 더 극단적으로, X의 처치가 O_1 앞에 존재하거나, O_8 뒤에 존재한다면 이것은 시계열 설계로서의 의미가 사실상 없습니다. 그냥 '시계열 설계'라고 하는 경우도 통계 방법에서의 일반적인 용어인 '시계열 분석'과 혼동될 수도 있습니다. 통계 분석 방법에서 '시계열'이란 당연히 독립변수의 처치가 없이 관측값이 지속적으로 나열되는 경우입니다(O_1 O_2 O_3 O_4 O_5 O_6 O_7 O_8으로 표시될 것입니다). 참고하시면, 용어를 달리 사용해서 생기는 혼란을 피할 수 있을 것입니다.

24) "시계열 설계의 전형"적 형태를 전제로 추론을 확장할 수 있는 방법론은 일반적으로 두 가지로 구분됩니다: ⓐ '처치 제거 설계'(removed treatment design) 방법과 ⓑ '반복 처치 설계'(repeated treatement design)가 그것입니다. '처치 제거 설계'는 시계열상에서 먼저 독립변수를 처치하여 그 효과를 측정하고, 그 후에 독립변수의 효과를 제거한 후 다시 한 번 그 효과를 측정하여 비교하는 것입니다(O_1 O_2 X O_3 O_4 $\bar{X}$ O_5 O_6). '반복 처치

준실험 설계로 시계열 설계 방법이 비교집단을 사용하지 않으면서도 나름대로 추론의 폭을 넓힐 수 있을 것 같지만, 동시에, 주의해야 할 효과들 또한 만만치 않습니다. 시계열 방법의 경우 관측값들에 대한 ① 성숙효과, ② 역사효과, ③ 회귀효과를 어떻게 다루느냐가 관건인데, 이는 궁극적으로 관측값이 얼마나 풍부한가(즉, 얼마나 장기적인 자료를 갖고 있는가)와 연관되어 있습니다.

정당(政黨, political parties)의 선거에서의 득표(votes)를 통해서 이해해 보도록 하겠습니다. 민주사회에서 정당은 국민들의 의사를 국가정책에 반영하는 중요한 매개체입니다. 예를 들어, 원래 우파적인 성향을 갖고 있는 어떤 정당(Right Party: R)이 21세기를 맞이하는 2000년의 시점에 정당의 외연(外延)을 넓히기 위해서 중도 유권자들을 끌어안기로 하고 중도성향을 포괄하는 정당의 정강정책을 발표하였습니다. 4년마다 치르는 선거가 2002년에 있었고, 그 선거에서 얻은 해당 정당의 전국 득표율은 도표 2-16과 같았습니다.

도표 2-16 R정당의 2002년 선거에서의 전국 득표율

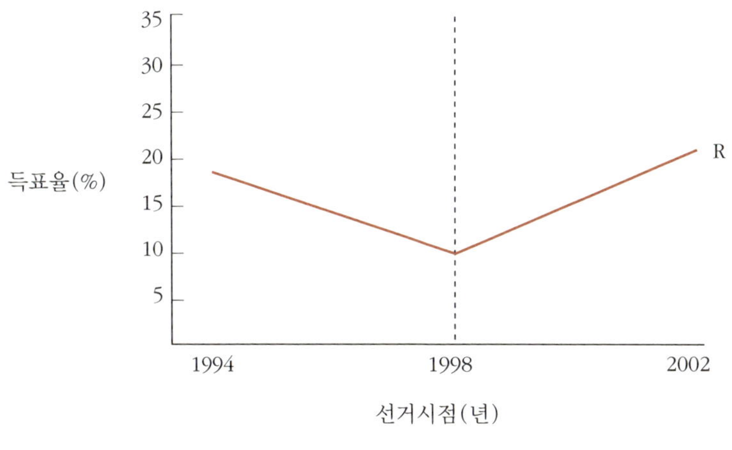

설계'는 독립변수를 처치하고, 제거하고, 다시 한 번 처치하는 방법입니다(O_1 O_2 X O_3 O_4 $\bar{X}$ O_5 O_6 X O_7 O_8).

도표 2-16에서 정당의 중도성향의 유권자들에게 다가가기 위한 새로운 정강정책의 채택은 분명 효과가 있는 것으로 나타났습니다. 하지만, 이러한 것이 과연 새로운 정강정책의 채택으로부터 비롯된 것인지(즉, 독립변수의 영향력이 있는 것인지) 분명치 않습니다. 정당 소속 정치인들이 의정활동을 잘해서 그럴 수도 있으니 제3의 변수 개입여부도 배제할 수 없습니다. 시간의 흐름에 따라 유권자들 속에서 정당의 인지도(identifiability)가 상승하거나 기대감이 상승해서 그럴 수도 있으니 소위 성숙효과인지도 모릅니다. 2002년 선거 직전의 특정한 사건이나 이슈가 해당 정당의 경쟁적 위치에 있는 정당들보다 더 상대적인 이득을 가져다 준 것인지의 여부도 여전히 불명확하니, 소위 역사요인도 있습니다. 단지 두 번의 선거 시점에 대한 자료 이상으로 확장된 시계열 자료를 통해서 이해해 볼 필요가 있는 것입니다. 연구자 입장에서 확장된 시계열 자료란 현재의 시점에서 더 먼 과거의 자료로 확장할 수도 있고, 시간이 흐른 후 미래의 시점에서 현재를 되돌아 볼 수도 있습니다. 여기서는 후자의 방식을 택해서 예를 들어보겠습니다.

도표 2-17에 따르면, 특히 2002년 선거에서 R정당의 득표 상승은 그 이전 선거에서의 득표 하락과 관련이 있을런지도 모른다는 추론을 하게 됩니다. 시계열의 내재적 특성은 시간의 흐름 속에서 그 관측값이 불안정하다는 것인데(즉, 한 가지 값으로 일정하지 않다는 것인데), 2002년 선거의 결과도 그러한 불안정 속에서 하나의 값에 지나지 않는다고 판단할 수 있다는 것입니다.[25] 달리 표현하자면, 비록 필연적으로 그래야만 하는 것은 아닐지라도, 득표율이 한 번 크게 떨어졌으니까, 그 다음 번엔 그에 대한 반동으로 오르는 상황을 예상할 수 있는 것이 일반적 상황이라는 의미입니다. 즉, 어떤 평균값으로의 회귀효과(regression effect)가 작용한 것이 아닌지에 대한 의문이 남는 것입니다. 2010년까지의 장기적인 시점에서 R정당의 평균득표율은 15~20%이며 2002년의 득표율 상승은 평균값으로의 회귀현상으

25) 시계열 분석이란 궁극적으로 시간의 흐름 속에서 관측값이 어느 정도로 불안정한가의 여부를 판단하는 것입니다. 반대로 보자면, 만약 관측값이 시간의 흐름 속에서 항상 일정하여 상수로 나타난다면 시계열 분석의 방법론적인 필요성은 그 의미가 약화됩니다.

도표 2-17 확장된 시점 속에서 R정당의 전국 득표율

로 추론해볼 수 있습니다.

방법론적 논의에서 중요한 점은, 회귀효과인지 아닌지를 판단하는 근거가 무엇인지를 논의하는 것입니다. 두 가지 방법이 있습니다. ⓐ 시계열의 반복되는 관측값 속에서 득표율이 떨어지고 오르는 정도의 경향을 비교해 보는 것입니다. 1998년 시점에서의 정당득표율 하락이 이전의 선거에서 득표율 하락폭보다 확실히 크게 나타났었다면, 2002년 선거에서 득표율의 상승 현상은 회귀현상으로 볼 수 있지 않을까 조심스럽게 추리해 볼 수 있을 것입니다.[26] 하지만, 이 방법은 임의적인 방법론입니다. ⓑ 상대적으로 보다 확실한 방법은 앞서 '사전 사후 비등가 통제집단 설계'와 동일한 방법론적인 논리 속에서 비교대상이 될 수 있는 또 다른 시계열 자료를 확보하여 비교하는 것입니다. 특히 이 방법을 '통제 시계열 설계'(control-series design)라고 합니다.

26) 더욱더 확장된 시계열 자료가 있어야만 득표율 하락시 하락폭의 경향을 판단할 수 있을 것입니다. 정당이 창당된 연도가 짧아서 시계열 자료는 도표 2-17이 전부일 수 있으며, 따라서 추론은 조심스러울 수밖에 없는 것입니다.

통제 시계열 설계(Control–Series Design)

복수 시계열 설계

통제 시계열 설계는 실험집단의 자료에 비교집단의 자료를 마련하여 이를 통제집단처럼 활용하는 것입니다. 통제 시계열 설계는 '복수 시계열 설계'(multiple time-series design)라고 생각하면 됩니다. 단, 비교집단이 실험집단에서 사용된 독립변수의 개입으로부터 상대적으로 자유로운 경우를 선택해야 실험집단에서 독립변수의 종속변수간의 관계를 추론하는 데 도움이 될 것입니다. '복수 시계열 설계'는 다음과 같이 표시됩니다.

도표 2-18 복수 시계열 설계

O_1	O_2	O_3	O_4	X	O_5	O_6	O_7	O_8
O_1	O_2	O_3	O_4		O_5	O_6	O_7	O_8

통제집단으로 활용하는 비교집단의 시계열 자료로 경쟁 정당들의 전국 득표율을 비교하되, 특히 창당부터 중도성향을 지향하던 정당(Center Party: C)의 전국 득표율을 비교하기로 했다고 가정해 봅시다. 원래부터 중도성향의 정당을 지향하던 또 다른 정당을 비교의 대상으로 선택한 이유는, 실험집단인 R정당의 중도를 지향하는 정강정책의 채택의 효과성 여부를 판단하는 것이기 때문입니다. 독립변수는 중도성향 정책의 채택이고, 종속변수는 정당의 득표율의 변화 여부입니다. 비교집단이 원래부터 중도성향인 경우엔 중도성향 정책을 새로이 채택할 필요성이 사실상 없으므로, 실험집단인 우파정당의 중도정책 채택과 이에 대한 득표율의 변화 여부를 추론하는 데 도움이 될 것입니다. 통제시계열 설계의 결과 도표 2-19처럼 나타났다고 가정합시다.

도표 2-19로부터 추론의 범위를 확장시킬 수 있습니다. 분명 도표 2-16에서는 우파정당의 중도성향 정책이 효과가 있는 듯 했고, 도표 2-17에서는 그러한 득표율 상승효과가 회귀효과는 아닌지 의심을 하게 되었습니다. 도표 2-19에서는 이러한 의문점들에 대한 답을 추구하는 데 어느 정도 확신을

도표 2-19 R정당과 C정당의 전국 득표율 비교

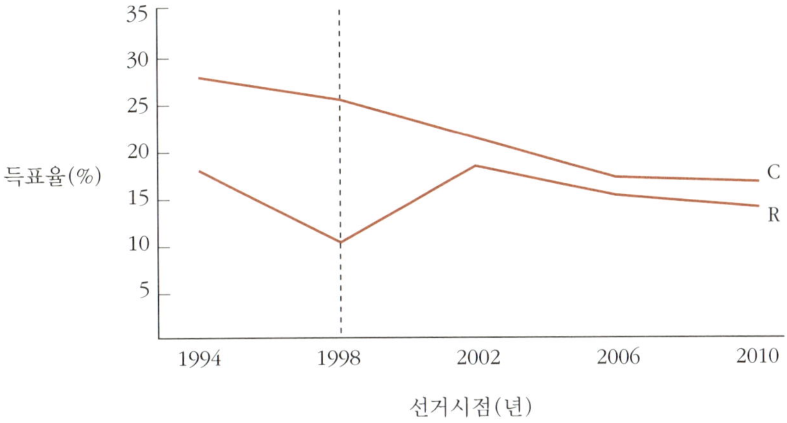

갖게 합니다. 두 가지 사안으로 정리할 수 있을 것입니다. 우선 해당 전략이 도입된 바로 직후인 2002년 선거에서 R정당의 득표율이 C정당의 득표율보다 상대적으로 증가한 것을 보면 R정당의 중도전략은 단기적으로 효과가 있었다는 추측이 가능합니다. 중도성향의 유권자들을 상당수 흡수했을 것이기 때문입니다. 하지만, 그 이후 C정당의 득표율이 감소하는 추세 속에서, R정당이 그 감소되는 득표를 흡수하는 데 실패하였다면 2000년에 야심만만하게 채택한 중도정책은 효과가 있다고 볼 수만은 없습니다.

사회과학 연구에 있어선, 분석의 결과물에 대한 해석이 연구의 질을 평가하는 데 매우 중요한 자리를 차지하게 됩니다. 보다 명확한 추론의 근거를 마련하기 위해서 방법론적으로 노력한 이후엔, 그러한 결과물에 대한 해석이 중요하다는 것입니다. 해석의 주요 골자는, 결국, 왜 그러한 결과가 나타났는지 그 이유에 대해서 설명하는 것이라고 할 수 있습니다. 그래프가 도표 2-19와는 반대로 도표 2-20과 같이 나타났다고 또 다른 상황을 가정해 봅시다.

도표 2-20에선 C정당도 2002년 선거 이전의 득표로 회귀하고, R정당도 회귀하고 있습니다. 그런데, C정당은 득표가 증가하는 추세인데 R정당은

도표 2-20 R정당과 C정당의 전국 득표율 비교의 또 다른 예

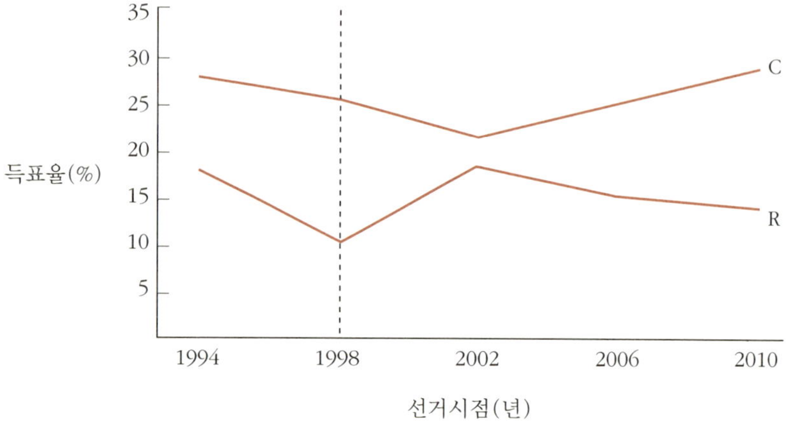

감소하는 추세입니다. 정당이란 이념적 정체성에 대한 유연성을 가질 수도 있지만, 그러한 이념적 정체성에 대한 유연성이 지나친 경우 오히려 유권자들로부터 외면을 받게 된다고 해석할 수도 있습니다. 단기적으로는 R정당이 중도성향의 유권자들을 끌어들인 것도 사실이지만, 보다 장기적으로는 R정당이 중도성향으로 움직임에 따라서 기존 우파성향의 적극적 지지층이 실망하고 떠나가게 되었다고 해석할 수도 있습니다. 더 정확한 해석을 위해선 선거에서 유권자들의 행태 자료가 추가적으로 필요할 것입니다.

R정당의 중도정책 채택여부와 득표율 변화의 원인-결과 관계를 보다 더 확실하게 추론하기 위해선, 연구 관측시점마다 유권자들에 대한 상세한 정보가 필요합니다. 앞선 예에서는 결국 한 번의 관측 시점이 종속변수인 득표율의 변화여부로 한 개의 관측값으로 표시됩니다. 하지만, 한 번의 관측 시점이 한 개의 관측값으로 표시되는 것이 아니라, 개별 유권자들의 다양한 행태를 나타내는 다수의 관측값을 갖을 수도 있습니다. 이런 경우 시계열 속에서 유권자들의 마음이 어떻게 변했는가를 파악해야 합니다. 따라서 보다 완전한 자료(data)는 두 가지 조건이 충족되어야 함을 알 수 있습니다. 조사 대상자(즉, 유권자)들이 설정된 후엔 ① 그 표본이 동일하게 유

도표 2-21 패널 데이터 구조에 대한 두 가지 예

㉠ 동일한 유권자들을 대상으로 조사한 패널 데이터의 구조

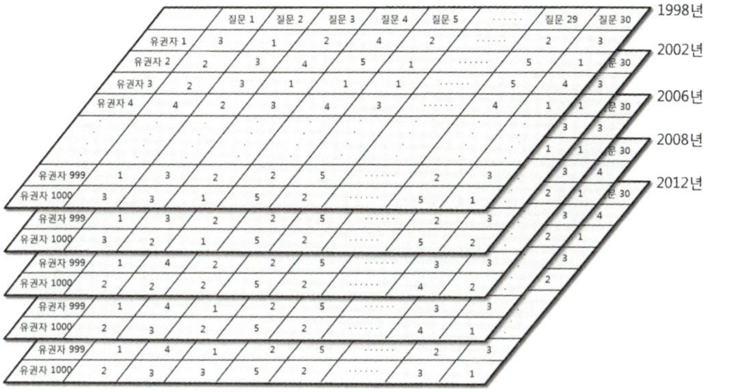

㉡ 득표율에 대한 패널 데이터의 구조

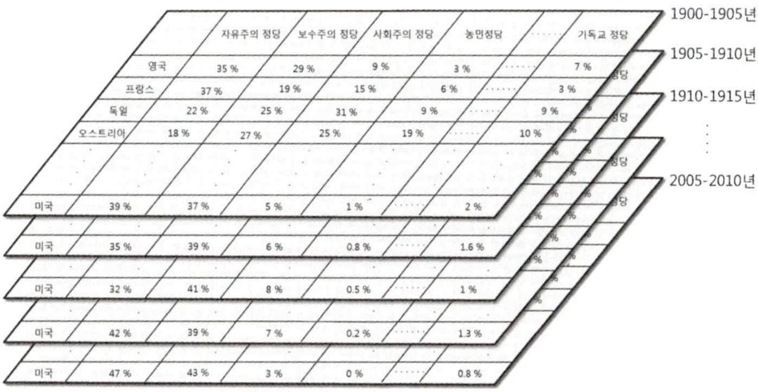

지되면서 ② 시간 간격을 두고 반복되어 조사되어야 합니다. 시간 간격을 두고 조사되면서, 사회에 특정한 사건이나 이슈가 있는 경우에 유권자들의 행태를 조사하면, '동일한' 유권자들이 시간의 흐름에 따라서 어떻게 반응했느냐를 알 수 있어서 역사성이나 성숙성 여부에 대한 보다 정확한 추론의 근거가 마련될 것입니다. 이렇게 마련된 자료를 패널자료(panel dataset) 라고 하며 그 자료의 성격은 도표 2-21과 같이 표시될 것입니다. **패널자료**

패널자료는 소위 횡단면 자료들이 시계열적으로 늘어서 있는 형태임

을 알 수 있습니다. 한 장의 '스프레드시트'(spreadsheet)는 한 시점에서의 상세한 유권자들의 정보이거나, 국가들의 정보이며, 여러 장의 '스프레드시트'는 확장된 시점에서의 유권자들이나 국가들에 대한 정보가 됩니다.[27] 패널자료에 근거한 연구설계를 패널설계(panel design)라고 합니다. 이 방법은 나름대로 정확한 추론의 근거를 제시한다는 의미에서 미국의 선거연구에선 이미 1940년대 중반에 사용된 바 있습니다. 1944년 라자스펠드, 베렐슨, 고데(Paul Lazarsfeld, Bernard Berelson, and Hazel Gaudet)의 고전적인 연구가 그것입니다. 패널자료에서의 조사 대상자는 시간의 흐름 속에서 고정되어 있습니다. 예를 들면, 유권자 패널 인식조사라고 하면, '동일한' 유권자 1,000명에 대하여 일정기간 동안 관리하면서 반복하여 인식조사를 하는 것입니다.[28] 패널자료는 조사 대상자가 고정되어 있기 때문에 시간의 흐름 속에서 어떤 사건과 연계하여 어떤 인식 변화가 있었는지 살펴보는 데 유리합니다. 반대로, 탈락효과가 심각할 수 있고, 동일한 조사 대상자들을 계속 관리해야 하므로 조사비용이 많이 듭니다. 동시에 선거 패널조사는 동일한 유권자들이 선거가 있기 일정기간 전부터 결과가 나오는 시점까지 상당기간 동안 반복해서 조사 대상이 된다는 것을 처음부터 알고 조사에 응하기 때문에 성숙효과 또한 심각한 측면이 있습니다.

---

27) 국어사전에는 '스프레드시트'라고 표기되어 외래어로 포함시키고 있습니다. 모든 통계프로그램에서 자료 입력은 스프레드시트에서 하게 되어 있습니다. 패널 데이터 구조를 그대로 기억하시면 통계분석이나 자료분석에 유용하실 것입니다. '입력창'이나 '편집창'이라고 표기한 책들도 있었는데, 통일된 순수 한국어는 없는 듯합니다.

28) 도표 2-21의 ㉠에서 시기별로 서로 다른 유권자들을 대상으로 인식조사를 하였다면 그 자료는 '합동 횡단면 자료'(pooled cross-sectional data)가 됩니다. 도표 2-21의 ㉡의 경우엔 조사대상이 국가인 경우엔 시기별로 변하지 않고 동일하므로 패널 데이터가 됩니다.

III 전실험 설계(Pre-Experimental Design)

앞서서 준실험 설계의 경우, 비록 실험 설계에서와 같은 수준의 비교집단이 없었지만, 독립변수와 종속변수간의 원인-결과 관계의 추론을 위해서 나름대로 '비교성'을 갖고 있는 집단들을 상정하여 이를 비교집단으로 활용하려는 방법론상의 노력이 있었습니다. 전실험 설계란 비교집단으로 상정할 만한 집단의 존재 가능성이 현실적으로 없거나, 또는 연구 목적상 비교집단을 상정할 필요성이 구태여 없을 경우에 주로 사용하는 방법론입니다.

단일사례연구(One-shot Case Study)

'단일사례연구'는 실험집단에 대해서 한 번의 처치를 한 후 사후검사를 하는 가장 평범한 방법입니다. 앞서 언급한 대로 연구자 입장에서 비교집단으로 상정할 만한 집단의 존재 가능성이 현실적으로 없거나, 또는 연구 목적상 비교집단을 상정할 필요성이 구태여 없을 경우에 주로 사용하는 방법론입니다. 단일사례연구는 도표 2-22과 같이 표시됩니다.

도표 2-22 단일사례연구

X	O

단일사례연구 방법은 '선정(選定)요인'(selection effect)을 주의해야 합니다. 종속변수를 설명하기 위한 독립변수의 선정이 연구 설계에서 가장 큰 작업이 됩니다. 연구대상의 선정이 아예 연구의 질을 좌우하게 될 수도 있는 것입니다. 예를 들면, 현재 한국의 민주화에 가장 큰 계기가 된 사건은 1987년 대통령 직선제 개헌이라는 것이 중론일 것입니다. 어떤 연구자가

1987년의 대통령 직선제로의 개헌(改憲)이란 결과에 어떤 독립변수가 가장 큰 영향을 미쳤는가를 생각하게 되었습니다. 연구 주제상 이러한 경우, 단일사례연구가 가장 일반적으로 채택되는 방법입니다. 연구자는 개헌 직전에 있었던 큰 사건인 6·10항쟁을 생각했습니다. 그리고 연구 주제를 "1987년 6·10항쟁이 그 이후 1987년 개헌에 미친 영향"으로 하여 연구를 진행하게 되었다고 가정해 봅시다.

이런 경우, 연구자는 "왜 수없이 많은 변수들 중에서 하필이면 그 변수를 선택하였는가?" 하는 부분을 설명해야만 합니다. 이것은 연구설계에 있어서 변수 선정의 '근거'(根據, rationale)를 제시하는 일이며, 특히 단일사례연구에선 변수 선정의 근거를 제시하는 중요성이 더 부각됩니다.[29] 예를 들면, 연구자는 다음과 같은 독립변수 선정의 근거를 제시할 수 있을 것입니다: ⓐ "시기적으로도 가장 가까운 것이 가장 큰 영향을 미쳤을 것이기 때문이다. 개헌발표 직전에 가장 '큰 사건'은 역시 6·10항쟁이었다"; ⓑ "여기서 특히 '큰 사건'이란 단지 정치 지도자들간의 민주화 투쟁이 아니라, 온 국민들이 호응하여 참여도가 높은 사건을 말하는데, 이런 면에서도 6·10항쟁을 선정하여 개헌을 설명하는 것이 필요하다"라고 근거를 제시할 수 있을 것입니다.

전실험 설계는 연구자가 '근거'를 제시하더라도, 여전히 비판에 노출될 수 있을 것입니다. 예를 들면, '6·10항쟁'과 유사한 수준의 시위가 '개헌'과 같은 정치변동을 이끌어 내는지 아닌지는 비슷한 규모의 시위가 일어나지 않은 국가에서의 정치변동 상황을 비교할 때 추론의 범위가 확장될 것입니다. 이런 의미에서 '무처치 비교집단 설계'(static group comparison design)

29) 사회과학 연구에서 '근거'를 제시하는 작업은 다양한 수준에 연관되어 있습니다. 일반적으로 사회과학 연구에서 근거를 제시하는 작업은 주제 선정의 근거(종속변수에 대한 근거 제시)와 변수 선정의 근거(독립변수에 대한 근거 제시)로 분류해 볼 수 있습니다. 수없이 많은 사회현상이 있는데, 연구자는 왜 그 주제를 연구해야만 하고(즉, 연구자가 왜 그 주제를 중요하다고 생각하는지), 왜 그 주제를 연구할 수밖에 없는가에 대한 연구 근거를 제시하는 작업이 필요합니다. 동시에 연구자는 선택한 연구 주제하에서 그 주제에 연관된 수없이 많은 독립변수들이 있는데 하필이면 왜 그 독립변수를 선택하였는가를 고민하여 독자들에게 제시하여야 합니다. 참고로, 필자는 rationale란 용어를 '근거'로 번역하였습니다. 사전적 의미는 "…the reasons and principles on which a decision, plan, belief etc is based…"인데 알아두시면 유용할 것입니다.

는 단일사례연구의 추론의 한계를 가장 최소의 범위에서 확장할 수 있는 또 다른 방법입니다. '무처치 집단'(static group)이란 연구자가 무작위추출에 의해서 할당한 집단이 아니라 자연적으로 존재하는 집단을 의미합니다.[30] 참고로, '무처치 비교집단 설계'는 다음과 같이 표시됩니다.

무처치 집단

도표 2-23 무처치 비교집단 설계[31]

X	O_1
	O_2

지금까지 연구설계의 종류들인 실험 설계, 준실험 설계, 전실험 설계 방법들을 세부적으로 살펴보았습니다. 그리고, 전실험 설계에서 단일사례연구를 소개하면서 이 방법이 가장 단순하지만, 가장 빈번하게 쓰이는 방법

30) 혹자는 전실험 설계의 '무처치 집단'을 준실험 설계의 '비등가 집단'과 비교하면서, 전자와 후자는 모두 자연적으로 나누어져서 존재하는 집단들이지만, 전자는 실험집단에 대한 비교성을 의도적으로 고려할 여지조차 없이 선택된 집단이고, 후자는 실험집단에 대한 비교성을 최대한 의도적으로 고려하면서 선택된 경우를 말하는 것으로 주장합니다. 하지만, 이러한 주장은 용어에 대한 내용을 정의하기 나름인 측면이 강합니다. 한 번 위에 언급된 무처치 집단과 비등가 집단의 내용이 바뀌어서 정의되었다고 생각해 보십시오. 이는 결국 분류법에 맞춰 용어를 정의한 사례에 지나지 않을 것입니다.

31) '무처치 비교집단 설계'가 앞서 도표 2-3에서 언급했던 실험 설계의 '단독 사후 통제집단 설계'와 모양이 같습니다. 하지만, 근본적으로 실험 설계에서의 '단독 사후 통제집단 설계'는 연구자가 무작위로 할당한 실험집단과 통제집단이 존재하는 경우입니다. '무처치 비교집단 설계'는 "비교집단이 없는 경우를 상정하는" 전실험 설계의 기본적인 속성을 근거로 할 때, 전실험 설계보다는 유사실험 설계의 한 종류로 볼 수도 있습니다. '무처치 집단'은 준실험 설계에서 소개되었던 '비등가 집단'(nonequivalent group)과 같은 속성의 것으로 보아도 사실상 무방합니다. 무처지 집단과 실험집단의 관측값을 비교하는 연구설계란 의미에서 필자는 이를 전실험 설계의 종류에서 제외시키는 것이 원론적 논의에 더 충실할 수 있을 것이라고 생각합니다. 하지만, 전실험 설계를 "비교집단이 없다기보다는 비교할 것이 다른 설계들 보다 부족한 상황을 상정하는 경우"로 정의할 땐, 무처치 비교집단 설계를 전실험 설계에 넣을 수도 있을 것입니다. 실제로 '무처치 비교 집단 설계'는 준실험연구의 '사전 사후 비등가 통제집단 설계'에서 사전 검사들이 모두 제외된 형태로 비교할 수 있는 정보가 상대적으로 부족한 것이 분명한 것도 사실입니다. 학자들마다 다양한 분류법이 존재하기 때문이고, 같은 설계 방법이더라도 설계 방법이 이용되는 예들(인간 행태 변화와 같은 미시적 분석, 국가 정책 효과와 같은 거시적 분석)에 따라 그 방법의 장단점이 항상 일치하지 않기 때문입니다. 따라서 어떤 설계 방법은 어떤 장단점이라고 무조건 외우지 말고, 그 설계 방법의 구조와 내용을 이해하는 것이 중요합니다. 그런 연후에 다양한 연구 주제 속에서 그러한 방법을 적용시키면서 장단점을 구분하시기 바랍니다.

들 중의 하나임을 지적하였습니다. 단일사례연구의 특성을 보다 더 큰 연구 설계의 틀 속에서 이야기 한다면, 한마디로, 모든 상황 다 무시하고 사후검사 한 번만 하는 것입니다. 이것은 연구자의 입장에서 방법론적인 세련성에 대해서 무지하거나 무시해서가 아니라, 단지 연구 주제나 목적과 연관된 상황들이 그럴 수밖에 없어서 그런 경우가 대부분일 것입니다.

만약에 관측 한번과 사후검사 한번 하는 방법이 사회과학적으로 지극히 보편적인 것이라면, '상관성 설계'(correlational design)는 그러한 단순한 연구 설계 속에서 추론의 범위를 확장시킬 수 있는 방법입니다.

IV 상관성 설계

횡단면 연구

상관성 설계(correlational design)는 소위 '횡단면 연구'(横斷面 硏究, cross-sectional study)라고도 합니다.[32] 상관성 설계 방법은 '설문조사'(survey)나[33] 그 밖의 '자료 수집'(data collection) 방법 등을 통해서 다양한 변수들에 대한 수집된 정보를 바탕으로 변수들간의 상관성을 측정하는 방법입니다. 사회과학적 연구설계는 모두 변수들간의 인과관계 내지 상관관계

32) '횡단면 연구'란 그 연구 내용이 어떤 '특정 시점'에서 조사된 변수들간의 관련성에 대한 추론과 관련됩니다. 따라서 변수들간의 원인-결과 관계를 분석함에 있어서 일정한 시간 간격을 필요로 하는데, 이를 충족치 못하기 때문에 변수들간의 원인-결과 관계 분석에는 한계성이 있습니다. 따라서, '횡단면 연구'와 대립되는 개념은 '종단면 연구'(縱斷面 硏究, longitudinal study)입니다. 종단면 연구란 시간을 두고 장시간에 걸쳐서 반복되어 조사되는 자료를 바탕으로 조사된 변수들간의 관련성에 대한 추론과 관련됩니다.

33) 'survey'의 번역을 그냥 '조사'(調査)라고 번역하기도 합니다. 최근의 '조사설계'(survey design) 방식으로 많이 이용되는 '전화조사'는 설문조사의 형식이 아니라고 생각할 수도 있지만, 전화조사의 경우에도 조사 대상자가 설문지를 보지 못할 뿐이지, 조사원들은 설문표를 보면서 전화조사를 하게 될 것입니다. 자동응답(ARS: Automatic-Response System)의 경우에도 설계 단계에선 조사표가 존재할 수밖에 없습니다. 인터넷(internet) 조사의 경우엔 응답자들이 '설문지'를 보게 됩니다. 결론적으로, 어떤 조사형식을 취하건 설문표 작성은 조사의 기본으로 생략될 수 없는 과정이기 때문에 '설문조사'라는 번역을 사용할 수 있습니다.

를 밝히려는 것이 목적이니, 어찌 생각하면, 상관성 설계의 특성은 "어떻게 연구 내용을 논리적으로 구성할 것인가"에 있는 것이라기보다는, 변수들간의 관련성을 "어떻게 '측정'(measurement)할 것인가"에 있습니다. 앞에서 살펴본 세 가지 연구 설계 방법들은 가능한 상황 속에서 "내적, 외적 타당도를 최대한 확보하여 추론의 범위를 확장하고 일반화된 이론을 만들어 내는 것이 주안점이었습니다. '상관성 설계'는 연구에 포함된 변수들간의 관련성을 찾는 방법에 주안점이 있기 때문에 '측정기법'(measurement technique)에 대한 연관적 이해가 필요합니다. 상관성 설계란 몇 가지 측면에서 앞서 언급한 실험 설계 방식을 포함한 여타 연구 설계들과 대조됩니다.

첫째, 앞서서 실험 설계 방법은 변수들간의 원인-결과를 추구하는 형식이 '자극-반응'(stimulus-response)이라는 관련성으로 표현되는 형식에 더 적합한 방법이라고 할 수 있습니다. 예를 들어서, '자기충족적 예언' 효과를 알아보는 데 실험 설계 방법을 사용하였는데, 그때 연구 내용은 자극(교육자로서 선생님들의 새로운 교육 방법)-반응(피교육자인 학생들이 그러한 교육법에 어떻게 반응하는가)의 형식에 적합합니다. 반면에, '상관성 설계'는 일반적으로 어떤 '특질'(特質, property)과 그러한 특질을 바탕으로 발생하는 '성향'(性向, disposition)사이의 관계를 추측할 때 많이 사용합니다.[34] 여기서, '특질'이란 어떤 사람이나 사물에 속해 있는 고유한 바탕으로 변화하지 않거나 또는 단기간에 잘 변화하지 않는 고유한 정체적 성질과 연관되어 있습니다. 즉, 성별, 인종, 계층 등의 속성을 말합니다. 반면에 '성향'이란 성벽(性癖), 기질(氣質), 태도(態度), 정향(定向) 등을 의미하며, 특정 대상에 대한 선호(選好), 편견(偏見), 인내심(忍耐心) 등을 말합니다. 특질이란 사람이나 사물 고유의 고유한 정체성과 연관된 것이며, 그러한 고유성(固有性)의 바탕 위에서 생기는 어떤 성향을 말하는 것입니다. 가설의 단계에선 특질과 성향 사이에 어떤 연관성이 있을 것을 예상하는 것이며, 실제로 조사된 경험적 데이터를 통해서 이 두 가지 사이의 연관성을 입증하게 되면

34) 연구 주제와 목적상 두 변수가 반드시 '특질'과 '성향'을 나타내는 변수들간의 관계가 아닌 경우도 다양하게 존재합니다.

이론의 단계가 될 것입니다. 상관성 설계 방법은 어떤 계층이 특별히 어떠한 선호를 보이는지 그 상관성을 연구하는 것입니다. 선거에서 남성의 경우 a성향이 있으며, 여성의 경우 b성향이 있고, 어떤 사회 계층은 c성향이 있으며, 어떤 교육수준의 집단은 d성향이 있다 등입니다.

둘째, '자극-반응'의 관계는 보다 특정한 소수의 집단들을 대상으로 단기적으로 이루어지는 관계에 적용해 볼 수 있지만, '특질-성향'의 관계는 상대적으로 광범위한 집단들을 대상으로 장기적으로 이루어지는 관계에 적용해 볼 수 있을 것입니다. 자극에 대해서 반응은 단기적으로 변화하지만, 소위 '특질'이란 것은 포괄적인 집단을 주체로 하여 변화하지 않거나(예를 들면, 성 정체성, 인종 정체성) 변화하더라도 장기간의 시간에 연관되어(예를 들면, 사회계층, 교육수준, 직업 등) 있습니다. 마찬가지로 성향이란 것도 포괄적인 어떤 주체가 일반적으로 갖는(즉, 대표값의 개념에서) 어떤 경향성을 말합니다. 결론적으로 변수들의 상관성을 연구함에 있어서 주제가 포괄적인 집단을 대상으로 그들이 갖는 어떤 경향성에 대해서 연구하는 경우에 사용하는 방법이 상관성 설계 방법이라고 생각하시면 됩니다.

셋째, 앞서서 실험 설계 또는 준실험 설계 등은 상관관계 중에서도 더 엄격한 논리적 제약성을 지닌 '인과관계'를 추정하는 데 역점을 두었다면, 횡단면적인 자료를 주로 사용하는 상관성 설계는 인과관계까지 추론하는 데는 어려움이 있으며, 두 변수 사이에 발생하는 연관성에 대한 '경향성'(傾向性, tendency) 내지 '친화력'(親和力, affinity) 정도를 나타내는 '상관관계' 정도를 추론하게 됩니다. 이것은 상관성 설계가 어떤 특정 시점에 조사되는 자료인 '횡단면 자료'(cross-sectional data)를 사용하기 때문이어서 두 변수의 시간차(time interval)와 시간 순서(time order)에 의존하는 인과관계까지 추론하는 데 한계가 있습니다.[35]

---

35) 물론, 상관성 설계에서도 여러 시점들에 대한 데이터를 수집한 종단적 자료를 사용할 수도 있습니다. 본문과 관련하여, 상관성 설계가 횡단적 자료를 사용한다는 의미는 상관성 설계의 분석 단위가 한 특정 시점에서의 횡단적 자료라는 의미입니다. 물론, 여러분들이 시계열 분석을 배우면 이러한 의미도 확고한 분류법에 의한 의미는 아니라는 점을 알게 되실 것입니다.

문제는 사회과학 연구 설계에서 변수들간의 관련성을 파악하려는 노력은 궁극적으로 원인-결과 관계일 것이며, 단순히 상관관계가 아니라는 데 있습니다. 결론적으로, 상관성 연구 설계의 핵심은 연구 대상인 변수들간의 상관성을 규명하되, 제한된 횡단면 자료를 갖고서 최대한 원인-결과의 관계를 추론해 볼 수 있는 방법론들을 동원하게 됩니다. 바로 이 방법론들이 통계학적인 지식과 연관된 것들입니다. 여기서는 간단한 예를 통해서 통계적 지식과 연관되어 있는 상관성 설계의 내용을 보다 분명하게 이해하도록 하겠습니다.

상관성 설계란 사실상 한 번의 관측만이 이루어지는 설계입니다. '상관성 설계'를 소위 '횡단면 설계'라고 칭하는 이유도 어떤 특정 시점에서 이루어지는 한 번의 관측으로 이루어지기 때문입니다. 앞서 연구 설계에서 지적하였듯이, 그것이 어떤 설계 방법이건 원인과 결과에 대한 추론으로 범위를 확장하기 위해선 항상 비교집단의 중요성이 거론되었습니다. 따라서, 실험설계에선 사전검사를 사후검사에 비교하고, 통제집단을 실험집단에 비교하였던 것이었습니다. 비교집단을 무작위 할당법으로 통제할 수 없는 준실험설계의 경우엔, 유사한 집단을 찾아가면서까지 비교집단을 만들었습니다.

상관성 설계에선 통계학적인 방법을 사용하여, 비록 완전한 원인-결과 관계의 추론은 아니지만, 적어도 단순한 상관관계를 넘어서서 원인-결과 관계의 형태를 예측해 볼 수 있는 수준으로 추론의 범위를 확장시킬 수 있습니다. 결론적으로, 상관성 설계는 어떤 특정한 한 가지 변수에 대한 정보가 그 정보에 국한되어 존재하게끔 하지 않고, 다른 변수들이 갖고 있는 정보들에 이어줌으로써 추론의 범위를 확장시키는 방법입니다. 추론의 범위를 확장할 수 있는 통계학적 방법들은 다양하지만, 가장 기본적인 방법이라고 할 수 있는 '교차분석'(cross-tabulation)을 통해서 독립된 두 변수를 연계시켜 추론의 범위를 확장시키는 원리에 대해서 이해해 보도록 하겠습니다.

한국 정치에서 많은 사람들은 '정치권'에 대한 냉소적 시각이나 혐오감을 가지고 있습니다. '권력 추구'행위와 밀접히 연관된 '정치'라는 영역에 대해서 많은 사람들이 비판적 시각을 견지하는 것은 비단 한국만의 특성은 아니고, 전 세계적으로 보편적인 성향이라고 할 수 있습니다. 그래도, 냉소주의나 혐오주의는 정치에 대해서 관심이 있는 경우일 것입니다. 자신과 별로 상관없다라고 생각하면서 아예 무관심으로 돌아서려는 성향도 있습니다. '간접 민주정치'란 형식하에서 '정당'(政黨, political party)이란 민의를 수렴하여 이를 정책화시키는 역할을 담당합니다. 하지만, 정당정치가 구습을 답습하면서 바람직한 방향으로 변하지 않고 있습니다.

어떤 연구자가 왜 새로이 변화하지 않고 과거의 것들이 계속 지속되기만 하는지 그 이유를 규명해 보기로 하였다고 가정해 봅시다. 그 연구자는 이러한 주제에 관련된 단행본과 연구논문들을 참조한 결과 여러 가지 의문점들이 생겼지만, 그 중에서도 특히 "대학생들의 정당지지 행태가 그들의 판단에 의해서 단독으로 결정되는 것이 아니라, 집안에서 일상생활을 통해 구세대인 부모세대의 영향을 받아서 결정되는 것이 아닌가?" 하는 의문에 답하는 것이 가장 긴요한 일이라는 판단을 하게 되었다고 가정해 봅시다. 그래서 "젊은 세대들이 부모들이 지지하는 정당에 영향을 받는다"라는 가설을 경험적으로 검증해 보기로 하였습니다.

이후, 그 연구자는 전국의 대학생들 1,000명을 대상으로 그들이 지지하는 정당과 그들의 부모가 지지하는 정당에 대해서 조사된 어떤 '설문지'(設問紙, questionnaire)를 찾아내었습니다. 그 설문지는 모두 30개 문항으로 되어 있고, 1,000명의 대학생들을 대상으로 조사하였는데, 그 중 설문항 9번은 학생 자신들이 지지하는 정당이 무엇인지를 물어본 설문항이었고, 설문항 10번은 그들의 부모님들이 지지하는 정당에 대해서 물어본 설문항이었습니다. 다음과 같았다고 가정해 봅시다.[36)]

36) 비록 가정한 상황이지만, 실질적으로 본문과 같이 설문항이 구성될 것입니다. 즉, 일반적인 상황을 상정한 것이지, 통계 설계를 위한 특수한 상황을 가정하는 것이 아니란 의미입니다. 또 다른 의문도 생길 것입니다. 그냥 어떤 설문지가 만약 "당신은 정당을 지지할 때 부모가 선호하는 정당에 영향을 받아서 그렇게 결정합니까?"라는 직접적인 설문이 포함된 설문지를 찾으면 되지 않겠냐는 의문입니다. 하지만, 이것은 설문지를 만들 때 아예 특수한 연구 목적을 가지고 만들지 않으면 그러한 설문이 설문지에 포함되지 않을 것입니다. 사회과학 연구자들은 자신들의 연구 목적과 관련하여 반드시 설문지를 만들어야 할 필요가 없으며, 이미 기존에 존재하는 설문지들을 대상으로 할 수밖에 없는 경우가 더 일반적일 것입니다. 그런 경우엔 설문 항목의 한계성을 통계방법론으로 극복해야 할 것입니다.

문항9. 당신은 어느 정당을 지지하십니까?
① '갑' 정당 ② '을' 정당 ③ '병' 정당 ④ 없음

문항10. 당신의 부모님은 어느 정당을 지지하십니까?
① '갑' 정당 ② '을' 정당 ③ '병' 정당 ④ 없음

해당 설문지에는 학생들과 그들의 부모님이 지지하는 정당에 대한 정보가 있지만 서로 다른 문항에서 조사되었기 때문에 두 설문항들(즉, 변수들) 사이의 연관성을 알 수 없을 것입니다. 연구자가 개별 문항별로 알 수 있는 것은 단지 1,000명의 설문조사 표본에 포함된 1,000명 학생들이 지지하는 정당이 '갑'정당 몇 %, '을'정당 몇 %, '병'정당 몇 %, 기타 몇 %라는 것입니다. 마찬가지로 그들의 부모님이 지지하는 정당들이 '갑'정당 몇 %, '을'정당 몇 %, '병'정당 몇 %, 기타 몇 %라는 분리된 정보여서 해당 연구자의 가설을 검증하는 데 한계가 있습니다.

하지만, 설문항 9번과 10번에 대하여 '교차분석'(cross tabulation)이란 통계적 방법을 수행하면 분리하여 존재하는 두 개의 설문항을 연결시킬 수 있습니다.[37] 두 설문항들 사이의 관련성을 분석하기 위해서 '교차분석'을 수행하면 이런 경우 학생들이 지지하는 정당과 부모가 지지하는 정당을 행(row)과 열(column)로 조합한 결과를 얻을 수 있게 됩니다. 교차분석을 수행한 결과 다음과 같은 도표 2-24를 얻었다고 가정해 봅시다.

도표 2-24 학생들이 지지하는 정당과 부모가 지지하는 정당에 대한 교차분석 결과[38]

		부모가 지지하는 정당		
		'갑'정당	'을'정당	'병'정당
학생이 지지하는 정당	'갑'정당	63%	30%	15%
	'을'정당	29%	55%	36%
	'병'정당	8%	15%	54%
	합계	100%	100%	100%

37) 설문 응답자는 설문항 1번과 2번에 응답했기 때문에 개별 설문자들 한 명 한 명을 통해서 설문항 1번과 2번이 연결되는 것입니다.

38) 설문항에서 응답하는 항목[즉, 유목(類目)값]은 4개였으므로, 도표 2-24에서의 교차분석은 무응답자들을 고려하지 않고 지지하는 정당에 기표한 조사 응답자들만을 대상으로 한 도표임을 알 수 있습니다.

도표 2-24에서 응답자 1,000명 중에서 자신들과 부모들이 지지하는 정당이 일치하는 경우가 '갑'정당의 경우 63%, '을'정당의 경우 55%, '병'정당의 경우 54%입니다.[39] 따라서, 학생들이 지지하는 정당은 부모들에게서 영향을 받아서 그럴 수도 있겠다는 '추측'할 수 있는 근거가 도표 2-24로부터 마련됩니다. 세상을 오래 사신 부모들의 정치에 대한 식견이 가정생활 속에서 자식들에게 알게 모르게 영향을 미쳐서 그럴 수 있다는 것이 보편적인 추론일 것입니다. 세상을 오래 사신 부모들은 더 오래전에 지지하는 정당을 결정했을 가능성이 크기 때문에 시간적으로 우선한다고 추측되는 부모의 정당지지가 자식이 지지하는 정당을 결정하는 데 영향을 미쳤다는 의미입니다. 하지만, 부모의 정당 선호가 원인이 되어 자식의 선호 정당에 영향을 미쳤는지에 대해서는 도표 2-24만으로는 확신할 수는 없습니다. 인과관계를 판단하는 가설과 연관하여 시간적 순서가 불명확하기 때문입니다. 부모들도 가족 부양의 의무 속에서 정치적 무관심층으로 살아 오셨으며, 똑똑한 자식들의 의견에 영향을 받았는지도 모릅니다. 과거 세대인 부모들이 오히려 자기주장이 강하고 논리성을 겸비한 요즈음 학생 세대의 영향을 받아서 지지하는 정당을 결정할런지도 모릅니다. 그럼에도 불구하고, 도표 2-24는 독립된 변수들을 연관시켜서 두 변수들간에 사회과학적으로 '있음직한 이야기'(plausible scenario)를 추론할 수 있는 소중한 근거가 되고 있습니다. 설문항 9번과 10번을 독립적으로 분리시킨 상태에서는 불가능한 추론이 통계 방법론을 통해서 가능해진 것입니다.

앞서서 설문항 9번과 10번에 대하여 '교차분석'이란 통계적 방법론을 수행하여 분리하여 존재하는 두 개의 설문항을 "연결시킬 수 있다"고 하였는데, "연결시킬 수 있다"는 말에는 두 가지의 중요한 방법론적 논리가 내재되어 있습니다. 첫째, 연결시킬 수 있는 것은 설문조사에 대한 입력표가 1,000명 개인들에 대한 정보를 바탕으로 할 때 가능한 것입니다. 앞서서 설문지는 30개 문항에 1,000명의 조사자를 대상으로 이루어졌다고 가정했으니, 설문을 마치고 나면 도표 2-25와 같은 설문 조사표가 나올 것입니다.

39) 실제로 1,000명의 설문 응답자들을 대상으로 교차분석을 행하면, 행(row)과 열(column) 모두 백분율을 구할 수 있습니다. 현재 도표에선 부모들의 응답을 중심으로(즉, 열을 중심으로) 백분율이 계산되어 있습니다.

도표 2-25 질문항 30개에 대한 조사자 1,000명의 스프레드시트(spreadsheet)

	질문 1	질문 2	질문 3	질문 4	질문 5	······	질문 29	질문 30
유권자 1	3	1	2	4	2	······	2	3
유권자 2	2	3	4	5	1	······	5	1
유권자 3	2	3	1	1	1	······	5	4
유권자 4	4	2	3	4	3	······	4	1
·	·	·	·	·	·	·	·	·
유권자 999	1	3	2	2	5	······	2	3
유권자 1000	3	3	1	5	2	······	5	1

도표 2-25는 개인들에 대한 인식이 모두 부호화(符號化, coding)되어 있습니다. 연구자가 컴퓨터 통계 프로그램을 통해서 설문항 1번과 2번에 대한 '교차분석'이란 명령을 내린 경우, 통계 프로그램은 설문항 9번과 10번에 대한 개인 조사 대상자 1,000명의 '개별자료'(individual data)들의 응답을 읽어 도표 2-24와 같이 개인들의 입장을 취합한 집합수준의 '집합자료'(集合資料, aggregate data)로 만들어 냅니다.

부호화 / 개별자료 / 집합자료

도표 2-24와 도표 2-25의 차이점에서 방법론적인 핵심은 두 가지입니다. 첫째, 도표 2-25로부터는 도표 2-24를 만들어 낼 수 있지만, 도표 2-24로부터는 도표 2-25를 만들어 낼 수 없다는 것입니다. 달리 표현하자면, 개별자료로는 집합자료를 만들어 낼 수 있지만, 집합자료로는 개별자료를 만들어 낼 수 없다는 것입니다. 이러한 방법론적인 내용은 사회과학적 추론의 범위와 연관시켜 볼 때, 방법론적 적합성에 대한 중요성이 제기됩니다. 만약, 어떤 연구자가 도표 2-24에 대한 정보만 갖고서 도표 2-25에 해당하는 내용을 유추하는 경우 나타나는 추론상의 오류를 '생태적 오류'(生態的 誤謬, ecological fallacy)라고 말합니다. 반대로, 각 개인들의 정보를 분리한 상태에서 한 개인의 정보를 과대평가하여 전체 집단의 내용을 추론하는 경우에 나타날 수 있는 오류를 '개별적 오류'(個別的 誤謬, individualistic fallacy)라고 합니다.

생태적 오류 / 개별적 오류

도표 2-25는 개인 응답자들에 대한 설문조사로부터 가능한 자료이며,

상관성 설계는 설문조사에 포함된 다양한 설문 항목들 사이의 연관성을 규명할 수 있는 다양한 설문 '측정' 방식들과 연관되어 있습니다. 설문조사는 연구조사 방법론에서 '자료수집'(data collection)의 한 종류이거나 과정입니다. 연구조사를 수행하기 위한 다양한 자료수집의 방법들을 다음 장에서 다룹니다.

제 3 장

자료수집 방법들

Ⅰ. 설문조사법 및 측정
Ⅱ. 관측법
Ⅲ. 질적연구방법
Ⅳ. 이차자료 연구

제3장 자료수집 방법들

연구에서 나타나는 결과물들은 상당 부분 자료수집(data collection) 방식에 영향을 받게 됩니다. 일반적으로 사회과학 연구에서 자료수집의 방법들은 '설문조사법'(survey method), '관측법'(observational method), '질적연구방법'(qualitative method), '이차자료 분석법'(secondary data method)의 네 가지로 대별할 수 있을 것입니다.[1] 네 가지 방식은 분리되어 사용되는 것 이상으로 복합적으로 사용될 수 있습니다.

I 설문조사법 및 측정

설문조사법은 특히 상관성 설계와 연관된 자료수집방법임을 지적한 바 있습니다. 설문조사에서 응답자들이 답하는 각각의 문항들은 하나의 변수로서 역할을 하면서 변수와 변수의 상관성을 연구하는 기초자료로 활용됩니다. 하지만, 특정 연구자의 연구 목적과 관련하여 설문조사의 목적은 다양할 것입니다. 연구자가 자신의 연구 범위를 탐색(exploration), 기술(description), 예측(prediction), 회고(retrospection), 상관관계의 규명, 인과관계의 규명 등과 관련하여 어느 수준까지로 한정하느냐에 따라서 설문조사법은 다양한 형식으로 만들어지게 될 것입니다.

설문조사표

조사가가 조사할 질문들을 체계적으로 구성한 '설문조사표'(survey

1) 사회과학에서의 자료수집 방식을 '형식적인'(formal) 것과 '비형식적인'(informal) 것, 또는 '말로하는'(verbal) 것과 '말로하지 않는'(nonverbal) 것으로 대별하기도 합니다.

schedule)는 조사연구에 가장 기본적인 것입니다. 조사표란 질문과 대답으로 구성되는데, 응답자들의 감정, 믿음, 태도, 경험 등을 기록하는 방법을 ⓐ 폐쇄형 질문 방식(즉, 질문에 대한 응답 항목의 보기가 주어지는 것)을 선택할 수도 있고, ⓑ 개방형 질문 방식(응답자가 자유롭게 답하는 것)으로 구분합니다. 설문조사라는 형식의 근본적인 속성은 조사 주체가 체계적으로 만들어 놓은 질문 형식들에 응답자 스스로 자신의 생각을 기입할 수 있도록 만들어 놓은 '설문지' 형식이 존재하는 상태에서 행해진다는 것입니다. 조사자와 응답자 모두는 동일한 설문지를 보고 있는 것입니다. 이런 설문조사의 속성에 기반하여, '면접조사'(面接調査, interview method)를 설문조사와 대비되는 개념으로 구분하기도 합니다.[2] 면접조사에선 조사원들만 설문지를 가지고 있고 응답자들은 조사원들이 읽어주거나 이야기 하는 것에 응답하며, 결국 조사자가 응답자의 반응을 기록하게 됩니다.

폐쇄형 질문

개방형 질문

면접조사

면접조사에는 ⓐ '구조적 면접'(structured interview)과 ⓑ '비구조적 면접'(unstructured interview) 방법이 있습니다. '구조적 면접'이란 조사자가 '면접조사표'(interview schedule)를 가지고 조사표대로 응답자의 대답을 기록하는 것입니다. '비구조적 면접'이란 질문항목과 항목 순서들을 사전에 정해 놓지 않고, 목적과 방향만 크게 정하여 통제하면서 응답자들의 생각, 경험, 태도 등을 자유롭게 말할 수 있도록 하며, 이를 기록하는 것입니다. 비구조적 면접을 행하는 조사자는 조사 기술이나 조사의 목적인 연구 주제와 관련하여 전문성을 지닌 사람이어야 하며, 조사자의 전문성 여부가 비구조적 면접 성패 여부에 가장 중요한 관건이 됩니다. 대조적으로, 응답자의 전문성이 중요한 경우도 있습니다. '델파이 기법'(delphi technique)은 전문가 집단의 의견과 판단을 추출하여, 그들의 의견을 통합하고 조정하기 위한 것입니다. 델파이 기법이란 용어는 고대 그리스 도시 국가들이 국가중대사를 결정함에 있어 아폴론 신전이 있었던 델포이(delphoe)에서 신탁(信託)에 의지하였던 것에서 비롯됩니다. 델파이 기법은 기존의 자료가 불충분하

구조적 면접

비구조적 면접

면접조사표

델파이 기법

2) '면접조사'라는 말의 어감상 '면대면'(面對面, face-to-face)을 의미하는 것이 아닌지 하는 혼란이 있을 수도 있습니다. 여기서 '면접'이란 'interview'를 번역한 것임에 유의하시기 바랍니다. 면접조사에는 면대면 면접조사도 있고, 전화에 의한 전화면접조사도 있습니다.

여 미래에 대한 예측이나 판단이 제한을 받는 상황에서 전문가 집단에 의존하여 미래의 불확실한 상황을 예측함에 개략적인 윤곽을 그리려고 할 때 사용됩니다. 설문관리자는 개인 전문가들의 의견을 설문지를 통해서 조사하며, 전문가들의 응답내용들을 수집하고 응답내용들을 요약하여 다시 전문가들에게 그 내용을 보내주면, 전문가 개인들 자신의 생각을 수정·보완하면서 의견을 표출해 나갑니다.[3)]

탐침면접 / 추구면접

비구조적 면접 방법을 시행하는 경우, 조사원은 응답자들의 응답을 보다 세부적이고 구체적으로 이끌어내기 위해 '탐침면접'[探針面接, 또는 추구면접(追究面接), probing interview]을 시행할 수 있습니다.[4)] 면접과정에서 설문목적과 관련하여 불확실한 사항이 있으면 이에 대해서 끝까지 캐어들어가는 면접이어서 특정 주제와 관련된 심도 있는 자료를 얻어낼 수 있습니다. TV 방송에서 "이제는 말할 수 있다"라는 프로그램이 있었는데, 해당 사건과 연관된 당사자들이 과거를 회상하면서 당시에는 언급할 수 없었던, 그렇지만 사건의 진실과 관련된 중요한 내용들을 서술합니다. 화면에 인터뷰 진행자는 직접 보이지 않고 사건 당사자들만 비춰지지만, 인터뷰 진행자는 의문점들에 대해서 사건 당사자들에게 추구조사를 진행하고 있는 것입니다.

면접지침서

'구조적 면접'과 '비구조적 면접'의 중간 단계로 '면접지침서'(interview guide)만을 사용하는 방법도 있습니다. 형식화된 '조사표'는 없지만, 면접에 필요한 포괄적 숙지 사항들에 대한 정보만 갖고서 면접을 진행하는 것입니다.

표적집단면접 / 초점집단면접

면접조사는 조사자와 응답자간에 1:1이라는 형식적 속성이 두드러지지만, 반드시 그런 것은 아니며, 면접 조사자가 다수의 응답자를 대상으로 면접을 실시할 수도 있습니다. '표적집단면접'(標的集團面接 또는 초점집단면접, focused group interview) 방법은 적당한 숫자로(10명 전후로) 어떤 유사

3) 선거결과는 미래의 불확실한 사실이므로 델파이 기법은 선거결과 예측조사에 이용되기도 합니다. 델파이 기법의 경우 익명성을 보장하는 가운데 조사가 이루어지는 경우, 전문가들이 자신의 생각에 고집을 피우지 않고서 반성적 사고를 하여 의견을 재조정할 수 있는 유연성이 있습니다.

탐색조사

4) '탐침'이란 번역은 탐색조사(探索調査, exploratory survey)에서의 '탐색'과 용어상 혼란이 있을 수도 있습니다. 탐색조사는 본조사에 앞서 수행하는 소규모의 예비조사를 말합니다.

한 특성을 공유하는(예를 들면, 유사한 경험, 유사한 환경, 유사한 사회·경제적 배경을 가진) 사람들을 한 자리에 모아 놓고 비구조적 면접 방법을 사용하여 응답자들이 자유롭게 자신의 생각을 이야기할 수 있도록 유도합니다. 표적집단면접 방법은 공식적인 설문조사에서는 얻을 수 없는 보다 심도 있는 아이디어 도출에 유용합니다.

설문기법과 측정

설문조사는 통계학적 방법과 연계된다고 하였는데, 이는 각 설문항에서 질문의 내용이나 대답하는 형식에 따라서 그 연계성이 확장될 수도 있고 제한받을 수도 있습니다. 따라서 설문지를 작성하는 과정 자체가 연구결과의 신뢰성과 타당성과 연계된 중요한 과정입니다. 역으로, 연구자가 자신의 연구 목적이나 주제와 관련하여 새로운 설문조사를 직접 행하는 것 이상으로 이미 존재하는 풍부한 설문조사 자료들을 적절히 사용하는 것도 중요하다는 의미입니다.

설문지는 기본적으로 다음의 세 가지원칙들이 주요하게 고려된 상태에서 구성됩니다: ① 질문의 내용(contents of questions), ② 질문의 형태(type of questions), ③ 응답의 범주(response categories). 특히 세 번째의 응답의 범주 문제는 통계학적 방법과 관련하여 구체적인 '측정'(measurement) 기법상의 문제로 나타납니다. 하나씩 살펴보도록 하겠습니다.

질문의 내용

일반적으로 질문의 내용은 크게 응답자들의 ⓐ '객관적 상황' 내지는 '사실'(fact)에 관한 것을 묻거나[사실적 질문(factual question)], 아니면 ⓑ 그들의 의향(意向, attitude)에 관한 것을 묻는 것입니다[의향적 질문(attitudinal question)]. 전자는 객관성이 담보되는 것이고, 후자는 주관성이 담보되는 것입니다.

사실적 질문

의향적 질문

응답자의 객관적 사실에 관한 질문은 "당신의 성별은 무엇입니까?"와 같이 성별, 인종, 학력, 직업, 소득수준 등의 사회경제적 배경에 관한 질문들이 그 대표적인 예입니다. "당신은 출퇴근에 어떤 수단을 사용하십니까?", "당신은 이번 대통령 선거에서 어떤 후보자를(또는 정당을) 지지하십니까?"와 같이 응답자의 객관적 상황과 연관된 문제도 그 예가 됩니다. 문제는, 응답자가 처한 객관적 상황이라고는 하지만, 조사자와 응답자가 생각하는 객관적 상황은 차이가 존재할 수 있기 때문에 문제가 복잡해질 수 있습니다. 유명한 예가 오펜하임이 언급했던 "마시는 습관"(dirinking habit)에 대한 조사입니다(Oppenheim 1966). "마시는 습관"을 조사하는 설문에서 어떤 사람은 술을 마시는 횟수만을 기입했고, 어떤 사람들은 콜라를 포함한 다른 음료수들을 마시는 것도 포함하였으며, 어떤 사람들은 심지어 커피를 마시는 것을 포함시키기도 하였습니다. 따라서 "마시는 습관"에 대해서 무엇을 마시는지에 대한 정확한 정의가 설문에서 제시되지 않는다면 조사자와 응답자는 객관적 상황에 대한 서로 다른 정보를 산출하게 됩니다. 이것뿐만이 아닙니다. 앞서서 "당신은 이번 대통령 선거에서 어떤 후보자를 지지하십니까?"라는 질문이 있었습니다. 만약 대통령 선거가 있기 한참 전에 가시적으로 예상되는 후보자들을 대상으로 설문조사가 이루어졌다고 가정합시다. 대선이 있기 상당 기간 전에는 응답항목에 강력한 대선 후보자 2~3인만 포함시켜서 작성하느냐, 아니면, 4~5명의 가시적인 대선 후보자들을 포함시켜서 작성하느냐, 아니면 예상할 수 있는 모든 후보자들을 포함시켜서 작성하느냐에 따라서 응답 결과는 통계적으로 유의미한 차이를 보일 수도 있습니다. '객관적 질문'을 만드는 것이 단순치 않음을 유의해야만 합니다.

'의향적 질문'이란 어떤 질문에 대한 응답자들의 찬성·반대의 입장(direction)이나 찬성·반대의 강도(intensity)에 대한 주관적 생각을 물어보는 것입니다. 따라서 응답자들의 응답 항목이 형식이 다음과 같이 나타나게 됩니다.

보기 3-1: "선생님께서는 정부의 수도이전 정책에 대해서 어떻게 생각하십니까?"

㉠ 지지한다 ㉡ 중립적이다 ㉢ 반대한다 ㉣ 잘 모르겠다

보기 3-2: "선생님께서는 정부의 수도이전 정책에 대해서 어떻게 생각하십니까?"

㉠ 적극적으로 지지한다 ㉡ 지지한다 ㉢ 중립적이다
㉤ 반대한다 ㉥ 적극적으로 반대한다 ㉦ 잘 모르겠다

보기 3-2는 응답 내용들이 더 세분화될 수도 있습니다.

보기 3-3: "선생님께서는 정부의 수도이전 정책에 대해서 어떻게 생각하십니까?"

㉠ 전반적인 방향뿐만이 아니라 지엽적인 모든 문제들을 포함하여 적극 찬성한다
㉡ 전반적인 방향과 지엽적인 문제들에 전반적으로 찬성한다
㉢ 전반적인 방향에 대해서만 찬성한다
㉤ 전반적으론 중립적이다
㉥ 전반적인 방향에 대해서만 반대한다
㉧ 전반적인 방향과 지엽적인 문제들에 전반적으로 반대한다
㉨ 전반적인 방향뿐만이 아니라 지엽적인 모든 문제들을 포함하여 적극 반대한다

보기 3-1, 3-2, 3-3의 질문은 동일하지만 그 응답 항목의 세분화 정도가 달라서 응답자들의 생각을 파악하는 데 차이가 존재할 수 있습니다. 보기 3-3이 더 세분화되고 구체적이어서 좋을 듯도 하지만, 조사비용(전문조사자 확보, 조사 시간, 응답률 등)이 그만큼 크게 예상됩니다. 보기 3-3은 응답자들을 피곤하게 만들어서 설문 응답에 대한 집중력을 오히려 감소시킬 수도 있음에 유의해야 합니다. 세분화되어 미묘한 내용의 차이를 다 인지하면서 자신의 응답을 결정해야 하기 때문입니다. 보기 3-1, 3-2, 3-3의 경우는 모두 응답자의 선택 항목이 주어진 '폐쇄형 질문'(closed-ended question)이지만, '개방형 질문'(open-ended question)의 경우엔 응답자들의 수준이 중요한 변수가 됩니다. 결론적으로, 설문 항목을 개발하는 경우 다음과 같

조사비용

은 기본 원칙들이 고려됩니다.

① 설문 항목의 의미를 해석하는 데 객관성이 있어야 합니다. 조사자가 의도하는 설문 항목의 의미가 응답자가 설문을 읽고 해석할 때의 의미와 일치하여야 합니다. 설문 항목 그 자체로서 조사자와 응답자간에 동일한 의미 파악이 가능하도록 설문을 개발해야 합니다. 설문은 어휘가 쉽고 분명하여 누구나 이해하기 쉽게 표현되어야만 합니다. 특히, 전 국민을 대상으로 하는 인식조사의 경우엔 다양한 사회 계층 및 연령층이 포함되어 그 지식수준의 정도는 편차가 큽니다. 이런 경우, 요령은 가장 지식수준이 낮은 경우를 고려하여 설문지 개발을 해야 합니다.[5] 특히 '개방형 질문'을 만드는 경우엔, 응답자의 수준을 고려해야 합니다. 어떤 특정 주제에 대해서 전문성 있고 구체적인 응답이 가능한 해당 분야 전문가들을 대상으로 하는 설문의 개발은 보다 자유롭게 이루어지게 됩니다.[6]

② 설문 주제에 대한 응답자의 정보수준을 고려하여 설문지를 개발하게 됩니다. 설문지를 만드는 조사자와 이에 응답하는 일반인들의 해당 주제에 대한 '정보수준'(the level of having information)은 차이가 있을 것입니다. 응답자의 정보수준이 낮은 것은 응답자의 지적 능력(intelligence)과 상관없이 응답자가 무관심하거나 생소한 주제여서 그럴 수도 있습니다. 설문 개발은 모두가 공유하고 있는 정보의 수준을 예측하면서 이루어져야 바람직할 것입니다. 조사자는 응답자의 용이한 응답을 위해서 설문 항목과 함께 구체적인 정보를 제시하거나 부연 설명을 할 수도 있지만, 바람직한 방법은 아

정보수준

지적 능력

5) 한국은 교육수준이 매우 높은 나라입니다. 특히 정치인식 조사를 할 때 연령과 계층에 상관없이 우리 국민들의 정치 관심이 매우 높으며, 높은 관심을 바탕으로 자신의 입장에서 나름대로 상당한 지식과 식견에 대한 자신감이 드러납니다. 하지만, 이런 경우에도 같은 내용을 전달함에 있어서(즉, 설문항목을 만드는 데 있어서) 가장 쉽고 명료하도록 해야 할 것입니다.

6) 전문가를 대상으로 하는 조사에서는 소위 '비표본 오차'가 커질 수도 있습니다. 즉, 자신들을 꽤 똑똑하고 바쁘다고 여기는 사람들이 세부적인 응답을 요구하는 조사를 아예 무시해 버리거나, 응한다고 해도 쉽게 자신의 속마음을 드러내지 않을 수 있습니다. 이런 상황을 일반적으로 조사에 대한 거부감이라고도 할 수 있는데, 거부감은 세분화되고 복잡한 생각을 정리해서 압축적으로 기입할 필요가 있는 개방형 조사의 경우 두드러지게 나타날 수 있습니다. 이런 경우, 응답률이 낮거나, 응답을 받기까지 장시간이 소요되어 조사의 의미가 퇴색됩니다. 소위 설문결과에 대한 '비표본 오차'가 발생할 수 있음을 유의해야 합니다.

닙니다.[7]

③ 특히 '의향적 질문'과 관련된 설문 개발을 하는 경우, 응답자의 자연스러운 응답이 도출되는 설문 개발이 중요합니다. "선생님은 ~에 대해서 어떻게 생각하십니까?"라고 물었을 때, 응답자가 한참을 생각하고 답하는 것은 응답자의 평소 자연스러운 생각이라고 하기 어렵습니다. 질문을 보는 순간에 즉각적으로 자연스럽게 응답이 나와야 바람직한 의식조사가 됩니다. 응답자가 설문을 읽고서(또는 듣고서) 한참을 생각하는 것은 앞서 ① 번과 ②번에 문제가 있는 것입니다.

명목척도와 등급척도

앞서 제시된, 보기 3-1, 3-2, 3-3은 동일한 질문이지만, 응답 항목을 어떻게 구성하느냐에 따라서 응답자의 입장만 조사할 수도 있고, 그러한 입장에 대한 보다 세분화된 강도까지 조사할 수도 있음을 보여줍니다. 보기 3-1, 3-2, 3-3은 응답자들의 입장에 대한 답을 측정함에 있어서 "강하게 찬성한다", "찬성한다", "중립이다", "반대한다", "강하게 반대한다" 또는 "아주 빈번히", "빈번히", "적당히", "드물게", "아주 드물게" 등으로 응답자의 판단이 어떤 판단의 강도에 대해서 '순서화된 범주'(ordered category)로 나열되어 있을 때 이를 '서열화된 등급척도'(等級尺度, rating scale)라고 합니다. 이와 대조하여, '순서화된 범주'로서의 의미를 부여할 수 없는 척도를 '명목척도'(名目尺度, nominal scale)라고 합니다. 순서화된 범주로서 의미를 부여할 수 없다는 의미는 '등급'(rating)이나 '서열'(ranking)을 매길 수 없다는 뜻이며, 성별, 출생지, 종교, 직업 등의 응답 항목은 명목척도로 표시됩니다.

7) 이러한 방법은 전문가 집단을 대상으로 하는 경우로 한정되는 것이 바람직할 것입니다. 왜냐하면, 같이 주어지는 정보에 대한 선입견 때문에 응답자의 대답이 자연스럽게 형성되지 않고 왜곡될 가능성이 있기 때문입니다. 설문조사 속에서 제시되는 정보는 응답자들에 대한 교육적 효과를 갖게 되며, 일상생활 속에서의 자연스러운 생각을 저해할 수 있습니다. 설문과 함께 주어지는 보조적 정보 제시의 상황을 보다 종합적으로 판단할 수 있는 전문가 집단에만 이 방법을 한정하여 최소화 하여야만 합니다. 해당 주제 관련 일정수준 이상의 정보를 지닌 전문가 집단에선 보다 구체적인 정보를 제시받아야만 보다 더 적확한 응답을 기대할 수 있는 경우라는 확신이 있어야만 합니다.

우선 척도를 분류하여 표시하면 다음과 같습니다.

- 척 도
  - 명목척도
  - 등급척도
    - 순서척도
    - 등간척도
    - 비율척도

보기 3-4 귀하의 종교는 무엇입니까?[8]

㉠ 불교 ㉡ 크리스트교 ㉢ 이슬람교 ㉣ 힌두교 ㉤ 유대교 ㉥ 유교
㉦ 기타

'등급척도'는 결국 등수나 급수를 매기는 것인데, 그 내용에 따라서 순서척도, 등간척도, 비율척도와 같이 다양한 형식이 존재합니다.

① 순서척도: 범주와 범주 사이의 차이는 분명 순위나 등급의 개념이 적용될 수 있지만, 순서 이상의 의미를 부여하기 어려운 경우입니다. 즉, 개별 응답값들이 일정한 원칙에 따라서 순서로 나열되어 있지만, 동일한 간격의 개념을 적용할 수 없는 경우입니다. 보기 3-5와 같이, 학력이 높은 순으로 나열되어 있지만, 한 개의 범주를 떨어져 있는 것이 두 개의 범주를 떨어져 있는 것에 2배를 곱하면 되는 것이 아닙니다. 즉 중학교 졸업의 학력은 초등학교 졸업학력의 2배이거나 고등학교 졸업학력은 초등학교 졸업 학력의 3배인 것이 아닙니다. 앞서 보기 3-2도 적극찬성이 단순찬성에 2배이거나 3배인 것은 아닙니다. 중립과 반대의 입장들도 마찬가지 입니다. 따라서 앞서 보기 3-1, 3-2, 3-3도 순서척도라고 할 수 있습니다.

8) 등급척도이건 명목척도이건, 중요한 것은 응답 항목들 사이에는 망라성(網羅性, exhaustiveness)의 개념과 '상호배타성'(相互排他性, mutual exclusiveness)의 개념이 적용되어야만 합니다. 어떤 사람이 ㉠ 불교 ㉡ 이슬람교 ㉢ 크리스트교 ㉣ 회교 ㉤ 침례교 ㉥ 기타라고 했다면, 침례교는 크리스트교의 일부이기 때문에 '상호배타성'에 위배됩니다. 동시에 다양한 주요 종교들이 망라되지 않고 있기 때문에 망라성에도 위배됩니다. "기타" 항목을 넣는 이유는 모든 보기를 언급할 수 없는 경우 이를 넣어서 '망라성'에 위배되지 않도록 하고 있습니다. 1장에서 상호배타성과 망라성에 대한 구체적인 논의를 참조하실 수 있습니다.

보기 3-5 귀하의 최종 학력은 무엇입니까?
㉠ 초등학교 졸업 ㉡ 중학교 졸업 ㉢ 고등학교 졸업
㉣ 대학교 졸업 ㉤ 대학원 졸업 ㉥ 기타

② 등간척도(等間尺度)[9]: 순서척도적인 성격에 덧붙여서 응답항목들의 거리 간격이 실제적인 의미를 갖는 척도입니다. 응답값들 사이에 같은 간격을 가진 척도라는 의미입니다. 위에서 살펴본 보기 3-1, 3-2, 3-3과 같은 예가 이에 해당되며, 수치나 금액으로 표시되는 응답값들은 보다 극명한 구간척도의 예가 됩니다.

보기 3-6 귀하의 TOEFL 성적은 대략 어느 백분위수(percentile)에 해당합니까?
㉠ 99-76 percentile ㉡ 75-51 percentile ㉢ 50-26 percentile
㉣ 25-1 percentile

보기 3-7 학생의 한 달 용돈은 얼마입니까?[10]
㉠ 31-40만원 ㉡ 41-50만원 ㉢ 51-60만원 ㉣ 61-70만원
㉤ 71-80만원 ㉥ 기타

구간척도

9) 간혹 '구간척도'(區間尺度)라고 번역하는 경우도 볼 수 있습니다. 앞서서 rating을 등급(等級)이라고 번역했습니다. 등급척도에서의 '등급'이라는 번역은 등수나 급수를 나타내는 척도라는 의미이지, '등간'은 아니기에 '등간척도'는 등급척도의 하위범주(sub-category)에 소속될 수 있을 것입니다. 본 교과서에서는 등급척도는 서열척도, 등간척도, 비율척도를 모두 포괄하는 용어로 사용하고 있습니다. '등급'이란 의미가 동일한 급수라는 의미로 사용되는 경우엔, 유목값들 사이에 동일한 급수적 증가와 감소의 의미로 받아들여져, 등간척도는 등급척도의 하위개념이 아니고 동일한 어휘가 됩니다. '등급척도'가 '등간척도'를 의미하는 경우도 있으니 문맥을 잘 파악하여 용어상의 혼란을 피하시기 바랍니다. '서열순서척도'(또는 순위순서척도, rank order scale)라는 것도 있는데, 이것은 응답자가 선호의 순서를 기재하는 경우입니다. 예를 들면, 우리나라 역대 대통령들이셨던 이승만, 박정희, 전두환, 노태우, 김영삼, 김대중, 노무현을 제시해 놓고서 1등부터 6등까지 등수(즉, 선호 순서)를 표시하는 조사는 '서열순서척도'가 됩니다. 용어때문에 많이 혼란해질 수 있습니다. 종합해서 이야기 하자면, 그러한 혼란은 '등급'이란 말을 어떤 사람은 '서열'의 의미를 나타내는 고유 명사로 쓰고, 어떤 사람들은 단순히 등수와 급수를 나타내는 용어들을 포괄하는 대명사로 사용하기 때문입니다. 우리 용어가 통일되는 것이 더 좋겠으나, 그렇지 않다면, 문맥을 잘 파악하셔서 혼란을 피하시길 바랍니다.

10) 기타라는 항목은 등간척도의 개념이 적용되는 데 한계가 있기 때문에 기타 항목이 없어야만 등간척도의 개념이 적용될 수 있는 것이 아닌지 반문할 수도 있습니다. 마찬가지로, 보기 3-1, 3-2, 3-3에는 각각 '잘 모르겠다'라는 응답항목이 있는데 이것은 제외해야만 정확한 의미에서 등급척도의 개념이 적용되는 것이 아닌지 질문할 수 있을 것입니다. 중요한 것은 기타라는 항목의 유무에 상관없이, 질문과 그 질문에 대한 응답 형식이 등간척도를 따르고 있다는 것이며, 기타라는 항목이 들어간 것은 '망라성'을 위해서 그런 것이라고 보시면 됩니다.

보기 3-8 당신은 다음의 어느 온도를 가장 선호하십니까?
㉠ −19℃ ~ −10℃ ㉡ −9℃ ~ 0℃ ㉢ 1℃ ~ 10℃
㉣ 11℃ ~ 20℃ ㉤ 21℃ ~ 30℃ ㉥ 31℃ ~ 40℃

③ 비율척도: 비율척도는 구간척도가 갖는 특성들에 덧붙여서 유목값에 나타나는 '0'의 값이 '절대영점'(絕對零點, absolute zero)을 갖는 척도입니다. 온도에서는 0℃라는 것이 온도가 없는 것을 의미하는 것이 아니고 온도는 있는데, +값과 −값 사이에서 존재하는 온도라는 의미입니다. 따라서 온도가 존재하지 않는 '절대영점'을 의미하는 것은 아닙니다. 즉, 온도는 비율척도가 될 수 없습니다. 대조적으로, 길이와 무게는 비율척도가 됩니다. 왜냐하면, 길이와 무게에서 '0'cm, '0'kg은 길이가 없고(점은 길이가 없음), 무게가 없는 상태를 나타내기 때문입니다. 시험 또는 평가 점수에서 최고 점수 100점 최하 점수 0점이라고 할 때, 0점은 점수가 없는 것을 의미하는 절대영점입니다.[11] 보기 3-9는 대표적인 비율척도 방식을 사용한 설문입니다.

보기 3-9 귀하는 현 대통령이 국정운영을 잘 한다고 생각하십니까? 귀하는 0점에서 100점 사이에서 몇 점을 주시겠습니까? (　　　　)점

연속평정법
응답범주

보기 3-9처럼 비율척도로 응답하는 경우 '연속평정법'(連續評定法)의 형식을 택하는 것이 됩니다. 평가 대상에 대한 응답을 몇 개의 제한된 '응답범주'(應答範疇, response category) 속에서 선택하는 것이 아니고 0점부터 100점까지의 연속선상에서 보다 정밀한 표현법을 사용할 수 있어서(예를 들면, 단순히 50점이 아닌 53점, 단순히 70점이 아닌 76점, 단순히 90점이 아닌

11) 명목척도, 순서척도, 등간척도, 비율척도의 측정수준에 대한 속성을 비교하여 정리하면 다음과 같습니다.

	상대적 크기 측정	고정된 등간격 측정	절대영점 측정
명목척도	불가능	불가능	불가능
순서척도	가능	불가능*	불가능
등간척도	가능	가능	불가능
비율척도	가능	가능	가능

어의 차별성

*간혹, 순서척도에서 응답 항목들의 '어의 차별성'(semantic differential)이 단순히 기수적인 순서가 아니라 서수적인 순서의 성격을 갖고 있는 경우, 그러한 서수적 성격을 고정된 등간격으로 간주하여 부호화하는 경우도 있습니다.

93점 등) 응답자의 섬세한 인식의 차이를 파악하는 데 도움이 됩니다. 그런데, 보기 3-9의 경우처럼 비율척도와 관련하여선, 응답 형식의 중요성을 일깨워 줍니다. 질문 자체에는 문제가 없으나, 응답 형식 때문에 조사 결과를 해석함에 혼란이 초래될 수 있습니다. 응답자들마다 '잘한다', '못한다'를 판단하는 기준에 차이가 있어 응답자들의 점수를 동일한 기준으로 보기 어려울 수 있습니다.[12] 잘한다는 기준의 점수가 95점일 수도 있고, 90점일 수도 있고, 85점일 수도 있습니다. 완벽한 만점인 100점이란 있기 어려우니, 80점 정도면 무난하게 잘한다고 생각하면서 80점을 기입한 사람도 있을 것입니다. 일상생활에선 잘한다는 표현을 "그 사람 100점이다"라고 하니, 100점으로 기입하는 사람들의 마음에선 80점은 그냥 보통 점수에 지나지 않는지도 모릅니다. 못하는 경우로 판단하는 사람들이 기입하는 점수도 마찬가지입니다. 못한다는 것을 0점으로 표현하는 사람도 있고, 30점 정도로 표현하는 사람도 있을 것입니다. 50점도 못한 점수의 대명사로 생각하는 사람도 있을 것입니다. 보기 3-9에서 응답자들의 응답 점수에 대한 해석의 객관성과 일관성을 담보하기 위해선 설문 응답자들에게 일정한 점수와 연관된 기준을 제시해 주면 도움이 될 것입니다.

보기 3-9-1 귀하는 현 대통령이 국정운영을 잘한다고 생각하십니까? 귀하의 판단을 0-100점 사이에서 몇 점을 주시겠습니까? ( )점

매우 잘한다	보통이다(그저 그렇다)	매우 못한다
100점	50점	0점

보기 3-9-1은 잘한다, 못한다에 대한 점수를 기록함에 있어서 응답자들

12) 비율척도를 사용하여 어떤 대상을 평가하는 경우에, 그 대상을 평가하기 위한 구성요소들 간의 상대적 중요성을 판단하기 위해 '비율분할법'(fractionation method)을 사용할 수도 있습니다. 이런 경우에는 응답자들이 평가 대상의 구성요소들의 상대적 점수를 주는 것이어서 점수를 해석함에 있어서 혼란이 초래될 가능성이 적습니다. 예를 들면, "귀하는 선거에서 후보자 선택을 고려함에 있어서 중요하게 생각하는 요소들을 100점을 할당해서 표현해 주십시오"라는 질문에 응답 항목을 인물요인 ( )점, 정당요인 ( )점, 합계 100점으로 구성하는 것입니다. 응답자에게 일정한 합계 점수를 주고서 평가 대상에 할당하는 방식을 '고정종합척도'(固定綜合尺度) 방식이라고도 합니다.

비율분할법

고정종합척도

의 혼란이 보기 3-9보다 적을 것입니다. 보기 3-9-1은 잘한 것과 못한 것을 판단함에 있어서 중앙값을 기준으로 하여 서로 대칭이 되고 있음을 알 수 있습니다. 보기 3-9-1을 좀 더 세분화하여 4분위수(quartile)의 개념으로 한 후에 응답자로 하여금 점수를 기입하게 할 수도 있을 것입니다.

4분위수

보기 3-9-2 귀하는 현 대통령이 국정운영을 잘한다고 생각하십니까? 귀하의 판단을 0-100점 사이에서 몇 점을 주시겠습니까? ( )점

매우 잘한다	잘한다	보통이다	못한다	매우 못한다
100	75	50	25	0

보기 3-9-2는 척도와 연관된 방법론상 두 가지의 논점을 우리에게 제시합니다. 첫째는 보기 3-9-2가 보기 3-9-1보다 더 어의적 차이를 세분화함으로써 응답자에게 상대적으로 명확한 기준을 갖고서 점수를 줄 수 있는 환경을 만들 수 있다는 점입니다. 둘째, 하지만 역으로 생각한다면, 사실상 보기 3-9-2는 구태여 비율척도의 방식을 택하지 않고, 등간척도의 형식으로 나타내더라도 조사 연구자는 응답자의 인식을 파악한다는 실질적 연구 목적을 달성하는 데 별 차이를 느끼지 못할 것입니다. 즉, 응답자들이 대통령 국정운영에 관한 점수를 100점에서 0점까지 기입하는 것이, 단순히 '매우 잘한다', '약간 잘한다', '보통이다', '약간 못한다', '매우 못한다'라는 제한된 5개의 범주에 기입하는 것과 사실상 차이가 없을 것입니다. 오히려, 응답자들이 5개의 제한된 범주를 부담없이 선택하고 이것을 점수화하는 것이 더 효율적일 수 있다는 주장이 제기될 수 있습니다. 범주척도가 '매우 잘한다', '약간 잘한다', '보통이다', '약간 못한다', '매우 못한다'와 같이 명확하게 순서를 나타내게 되는 경우에는 각 범주에 100점, 75점, 50점, 25점, 0점으로 점수를 배정할 수도 있다는 의미입니다.[13] 보기 3-9-2에서 보듯이 응답 항목

범주척도

13) '매우 잘한다', '잘한다', '보통이다', '못한다', '매우 못한다'; '빈번히 가는'(frequently), '가끔 가는'(sometimes), '전혀 가지 않는'(scarecely) 등과 같이 응답자의 심경을 몇 개의 구분된 범주들로 구분하여 얻어낸다는 의미에서 '범주척도'(categorical scale)라고 할 수도 있습니다. 동시에, 앞서서 '연속평정법'과는 달리, 응답자들은 주어진 응답범주들(즉, 응답 항목들)에 대해서만 선택을 할 수 있어 '항목평정법'(項目評定法)이라고도 합니다.

항목평정법

들은 긍정과 부정, 동의와 반대라는 내용이 분명한 순서를 지닌 등간의 범주 속에 구성되어 있습니다. 이처럼 호감-비호감, 선호-비선호, 긍정-부정의 양 극단을 5개, 7개, 9개, 11개, 13개 등의 태도값으로 구분하는 척도 방식을 개발한 학자의 이름을 인용하여 '리커트 척도'(Likert scale)라고 합니다. 일반적으로 5개 내지 7개의 척도가 많이 사용되는데, 홀수인 이유는 하나의 중간값을 중심으로 긍정-부정이 대칭으로 표현될 수 있기 때문입니다.

리커트 척도

'리커트 척도'의 두드러진 특징 중의 하나는 응답의 범주들이 뚜렷한 순서로서 범주간에는 등간의 성격을 갖고 있다는 것입니다. 질문에 대한 응답 항목들이 상대적 강도를 가지고 구성되는데 긍정적 진술과 부정적 진술 사이에(또는 동의와 반대 사이에) 5개 내지 7개 범주(또는 항목)의 홀수 범주가 주어지며 중앙의 항목을 중심으로 대칭을 이루게 됩니다.

보기 3-9-2는 응답자들이 보기 3-9보다는 응답을 하는 데 덜 부담을 느낄 수 있는 형태이지만, 여전히 질문 그 자체가 포괄적이며 추상적이어서 응답자들은 점수를 주기 위해서 한참 동안 망설일 가능성이 큽니다. 대통령은 수없이 많은 정책들을 통해서 국정운영에 관여하고 있기 때문에 보다 구체화된 질문으로 응답자들의 부담을 덜어줄 필요가 있습니다. 이런 경우, 대통령의 국정운영에 관한 평가 항목을 더 구체화해서 제시할 필요가 있습니다. 단, 그러한 평가항목들은 대통령의 국정운영이란 하나의 동일한 체계에서 이루어진다고 할 때도 연구조사자는 '매트릭스 질문'(matrix question: 또는 행렬 질문)형식을 유용하게 사용할 수 있습니다. '매트릭스 질문' 방식은 응답 항목들을 등간으로 열(列, column)로 놓고, 평가항목들을 행(行, row)에 배열한 후 하나의 도표 형식으로 만들어서 질문하는 유용한 방법입니다.[14)]

매트릭스 질문
행렬 질문

14) 열은 세로의 성격들이며, 열의 범주들은 가로로 상단에 나열됩니다. 행은 가로의 성격들이며, 행의 범주는 세로로 좌측에 나열됩니다.

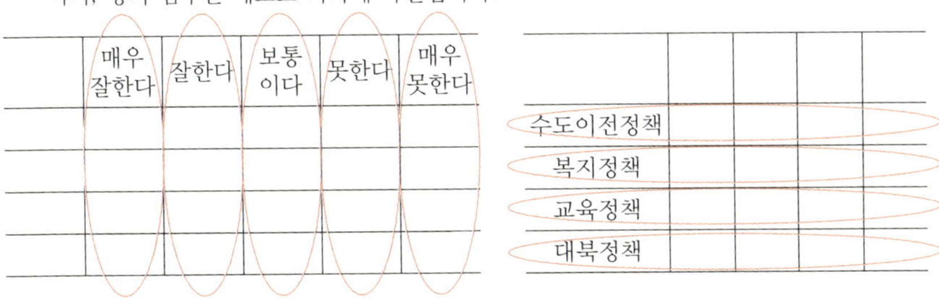

보기 3-10 귀하는 현 대통령이 다음의 정책들과 관련하여 국정운영을 잘한다고 생각하십니까?

	매우 잘한다	잘한다	보통이다	못한다	매우 못한다
수도이전정책					
복지정책					
교육정책					
대북정책					

앞서 실험 설계의 부분에선 추론의 적실성을 담보하기 위해서 실험집단과 함께 이에 대한 비교집단으로서 통제집단의 중요성을 지적한 바 있습니다. 마찬가지로 위에서 잘한다, 못한다에 대한 인식을 응답자들이 표현하기 위해서 단순히 하나의 항목을 제시하지 않고 그러한 평가항목들을 하나로 묶어서 제시하면 각 항목들간에 비교성이 노출되어 응답자들이 보다 효과적으로 답할 수 있을 것입니다. 응답자는 특정 정책에 대한 판단을 다른 정책들과 연관된 전체적인 분위기 속에서 개진하게 될 것을 예상할 수 있습니다.

보기 3-10의 경우 하나의 매트릭스는 4개의 질문 분량으로 이루어지기 때문에, 역으로 응답자의 심리적 부담을 가중시킬 수도 있습니다.[15] '리커트 척도'는 사회과학 조사연구에서 가장 빈번히 사용되는 측정 수단으로 각 항목들에 점수를 배정한 후 응답자들의 점수를 합산하면 설문 대상자들의 해당 항목에 대한 인식을 종합적으로 판단할 수 있는 근거가 될 수 있습니다.[16] 리커트 척도의 경우 각각의 응답 범주들이 등간으로 구성되어 있기에 등간의 점수를 부여할 수 있을 것입니다.

보기 3-10-1 귀하는 현 대통령이 다음의 정책들과 관련하여 국정운영을 잘한다고 생각하십니까?[17]

합산평가방식

15) 이런 경우 응답자들은 마음의 부담을 덜기 위해서 일률적으로 같은 항목에 응답하고 빨리 끝내 버리려 할 가능성이 있습니다.

16) 리커트 척도를 '합산평가방식'(summated rating approach)이라고도 하는 이유입니다.

17) 점수를 1, 2, 3, 4, 5로 할 수도 있습니다.

	매우 잘한다 5	잘한다 4	보통이다 3	못한다 2	매우 못한다 1
수도이전정책					
복지정책					
교육정책					
대북정책					

보기 3-10-1에 따르면, 개인 응답자를 기준으로 볼 때, 4개의 모든 정책항목에서 '매우 잘한다'라고 응답한 사람으로부터 얻는 점수는 20점이 되고, '매우 못한다'라고 응답한 사람으로부터 얻는 점수는 4점이 됩니다. 물론 많은 응답자들은 20점과 4점 사이의 어떤 점수로 기록될 가능성이 큽니다. 이런 방식으로 1,000명의 시민을 대상으로 보기 3-10-1이 조사되었다면 1,000명의 시민으로부터 얻을 수 있는 대통령 국정운영의 최고 평가 점수는 20,000점이고, 최소 평가 점수는 4,000점입니다. 개별 정책을 중심으로 볼 때, 수도이전정책을 대상으로 한다면, 시민들의 가장 강력한 지지 상한 점수는 5,000점이며, 가장 강력한 반대 하한 점수는 1,000점이 될 것입니다. 이와 같이 '리커트 척도'는 각 항목에서 응답자들의 점수를 합산하는 방법적 속성을 지니고 있어서 '합계척도'라고도 합니다.[18] 리커트 척도하에서 합산 방식을 통한 측정을 '리커트 합산척도 방식'(Likert summated scale method)이라고 합니다.[19]

리커트 합산 척도 방식

문제는 각 항목별로 응답자들의 인식이 단순히 합산되어 나타나는 경우 합산된 수가 과연 얼마만큼의 의미를 지니는가에 대해서는 논쟁이 있을

18) '합계척도'의 대표적인 형식이라고 하는 것이 더 정확한 표현일 것입니다. '합계척도'라는 용어가 '리커트 척도'의 대명사로 쓰이는 경우도 종종 있습니다.

19) 같은 설문지 내에서 태도 측정의 일관성을 위해서 긍정적 진술과 부정적 진술의 점수 방향은 일관성 있게(예를 들어, 모든 응답 항목에서 긍정적인 태도는 부정적인 태도보다 높은 점수로 통일하거나) 구성되어야 합니다. 만약 항목들이 분리되어 있으면서, 긍정성을 나타내는 응답과 부정성을 나타내는 응답의 방향이 바뀌어서 응답의 점수 방향이 반대라면, 이를 다시 재부호화(recoding) 작업을 통해서 바꿀 수도 있습니다. 즉, 통계분석 작업을 위한 스프레드시트(speadsheet)를 만들 때, 7점은 1점으로, 6점을 2점으로, 5점은 3점으로, 4점은 그냥 4점이니까 그대로 두고, 3점은 5점으로, 2점은 6점으로, 1점은 7점으로 하는 것입니다. 리커트 척도를 쓰는 경우 5개 범주와 7개 범주를 주로 사용하는 이유는 응답값들이 대칭이 되어 재부호화 작업에도 유용하기 때문입니다.

것입니다. 같은 합계 점수여도 그 의미는 다를 수 있다는 것입니다. 어떤 사람이 수도이전정책, 복지정책, 교육정책에 모두 3점을 주고, 대북정책에서는 1점을 주었습니다. 이 경우 총점은 10점입니다. 어떤 사람은 수도이전 정책에 4점을 주고, 나머지 3정책에는 2점씩 주었습니다. 이 경우도 10점입니다. 즉, 앞의 응답자의 인식을 개별 정책별로 살펴보면 3개의 정책에 3점을 주었으니, 현 정부의 정책에 대해서 중립적인 사람입니다. 뒤의 응답자의 경우는 3개의 정책에 2점을 주었으니 분명 비판적인 사람입니다. 하지만 리커트 척도 합산의 결과는 같게 나타나고 있으니, 전체 항목들을 합산한 후 리커트 척도 결과를 해석하는 과정에서 유의해야 할 것입니다.[20)]

따라서, 리커트 척도의 경우에는 단순히 합산한 항목들의 점수를 바로 해석하기보다는 다음과 같이 '가중평균'(weighted mean)의 방법을 써서 '변별력'(辨別力, discriminating power)을 구하여 이를 해석하게 됩니다. '변별력'이란 긍정적인 응답을 하는 사람들과 부정적인 응답을 하는 사람들의 구분성이 어떤 질문의 경우에 가장 크게 나타나는지(또는 가장 적게 나타나는지)를 보기 위함입니다. 변별력은 큰 숫자가 상대적으로 작은 숫자에 비해서 정책에 대한 사람들의 선호여부를 더 분명하게 변별화한다는 것을 의미합니다. 보기 3-10-1과 같은 설문을 만든 연구조사자가 분명 대통령의 국가정책에 대한 일반 시민들의 인식을 파악함에 있어서, 보다 구체적으로 어떤 정책에 대해서 시민들의 선호 현상이 극명하게 차이가 있는지, 아니면 선호 현상이 크게 구분되지 않는지를 알게 된다면 이는 향후 국가정책 추진과 관련하여 매우 긴요한 일이 될 것입니다.

변별력

보기 3-10-1을 갖고서 전문가 집단 360명을 뽑아서 정부 정책에 대한 우호성 여부를 조사를 하였는데, 모든 사람이 응답하였다고 가정해 봅시다. 모든 응답항목들에 대한 응답점수를 합산하여 정부정책에 대한 우호성에 있어서 상위 25%에 해당하는 응답자들과 하위 25%의 응답자들을 다시 한

20) 응답자들의 응답 총점보다는 응답 유형의 유사성을 찾아서 특정 대상에 대해서 유사한 태도를 가진 사람들을 분류하기 위한 방법이 'Q-분류기법'(Q-sort technique)입니다. 'Q-분류기법'에선 응답자가 어떤 대상에 대한 선호의 정도를 1에서 11이나 13점까지 표현하게 됩니다.

번 추출합니다. 그리고 이들이 특히 '복지정책'과 '대북(對北)정책'에 대해서 어떤 구별력을 갖는지를 살펴보고자 합니다. 결과가 다음과 같이 나타났다고 가정한다면 '변별력'은 상위 25%에 해당하는 응답자들과 하위 25%에 해당하는 응답자들의 평균값의 차이로 계산됩니다. 가중합산은 각 점수별로 응답자수를 곱한 값이고 가중합산을 전체 응답자수로 나누면 가중평균이 됩니다.

도표 3-1 현 정부의 복지정책에 대한 변별력

	5점	4점	3점	2점	1점	가중합산점	가중평균	변별력
상위25%	30명	30명	20명	10명	0명	350	3.89(=350/90)	2.00
하위25%	0명	0명	0명	80명	10명	170	1.89(=170/90)	2.00

도표 3-2 현 정부의 대북정책에 대한 변별력

	5점	4점	3점	2점	1점	가중합산점	가중평균	변별력
상위25%	50명	40명	0명	0명	0명	410	4.56(=410/90)	2.89
하위25%	0명	0명	0명	60명	30명	150	1.67(=150/90)	2.89

도표 3-1과 도표 3-2로부터 현 정부의 대북정책이 복지정책보다 더 분명히 차별화된 선호집단으로 구분됨을 알 수 있습니다. 즉, 정부의 대북정책에 대해선 중립적인 사람들이 상대적으로 적어 찬성과 반대로 호불호(好不好)가 분명하다는 사실을 파악할 수 있습니다.

보기 3-10-1과 도표 3-1, 3-2에서 각 개별 정책별로는(세부적인 각각의 질문별로는) 응답에 있어서 등가성이 지켜졌지만, 정책들간에 점수를 합산함에 있어서 과연 정책들 사이에도 등가성이 있는가는 여전히 문제로 남습니다. 따라서 아예, 질문들도 서로간에 등가성이 있는 질문들로 구성하기 위한 작업으로 설문지를 마련할 수 있는데, '써스톤 척도 방식'(Thurstone scale method)을 이용할 수 있습니다.[21]

써스톤 척도 방식

'써스톤 척도'는 이를 개발한 학자의 이름을 딴 것인데, 질문들간에 등

써스톤 척도

21) 시기적으로는 리커트 척도법이 써스톤 척도법보다 나중에 개발되었습니다.

가성을 증가시켜서 질문들을 가로질러 응답 점수들을 합산하더라도 '허구적인 값'(spurious value)이 되지 않을 수 있는 방법이 됩니다. 이 방식은 등가성을 지녀서 나중에 개별 질문들의 점수를 합산할 때, 어떤 특정 질문이 다른 질문의 점수를 압도하지 못하도록, 질문들을 선정하여 구성하는 방법입니다. 전문가들을 대상으로 사전조사에서 설문항목으로 채택하기에 적합한 척도들을 구성한 후에, 그 척도를 갖고서 일반인들을 대상으로 본조사를 하게 됩니다.

보기 3-10-1로 돌아가서 논의를 시작합시다. 설문조사 연구결과의 신뢰성과 타당성의 기본 출발점은 어떤 설문들을 가지고 인식조사를 하였느냐 입니다. 수도이전정책, 복지정책, 교육정책, 대북정책의 4가지를 선택하여 일반인들의 대통령 국정운영에 대한 평가 인식을 조사하고 있지만, 과연 이들 4가지 정책이 대통령의 국정운영을 평가하는 일반인들의 인식 속에서 정책들간에 등가성이 있거나, 아니면 대표성이 있는가 하는 의문이 생깁니다. 어떤 조사 연구자는 설문지를 구성함에 있어서, '대북정책'을 성격상 '통일정책'이라고 하여 설문에 넣을 수도 있고, '외교정책' 속에 포함시켜서 설문에 넣을 수도 있을 것입니다. 만약, 설문문구를 '대북정책'이라고 하지 않고, '통일정책'이나 '외교정책'이라고 했을 때도 똑같은 설문 결과를 얻을 수 있을까요? '국방정책'은 어떨까요? 또한 '금융정책'이나 '경제정책' 등은 어떨까요? 어떤 정책들을 가지고 설문조사를 하느냐에 따라서 설문결과는 다르게 나타날 것입니다.

대통령의 국정운영을 평가함에 있어서, 다양한 정책들 중에서 어떤 정책들을 포함시켜서 설문지를 만들어야만, 피조사자들에게 등가성이 있는 설문지가 될까요? '써스톤 척도' 방식은 이럴 때 이용하는 방법입니다. 써스톤 방식의 핵심은 어떤 평가 항목에 대한 다수 전문가들의 의견을 모아보면 그 평가값이 무질서하게 분포하는 것이 아니고 어떤 일정한 값을 중심으로 형성된다는 것입니다.

ⓐ 연구조사의 목적이 대통령 국정 운영 평가에 관한 10개정도의 척도를 마련하는 것이라고 가정합시다. 우선 많은 수의 정책 목록을 준비합니

다.[22] ⓑ 전문가들 사이에서 예비조사를 하여 등가성이 있는 것으로 판단되는 정책을 추려냅니다.[23] 등가성이 있는 것으로 판단되는 정책에서는 전문가들의 호감이나 비호감의 정도가 일치되는 것으로 나타날 것입니다. 정책에 대한 호감과 비호감 응답에서 '다의성'(多義性)이 클수록(의견차가 클 수록) 등가성이 있는 척도로 사용되기에 부적합한 것입니다. ⓒ 예비조사에서 추려낸 정책항목들을 가지고 일반시민들을 대상으로 본조사를 하여 합산방식을 적용합니다.[24]

예비조사

다의성

본조사

보기 3-10-1의 확장된 예를 갖고서 설명하겠습니다. 등가성이 있는 것으로 예상되는 척도들을 마련하는 써스톤 방식은 다음과 같습니다.

㉠ 연구조사자는 대통령의 국정운영과 연관된 정책 목록을 60개 항목 정도로 정리하였으며, 그러한 정책 항목들 중에서 등가성이 있는 항목들을 추출하기 위해서 정책 전문가 50인을 대상으로 조사를 하였습니다. "귀하는 현 대통령이 다음의 정책들과 관련하여 국정운영을 잘한다고 생각하십니까?"라는 질문에 정책 전문가 50인이 가장 호감적인 의견으로부터 비호감의 의견까지 모두 11점의 범위에서 응답했으며, 특히 외교정책에 대한 전문가들의 응답 결과가 다음과 같이 나타났다고 가정해 봅시다.

보기 3-10-2 대통령 국정운영 평가를 위한 다양한 정책들에 대한 전문가 의

22) 현재의 예는 '정책 항목'이기 때문에 각종 정책들을(즉, 단어들을) 나열하였지만, "국회의원에 대한 시민의식"이 주제였다면, 국회의원에 대한 인식에 관련된 문장들을 준비하여야 합니다. 100개 이상의 충분한 문장을 준비하여야 하니 매우 번거로운 작업이 될 것입니다. 100개 이상의 문장들을 연결하고, 삭제하면서 30-40개 정도의 문장으로 정리하여 그 문장들에 대해서 전문가들이 선호의 정도를 표시하게 됩니다. 관련된 문장들을 일부 나열하면 다음과 같을 것입니다. 1. 국회의원들은 친절하다. 2. 국회의원들은 지역구 활동을 잘하고 있다. 3. 국회의원들이 스캔들에 연루되는 경우가 많다. 4. 국회의원들은 의정활동을 효율적으로 하지 못한다. … 99. 국회의원들은 공명선거를 통해서 당선되었다. 100. 국회의원들은 공약을 잘 지킨다.

23) 전문가들을 대상으로 하는 인식조사의 경우 범주를 좀 더 세분화하여 일반적인 5개나 7개의 범주가 아니라, 9개나 11개 정도로 할 필요가 있습니다. 이것은 전문가들을 대상으로 한 조사를 갖고서 중앙값이나 사분위수를 구하면서 질문들간에 '집중화 경향'(central tendency)을 판단하는데, 세분화된 범주 구분이 유리하기 때문입니다. 전문가들을 대상으로 한 조사이니만치 일반인을 대상으로 하는 경우보다 응답 피로도에 대해서 걱정할 필요가 적을 것입니다.

집중화 경향

24) 이때, 전문가 조사에서 사용하였듯이 9개나 11개 범주를 그대로 일반인들에게 주기보다는 5개나 7개 정도가 적합할 수도 있습니다.

견 결과표

		(매우 못함)				평 가 점 수						(매우 잘함)	합계	중앙값
		1	2	3	4	5	6	7	8	9	10	11		
1	개혁정책												50	2.89
2	국방정책												50	9.42
3	외교정책	8	20	14	5	2	0	1	0	0	0	0	50	2.35
4	경제정책												50	7.01
5	대북정책												50	3.15
6	복지정책												50	6.21
7	여성정책												50	8.74
8	노동정책												50	5.65
9	통일정책												50	1.97
10	IT정책												50	4.89
11	물가정책												50	10.10
12	세금정책												50	3.66
13	치안정책												50	4.54
·	·												·	·
·	·												50	6.88
·	·												·	·
58	·												·	·
59	·												·	·
60	·												·	·

ⓛ 본조사에 사용할 등가성 있는 척도를 선택하는 요령은 척도값으로 서로 비슷한 중앙값을 가진 항목들이면서도, 사분위간 편차가 작게 형성되는 그러한 항목들을 선택하게 됩니다. 응답자들의 태도 분포에서 사분위 편차값이나 사분위 편차 범위가 작게 형성되면, 응답자들 의견이 다의성이 없이 의견이 일치하고 있음을 나타냅니다. 이런 항목들을 본조사에서 등가성을 지닌 척도로서 사용하게 됩니다. 나타난 응답결과를 바탕으로 개별 정책 항목별로 응답자들의 '누적빈도수'를 구하고, '중앙값'과 '사분위수'를 구합니다.[25] 중앙값은 분포에서 가운데 위치하는 값이며, '1 사분위수'는 1/4,

25) 누적빈도수는 다음과 같습니다

'3 사분위수'는 3/4에 해당하는 값입니다. 외교정책에서의 중앙값은 1.85이고, 제 1 사분위수는 1.23, 3사분위수는 2.68로 나타납니다. 그래프로 나타내면 다음과 같습니다.

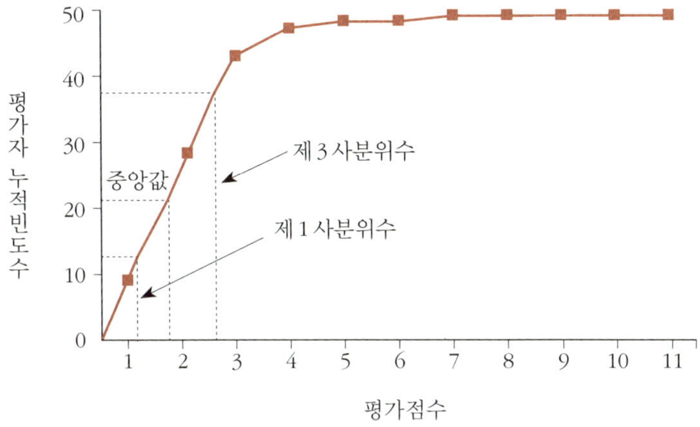

	1	2	3	4	5	6	7	8	9	10	11
빈도수	8	20	14	5	2	0	1	0	0	0	0
누적 빈도수	8	28	42	47	49	49	50	50	50	50	50

중앙값과 사분위수 계산법은 다음 장에서 취급하고 있습니다. 계산 방식은 다음과 같습니다.

중앙값: $$M_e = L + \left(\frac{\frac{N}{2} - f_c}{f}\right) i = 1.0 + \frac{\frac{50}{2} - 8}{20} \times 1 = 1.0 + 0.85 = 1.85$$

제 3 사분위값: $$Q_3 = L + \left(\frac{\frac{3}{4}N - f_c}{f}\right) \times i = 2.0 + \frac{37.5 - 28}{14} \times 1 = 2.678$$

제 1 사분위값: $$Q_1 = L + \left(\frac{\frac{1}{4}N - f_c}{f}\right) \times i = 1.0 + \frac{12.5 - 8}{20} \times 1 = 1.225$$

4분편차범위: $Q_3 - Q_1 = 1.453$

4분편차: $$Q = \frac{Q_3 - Q_1}{2} = \frac{2.678 - 1.225}{2} = 0.726$$

ⓒ 모든 개별 정책별로 구한 척도값들(즉, 각각의 중앙값들)이 보기 3-10-2와 같이 나타났다고 가정합시다. 본조사의 설문지에 10개의 정책 항목을 포함시키려고 한다면, 앞서 ⓛ에서처럼 계산한 호감과 비호감 척도값의 점수대가 10개의 항목에서 골고루 존재하게끔 포함시킵니다. 그래야만, 본조사에서 비호감을 지닌 정책들만 조사하거나 호감을 지닌 정책들만을 조사하는 일이 없어 본조사 결과가 왜곡되지 않을 것입니다. 본조사에 사용할 최종 설문지에선 척도값들을 제시할 필요가 없으며, 평가 항목의 순서도 척도값의 순서와 상관없이 자유롭게 나열하면 될 것입니다.

ⓡ 본조사에서 선택된 10개의 항목을 대상으로 일반인들에게 설문조사를 합니다. 이미 경험적으로, 전문가 조사에서 비슷한 중앙값을 가지면서도 사분위간 편차가 작게 나타난 항목들이기 때문에 항목들간에 합산을 하는 경우에도 별 무리가 없을 것입니다. 단, 써스톤 척도 방식에 의해서 개발한 척도를 사용한 본조사에서는(즉, 일반인들을 대상으로 한 조사에서는) 항목별로 찬성과 반대만을 묻는 경우도 있고, 추출된 항목들에 대한 호감과 비호감의 세분화된 등급을 묻는 매트릭스 질문의 형식으로 물을 수도 있습니다.

어의차이척도

매트릭스 질문의 형식의 사용은 '어의차이척도'(語義差異尺度, semantic differential scale)의 경우 두드러지게 나타납니다. '어의차이척도'는 사람들의 인식을 조사함에 있어서 척도의 양 극단에 서로 상반되는 속성을 지닌 수식어(bipolar adjective)를 정해 놓고서 그 사이에서 점수를 주는(또는 선택을 하는) 방법입니다. 보기 3-11은 어의차이척도와 매트릭스 질문의 형식을 혼합한 예입니다.

보기 3-11 의정활동과 연관된 제17대 국회의원들의 행태에 대한 평소 귀하의 생각을 기입해 주십시오.[26]

---

26) 점수 체계가 3, 2, 1, 0, -1, -2, -3으로 표시될 수도 있습니다.

	매우 (very) 7	제법 (fairly) 6	약간 (slightly) 5	중간 (neutral) 4	약간 (slightly) 3	제법 (fairly) 2	매우 (very) 1	
선(good)								악(bad)
정직								부정
효율								비효율
투명								불투명
활동적								수동적
소신주의								기회주의
국가우선								지역이기

연구조사자가 어의차이척도를 개발할 때의 핵심은 척도의 양 극단에 서로 상반되는 속성을 지닌 수식어(bipolar adjective)가 분명하게 존재할 때 사용하는 것이 바람직하다는 것입니다. 이것은 어의차이척도의 방법론적 한계가 됩니다. 만약, 서로 상반되는 수식어를 하나의 세트로서 척도를 만들어내기 곤란하거나, 또는 그럴 필요가 없는 경우엔 '스타펠 척도'(Stapel scale)를 사용할 수 있습니다. '스타펠 척도'에서는 한 개의 개념만이 주어지며, 주어진 한 개의 개념에 대해서 평가를 하게 됩니다. 두 개의 대조적인 수식어를 양극단으로 할 필요가 없기 때문에 대칭적인 형태로 점수가 배정되는 경우에 필요한 중간평가점(예를 들면, 보기 3-11의 경우 4점이나 각주 같은 점수체계의 경우 0점)은 필요가 없습니다. 일반적으로 스타펠 척도의 경우엔 수직으로 배열하는 형식을 취하게 됩니다. 형식상 혼란을 가중시킨다는 비판이 상존하는 방식이어서, 이를 피하기 위한 또 다른 질문이 첨부되어야 하는 단점이 있기도 합니다.

스타펠 척도

보기 3-12 귀하는 다음의 정당들이 유권자들의 의견을 제대로 수렴하고 있다고 생각하십니까? 제대로 수렴하는 경우 +, 그렇지 않은 경우 −에서 선택해 주시기 바랍니다.

+5	+5	+5	+5
+4	+4	+4	+4
+3	+3	+3	+3
+2	+2	+2	+2
+1	+1	+1	+1
한나라당	민주당	민노당	자유선진당
−1	−1	−1	−1
−2	−2	−2	−2
−3	−3	−3	−3
−4	−4	−4	−4
−5	−5	−5	−5

거트만 척도

'거트만 척도'(Guttman scale)는 '리커트 척도'와는 대조적으로 응답 범주들간의 관계를 '누적적'(累積的, cumulative) 특성을 지니고 나타나게 구성하는 방식을 말합니다. 어떤 응답항목에 동의했다면 당연히 앞 항목에도 동의하는 특성을 지니게끔 유목값들을 구성한다는 의미입니다. '거트만 척도'는 '리커트 척도'나 '써스톤 척도'와 비교하여 대조적인 설문 구성 형식을 갖고 있습니다. 리커트 척도나 써스톤 척도의 경우엔 응답범주가 명백한 순위를 갖고 있었습니다. 반면에, 거트만 척도에선 질문의 내용을 판단하는 항목들이 '강도'(强度, intensity)의 정도에 따른 명백한 순위를 갖게 되며, 일반적으로 응답범주는 '예-아니오' '찬성-반대'의 양분법적인 간단한 형식으로 구성합니다.

보기 3-13 "귀하는 직장 동료에 대해서 어느 정도의 유대감을 갖고 있습니까?"

질문내용	찬성	반대
㉠ 둘도 없는 친구로 생각한다.		
㉡ 소수의 친구 동아리 회원으로 받아들인다.		
㉢ 내가 소속된 사회 동아리 회원으로 받아들인다.		
㉣ 같은 동네 사람으로 받아들인다.		

분명, ㉠ 에 찬성한 사람은 ㉡ , ㉢ , ㉣에도 찬성할 것으로 예상이 됩

니다. ㉡에 찬성한 사람은 ㉢과 ㉣에 찬성할 것으로 예상됩니다. ㉢에 찬성한 사람은 ㉣에도 찬성할 것입니다. ㉣에만 찬성할 수도 있습니다. 찬성을 + 반대를 −로 표시한다면 일반적으로 다음과 같은 결과가 예상됩니다.

	㉠	㉡	㉢	㉣	점수
1번 응답자	+	+	+	+	4
2번 응답자	−	+	+	+	3
3번 응답자	−	−	+	+	2
4번 응답자	−	−	−	+	1
5번 응답자	−	−	−	−	0

보기 3-13은 거트만 척도가 이용될 수 있는 대표적인 예이기는 하지만, 일반적인 예상과는 달리 응답 형태는 보다 복잡해질 수도 있습니다. 둘도 없는 친구이기에 오히려 서로간에 모르는 부분도 필요하고, 따라서 오히려 ㉡, ㉢, ㉣에 반대할 수도 있습니다. 시대가 시대이니만치 "사랑하기 때문에 결혼하지 않는다"는 말이 이상하게 들리지 않기도 하는데, 일맥상통하는 또 다른 보기일 수 있습니다. 복잡한 사회현상이나 인간의 인식 속에서는 ㉠, ㉡, ㉢, ㉣이 부분집합적인 사고 속에 있는 것이 아니고 독립적인 시행이고 별개의 문제일 개연성도 항상 존재한다는 것입니다. 따라서, 거트만 척도를 개발하는 경우, 앞서 써스톤 척도와 마찬가지로 설문 내용 해당 분야 전문가들의 조언을 받아서 설문 항목 개발 과정을 거쳐야만 합니다.[27] 현실적으로 응답 형태는 보다 복잡다기하게 다음과 같이 나타날 수도 있을 것입니다.

	㉠	㉡	㉢	㉣	점수
1번 응답자	+	+	+	+	4
2번 응답자	−	+	+	+	3
3번 응답자	−	−	+	+	2

27) 여기서 해당 분야란 단순히 설계 기법의 전문가를 말하는 것이 아니고, 설문 주제와 관련된 분야의 전문가임에 유의해야 합니다. 예를 들어서, 가족제도, 정치행태, 경제정책, 경영인사관리 등은 각각 해당 분야 사회학자, 인류학자, 정치학자, 경제학자, 경영학자들일 것이며, 설문기법이나 조사전문가가 아니어도 된다는 의미입니다. 왜냐하면 질문되는 내용들이 서로간에 부분집합적인 사실인지 아닌지에 대한 파악이 중요하기 때문입니다.

4번 응답자	−	−	−	+	1
5번 응답자	−	−	−	−	0
6번 응답자	−	+	−	+	
7번 응답자	−	+	+	−	
8번 응답자	+	−	−	−	
9번 응답자	−	+	−	−	
10번 응답자	+	−	−	+	

거트만 척도는 응답자들의 점수만으로도 응답자의 행태가 파악될 수 있는 방법입니다. 하지만, 이것은 누적 척도가 적실성 있게 개발되었다는 전제하에서 조사된 인식조사 결과물에 대해서 그렇다는 것입니다. 문제는 거트만 척도를 개발하는 데 해당 조사분야 전문가의 조언 및 개발 기간 등 조사비용이 증가하여 현실적인 어려움이 수반됩니다. 앞서 나타났듯이 선행 항목과 후행 항목들간에 부분집합의 관계가 계속하여 서너 차례 지속될 수 있는 척도를 개발한다는 것은 매우 어려운 일입니다. 여러 단계로 구분되는 강도들 속에서 특정 강도에 속하는 행태를 보이는 집단의 특성을 연구할 때, 거트만 척도를 응용할 수도 있습니다.[28)]

---

28) 보기3-13-1 귀하는 부정행위가 있다고 판단되는 국회의원에 대한 통제 방식이 어떤 수준이어야 한다고 생각하십니까?

문항	질문내용	찬성	반대
1	한번 뽑았으니, 다음번 선거때까지 기다려야 한다		
2	이메일이나 전화를 통해서 시정하도록 점잖게 요구한다		
3	직접 찾아가서 면담 요청을 한다		
4	주민소환제도(recall)를 사용하여 이슈를 공론화한다		
5	이슈 공론화를 하되 공격적 시위를 통해서 경각심을 준다		
6	탄핵처리로 파면시켜야만 한다		

이런 경우, 문항 1번에서 문항 6번으로 갈수록 통제 방식의 강도 수준이 더 높아지고 있음을 알 수 있으며, 특히 더 높은 강도의 통제를 요구하는 행태를 갖는 사람들이 어떤 특성을 지닌 사람들인지를 연구할 수도 있습니다. 유명한 예가 Jules J. Wanderer, "An Index of Riot Severity and Some Correlates," *American Journal of Sociology*, Vol.74(March, 1969)입니다.

II 관측법

설문조사법의 문제점은 조사에서 응답과 실제의 행태가 다를 수 있다는 것입니다. "지난번 선거에서 투표하셨습니까"라는 질문에 "했다"라고 대답하지만, 실제로 투표하지 않고도 투표했다고 응답하는 비율이 상당수됩니다. 설문조사법의 궁극적인 목적은 사회과학적으로 인간의(즉, 유권자의) 행태를 이해하기 위한 것입니다. 응답자들에 대한 인터뷰나 설문지를 통한 그들의 행태에 대한 보고 내용이 그들의 실제 행태와 차이가 있다는 것입니다. 그들의 행태와는 다른 내용을 보고한 설문응답 자료로부터 생산된 연구결과는 사실을 왜곡시킬 것입니다.

만약, 연구자가 그들에 실제 행태에 대해서 직접적인 관측을 행하는 '관측법'(observational method)을 사용할 수 있다면 그들의 실제 행태가 그대로 드러나게 될 것입니다. 정치학에서는 유권자의 행태를, 경제학에서는 시장에서 소비자의 행태를, 사회학이나 인류학에서는 커뮤니티에서의 인간 행동 양식 등을 직접 관측할 수 있을 것입니다.

'관측법'의 가장 큰 장점은 '직접성'(directedness)입니다. 연구자들은 연구 대상자들에게 그들의 행태에 대해서 물어볼 필요가 없고, 대상자들도 자신의 행태에 대해서 생각해보고 답할 필요가 없습니다. 따라서 관측의 결과로서 기록물들은 연구자들이 기록한 것으로, 왜 대상자들이 그렇게 행동하였는지에 대한 이유는 연구자들이 결정하게 됩니다. 그렇다면 연구자가 판단하는 대상자의 행동의 이유는 사실상 직접적인 것이 아니고 간접적인 (즉, 2차적인) 것이 됩니다. 왜냐하면 행동의 이유에 대한 판단이나 평가의 궁극적인 주체는 연구 대상자들인데, 연구자가 그들의 행동의 이유에 대한 판단을 내리니까 이것은 사실상 간접적인 것이 됩니다. 일종의 아이러니가 아닐 수 없습니다. 관측법의 가장 큰 장점이 '직접성'인데, 사실은 대상자들이 직접적으로 구술한 내용이 아닌 연구자들의 판단에 의존하는 것입니다. 직접성 일종의 딜레마이기도 합니다. 문제는 대상자들로부터 직접 구술을 받을 수도 있는데 앞서 지적했듯이 자신들의 행동을 솔직하고 정확하게 이야기하지 않으니, 직접적인 관찰을 통한 것이기도 합니다.

'관측법'은 연구 대상자들이 자신들의 성향이나 기질을 나타내려고 하지 않을 때 사용하는 방법이기도 합니다. 설문조사법에서는 응답자들이 기획된 설문이나 조사자의 질문에 따라서 자신들을 나타냅니다. 하지만, 관측법은 연구 대상자들이 자신들을 나타내는 대로 관측하는 것이기 때문에 주의 환경의 연구조사자들에 대한 영향을 관측할 수 있는 조사자의 능력이 강조됩니다. 관측법에서는 다음의 세 가지 사안들에 대해서 유의하면서 방법론적인 설계를 하게 됩니다.

언어적

초언어적

ⓐ 무엇을 통해서 관측할 것인지 정해야 합니다. 연구조사자는 대상자에 대해서 이야기 속에서의 언어적(linguistic) 요소를 관측할 수도 있고, 초언어적(extralinguistic) 요소를 관측할 수도 있고, 생활하는 공간 속에서 인간들끼리 형성하는 거리감을 관측할 수도 있습니다. 빈번하게 사용하는 단어들, 단어를 사용하면서 나타나는 표정, 자주 향하는 방향과 거리를 유지하려는 대상, 높은 소리로 이야기한다거나 억양의 독특성 등으로 다양할 것입니다. 이러한 다양한 속성들 중에서 어떤 것을 관측할 지를(아니면 종합적인 관찰인지를) 결정해야 합니다.

ⓑ 언제 관측하여 어떻게 기록할 것인지의 문제입니다. 관측에 대한 시간은 오전 오후의 구체적인 시간 이외에도, 어느 정도 오랜 시간 관측할 것인지의 문제입니다. 하루의 일정한 시간에 1시간씩 1개월을 할 것인지, 하루에서 무작위로 추출한 시간에 15분씩 3개월을 할 것인지를 결정하는 문제입니다. 언제 관측하고 어떻게 기록할지를 결정하는 방법은 ㉠ 연역적 접근법(deductive approach)과 ㉡ 귀납적 접근법(inductive approach)이 있습니다. 시작 단계에서 부터 연구에서 관측해야 될 행태에 대한 분명한 지표들을 가지고, 관측 결과를 해석함에 있어서도 나름대로 표준화된 기준들이 존재할 때는 연역적 접근법을 사용합니다. 한마디로, 연역적 접근법은 시작단계에서 연구에 대한(그렇기 때문에 시간과 기록방식에 대한) 분명한 개

념적 정의를 가지고 시작하는 것입니다. 반면에, 귀납적 접근법은 몇 가지의 지표를 가지고 몇 번의 관찰을 진행하면서 관측에서 어떤 유형들이 나타날 때까지 언제 관측하고 어떻게 기록해야 할지에 대한 개념들을 열어놓은 것입니다. 이들 두 방식은 어느 정도 혼합되기도 합니다. 예를 들면, 연역적 방법으로 시작했다가 귀납적 방법을 일시 도입하여 보다 최적화된 상태로의 변화를 도입하고, 커다란 틀에선 처음 시작했던 연역적 방법으로 끝을 맺는 방식입니다. 아니면, 귀납적 방법으로 시작했다가 연역적 방식을 도입할 수 있는 확신을 얻어서 연역적 방식으로 끝을 맺을 수도 있을 것입니다. 관측법에서 언제 관측할 것인지의 문제는 궁극적으로 어떻게 기록할 것인지의 문제를 잘 해결하는 데 연관되어 있습니다. 어떻게 기록할지의 문제는 보다 일반화된 이론이 존재합니다. 어떤 관측법을 쓰든 간에 관측 범주들은 ㉠ 명확하고(explicit), ㉡ 총망라되어야 하며(exhaustive), ㉢ 상호배타적(mutually exclusive)이어야 합니다. 사건이 일어난 후의 관측인지 일어나기 전의 관측인지 분명해야 한다는 것입니다. 명확하다는 것의 의미는 관측이 이루어지는 시점이 어떤 성향(또는 상황)이 증진되고 있는 시점에서의 관측인지 쇠퇴되고 있는 시점에서의 관측인지가 분명해야 한다는 의미입니다. 총망라된다는 의미는 어느 특정한 순간만 기록되어서는 곤란하다는 의미입니다. 상호 배타적이라는 의미는 관측의 지표로서 사용되는 개념들은 서로 중복된 개념이 아니어야 한다는 의미입니다.

ⓒ 설문조사법과 비교하여, 관측법에서의 추론은 철저히 관측자의 판단에 종속됩니다. 따라서, 관측자의 경험과 능력이 매우 중요합니다. 예를 들어서, 폭력적인 상황인지 아니면 적대감을 표시하는 상황인지, 아니면 단순히 화가 난 상황인지는 관측자의 판단에 달려 있습니다. 나아가, 관측법에서는 어떤 형식으로 관측하느냐에 따라서 추론의 범위가 더 확장될 수도 있고, 제한될 수도 있습니다. 여기서 추론한다고 함은 일반적인 이론으로 적용가능한 상황으로의 추론과 연계된 상황을 말합니다. 관측법은 연구를 행함에 있어서 특히 연구 대상자들을 '자연적 환경'(natural setting)에 둔 상태에서 행할 필요가 있을 경우 유용한 방법입니다. 설문조사법에서 인터뷰 방식 자연적 환경

에서 응답자가 자신의 실제 행태와는 다른 사실을 이야기할 수 있는 가능성도 인터뷰라는 상황자체가 인위적으로 구성된 '자연적 환경'이 아니기 때문입니다. 자연적 환경이란 응답자가 다른 사람들과의 상호작용이 일어나면서 자연스럽게 평소대로 행동하는 환경을 말합니다. 자연스러운 상황에서 인간행동에 관한 관측은 보다 일반화된 이론으로까지 확장하여 추론할 수 있는 가능성을 높게 합니다. 반면에, 실험실에서 관측하는 방법의 경우엔 추론의 범위가 제한됩니다. 실험실에서 관측하는 경우 한쪽에서만 볼 수 있는 거울을 사용한다거나, 아니면 CCTV가 사용될 수도 있습니다. 실험실이란 인공적인 구조물 속에서의 관측은 인간의 자연스러운 생활 속에서 산출된 관측과 같지 않을 것입니다. 궁극적으로 인간 행태를 추론함에 있어서 부자연스러운 상황 속에서 추론된 내용을 자연스러운 일상생활 속에서의 행태로까지 추론하는 것은 부적절하다는 비판에서 자유롭지 못할 것입니다.

본 책자의 뒷부분에 15종류의 설문지들을 선별하여 부록으로 제시하였습니다. 제시된 다양한 설문형식들에 지금까지 배운 내용을 적용하면서 실전에서 유용하게 활용할 수 있을 것입니다.

III 질적연구방법

규범적 감정이입적 예측적 존재론 당위론 역사적 맥락

광의의 의미에서, '질적연구방법'이란 '규범적'(normative) 또는 소위 '감정이입적'(empathic) 해석과 이에 따른 이해를 추구하는 방법입니다. 그 반대어는 경험적 증거에 기반한 '예측적'(predictive) 해석과 이해입니다. 질적연구방법은 '존재론'(存在論, sein)보다 '당위론'(當爲論, sollen)과 연관되어 있는 것입니다. 같은 인간행태에 대한 연구라도, 질적연구방법은 인간행태의 역사적 맥락(historical context)이나 인간 경험에 대한 주관적 측면(subjective aspect)을 기반으로 합니다. 특히 규범적 또는 감정이입적 해석과 이해를 따르는 질적연구방법을 택하는 경우엔 지식에 대한 사회과학과 자연과학의 차이가 분명히 드러나게 됩니다. 자연과학자와 달리 사회과학자는 인간(또는 기관)의 경험이나 행동에 대한 역사적 맥락이나 주관적 측면을 강력히 고려하여야 한다는 것입니다.

'질적'(質的, qualitative)이라는 말은 '양적'(量的, quantitative)이라는 말의 대구어로서 양적인 방법을 쓰지 않는 모든 방식은 질적연구방법이라고 보는 것이 사실에 가깝습니다. '양적' 방법이란 특히 "부호화된 자료들을 통계적 방법들을 동원하여 다루는 방법"에 한정하여 쓰는 경향이 있습니다. 현실적으로 연구자는 사회현상에 대한 경험적 증거를 수집하여 체계화하고 해석하는 과정에서 양적 방법과 질적 방법을 혼합하게 됩니다. 경험적 증거를 수집하여 체계화하는 것에는 양적 방법이 동원되어야 하며, 그것을 해석하는 과정에서는 질적 방법이 필요합니다. 아무리 통계 기법을 잘 사용한다고 해도 사회과학도가 역사적 맥락에 대한 이해가 짧다면, 그 연구는 경박해질 수 있습니다. 반대로, 역사적 맥락에 대한 해석 이전에 정확한 경험적 사실 확인(fact finding)이 없는 주관적 역사 해석은 편견이며 사상누각이 됩니다.

질적
양적

'관측법'과 '이차자료연구법'의 경우 질적 분석방법과 양적 분석방법이 혼합되어 있을 수도 있습니다. 동시에 '설문조사법'도 양적 분석방법이 주된 것이기는 하지만, 질적 분석방법을 전적으로 배제할 수가 없습니다. 왜냐하면, 사회과학의 분야적 특성상, '정량'(定量)분석만으로 연구가 성립하기 어려우며, 거의 모든 연구들에는 해석이 포함되어 '정성'(定性)분석이 들어갈 수밖에 없기 때문입니다. 사실을 판단하는 부분에선 정량 분석만으로 가능하지만, 의미와 해석을 추가하는 연구에선 규범적 논의에서 자유로운 사회과학적 주제란 사실상 없다고 해도 과언이 아니기 때문입니다. 그렇게 본다면, 사회과학 연구조사 방법에서 설문조사법, 관측법, 이차자료연구법 모두 질적연구 또는 정성평가적 연구 내용을 포함하는 것일 수밖에 없습니다.[29)]

정량(定量)분석
정성(定性)분석

29) 이렇게 본다면, 사회과학의 궁극적인 목적은 규범적 해석에 근간한 '정성적 평가'이며,

현지조사

사회과학 방법론에서 특히 '질적연구방법'이라고 하는 용어를 방법론적으로 보다 협의적인 의미에서 사용하는 경우엔, 그 전형적인 형태인 '현지조사'(또는 현장조사, field research)의 대명사적인 표현이라고 생각하는 편이 사실에 가까울 것입니다.[30] 어떤 특정 지역에 대한 현장 조사를 하는 경우 연구자는 직접 그 지역을 방문하게 됩니다.

현장조사는 두 가지 속성을 지니고 있습니다. 첫째, 어떤 특정 지역과 연계되어 있습니다. 특정 지역의 자연적 환경 그대로를 대상으로 하여 연구를 진행합니다. 인류학에서 원주민 연구나, 사회학에서 지역 사회에서의 일상적인 생활양식을 연구 대상으로 삼는 경우가 대표적인 사례에 해당됩니다. 특정 지역에서 인간들의 일상적인 생활양식을 자연적 상황 그대로를 대상으로 해서 이루어지기 때문에 그들의 주관적 의미를 이해하는 데 더 주안점을 두게 됩니다. 그런 의미에서 현장조사방법은 '내재적 접근법'(internal approach)이란 것과 일맥상통합니다. '내재적 접근법'이란, 예를 들면, 북한을 연구하는 경우, 북한의 고유한 관점에서 생각하고 판단하여 현상을 해석하고 의미를 부여하는 것을 말합니다. 인류보편 가치의 관점에서 생각하지 않는다는 의미입니다. 만약 북한에 인류보편가치로서 객관화된 '민주주의'란 개념을 적용한다면, 북한의 '자주성'(自主性)을 강조하는 '전체주의'(totalitarianism)는 정당화될 수 없습니다. 반면에, 내재적 접근법의 시각에선 인류보편의 가치로서의 민주주의보다 북한 내부의 가치인 '전체주의'가 정당화될 수도 있습니다.

내재적 접근법

인류보편 가치의 관점

'정량적 해석'은 일종의 수단에 불과한 것입니다. 단적으로, 사회과학을 자연과학과 구분되는 정체성을 지닌 실체로 파악할 때, 사회과학의 목적은 '정성적인' 것으로 한정되며, 그 수단은 정성적일 수도 정량적일 수도 있다는 것입니다. 과거 미국 정치학계에서도 '행태주의'(behavioralism)가 유행하였을 때 강조되었던 '객관성'(objectivity)이란 용어는 후에 '후기행태주의'(post-behavioralism)에서 '역사적 맥락 속에서의 객관성'으로 바뀌게 된 것도 그러한 예일 것입니다.

30) 보다 일반적 의미에서 '질적연구방법'이란 용어를 사용하는 경우, 그 상대어는 '양적연구방법'일 것입니다. Clive Seale, Giampietro Gobo, Jaber F. Gubrium, and David Silverman, *Qualitative Research Practice*(London: Sage, 2004).

사회과학 연구자(즉, 조사자)는 사회현상의 관찰자이며 동시에 사회현상의 구성원이며 대상자입니다. 현장조사에서 연구자는 관찰자로서의 역할만 하는 것입니다. 그런 경우, 또 하나의 딜레마가 발생할 수 있습니다. 연구자는 대상자로서 일원이 아니고 단순히 격리된 관찰자에 불과하기 때문에 '감정이입을 통한 이해'(empathic understanding, Verstehen)가 관건임에도 불구하고 이를 이루기가 쉽지 않습니다. 이런 경우, 연구자는 현장조사 연구의 경우 관찰 대상자의 동료나 일원이 되어서(또는, 집단에 가까운 소속감을 지닌 상태에서) 관찰을 하는 '참여자 관찰'(participant observation)의 방법을 사용할 수 있습니다.

참여자 관찰

관찰자(즉, 조사자)가 관찰 대상자 집단에 직접 소속되어 '참여자 관찰'의 방법을 사용하는 '참여자 관찰'의 경우에도 ⓐ 관찰자로서의 역할을 완전히 숨기는 '완전참여자'(complete participant)의 방법과 ⓑ 관찰 대상자 집단에서 관찰자의 역할을 하는 사람의 존재에 대해서 알고 있는 '관측자로서 참여자'(participant-as-observer)의 방법으로 구분할 수 있습니다. 전자는 외부 세계에 자신들을 드러내기를 거부하는 집단에 소속되어 관측이 필요하거나, 아니면 관찰자의 존재가 알려지는 경우 관찰 대상자들의 자연스러운 행태를 관측하는 것이 불가능한 경우엔 당연히 '완전참여자'의 방식을 채택할 것입니다. 후자는 장기간 관측 대상 집단과 함께 해야만 하는 경우, 그리고 그들과 함께 하면서 그들의 입장을 직접 체험하는 것이 필요한 경우에 채택하는 방식입니다. 두 가지 방식을 비교 관점에서 보자면, '완전참여자' 방식은 단순히 어떤 집단의 숨겨진 면모를 캐내고 관찰하는 데 주안점이 있다면, 상대적으로 '관측자로서의 참여자' 방식은 어떤 집단에 대한 보다 심화된 이해에 주안점이 있는 방법입니다. 어떤 원주민 집단의 언어와 풍습을 이해하기 위해서, 관찰자가 일정 기간 그들과 같이 호흡하면서 그들로부터 언어와 풍습을 배울 필요가 있을 것입니다. 소위 '민족지학'(民族誌學, ethnography)은 좋은 예가 됩니다. 그렇다면, '관측자로서 참여자' 방식은 관찰자가 관찰 대상을 단순히 관찰만 한다기보다는 참여한다는 의미가 더 강조되는 방식입니다. 참여자는 참여하는 집단과 자연스러운 신뢰감을

완전참여자

관측자로서 참여자

형성하는 것이 중요합니다.[31] '관측자로서 참여자' 방식의 경우, 관찰자로서의 견지해야 하는 원칙이 의도적으로 유지되도록 노력하지 않는 한, 자신이 일원이 되어 생활한 집단에 대해서는 일종의 유대감이 형성되어 사실상 관찰자로서의 역할이 희석될 수도 있습니다.[32] 관찰자는 관찰 대상자에게 일정한 거리를 두지 않는 이상 항상 대상자의 행동에 대한 의미 부여와 해석에 있어서 오류를 범할 개연성이 큽니다.[33] 딜레마입니다. 그들을 좀 더 잘 이해하기 위해서 가까이 하고 그들 속에 침투하지만 그러한 침투가 관찰자로서의 역할 정체성을 약화시킬 수도 있다는 의미입니다.

사례연구

질적연구의 또 다른 대표적인 방법론은 '사례연구'(事例研究, case study)입니다. 사례연구는 특정한 역사적 사건이나 사회 현상을 선택하여 사건이나 현상이 일어났던 연대기(chronological)적 순서에 따라서 그것에 대해 구체적인 내용을 서술합니다. 국가들간에 수없이 많은 사건들로 점철된 외교사 영역에서 사례연구는 대표적인 연구 방법입니다. 특정 기업을 대상으로 성공과 실패 사례를 구체적으로 조사하는 경우도 사례연구입니다.

사례연구의 관건은 어떤 특정 사례를 연구 대상으로 삼느냐 하는 것입니다. 사회과학 연구 주제는 많은 사람들이 중요하다고 생각하는(즉, 관심

31) 조사자와 조사 대상자 사이에 인간적 신뢰 여부가 중요한 방법의 대표적인 것이 '면접방법'입니다. 조사 대상자가 자신의 생각을 가감없이 편안하고 솔직하게 이야기할 수 있도록 해야 하며, 이는 인간적 신뢰감이 결정적 요소입니다.

32) 이런 예가 있습니다. '무간도'(無間道)라는 홍콩 갱영화를 보면 형사와 폭력집단이 서로 자신들의 조직 스파이를 상대방에 심어 놓는데, 그들은 자신의 원래 소속보다 현재 소속된 집단에 더 일체감과 동료애를 느끼기도 합니다. 이 영화는 '디파티드'(The Departed)로 리메이크되기도 하였습니다. 인질범에 잡힌 사람들이 경찰과 대치하는 인질범에게서 동료애를 느끼기까지 하는 일종의 '스톡홀름 신드롬'(stockholm syndrome)인 셈입니다. 특정 정치인 출입기자들은 자신의 기사를 위한 해당 정치인에게 더 동류감을 느낀다는 이야기가 있습니다.

33) 조금 다른 이야기일지도 모르지만, 비근한 실생활에서의 극단적인 예로, 그런 이야기가 있습니다. "스타는 아무렇지도 않게 한 행동인데, 그것을 본 대중들은 그 행동에 열광하고, 의미부여를 하며, 심지어 모방하여 따라서 한다"는 말입니다. 어느 스타가 머리핀을 꽂았습니다. 미용실에 다녀오지 않아서 단순히 머리를 단정히 하려고 했을 뿐인데, 관찰자인 일반인들은 감동하며 머리핀에 매료됩니다.

이 있는) 주제에 대해서 연구할 때 그 의미가 배가 될 것입니다. 혼자서만 중요하다고 생각하는 연구 주제는 어떤 의미에서 이미 사회과학 연구 주제가 아닐지도 모릅니다. 따라서, 연구자가 "왜 이러한 특정 사례를 선택할 수밖에 없는지에 대한 '근거'(rationale)를 제시하는 것이 연구의 중요한 부분을 차지하게 됩니다. 즉, 수없이 많은 사례들이 있는데, 연구자가 하필이면 왜 그 주제를 연구의 대상으로 삼았는지에 대해서 입증하는 과정이 중요하다는 의미입니다.

역으로, 연구자의 특정한 사건이나 현상에 대한 편견과 선입견이 나타날 가능성이 크며, 이것은 사례 선정에서부터 비롯될 수 있습니다. 사례연구 방법의 경우 사례의 의미를 과장하거나 축소해서 해석하는 오류를 범할 가능성이 큰데, 이것은 연구자가 선택한 사례는 이미 연구자의 관심이 있는 사례이며, 그것은 긍정적 모습의 사례이거나 부정적 모습의 사례이거나 양분적인 모습으로 존재할 가능성이 크기 때문입니다. 즉, 사례연구의 경우엔 사례연구를 진행하면서 어떤 '이론틀'(theoretical framework)에 의해서 연역적 논리로 연구의 결말이 구성된다기보다, 사례에 대한 긍정적이거나 부정적인 모습이 귀납적 논리의 형태로 연구 결말을 이끌어 갈 수 있다는 의미입니다. 이론틀

그럼에도 불구하고, 사례연구의 가장 큰 장점은 연구의 구체성입니다. 따라서, 사례연구의 성공을 결정하는 또 다른 요소는 연구가 얼마나 구체적인 '사실 확인'(fact finding)을 제시하는가에 달려 있습니다. 특정한 사례를 중심으로 그러한 사례에 관련된 모든 사항들을 구체적으로 서술하는 방식은 보다 구체적인 정보를 갖게 합니다. 앞서 언급했듯이, 사례연구는 특정한 사례를 대상으로 하기 때문에 연구 표본의 대표성 문제가 발생하며 이 때문에 사례연구 결과를 일반화하는 데 한계를 지니게 됩니다. 하지만, 이 역시 연구 결과를 일반화하는 것이 사례연구의 목적은 아니며, 단지 어떤 특정 사례를 보다 구체적으로 조사하는 것이 그 목적이어서 사례연구에 대한 정확한 비판은 되지 못할 것입니다.

사례연구에선 '면접'이 중요한 연구 기제입니다. 연구자는 사건이나 현상에 대한 구체성과 사실성을 높이기 위해 특정 사건이나 현상에 대한 주

심층면접 요 경험자와 목격자들에 대한 '심층면접'(深層面接, depth interview)을 시행합니다. 심층면접이란 어떤 주제에 대한 응답자 내면의 자기 생각을 자유롭고 솔직하게 이야기하도록 하는 면접방법으로 '1차 자료'를 얻기 위한 정성적(qualitative) 조사법입니다. 일반적 설문조사가 다수를 대상으로 동일한 설문지를 사용하는 것과는 달리, 면접자의 면접능력에 의존하여 응답자의 내면 깊숙이 자리해 있는 심정, 욕구, 태도 등을 끌어냅니다. 예를 들어서, 한국 정치사에서 1987년 당시 대통령 직선제 개헌 사례연구의 경우, 당시 개헌의 주역이었던 정치적 실세들에 대해서 '심층면접'을 수행할 수 있습니다.[34] 특정 사례에 대해서 유사한 특성을 공유하는 사람들을 한 자리에 모아 놓고 자유롭게 자신의 생각을 이야기할 수 있도록 유도하는 데 사용되는 '표적집단면접'(또는 초점집단면접, focused group interview)도 유용하게 사용됩니다.

IV 이차자료 연구

앞서 살펴본 연구자가 연구 목적에 맞는 질문지를 특정 측정 형식을 통해서 구성하는 설문조사법, 관측법, 사례연구 등은 '일차자료'(primary data)를 생산하는 것과 연관되어 있습니다. 그럼에도 불구하고, 사회과학 연구자들이 행하는 대부분의 연구들은 '이차자료'(secondary data) 연구 형식을 취하게 됩니다. '이차자료'란 다른 조사자들에 의해서 만들어지고 분류된 자료들을 총칭하여 말합니다. 연구자 당사자의 입장에선 다양한 종류의 기록보관소나 도서관에 있는 기존의 문서들과 시각·청각 데이터 자료

34) '비구조적 면접방법'에 대해서는 설문조사방법에서 자세히 설명한 바 있습니다. 이렇게 본다면, 면접조사방법이란 정량분석과 정성분석 모두에서 이용될 수 있습니다. 어떤 교재에선 면접방법을 질적분석 부분에 설명하고, 어떤 교재에선 면접방법을 설문조사 방법 부분에서 설명하고 있습니다.

등은 모두 '이차자료'라고 생각하시면 됩니다.

다른 조사자들에 의해서 만들어진 '이차자료'는 특정 조사자의 연구 목적과 정확히 부합하지 않는 것이 일반적인 경우입니다. 그럼에도 불구하고, 사회과학 연구에서 근본은 '이차자료'라고 할 수 있습니다. 우선 연구 당사자 소수가 만들 수 있는 '일차자료'에는 한계가 있기 때문이기도 하지만, 몇 가지 보다 중요한 이유가 있습니다.

첫째, 해당 연구자 자신의 입장에서 볼 때, 이차자료란 수많은 조사 연구자들이 형성해 놓은 다양한 종류의 자료로서 이를 활용하는 경우, 연구의 보다 높은 신뢰성에도 도움이 될 것입니다. 소수가 만들어서 소수만이 단발성으로 이용하는 자료에서 나온 연구 결론은 보다 많은 사람들로부터 관심과 신뢰성을 얻는 데 한계가 있습니다. 보다 많은 사람들의 연구 자료로서 반복적으로 사용된 이차자료를 활용한다면, 해당 연구자의 입장에서도 자신의 연구 결과에 대한 신뢰성을 높일 수 있을 것입니다. 결론적으로, 많은 사람들이 이용하는 '이차자료'를 이용하면, 유사한 주제의 연구 결과끼리 상호 비교와 보완이 되기 때문에 연구의 주제를 더 심도 있고 일반화된 관점에서 논하고 평가하는 데 유익합니다. 종합하자면, '이차자료'를 사용하는 경우 '비교'를 통한 '일반화'에 유리합니다.[35)]

둘째, 연구의 주요 핵심 개념들을 포함한 명제들, 그리고 그러한 명제들을 엮어서 구성되는 가설을 만들기 위해서는 다양한 개념, 변수, 정의들을 참조하여 활용할 필요가 있습니다. 비록 연구의 주요 절차가 '일차자료'를 구성하여 이루어진다고 하더라도, 가설을 만들어서 연구를 시작하는 단계에 필연적으로 '이차자료'로부터의 연구가 시작됩니다. 특히, 사회과학 연

35) 이차자료를 여러 사람들이 이용하는 경우 "오류를 줄이기 위한 실험상의 반복행위가 가져오는 효과"(replication effect)를 가져옵니다. 대학원 수업에서 교수들이 학생들에게 '모사논문(模寫論文, replication paper)'을 쓰도록 지시하는 경우가 있습니다. 학생의 입장에서 유사한 주제를 다룬 기존의 특정 논문의 큰 틀을 흉내내면서 써보는 경험을 하게 되면 자신의 주제에 대한 방법론이 분명해지고, 아이디어도 생기기 때문입니다. 어떤 연구자가 행한 연구와 같은 연구를 학생 입장에서 반복하면서 써보는 것입니다. 그런 경우, 연구 시기를 달리한다든지, 아니면 독립변수들을 더 포함시켜 본다든지 하지만, 연구 주제와 이론틀은 거의 그대로 사용합니다. '모사논문'에서 원래의 논문과 비슷한 결론이 나왔다면 기존 연구는 더 신뢰성을 얻을 수 있으며, 그 이론의 일반화 수준이 확장될 것입니다. 이것은 논문표절(plagiarism)과는 다릅니다.

구의 주요 개념들에 대한 정의(definition)는 단순히 사전적인 정의를 넘어서서 해당 분야에서의 전문화된 정의[소위 '전문 속어'(jargons)로서의 의미]가 필요하기 때문에 기존의 연구 자료들을 참조할 필요가 있습니다. 예를 들어서, '시민문화'란 말이 단순히 사전적 정의로 하자면, 시민들이 향유하고 있는 문화라는 일반적인 의미이지만, 정치학 관련의 전문 용어로선 "정치적 효능감(political efficacy)과 정치적 인내심(political tolerance)을 겸비한 민주주의를 위해 순기능하는 역할을 하는 사람들의 문화"라는 의미가 됩니다. 이러한 의미는 '이차자료'를 통하지 않고서는 습득하기 어렵습니다.

셋째, 유사한 주제에 대해서 다른 시기에 이루어졌던 자료나 연구들을 이용하는 경우 시간적으로 확장하여 '종단적 연구'의 효과를 보면서 '변화'(change)를 설명할 수 있습니다. 또한, 기존의 서로 다른 지역들을 연계하여 비교하는 경우엔 '편차'(deviation)를 설명할 수도 있습니다. 예를 들면, 지난 100년 동안 선거에서의 유럽 정당들의 득표율에 대한 연구를 하는 경우, 이차자료를 이용하게 될 것입니다. 소위 사회과학의 3인의 대가로 일컫는 뒤르껭(Emile Durkheim), 칼 마르크스(Karl Marx), 막스 베버(Max Weber)의 연구들은 모두 '이차자료'에 의한 연구 결과물들입니다. 뒤르껭의 '자살율'(自殺率, the rate of suicide) 연구에서 "신교 국가(Prostestnat countries)들이 구교 국가들(Catholic countries)보다 자살율이 높다"는 것이었는데, 이러한 결과는 당시 상황에서 '이차자료'를 이용한 것이었기에 가능한 것입니다.

공적 기록물
사적 기록물

이차자료는 크게 '공적 기록물'(public records)과 '사적 기록물'(private records)로 구분합니다. '공적 기록물'이란 그 사회 구성원들에 관련된 통계자료들(출생, 사망, 결혼, 이혼 등), 의회, 행정부, 사법부의 활동에서 발생된 기록물들, 활자와 영상으로 대중 매체를 통해서 전달된 기록들이 그 대표적인 예입니다. 단적으로 '공공기관'의 이름으로 발행된 기록물들이라고 보시면 됩니다. '사적 기록물'들이란 개인들이 작성한 자서전, 일기, 편지, 수상록 등을 포함합니다. '사적 기록물'들을 통해서 사건이나 사실 관계를 확인하는 경우 자료의 '진정성'(眞正性, authenticity)에 대한 논란이 생기는 경우도 있습니다.

진정성

제 4 장

표본과 대표값

제4장 표본과 대표값

I 표 본

전수조사
표본조사

'설문조사'(survey)에는 '전수조사'(census)와 '표본조사'(sample survey)가 있습니다. '전수조사'는 조사 대상자의 자격이 있는 '모든 사람들'[즉 모집단(母集團), population]을 조사하는 것을 말합니다. 국가에서 정기적으로 국민 인구수를 파악하기 위한 '센서스'(sensus)가 이에 해당합니다.

모수
통계량

전체에 대한 특성을 나타내는 수치를 '모수'(母數, parameter)라고 하고, '표본'(標本, sample)의 특성을 나타내는 수치를 '통계량'(統計量, statistics)이라고 합니다.

알려지지 않은 모수
알려진 '통계량'

'표본조사'는 조사 대상자로서의 자격이 있는 사람들의 일부만을 조사하여 전체를 추론하는 조사입니다. "알려지지 않은 모수"(unknown parameters)"의 성격을 "알려진 '통계량'"(known statistics)을 가지고 가능한 한 정확하게 추정하려는 것입니다. 따라서 표본조사에는 통계적 방법이 개입됩니다. 일상생활에서 사용되는 모든 조사는 사실상 '표본조사'입니다. 선거에서 후보자 지지도 현황 조사, 어떤 정치·경제·사회적 이슈에 대한 국민 인식조사, 기관이나 상품에 대한 선호 조사, TV 시청률 조사 등은 모두 '표본조사'를 사용합니다.

부분을 가지고 전체를 예측하고 판단하는 '표본조사'는 방법론의 주요 부분입니다. 부분을 가지고 전체를 판단하기 위한 방법론적 논리는 다음과 같습니다. ⓐ 부분으로서의 표본(sample)은 전체인 모집단(population)에 대한 '대표성'(representativeness)을 지녀야 합니다. ⓑ 여기서 '대표성'을 지닌다 함은 모집단의 속성이 그대로 축소판이 되어 샘플에 나타난다는 것을 의미합니다. 모집단을 지구인이라고 하고 지구인에 대한 표본을 만들면, 그 샘플의 인종 및 성별 구성비는 전지구인의 인종 및 성별 구성비와 일치하여야 합니다. 현재 알 수 있는 통계량을 통해서 알려지지 않은 '모수'의 성격을 파악하기 위해선 다음의 세 가지 사안들을 효과적으로 다루어야 합니다.

대표성

① 모집단에 대한 분명한 정의가 있어야 합니다. 연구 주제와 관련된 모집단이 초등학생들을 대상으로 하고 있는지, 여성들을 대상으로 하고 있는지, 성인 유권자를 대상으로 하고 있는지 그 내용이 분명하게 규정되어야 합니다. 예를 들면, "한국 유권자들의 투표행태에 관한 연구"(voting behaivor)를 수행하는 경우 투표권이 있는 만19세 이상 성인 남녀 유권자들을 모집단으로 하여 표본을 구성하게 됩니다.

② 표본으로부터 모집단에 대한 '대표성'을 어떻게 확보할 것인지의 문제입니다. 어떤 표본에서 그 표본을 구성하는 단위를 '표본추출단위'[sampling unit; 또는 원소(元素, element)]라고 하고, 그러한 '표본추출단위'들의 완전한 목록(目錄, list)을 '표본추출틀'(sampling frame)이라고 합니다. 표본추출단위는 반드시 개인을 '원소'(element)로 할 필요가 없으며, 한 가구, 한 집단, 한 도시, 한 국가 등이 될 수도 있습니다.

표본추출단위
원소
표본추출틀

③ 표본의 크기(sample size)입니다. 통계적 지식이 없는 상태에서도 모집단의 성격을 추정하기 위한 표본의 크기는 일정 수준 이상이 되어야 한다는 것을 상상해 볼 수 있습니다. 표본의 크기를 결정한다는 것은 '표본추출단위'의 수가 얼마나 될 것인지를 결정한다는 것입니다. 표본의 크기는 귀납적 논리에 의해서 통계적 방법으로 결정됩니다. 표본의 크기를 어떻게 하는가는 모집단에 대한 추정에 있어서 '신뢰수준'(level of confidence)의 문제와 연관됩니다.

표본의 크기

표본의 크기

전체를 조사하기 어려우니, 부분을 가지고 전체를 추정하기 위해서 표본을 만듭니다. 이때, '표본의 크기'는 부분을 가지고 전체를 추정하는 데 어느 정도 확신을 가질 수 있을 것인가의 문제인 '신뢰수준'(confidence level)의 문제와 연관되어 있습니다. '신뢰수준'이란 표본이 모집단에 대해서 대표성을 띠고 있다는 것을 확신할 수 있는 정도를 말합니다. 우리는 보통 선거시기 방송 앵커들이 여론조사 기관들의 선거 예측조사 결과를 인용하면서 "이번 조사는 95%의 신뢰수준에서 3.1%의 오차범위에서 이루어졌습니다"라는 멘트를 듣습니다. 이것은 전수조사가 아니기 때문에 필연적으로 붙는 멘트입니다.

신뢰수준

1997년 제15대 한국 대통령 선거를 예로 들어 봅시다. 이때, 대통령 당선자는 김대중 후보였으며, 이회창 후보를 불과 40만표 차이로 이겼습니다. 해당 선거 1년 전에는 이회창 후보가 압도적으로 앞서고 있었지만, DJP 연합과 이인제 후보의 탈당 및 '자녀병역파동'이란 사건을 겪으면서 김대중 후보가 이회창 후보를 근소한 차이로 앞서는 것으로 조사되고 있었습니다.

도표 4-1 1997년 제15대 대통령선거 후보자 지지도 변화율

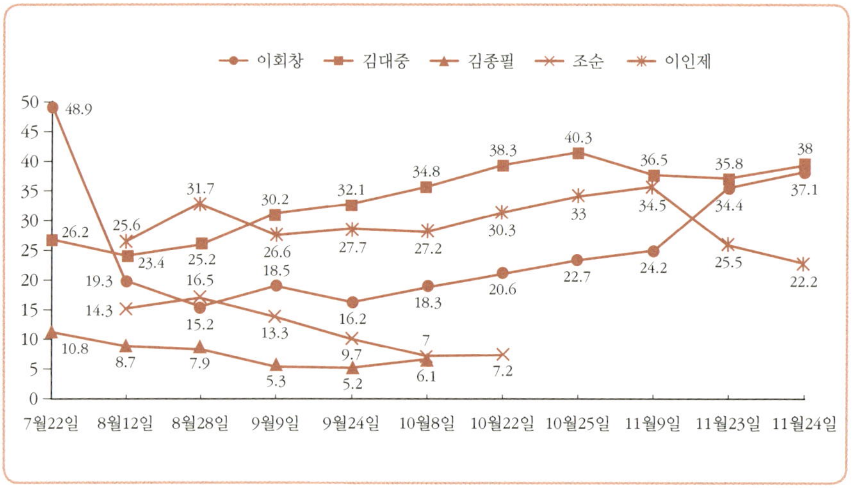

출처: Research & Research(http://www.randr.co.kr)

동시에, "그래도 막상 선거를 치르면 김대중 후보가 이기기 힘들 것"이란 예측들이 퍼져 있었습니다. 이런 분위기 속에서 선거 예측조사는 많은 사람들의 관심이자 논란거리였습니다. 아래의 그래프는 1997년 제15대 대통령 선거에서 리서치 앤 리서치(Research & Research)가 조사한 후보자 지지도 변화율을 정리한 것입니다.

선거를 앞둔 가장 직전에 조사된 11월 24일 조사를 보면, 김대중 후보 38%, 이회창 후보 37.1%를 득표할 것으로 조사되어 박빙의 승부가 예상되고 있습니다. 선거 예측조사는 당연히 표본조사입니다. 표본조사를 하는 경우 김대중 후보 38%, 이회창 후보 37.1%라고 표현하는 것은 사실상 전수조사 결과를 표현하는 것과 동일합니다. 언어적으로 어떻게 표본조사 결과를 표현하여야 하는가의 문제입니다. 선거 예측조사 결과는 전수조사 결과가 아니므로 마치 전수조사 결과처럼, 김대중 후보 38% 이회창 후보 37.1%와는 다른 표현방식이 있어야 할 것입니다. 전수조사의 결과라면 "김대중 후보 38%의 지지율로 조사되었습니다"라고 언어적으로 표현할 수 있습니다. 전수조사가 아니기 때문에 표본조사는 신뢰수준(confidence level)과 오차(error)를 동시에 표현해 주어야 합니다. 대략 1,000명 크기의 표본조사를 통해서 김대중 후보의 지지율이 38%로 조사되었다면, 김대중 후보의 38% 지지율은 95%의 신뢰수준에서 ±3.1%의 오차범위를 갖고 있다고 표현해야 합니다. 38%는 김대중 후보의 '지지율'이라기보다 '지지율 추정치'인데, ±3.1%의 오차범위를 갖고 있으므로, 실제 지지율은 38±3.1%이므로 지지율이 41.1%에서 34.9% 사이에 있는 것을 95% 확률로 추정할 수 있다는 것입니다. 마찬가지로 이회장 후보의 지지율은 40.2%와 34% 사이에 있는 것을 95%의 확률로 추정할 수 있다는 것입니다. 두 후보들의 지지율 추정치는 95%의 신뢰수준을 갖고 있기 때문에, 100번 조사하면 95번은 같은 추정치가 나올 것이란 의미입니다. 더 중요한 것은 오차범위 안에서 두 후보의 지지율이 겹치기 때문에(이회창 후보의 지지율은 최대 41.1%로서 김대중 후보의 지지율 최소 추정치 34.9%보다 크기 때문에) 어느 후보가 이긴다고 확신할 수 없다는 것입니다. 두 후보자가 치열하게 경합하는 경우, 아예 오차범위

오차

를 아주 작게 하면 되겠지만, 이런 경우, 표본의 크기는 기하급수적으로 늘어나기 때문에 조사비용 측면에서 현실성이 결여됩니다.[1)]

그렇다면, 표본의 크기(n)와 신뢰수준의 관계는 통계적으로 어떻게 결정되는지 의문이 생깁니다. 표본의 크기를 어느 정도로 해야만 그 결과가 모집단의 성향을 제대로 예측할 수 있음을 신뢰할 수 있을 것인가 하는 통계적 방법상의 문제입니다. 일반적으론 95%의 신뢰수준을 사용하지만, 보다 엄격하게는 99%의 신뢰수준을 사용하고, 최소한 90%의 신뢰수준까지는 용인하는 것이 통계학적인 관행입니다. 표본비율(sample proportion: s)은 모집단 비율(population proportion: p)과 정확히 일치할 수 없기 때문에 '표본오차의 비율'(e)을 동시에 상정하여 표현하게 됩니다. 통계적으로 다음과 같이 표시됩니다.

$$s = p \pm z\sqrt{\frac{p(1-p)}{n}}$$

여기서 z는 연구자가 얻기를 원하는 신뢰수준에 대한 '표준점수'(standard score)이고, n은 연구자가 원하는 신뢰수준에 해당하는 표본의 크기입니다. p는 특정한 정보로 부터 예상되는 해당 주제관련 추정비율을 말합니다.

$z\sqrt{\frac{p(1-p)}{n}} = e$ 을 정리하여

$n = \left(\frac{z}{e}\right)^2 \cdot p \cdot (1-p)$을 계산하면 됩니다.

1) 조사방법상 표본오차와 표본크기의 관계는 $s_1 = \frac{s_2}{\sqrt{n}}$이어서, 오차비율을 2배로 줄이려면 표본의 크기는 4배로 해야 합니다. 조사과정에서 더 심각한 문제는 1,000명을 조사할 때와 4,000명을 조사할 때, 조사원들의 표본에 대한 관리의 노력은 4배보다 훨씬 크다고 해야 할 것입니다. 이것은 '표본오차'를 줄이려고 표본의 크기를 늘리게 되는 경우, 더 막대한 '비표본오차'가 발생할 가능성이 크다는 것입니다.

예제 한 지역구에서 두 후보자가 치열한 경합을 벌이고 있는 것으로 소식이 전해지고 있다. 선거 결과에 대한 예측 조사를 95% 신뢰수준과 ± 3.1%의 오차범위 내에서 예측하려면 표본의 크기를 어떻게 해야 하는지 판단해 보시오.

해제 공식 $n = \left(\frac{z}{e}\right)^2 \cdot p \cdot (1-p)$을 이용하면 된다. 95%의 신뢰수준에 해당하는 '표준점수'는 표준정규분포표(standard normal distribution table)를 이용하여 1.96의 수치를 얻을 수 있다. 오차비율은 0.031의 수치이다. 두 후보자가 치열한 경합을 벌이고 있으므로 추정되는 비율은 0.5가 된다.
따라서 $n = \left(\frac{1.96}{0.031}\right)^2 \cdot 0.5 \cdot (1-0.5)$를 계산하면, $n = 999.3756503$이다. 결론적으로, 표본의 크기를 1,000명으로 하여 선거예측조사를 하면 경합하는 두 후보자 지지율 추정치가 95% 신뢰수준에서 ±3.1%의 오차범위를 갖고 예측된다. 참고로, 경합하는 후보였으므로 추정되는 비율을 0.5로 한 것이며, 만약, 어떤 후보자의 지지율이 4/5에 해당하는 압도적인 상황이라면 0.8·(1−0.8)로 추정비율을 계산하면 된다. 선거 여론 조사에선 주요한 두 후보자가 같은 선에서 출발하는 것으로 보고 0.5로 계산하는 것이 일반적이다. 만약 예제와 같은 상황에서 오차범위만 ±2%로 줄이기를 원한다고 생각하고 표본의 크기를 구해본다면 $n = \left(\frac{1.96}{0.02}\right)^2 \cdot 0.5 \cdot (1-0.5)$가 된다. 이를 계산하면 2401명이 된다. 오차범위를 1% 줄이는데 표본의 수는 2.5배로 늘어남을 알 수 있다. 따라서, 1% 줄이는 것이 그다지 큰 의미가 없다면 조사 비용상 표본의 크기를 쓸데없이 크게 할 필요가 없는 것이다. 관습적으로, 대부분의 여론조사는 95% 신뢰수준과 ±3.1% 부근의 오차범위를 상정하여 대략 1,000명을 표본의 크기로 하여 모집단을 추정한다.

우리는 선거 예측조사가 종종 빗나가는 것을 봅니다. 일반적으로 선거법상 선거 직전에는 보다 공평한 선거 경쟁을 위해서 선거 예측조사를 할 수 없습니다. 따라서, 선거일 당일에 유권자를 대상으로 한 출구조사(exit poll)를 바탕으로 방송국들은 선거결과를 예측합니다.[2] 일반적으로, 선거

출구조사

2) 부록에 수록된 '출구조사표'를 참조하시기 바랍니다.

일 20일 전에 실시하는 선거 예측조사보다는 출구조사가 더 정확히 선거결과를 맞추는 것을 봅니다. 선거 예측조사가 빗나가는 이유에는 '표본오차'로부터 비롯되기도 하지만(특히 경합하는 후보가 오차범위 안에 들어 있는 경우), '비표본오차'로부터 비롯된다는 것을 유의해야만 합니다.

비표본오차 '비표본오차'란 표본의 수와 상관없이 표본에 대한 조사과정에서 발생하는데 아무리 표본의 수를 크게 해도 발생하는 오차입니다. 응답자로부터 발생하는 오차와 조사자로부터 발생하는 오차가 모두 포함됩니다. 연구자들은 여론조사가 근본적으로 사람들의 생각을 대화를 통해서 얻어내는 것이라는 점을 잊어서는 안 됩니다. 여론조사란 표본에 추출된 모든 사람들이 응답하되 자신의 생각을 정확하게 진실되게 응답한다는 전제하에서 그러한 표본이 갖는 신뢰수준(95% 또는 99%)과 추정치의 오차범위(3% 또는 5%)가 현실적으로 부합하게 된다는 점을 명심해야 합니다. 표본에 추출된 모든 사람들이 여론 조사에 응하는 것도 아니고,[3)] 응답한 모든 사람들이 실제 투표장에 가지 않습니다. 조사자들의 얼굴 표정, 목소리, 외모, 태도 등도 응답

3) 이러한 문제가 가장 심각하게 나타나는 현상 중의 하나가, 정당공천과정에서 후보자를 정할 때 입니다. 정치라는 영역의 속성상, 정치지망생들은 특정 정당에서 후보로 공천되기를 바라면서 그것에 모든 것을 올인(all-in)하는 적극성을 지닌 사람들일 것입니다. 그런데, 정당의 공천을 받으려는 사람들이 많은 경우, 정당이 정해놓은 정당공천규칙에 따라서 선거에 출마할 정당 후보자를 결정합니다. 정당의 입장에선 출마 지역 유권자들의 의사에 대한 여론 조사를 통해서 '당선 가능성'을 확인하려고 합니다. 문제는 여기서 발생합니다. 공천 후보자가 여러 명인 경우에 여론 조사를 하는데, 정당공천에 관해서 유권자들은 별 관심이 없습니다. 왜냐하면, 정당공천과정이라는 것이 선거 본선이 아니고 정당별 예선에 불과하며, 어떤 후보자가 어떤 사람인지 잘 모르기 때문일 것입니다. 대통령 선거의 경우엔 인지도가 높은 후보들이지만, 지방선거에선 유권자들은 정당공천을 위한 후보자들의 선호조사에는 관심이 없습니다. 여론조사에서 응답률이 저조한 경우, 특히 일반적으로 사용되는 층화 또는 할당표본추출을 한 경우엔, 쿼터셀(quota cell: 표본수를 성, 연령, 지역별로 층화하고 해당 지역 유권자 비율에 맞추어서 할당하는 방식)이 조사되면서 원래 할당 표본수에 도달하지 않는 경우 표를 가중처리하는 경우가 있습니다. 예를 들면 40대 남성의 경우 응답률이 저조하다고 가정하면, 이미 응답한 사람들의 응답을 가지고 결원된 사람들의 응답률로 계산하는 것입니다. 물론 정당 내에서 규칙을 정하기 나름일텐데, 이는 통계적으로 바람직하지 않은 방법입니다. 통계적으로 다양한 쿼터셀에서 가중처리하는 경우 전체 응답자가 증가 또는 감소되어 예비선거인단의 수가 왜곡될 가능성이 있습니다. 선거 철학적인 이유에서도, '표의 등가성'(等價性, apportionment)이 무너지는 치명적인 상황이 초래됩니다. 예를 들면 50대의 응답률이 30대의 응답률보다 높다면, 30대의 표는 50대의 표보다 더 높은 등가성으로 나타납니다. 표의 등가성이 무너지는 여론조사는 정당화되기 어렵습니다. 원래의 샘플수에서 적어도 정당 내에서 '공천의 과정'이 진지한 예비선거라면, 무응답자는 무투표자로 처리하여 결원은 결원으로 처리하는 것이 좋다고 생각합니다.

자들의 생각을 얻어내는 데 영향을 미치는 요소여서, 상황은 더욱 복잡다기할 것입니다. 연구자는 '표본오차'에 대한 지식 이상으로 '비표본오차'에 대한 관심을 종합적으로 지닌 상태에서 조사하며, 조사 결과의 해석에 비표본오차를 고려해야만 합니다.

표본추출

'표본추출' 항목에서의 근본적인 문제점은 현실적으로 사용하는 '표본추출틀'과 관련한 것입니다. 몇 가지 중요한 문제점들을 정리해 볼 수 있습니다. ⓐ 불완전 추출틀(incomplete frame)의 문제: 어떤 특정 도시에 사는 거주민들의 '표본추출틀'을 구한 경우, 그 명단이 그 도시 내의 주택 소유자로 구성되어 있다면, 세입자들은 제외된 불완전 추출틀인 셈입니다. 그 도시로 이사 가고 이사 온 사람들의 명단도 연구 직전에 확보되어 업데이트된 자료가 아니라면 완전한 '표본추출틀'이 아닙니다. ⓑ 추출단위의 '무리성'(또는 군집성) 문제(cluster of elements): 표본추출단위는 궁극적으로 개인들인데, 표본추출의 과정에서 표본추출틀은 집단이나 가구들을 중심으로 만들어진 목록을 사용할 수밖에 없는 경우도 있습니다. 예를 들면, 2002년 12월 한국 대통령 선거가 끝나고 난 직후에 '선거후 조사'(post-election survey)를 했다고 가정합시다.[4] 추출틀이 가구들의 주소 목록이었다면, 우선 가구를 선택한 후에 가구 내에 거주하는 개인들 중에서 다시 선택해야 합니다. 결론적으로, 정확한 표본추출틀 자체를 확보하는 것만으로도 대작업이 될 수 있습니다.

불완전 추출틀

선거후 조사

우리는 선거 여론조사가 실제 선거결과와는 다른 예측을 하는 경우를 종종 접하게 됩니다. 이렇게 선거결과에 대한 예측이 빗나간 것은 '표본추출틀'에서부터 비롯된 경우가 많습니다. 1936년 미국대통령 선거 예

4) 선거후 조사는 선거가 끝난 직후 바로 실시하며, 선거를 종료한 후 늦어도 일주일 이내에 합니다. 선거가 끝난 시점이 한참 지나서 유권자 인식조사를 하게 되면 그만큼 유권자들은 소위 '역사효과'에 노출될 가능성이 높아져서 해당 선거에 대한 인식조사에 정확성이 낮아지게 됩니다.

측오류는 대표적인 예입니다. 미국에서 1936년 대통령 선거에서 민주당(Democratic Party)의 루즈벨트(Franklin Delano Roosevelt)와 공화당(Republican Party)의 랜든(Alfred Landon)이 맞붙었습니다. 이때, '문예다이제스트'(Literary Digest)는 자그마치 240만명에 대한 거대한 여론조사를 실시하였고 57%대 43%로 랜든의 넉넉한 승리를 예측하였습니다. 결과는 전혀 다르게 나타났습니다. 루즈벨트의 62%대 38%의 압도적 승리였습니다. 빗나간 예측은 문예다이제스트가 전화번호부와 클럽회원권 명단 목록을 기준으로 1,000만명에 대해서 설문편지를 발송하였다는 방법론에서 비롯된 것입니다. 20세기 초반 미국에서 전화를 소유하였거나 클럽회원권을 소유한 사람들은 일반 전체 유권자들에 대한 '대표성'을 갖고 있다고 보기 어렵습니다. 결과는 상대적으로 부유한 사람들이 지지하는 '공화당'의 승리라는 빗나간 예측을 만들었습니다.[5)]

연구자의 궁극적인 연구대상은 모집단(즉, 미국 전체유권자)의 성격이며, 표본은 모집단의 성격을 정확하게 추론하기 위한 수단입니다. 1936년 미국 대통령 선거 여론조사에서 예측오류의 가장 근본적인 요인은 표본추출의 문제였습니다. 표본 추출과정에서의 조사 방법론적인 노력들이 다양하게 존재합니다. 모집단에서 표본을 추출하는 방식은 '확률표본추출'(probability sampling) 방식과 '비확률표본추출'(nonprobability sampling) 방식으로 크게 대별됩니다.

확률표본추출

무작위성의 원칙

확률표본추출이란 각각의 표본추출단위들이 표본에 포함될 확률이 같은 경우를 말합니다. 확률표본추출을 가장 잘 구현하는 방법은 '무작위성의 원칙'(principle of randomness)인데, 이러한 무작위성의 원칙에 근간하는

5) 편지 설문 방식에 의한 조사 또한 저조한 응답률을 만들었습니다. 거대한 숫자인 240만명을 조사했지만 사실 이러한 응답률은 1,000만명에 대한 편지를 발송했다는 것에 비하면 24%만이 응답한 것입니다. David Freedman, Robert Pisani, and Roger Purves, *Statistics*(New York: Norton, 1978), pp. 302-307.

확률표본추출 방법에는 ① 단순무작위표본추출(simple random sampling), ② 체계적 표본추출(또는 계통표본추출, systematic sampling), ③ 층화표본추출(stratified sampling), ④ 군집표본추출(cluster sampling) 방식이 있습니다.

'단순무작위표본추출'(또는 단순 임의 표본추출) 방식은 모집단의 표본추출단위가 모두 N개로 구성되어 있고, 여기서 n개의 원소들을 독립적으로 추출하여 표본을 만들 때, N개의 원소 모두는 표본에 포함될 수 있는 동일한 확률을 갖는 추출 방식입니다. 무작위 추출법에 의해서 만들어진 표본을 '무작위 표본'(또는 임의 표본)이라고 합니다. 처음에 한 개를 뽑는다면, 모집단에 속해 있는 모든 원소들이 표본에 추출될 확률은 각각 $1/N$로 동일합니다. 단순무작위표본추출은 모집단의 성격에 대한 어떠한 사전정보 없이도 사용할 수 있는 방법이라는 장점이 있습니다. 표본을 만드는 절차는 생각보다 번거로운 절차일 수 있습니다. 모집단 N에 대하여 동일한 바둑알에 각각의 일련번호를 주고, 하나의 상자 안에 넣고 잘 섞이도록 한 후에 상자에서 아무 생각 없이 임의의 바둑알을 추출하는 것입니다. 모집단 구성 요소의 수가 작은 경우엔 이 방식을 사용하지만, 아주 큰 경우엔 단순무작위표본추출을 직접 시행하기 어려울 것입니다.[6] 대안으로 '난수표'(亂數表)에서 난수를 선택할 수도 있습니다.[7] 난수표는 0에서 9까지의 한 자리 숫자가 모두 동일한 1/10의 확률로 선택되도록 고안된 표입니다. 따라서 난수표에서 숫자를 선택하는 과정은 하나의 상자에서 잘 섞인 바둑알을 뽑는 것과 같은 효과가 있습니다. 무작위추출에는 '무제한적 표본추출'(unrestricted sampling) 방식과 '제한적 표본추출'(restricted sampling) 방식으로 구분되기도 합니다. '무제한적 추출'이란, 모집단에서 표본 추출시 복

무작위 표본
임의 표본
난수표
무제한적 표본추출
제한적 표본추출
복원추출 방식

6) 컴퓨터 프로그램에서 '난수 발생기'(random number generator)를 사용할 수 있으니 그 제약은 그다지 크지 않다는 반론도 가능합니다. 문제는 모집단의 크기가 매우 큰 경우입니다. 어떤 경우에도 모집단의 명단을 만들고 그에 대한 일련번호를 부여하여야만 하기 때문에, 모집단의 크기가 상당히 큰 경우, 모집단 명단을 입력하고 관리하는 그 자체가 만만한 작업이 아닙니다. 한국의 대통령 선거 유권자 3,500만명의 명단에서 1,000명을 뽑는 경우 단순무작위추출 방식을 사용하기가 쉽지 않을 것입니다.

7) 난수표에도 고안한 학자들이나 기관에 따라서 다양한 종류가 있습니다: 티벳(Tibet)의 난수표; 켄달(Kendall)과 스미스(Smith)의 난수표; 스네데코(Snedecor)와 코크란(Cochran)의 난수표; 랜드연구소(Rand Corporation)의 난수표 등입니다.

원추출 방식(with replacement)하에서 원소들을 추출해 내는 것이며, '제한적 추출'이란 비복원추출 방식(without replacement)하에서 원소들을 추출합니다. 우리가 '단순무작위추출'(simple random sampling)이라고 할 때는 비복원무작위추출을 말합니다.

비복원추출 방식

예제 어떤 모집단 {a, b, c, d}가 있으며, 이 모집단으로부터 크기가 2인 표본을 추출하는 상황을 가정할 때, '복원추출법'을 사용하는 경우와 '비복원추출법'을 사용하는 경우 표본의 가짓수를 비교해 보시오.

해제 복원추출법이란 1개의 자료를 추출할 때마다 추출한 것을 다시 넣으면서 n회 추출하는 경우이므로 원소의 개수가 N인 모집단에서 크기가 n인 표본을 '복원추출'하는 경우의 수는 ${}_N\prod_n = N^n$ 가지가 된다. 모집단으로부터 1개의 자료를 추출해 나가지만 다시 넣지 않는 '비복원추출'을 사용하면 다시 한번 경우가 구분될 것이다. 즉, 순서를 생각하여 1개씩 계속 추출하는 경우엔 ${}_NP_n = \frac{n!}{(N-n)!}$, 한꺼번에 n개를 모두 추출하면 ${}_NC_n = \frac{n!}{n!(N-n)!}$ 이 된다. 따라서, 모집단이 {a, b, c, d}인 경우에 복원추출은 ${}_4\prod_2 = 4^2 = 16$ 가지의 경우의 수가 있다. 구체적으로 나열하면, (a, a), (a, b), (a, c), (a, d), (b, a), (b, b), (b, c), (b, d), (c, a), (c, b), (c, c), (c, d), (d, a), (d, b), (d, c), (d, d)가 된다. 비복원추출에선 1개씩 2번 추출하는 경우 ${}_4P_2 = 12$가지로 구체적인 경우는 (a, b), (a, c), (a, d), (b, a), (b, c), (b, d), (c, a), (c, b), (c, d), (d, a), (d, b), (d, c)이다.

체계표본추출

'체계표본추출'은 첫 번째의 표본추출단위만 무작위로 선정하고, 그 다음 번부터 일정한 간격을 정하여 추출해 내는 것입니다. 이것은 처음 원소의 추출이 무작위[즉, 무작위 출발점(random starting point)]였기 때문에 일정한 간격을 두고 기계적으로 추출되는 나머지 원소들도 추출에 의도가 개입되지 않습니다. 일정한 간격을 k라고 할 경우, 매번 k번째에 해당하는 원소들을 추출하는데, 다음과 같은 요령으로 정합니다. 10,000명에서 300명을 뽑는 경우를 가정해 봅시다. 우선 10,000명에 대하여 일련번호를 부여한 후에, 일정한 간격을 얼마로 하여 뽑을지를 결정합니다. 10,000/300(=33.333)에 의하여 대략 그 간격을 33으로 합니다.[8)] 첫 번째의 표본이 무작위추출의 결과 7번으로 결정되었다면, 40, 73, 106, … 으로 체계적 표본을 만들게 됩니다. 분명한 명단 목록이 어떤 기준이 되는 순서에 의해서 나열되어 있는 전화번호부와 같은 것은 체계적 표본추출을 하기에 유용한 수단이 됩니다. 문제는 일정한 간격이 갖는 주기효과(cyclical effect)를 조심해야만 합니다. 예를 들면, 자원봉사자의 의식조사를 하기 위해서, 일주일에 한 번 일하는 자원봉사자 750명의 전체 명단 목록을 확보하여 이 중에서 대략 100명을 조사하기 위해서 체계적 표본추출을 계획하였다고 가정해 봅시다. 이런 경우 일정한 간격은 대략 7로 할 가능성이 있는데, 이것은 같은 요일에 일하는 자원 봉사자만을 선택하게 될 것입니다.[9)]

'층화표본추출'은 하나의 모집단 내에서 상호 중복되지 않는 '하위 모집단'(sub-population)들을 정해 놓고, '하위 모집단'에서 무작위로 표본을 추출하는 것을 말합니다. 중복되지 않는 '하위 모집단'을 정하는 것을 '층화'(層化, stratification)라고 하는데, 이들 하위 모집단 '층'(層, stratum)으로부터 무작위추출을 하여 표본을 구성하는 것입니다. 층화표본추출은 '비례층화추출'(proportionate stratified sampling)과 '비비례층화추출'(disproportionate stratified sampling)로 구분됩니다. 모집단의 크기가 N인 모집단에 k개의 '층'을 상정하고($N_1+N_2+N_3+\cdots+N_k=N$), 표본의 크기를 n으로 하려고 한다면, '비례층화추출'의 경우 각 층의 표본의 크기(n_i)는 $n \cdot \frac{N_i}{N}$가 됩니다. 이는 어떤 특정한 모집단 내에서 특정 '층'이 차지하는 비율과 일치시켜서 표본을 추출하는 것을 의미합니다. 만약 N_3가 전체 모집단(N)의 40%($=\frac{N_i}{N}$)에 해당하는 크기였다면, n_3도 n의 40%가 되도록 표본을 추출하는 것입니다. '비비례층화추출'의 경우 각각의 층에서 동일한 수의 원소들을 추출하여 표본을 구성합니다. 따라서 '비비례층화추출' 방식을 이용하는 경우엔 표본추출에서 나온 결과에 원래 모집단에서의 비율을 고려하여 모집단의

층화표본추출

비례층화추출

비비례층화추출

8) 일정한 간격을 k로 하여 체계표본을 구성하는 경우 이를 '1/k체계표본'이라고 합니다. 보기는 1/33체계표본이 됩니다.

9) 이런 경우, 모집단의 성격상 6이나 8로 할 수 있을 것입니다.

성격을 추정하게 됩니다. 비비례층화추출은 연구 목적과 관련하여 의도적으로 특정한 층의 비율을 더 많이 반영하거나 적게 반영하는 경우입니다. 아니면, 모집단에서의 각 층이 갖는 비례성을 무시하고 동일한 수로 표본을 구성하는 경우도 비비례층화추출이 됩니다.

층화추출방식은 모집단이 동질적인 집단에서 표본을 산출한 경우가 모집단이 이질적인 성격의 집단에서 표본을 산출한 경우보다 더 표본오차가 작을 수 있다는 논리에 기초한 것입니다. 따라서, 모집단을 동질성을 확보할 수 있는 여러 개의 소집단들(즉, 층화 집단들)로 나눈 후에, 그 소집단들로부터 표본을 추출해 내는 것입니다. 앞서 지적한 대로, 표본마다 할당되는 표본의 크기는 비례성을 지킬 수도 있고, 그렇지 않을 수도 있습니다. 중요한 것은 각 층화집단에서 표본을 추출할 때는 단순무작위추출방식을 유지하며, 그렇기 때문에 층화추출방식이 확률표본추출 방식의 한 종류가 되는 것입니다. 층화추출방식은 확률표본추출이기 때문에, 단순히 예측을 위한 것이 아니고, 특히 공정성이 유지되어야 하는 공적인 업무의 성격이 강한 곳에선 다른 어떤 방법들보다도 유용하게 이용될 것입니다. 좋은 예가 있습니다.

현재 한국은 전세계에서 교육수준이 가장 높은 나라라고 해도 과언이 아닙니다. 교육수준이 높은 곳에선 기대 수준이 높고 특히 정치과정이나 정치인들에 대한 불만과 실망의 수준이 비례하여 높게 나타납니다. 이런 사회분위기 속에서 어떤 연구자는 "선거를 통해서 지역민들의 대표를 뽑지 말고, 추첨을 통해서 지역민들의 대표를 뽑자"고 주장합니다.[10)] 선거를 통해서 대표를 뽑으려 하니, '자가발전'(自家發電)하는 사람들만 후보자로 나오며 그런 사람들 중에서만 대표를 뽑을 수밖에 없다는 논리입니다. 소위 상식과 교양을 지닌 점잖은(?) 사람들은 조용히 있는데, 추첨을 통해선 이런 사람들을 지역 대표자로 뽑을 수 있다는 것입니다. 물론 추첨은 단점도 갖고 있습니다. 선거에서 후보자들은 자가발전하는 사람들이라고 하지만, 역시 능력을 지닌 사람들입니다. 국가사무는 능력을 필요로 하는 일입니다. 문제는 선거가 아닌 추첨제를 도입한다고 해도, 어떻게 추첨할 것인가 하는

10) 이지문, 「한국 민주주의의 질적 고양을 위한 추첨제 도입 방안 연구」 연세대학교 대학원 정치학과 박사학위 논문(2011년 8월).

방법의 문제가 중요합니다. 지역대표를 추첨하는 일종의 표본추출 작업은 공적인 사무를 진행하는 것이어서, 단순히 선거예측을 위한 표본추출의 경우와는 그 느낌이 다릅니다. 추첨으로 지역대표자들을 구성하는 경우 '층화추출법'은 유용하게 사용될 것입니다.

층화추출은 생각보다 단순하지 않습니다. 여러 소집단으로 층화한 이후에도 각 층화별로 그 안에 또다시 여러 개 성격의 집단들이 구성되어 하나의 덩어리로 생각하고 단순무작위추출을 시행하기가 쉽지 않기 때문입니다. 층화별로 무작위 추출을 효율적으로 하기 위해선 세부적인 원칙을 분명히 정해야만 할 것입니다.[11)]

구체적으로 숫자를 정해놓고서 적용해 보도록 하겠습니다. 이지문 박사의 연구에 따르면 현재 국회의원 1명이 결정하는 것을 대략 50명 정도의 시민대표가 결정하는 것이 좋다고 봅니다.[12)] 따라서, 299×50명에 해당하는 시민대표자(시민의원단) 14,950명을 16개 광역시·도별로 층화 후 성, 연령, 소득을 반영한 층화추출을 하게 됩니다. 시·도별로 소득계층별(3계층) 시민의원단원수 배분 → 남녀로 시민의원단원수 배분 → 연령대별(다섯 연령대)로 시민의원단원수 배분 후 해당 단원수만큼 각 층에서 무작위추출합니다.

자세한 층별 할당을 보기 위해서 먼저 지역, 성, 연령, 소득별 통계를

---

11) 내용을 보다 정확하게 이해하기 위해서, 이지문 박사의 층화추출방식을 적용한 추첨제 연구에서 표본추출을 위한 세부 내용들은 다음과 같습니다. "최종 선택된 시민의원단원들을 50명씩 묶어 한 개의 시민의원단을 구성한다. 이때 동일 층(예를 들면 '고소득층 가구 20대 남성들'이 동일 층이라는 의미)으로 하나의 시민의원단을 구성하여 시민의원을 선출하는 것이 이상적이나, 서울, 경기를 제외한 여타 시·도에서는 동일 층으로 하나의 의원단을 구성하기에는 동일 층 할당수가 적어 가능하지 않다. 그러나 단순히 50명씩 묶고 여기서 한 명씩 시민의원을 추첨할 경우 성별은 거의 1대 1이기 때문에 큰 문제가 없으나, 소득계층은 중산층이 전체의 60% 가까이를 차지하고 있고 연령대별로도 특정 연령층이 상대적으로 많은 경우가 있기 때문에 이들이 비율보다 과다대표 가능성을 배제할 수 없다. 따라서 이런 가능성을 보다 최소화하기 위해서 시민의원단원들을 묶기 전에 먼저 시도별로 할당된 시민의원을 무작위로 추첨하고, 선발된 이들에게 시민 의원 수행 여부를 확인 후 시민의원단원으로만 활동을 원할시 재추첨한다. 이 경우 중산층 30대 남성이 거부했을 경우 동일층 시민단원 중에서 충원하는 방식을 선택한다. 그러고 나서 선택된 시민의원을 포함하여 50명씩 묶는다. 시민의원단원은 임기 2년이며, 시민의원은 1년이기 때문에 1년 후 재추첨한다. 또한 개인 사정상 복무를 더 이상 할 수 없거나, 소환·제명되거나, 실형 확정 등 경우에는 재충원하여 잔여 임기를 채운다. 이 경우 동일층 단원들을 대상으로 추첨한다. 시민의원단원 중에서 결원이 발생하면 동일층 모집단에서 충원한다"(이지문 2011).

12) 소수의 사람보다 다수의 사람이 결정하는 것이 민주주의라는 발상입니다.

먼저 살펴보게 됩니다. 소득별 통계는 통계청이 발표한 2009년 말 기준 소득계층 현황을 활용한다면, 고소득층 23.2%, 중산층 58.7%, 빈곤층 18.1%으로 나타납니다. 유권자들의 시·도별, 성별, 연령대 인원수는 중앙선거관리위원회의 최근 국회의원선거 자료로 부터 가능할 것입니다.[13] 다음과 같이 나타납니다.

시도	구성비[14]	남녀비율[15]		연령대별 남녀 100분율[16]									
				20대 (19세 포함)		30대		40대		50대		60대 이상	
		남	녀	남	녀	남	녀	남	녀	남	녀	남	녀
서울	21.4	48.9	51.1	23.2	22.4	24.7	22.7	21.3	21.0	16.0	16.4	14.8	17.5
부산	7.5	48.8	51.2	22.6	20.1	20.3	19.1	22.0	22.2	18.7	18.4	16.4	20.2
대구	5.0	48.7	51.3	22.8	19.5	22.2	21.7	23.9	23.4	16.5	16.3	14.6	19.1
인천	5.3	49.7	50.3	22.4	20.9	23.9	23.1	25.5	24.4	15.5	14.5	12.7	17.1
광주	2.7	48.4	51.6	23.9	22.0	24.4	23.3	23.3	22.3	14.5	14.4	13.9	18.0
대전	2.9	49.1	50.9	23.6	21.7	24.2	23.6	23.5	23.0	15.6	14.9	13.1	16.8
울산	2.2	50.5	49.5	22.7	20.2	23.7	24.5	26.8	25.8	16.3	15.3	10.5	14.2
경기	21.9	49.7	50.3	21.1	20.2	26.0	25.5	25.5	23.5	14.3	13.5	13.1	17.3
강원	3.1	49.5	50.5	20.1	17.0	20.5	18.7	22.6	21.2	16.5	15.9	20.3	27.2
충북	3.0	49.5	50.5	21.3	18.7	21.7	20.2	22.8	21.1	15.8	15.0	18.4	25.0
충남	4.1	49.8	50.2	20.7	18.0	21.7	19.3	21.5	19.6	15.5	15.1	20.6	28.0
전북	3.8	49.0	51.0	20.7	17.5	20.6	18.5	21.4	19.7	16.3	15.6	21.0	28.7
전남	4.0	49.1	50.9	19.2	15.6	19.3	16.3	21.6	18.5	16.3	15.4	23.6	34.2
경북	5.6	49.2	50.8	20.5	17.1	20.6	18.4	21.7	19.8	16.7	16.2	20.5	28.5
경남	6.4	49.2	50.8	21.0	18.0	22.9	21.4	23.8	21.8	16.2	15.3	16.1	23.5
제주	1.1	48.8	51.2	20.6	18.4	23.7	21.7	23.6	21.0	15.2	14.3	16.9	24.6

13) 통계자료는 지역, 성, 연령별 비율은 가장 최근 국회의원 선거인 2008년 제18대 기준 유권자수(중앙선거관리위원회의 제18대 국회의원선거 총람에 나타난 유권자수)에 의거하여 다시 계산된 것입니다.

14) 이 비율은 해당 시·도별 전체 남녀별 구성비를 뜻합니다.

15) 이 비율은 해당 시·도별 성별로 연령대의 구성비를 뜻합니다.

16) 구성비는 전체 유권자수 대비 시·도별 구성비를 뜻합니다.

서울시를 예로 하여 층화추출을 하여 봅시다. 전체 유권자 대비 21.4%로 299명 기준으로 하면 64명이 배정됩니다. 따라서 시민의원단원수는 64×50=3,200명이 됩니다. 3,200명을 소득별 세 단계(상 23.2%, 중 58.7%, 하 18.1%)로 배정하면 상 743명, 중 1,878명, 하 579명이 됩니다.[17] 각각을 남녀(남 48.9%, 여 51.1%)로 구분하게 되면 고소득층 남성은 363명 여성은 380명, 중산층 남성 918명 여성 960명, 빈곤층 남성 283명 여성 296명이 됩니다. 이를 성별에 따른 연령대별(19세 및 20대 , 30대, 40대, 50대, 60대 이상)에 따라 구분합니다. 19세 및 20대 남성은 전체 남성 중 23.2%, 여성은 전체 여성 중 22.4%를 차지하게 됩니다. 이런 방식으로 전체 성별 및 연령대별로 시민의원단원수가 배정됩니다. 이런 방식으로 배분하게 되면 서울에 사는 고소득층 가구 19세 및 20대 남성 중 84명이, 빈곤층 가구 60대 이상 여성 중 52명이 됩니다. 할당된 시민의원단원수만큼 해당 층에서 무작위로 추출합니다. 추첨된 이들에게 시민의원단원 참여 여부를 확인 후 거부시 각각 해당 층에서 충원하게 됩니다. 이로서 서울에서 추첨으로 결정된 대표자들 3,200명이 선정됩니다. 이런 방식으로 층화추출된 전국 시민의원단원수는 다음과 같을 것입니다.[18]

	서울(21.4%) 3,200명					
소득계층	상 743		중 1878		하 579	
성 / 연령	남 363	여 380	남 918	여 960	남 283	여 296
20대(19세 포함)	84	85	213	215	66	66

17) 시·도별 현황까지 확인이 되지 않아 전국을 단일하게 적용하였습니다. 소득계층 역시 시·도별 구성비율 차이가 있을 수 있기 때문에 시·도별 현황에 대한 정확한 정보를 확보할 수 있다면 성, 연령처럼 시·도별로 다시 계산되어야 더 바람직할 것입니다. 중앙선거관리위원회의 국회의원 유권자 분포에서 지역별로 성별과 연령 분류는 가능하지만, 소득수준에 따른 분류는 불가능합니다.

18) 소수점 첫째 자리에서 반올림, 반내림을 사용하였습니다. 드물게 전체 할당 숫자에 ±1이 발생할 때 소수점 둘째 자리까지 확인하여 조정합니다. 예를 들어, 5명을 할당하는데, A층이 2.56이고 B층이 2.54로 계산되었다면, 둘 다 반올림하면 각각 3명이 되어 모두 6명이 됩니다. 이 경우 2.54가 더 작은 수이므로 A층은 3명, B층은 2명으로 조정하였다는 의미입니다.

30대	90	86	227	218	70	67
40대	77	80	195	202	60	62
50대	58	62	147	157	45	49
60대 이상	54	67	136	168	42	52

군집표본추출
집락표본추출

마지막으로, '군집표본추출'(또는 집락표본추출) 방식은 표본추출단위가 원소가 아니라 원소들의 집합인 경우에 사용하는 방식입니다. 표본추출단위 1개를 추출해도 이미 그 표본추출단위 속에는 여러 개의 원소들이 포함되어 있기 때문에, 포함된 원소들을 모두 표본에 포함시킬 수도 있고, 아니면 포함된 원소들에 대해서 다시 한 번 무작위로 추출하기도 합니다. 예를 들어서, 어떤 과자 회사의 비스켓 생산량은 하루 50,000박스입니다. 그리고 각 박스에는 30개의 비스켓이 들어있습니다. 1,000개의 비스켓을 뽑아서 불량률을 조사한다고 가정해 봅시다. 1,000개의 비스켓을 하나씩 뽑아 조사하기 어렵습니다. 박스 기준으론 대략 33-34박스를 조사하면 됩니다. 33-34박스만 추출한다면 한 박스당 들어 있는 모든 비스켓을 조사하면 됩니다. 아니면 100박스를 무작위추출하여 한 박스당 10개의 비스켓을 무작위추출하여 조사할 수도 있습니다.

군집표본추출은 단순무작위표본추출은 물론 층화표본추출을 사용하기가 곤란한 곳에서 부담 없이 사용할 수 있는 방법입니다. 예를 들어, '전국 도시 근로자 가구당 소득 수준'을 조사한다고 할 때, 전국 도시 근로자 가구에 대한 전체 명단 작성이 어려우니 단순무작위추출은 사용하기 쉽지 않습니다. '다단계 군집표본추출'(multi-stage cluster sampling) 방식은 위에서처럼 군집(즉 비스켓 박스)추출을 한 번만 하는 것이 아니라 다단계로 여러 번 하는 경우의 추출 방식을 말합니다. 다단계 군집 표본추출 방식은 어떤 작은 지역에 국한되지 않은 넓은 지역에 대한 인식조사의 경우 유용하게 사용됩니다. 전국적인 수준에서 행하는 선거후 유권자 인식조사(post-election survey)는 그 대표적인 예입니다. 전국의 모든 유권자들을 대상으로 무작위추출 방식이 현실적으로 어려우며, 다단계 군집표본추출 방식을

다단계 군집
표본추출

사용합니다. 우선 전역(全域)을 대상으로, 어떤 지역(地域)을 무작위로 추출하고, 그 지역 내에 포함된 어떤 구역(區域)을 무작위추출하고, 그 구역 내의 어떤 동(洞)을 무작위 추출하고, 그 동(洞) 내에서 다시 한 번 어떤 아파트 단지를 무작위로 선택하고, 그 특정 아파트 단지 내의 특정 가구를 무작위추출합니다. 중요한 것은 표본추출의 절차가 무작위라는 점입니다. 최일선에서 조사를 담당하는 조사원에게 누구를 면담할지 지정되어 있기 때문에, 조사원 자신 마음대로 면접 대상자를 선정할 수 없다는 것입니다. 조사원이 참고하는 면접지침서에 그 가구에 20대 근로자 남성과 면접을 하든지, 만약 20대 남성이 없으면, 60대 근로자 남성과 면접을 하라고 알려주기 때문입니다. 결론적으로, 무작위의 원칙과 조사원 임의로 면접자를 결정할 수 없다는 점에서 확률표본추출의 틀이 유지되는 것입니다.

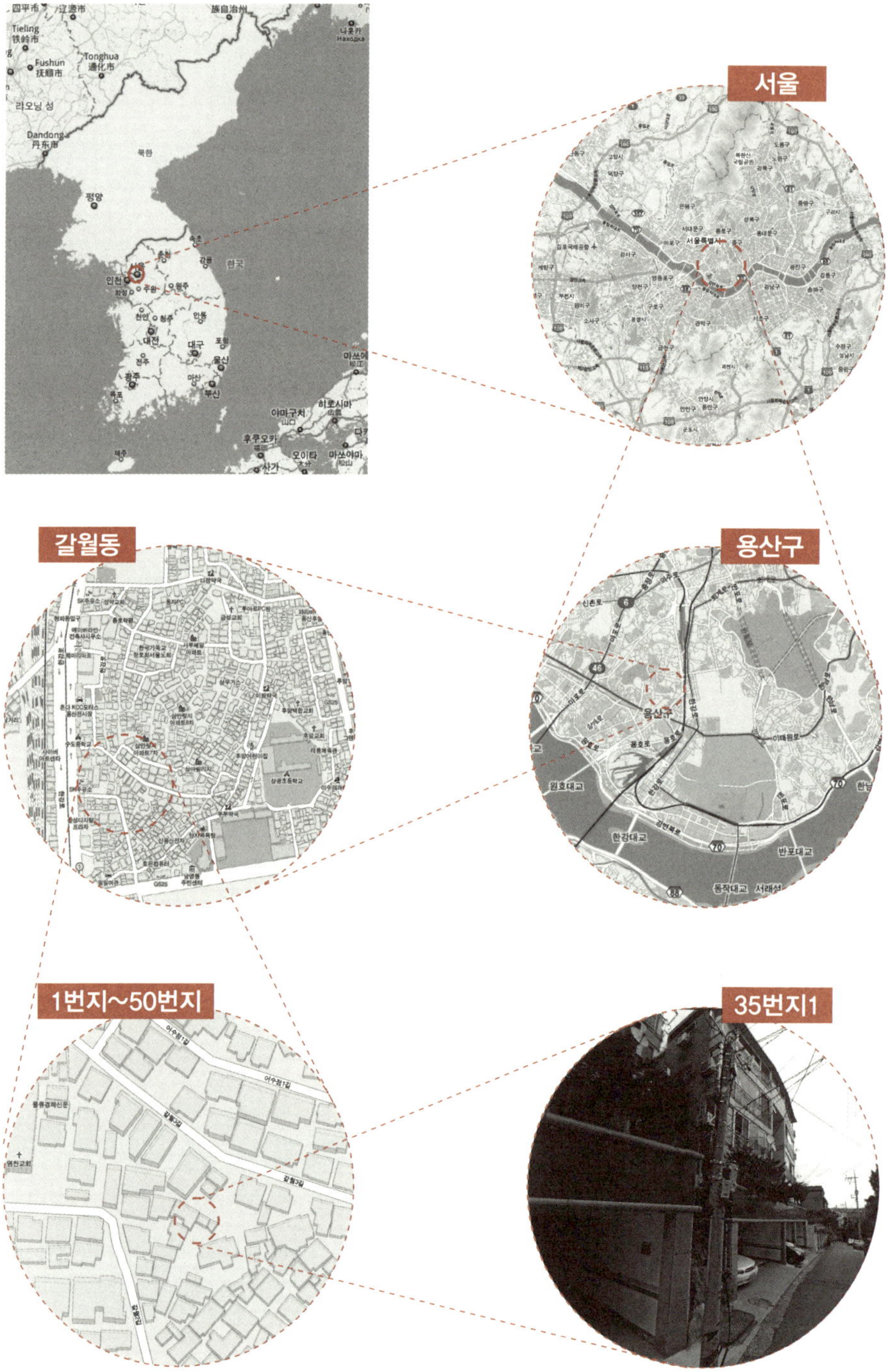
서울
갈월동
용산구
1번지~50번지
35번지1

예제 앞부분에서 제시된 18대 국회의원 선거 전국 유권자 분포현황에 근거하여 관심 있는 곳을 한 지역 선택한 후에, 서울에서 시민대표를 구성한 것과 마찬가지의 방법으로 시민대표를 층화추출해 보시오. 단, 소득계층 분류는 시 · 도별 기준이 아니고 전국 기준인 고소득층 23.2%, 중산층 58.7%, 빈곤층 18.1%으로 계산하시오.

해제 다음과 같이 결과가 나온다.

구 분	부산(7.5%) 1,150명					
소득 계층	상 267		중 675		하 208	
성 / 연령	남 130	여 137	남 329	여 346	남 102	여 106
20대(19세 포함)	30	28	74	70	23	21
30대	26	26	67	66	21	20
40대	29	30	72	76	22	24
50대	24	25	62	64	19	20
60대 이상	21	28	54	70	17	21

구 분	대구(5.0%) 750명					
소득 계층	상 174		중 440		하 136	
성 / 연령	남 85	여 89	남 214	여 226	남 66	여 70
20대(19세 포함)	19	17	49	44	15	14
30대	19	19	48	49	14	15
40대	20	21	51	53	16	16
50대	14	15	35	37	11	12
60대 이상	13	17	31	43	10	13

구 분	인천(5.3%) 800명					
소득 계층	상 186		중 469		하 145	
성 / 연령	남 92	여 94	남 233	여 236	남 72	여 73
20대(19세 포함)	21	19	52	49	16	15
30대	22	22	56	55	17	17
40대	23	23	59	58	19	18
50대	14	14	36	34	11	11
60대 이상	12	16	30	40	9	12

구 분	광주(2.7%) 400명					
소득 계층	상 93		중 235		하 72	
성 / 연령	남 45	여 48	남 114	여 121	남 35	여 37
20대(19세 포함)	11	10	27	27	8	8
30대	11	11	28	28	9	9
40대	10	11	26	27	8	8
50대	7	7	17	17	5	5
60대 이상	6	9	16	22	5	7

구 분	대전(2.9%) 450명					
소득 계층	상 104		중 264		하 82	
성 / 연령	남 51	여 53	남 130	여 134	남 40	여 42
20대(19세 포함)	12	12	31	29	9	9
30대	12	12	31	32	10	10
40대	12	12	31	31	10	10
50대	8	8	20	20	6	6
60대 이상	7	9	17	22	5	7

구 분	전북(3.8%) 550명					
소득 계층	상 128		중 323		하 99	
성 / 연령	남 63	여 65	남 158	여 165	남 49	여 50
20대(19세 포함)	13	11	33	29	10	9
30대	13	12	32	31	10	9
40대	14	13	34	32	11	10
50대	10	10	26	26	8	8
60대 이상	13	19	33	47	10	14

구 분	충남(4.1%) 600명					
소득 계층	상 139		중 352		하 109	
성 / 연령	남 69	여 70	남 175	여 177	남 54	여 55
20대(19세 포함)	14	13	36	32	11	10
30대	15	13	38	34	12	11
40대	15	14	38	35	12	11
50대	11	10	27	27	8	8
60대 이상	14	20	36	49	11	15

구 분	울산(2.2%) 350명					
소득 계층	상 81		중 206		하 63	
성 / 연령	남 41	여 40	남 104	여 102	남 32	여 31
20대(19세 포함)	9	8	24	21	7	6
30대	10	10	24	25	8	8
40대	11	10	28	26	9	8
50대	7	6	17	16	5	5
60대 이상	4	6	11	14	3	4

구 분	경기(21.9%) 3,250명					
소득 계층	상 754		중 1908		하 588	
성 / 연령	남 375	여 379	남 948	여 960	남 292	여 296
20대(19세 포함)	79	77	200	194	62	60
30대	97	97	247	245	76	75
40대	96	89	241	225	74	70
50대	54	51	136	130	42	40
60대 이상	49	65	124	166	38	51

구 분	강원(3.1%) 450명					
소득 계층	상 104		중 264		하 82	
성 / 연령	남 51	여 53	남 131	여 133	남 41	여 41
20대(19세 포함)	10	9	26	23	8	7
30대	10	10	27	25	9	8
40대	12	11	30	28	9	9
50대	9	8	22	21	7	6
60대 이상	10	15	26	36	8	11

구 분	충북(3.0%) 450명					
소득 계층	상 104		중 264		하 82	
성 / 연령	남 51	여 53	남 131	여 133	남 41	여 41
20대(19세 포함)	11	10	28	25	9	8
30대	11	11	28	27	9	8
40대	12	11	30	28	9	9
50대	8	8	21	20	6	6
60대 이상	9	13	24	33	8	10

구 분	전남(4.0%) 600명					
소득 계층	상 139		중 352		하 109	
성 / 연령	남 68	여 71	남 173	여 179	남 54	여 55
20대(19세 포함)	13	11	33	28	10	9
30대	13	12	34	29	10	9
40대	15	13	37	33	12	10
50대	11	11	28	28	9	8
60대 이상	16	24	41	61	13	19

구 분	경북(5.6%) 850명					
소득 계층	상 197		중 499		하 154	
성 / 연령	남 97	여 100	남 246	여 253	남 76	여 78
20대(19세 포함)	20	17	50	43	16	13
30대	20	18	51	47	16	14
40대	21	20	54	50	16	16
50대	16	16	41	41	12	13
60대 이상	20	29	50	72	16	22

구 분	경남(6.4%) 950명					
소득 계층	상 220		중 558		하 172	
성 / 연령	남 108	여 112	남 275	여 283	남 85	여 87
20대(19세 포함)	23	20	58	51	18	16
30대	25	24	63	61	19	19
40대	26	25	65	62	20	19
50대	17	17	45	43	14	13
60대 이상	17	26	44	66	14	20

구 분	제주(1.10%) 150명					
소득 계층	상 35		중 88		하 27	
성 / 연령	남 17	여 18	남 43	여 45	남 13	여 14
20대(19세 포함)	3	3	9	8	3	3
30대	4	4	10	10	3	3
40대	4	4	10	10	3	3
50대	3	3	7	6	2	2
60대 이상	3	4	7	11	2	3

비확률적 표본추출

통계적 방법과 연관하여선 '확률적 표본추출'이 사용되지만, 현실적으로 사회과학 연구조사 행위와 관련하여선 '비확률적 표본추출' 방식도 무시될 수 없을 것입니다. '비확률적 표본추출' 방식은 모집단을 추정하는 데 있어서 그 추론의 범위가 제한되지만, '확률적 표본추출' 방식이 사실상 불가능한 곳에서는 최선의 방법일 수 있음에 유의해야 합니다. '비확률적 표본추출'의 종류에는 ① 무계획표본추출(haphazard sampling), ② 의도표본추출(purposive sampling), ③ 할당표본추출(quata sampling), ④ 눈덩이표본추출(snowball sampling) 등이 있습니다.

무계획표본추출

'무계획표본추출'은 비확률적 표집방법의 극단적인 예임에도 불구하고, 간혹 무작위추출에 의한 확률표집 방식으로 오인되기도 합니다. 무계획적 표본추출은 의도와 편견이 개입될 가능성이 농후합니다. 백화점 입구에서 백화점을 출입하는 사람들을 무작위로 인터뷰한다고 하지만, 인터뷰에 응하는 사람만 인터뷰할 수밖에 없으며, 백화점 앞이라는 장소적 특성은 차치하고라도, 어떤 특정 시간에 백화점 앞에서 인터뷰하느냐에 따라서 백화점을 출입하는 사람들의 특성이 분류될 수도 있습니다. 물고기를 기르는 어항에서 특정 물고기를 선택하여 잡는 경우도 잘 도망치지 못하는 상대적으로 병약한 물고기가 잡힐 가능성이 높습니다.[19] 이런 의미에서 무계획적 표

19) 이런 현상을 사람의 입장에서 본다면, 물고기를 잡는 사람의 편의대로 선택한 것이라고 말할 수도 있습니다. 따라서 '무계획표본추출'을 '편의표본추출'(convenient sampling)의 한 종류로(또는 같은 용어로) 분류하는 경우도 있습니다. 예를 들어 어떤 교수가 '대학생들의 천안함 사건에 대한 인식조사'를 하면서, 자신이 강의하는 클래스의 학생들을 대상으로 설문조사를 한 경우, 편의표본추출에 해당합니다. 백화점 입구를 지나는 사람을 인터뷰하는 예도 조사자의 편의에 따라서 정해진 인터뷰 시간과 장소라는 의미에서 편의표본추출로 분류하기도 합니다. 조사에 쉽게 동원할 수 있는 가용한 원소들을 대상으로 표본을 구성하는 것이어서 '가용표본추출'(available sampling) 방식이라고도 합니다. 정리하자면, '무계획표본추출', '우연표본추출', '편의표본추출', '가용표본추출'이란 표본추출의 특성을 다양하게 나타낸 말로서 유사한 내용의 것이라고 보면 됩니다. 오히려 중요한 것은, 어떤 용어를 쓰든 간에, 비확률표본추출로서의 편의표본추출 류(流)의 그러한 방식들이 과연 어느 정도의 대표성을 지닌 것으로 정당화될 수 있느냐의 문제입니다. 예를 들어, 교수가 편의상 자신의 강의를 수강 학생들을 조사한 경우, 다양한 학과와 다양한 학년의 학생들로 구성된 경우와, 특정 학과의 특정 학년의 학생들로 구성된 경우는 비확률표본추출의 경우이지만 그 대표성에서 차이가 있다는 것입니다.

본추출은 모집단의 모든 원소들이 동일한 확률로 표본에 포함될 가능성을 지니는 '무작위성'(randomness)과는 구분되는 '우연적 사고'에 의해서 '아무렇게나 되는 대로' '걸리는 대로' 표본에 추출되는 특성을 지닙니다. '무계획표본추출'을 '우연표본추출'(accident sampling)이라고도 부르는 이유입니다.

우연표본추출

의도표본추출

'의도표본추출'은 연구자의 의도대로 표본추출이 이루어지는 것입니다. 하지만, 연구자의 의도는 기존의 자료를 통한 판단근거에 의존하기 때문에 판단표본추출(judgement sampling)이라고도 합니다. 예를 들면, 어떤 소비시장 조사자가 2009년 서울의 전 해당 구(區)를 대상으로 스마트폰 소비 시장을 조사한 후에, 용산구가 서울지역의 스마트폰 시장에서 조사된 다양한 수치들과 유사하게 나타났다는 사실을 파악하였습니다. 이 조사자가 2010년 다시 한 번 스마트폰 소비시장을 조사하면서 서울의 전 지역을 조사하지 않고, 용산구만 조사하였다면 이는 '의도표본추출'이 됩니다. 유권자 인식조사에서도 마찬가지입니다. 어떤 연구조사자가 2008년 대통령 선거 결과를 예측하려고 합니다. 2003년 대통령 선거 결과가 특정 지역에서의 선거 결과와 유사하다고 판단하고, 2008년 대통령 선거를 예측함에 있어서 그 특정 지역의 선거 예측조사만을 수행하는 경우도 의도표본추출의 예가 될 것입니다. '의도표본추출'을 연구에 이용하는 경우, 의도적으로 추출된 표본이 사실상 전체를 대상으로 한 표본과 일치한다는 전제하에서 이용되는 것이라고 할 수 있습니다.

판단표본추출

할당표본추출

'할당표본추출'(quata sampling)은 '무계획표본추출'과 마찬가지로 '확률표본추출'로 오인받기도 하지만, '무작위성'의 측면에서 분명 '비확률표본추출' 방식입니다. 흥미로운 것은, 표본추출의 궁극적인 목표가 '모집단에 대한 성격'을 가장 잘 반영하는 '표본추출'을 수행하여 표본이 모집단에 대한 대표성을 확보하는 것이라면, '할당표본추출'은 '무작위성'을 포기하고, '작위성'(manipulation)을 통한 표본추출의 궁극적 목표를 달성하는 것입니다. 모집단 내에서 정치적 인식과 연관된 성별, 연령, 인종, 교육수준 등에 따른 구성 비율들을 고려하여 표본을 그러한 비율로 할당하는 것입니다. 모집단에서 예상되는 남녀의 비율이 60%:40%라면 표본에서의 구성 할당을 6:4로 하는 것입니다. 문제는 모집단의 구성비율이 반영되게끔 표본을 할당하는 데 있지 않고, 할당된 인원들을 조사하기 위해서 선정할 때 조사자의 주관성이 개입될 가능성이 공존한다는 것입니다. 할당표본추출에서는 면접자들이 정해지는 방법이 할당된 집단들에 대한 전체목록 속에서 무작위추출되는 것이 아니고, 할당된 면접조건에 맞기만 하면 면접을 하기 때문입니다. 이것은 모집단 성향에 대한 추정을 왜곡시킬 수 있습니다. 1948년의 미국대통령 선거 예측은 인구에 회자되는 예입니다. 그때 자웅을 다투는 두 후보는 공화당의 듀이(Thomas Dewey)와 민주당의 트루만(Harry Truman)이었습니다. 선거 전 조사에서 주요 여론조사기관은 모두 할당표본추출방식을 사용하고 있었으며, 10월 중순과 말에는 모두 듀이의 승리를 예상하고 있었습니다.[20] 문제는 할당표본추출방식을 사용하는 경우, 일선(一線)의 조사과정에서 할당된 수만을 면접 조사원에게 제시하기 때문에 면접조사원에게서 '편의표본추출'이나 '가용표본추출'과 같은 현상이 발생한다는 것입니다. 할당표본추출에서는 조사구역별로 조사 할당된 인원을 제시하면서, 예를 들면, "30대 남성 3명, 40대 여성 2명을 선택하여 조사할 것"이라는 식의 지침이 나가게 됩니다.[21] 이때, 일선의 면접 조사자가 이들 5명을 누구로 선택하느냐가 관건입니다. 1948년 미국대통령 선거 예측이 빗나간 것은 이들 5명이 주로 공화당원인 사람들로 채워진 것입니다. 면접 조사원이 궁극적으로 자기 지역에 할당받은 조사 대상자들을 선정함에 더 호감이 가는 사람들을 택했을 것이며, 호감이 가는 사람들의 배경은 당시 교육을 더 받고 상대적으로 유복한 상황인 공화당원이었을 가능성이 크다는 것입니다.[22] 1948년 선거 이후 미국 여론조사기관들은 할당표본추출방식을 사실상 포기하고

편의표본추출

가용표본추출

20) 갤럽(Gallup)은 49.5%:44.5%, 크로스리(Crossley)는 49.9%:44.8%, 로퍼(Roper)는 52.5%:37.1%로 조사하고 있었습니다.

21) 무작위표본추출의 경우엔, 정확하게 조사 대상자에 대한 이름이나 전화번호가 제시됩니다. 이런 경우, 조사자가 조사 대상자를 선정함에 주관성이 개입될 여지가 없습니다.

22) 할당표본추출방식에서 조사구역별로 모두 무작위추출방식이 사용된다면 이것은 확률표본추출방식을 조합하여 사용하는 것이 됩니다. 하지만, 할당 구역별로 모든 인원 명단을 갖는 것도 사실상 쉽지 않은 일입니다.

'확률표본추출'방식으로 전환하게 됩니다.[23] 할당표본추출은 조사자가 상대적으로 작은 노력으로 신속하게 표본을 구축할 수 있다는 장점이 있습니다. 반면에, 모집단의 구성을 표본에 반영함에 있어서 성별, 인종, 종교, 교육수준과 같은 '사회경제적' 변수를 사용하는 것으로 한정되어, 특정 조사 주제와 관련된 모집단의 성격을 반영하는 데 한계가 존재합니다.[24] 선거결과를 예측하기 위한 조사에서 필요한 것은 단순히 남녀의 비율이나 인종의 구성 비율에 한정될 수 없습니다. 실제 투표하는 사람들의 정치성향이나 구체적 정치 인식과 관련된 변수들의 비율에 대한 정보가 필요할 것입니다. 여기에 덧붙여서, 일선 면접 조사자들의 응답자 선정에서의 주관성 개입 문제는 할당표본추출의 보다 근본적인 문제점으로 제시됩니다.

눈덩이표본추출

'눈덩이표본추출'(snowball sampling)은 연구 주제와 관련되어 가용적인 원소들을 먼저 표본으로 이용하고, 그러한 원소들로부터 추가적인 원소를 표본에 포함시켜가는 표본추출방식입니다. '눈덩이표본추출' 방식은 모집단의 범위를 분명하게 정하기 어려운 경우에 사용한다는 측면에서 여타의 표본추출 방식들과 대비됩니다. 어떤 연구자가 "한국의 경제발전과 정치발전 역사"를 일괄하려고 합니다. 이를 위해서, 연구자는 1공화국에서 6공화국까지 정치와 경제의 영역에서 국가정책결정에 참여하였던 정치인, 경제인, 공무원 등을 직접 인터뷰(interview)하여 구술사(口述史)를 작성하

23) 1948년 이전 미국 대통령 선거에선 할당표본추출방식을 사용하여 예측하였지만 실제 선거결과와 일치하였음도 참고하시기 바랍니다. 예를 들면, 갤럽의 예측: 실제 결과는 1936년 56.7%:62.5%, 1940년 52.0%:55.0%, 1944년 51.5%:52.3%였습니다. 할당표본추출을 사용한 갤럽조사의 경우 1936년, 1940년, 1944년 모두 민주당의 루즈벨트의 승리를 예견하였는데, 갤럽의 예측이나 실제 선거 결과 모두 50%를 넘는 득표율을 기록하면서 일치하고 있습니다. 즉, 강력한 후보에 대한 당선 예측이 쉬운 상황에서(실제 응답자들로 그러한 분위기에 있는 상황에서) 이루어진 예측이라는 비판이 여전히 가능할 것입니다.

24) 참고로, 당시 갤럽이나 로퍼가 사용한 할당 표본표는 다음과 같습니다(단위 %).

구분	성별		연령			교육수준			인종		숙련정도		노동조합		총 거주자 수
	남	여	21~34	35~49	50세 이상	초졸	고졸	대졸	백인	흑인	남성	남성 제외	가입	비가입	
갤럽	50.5*	49.5	29.6	34.4	35.9	35.3	46.8	17.9	95.0	5.0	13.3	86.7	17.5	82.5	2,972
로퍼	50.1	49.9	36.3	30.8	32.9	27.5	48.8	23.7	97.4	2.6	18.3	81.6	23.1	76.9	3,501

* 1948년 11월이 지나면 21세가 되는 인구.

기로 하였습니다. 이때, 연구자는 누구를 인터뷰하여야 할지 분명히 정하기 어렵습니다. 단지 객관적으로도 명확한 몇몇의 국가정책결정구조에서 핵심적인 역할을 한 사람들에 대한 정보만 있을 뿐입니다. 공무원의 경우, 장관까지만 구술 대상으로 할 것인지 차관도 할 것인지 아니면 국장까지도 필요하다면 할 것인지 모호합니다. 국회의원의 경우에도 모든 국회의원들을 구술 대상으로 할 것인지, 아니면 실제로 주요한 국가발전을 위한 정치적, 경제적 사건들과 관련된 국회의원을 할 것인지 분명치 않습니다. 국가발전에 주요한 고리가 되었던 정책적 결정들이 어떤 것이었는지도 연구자는 직접 경험하지 않았기 때문에 분명하지 않습니다. 기업인도 마찬가지입니다. 회장만 구술 대상으로 할 것인지, 아니면, 사장급 이상의 임원을 모두 할 것인지 불분명한 것입니다. 결론적으로 연구 대상인 모집단이 불분명한 것입니다. 이런 경우에 연구자는 '눈덩이표본추출' 방식을 원용하게 됩니다. 눈덩이표본추출 방식은 일단, 분명하게 정해진 인터뷰 대상자를 상대로 먼저 인터뷰를 하고, 인터뷰의 내용을 참조하면서 추가적인 인터뷰 대상자를 결정하는 것입니다. 먼저 인터뷰에 응했던 대상자로부터 추가 인터뷰 대상자를 소개받을 수도 있습니다. 연구자는 최종적으로 이런 과정을 반복하면서 연구 주제와 관련되어 인터뷰가 긴요하다고 판단되는 대상자들은 계속 표본에 포함됩니다. '눈덩이표본추출'에선 표본추출과정이 연구가 끝나는 시점에 종료되는 것과 마찬가지입니다. 연구자가 추가 정보를 얻으면서 필요하다면 구술 대상으로 표본에 포함되는 것입니다.

II 대표값과 편차

통계적 방법은 '기술통계'(descriptive statistics)와 '추측통계'(inferential statistics)로 대분됩니다. '추측통계'는 부분적인 자료를 통해서 전체에 대한

기술통계
추측통계

예측을 하는 것입니다. 앞서서 논한 '표본추출'이나 '표본의 크기'는 '추측통계'와 연관된 것입니다. '기술통계'란 분석 대상으로 사용하는 자료(data)를 "요약하여 의미 있는 정보를 만들어내는 데" 목적이 있습니다. 여기서 "요약하여 의미 있는 정보를 만들어낸다"라는 것의 의미는 사실상 '대표값' 만들기의 과정을 의미한다고 해도 과언이 아닙니다.

대표값

평균

중심경향

대표값의 전형적인 예는 '평균'(平均, average)이란 개념입니다. 중심경향(central tendency)이라고도 하는데, 어떤 '분포'(distribution)가 있을 때 그 분포의 무게중심이라고 표현할 수도 있을 것입니다. 사회과학에서 '대표값'을 정하는 과정은 매우 중요한 의미를 지닙니다. 이것은 대표값이란 개념은 사회과학적 의사소통 과정에서도 핵심적 위치를 차지합니다. 예를 들면, 50명으로 구성된 반에 교장선생님이 방문하여 담임선생님에게 이 반의 언어능력이 어느 정도냐고 물었습니다. 이에 대해서 담임선생님이 답하는 방법은 두 가지 입니다. 첫째, 지난 번 치른 언어시험 점수를 1번부터 50번까지 그대로 기술(description)하는 것입니다. "1번 78점, 2번 85점, 3번 65점, 4번 95점, 5번 90점, …, 50번 75점입니다"라고 말하는 것입니다. 사실을 사실대로 기술했지만, 지루한 것은 둘째 치고라도 교장선생님은 담임선생님의 말을 이해하지 못할 것입니다. 둘째, '대표값'으로 대답하는 것입니다. 분명, 질문이 이 반의 언어능력이라고 했는데, 대답이 한 마디로 정리되어 오지 않은 것입니다. 담임선생님이 교장선생님의 질문에 '대표값'을 구해서 대답했다면 이 대화는 보다 현실성 있는 대화가 되었을 것입니다. 일반적으로 '산술평균'(arithmetic mean)을 통해서 '대표값'을 구하는데, "이 반의 언어능력은 100점 만점에 평균 79점입니다"라고 대답할 수 있을 것입니다.

여기서 79점이란 일종의 '대표값'입니다. 그리고 보편적으로 그 대표값은 산술평균에 의해서 구합니다. 문제는 과연 79점이란 '대표값'이 진정한 의미에서(substantively) 그 반을 대표하는 '대표값'이 될 수 있느냐는 것입니다. 대표값을 구하는 방식은 산술평균 한 가지만 있는 것이 아니고, '중앙값'(median)과 '최빈값'(mode)도 있습니다. '기하평균'(geometric mean)과 '조화평균'(harmonic mean)도 있습니다. 상황을 적합하게 대표할 수 있는 대표값의 개념을 찾아야 할 것입니다.

사회과학적 연구 주제들은 모두 개별적인 각각의 현상들마다 내용을 기술하는 것보다는, 그러한 현상들의 '대표값'을 구하는 것입니다. 사회과학적 연구는 일정 수준의 '추상성'(the level of abstractness)을 요구하고 있는 것입니다. 다양한 현상 속에서 이론을 찾아내는 것도 추상성을 통한 '대표값' 구하기 작업이라고 표현할 수 있습니다. 추상성을 결여한 이론이란 존재하지 않으며, 추상성의 수준이 높다는 것은 간단명료한데 보다 많은 다양한 현상들을 설명한다는 것을 의미합니다. 어떤 집단을 총체적으로 평가하기 위한 표현 언어가 '대표값'입니다. '대표값'이란 어떤 집단이 갖고 있는 '경향성'을 최적화하여 반영해야 하는데, 일반적으로 '중심경향'(central tendency)이란 용어를 사용합니다.[25] 대표값에는 여러 종류가 있습니다.

추상성

① 평균(Mean)의 개념을 한 집단의 무게중심에 비유하는 경우가 있습니다. 평균이란 전체 분포에 대한 무게중심이라는 의미입니다. 어떤 한 무리가 하나의 원반위에 올라갔는데 그때 그 원반이 무너지지 않는 무게중심은 하나의 '균형점'(equilibrium point)으로 나타날 것이며, 그것이 바로 평균값이라는 비유입니다. 평균의 개념은 대상이 되는 집단의 전체 분포에 대한 균형점으로 작용합니다.

ⓐ 산술평균(arithmetic mean): 산술평균이란 모든 '관측값들'(x_1, x_2, x_3, …, x_n)을 더한 후에 관측값을 구성하는 모든 '개수'(n)로 나눈 것을 말합니다. 다음과 같이 표시됩니다.

$$\overline{x} = \frac{\sum_{i=1}^{n} x_i}{n}$$

'관측값'을 '변량값'이라고도 하고, '개수'를 '도수'(度數)[또는 '빈도'(頻度), frequency]라고도 합니다. 관측값들을 몇 개의 범주나 계급으로 구분하여 '도수분포'(또는 빈도분포, frequency distribution)를 만들 수 있습니

관측값
변량값
도수
빈도

25) 어떤 곳에선 '중심화 경향'이라고 번역하고, 어떤 곳에선 '집중화 경향'이라고도 번역합니다.

다. 도수분포표에서는 범주나 구간의 경계는 겹쳐서는 안 되며, 각 관측값 들은 그들이 속하는 범주나 구간으로 들어갑니다. n개의 관측값들로 k개의 구간(또는 범주)을 만들었을 때, 구간경계는 서로 겹쳐서는 안 됩니다.

범주 구간

n개의 모든 관측값들을 대상으로 '도수분포표'를 만들었을 때, k개의 구간이 존재하며, 각각의 구간의 중간값이 x_1, x_2, x_3, $\cdots$, x_k이며, 각각의 구간의 중간값에 상응하는 관측값의 개수가 f_1, f_2, f_3, $\cdots$, f_k라고 한다면, 이때 산술평균은 다음과 같이 표시되며, 관측값의 개수는 변량값에 대하여 '가중치'(weighted value)로 기능합니다. 따라서, 이는 가중평균(weighted arithmetic mean)의 개념으로 활용됩니다.

가중치

$$\bar{x} = \frac{f_1x_1 + f_2x_2 + f_3x_3 + \ldots + f_kx_k}{f_1 + f_2 + f_3 \ldots + f_k} = \frac{\sum_{i=1}^{k} x_i f_i}{\sum_{i=1}^{k} f_i}$$

산술평균의 연산 방법적 논리를 보면, 대표값으로 산술평균을 이용함에 있어서 가장 큰 문제점은 극단적인 관측값들을 가감 없이 그대로 반영한다는 것입니다. 따라서 대표값을 구하려는 관측값들 속에 극단적 관측값이 포함되어 있으면, 평균값은 극단적 관측값의 영향을 받게 되며, 산술평균은 대표값으로서 실질적인 설명력을 잃게 될 것입니다.

ⓑ 기하평균(geometric mean): 기하평균은 관측값들이 일정한 비율로 증가하거나 감소하는 체계로 나타날 경우를 대상으로 대표값을 구하는 방법입니다. '관측값들' x_1, x_2, x_3, $\cdots$, x_n에 대한 기하평균($\bar{x}_G$)은 다음과 같이 표시됩니다.

$$\bar{x}_G = \sqrt[n]{x_1 x_2 x_3 \cdots x_n}$$

ⓒ 조화평균(harmonic mean): 조화평균은 어떤 일정한 범위(시간, 거리, 금액 등) 내에서 반복적으로 이루어지는 행위들에 대한 대표값을 구하는 데 사용됩니다. '관측값들' x_1, x_2, x_3, $\cdots$, x_n에 대한 조화평균($\bar{x}_H$)은 다

음과 같이 표시됩니다.

$$\bar{x}_H = \frac{n}{\sum_{i=1}^{n} \frac{1}{x_i}}$$

동일한 '관측값들' x_1, x_2, x_3, …, x_n을 사용하여 산술평균, 기하평균, 조화평균을 구하는 경우 산술평균≥기하평균≥조화평균으로 나타납니다. 이것은 산술평균보다는 기하평균이, 기하평균보다는 조화평균이 극단적인 값이 적게 영향을 미치는 연산 방법이라는 의미입니다.

예제 다음의 예들에 대해서 적절한 '대표값'을 구하는 방식이 무엇인지 생각하면서, 대표값을 구해 보시오.

(1) 지난 5번의 선거를 통해서 나타난 '갑' 정당의 전국 득표율은 7%, 9%, 11%, 10%, 9%였다.
(2) 지난 3번의 선거를 통해서 나타난 '을' 정당의 전국 득표율의 증가율은 7.2%, 8.6%, 9.8%였다.
(3) '병' 정당은 매년 10,000명씩 5년 동안 당원을 충원하는 목적으로 진군하고 있다. 첫 해는 5,000명, 둘째 해는 4,000명, 셋째 해는 3,000명의 속도(pace)로 충원해 나갈 때, 목표 당원에 이르는 '평균 페이스'는 어떠한가?

해제 (1) 선거는 반복해서 치러지는 것이며 최근 5번의 선거에 대한 평균값을 생각하는 것이므로 산술평균 46/5=9.5%를 생각할 수 있다.
(2) 단순히 득표율이 아니라 득표율이 증가하는 비율을 알려고 하는 것이며, '기하평균'을 생각할 수 있다. 기하평균값은 $\sqrt[3]{(7.2)(8.6)(9.8)}$로 계산되며 8.47%이다.
(3) 이것은 목표 당원수의 범위가 정해져 있는 가운데, 그 목표 당원수를 채워가는 속도에 관련된 것이므로 조화평균을 사용해 볼 수 있다. $\dfrac{3}{\dfrac{1}{5,000}+\dfrac{1}{4,000}+\dfrac{1}{3,000}}$ 이므로, 3년이 지난 현재, 매년 3,830명씩 채워가는 페이스라고 할 수 있다.

② 중앙값(Median): 관측값들의 분포가 어느 한 쪽으로 편재되어 있는 경우엔 '평균'의 연산 방법이 대표값으로 사용되기에 적절치 않을 것입니다. 이런 경우 사용하는 '대표값'이 '중앙값'입니다. 중앙값(M_e)은 모든 관측값을 크기의 순서대로 나열하여 그 중앙에 위치하는 관측값을 말합니다. 관측값의 개수를 n이라고 할 때, n이 홀수이면, 중앙값은 $\frac{n+1}{2}$번째에 위치한 값이 중앙값입니다. n이 짝수이면, 중앙값이 두 개이므로 $\frac{n}{2}$번째 위치한 값과 $\frac{n}{2}+1$번째 위치한 값의 산술평균을 구한 값으로 중앙값을 삼게 됩니다. 만약, '도수분포' 상에서 중앙값을 구한다면 연산 논리상 다음과 같이 표시될 것입니다.

$$M_e = L + \frac{\frac{n}{2} - F_c}{f_{M_e}} \cdot I$$

여기서 L은 중앙값이 위치하는 계급(또는 구간)에서 '하한값', f_{M_e}는 중앙값이 위치하는 계급의 '관측값 개수', F_c는 중앙값이 위치하는 계급 이전까지의 '누적 빈도수', I는 계급의 크기를 나타냅니다.

③ 최빈값(Mode): 관측된 값들 중에서 가장 많이 나타나는 관측값을 '최빈값'이라고 합니다. 관측값들의 빈도가 도수분포표로 제시되는 경우엔, 도수가 가장 큰 구간을 '최빈구간'이라고 합니다. 일반적으로 최빈구간에 대한 정보를 바탕으로 최빈값을 판단하는 경우엔 최빈구간의 중앙값을 최빈값으로 사용합니다.

예제 어떤 집단에서 임원들의 퇴근하는 시간을 임의로(무작위로) 조사하였더니 다음과 같이 나타났다(단위: 오후). 이상의 자료를 통해서 임원들의 퇴근 시간을 산술평균, 중앙값, 최빈값을 이용하여 구해보고, 어떤 방식이 임원들의 퇴근 시간에 대한 중심경향의 지표로서 가장 적합한지 논해 보시오.

5:15	4:50	1:50	5:30	2:45
5:15	5:00	5:30	5:30	5:30
4:55	4:20	5:20	5:30	5:20
5:25	5:00			

해제 우선 도수분포표를 만들어서 정리해 보면

시간	계산을 위해 변환된 수치	도수
1:50	1.83	1
2:45	2.75	1
4:20	4.34	1
4:50	4.83	1
4:55	4.92	1
5:00	5.00	2
5:15	5.25	2
5:20	5.34	2
5:25	5.42	1
5:30	5.50	5

이상에서 '산술평균값'은 4.87이므로 4시 52분이며, '중앙값'은 9번째의 값이므로 5시 15분이며, '최빈값'은 5시 30분이 된다. 여기서 시간이란 단위는 적어도 명목척도이거나 단순히 순서척도가 아닌 등간척도 이상에 해당하므로 산술평균이 일반적으론 적합할 것이다. 하지만 보다 더 구체적으로, 임원들의 봉급 체계가 어떠한 기준에 의거하고 있느냐가 더 중요한 기준일 수도 있다. 즉, 임원들이 회사에 얼마나 오랜 시간을 근무하느냐가 아니라 업적 결과물이 중요한 기준이라면, '시간'은 일반적인 의미에서의 등가척도나 비율척도가 아니라 사실상 명목척도에 불과할 수도 있다는 의미이다. 참고로, 절대적인 기준은 아니지만, 척도와 다양한 중심경향의 종류들의 연관성을 다음과 같이 정리해 볼 수 있다.

	척도와의 연관성
기하평균, 조화평균	비율척도
산술평균	등간척도
중앙값	순서척도
최빈값	명목척도

여전히 문제는 남습니다. 단순히 평균이란 개념만으로(또는 중심경향만으로) 그 반의 언어능력을 적실성 있게 기술하고 있는 것인가 하는 점입니다. 앞서서 교장선생님과 담임선생님의 대화 속에서 대표값을 만들어 대화하는 것이 중요하다는 것을 논의한 바 있습니다. 하지만, 대표값을 만들어서 중심경향을 논하는 것이 모집단의 속성이나 성향을 기술하는 데 충분하다고 할 수 없습니다. 동일한 평균하에서도 완전히 속성이 다른 집단들이 무수히 존재하기 때문입니다. 50명의 평균이 80점이더라도 최하 10점 최고 100점인 상태에서 그 반의 평균이 80점일 수도 있고, 최하 60점 최고 95점인 상태에서 평균이 80점일 수도 있습니다. 대표값이란 개념에서 보자면 지나친 편차(또는 오차)를 갖는 평균값은 실질적인 대표값으로서의 의미를 잃게 될 것입니다. 반대로, 아주 작은 편차를 갖는 평균값은 대표값으로서 실제적인 의미를 지니게 된다고 볼 수 있습니다.

연구조사 방법론의 최종적인 목적이 연구 대상 집단의 관측값들의 특성에 대한 이해라면, 관측값들의 대표값뿐만이 아니라 관측값들이 밀집되거나 분산되는 '산포도'(散布度, the degree of dispersion)에 대한 언급이 동시에 필요합니다. 결론부터 말하자면, 앞서 교장선생님의 질문에 대해서 담임선생님은 "평균이 79점이고 '표준편차'(standard deviation)가 10점입니다"라고 대답했다면 최적화된 대답이 되었을 것입니다. 평균과 표준편차에서 지나친 편차를 갖는 경우 평균값의 대표성이 떨어집니다. '산포도'의 종류에는 범위, 사분위수, 백분위수, 분산, 표준편차가 있습니다.

산포도

① 범위(range): '관측값들'(x_1, x_2, x_3, ⋯, x_n) 중에서, 최대 관측값과 최소 관측값의 차이를 '범위'라고 합니다. '범위'는 가장 간단한 계산방법으로 편리하지만, 관측값들이 골고루 분포하는 경우로 한정되어 사용되는 것이 바람직할 것입니다. 최대값과 최소값이 여러 관측값들의 평균적 경향과 상관없이 극단적으로 나타나는 경우엔 '범위'가 산포도의 의미를 제대로 전달할 수 없습니다.

② 사분위수(quartile): '관측값들'(x_1, x_2, x_3, ⋯, x_n)이 크기가 '작은 것'(x_1)으로부터 '큰 것'(x_n)으로 순서대로 나열되어 있을 때, 4등분을 기준으

로 1/4, 2/4, 3/4에 해당하는 위치에 있는 관측값들을 각각 '제 1 사분위수'(lower quartile, first quartile), '중앙값', '제 3 사분위수'(third quartile, upper quartile)라고 부릅니다.[26] '제 1 사분위수'와 '제 3 사분위수'는 각각 $0.25(n+1)$ 제 1 사분위수
번째, $0.75(n+1)$에 위치한 한 개의 관측값으로 나타납니다. 만약 한 개의 값으 제 3 사분위수
로 위치를 정할 수 없는 경우엔, 이웃한 두 개 관측값의 '가중평균'의 개념으로 구하면 됩니다.[27] 예를 들어, 크기 순서대로 나열된 10개의 관측값들이 존재할 때, '제 1 사분위수'는 2.75번째 관측값이므로, (2번째 관측값)+0.75(3번째 관측값−2번째 관측값)이 됩니다. '제 3 사분위수'는 8.25번째 관측값이므로, (8번째 관측값)+0.25(9번째 관측값−8번째 관측값)이 됩니다. 제 3 사분위수와 제 1 사분위수의 차이로 '사분위수 범위'(interquartile range)를 구할 수 있는데, 사분위수 범위는 중간에 위치한 50%의 관측값들이 퍼져 있는 정도를 나타냅니다. 3사분위와 1사분위가 멀리 떨어져 있는 경우엔 사분위수 범위값이 크게 나타날 것입니다. 사분위수와 사분위수 범위는 관측값들이 '정규분포'를 따르지 않고 한쪽으로 기울어진 모양일 경우에 사용하기에 유용합니다.

③ 분산(variance)과 표준편차(standard deviation): 사분위수는 자료가 퍼져있는 성향을 1/4과 3/4의 지점에 대한 정보를 계산해서 보다 구체적인

---

26) 백분위수(percentile)란 것도 있습니다. 백분위수에서 25번째 백분위수가 제 1 사분위수, 50번째 백분위수가 중앙값, 75번째 수가 제 3 사분위수가 됩니다. p번째 백분위수는 그 위치가 $\frac{p}{100}(n+1)$가 됩니다. p번째 백분위수(pth percentile)에 위치한 값보다 적은 값들이 관측값들의 $p\%$가 됩니다. 예를 들어서, 어떤 학생이 95점을 받았는데 99번째 백분위수(99th percentile)에 위치한다고 하면 95점보다 높은 점수의 학생들은 1%이며, 99%의 다른 학생들은 95점보다 낮은 점수를 받은 것입니다.

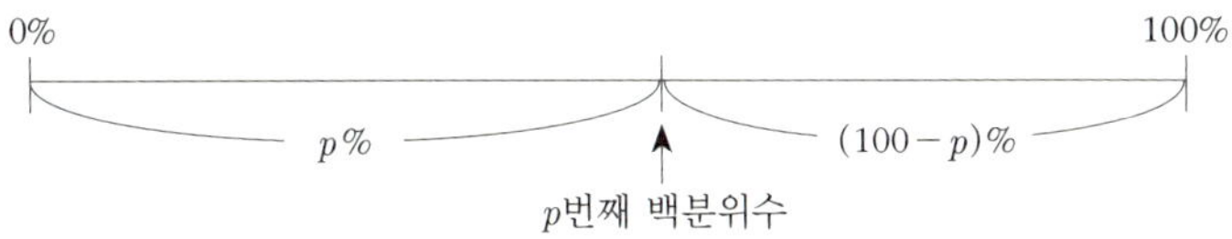

27) 앞서 중앙값의 공식을 활용해 본다면, 1/4의 위치에 있는 제 1 사분위수는

$$Q_1 = L + \frac{\frac{1}{4}n - F_c}{f_{M_e}} \cdot I$$

의 값을 갖게 됩니다. 3/4의 위치에 있는 제 3 사분위수는

$$M_e = L + \frac{\frac{3}{4}n - F_c}{f_{M_e}} \cdot I$$

의 값을 갖게 됩니다. 제 1 사분위수와 제 3 사분위수에 해당하는 위치와 그 위치에 해당하는 값을 혼동하지 말아야 합니다.

도표 4-2 모집단과 표본의 관계

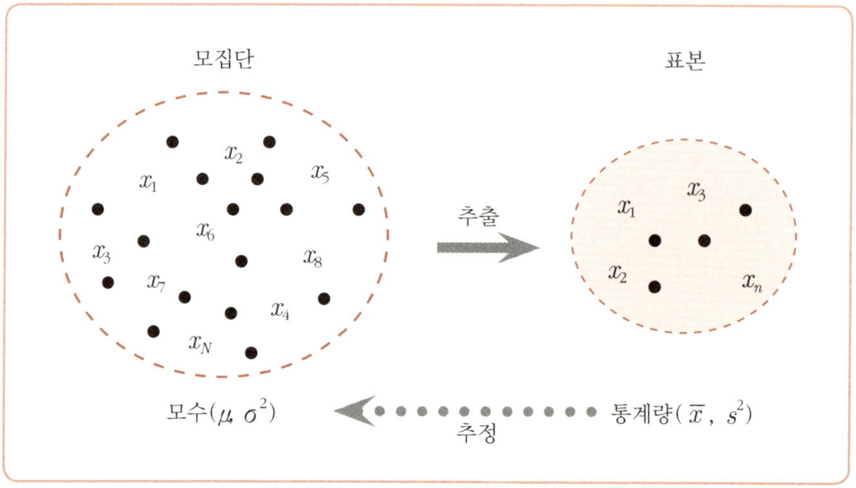

느낌을 갖게 하지만, 위치를 중심으로 한 개념이기 때문에 단순히 얼마나 퍼져 있는가 하는 느낌으로 한정됩니다. 이에 반해서 '분산'과 '표준편차'는 관측값들이 '평균'으로부터 얼마나 퍼져 있는지를(또는 떨어져 있는지를) 나타내는 한층 세련된 산포도의 개념입니다.

일반적으로, 모집단에서의 평균은 μ, 분산은 σ^2, 표준편차는 σ로 그리스 문자를 사용하여 표기합니다. 표본에서의 평균은 $\bar{x}$, 분산은 s^2, 표준편차는 s로 표기합니다. 모집단의 관측값 개수는 N으로 나타내고, 표본의 관측값 개수는 n으로 나타냅니다. 모집단과 표본에 상관없이 관측값(또는 변량값)은 x_i로 표기합니다. 통계학적으로, 모집단과 표본에서의 '분산'과 '표준편차'는 구분되어 다음과 같이 정의됩니다.

그림에서 보듯이 모집단의 평균과 표준편차는 표본의 평균과 표준편차를 통해서 추정됩니다. 도표 4-3과 같이 정리해 볼 수 있습니다.

$(x_i-\mu)^2$에서 제곱을 한 이유는(즉, 평균과 관측값의 거리의 차를 제곱한 이유는) 관측값의 크기에 따라서 평균값과의 차이에서 +와 −가 생기면서 관측값들의 거리차를 모두 합하는 경우 +와 −가 서로 상쇄되는 효과를 막기 위한 것입니다. 분산은 평균으로부터 관측값이 얼마나 떨어져 있느냐를 설명하기 위한 것이지, +방향인지, −방향인지가 중요한 것은 아닙니다.

도표 4-3 모집단 및 표본의 분산과 표준편차

	분산	표준편차
모집단	$\sigma^2 = \frac{\sum_{i=1}^{N}(x_i - \mu)^2}{N}$ $= \frac{\sum x_i^2}{N} - \mu^2$	$\sigma = \sqrt{\frac{\sum_{i=1}^{n}(x_i - \mu)^2}{N}}$ $= \sqrt{\frac{\sum x_i^2}{N} - \mu^2}$
표본	$s^2 = \frac{\sum_{i=1}^{n}(x_i - \overline{x})^2}{n-1}$ $= \frac{\sum x_i^2 - n(\overline{x})^2}{n-1}$	$s = \sqrt{\frac{\sum_{i=1}^{n}(x_i - \overline{x})^2}{n-1}}$ $= \sqrt{\frac{\sum x_i^2 - n(\overline{x})^2}{n-1}}$

얼마나 떨어져 있는지를 측정하기 위해서 +와 −방향에 상관없이 떨어진 개념만을 남겨 놓기 위해서 제곱을 한 것입니다. 제곱을 한 후에 다시 $\sqrt{\ }$를 취한 것이 표준편차이며 이는 결국 절대값을 취하는 것과 동일한 효과를 가져옵니다. 괄호 안의 내용은 식을 다시 한 번 정리한 것이어서 같이 기억하시면 계산에 편리하게 이용할 수 있습니다.

도수분포표

'도수분포표'로 정리된 데이터의 경우 분산과 표준편차의 공식을 별도로 기억한다면 편리할 것입니다. 가중평균값 연산의 원리를 생각하시면 됩니다. k개의 구간을 가진 도수분포표가 있을 때, 중간값이 x_1, x_2, x_3, ⋯, x_k이며, 각 구간의 중간값에 상응하는 관측값의 개수가 f_1, f_2, f_3, ⋯, f_k라고 한다면, 분산과 표준편차는 도표 4-4와 같이 표시될 것입니다.

연산 과정에서 분산은 표준편차를 제곱한 개념일 뿐, 내용은 동일합니다. 분산에 $\sqrt{\ }$를 취하면 표준편차이므로, 계산할 때는 분산을 먼저 구하고 그것에 $\sqrt{\ }$를 하면 됩니다. 어떤 집단에서 평균과 표준편차 값을 알게 된다는 것은 그 집단의 분포 속성을 아는 가장 기본적인 분석 과정이 됩니다.

도표 4-4 도수분포표를 이용한 모집단 및 표본의 분산과 표준편차

	분산	표준편차
모집단	$\sigma^2 = \dfrac{\sum_{i=1}^{k} f_i (x_i - \overline{x})^2}{\sum_{i=1}^{k} f_i}$	$\sigma = \sqrt{\dfrac{\sum_{i=1}^{k} f_i (x_i - \overline{x})^2}{\sum_{i=1}^{k} f_i}}$
표본	$s^2 = \dfrac{\sum_{i=1}^{k} f_i (x_i - \overline{x})^2}{\left(\sum_{i=1}^{k} f_i\right) - 1}$ $= \dfrac{\sum_{i=1}^{k} f_i x_i^2 - n(\overline{x})^2}{n-1}$	$s = \sqrt{\dfrac{\sum_{i=1}^{k} f_i (x_i - \overline{x})^2}{\left(\sum_{i=1}^{k} f_i\right) - 1}}$ $= \sqrt{\dfrac{\sum_{i=1}^{k} f_i x_i^2 - n(\overline{x})^2}{n-1}}$

예제 어떤 학급 학생들의 몸무게 도수분포표가 다음과 같이 나타났다. 평균, 분산, 표준편차를 각각 구하시오.

몸무게의 범위(kg)	빈도
58.5~61.49	4
61.5~64.49	8
64.5~67.49	12
67.5~70.49	13
70.5~73.49	21
73.5~76.49	15
76.5~79.49	12
79.5~82.49	9
82.5~85.49	4
85.5~88.49	2

해제 평균의 개념은 대상이 되는 집단의 전체 분포에 대한 균형점이고, 분산은 편차를 제곱하여 가중평균한 것이며, 표준편차는 단순히 분산에 √값을 취한 것이다. 도수분포표에서 각 구간의 중앙값을 구하면 60, 63, 66, 69, 72, 75, 78, 81, 84, 87kg이다. 평균값은 $\frac{\sum_{i=1}^{10} x_i f_i}{\sum_{i=1}^{10} f_i}$ 이므로 $\sum_{i=1}^{10} x_i f_i$ 는

(60)4+(63)8+ 66(12)+(69)13+(72)21+(75)15+(78)12+(81)9+(84)4+(87)2=7,245 이고 $\sum_{i=1}^{10} f_i$ 는 100이므로 $\overline{x}$는 72.45(kg)이다. 분산은

$\sigma^2 = \frac{\sum_{i=1}^{k} f_i (x_i - \overline{x})^2}{\sum_{i=1}^{k} f_i}$ 인데, 보다 간편한 계산을 위해서 식을 정리해 보면

$\frac{\sum f_i x_i^2}{\sum f_i} - \overline{x}^2$ 의 형태로 나타나므로 x_i^2 과 $f_i x_i^2$ 항목을 구하면 된다.

x_i	f_i	x_i^2	$f_i x_i^2$
60	4	3600	14,400
63	8	3969	31,752
66	12	4356	52,272
69	13	4761	61,893
72	21	5184	108,864
75	15	5625	84,375
78	12	6084	73,008
81	9	6561	59,049
84	4	7056	28,224
87	2	7569	15,138

그러므로, 분산은 $\sigma^2 = \frac{528,975}{100} - (72.45)^2 = 40.75$, 표준편차는 $\sqrt{40.75} = 6.38$ 이다.

참고로, 같은 성질을 지닌 관측값들로 이루어진 하나의 집단 내에서의 산포도는 분산이나 표준편차의 개념을 사용하지만, 두 개 이상의 서로 다른 집단들끼리 산포도를 비교할 때는 각 집단별로 '변동계수'를 구해서 '변동계수'들끼리 비교하게 됩니다. 각 집단이 갖는 변동계수는 평균($\bar{x}$)을 기준으로 했을 때 표준편차의 크기가 어느 정도인지를 나타내는 개념이므로 $\frac{s}{\bar{x}}$가 됩니다. 사회과학 분야에선 정체성이 다른 서로 다른 집단을 비교하게 되는 경우가 많아, 분산이나 표준편차의 개념과 함께 변동계수의 개념을 이용할 필요성이 많이 대두됩니다.

변동계수

예제 인류학자가 촌락 12곳을 대상으로 인구 변동률에 대한 비교 조사를 하고 있다. 평균 출산율은 연 2,000명이었고, 표준편차는 300명이었다. 촌락으로부터의 이동율은 평균 200명에 표준편차가 25명이었다. 출산율과 이동율 중 어느 자료가 더 동질적인지 판단하시오.

해제 이동율의 변동계수 $= \frac{25}{200} = 0.125$

출산율의 변동계수 $= \frac{300}{2,000} = 0.15$

이동율의 변동계수는 12.5%이고, 출산율의 변동계수는 15%이므로 출산율이 이동율보다 상대적으로 더 퍼져 있음을(즉, 더 높은 정도의 산포도를 갖고 있음을) 알 수 있다. 이것은 이동율이 출산율보다 촌락간 비교에 더 동질적인 지표로서 작용할 수 있음을 나타낸다.

몇 개의 경험 법칙들

정규분포곡선의 법칙

① "정규분포곡선의 법칙"[28]: 이것은 어떤 집단의 모든 관측값들의 분포가 '정규분포곡선'(normal distribution curve)을 따른다고 가정했을 때 경

28) 이것은 저자가 설명의 편의상 그렇게 이름을 붙였으며, 일반적으로 사용되는 용어는 아닙니다. 하지만 이렇게 수치를 기억하면 어떤 사회현상에 분포도의 개념이 적합하게 적용되는 것이 예상될 때 유용한 직관과 통찰력을 제시해 줄 것입니다.

험 법칙입니다. 사회현상 및 자연현상과 연관되어 존재하는 대다수의 '변수'들이 정규분포를 따르는 것으로 간주됩니다. 대략 68%의 관측값들이 평균값을 중심으로 양과 음의 양쪽 방향으로 표준편차의 한 단위의 범위에 분포한다는 것입니다. 평균값을 중심으로 양과 음의 양쪽 방향으로 표준편차의 두 단위의 범위엔 95%가, 세 단위의 범위엔 거의 100%가 분포한다는 것입니다. 더 정확히 표현하자면, 각각 68.26%, 95.44%, 99.74%입니다. 평균을 중심으로 양의 방향이건, 음의 방향이건 네 단위의 표준편차만큼 떨어져서 특정 관측값이 존재한다면 그것은 극단의 최저값이나 극단의 최고값에 근사한 어떤 값일 것으로 예측이 가능합니다. 사회과학 현상에서 많은 집단 분포의 형태가 '정규분포곡선'의 분포 형태를 따르기 때문에 그 적용 범위가 상당히 넓습니다. 어떤 특정한 변수를 상정하고, 그 변수에 관련된 관측값들을 분포시키면 평균값을 중심으로 가운데에 위치하는 관측값들이 제일 많고, 평균값으로부터 멀리 떨어져 양쪽 극단에 위치하는 관측값들은 소수라는 것입니다. 예를 들면, 시험점수로 학력을 평가할 경우, 평균을 중심으로 많은 학생들이 몰려 있고, 높은 점수나 낮은 점수를 받는 학생들은 상대적으로 소수가 됩니다.[29)]

아래의 도표는 확률함수 $f(x)=\frac{1}{\sigma\sqrt{2\pi}}e^{-\frac{1}{2}\left(\frac{x-\mu}{\sigma}\right)^2}$로 그려진 종모양의 곡선함수입니다. 이것은 x축에 나타난 어떤 관측값에 해당하는 인원수(또는 개수)를 y축으로 하여 그 인원수를 연결한 곡선입니다. 즉, 어떤 인원수들

29) 이러한 가정은 사회과학적으로 조심스러운 측면이 있음을 동시에 알아둘 필요가 있습니다. 예를 들면, '낙태'(abortion)과 관련된 이슈에 대한 시민들의 의식 분포를 본다고 하면, 다음과 같이 나타나서, 대칭적인 종모양의 분포와는 반대되는 분포도가 형성됩니다. 낙태문제에 대한 응답은 찬성과 반대로 분명하게 나뉘며 중간적 입장은 드물 수도 있기 때문입니다. 또 다른 예도 가능합니다. 어떤 사회가 보수와 진보로 나뉘어서 이념 논쟁을 벌이는데, 예를 들면 특정 복지 정책 이슈에서 찬성과 반대로 나뉠 수도 있습니다. 이런 경우엔 중도파가 거의 없습니다. 어떤 예이건 다음과 같은 분포도가 예상될 것입니다.

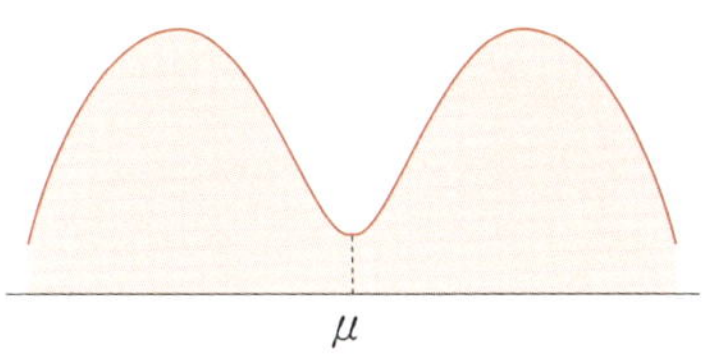

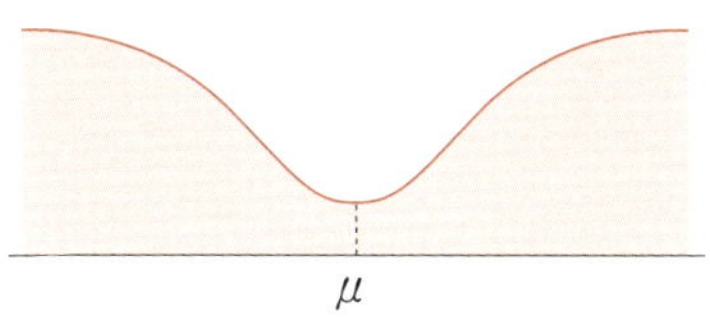

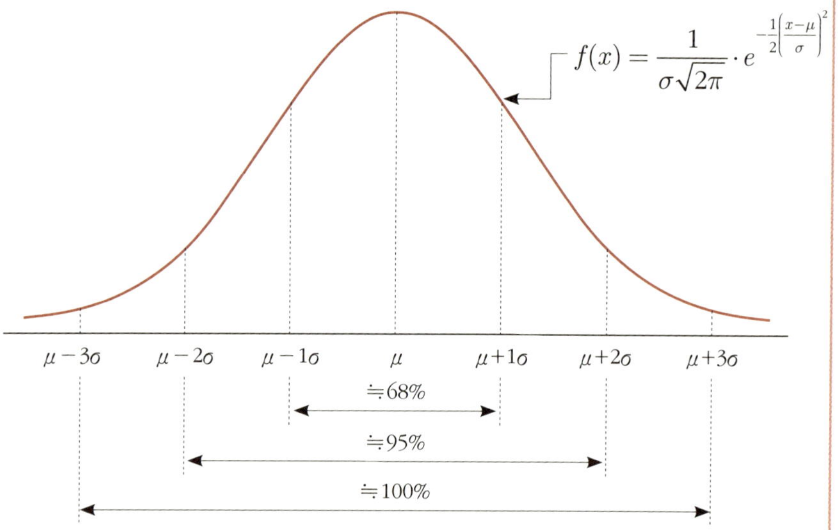

(개수들)의 분포를 나타내는 곡선입니다. 어떤 집단의 평균값을 중심으로 $\pm 1\sigma$의 범위에 약 68%가, $\pm 2\sigma$의 범위에 약 95%의 관측값들이 $\pm 3\sigma$의 범위에 거의 100%의 관측값들이 분포되어 있습니다. 분포의 속성이 대략적으로 정규분포곡선을 따른다는 것이 추정되는 어떤 집단의 평균값과 표준편차값에 대한 정보가 주어진다면, "정규분포곡선의 법칙"을 통해서 그 집단 내에서 연구자가 관심을 갖고 있는 특정 관측값들의 대략적인 위치를 알게 되므로 연구과정에 대한 직관과 통찰력 제공에 유용한 수단이 됩니다.

예제 60명의 학생으로 이루어진 반에서 학력평가 점수가 평균 70, 표준편차 3인 정규분포를 따른다고 하면, 다음의 각 확률을 구하시오.

(1) 70점과 76점 사이에 있는 것으로 예상되는 학생수를 구하시오.
(2) 67점과 73점 사이에 있는 것으로 예상되는 학생수를 구하시오.
(3) 61점과 73점 사이에 있는 것으로 예상되는 학생수를 구하시오.

해제 학생수가 60명으로 크기가 충분히 크므로($n \geq 30$)이므로 정규분포곡선의 법칙을 이용할 수 있다.

(1) 70점을 기준으로 76점은 $+2\sigma$ 떨어져 있으므로 0.9526/2=0.4773이다. 60명의 0.4773에 해당하는 학생수는 약 29명이 된다. 그림으로 나타내면 다음과 같다.

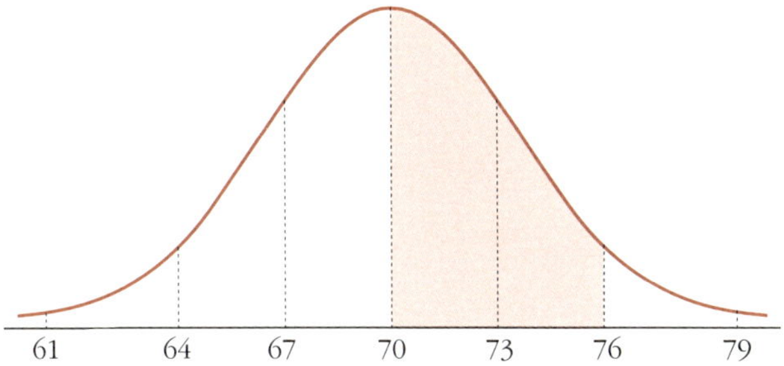

(2) 67점과 73점은 70점을 기준으로 68%의 법칙이 그대로 적용됩니다. '표준정규분포표'에 의하면 보다 정확히는 0.6826이며, 60명의 0.6826에 해당하는 학생수는 약 41명입니다.

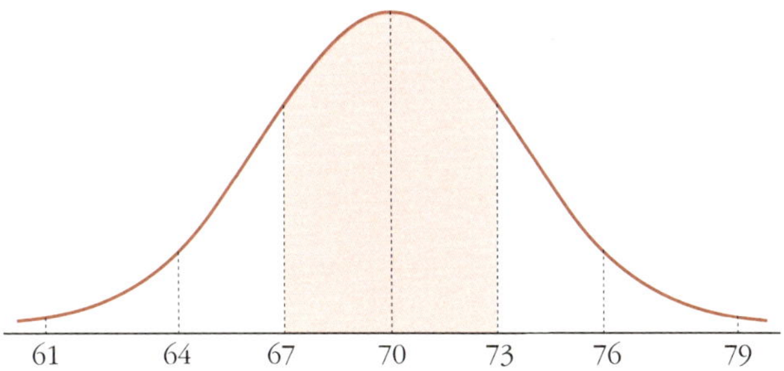

(3) -3σ와 $+1\sigma$ 사이에 해당하는 면적을 구하면 된다. 따라서 (0.9974/2)+(0.6826/2)가 된다. 대략 84%가 나오므로, 이에 해당하는 학생수는 대략 50명이다.

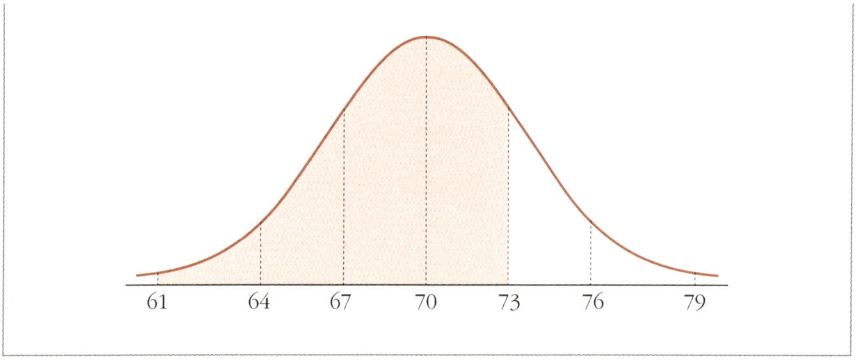

② 체비셰프의 정리(Chebyshev's Theorem): 체비셰프(Pafnuty Chebyshev, 1821-1894)는 어떤 집단에서 평균값을 중심으로 $\pm\left|\frac{\mu - x}{\sigma}\right|$ 표준편차 이내에 확률적으로 최소한 $100 \cdot \left(1 - \frac{1}{\left|\frac{\mu - x}{\sigma}\right|^2}\right)$%의 관측값들이 분포하고 있음을 경험적으로 증명하였습니다[단, $\left|\frac{\mu - x}{\sigma}\right| > 1$].[30] 달리 표현하자면, $\left|\frac{\mu - x}{\sigma}\right| = h$ 라고 할 때, 평균으로부터 표준편차 이내(즉, $\mu \pm h\sigma$ 이내)에 최소한 $100 \cdot \left(1 - \frac{1}{\left|\frac{\mu - x}{\sigma}\right|^2}\right)$%의 관측값들이 분포되어 있다는 것입니다.

만약 어떤 변수의 관측값이 X라면, 그 X가 평균으로부터 h표준편차 이내에 존재할 확률은 $P(\mu - h\sigma \leq X \leq \mu + h\sigma) \geq 1 - \frac{1}{h^2}$로 표시됩니다.[31] 이 경험법칙은 관측값들의 분포가 반드시 '정규분포곡선'이란 조건을 전제하지 않고 적용됩니다. 체비셰프는 관측값들의 분포 형태에 대한 조건에 상관없이, $\left|\frac{\mu - x}{\sigma}\right|$가 2일 때, 평균값을 중심으로 ±2 이내에 모든 관측값들 중에서 최

30) 해당 경험 법칙은 프랑스의 수학자 줄 비에네이메[Jules Bienaymé (1796-1878)]와 같이 발견한 것으로 되어 있습니다.

31) $P(\mu - h\sigma \leq X \leq \mu + h\sigma)$에서 $P(X)$에서 P는 확률(probability)을 의미합니다. $P(X)$는 X로 표시되는 확률함수입니다. 따라서 $P(\mu - h\sigma \leq X \leq \mu + h\sigma)$의 의미는 어떤 확률변수 X가 $\mu - h\sigma$와 $\mu + h\sigma$ 사이에 있을 확률을 말합니다.

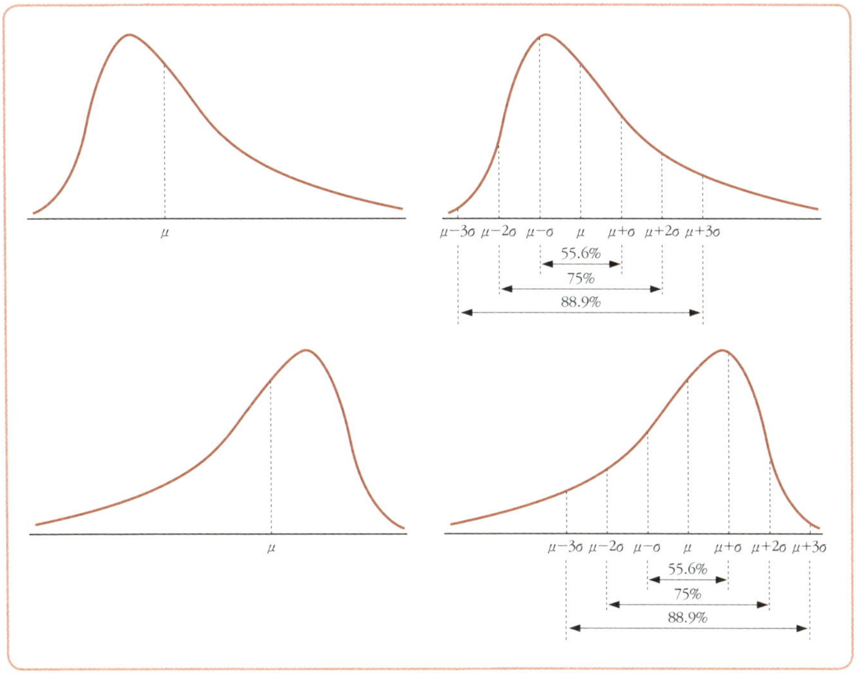

소한 75%가 분포하고 있다는 것입니다. $\left|\frac{\mu - x}{\sigma}\right|$가 3일 때, 평균값을 중심으로 ±3 이내는 모든 관측값들 중에서 최소한 88.9%가 분포하고 있다는 것입니다. $\left|\frac{\mu - x}{\sigma}\right|$는 1보다 큰 경우로 한정한 경험적 규칙이기 때문에 1로 하지 않고, 1.5로 한 경우를 계산해 보면, 55.6%가 됩니다. 앞서, "정규분포곡선의 법칙"과 비교해 본다면 같은 표준편차를 중심으로 그 범위 더 작은 크기의 분포 가능성을 제시하고 있음을 알 수 있습니다. 체비셰프의 정리의 대상이 되는 곡선은 기울기의 방향이나 기울어진 정도[즉, '비대칭도' 또는 '왜도'(skewness)]에 상관없이 적용된다고 보면 됩니다.

예제 어떤 확률변수가 평균 8이고 분산이 9로 나타날 때, 체비셰프의 정리를 이용하여 $P(-4 \leq X \leq 20)$에서 범위의 최소값을 구하시오.

해제 체비셰프의 정리란 어떤 집단에서 평균값을 중심으로 $\pm\left|\frac{\mu - x}{\sigma}\right|$ 표준편차 이내에 "적어도"(최소한) $100 \cdot \left(1 - \frac{1}{\left|\frac{\mu - x}{\sigma}\right|^2}\right)$%의 관측값들이 분포한다는 것이다. $\left|\frac{\mu - x}{\sigma}\right|^2 = h$ 라고 하면,

$P(\mu - h\sigma \leq X \leq \mu + h\sigma) \geq 1 - \frac{1}{h^2}$ 에서 h값을 찾아야 한다.

$P(-4 \leq X \leq 20) \geq 1 - \frac{1}{h^2}$

$\mu = 8$, $\sigma = 3$ 이며, $8 - 3h = -4$ 또는 $8 + 3h = 20$, 그러므로 $h = 4$가 된다.

$P(-4 \leq X \leq 20)$에서 범위의 최소값 -4에 해당하는 것은 $1 - \frac{1}{(4)^2} = \frac{15}{16}$가 된다.

③ 중심극한정리(central limit theorem): 체비셰프의 정리는 특정한 모집단 분포 조건에 상관없이 적용되는 경험 법칙입니다. 대조적으로, "정규분포곡선의 법칙"은 모집단의 분포가 '정규분포곡선'을 따르는 경우 적용되는 경험 법칙입니다. 비록 어떤 특정 모집단 내의 관측값들의 분포가 '정규분포'를 따르지 않더라도, 모집단에서 추출된 표본의 수를 다양하게 하여 표본평균들의 분포는 '정규분포'를 따르는 것으로 추정할 수 있다는 경험적 법칙도 있는데 이것이 '중심극한정리'입니다.

표본평균들의 분포

중심극한정리

모집단의 분포가 어떤 모양을 취하느냐에 상관없이, 모집단에서 추출되는 표본의 수(n)가 큰 값을 취하면, 표본평균들의 표본분포는 평균이 μ이고 표준오차가 $\frac{\sigma}{\sqrt{n}}$인 정규분포에 가까운 것으로 추정할 수 있다는 것이 '중심극한정리'입니다. '표본분포'(sampling distribution)란, 원소 개수가 N인 모집단에서 동일한 크기 n인 표본들을 추출하는 경우 각각의 표본들로부터 계산된 통계량[평균($\bar{x}$), 표준편차(σ)]의 '확률분포'를 말합니다.[32] 모

표본분포

32) '확률변수'란 실험의 결과에 수치적 값을 배정하는 규칙을 말하며, '확률분포'란 '확률변수'가 취할 수 있는 값의 모든 범위 내에서 어떤 특정 값을 취할 확률이 어떻게 분포되어 있는가를 보여주는 분포를 말합니다.

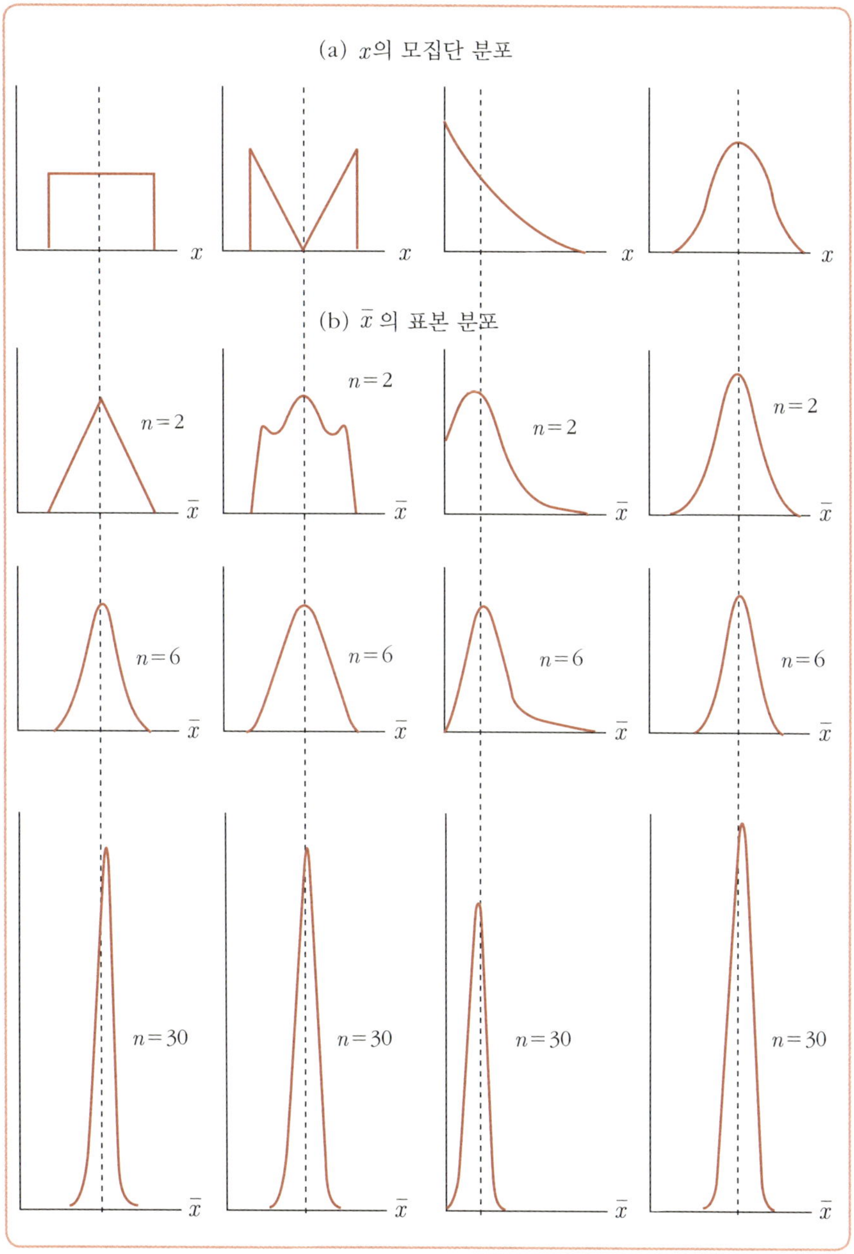

출처: Ernest Kurnow, Gerald J. Glasser, Frederick R. Ottman, *Statistics for Business Decisions* (Homewood: Richard D. Irwin, Inc, 1959). pp. 182-183.

집단에서 얻어낼 수 있는 표본의 수는 다양합니다. 예를 들어서, 어떤 특정 모집단에서 100개의 표본이 존재한다고 하면, 이들 100개 표본에 대해서 각각의 '표본평균'(sample mean)을 구하고, 이들 표본평균들을 다시 나열하여 분포를 구한 것이 '표본분포'인 것입니다. 따라서, '표본분포'란 '표본평균들의 분포'인 것입니다. 일반적으로 표본의 수를 30개를 기준으로 하여 그 이상이면 표본평균의 표본분포는 정규분포를 따르는 것으로 봅니다. 하지만, 모집단이 정규분포를 따르는 경우엔, 표본의 크기가 30개 미만이어도 표본평균의 표본분포는 정규분포를 따르는 것으로 봅니다. 표본 통계량은 다음과 같이 나타낼 수 있습니다.

표본평균

	평균	표준오차[33]
모집단의 크기가 작은 경우	$\mu_{\bar{x}} = \mu$	$\sigma_{\bar{x}} = \dfrac{\sigma}{\sqrt{n}} \cdot \sqrt{\dfrac{N-n}{N-1}}$[34]
모집단의 크기가 큰 경우	$\mu_{\bar{x}} = \mu$	$\sigma_{\bar{x}} = \dfrac{\sigma}{\sqrt{n}}$

'중심극한정리'를 참고한다면, 모집단의 분포 성향에 상관없이 다양한 표본들로부터 계산된 표본들의 평균이나 표본들의 표준편차는 정규분포곡선에 기반한 법칙들을 그대로 적용할 수 있다는 의미가 됩니다.

33) '표준오차'란 표본들의 표준편차를 말합니다.

34) 모집단의 크기가 크지 않은 경우엔 $\frac{\sigma}{\sqrt{n}}$에 '유한모집단 조정계수'(finite population correction coefficient)인 $\sqrt{\frac{N-n}{N-1}}$을 사용하여 '표준오차'를 계산합니다. 하지만, 표본의 크기가 모집단 크기의 5% 정도를 전후한 경우엔 $\frac{\sigma}{\sqrt{n}}$로 표준오차를 계산합니다. 모집단의 크기가 크다면 $(N-n) \fallingdotseq (N-1)$이니까 '유한모집단 조정계수'는 1에 가깝고 따라서 $\frac{\sigma}{\sqrt{n}} \cdot \sqrt{\frac{N-n}{N-1}} \fallingdotseq \frac{\sigma}{\sqrt{n}}$가 됨을 알 수 있습니다.

예제 (1) 모집단이 {2, 4, 6, 8}이다. 두 개의 숫자를 추출하여 표본을 만든다고 가정합시다. (i) 무작위표본추출의 경우 모든 가능한 경우를 나열하면서 표본평균의 분포(the distribution of sample mean)를 구하시오. (ii) 표본평균의 평균과 표준오차를 구하고, 표본평균의 표본분포의 성격에 대해서 언급해 보시오.

(2) {12, 7, 5, 15, 11}과 같이 5개의 측정값을 가진 모집단에서

(i) 평균과 표준편차를 구하라.
(ii) 표본의 크기가 2일 때, 표본과 표본평균을 구하여라.
(iii) 표본의 크기가 4일 때, 표본과 표본평균을 구하여라.
(iv) 표본의 크기가 2일 때와 4일 때의 표준오차를 비교하여라.

해제 (1) (i) 무작위표본추출의 경우 가능한 표본들은 (2, 2), (2, 4), (2, 6), (2, 8), (4, 2), (4, 4), (4, 6), (4, 8), (6, 2), (6, 4), (6, 6), (6, 8), (8, 2), (8, 4), (8, 6), (8, 8)로 16가지 경우이다. 16개의 표본들에 대한 평균값을 각각 구해보면 2, 3, 4, 5, 6, 7, 8 중의 하나이며, 표본분포는 다음과 같이 정리될 것이다.

표본평균	경우의 수	$F(x)=N(x)/n=N(x)/16$
2	1	1/16
3	2	2/16
4	3	3/16
5	4	4/16
6	3	3/16
7	2	2/16
8	1	1/16

(ii) 표본평균들의 평균은 $\dfrac{2+6+12+20+18+14+8}{16}=\dfrac{80}{16}=5$ 이고, 표준편차는

$$\sqrt{\frac{(2-5)^2+2(3-5)^2+3(4-5)^2+4(5-5)^2+3(6-5)^2+2(7-5)^2+(8-5)^2}{16}}$$

로 $\sqrt{\frac{5}{2}}$ 이다. 모집단의 평균은 5이고, 표준편차는 $\sqrt{5}$ 이다. 따라서 본론에서 설명한 대로 평균은 같고, 표준오차는 $\frac{\sigma}{\sqrt{n}}$ 이니까 $\sqrt{\frac{5}{2}}$ 로 나타나고 있음을 알 수 있다. 표본평균의 표본분포는 평균 5이고 표준오차 $\sqrt{\frac{5}{2}}$ 인 정규분포를 따른다고 추정할 수 있다.

(2) 평균이 μ, 표준편차가 σ, 그리고 크기가 N인 모집단으로부터 추출된 크기가 n인 표본들에 의해 형성되는 표본평균의 표본분포는 다음과 같은 평균 $\mu_{\bar{x}}$과 표준편차 또는 표준오차 $\sigma_{\bar{x}}$를 갖는다.

$$\mu_{\bar{x}} = \mu$$

$$\sigma_{\bar{x}} = \sqrt{[(N-n)/(N-1)]} \times \sigma / \sqrt{n}$$

만약 모집단의 크기가 매우 크거나 무한한 경우에는 표준오차가 다음과 같다.

$$\sigma_{\bar{x}} = \sigma / \sqrt{n}$$

(i)

$$\mu = (12+7+5+15+11)/5 = 10$$

$$\sigma^2 = [(12-10)^2] + (7-10)^2 + (5-10)^2 + (15-10)^2 + (11-10)^2]/5 = 12.8$$

$$\sigma = \sqrt{12.8} = 3.577$$

(ii) ${}_5C_2 = 10$

(12, 7)	9.5	(7, 15)	11
(12, 5)	8.5	(7, 11)	9
(12, 15)	13.5	(5, 15)	10
(12, 11)	11.5	(5, 11)	8
(7, 5)	6	(15, 11)	13

∴ 표본평균의 평균 = 10

(iii) ${}_5C_4 = 5$

(12, 7, 5, 15)	9.75
(12, 7, 5, 11)	8.75
(12, 7, 15, 11)	11.25
(12, 5, 15, 11)	10.75
(7, 5, 15, 11)	9.5

∴ 표본평균의 평균 = 10

(iv) ① $n=2$, $\sigma^2=4.8$, $\sigma=2.19$ $\sqrt{\frac{5-2}{5-1}} \times \frac{2.19}{\sqrt{2}} = 1.162$

② $n=4$, $\sigma^2=0.8$, $\sigma=0.89$ $\sqrt{\frac{5-4}{5-1}} \times \frac{0.89}{\sqrt{4}} = 0.111$

∴ $n=4$일 때가 $n=2$일 때보다 표준오차가 작다.

제 5 장

확률분포와 가설검정

제5장 확률분포와 가설검정

I 가설검정의 논리

연구자가 설명하려는 궁극적 대상 집단은 '모집단 모수'이지만, '표본 통계량'이란 제한된 정보를 가지고 '모집단 모수'를 통계적으로 추측하여 설명합니다. 연구자는 '모집단 모수'에 대한 추측을 위해서 제한된 정보를 토대로 '가설'(假說, hypothesis)을 세우고, 그 가설이 옳은 것인지 틀린 것인지를 판단하게 됩니다. 연구자는 자신이 조사하는 가설이 참인지 거짓인지를 판단하기 위해 다양한 종류의 통계량 '분포표'(分布表, distribution table)를 활용하여 제한된 정보의 한계를 넘어서게 되는데, 이 연구조사 절차가 바로 '가설검정'(假說 檢證, hypothesis test)입니다.

가설검정의 절차에선 통계 분포표를 활용하는 것이 필수적이기 때문에 어떤 상황에서 어떤 종류의 통계 분포표를 사용하는지에 대한 이해가 필요합니다. 가설검정은 다음과 같은 절차를 통해서 이루어집니다.

연구가설

① '연구가설'로부터 '영가설'[零假說, 또는 귀무가설(歸無假說), null hypothesis]과 '대안가설'(代案假說, alternative hypothesis)을 만듭니다.

㉠ '가설'이란 연구자가 어떤 특정 사회현상이 발생하는 것에 대한 호기심에서 비롯됩니다. 가설이란 기존 연구 영역에서 누적되어 통용되는 기존의 상식이나 지식에 어긋나지 말아야 합니다. 가설이란 '확신'의 정도와 연관되어 있기 때문에 '검증'이 가능하도록 진술되어야 하며, 가능하면 간결한 형태로 진술되어야만 합니다. 이상을 종합하면 가설이란 "어떤 사회현상이 발생할 것에 대해서 어느 정도의 확신을 가질 수 있는가?"의 내용이

됩니다.

㉡ '연구가설'이란 연구자가 모집단의 모수와 관련된 사회현상에 대해 연구자가 갖는 호기심이나 의문점이 '가설'의 형식으로 나타난 것을 의미합니다. 연구자는 모집단의 모수에 대해 임시로 가정을 세우는데, 이것이 바로 '연구가설'입니다. 일반적으로 연구가설은 어떤 개념(또는 변수)이 또 다른 개념(또는 변수)과 연관성을 갖고 있다는 형식으로 표현됩니다. 문제는 '연구가설'을 직접 검증하기 어렵다는 것입니다. 이것은 대부분의 연구가설이 다양한 논리적 대안들을 포함한 포괄적인 내용으로 되어 있어, 모든 논리적 대안들을 모두 검증하기 어렵기 때문입니다.

㉢ '영가설'이란 '영관계'[또는 귀무관계, null relation]를 나타내는 가설이란 의미입니다. '영관계'란 '인과관계' '상관관계' '공변관계'처럼 두 변수 사이의 관련성을 언급하는 관계로서, 어떤 개념(또는 변수)이 또 다른 개념(또는 변수)과 관련성을 가지지 않는 것을 말합니다. 연구가설을 검정한다는 것은 '반증'의 논리로 되어 있습니다. '반증'이란 어떤 법칙이 사실이 아님을 나타내는 '특칭명제'를 찾아서 증명하는 것을 말합니다. 영가설에 대한 '특칭명제'를 '대안가설'이라고 합니다. 대안가설을 받아들이면 영가설을 기각하는 것이 되며, 궁극적으로 연구가설을 기각할 수 없는 것이 됩니다.

영가설

대안가설

㉣ 종합하면, 가설검정의 논리는 연구가설의 논리적 대안들 중의 하나이면서 영가설에 대한 특칭명제로서의 '대안가설'을 찾아서 이를 검증하는 형식으로 이루어집니다.[1] 연구자의 '연구가설'이 보편적으로 진실이라는 것을 검증하는 것이 불완전한 경우엔, '영가설'을 채택하기 어려움을 보임으로써 연구자의 의도를 담고 있는 '대안가설'을 거부하기 어려움을 보여주는 것입니다. 대안가설을 받아들인다는 것은 연구가설을 거부할 수 없는 것이 됩니다. 몇 가지 예를 봅시다.

1) '영가설'을 세우는 것은 포퍼(Popper)의 '반증'(反證, falsification) 개념이 이론을 검증하는 데 중요한 사안임을 일깨워 주고 있습니다.

	명제의 내용
연구가설 (H)	유권자의 정치관심도와 투표참여율 사이에는 관계가 있다.
영가설 (H_0)	유권자의 정치관심도와 투표참여율 사이에는 관계가 없다.
대안가설 (H_1)	유권자의 정치관심도와 투표참여율 사이에는 양(+)의 관계가 있다.

	명제의 내용
연구가설 (H)	물가와 상품구매력 사이에는 관계가 있다.
영가설 (H_0)	물가와 상품구매력 사이에는 관계가 없다.
대안가설 (H_1)	물가와 상품구매력 사이에는 음(−)의 관계가 있다.

	명제의 내용
연구가설 (H)	모든 백조는 희다.
영가설 (H_0)	모든 백조는 희지 않다.
대안가설 (H_1)	지금 여기에 흰 백조가 있다.

'영가설'의 진술 형태는 연구가설에 대한 논리적 대안으로 나타나는 상황들이 우연에 의한 것이거나 '무작위 오차'(random error)에 의한 것이라고 진술하는 형태를 띠게 됩니다. 영가설을 세우는 이유는 연구가설이 주장하는 법칙이 보편적으로 참이거나 거짓이라는 증명을 하는 것이 사실상 불가능하기 때문입니다. 연구자가 연구가설과 상호배타적인 내용의 '영가설'을 만들어 그것을 기각할 수 있는 증거를 갖는다면, 반대로 '연구가설'을 기각할 수 없는 증거를 갖게 되는 것입니다. 반증의 논리상, 영가설은 연구자가 받아들이고 싶지 않은 내용을 담게 됩니다. 대안가설은 연구가설에 대한 특칭명제이기 때문에 영가설이 기각되면 대안가설을 받아들여 궁극적으로 연구가설을 받아들이는 것이 됩니다. 중요한 것은 연구자가 '영가설'을 증명하는 것이 아니고, 영가설을 기각할 수 없거나 기각할 수 있음을 판정할 뿐이며, 그러한 판정이 '가설검정'입니다.

무작위 오차

기각역

② '영가설'에 대한 '기각역'(rejection region; 또는 critical region)을 정합

니다.

제한된 정보를 지니고 있는 표본을 사용하여 모집단 모수에 대한 판정을 하는 상황이기 때문에(즉, 잘못 판단할 위험성이 있는 상황이기 때문에) '기각역'을 정하는 것입니다. 기각역의 경계를 정하는 값은 '임계치'(臨界値, 또는 임계값, critical value)라고 합니다. 관행적으로 5%의 기각역과 1%의 기각역을 정해서 '영가설'에 대한 가설검정을 합니다. 이것을 각각 '유의수준'(significance level) 5%, 유의수준 1%의 검정이라고 합니다. '유의수준'이란 오류를 범할 확률을 말합니다. 유의수준은 잘못 판단할 위험성을 어느 수준 이하로 제한하기 위한 기준점 설립의 필요성에서 생긴 것입니다. 따라서, '가설검정'을 하는 경우 다음과 같은 상황들이 예견됩니다.

임계값

유의수준

	모집단에서 영가설이 진실	모집단에서 영가설이 거짓
연구자의 영가설 기각	제1종오류(type I error) 확률(α)	올바른 판정($1-\beta$)
연구자의 영가설 채택	올바른 판정($1-\alpha$)	제2종오류(type II error) 확률(β)

연구자가 진실인 영가설을 틀린 것으로 판정하여 기각하는 것을 '제1종 오류확률'이라고 하며 보통 α로 표시합니다. 말하자면, '제1종 오류확률'이라고도 하는 α란 앞서 언급한 '유의수준'입니다. 연구자는 작은 α오류를 원하며, 이것은 임계값을 상대적으로 크게 하면 가능합니다. 연구자가 거짓인 가설을 사실로서 채택하는 것을 '제2종 오류확률'이라고 하고 보통 β로 표시합니다. 연구자는 가능한 한 작은 β를 원합니다. 연구자는 작은 β 오류를 얻기 위해서 임계값을 상대적으로 작게할 것입니다. 특히, β값과 관련하여 ($1-\beta$)값은 영가설이 거짓일 때 이것을 기각할 수 있음을 나타내기 때문에 ($1-\beta$)값을 '검정력'(power of a test)이라고 부릅니다.

제1종 오류확률

제2종 오류확률

검정력

연구자가 새로 개발된 교육법이 효과가 있는지 검정하는 경우 "새로 개발된 교육법은 효과가 없다"라는 영가설을 기각하기를 원하게 됩니다. 따라서 작은 β값을 원합니다. 하지만, 연구자는 동시에 α의 오류도 낮추기를 원합니다.[2] α오류를 낮추기 위해서 임계값을 크게 하면 영가설을 기각하기 어려우므로 β오류를 높이게 됩니다. '가설검정'의 본래 취지에 맞게 '검정력'이 높을수록 거짓된 가설을 잘 기각시키는 것이어서 좋지만, 고정된 표본 속에서 α와 β는 임계값을 중심으로 서로 상충관계(trade-off)에 있음을 알 수 있습니다. 보건소가 감기예방접종의 기준을 낮추어 엄격하게 하면 시민들이 감기에 걸릴 확률은 낮아지지만, 감기에 걸리지 않을 사람들까지도 불필요하게 예방접종을 하게 됩니다. 이런 경우, 예방접종의 범위를 넓히면 [β오류는 낮아지지만, 즉, $(1-\beta)$값을 크게 하여 검정력을 높일 수 있지만] 접종이 불필요한 사람들까지 포함됩니다(α오류는 높아집니다). 반대의 예도 생각해 볼 수 있습니다. 시험제도에서 문제의 난이도를 낮게 하면 많은 학생들이 높은 점수를 받아 변별력은 낮아지지만 [β오류는 높아지고, $(1-\beta)$값을 작게 하여 검정력은 낮아지지만], 실력 있는 학생들이 낮은 점수를 받을 수 있는 상황은 일어나기 어렵습니다(α오류가 낮아집니다). 결론적으로, 연구자는 연구조사 과정에서 여러 가지 요인들을 종합적으로 고려하면서 α오류와 β오류를 적절히 조정하게 됩니다.

> 법정 판결에 나타난 α오류와 β오류: 우리는 α오류와 β오류의 문제에 대한 논리가 사회제도나 사회관행과 연관시켜 우리의 삶과 매우 밀접한 문제임을 알아야 합니다. 가능하면 무고한 사람을 죄인으로 모는 경우를 피하기 위해서 완벽한 죄가 있는 것으로 판단하지 않으면(100% 확신이 없으면) 그 사람을 무죄방면하는 가치는 소중한 것입니다. 이러한 가치는 소위 "멀쩡한 사람이 죄인으로 오인받는 상황"을 극복하기 위해서 "죄가 있는 것으로 추정되는 사람도 100%의 확신이 없으면 풀어줄 수도 있다"라는 가치가 그 안에 함축되어 있을 수 있습니다. 하지만 이러한 소중한 가치도 극단으로 흐르는 경우엔 그 사회에 논란을 불러 일으키게 됩니다. 실제 사례와 영화에서의 대조적인 사례를 놓고서 비교해 봅시다.

2) α값은 연구자가 연구자에게 유리한 결론을 도출할 수 있다는 연구 규범적 의미를 지닙니다. 연구자가 작은 α값을 선택하면 영가설을 기각하기가 어렵기 때문에, 상대적으로 큰 α값을 선택하여 영가설을 기각하려고 할 수 있습니다. 5%의 유의수준을 적용할 때와 1% 유의수준을 적용할 때, 가설의 기각 가능성이 달리 나타날 수 있습니다.

1 가능하면 무고한 사람을 죄인으로 모는 경우를 피하기 위해선 죄가 있는 것으로 100% 확신할 수 없다면 그 사람을 무죄방면하는 가치가 극단적으로 나타난 사례가 바로 1995년 당시 미국을 떠들석하게 했던 '오제이 심슨 사건'(O. J. Simpson Case)일 것입니다. 이 사건은 과거 미식축구 스타였던 심슨이 자신의 전처(前妻) 니콜(Nicole)과 그의 남자친구를 살해한 혐의로 형사재판에 기소되었던 사건을 말합니다. 미국 법정은(더 정확히, 배심원들은) 심슨의 무죄(無罪)를 평결하였는데, 이유는 "전처 살해한 현장에서 발견된 혈흔(血痕)이 심슨의 피가 아닐 확률이 일억칠천만분의 일"이라는 생화학자의 DNA 검증결과에 기초한 것입니다. 배심원들은 한 사람 때문에 만장일치를 이루지 못했는데, 반대했던 한 사람의 논리는 일억 칠천만분의 일이라는 조건은 유죄를 단정하기에 여전히 부족하기에 더 작은 α값을 적용해야 한다고 본 것입니다. 무고한 사람을 죄인으로 몰아 종신형이나 사형에 처하는 오류를 피해야 된다고 본 것입니다. 하지만, 살해 현장에서 발견된 칼에 묻은 피가 심슨의 피가 아닐 확률이 일억칠천만분의 일이라는 것은 사실상 "심슨이 범인이다"라고 평결하는 것이 상식적으로 더 납득할 수 있다는 분위기가 미국 사회에 팽배했습니다. 배심원들이 평결 문제로 1년 가까이 법정에 얽매이면서 빨리 집에 가고 싶으니까(?) 평결에서 만장일치를 이루지 못하고 포기했다는(?) 시각까지 제기되었습니다. 심슨을 무죄방면한 것에는 만장일치를 이루기 전에는 살인죄로 유죄평결을 할 수 없는 법제도가 영향을 미치고 있다고 볼 수도 있습니다. 당시 심슨을 변호했던 코크란(Cochran) 변호사의 집요한 능력 때문이라고 볼 수도 있습니다. 다양한 이유들에 상관없이 심슨 사건은 'α오류'를 피하기 위한 지나치게 조심적인 상황이 범인을 무죄방면한다는 분위기를 미국에 형성했습니다. 이런 분위기가 영향을 미쳐서인지 몰라도 1년 후 민사재판에서 심슨은 유죄평결을 받게 되고 전 재산을 모두 잃게 됩니다. 결론적으로 심슨사건은 작은 α오류를 원하는 것이 지나쳐서 너무 높은 기준의 임계값을 적용한 것에 비유될 수 있을 것입니다.

2 헨리 폰다(Henry Fonda) 주연의 "12명의 성난 사람들(12 Angry Men, 1957)"이란 영화는 전세계의 관객들이 뽑은 세계의 명화 10위권 안에 선정된 법정 영화입니다. 열 사람의 범인을 못잡더라도, 무고한 한 사람을 죄인

> 으로 모는 것은 막아야 한다는 한 사람의 고군분투하는 모습을 그린 영화입니다. 배심원들이 모여서 토론하는 장면이 처음부터 끝까지 진행되는데 전혀 지루하지 않은 영화입니다. 이야기는 헨리 폰다가 배심원으로 어떤 살인사건의 평결에 참여하면서부터인데, 헨리 폰다와 함께 참여한 나머지 배심원들은 모두 용의자의 범죄 여부에 대해서 여러 가지 정황 증거를 내세워 의심하지 않지만, 헨리 폰다는 확실히 모르는 상황에 대해서 끝까지 회의하면서 배심원들에게 확실하지 않으면 단정짓지 말라고 설득시키는 노력을 지속합니다. 어떤 한 사람을 살인자로 결정하기 위해선 조금이라도 아닐 가능성이 있다면 그 가능성을 고려하여 그 사람을 살인자로 몰지 말아야 한다는 것입니다. 즉, α오류를 피하려 하되, 지나치게 극단적인 방식이 아닌 매우 논리적이고 이성적인 방식으로 α오류를 벗어나려는 노력을 하며, 배심원들은 용의자가 사실상 범인이 아니라는 결론에 도달합니다. 인간의 존엄성과 관련하여 α오류를 피하기 위한 노력이 고귀하다는 것을 보여주는 영화입니다. 결론적으로 해당 영화는 작은 α오류를 위해서 임계값을 적절히 조정한 상황에 비유될 수 있을 것입니다.

③ 표본으로부터 검정 통계치를 계산하여 기각역에 들어 있으면 가설을 기각하고 들어 있진 않으면 가설을 채택합니다.

영가설을 "기각(棄却)한다"는 것은 영가설이 옳지 않다(참이 아니다, 거짓이다)라고 판정하는 것을 의미합니다. 어떤 가설을 "기각한다"라는 의미는, 가설검정 논리의 출발점인 '반증' 논리를 고려할 때, 그 가설이 틀리다고 확신하는 것이 아니라 현재 있는 제한된 정보하에서는 이 가설을 받아들이기에는 불충분하다는 의미입니다. 마찬가지로, 가설을 "채택한다"라는 의미는 그 가설이 옳다고 확신하는 것이 아니라 현재 있는 제한된 정보하에서는 이 가설을 기각하기에 불충분하다는 의미입니다. "유의수준 5%로 가설을 기각한다"라는 말은 "잘못된 판정을 할 확률을 5% 이하로 하여서는 가설을 채택할 수 없다"는 의미가 됩니다. "가설을 기각한다"라는 의미는 가설이 나타내는 현상이 상당히 드문 일로 정상적인 상황에서는 거의 일어나지 않을 확률이라는 의미가 됩니다. 반면에, "유의수준 5%로 가설을 채택한다"라는 말은 "잘못된 판정을 할 확률을 5% 이하로 하여서는 가설을 기각할 수 없다"는 의미입니다.

가설검정의 시작은 영가설에 기각하고 싶은 내용을 넣고 영가설이 옳다는 가정을 하면서부터입니다. 그리고 영가설의 기각과 채택여부를 결정합니다. 모집단의 모수를 θ라고 할 때, 영가설이 $H_0\!:\theta=\theta_0$로 설정된다면, 대안가설은 $H_1\!:\theta\neq\theta_0$, $H_1\!:\theta>\theta_0$, $H_1\!:\theta<\theta_0$라는 세 가지 형식으로 설정될 것입니다. 정리하면, 영가설을 기각하는(또는 채택하는) 상황은 그림에서 보듯이 ⓐ 양측검정(two-tailed test) 및 단측검정(one-tailed test)인 ⓑ 우측검정과 ⓒ 좌측검정의 세 가지 경우로 나타납니다.

양측검정
단측검정

검정 방향	대안가설의 입장	검정방향에 따른 영가설 기각역[3)]
양측검정	$H_1\!:\theta\neq\theta_0$	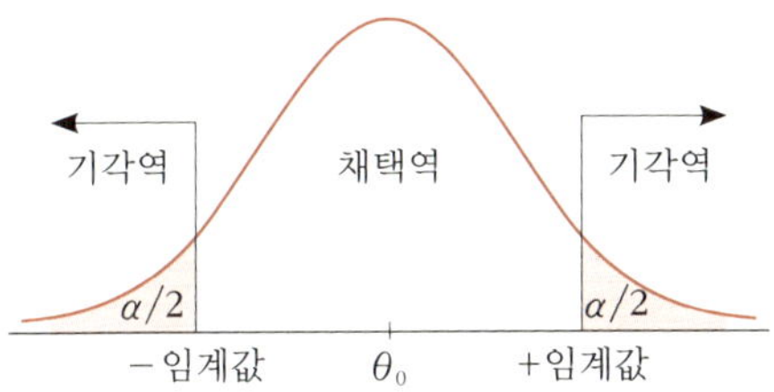
우측검정	$H_1\!:\theta>\theta_0$	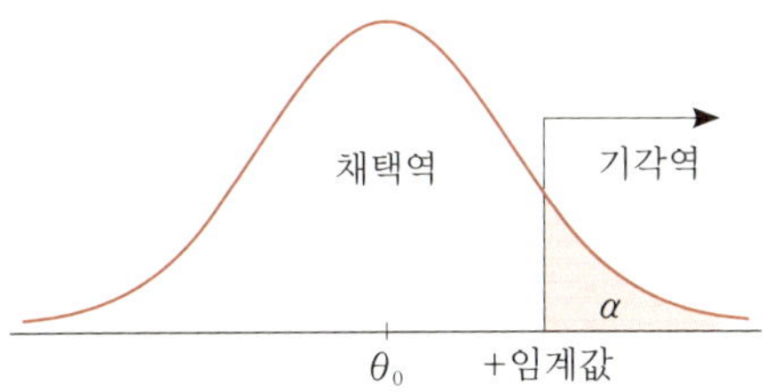

3) 대안가설 $H_1\!:\theta\neq\theta_0$, $H_1\!:\theta>\theta_0$, $H_1\!:\theta<\theta_0$의 각각에 상응하는 귀무가설의 보다 정확한 형태는 단순히 $H_0\!:\theta=\theta_0$이 아니고, $H_0\!:\theta=\theta_0$, $H_0\!:\theta\geq\theta_0$, $H_0\!:\theta\leq\theta_0$로 표시될 것입니다. 하지만, 단측검정을 위한 영가설을 만들 때, 구체적으로 $H_0\!:\theta\geq\theta_0$, $H_0\!:\theta\leq\theta_0$라고 하지 않고 포괄적으로 $H_0\!:\theta=\theta_0$라고 하더라도 실제로 가설검정을 하는 과정에서 방향성을 따져서 $H_1\!:\theta>\theta_0$, $H_1\!:\theta<\theta_0$ 에 대해서 가설검정을 하면 되니까 문제가 발생하는 것은 아닙니다.

좌측검정	$H_1 : \theta < \theta_0$	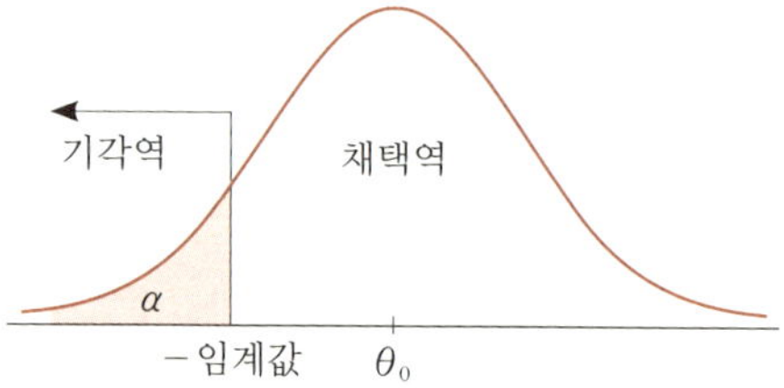

정리하면, 기각역이 한 쪽으로만 주어지는 단측검정은 우열을 판정할 때 사용됨을 알 수 있습니다. 가설검정은 모수를 추정하기 위한 것이며, 표본 통계량이라는 제한된 정보 속에서 이루어집니다. 따라서, 이상의 가설검정의 원리를 현실적으로 적용함에 있어서 연구자는 표본 통계량의 표본분포에 대해서 파악해야만 합니다.

표본분포의 성격은 연구자로 하여금 어떤 통계량이 사용될 것인지를 알려줍니다. 통계학에서의 '분포'는 '확률변수'(random variable)의 분포를 뜻하는데, '확률변수'에는 '이산(discrete)확률변수'와 '연속(continuous)확률변수'로 나뉩니다.

확률변수

II 이산확률변수

'확률'(確率, probability)이란 '사건'이 일어날 상대적 가능성을 숫자로 표시한 것입니다. '사건'[事件, event 또는 사상(事象)]은 '실험'이나 '시행'에 의하여 나타나는 어떤 결과를 말합니다. 어떤 실험이나 시행을 같은 조건하에서 "상당 횟수(N)를 반복하여" 사건 A가 일어난 횟수가 n_A, 사건 B가 일어난 횟수가 n_B라면, 사건 A가 일어날 '상대적 가능성'을 숫자로 표시

사건

한 $P(\mathrm{A}) = \frac{n_A}{N}$이 사건 A가 발생할 확률이 됩니다.[4] 확률은 0%에서 100% 사이의 값을 갖게 되므로, 사건 A가 일어나지 않을 확률[$P(\mathrm{A}^c)$]은 $1-P(\mathrm{A})$로 표시되고, 이를 A의 여사건(餘事件, complementary event) 확률이라고 합니다.[5] 여사건

'확률'이란 개념은 그 결과를 사전에 알 수 없는 과정과 연관되어 있습니다. '확률실험'(random experiment) 또는 '확률시행'이란 ⓐ 어떤 실험이나 시행을 같은 조건하에서 몇 번이고 반복할 수 있어야 하며, ⓑ 결과(outcome)가 우연에 의하여 지배되는 실험이나 시행을 말합니다. 예를 들면, 주사위를 던지는 경우, 몇 번이고 같은 조건하에서 반복하여 던질 수 있으며, 1, 2, 3, 4, 5, 6 중에서 어떤 눈이 나올지 우연에 의해서 결정되기 때문에 그 결과를 사전에 예측할 수 없습니다. 사건들이 모여 있는 집합이 '표본공간'(sample space)이 됩니다. 한 개의 주사위를 던질 때의 결과의 집합으로 표본공간은 {1, 2, 3, 4, 5, 6}입니다. 1, 2, 3, 4, 5, 6 각각을 '원소'(element) 또는 '표본점'(sample point)이라고 합니다. 확률실험 확률시행 표본공간 원소 표본점

'확률변수'의 값이 제한된 값만을 취할 수 있는 경우를 '이산확률변수'(discrete random variable)라고 합니다. '확률변수'란 확률실험 '표본공간'의 결과에 어떤 특정 값을 배정하는 규칙을 말합니다. 변수 X가 취할 수 있는 모든 값들이 $x_1, x_2, x_3, \cdots, x_n$으로 표시되고, 변수 X가 이들 값을 취할 확률이 각각 $p_1, p_2, p_3, \cdots, p_n$으로 나타날 때, 변수 X를 '확률변수'라고 합니다. '확률변수'는 취할 수 있는 다양한 관측값들을 갖고 있으며 각각의 관측값 이산확률변수

4) 엄밀한 의미에서 '통계적 확률'이란 관측하는 횟수 N을 무한대로 하여야 합니다. 어떤 조건 밑에서 시행이 N회 있었고, 그 중에서 사건 A가 일어난 횟수가 a였다면, $\frac{a}{N}$가 사건 A가 일어난 상대 도수가 됩니다. 사건 A가 일어날 통계적 확률은 $\lim_{N\to\infty}\left(\frac{a}{N}\right) = p$이지만, 현실적으로 N을 무한대로 할 수 없기 때문에 N이 어느 정도 크다면 무한대와 차이가 없는 것으로 간주하는 것입니다.

5) U를 전체집합(Union)이라고 할 때, 사건 A와 여사건 A^C는 다음과 같이 표시될 것입니다.

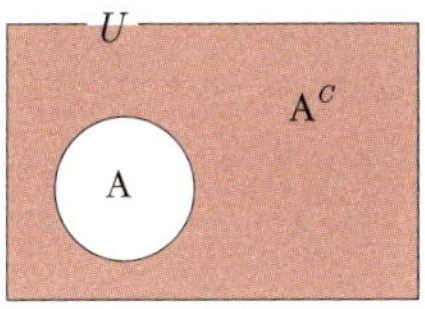

들이 나타날 각각의 확률을 갖고 있는 변수라고 할 수 있습니다.[6] 예를 들면, "두 개의 주사위 A와 B를 던질 때 한 쪽이 앞면일 확률"을 구한다면, 이 때, 표본공간은 $S=\{$(앞, 앞), (앞, 뒤), (뒤, 앞), (뒤, 뒤)$\}$이 되고, 확률변수는 "앞면이 나오는 주사위의 개수"가 되고, 0(앞면이 한 개도 안 나오는 경우), 1(한 개만 앞면이 나오는 경우), 2(두 개 모두 앞면만 나오는 확률)의 3가지 값이 존재합니다.

연속확률변수

확률변수의 또 다른 종류로 '연속확률변수'(continuous random variable)가 있습니다. 예를 들어, "인간이 적어도 80세 이상 사는 확률"을 구한다고 할 때, 확률변수는 '인간의 수명'이며 취할 수 있는 값은 특정값으로 제한되는 것이 아니라 무수히 많습니다. 년, 월, 일, 시, 분, 초 등으로 수명은 연속선상의 무수히 많은 값들 중에서 어떤 특정값을 취하게 될 것입니다. 연속확률변수가 취할 수 있는 값은 무한하기 때문에, 이산확률변수처럼 확률변수가 정확히 하나의 값을 취할 확률을 계산할 수 없으며, 확률변수가 일정 구간 내에 있을 확률을 계산합니다.

다시 이산확률변수의 논의로 돌아와, 앞서 A와 B 2개의 동전을 던지는 경우를 생각하면, $\frac{1}{4}$(앞면이 한 개도 안 나오는 경우), $\frac{1}{2}$(한 개만 앞면이 나오는 경우), $\frac{1}{4}$(두 개 모두 앞면만 나오는 확률)이 되고 그 합은 1이 됩니다. 이산확률변수가 취할 수 있는 값이 $x_1, x_2, x_3, \cdots, x_n$개 있다면 각각의 값은 0과 1 사이에 존재하고 그들의 확률값을 모두 더하면 1이 됩니다.

$$\sum_{i=1}^{n} P(X = x_i) = 1(0 < P(x_i) < 1)$$

확률변수 X의 값 $x_1, x_2, x_3, \cdots, x_n$과 그들이 취하는 확률값 $p_1, p_2, p_3, \cdots, p_n$을 대응하여 나타내는 것을 확률변수 X의 확률분포라고 하며, 이를 도표

6) '확률변수'라는 말은 어떤 값을 부여하는 규칙이나 함수를 의미하는 용어지만, 문맥이나 상황에 따라선 실험에서 발생하는 관측값들을 의미하는 용어로도 사용합니다. 예를 들면, 확률변수라고 할 때, "동전던지기 실험"(특정 관측값에 확률값을 부여하는 규칙이나 함수)을 의미할 수도 있고, "동전던지기에서 앞면이 나오는 확률"(특정 관측값)일 수도 있다는 점에 유의하시기 바랍니다.

로 나타낸 것을 '확률분포표'라고 하며 다음과 같이 나타납니다.

X	x_1	x_2	x_3	$\cdots$	x_n	합계
$P(X=x_i)$	p_1	p_2	p_3	$\cdots$	p_n	1

확률분포표는 '기대값'(expected value)의 개념을 보여주고 있습니다. 확률변수의 개별값들과 그들 개별값들이 갖는 발생확률을 곱한 것을 모두 더한 것이 기대값이며 곧 평균입니다.[7] 이산확률변수 X의 값 x_1, x_2, x_3, $\cdots$, x_n과 그들이 취하는 확률값이 각각 p_1, p_2, p_3, $\cdots$, p_n일 때, 이산확률분포의 평균, 분산, 표준편차는 다음과 같이 표시됩니다. 언제나 평균의 개념은 대상이 되는 집단의 전체 분포에 대한 균형점이고, 분산은 편차를 제곱하여 가중평균한 것이고, 표준편차는 단순히 분산에 $\sqrt{\ }$값을 취한 것입니다. 기대값

$$\mu = E(X) = \sum_{i=1}^{n} x_i p_i$$

$$\sigma^2 = V(X) = \sum_{i=1}^{n} (x_i - \mu)^2 p_i = \sum_{i=1}^{n} x_i^2 p_i - \mu^2 = E(X^2) - \{E(X)\}^2$$

$$\sigma = \sqrt{V(X)}$$

예제 (1) A, B, C 세 개의 동전을 던지는 '시행'에서 앞면이 나오는 개수를 X라고 할 때, $P(X=0)$, $P(X=1)$, $P(X=2)$, $P(X=3)$를 구하시오.

(2) A, B, C, D 4장의 카드에 각각 1, 2, 3, 4의 숫자가 적혀 있고, 이 중에서 2장의 카드를 꺼내서 그 숫자의 합을 X라고 할 때 X의 확률분포표를 만드시오.

(3) 다음의 확률분포표에서 확률변수의 평균과 표준편차를 구하시오.

P	1	2	3	4	합계
$P(X=x_i)$	$\frac{1}{4}$	$\frac{1}{3}$	$\frac{1}{4}$	$\frac{1}{6}$	1

7) $\frac{f_i}{N} = p_i$이므로, 결국 가중평균 연산원리와 일맥상통합니다. 즉, 기대값이란 각 확률에 의해서 가중평가된 확률변수값들의 합입니다.

해제 (1) A, B, C 3개의 동전을 던지면서 나오는 모든 경우의 수는 1개의 동전이 앞면과 뒷면의 2가지 경우의 수이므로 2^3이 된다. 앞면이 한 개도 안 나올 확률은 $P(X=0)=\frac{{}_3C_0}{2^3}=\frac{1}{8}$; 앞면이 한 개 나올 확률은 $P(X=1)=\frac{{}_3C_1}{2^3}=\frac{3}{8}$; 앞면이 두 개 나올 확률은 $P(X=2)=\frac{{}_3C_2}{2^3}=\frac{3}{8}$; 앞면이 세 개 나올 확률은 $P(X=3)=\frac{{}_3C_3}{2^3}=\frac{1}{8}$ 로 계산된다.

(2) 4장의 카드 중에서 2장을 꺼내는 모든 경우는 (1, 2), (1, 3), (1, 4), (2, 3), (2, 4), (3, 4)로 6가지이며(${}_4C_2=6$), X의 표본공간은 {3, 4, 5, 6, 7}이다. 모든 경우의 수는 $P(X=3)=\frac{1}{{}_4C_2}=\frac{1}{6}$; $P(X=4)=\frac{1}{{}_4C_2}=\frac{1}{6}$; $P(X=5)=\frac{2}{{}_4C_2}=\frac{1}{3}$; $P(X=6)=\frac{1}{{}_4C_2}=\frac{1}{6}$ $P(X=7)=\frac{1}{{}_4C_2}=\frac{1}{6}$ 로 계산되며, 이것을 확률분포표로 나타내면 다음과 같다.

X	3	4	5	6	7
$P(X=x_i)$	$\frac{1}{6}$	$\frac{1}{6}$	$\frac{1}{3}$	$\frac{1}{6}$	$\frac{1}{6}$

(3) $E(X)=1\cdot\frac{1}{4}+2\cdot\frac{1}{3}+3\cdot\frac{1}{4}+4\cdot\frac{1}{6}=\frac{3}{7}$

$$V(X)=\left(1-\frac{7}{3}\right)^2\cdot\frac{1}{4}+\left(2-\frac{7}{3}\right)^2\cdot\frac{1}{3}+\left(3-\frac{7}{3}\right)^2\cdot\frac{1}{4}+\left(4-\frac{7}{3}\right)^2\cdot\frac{1}{6}=\frac{19}{18}$$

$$S(X)=\sqrt{\frac{19}{18}}=\sqrt{\frac{38}{6}}$$

이산확률변수의 분포에는 '이항분포'(binomial distribution), 포아송분포(poisson distribution), 그리고 이항분포의 독특한 형태로 기하분포(geometric distribution), 초기하분포(hypergeometric distribution) 등이 있습니다.

이항분포

베르누이 시행

'이항분포'(binomial distribution)는 '베르누이 시행'(Bernoulli experiment)을 n번 반복하는 경우를 상정한 분포입니다. 베르누이(Jakob Bernoulli, 1654–1705)에 의해서 창안된 '베르누이 시행'이란 ⓐ 상호배타적인 두 가지 결론만을 가진 확률실험입니다. 두 가지 결론은 어떤 상황이 '발생하거나', '발생하지 않거나'의 상황이며 두 확률을 더하면 1이 됩니다. 동전던지기 시행은 대표적인 예입니다. 동전던지기에서 앞면이 나오는 상황이 발생하거나, 발생하지 않거나(즉, 뒷면이 나오는 상황이 발생하거나)의 두 가지 결과가 존재합니다.[8)] ⓑ 확률변수가 특정값을 취할 확률은 시행횟수에 관계없이 언제나 일정하다는 특성을 지니고 있습니다. 즉, 베르누이 실험에서 각 시행은 서로 독립적이고, '발생하거나' '발생하지 않는' 확률은 항상 일정하게 유지된다는 것입니다.

베르누이 시행에서 어떤 결과가 '발생하는' 확률을 ϕ, '발생하지 않는' 확률을 $(1-\phi)$로 표시하면 확률변수의 평균, 분산, 표준편차는 다음과 같이 표시됩니다.

$$\mu = E(X) = \sum_{i=1}^{2} x_i p_i = 1 \cdot \phi + 0 \cdot (1-\phi) = \phi$$

$$\sigma^2 = V(X) = \sum_{i=1}^{2} (x_i - \mu)^2 p_i = (0-\phi)^2(1-\phi) + (1-\phi)^2\phi = \phi(1-\phi)$$

$$\sigma = \sqrt{V(X)}$$

8) 두 가지 결과가 존재할 때, 두 가지 결과의 대비되는 각각의 확률값은 종류별로 다양하지만, 합계는 1로 나타납니다. 그 확률은 상황에 따라서 연구자가 정의하기도 하고, 경험적 증거로 얻어내기도 합니다.

	발생하는 확률	발생하지 않는 확률	확률 수치 결정	합계
동전던지기	앞면(0.5)	뒷면(0.5)	상식	1
기계 고장 검사	고장(0.003)	정상(0.997)	직관	1
소득자 분류	고소득(0.25)	저소득(0.75)	연구자 정의	1
세균 검사 결과	양성(0.00001)	음성(0.99999)	과거 환자 경험	1

이항실험이란 베르누이 실험을 n번 반복하는 것인데, 이항실험에서는 확률변수 X를 n번 시행하는데, 어떤 사건이 발생하거나 발생하지 않는 횟수에 초점이 있습니다. 특정 사건이 발생할 확률이 p이고 그 사건이 나타나지 않을 확률이 $q(=1-p)$일 때, n번의 베르누이 시행에서 특정 사건이 k번 나올 확률은 $P(X=k)={}_nC_k \cdot p^k \cdot q^{n-k}$가 되며, 확률변수 X의 확률분포가 이항분포입니다.

$X=k$	0	1	2	…	n	합계
$P(X=k)$	${}_nC_0p^0q^n$	${}_nC_1p^1q^{n-1}$	${}_nC_2p^2q^{n-2}$	…	${}_nC_np^nq^0$	1

시행횟수가 n이고 특정 사건이 발생할 확률이 p인 확률변수 X에 대한 이항분포의 평균, 분산, 표준편차는 다음과 같이 표시됩니다.

$$\mu = E(X) = n \cdot p$$
$$\sigma^2 = V(X) = n \cdot p \cdot (1-p) = npq$$
$$\sigma = \sqrt{V(X)}$$

예제 (1) 4개의 동전을 동시에 던지는 시행을 4번 반복할 때, 2개가 앞면이고, 2개가 뒷면이 되는 횟수를 확률변수 X라면, X에서 가능한 기대횟수와 확률분포를 구하고 분포의 성격을 규정해 보시오.

(2) 3개의 동전을 동시에 던질 때 앞면이 나오는 개수를 확률변수 X라고 한다. X의 평균과 분산을 구하시오.

해제 (1) 1회의 시행에서 2개가 앞면, 2개가 뒷면일 확률은 ${}_4C_2\left(\frac{1}{2}\right)^2\left(\frac{1}{2}\right)^2=\frac{3}{8}$이다. 따라서, 4회의 시행에서 2개가 앞면, 2개가 뒷면이 나올 기대횟수는 $k=0,1,2,3,4$이며, $P(X=k)=\sum_{k=0}^{4}\left(\frac{3}{8}\right)^k\left(1-\frac{3}{8}\right)^{4-k}$에 대입하여 계산한 다음의 도표가 확률분포가 된다.

$X=k$	0	1	2	3	4	계
$P(X=k)$	${}_4C_0\left(\frac{3}{8}\right)^0\left(\frac{5}{8}\right)^4$	${}_4C_1\left(\frac{3}{8}\right)^1\left(\frac{5}{8}\right)^3$	${}_4C_2\left(\frac{3}{8}\right)^2\left(\frac{5}{8}\right)^2$	${}_4C_3\left(\frac{3}{8}\right)^3\left(\frac{5}{8}\right)^1$	${}_4C_4\left(\frac{3}{8}\right)^4\left(\frac{5}{8}\right)^0$	1

결론적으로 실험을 통해서 나타난 결과는 단 두 가지로 각각의 확률은 시행횟수에 상관없이 $\frac{3}{8}$, $\frac{5}{8}$로 일정하기 때문에 분포의 성격을 이항분포로 규정할 수 있다.

(2) $E(X)=3\cdot\frac{1}{2}=\frac{3}{2}$; $V(X)=3\cdot\frac{1}{2}\cdot\frac{1}{2}=\frac{3}{4}$

이항분포를 따르는 확률변수 X의 분포에서 시행횟수 n의 크기가 충분히 큰 경우엔, 확률변수 X의 분포는 평균 np, 분산 npq인 정규분포에 가까워집니다. 이항분포는 이산확률분포인데, 정규분포는 연속확률분포입니다. 그럼에도 불구하고, 시행횟수 n의 크기가 충분히 큰 경우, 특정값들이 나올 확률을 특정값별로 계산하여 더하는 것이 아니고, 특정값과 특정값 사이의 범위에 대한 면적을 계산할 수 있다는 의미입니다.

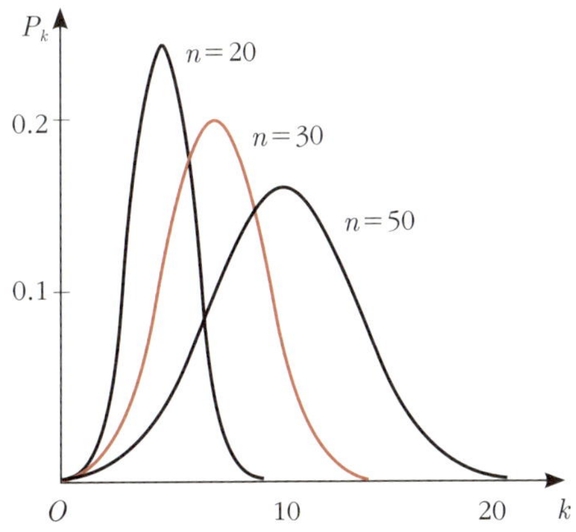

평균이 0이고, 편차가 1인 표준정규분포(즉 z의 분포)와 연관지어 나타낸다면, 다음과 같이 표시할 수 있습니다. 이항분포를 따르는 확률변수 X에서 어떤 시행에서 발생하는 횟수가 a와 b 사이의 영역에 있을 확률은 다음과 같이 표시됩니다.

$$P(a \leq X \leq b) = P(a \leq Z \leq b) = P\left(a \leq \frac{X - np}{\sqrt{npq}} \leq b\right)$$

예제 (1) 화살을 목표물에 명중하는 확률이 $\frac{2}{3}$로 나타난다. X를 명중하는 횟수를 나타내는 확률변수라고 하고, 어떤 사람이 8번의 화살을 쏘았을 때, $P(X>3)$을 구하시오.

(2) 주사위를 180회 던져서 5의 눈이 나온 횟수가 25회부터 35회까지 사이의 범위에 있을 확률을 구하시오.

(3) 주사위가 제대로 만들어졌는지를 판단하기 위해서 어떤 특정 주사위를 무작위추출하였다. 720회 던졌는데, 4의 눈이 97회가 나왔다. 주사위가 제대로 만들어졌는지 아닌지를 유의수준 5%로 판정하시오.

해제 (1)
$$\begin{aligned} P(X > 3) &= P(X = 4) + P(X = 5) + P(X = 6) + P(X = 7) + P(X + 8) \\ &= \sum_{n=4}^{8} P(X = n) \\ &= \sum_{n=4}^{8} \binom{8}{n} \left(\frac{2}{3}\right)^{n} \left(\frac{1}{3}\right)^{8-n} \end{aligned}$$

이상을 계산할 수도 있지만, 누적이항분포표(cumulative binomial distribution table)를 활용하면 $P(X>3)=0.912$인 것을 알 수 있다.

(2) 해당 확률변수는 시행횟수 180번, 특정 사상이 발생할 확률 $\frac{1}{6}$인 이항분포를 따른다고 할 수 있으므로, $E(X)=180\cdot\frac{1}{6}=30$, $V(X)=npq=180\cdot\frac{1}{6}\cdot\frac{5}{6}=25$로 계산된다. 시행횟수가 180번으로 상당히 크다고 할 수 있으므로, 해당 이항분포는 정규분포를 따른다고 봐도 무방하다.

$$z = \frac{x_i - \mu}{\sigma} = \frac{X - 30}{\sqrt{npq}}$$

$$P(25 \le X \le 35) = P\left(\frac{25-30}{5} \le z \le \frac{35-30}{5}\right) = P(-1 \le z \le 1) = 0.6826$$

(3) 가설을 "주사위가 옳게 만들어졌다"라고 하고, 이 가설을 받아들이거나 받아들이지 않거나 하는 상황이다. 주사위가 옳게 만들어졌다라는 것은 4의 눈이 지나치게 많이 나와도 안 되고 지나치게 적게 나와도 안 된다. 따라서 이 문제는 양측검정의 형식을 띠게 된다. 주사위를 던지는 상황은 '이항분포'(binomial distribution)를 따르며, 주사위가 옳게 만들어졌으면 예상되는 수학적 확률은 한 눈금당 각각 $\frac{1}{6}$로 일정하다. 따라서 4의 눈금이 나올 기대값 $E(x) = 720 \times \frac{1}{6} = 120$, $\sigma(X) = \sqrt{V(X)} = \sqrt{720 \cdot \frac{1}{6} \cdot \frac{5}{6}} = 10$이므로 현재 이항분포 상황의 확률변수는 시행횟수가 아주 크므로 표준정규분포를 근사하게 따른다고 할 수 있다.

95%의 신뢰수준에 해당하는 z의 값이 표준정규분포표에 의하여 1.96으로 나타나므로 $P(-1.96 \le z \le 1.96) = 0.95$, $P\left(-1.96 \le \frac{X-120}{10} \le 1.96\right) = 0.95$에 해당하는 확률변수 X의 범위를 구하면 $100 < X < 140$이 된다. 이것은 주사위가 옳게 만들어져서 모든 눈금이 동일하게 나올 확률을 지닌다면, 확률변수 X는 95%의 확률로서 $100 < X < 140$이 되어야 함을 의미한다. 문제에서 제기된 현재의 상황은 충분히 많은 횟수의 실험을 했음에도 불구하고 97번이므로 확률 5%에서만 일어나는 상황이 벌어지고 있는 것이다. 결론적으로 주사위는 옳게 만들어지지 않고 있음을 95%의 신뢰수준으로 검증하게 된다.

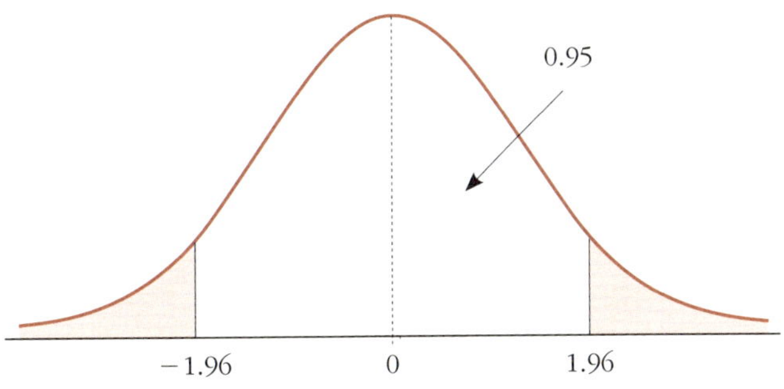

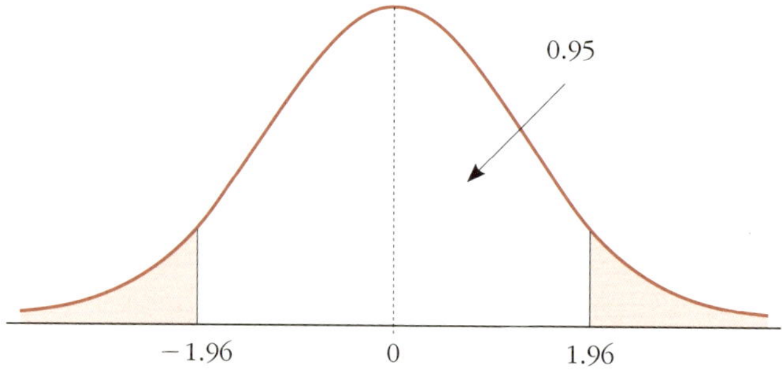

여기서 가설을 기각한다는 것은 주사위를 720회 던졌을 때, 4의 눈이 97회 나오는 것이 드문 일이라는 의미이며, 정상적인 주사위에서는 잘 일어나지 않을 확률이라는 의미에서 가설을 기각하는 것이다. 개념도는 다음과 같다.

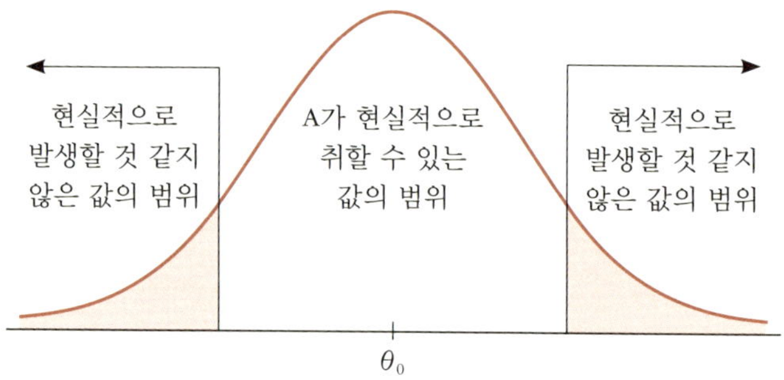

기하분포(幾何分布)

기하분포(幾何分布, geometric distribution)는 이항분포의 변형된 분포입니다. 사회현상은 주사위를 던졌을 때처럼, 성공과 실패의 확률이 반복되는 사건들 속에서 일정하게 유지되는 것이 아니라 변한다고 가정하는 것이 더 자연스러울 것입니다. 기하분포는 베르누이 시행을 반복하는 경우를 상정할 때, $x-1$회까지는 실패가 q의 확률로 출현하고 x회에 비로소 성공이 p의 확률로 출현하는 확률분포를 말합니다. 확률 p는 상수로 표시되며 확률변수 x는 이산형인 함수 $f(x) = q^{x-1} \cdot p$로 표시됩니다. 평균과 분산은 다음과 같습니다.

$$\mu(x) = \frac{1}{p}$$

$$\sigma^2 = \frac{q}{p^2}$$

예제 평소에 학문 세계에 몰두하여 일상생활에선 두서없고 정신없는 교수가 있는데 5개 연구실에 대한 사용권을 갖고 있다. 문제는 5개 연구실의 모든 열쇠들이 너무 비슷하게 생겨서 교수는 항상 5개의 열쇠를 실험하여 문을 열고 들어가는 고충 속에서 생활하고 있다. 그는 열쇠 체인 속에서 항상 임의로 처음 잡히는 열쇠부터 사용한다. 처음 잡히는 열쇠를 시작으로 계속 한 개씩 사용하여 해당 문이 열릴 때까지 실험을 계속한다. 확률변수 X가 열쇠를 사용하는 횟수라고 할 때, 교수의 평균 열쇠 사용횟수의 평균값과 분산값을 구하고, 해당 확률변수의 분포의 성격을 규정해 보시오.

해제 정신없는 교수가 몇 번을 시행하여 맞는 열쇠를 고를지는 확신할 수 없지만, 올바른 열쇠를 선택하는 순간에 시행을 멈추게 될 것임은 분명하다.
첫 번째에 올바른 열쇠를 선택할 확률: $P(X=1) = \frac{1}{5}$
첫 번째는 틀린 열쇠,
두 번째에 올바른 열쇠를 선택할 확률: $P(X=2) = \left(\frac{4}{5}\right)\left(\frac{1}{5}\right)$
처음 두번 틀린 열쇠,
세 번째에 올바른 열쇠를 선택할 확률: $P(X=3) = \left(\frac{4}{5}\right)^{k-1} \cdot \left(\frac{1}{5}\right)$

이것은 이항분포와 유사하지만, 이항분포를 규정하는 성격과는 차이가 있음을 알 수 있다. 성공하는 확률은 그것으로 시행이 끝나기 때문에 한 번만 시행하게 된다. 확률분포 X는 $P(X=k) = \left(\frac{4}{5}\right)^{k-1} \cdot \left(\frac{1}{5}\right)$ 로 규정되는 기하분포의 성격을 지닌다.

초기하(超幾何)분포

이항분포는 어떤 확률변수가 시행을 통해서 나타나는 결과는 두 가지로 한정되고, 특정 결과가 나타날 확률이 시행횟수에 상관없이 항상 일정한 경우에 적용되는 분포 유형입니다. 이러한 가정하에서 시행횟수가 상당히 큰 경우엔 그 분포의 성격이 정규분포에 근접하는 성격을 나타내므로 정규분포의 성질을 유용하게 이용하고 있음을 설명한 바 있습니다. 하지만, "같은 조건 밑에서" 몇 번이고 반복할 수 없는 상황이거나(즉, 복원추출을 할 수 없는 경우이거나) 시행횟수가 상당히 적은 경우(즉, 모집단의 크기가 아주 작은 경우), 연구자는 '초기하분포'(hypergeometric distribution)를 사용할 수 있습니다. '초기하분포'는 한정된 크기의 모집단을 대상으로 표본을 추출한 경우 그 표본 속에 연구자가 관심 있는 원소가 섞여 있을 확률을 추정하는 데 사용되는 분포 유형입니다.

N개의 원소를 지닌 한정된 작은 모집단에 관심의 대상이 되는 원소가 R개 있다고 하면, n개의 원소를 지닌 표본에 관심의 대상이 되는 원소가 r개 섞여 있을 확률, 평균, 분산은 다음과 같이 표시됩니다.

$$P(X=x)=\frac{{}_{R}C_{x}\cdot{}_{N-R}C_{n-x}}{{}_{N}C_{n}}$$

$$\mu=n\cdot\frac{R}{N}$$

$$\sigma^2=n\cdot\frac{R}{N}\cdot\left(1-\frac{R}{N}\right)\cdot\left(\frac{N-n}{N-1}\right)$$

$\left(\frac{N-n}{N-1}\right)$이란 '유한모집단 조정계수'인데 모집단의 원소의 수가 표본의 원소의 수와 비교하여 큰 차이가 난다면 결국 $(N-n)\fallingdotseq(N-1)$이 되어 1로 계산이 될 것입니다.[9] 이런 경우엔, 초기하분포의 평균과 분산이

9) 이 계수는 "표본평균의 표본분포"를 계산할 때 모집단의 크기가 크지 않은 경우에도 사용

$\mu = n \cdot \frac{R}{N}$, $\sigma^2 = n \cdot \frac{R}{N} \cdot \left(1 - \frac{R}{N}\right)$이 되어 $\frac{R}{N} = p$인 이항분포 유형을 갖게 될 것입니다. 초기하분포의 경우엔 N의 절대적 크기가 커질 수는 없고, N이 작아도 R의 크기가 상대적으로 아주 작다면 N의 크기가 큰 효과가 생겨 이항분포에 근사한 분포유형을 갖게 됩니다. 일반적으로 R이 N의 크기에 5% 이하이면 N이 크다고 보아 분산을 $\sigma^2 = n \cdot \frac{R}{N} \cdot \left(1 - \frac{R}{N}\right)$로 계산합니다.

예제 사병 훈련소에서 한 집단을 100명으로 하여 조를 구성하여 체력단련 훈련을 한다. 체력단련 훈련을 마치고 각 조에서 5명을 뽑아서 훈련을 제대로 받았는지 검사를 받는다. 만약 5명이 모두 검사를 통과하면 그 조는 체력단련 훈련을 통과한다. 만약 20명을 한 조로 하여, 그 중에서 5명을 뽑을 때, 낙오자의 수는 어떤 확률분포를 이루는지 그 확률분포의 성격을 규정해 보시오.

해제 $P(X = x) = \frac{\text{5명을 추출했을 때 낙오자 } x\text{명을 포함하는 방식의 수}}{\text{5명을 추출하는 가능한 방식의 전체수}}$로 표시된다.

100명 중에서 5명을 추출하는 방식의 전체수는 $\binom{100}{5}$으로 표시된다.

20명에서 x명의 낙오자가 포함되는 방식의 수는 $\binom{20}{x}$으로 표시된다. 이런 경우, 낙오하지 않는 $(5-x)$가 80명$(=100-20)$으로부터 포함되는 방식의 수는 $\binom{80}{5-x}$가 된다. 기대값적 개념에 의해서 100명에서 x명의 낙오자를 얻는 방식은 $\binom{20}{x} \cdot \binom{80}{5-x}$가 된다.

결론적으로 $P(X = x) = \frac{\binom{20}{x} \cdot \binom{80}{5-x}}{\binom{100}{5}}$로 표시되므로 초기하분포의 형식을 취하고 있다. 문제는 x= 0,1,2,3,4,5,6인 경우에 대하여 구하면 될 것이다.

했었음을 기억하실 것입니다.

포아송분포

포아송(Siméon-Denis Poisson, 1781-1840)에 의해서 주창된 포아송분포는 단위 시간, 단위 면적, 단위 공간에서 일어나는 '무작위 발생횟수'에 대한 확률분포입니다. 연속적인 시간이나 공간상에서 무작위적이고 독립적으로 발생하는 사건들을 전제로 하는 분포 형태라고 할 수 있습니다. 어떤 대상을 평가할 때, 일반적인 형태는 어떤 단위를 중심으로 하기 때문에 포아송분포는 매우 유용한 개념입니다. 어떤 단위 시간에 발생하는 사건의 수, 어떤 면적에서 발견되는 결점의 수 등에 대한 평가의 준거점(reference point)으로 작용할 수 있습니다.

이항분포와 비교했을 경우에도 포아송분포 모형은 모수에 대한 기대값이란 단 하나의 정보(즉, 단위 시간이나 공간에서 발생하는 사건의 평균 기대횟수)만으로 간결한 형태를 띠고 있어서 이론적으로 강력한 형식을 지닌 것으로 평가됩니다. 확률변수 X를 단위 시간이나 단위 공간 내에 발생하는 사건횟수라고 할 때, 사건횟수가 n이고 발생확률이 p라면, 포아송분포에서 평균값(기대값)은 $\mu = E(X) = np$ 이며, 분산은 $\sigma^2 = np$ 입니다. 포아송분포에서는 평균과 분산이 같은 값으로 표시되며, 포아송분포를 따르는 확률변수 X에서 k번의 사건이 발생했다면 다음과 같이 표시됩니다.

$$P(X = k) = \frac{e^{-np} \cdot (np)^k}{k!}$$

예제 식당 주방에서 한 식기세척자는 평균 2.5개의 접시를 깬다. 식당 사장은 식당 운영의 재정 구조상 5장 이상을 깨면 그 식기세척자를 다른 종업원으로 교체하려는 의도를 갖고 있다. 그렇지 않다면 그 종업원을 계속 고용할 예정이다. 식기세척자가 4장 이하의 접시를 깰 확률과 정확하게 4장을 깰 확률을 구하시오.

해제 포아송확률분포 $P(X = k) = \frac{e^{-np} \cdot (np)^k}{k!}$를 계산하면 된다.

$$P(X = x) = \frac{e^{-2.5} \cdot (2.5)^x}{x!}$$

4장 이하를 깰 확률은 1장, 2장, 3장, 4장을 깰 각각의 확률을 더한 값이므로 포아송 누적확률분포표를 이용하면 기대값 2.5에 해당하는 부분을 찾아야 하는데, 그 값이 없으므로 2.4와 2.6 사이의 해당 값을 찾아서 그 값들을 평균한 값을 구해야 한다.

$P_{2.4}(X \leq 4) = .904$이고, $P_{2.6}(X \leq 4) = .877$이므로 $P_{2.5}(X \leq 4) = .891$

정확하게 4장을 깰 확률은 $P(X=4) = P(X \leq 4) - P(X \leq 3)$이 된다.

$P_{2.4}(X \leq 3) = .779$, $P_{2.6}(X \leq 3) = .736$이므로 $P_{2.5}(X \leq 3) = .758$이 된다.

결론적으로 $P(X=4) = .891 - .758 = .133$이 된다.

III 연속확률변수

'확률변수'의 값이 제한된 값만을 취하지 않고 연속선상의 무수히 많은 값들을 취하는 것이 연속확률변수입니다. 취할 수 있는 값이 무한한 경우엔 이산확률변수처럼 확률변수가 정확히 하나의 값을 취할 확률을 계산할 수 없으며 일정 구간 내에 있을 확률을 계산합니다. 유한한 값을 취할 수 있는 경우엔 전체 도수에 대한 '상대적 도수'를 구했지만, 무한한 값이어서 일정 구간 내에 있는 것으로 간주할 때는 전체 면적에 대한 '상대적 면적'을 구하게 됩니다. 이산확률변수에서 상대적 도수의 개념이 연속확률변수에선 상대적 면적의 개념에 해당하는 셈입니다.

연속확률변수는 어떤 구간에 속하는 모든 실수값을 취할 수 있는 확률변수이기 때문에, 확률변수 X의 값이 α와 β 사이의 범위에 있을 때

$(\alpha \le X \le \beta)$, $P(\alpha \le X \le \beta) = \int_\alpha^\beta f(x)\,dx$ 와 같이 적분(積分, integral) 기호로 표시됩니다. 함수 $f(x)$는 X의 확률밀도함수인데 그 성질은 다음과 같습니다.

ⓐ $P(\alpha \le X \le \beta) = \int_\alpha^\beta f(x)\,dx = 1$ $(f(x) \ge 0)$: 함수 $f(x)$는 확률변수 X의 분포곡선이며, 그 면적의 합은 1이 됩니다. $f(x) \ge 0$인 조건하에서 확률변수 X가 취할 수 있는 범위에서 확률의 합은 1로 표시됩니다. ⓑ $\alpha \le a < b \le \beta$일 때, X가 a와 b 사이에 있을 확률은 $P(a \le X \le b) = \int_a^b f(x)\,dx$ 로 표시됩니다. ⓒ 확률변수 X가 취하는 범위에서 등호의 유무에 상관없이 $P(a \le X \le b) = P(a \le X < b) = P(a < X \le b) = P(a < X < b)$입니다.

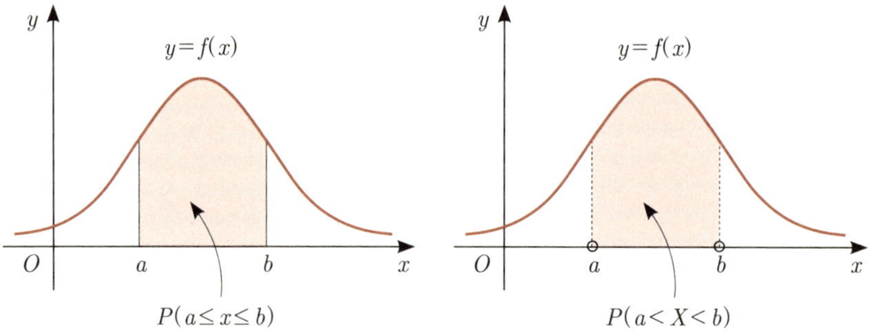

$p(a \le x \le b) = P(a < X < b)$

연속확률변수에서 확률변수 X가 확률밀도함수 $f(x)$의 형식을 취하며 '정의역'이 $[\alpha, \beta]$일 때,[10] 확률변수 X의 기대값(즉 평균), 분산, 표준편차는 다음과 같이 표시됩니다.

$$\mu = E(X) = \int_\alpha^\beta x \cdot f(x)dx$$

$$\sigma^2 = V(X) = \int_\alpha^\beta (x-m)^2 \cdot f(x)dx = E(X^2) - m^2$$

10) X에서 Y로의 함수 $f: X \to Y$에서 $x \in X$에 $y \in Y$가 대응할 때 $y = f(x)$로 나타냅니다. 집합 X를 함수 f의 '정의역', 집합 Y를 함수 f의 '공역'이라고 합니다. x를 독립변수, y를 종속변수라고도 합니다. 그렇게 본다면, '정의역'이란 독립변수들의 전체 집합이고, '공역'이란 종속변수들의 전체 집합이 됩니다.

$$\sigma = \sqrt{V(X)}$$

예제 확률변수 X가 분포곡선 $f(x)=6x(1-x)$ $(0 \le X \le 1)$인 경우, 확률 $P\left(0 < X \le \frac{1}{3}\right)$을 구하시오.

해제 $P\left(0 < X \le \frac{1}{3}\right) = \int_0^{\frac{1}{3}} 6x(1-x) = [3x^2 - 2x^3]_0^{\frac{1}{3}} = \frac{7}{27}$

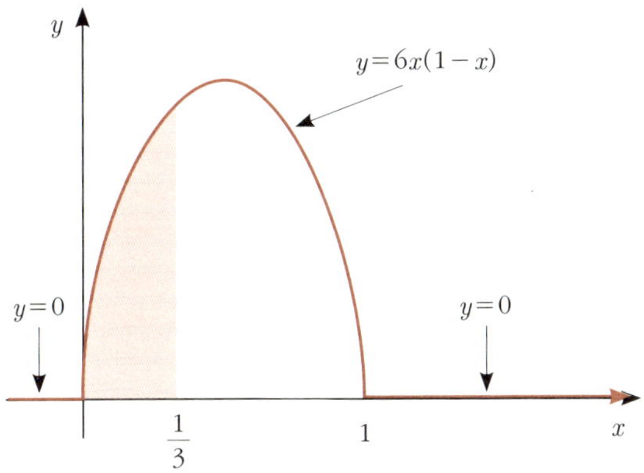

분포곡선 $f(x)=6x(1-x)$ $(0 \le X \le 1)$에서 확률변수 X가 0과 $\frac{1}{3}$ 사이에 있을 확률은 면적으로 표시될 수 있으며 그 값은 25.9%가 됩니다.

정규분포와 표준정규분포

연속확률변수 X의 분포곡선인 확률밀도함수 $f(x)$가 특별히 $f(x) = \frac{1}{\sigma\sqrt{2\pi}} \cdot e^{-\frac{1}{2}\left(\frac{x-\mu}{\sigma}\right)^2}$ $[\pi = 3.141592;\ e = 2.71828;\ -\infty < x < \infty]$인 경우 확률변수 X가 '정규분포'(normal distribution)를 따른다고 말합니다. 여기서 $\pi = 3.141592$는 원주율에 해당하는 상수이고, $e = 2.71828$은 자연로그(natural log)의 밑에 해당하는 상수입니다. '정규분포'(normal distribution)는 주

창자 가우스(Karl Gauss, 1777－1855)의 이름을 따서 '가우스 분포'(Gaussian distribution)라고도 합니다.

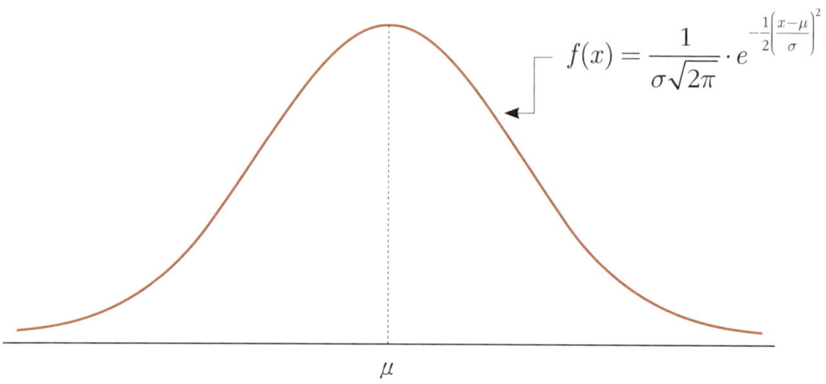

'정규분포곡선'의 모양은 하나의 봉우리(단봉성)를 지니면서 평균값을 중심으로 좌우 대칭의 '종(鐘)모양'(bell type)으로 나타납니다. 보다 구체적으로 '정규분포'란 다음과 같은 특성을 갖습니다. ⓐ 정규분포곡선은 평균값에서 최고점으로 나타나는 좌우 대칭형의 종모양을 이룹니다. 종모양은 평균값과 표준편차값에 따라서 변하게 되는데, 평균값이 클수록 종의 가운데 부분이 위로 치솟은 종모양이며, 표준편차값이 클수록 옆으로 퍼진 종모양이 됩니다. ⓑ 정규분포곡선의 종모양에서 곡선 아래의 면적은 100%로 합니다. 면적의 크기가 곧 확률의 크기입니다. ⓒ 양 극단은 점근적(漸近的, asymptotic)이어서 무한대로 가지만 가로축과는 만나지 않습니다. 이것은 평균보다 매우 작은 값이나 매우 큰 값이 나타날 확률은 0에 가깝지만 0는 아니라는 것을 의미합니다($-\infty < x < \infty$).

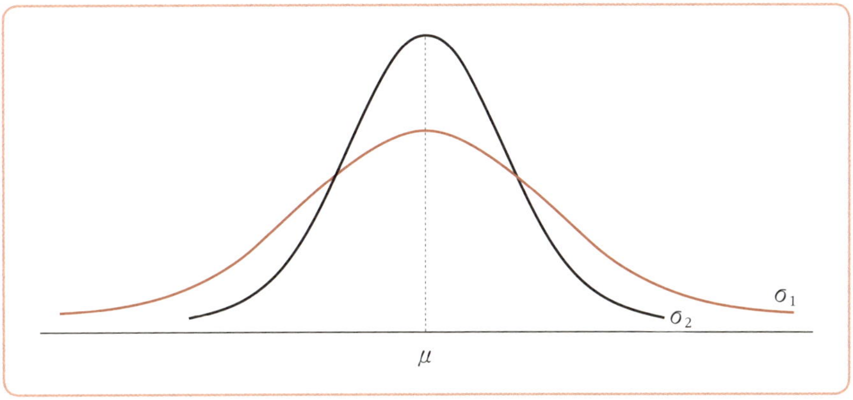

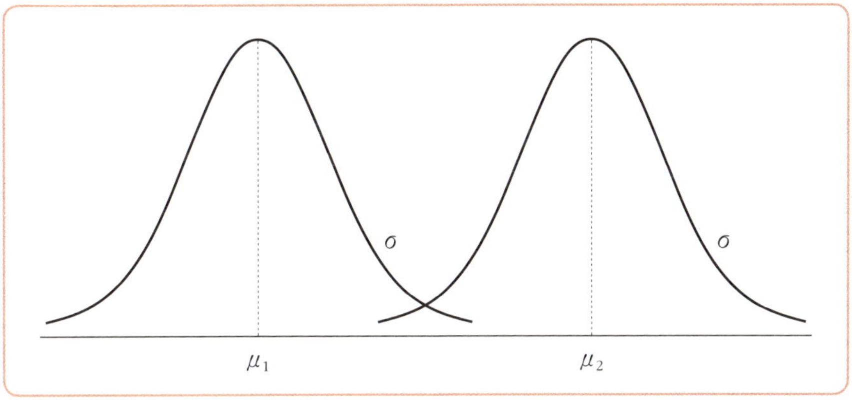

경험적으로 정규분포를 중시하는 이유는 자연현상이나 사회현상 속에서 정규분포를 따른다고 생각되는 확률변수들이 대단히 많이 있기 때문입니다.[11] 정상적인 생산과정 속에서 만들어진 제품들의 길이, 무게, 수명, 인간의 키, 몸무게, 수명 등은 정규분포곡선을 따르는 것으로 간주됩니다. 또한 집단을 이루는 표본의 크기가 30개 이상이고 그것을 상대적 위치로 재배열할 수 있다면 거의 모든 분포가 정규분포를 따르는 것으로 간주됩니다.[12]

11) 용어를 번역함에 있어서 normal distribution을 '정상분포'로 해석하는 경우도 종종 있습니다. 그만큼 실생활 속에서 정상적이라면 해당 정규분포를 따른다는 의미에서 normal이란 용어가 사용된 것으로 이해해 볼 수 있습니다. 그렇다면 여타의 분포형태들은 비정상분포일까요? 아무튼 해석을 어떻게 하는가에 따라서 느낌이 너무도 다름을 알 수 있습니다.

12) 최근에는 이것을 20개로 보기도 합니다. '중심극한정리'나 '이항분포'에서 보듯이 모집단이 정규분포가 아닌 경우에도 정규분포의 특성이 원용되어 사용될 수 있습니다.

여러 가지 사회현상이나 자연현상을 분석함에 있어서 정규분포의 개념을 보다 일반화하여 사용할 수 있도록 '표준정규분포'를 사용합니다. '표준정규분포'란 사실상 통계학의 가장 중심이 되는 분포형태로 평균이 0이고, 편차가 1로 정규분포를 표준화해 놓은 것입니다. 이때, 정규확률변수를 표준화시키는 기제가 바로 'Z값'($=\frac{X-\mu}{\sigma}$)인데, 특정 관측값과 평균값의 차이를 표준편차값으로 나누어 산출한 값입니다. 어떤 특정 관측값의 편차값을 표준편차값으로 나누면 어떤 집단에서나 상대적 위치가 결정될 것입니다. 따라서 '표준정규분포'란 평균값을 0으로 하고 표준편차를 1로 하여 집단 속에서의 상대적 위치를 나열해 놓은 분포라고 볼 수 있습니다. 표준정규분포는 정규분포곡선에 평균 0, 표준편차 1을 대입한 곡선이 됩니다. 정규분포곡선의 함수가 $f(x)=\frac{1}{\sigma\sqrt{2\pi}}e^{-\frac{1}{2}\left(\frac{x-\mu}{\sigma}\right)^2}$이므로 여기에 평균($\mu$) 0, 표준편차($\sigma$) 1을 대입하면 '표준정규분포곡선'의 함수는 $f(x)=\frac{1}{\sqrt{2\pi}}e^{-\frac{1}{2}(x)^2}$이라는 것을 알 수 있습니다. 앞서 언급한 바 있는, "정규분포곡선의 법칙"을 표준정규분포곡선하에서 나타내면 다음과 같습니다.

Z값

표준정규분포곡선

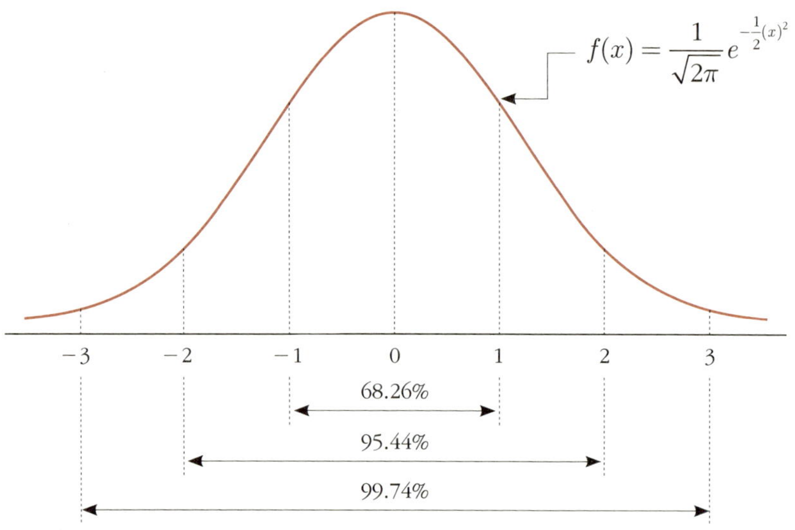

확률변수 X가 정규분포를 따를 때, Z값은 표준정규분포를 따르는 것이므로, 표준정규분포의 면적과 Z값의 관계를 다음과 같이 나타낼 수 있을 것입니다. 표준정규분포표는 각 Z값에 해당하는 정규분포곡선의 면적을 나타내고 있습니다.

해당 Z값과 면적값	분포곡선에서 면적으로 표시되는 확률을 나타낸 개념도
$P(\mu-\sigma \le X \le \mu+\sigma)$ $= P\left(-1 \le \frac{X-\mu}{\sigma} \le 1\right)$ $= P(-1 \le Z \le 1)$ $= 0.6826$	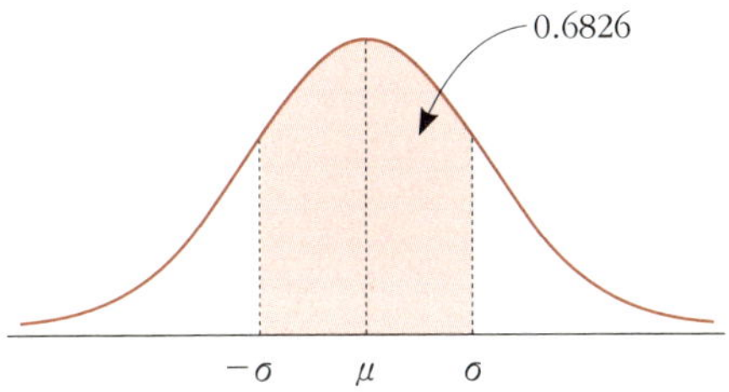
$P(\mu-2\sigma \le X \le \mu+2\sigma)$ $= P\left(-2 \le \frac{X-\mu}{\sigma} \le 2\right)$ $= P(-2 \le Z \le 2)$ $= 0.9544$	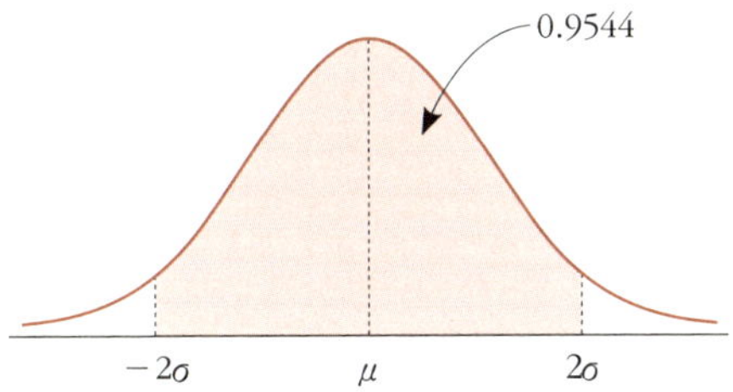
$P(\mu-3\sigma \le X \le \mu+3\sigma)$ $= P\left(-3 \le \frac{X-\mu}{\sigma} \le 3\right)$ $= P(-3 \le Z \le 3)$ $= 0.9974$	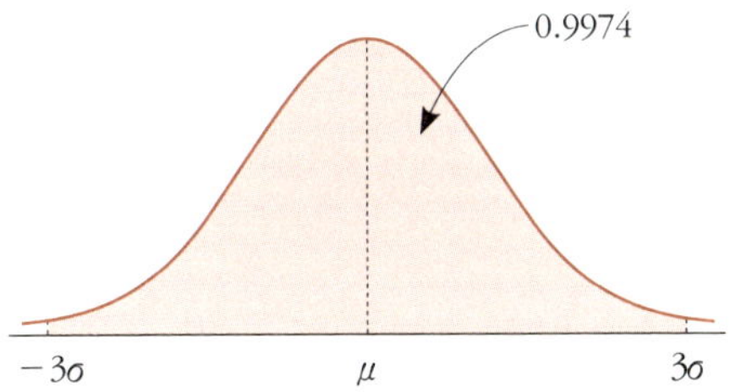

예제 국가는 사회생활 보호대상자들에 대해서 정부 보조금을 지급하려고 한다. 실력과 정의감에서 탁월한 공무원 Y는 3등급 사회생활 보호대상자들을 대상으로 그들의 개인 연평균 소득을 조사해 본 결과, 평균소득이 800만원이고, 표준편차는 40만원인 정규분포라고 정부에 보고서를 올렸다. 이후 정부에선 Y의 보고서를 참조하여 3등급 사회생활 보호대상자의 연평균 소득범위를 778만원에서 834만원으로 결정하였다. 그 직후 공무원 Y는 어떤 지방에 파견되어 100명의 사회보호 대상자들을 조사하게 되었는데, 그들의 연평균 소득이 778만원에서 834만원 사이에 올 확률을 계산해 보시오.

해제 778만원에 해당하는 Z값과 834만원에 해당하는 Z값을 구한 후에, Z값을 갖고 그 확률분포를 표현한 '표준정규분포표'를 이용하여 면적을 계산하면, 그것이 곧 확률이 됩니다.

$$
\begin{aligned}
& P(788 < X < 834) \\
&= P\left(\frac{778-\mu}{\sigma} < Z < \frac{834-\mu}{\sigma}\right) \\
&= P\left(\frac{778-800}{40} < Z < \frac{834-800}{40}\right) \\
&= P(-.55 < Z < .85) \\
&= P(Z < .85) - P(Z < .55) \\
&= .802 - (1 - .709) \\
&= .511
\end{aligned}
$$

결론적으로, 공무원 Y는 778만원과 834만원 사이에 있을 확률을 51.1%라고 말할 수 있습니다.

정규분포와 신뢰구간

표본을 가지고 모집단을 추측하는 것을 '통계적 추정'이라고 합니다. 이

점추정 때 모집단의 모수를 추정하는 방식은 '점추정'(point estimation)과 '구간추정'

(interval estimation)의 두 가지 방식이 있습니다. 통계적 방법으로는 '값추정'이 모집단의 모수와 일치한다는 확신을 갖기는 어렵습니다. 오히려 일정수준 이상의 확신을 갖고 모수가 포함되는 구간을 추정하게 됩니다. 구간추정

모집단의 미지수가 존재하는 범위를 표본에서 추정하는 경우, $P(a \leq$ 미지수$\leq b) = (1-\alpha)$가 되도록 a와 b를 표본에서 추정할 때 '구간추정'이라고 하고, $[a, b]$를 신뢰구간이라고 합니다. a는 신뢰구간의 하한이 되고, b는 신뢰구간의 상한이라고 하며, $(1-\alpha)$를 신뢰수준(confidence level)이라고 합니다. 일반적으로 가장 많이 사용하는 신뢰수준은 95%이며, 좀더 엄밀한 기준으로 99%의 신뢰수준을 사용합니다. 간혹 90%의 신뢰수준을 이용하는 경우도 있습니다.

신뢰구간과 신뢰수준은 일종의 상충관계(trade-off)에 있습니다. 높은 신뢰수준으로 추정하는 것은 더 넓은 신뢰구간을 확보할 때 가능하므로, 신뢰수준이 높다는 것은 더 넓은 신뢰구간으로부터 추정했다는 의미가 됩니다. 더 넓은 신뢰구간으로부터 추정해야만 보다 높은 신뢰수준을 갖고서 추정할 수 있기 때문입니다. 상대적으로 높은 신뢰수준은 넓은 신뢰구간을 갖고 있으니 낮은 신뢰수준과 비교하여 정확성이 떨어지는 상태가 됩니다. 즉 정확성이 낮아지는 것을 담보로 하여 높은 신뢰수준을 얻은 것이며, 그런 의미에서 신뢰구간과 신뢰수준은 일종의 상충관계에 있는 것입니다. 그림에서 면적이 신뢰수준이 됩니다.

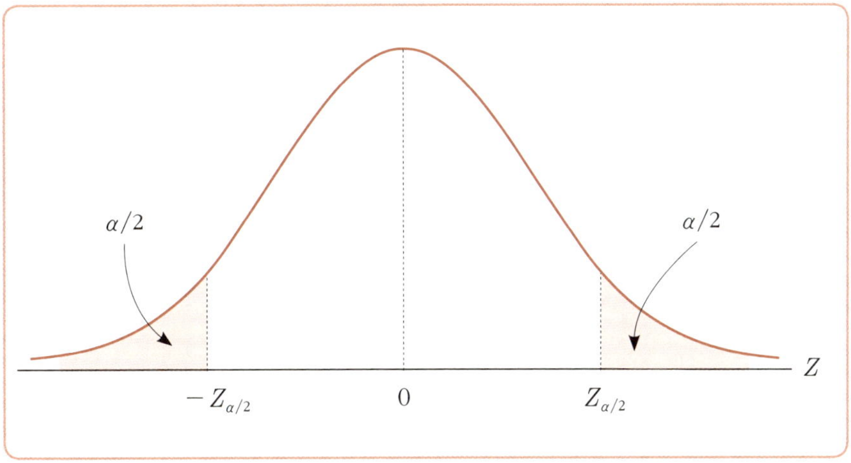

α	신뢰수준: $(1-\alpha)\cdot 100\%$	$\alpha/2$	$Z_{\alpha/2}$
0.01	99%	0.005	2.576
0.05	95%	0.025	1.960
0.10	90%	0.050	1.645

모집단이 정규분포를 이루거나, 모집단이 정규분포를 이루지 않아도 앞서 언급했던 '중심극한정리'에 의해 "표본평균의 분포"는 평균이 μ(즉 $\bar{x}$ 들의 평균 μ), 표준편차가 $\frac{\sigma}{\sqrt{n}}$인 정규분포를 이룹니다. 모집단의 미지수가 존재하는 범위를 표본에서 추정하는 경우, $P(a \leq \text{미지수} \leq b) = (1-\alpha)$가 되도록 a와 b를 표본에서 추정하는 것이 '구간추정'이므로

$$P\left(-Z_{\alpha/2} \leq \frac{\bar{x}-\mu}{\sigma/\sqrt{n}} \leq Z_{\alpha/2}\right) = (1-\alpha)$$

$$P\left(\bar{x} - Z_{\alpha/2} \cdot \frac{\sigma}{\sqrt{n}} \leq \mu \leq \bar{x} + Z_{\alpha/2} \cdot \frac{\sigma}{\sqrt{n}}\right) = (1-\alpha)$$

모집단의 평균 μ가 확률 $(1-\alpha)$의 수준으로 $\bar{x} - Z_{\alpha/2}\frac{\sigma}{\sqrt{n}}$와 $\bar{x} + Z_{\alpha/2}\frac{\sigma}{\sqrt{n}}$ 사이에 있다는 의미가 됩니다.[13] 모집단의 평균 μ가 $\bar{x} - Z_{\alpha/2}\frac{\sigma}{\sqrt{n}}$와 $\bar{x} + Z_{\alpha/2}\frac{\sigma}{\sqrt{n}}$ 사이에 있을 확률이 $(1-\alpha)$라는 표현도 가능할 것입니다.

여기서 $Z_{\alpha/2}$는 표준정규분포표에서 오른쪽(또는 왼쪽) 끝부분의 넓이가 $\alpha/2$에 해당하는 Z값이 됩니다. 따라서, 모집단에서 임의로 추출한 n개의 표본에서 표본평균 $\bar{x}$를 계산한 후에 "모집단의 평균은 μ이다"라는 가설을 검정할 때, 가설검정은 다음과 같이 하면 됩니다.

13) 만약 모집단의 표준편차 σ에 대한 정보가 없어도 표본의 크기가 30 이상이면 표본의 표준편차 s가 모집단의 표준편차 σ에 근접하는 성격을 이용하여 표본의 표준편차 s를 그냥 사용합니다. $n \geq 30$인 표본을 이용하여 s를 계산한 후 σ 대신 사용하게 됩니다.

가설검정의 형태	내용	그림
95% 양측검정	$\overline{x}$ 를 계산하여 $\overline{x}$ 의 값이 $\overline{x} \geq \mu + 1.96 \cdot \dfrac{\sigma}{\sqrt{n}}$ 이거나 $\overline{x} \leq \mu - 1.96 \cdot \dfrac{\sigma}{\sqrt{n}}$ 이면, 가설을 기각한다.	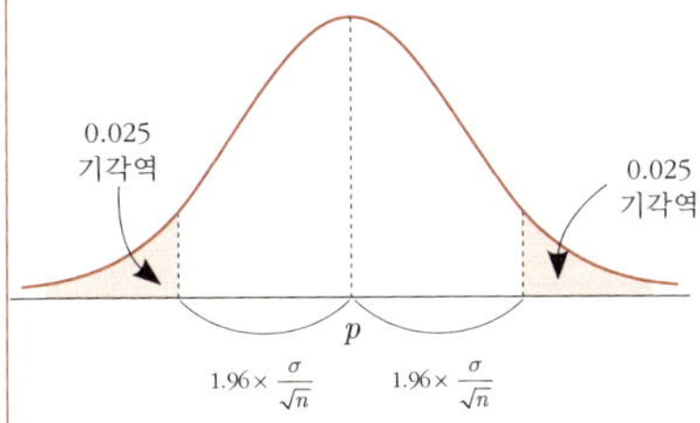
99% 양측검정	$\overline{x}$ 를 계산하여 $\overline{x}$ 의 값이 $\overline{x} \geq \mu + 2.58 \cdot \dfrac{\sigma}{\sqrt{n}}$ 이거나 $\overline{x} \leq \mu - 2.58 \cdot \dfrac{\sigma}{\sqrt{n}}$ 이면, 가설을 기각한다.	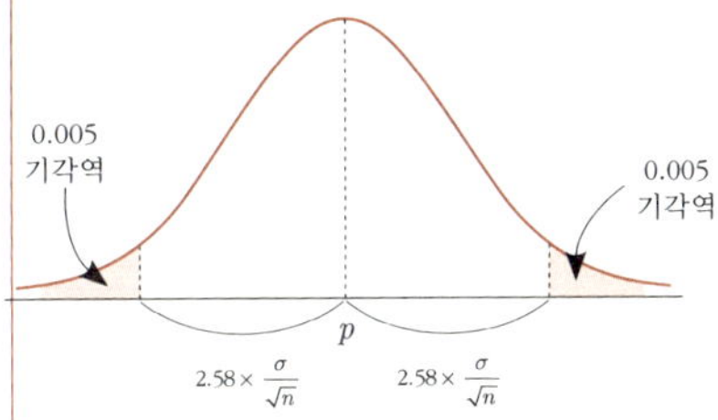

모집단 평균

모집단의 성격을 추정하기 위한 것에는 '모집단 평균' 이외에도 '모집단 비율'의 경우도 있는데 다음과 같습니다. 예를 들면, 선거에서의 지지율 조사와 같은 것은 그 대표적인 것인데, 유권자 전체 모집단에서 n명을 추출하였을 때, 특정 후보를 지지하는지 여부를 조사하면 베르누이 시행으로서 이항분포를 따르며, 유권자 지지율의 신뢰구간을 정할 수 있습니다. 유권자의 대선 후보자 지지조사에서 특정 후보 A의 지지율이 n명 중에서 x명이었다고 하면 표본에 나타난 후보지지율(즉, 표본비율 $\overline{p}$)은 $\dfrac{x}{n}$로 표시됩니다. 표본비율 $\overline{p}$ 의 표본분포는 이항분포를 따르지만, n이 충분히 큰 경우 평균, 분산, 표준편차가 다음과 같은 정규분포를 따르게 됩니다.[14)]

표본비율

14) 모집단의 크기가 아주 크지 않고, 모집단의 크기가 작은 경우엔 표본의 크기가 모집단의 크기의 5% 이상이면(즉, 표본에 비해서 모집단이 충분히 크지 못하면), '유한모집단 조정계수'를 고려하게 됩니다. 이런 상황에서 표준편차는 $\sigma_{\overline{p}} = \sqrt{\dfrac{N-n}{n-1}}\sqrt{\dfrac{p(1-p)}{n}}$로 계산될 것입니다.

따라서, $Z = \dfrac{\dfrac{x}{n} - p}{\sqrt{\dfrac{\overline{p}(1-\overline{p})}{n}}}$ 는 평균이 0이고 표준편차가 1인 정규분포를 따른다고 할 수 있습니다.

$$P\left(-Z_{\alpha/2} \leq \frac{\overline{p} - p}{\sqrt{\dfrac{\overline{p}(1-\overline{p})}{n}}} \leq Z_{\alpha/2}\right) = (1-\alpha)$$

$$P\left(\overline{p} - Z_{\alpha/2} \cdot \sqrt{\frac{\overline{p}(1-\overline{p})}{n}} \leq p \leq \overline{p} + Z_{\alpha/2} \cdot \sqrt{\frac{\overline{p}(1-\overline{p})}{n}}\right) = (1-\alpha)$$

모집단에서 추출한 크기 n의 표본비율이 $\overline{p}$ $[\overline{q} = (1-\overline{p})]$ 라면, 모집단의 비율 p가 확률 $(1-\alpha)$의 수준으로 $\overline{p} - Z_{\alpha/2} \cdot \sqrt{\dfrac{\overline{p}(1-\overline{p})}{n}}$와 $\overline{p} + Z_{\alpha/2} \cdot \sqrt{\dfrac{\overline{p}(1-\overline{p})}{n}}$ 사이에 있다는 의미가 됩니다. 모집단의 비율 p가 $\overline{p} - Z_{\alpha/2} \cdot \sqrt{\dfrac{\overline{p}(1-\overline{p})}{n}}$와 $\overline{p} + Z_{\alpha/2} \cdot \sqrt{\dfrac{\overline{p}(1-\overline{p})}{n}}$ 사이에 있을 확률이 $(1-\alpha)$라는 표현도 가능할 것입니다. 결론적으로, 모집단에서 임의로 추출한 n개의 표본에서 표본비율을 $\overline{p}$ 라고 하면, "모집단에서 어떤 성질에 대한 모비율은 p이다"라는 가설을 검정할 때, 가설검정은 다음과 같이 하면 됩니다.

가설검정의 형태	내용	그림
95% 양측검정	$\overline{p}$ 를 계산하여 $\overline{p}$ 의 값이 $\overline{p} \geq p + 1.96 \cdot \sqrt{\dfrac{\overline{p}(1-\overline{p})}{n}}$ 이거나 $\overline{p} \leq p - 1.96 \cdot \sqrt{\dfrac{\overline{p}(1-\overline{p})}{n}}$ 이면, 가설을 기각한다.	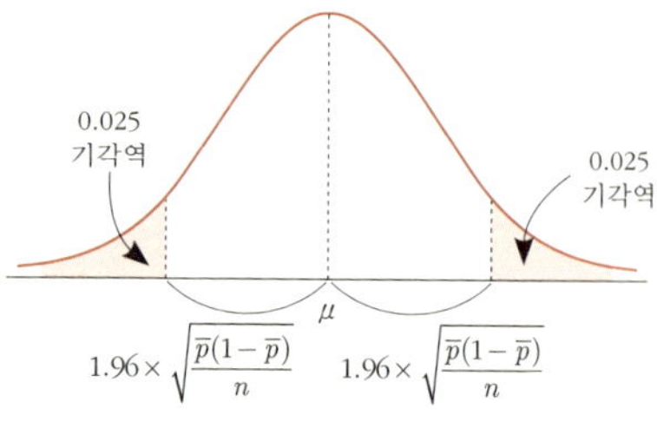

<table>
<tr>
<td>99% 양측검정</td>
<td>$\overline{p}$ 를 계산하여 $\overline{p}$ 의 값이
$\overline{p} \geq p + 2.58 \cdot \sqrt{\frac{\overline{p}(1-\overline{p})}{n}}$
이거나
$\overline{p} \leq p - 2.58 \cdot \sqrt{\frac{\overline{p}(1-\overline{p})}{n}}$
이면, 가설을 기각한다.</td>
<td>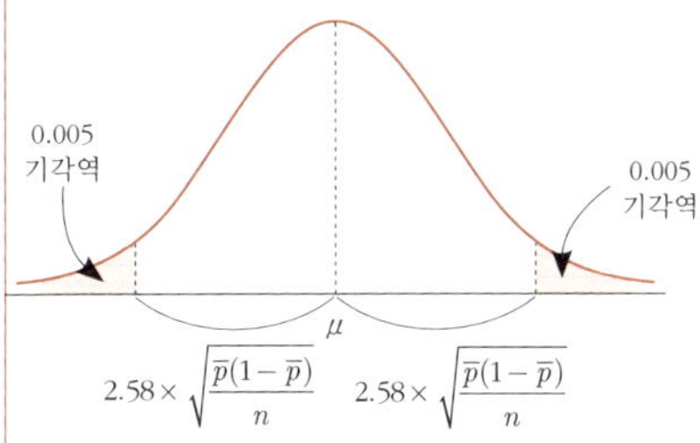
</td>
</tr>
</table>

예제 (1) 2000년 다수의 사람들을 대상으로 실험한 결과 어떤 특정 자극에 인내하는 시간을 조사하였더니 평균 72시간이었다. 2010년에 무작위로 64명을 뽑아서 동일한 실험을 반복한 결과 인내하는 시간은 평균 76시간 표준편차는 10시간으로 조사되었다고 한다면, 2000년의 조사와 2010년의 조사는 다른 결과라고 말할 수 있는가? 유의수준 1%로 검정해 보시오.

(2) 당원들이 당비를 제대로 내는 것은 아니다. 어떤 정당에서 당비를 내는 비율을 보았더니 전체 당원의 70%만이 당비를 납부하고 있었다. 당원들에 대한 대대적인 교육과 분위기 쇄신이 이어졌다. “사랑한다면 표현하라” 이것이 그들의 모토였다. 그 이후 100명의 당원 중에서 81명이 당비를 내고 있었다. 당원교육 이전과 이후의 당비 납부 비율은 같은가? 다른가? 유의수준 1%로 검정해 보시오.

해제 (1) 가설을 “2010년 새로운 실험에서 평균 인내시간은 그 이전(72시간)과 같다”라고 하면 유의수준 1%에서는 $\overline{x}$를 계산하여 $\overline{x}$의 값이 $\overline{x} \geq \mu + 2.58 \cdot \frac{\sigma}{\sqrt{n}}$ 이거나 $\overline{x} \leq \mu - 2.58 \cdot \frac{\sigma}{\sqrt{n}}$ 이면, 가설을 기각할 수 있다. $\mu = 72$, $\sigma \fallingdotseq s = 10$, $n = 64$이므로 $\overline{x} \geq 75.2$, $\overline{x} \leq 68.8$로 계산된다. 2010년 실험에 나타난 인내심의 평균 시간 76시간은 가설의 기각역에 포함된다. 따라서, 사람들의 인내하는 시간에 변화가 있다고 결론을 내릴 수 있다.

(2) 가설을 “당원교육 이후 당비 납부율은 그 이전(0.7)과 같다”라고 하면, 유의수준 1%에서는 $\overline{p}$를 계산하여 $\overline{p}$의 값이 $\overline{p} \geq p + 2.58 \cdot \sqrt{\frac{\overline{p}(1-\overline{p})}{n}}$ 이거나 $\overline{p} \leq p - 2.58 \cdot \sqrt{\frac{\overline{p}(1-\overline{p})}{n}}$ 이면, 가설을 기각한다. $p = 0.7$, $n = 100$이므로 $\overline{p} \geq 0.82$, $\overline{p} \leq 0.58$로 계산된다. $\overline{p} = 0.81$은 기각역에 들어가지 않으므

로, 가설은 기각되지 않는다. 유의수준 1%(즉, 신뢰수준 99%)에서 당원교육이 효과가 있다고 말할 수 있다고 보기 어렵다는 결론이 도출된다.

연구자는 표본의 평균 $\overline{x}$가 모집단의 평균 μ와 일치하지 않더라도 '신뢰구간' 안에 모집단의 평균이 존재할 확률이 $(1-\alpha)\cdot 100\%$라고 확신합니다. 따라서, 연구자는 표본의 평균과 모집단의 평균의 차이가 $Z_{\alpha/2}\cdot\sigma/\sqrt{n}$ 을 넘지는 않을 것임을 $(1-\alpha)\cdot 100\%$라고 확신하는 것입니다. 이때, $Z_{\alpha/2}\cdot\sigma/\sqrt{n}$ 을 '오차한계'라고 합니다.[15)]

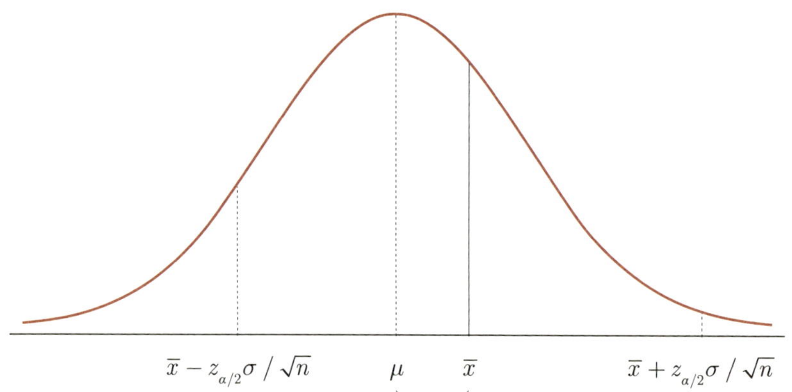

15) 역으로 오차의 한계를 미리 정하는 연구의 경우엔, 모집단의 표본을 추정하기 위해 필요한 표본의 크기를 구할 수도 있습니다. 표본의 평균($\overline{x}$)을 이용하여 모집단 평균(μ)을 추정할 경우 두 평균의 오차가 e를 초과하지 않을 것이라고 $(1-\alpha)\cdot 100\%$ 확신하기 위한 표본의 크기(n)는 $n \geq \left(\frac{Z_{\alpha/2}\cdot\sigma}{e}\right)^2$ 로 정해집니다. 이 경우에도 신뢰구간의 계산과 마찬가지로 모집단의 표준편차(σ)에 대한 정보가 없어도, 표본의 크기가 30개가 넘는 경우엔 표본의 표준편차(s)를 모집단의 표준편차(σ)에 근접한다는 원리하에 표본의 표준편차를 대신 사용합니다. 마찬가지로, 표본의 비율($\overline{p}$)을 이용하여 모집단 비율(p)을 추정할 경우 오차한계는 $Z_{\alpha/2}\cdot\sqrt{\frac{\overline{p}(1-\overline{p})}{n}}$ 입니다. 모집단 비율의 추정에 있어서 값에 대한 정보가 없는 경우엔 값이 취할 수 있는 최대값으로서 $\overline{p}=0.5$를 상정하여 $e \geq Z_{\alpha/2}\cdot\sqrt{\frac{0.5(1-0.5)}{n}}$ 계산합니다. 표본의 크기가 $n \geq \frac{Z^2_{\alpha/2}}{4e^2}$ 라면 오차의 한계가 e를 넘지않는다고 $(1-\alpha)\cdot 100\%$ 수준에서 확신할 수 있습니다.

예제 포테이토 칩 공장에서 생산하는 포테이토 칩은 그 무게가 370g이다. 현재 표준편차가 6g이라고 알려져 있다. 평균중량에서 오차한계가 2g 이상 생기지 않는다는 것을 95%의 신뢰수준에서 기대하기 위해서는 표본의 크기를 어떻게 해야 하는가?

해제 표본의 평균 $\bar{x}$가 우리가 찾는 모집단 평균 μ일 가능성을 100% 확신할 수는 없다. 우리는 $\bar{x}$가 μ의 차이가(즉, 오차가) $Z_{\alpha/2}\dfrac{\sigma}{\sqrt{n}}$을 넘지 않을 것임을 $(1-\alpha)100\%$의 수준에서 확신할 수 있다. $\bar{x}$를 이용하여서 μ를 추정할 때 표본의 크기를 $n \geq \left(\dfrac{Z_{\alpha/2}\cdot\sigma}{e}\right)^2$로 정하면 $\bar{x}$와 μ의 차이인 오차가 e를 초과하지 않을 것이라고 $(1-\alpha)100\%$의 수준에서 확신할 수 있다.

$$Z_{.05} : (1-.05)100\% = 95\%$$

$$Z_{\alpha/2} = Z_{.025} = 1.96$$

$$n \geq \left[1.96\left(\frac{6}{2}\right)^2\right] = 34.57$$

35봉지 이상 조사해야만 한다.

t-분포

모집단의 표준편차가 알려져 있지 않아도 표본의 크기가 30개를 넘는다면 표본의 표준편차를 구하여 모집단의 표준편차에 대신하지만, 아예 표본의 크기가 30개를 넘지 않는다면, 검정통계량은 '스튜던트 t-분포'(student t-distribution)를 따르는 것으로 하여 계산하게 됩니다. '스튜던트'라는 용어는 회사의 직원이었던 고셋(W.S. Gossett, 1876－1937)이 회사자료를 사용한 연구를 위해서 사용하였던 가명(假名)입니다. 스튜던트 t-분포

t-분포는 모집단이 정규분포를 따르는 것으로 상정하지만, 정규분포와 상당히 다르지만 않다면 이용 가능한 분포여서 그 활용도가 큽니다. t-분포

는 표본의 크기에 따라서 다른 모양을 하는 분포를 상정한 것입니다. 따라서, 표본의 크기에 연관된 자유도의 정도에 따라서 곡선의 모양이 다릅니다. t-분포에서는 t값을 구하는데 표본의 크기가 커짐에 따라서 정규분포에 근접하며, 표본의 크기가 아주 큰 곳에서 t값은 Z값과 일치하게 됩니다.[16)]

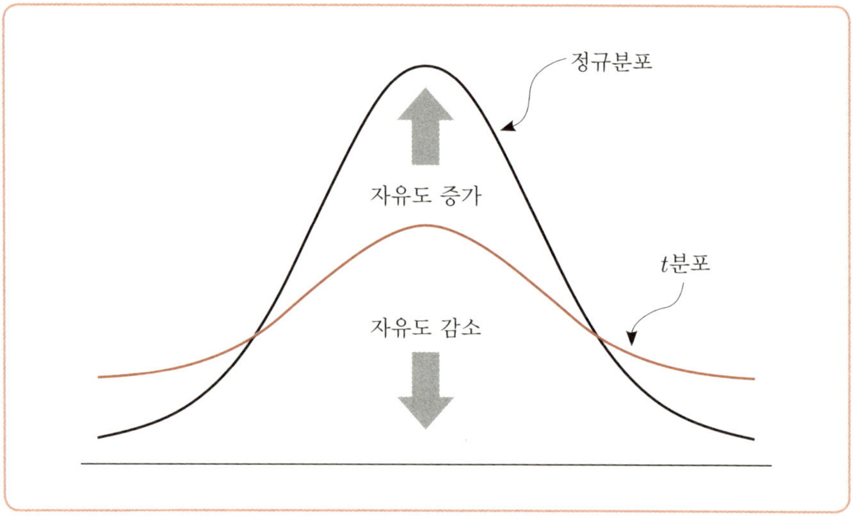

t값은 Z값의 연산 형식과 동일합니다. t-분포와 t값은 다음과 같이 정의됩니다. 모집단의 평균이 μ이고 표본의 크기가 n인 표본의 평균이, 표준편차가 s라면 $t = \dfrac{\overline{x} - \mu}{s / \sqrt{n}}$은 '자유도'(自由度, degree of freedom: df)가 $(n-1)$인 t-분포를 따릅니다. '자유도'란 표본의 크기 n에서 1을 뺀 것인데, '자유도'가 크다는 것은 표본의 크기가 크다는 뜻입니다.[17)]

자유도

16) 't-분포표'를 보면 표본의 크기가 30개 이상인 상황도 포함되어 있습니다. 따라서, 모집단의 표준편차를 모르는 경우, 표본의 크기가 크다면 오히려 t-분포표를 사용할 수도 있습니다. Z값을 구하여 표준정규분포표를 사용하면, '1종 오류'가 증가할 수 있기 때문입니다.

17) '자유도'(df)란 주어진 조건하에서 자유롭게 선택할 수 있는 자료의 개수를 말합니다. '전체 사례수'를 N이라고 하고, '제한 조건의 수'를 k라고 하면, $df = N - k$ 가 됩니다. 6명의 학생(남학생 3명, 여학생 3명)에게 자신이 좋아하는 숫자를 3개 선택하여 쓰라고 하면 어떤 숫자나 자유롭게 선택할 수 있으므로 자유도는 3(=3−0)입니다. 그 6명의 학생에게 자신이 좋아하는 사람을 서로 선택하라고 하면 자유도는 5(=6−1)가 됩니다. 나 자신을 빼고 나머지 5명을 선택할 수 있습니다. 그 6명의 학생에게 자신이 좋아하는 이성을 서로 선택하라고 하면 자유도는 3이 됩니다. 앞서서 표본평균($\overline{x}$)을 사용하여 분산이나 표준편차를 구한 경우엔 분모에서 n 이 아니라 $(n-1)$로 하였는데, 이것은 자유도의

연구자는 ⓐ 모집단이 정규분포에 가까운 형태를 띠고 있다고 예측할 수 있으나, ⓑ 모집단의 표준편차 σ를 알 수 없고, ⓒ 모집단에서 추출한 표본의 크기가 작은 경우($n<30$)에, 모집단의 평균을 추정하는 상황이 있을 것입니다. 이런 경우 연구자는 모집단의 평균 μ를 신뢰수준과 관련하여 모집단의 평균값을 어떤 범위 내에서 추리하게 됩니다. 연구자는 "모집단의 평균값은 ~값으로 추정된다"라고 하기 어려울 것입니다. "모집단의 평균값은 ~값과 ~값의 사이에 있는 것으로 ~만큼의 확신을 갖고서 말할 수 있다"라고 표현하게 됩니다. 다음과 같습니다.

$$P\left(-t_{\alpha/2} \le \frac{\overline{x}-\mu}{\sigma/\sqrt{n}} \le t_{\alpha/2}\right) = (1-\alpha)$$

$$P\left(\overline{x} - t_{\alpha/2}\cdot\frac{\sigma}{\sqrt{n}} \le \mu \le \overline{x} + t_{\alpha/2}\cdot\frac{\sigma}{\sqrt{n}}\right) = (1-\alpha)$$ 으로 표시됩니다.

모집단의 평균 μ가 확률 $(1-\alpha)$의 수준으로 $\overline{x} - t_{\alpha/2}\frac{\sigma}{\sqrt{n}}$와 $\overline{x} + t_{\alpha/2}\frac{\sigma}{\sqrt{n}}$ 사이에 있다는 의미가 됩니다. 모집단의 평균 μ가 $\overline{x} - t_{\alpha/2}\frac{\sigma}{\sqrt{n}}$와 $\overline{x} + t_{\alpha/2}\frac{\sigma}{\sqrt{n}}$ 사이에 있을 확률이 $(1-\alpha)$라는 표현도 가능할 것입니다.

여기서 $t_{\alpha/2}$는 t-분포표에서 오른쪽(또는 왼쪽) 끝부분의 넓이가 $\alpha/2$에 해당하는 t값이 됩니다. 따라서, 모집단에서 임의로 추출한 n개의 '소규모 표본'에서 표본평균 $\overline{x}$를 계산한 후에 "모집단의 평균은 μ이다"라는 가설을 검정할 때, 가설검정은 다음과 같이 하면 됩니다.

개념을 적용한 것입니다. 표본의 분산을 구하는 경우 표본의 평균을 사용합니다. 이처럼, 통계량을 계산하는 과정에서 이미 결정된 또 다른 통계량을 사용하는 경우엔, 동일한 표본관측값들을 서로 다른 통계량의 계산에 중복 사용하게 되는 제약때문에 자유도가 줄어듭니다. 표본평균이 $\overline{x}$라고 할 때, 표본분산을 구하는 과정에서 마지막 관측값 한 개는 정해진 평균값 $\overline{x}$를 만들기 위해서 자유로운 값을 갖지 못합니다. 1이란 숫자를 빼는 이유입니다.

가설검정의 형태	내용	그림
95% 양측검정	$\overline{x}$를 계산하여 $\overline{x}$의 값이 $\overline{x} \geq \mu + t_{\alpha/2} \cdot \frac{\sigma}{\sqrt{n}}$ 이거나 $\overline{x} \leq \mu - t_{\alpha/2} \cdot \frac{\sigma}{\sqrt{n}}$ 이면, 가설을 기각한다.	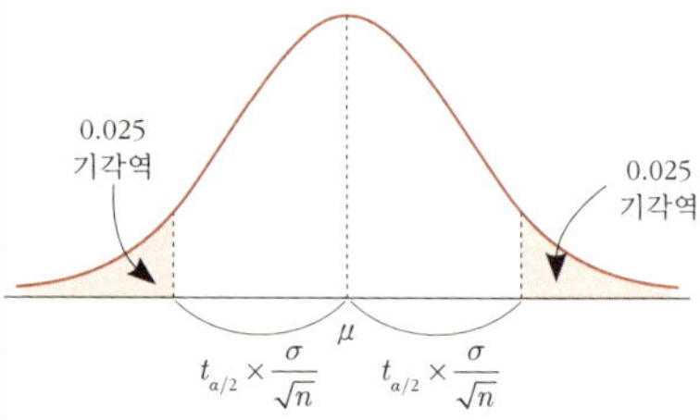
99% 양측검정	$\overline{x}$를 계산하여 $\overline{x}$의 값이 $\overline{x} \geq \mu + t_{\alpha/2} \cdot \frac{\sigma}{\sqrt{n}}$ 이거나 $\overline{x} \leq \mu - t_{\alpha/2} \cdot \frac{\sigma}{\sqrt{n}}$ 이면, 가설을 기각한다.	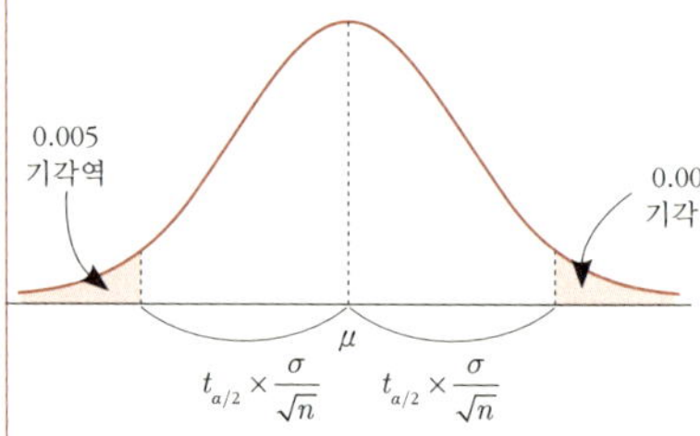

어떤 가설을 기각하는 데 실패했다는 것은 현재의 표본을 중심으로 가설을 기각할 만한 '충분한 증거'가 없기 때문이며, 결코 그 가설 자체가 옳다는 것은 아닙니다. 어떤 가설을 기각하는 데 성공했다는 것은 현재의 표본을 중심으로 가설을 기각하는 데 실패할 만한 '충분한 증거'가 없기 때문이며, 결코, 그 가설 자체가 거짓이라는 것은 아닙니다. 따라서, 이러한 '반증법' 속에서 기각과 기각실패의 정확한 기준값(p값)을 제시하는 것은 가설을 기각하거나 채택함에 있어서 단순히 신뢰구간으로 판단하는 것보다 상대적으로 '충분한 증거'에 근접하게 됩니다.[18]

18) 문제는 두 가지의 상황으로 구분될 것입니다. (i) 모집단의 모수값과 표본 통계값이 차이가 큰 경우, 하지만 이런 경우도, 가능성이 극단적인 결과가 나타난 것이 아니고, 귀무가설이 옳다는 가정이 극단적인 경우여서 극단적인 결과를 초래했다고 해석하게 됩니다. (ii) 모집단의 모수값과 표본 통계값의 차이가 작은 경우, p값이 갖는 정보의 중요성은 더욱 커질 것입니다. 신뢰구간의 기준에서 채택된 가설이 p값 근사치에서 기각될 수도 있고, 그 반대인 상황도 발생할 것입니다. 연구 조사자가 조사 결과에 대한 해석은 p값을 사용하는 방법도 있고, 신뢰구간을 사용하는 방법도 있을 것이며, 두 가지 방법 모두를 제시할 수도 있을 것입니다.

상한값과 하한값을 구하여 모집단의 모수를 추정하는 것을 '구간추정'(interval estimation)이라고 합니다. 반면, 조사자의 입장에서는 영가설을 기각할 수 있는 가장 작은 α값을 구하여 영가설을 기각하거나 채택할 수도 있을 것입니다. 이 극단적인 α값을 'p값'(p-value)이라고 하는데, p값을 구하여 추정하는 방법은 모집단의 모수를 하나의 값으로 추정하는 것이므로 '점추정'(point estimation)이 됩니다.

때때로 연구자들은 정확한 p값을 찾아야 합니다. 이것은 연구자의 입장에서 어떤 구간을 설정하여 영가설을 기각하거나 채택하는 것이 아니고, 정확한 p값을 제시하여 영가설을 기각하거나 채택하는 것입니다. 구간추정에선 99%에서는 기각할 수 없고, 95%에서는 기각할 수 있는 경우가 있습니다. 조사자의 입장에서 포괄적으로 구간을 말하는 것이 아니라 정확한 p값을 제시하면 더 좋을 것입니다. t분포에서 p값은 P(계산된 t값이 판단의 기준이 되는 t값보다 크거나 작은 경우)$=p$로 표시될 것입니다. 물론 p값은 분포곡선에서 면적을 나타내는 값입니다. '계산된 t값'이란 $t = \dfrac{\bar{x} - \mu}{s / \sqrt{n}}$으로부터 계산된 값입니다. '기준이 되는 t값'이란 기각역을 결정하는 유의수준을 말합니다.

예제 (1) 민주국가에서 복지문제와 지방자치문제는 정부의 능력을 평가하는 주요한 잣대가 된다. 국가가 한 가족(4인 기준)의 소득합계가 650만원에 미달하는 경우 가족부양지원금을 마련해 주는 정책이 국회를 통과하였다. 어떤 빈곤 지역에서 4인 가족 10가구의 연평균 소득이 조사되었는데, 660만원, 650만원, 650만원, 640만원, 640만원, 630만원, 630만원, 600만원, 560만원, 540만원으로 조사되었다. 그 빈곤 지역의 평균소득이 정규분포를 이룬다고 가정할 때, 그 빈곤 지역의 평균소득은 어떻게 표현할 수 있겠는가?

(2) 민주주의 국가는 납세에서 권리가 발생한다. 납세자들이 연말정산을 하기 위해서 기존 전산망을 이용할 경우 소요되는 시간은 평균 50분이었다. 시간을 단 1분이라도 줄이기 위해서 연말정산을 위한 새로운 전산시스템을 마련하였다. 무작위 12명을 대상으로 실험하였는데, 소요 시간이 평균 42분이었으며, 표준편차는 11.9분으로 조사되었다. 그렇다면 새로운 시스템을 도입하는 경우 과연 50분 미만으로 줄어들었다고 말할 수 있겠는가?

해제 (1) 이 경우 표본이 10개 밖에 되지 않으니 당연히 이들 10개로서 그 빈곤 지역의 평균값(하나의 고정된 수치)을 이야기하는 것보다는 오히려 오차율을 계산하여 어떤 범위를 이야기하는 것이 현실성이 있을 것이다.
$\mu + t_{\alpha/2} \cdot \frac{\sigma}{\sqrt{n}}$를 95%, 99%의 수준에서 계산하여 보자.

$$\bar{x} = \frac{\sum x_i}{n} = \frac{6,200}{10} = 620 \quad (\text{만원})$$

$$s^2 = \frac{(660-620)^2 + (650-620)^2 + \cdots + (540-620)^2}{(10-1)} = 1644.4\,(\text{만원})$$

$$s = 40.5\,(\text{만원})$$

$$\frac{s}{\sqrt{n}} = \frac{40.5}{\sqrt{10}} = \frac{40.5}{3.16227} = 12.8\,(\text{만원})$$

(i) 95% 신뢰수준에서 $620-2.26\times12.8 \le \mu \le 620+2.26\times12.8$이므로 $591(\text{만원}) \le \mu \le 649(\text{만원})$이 된다.
(ii) 99% 신뢰수준에서 $620-3.25\times12.8 \le \mu \le 620+3.25\times12.8$이므로 $578(\text{만원}) \le \mu \le 662(\text{만원})$이 된다.

결론적으로, 95% 신뢰수준을 이용하여 보고서를 쓰는 경우엔 어떠한 가구도 650만원을 넘지 않는다고 기록하게 된다. 반면에 99% 신뢰수준을 이용하는 경우엔 일부 가구는 650만원을 넘을 수 있음을 기록하게 된다.

(2) 영가설은 "소요시간이 50분이다"이며

$$\frac{\bar{x} - \mu_0}{s/\sqrt{n}} = \frac{42-50}{11.9/\sqrt{12}} = -2.33$$

$P(t \ge 2.02)$인 값이 p값인데, 부록에 나타난 t분포표에서는 단지 p값의 범위만을 알 수 있으며 정확한 p값을 구할 수는 없다. t분포표에 따르면 자유도 $11(=12-1)$인 경우에는 -2.33이란 값이 0.99의 2.718과 0.975의 2.201 사이에 존재한다는 것만 알 수 있다. 정확한 값은 통계 프로그램을 이용하는 경우 쉽게 구할 수 있다. 엑셀을 이용하여 구하는 경우 =TDIST[t값, 자유도,

검정의 성격(단측, 또는 양측)]이 명령어가 된다. 해당 경우에는 엑셀에서 =TDIST[−2.33, 11, 1]을 입력하게 되면 0.019935가 계산되어 나온다.[19)]

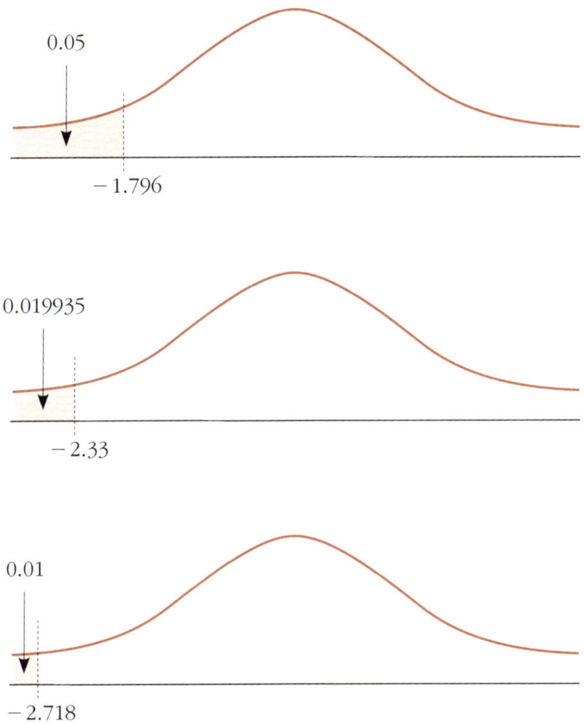

계산된 t값이 $\alpha=.01$에서는 기각역에 포함되지 않으므로 영가설을 기각할 수 없어서 소요시간 50분이 줄었다고 할 수 없으며, 따라서 새로운 전산시스템은 효과가 없는 것이다. 반면에 $\alpha=.05$에서는 기각역에 포함되므로 영가설을 기각할 수 있으며, 소요시간은 50분이 줄었다고 할 수 있고, 궁극적으로 새로운 전산시스템은 효과가 있는 것이다. 이런 경우에 점추정은 정확한 지점을 알려주는 효과가 있는 것이다.

19) 면적은 대칭이므로 +, − 영역을 구분하지 않고 2.33을 입력하면 되고, 단측검정이므로 1을 입력합니다. 영가설에 대한 대안가설의 성격이 "50분 미만이다" ($\mu<50$분)입니다. 양측검정이었다면 2를 입력하면 됩니다.

카이제곱(χ^2) 분포

어떤 변수들이 상호 독립적인지 아니면 동질성을 갖는지를 판단하기 위해서 사용되는 통계량이 카이제곱(χ^2) 통계량입니다. 카이제곱 통계량에서는 '실제로 측정된 빈도'와 '이론적으로 기대할 수 있는 빈도'를 서로 비교함으로써 두 변수의 독립성이나 동질성을 측정합니다. 어떤 설문에 대한 의견이 다음과 같이 조사되었다고 가정해 봅시다.

	20대	30대	40대	50대	합계
찬성	68	75	57	79	279
반대	32	45	33	31	141
	100	120	90	110	420

해당 설문조사에 대한 세대별 응답 유형이 과연 다른지(또는 독립적인지), 아니면 같은지(또는 동질적인지) 판단할 때, 카이제곱 통계량과 카이제곱 분포를 사용합니다. 카이제곱 통계량의 영가설은 "세대별 응답유형에 차이점이 없다(또는 세대와 응답유형은 독립적으로 연관성이 없다)"입니다. 영가설의 기각여부를 결정하는 카이제곱 통계량의 논리는 '이론적 기대빈도'를 구해서 '실제 관측빈도'와 얼마만큼 큰 차이가 나타나는지 살펴보는 것입니다.

① 우선 결합비율(combined proportion)을 구합니다. '찬성'의 결합비율은 0.664(=279/420)이고, '반대'의 결합비율은 0.336(=141/420)입니다.

기대빈도

② 결합비율로부터 '기대빈도'(expected frequency: E_f)를 구합니다.

찬성에 대한 기대빈도	반대에 대한 기대빈도
$100 \times 0.664 = 66$	$100 \times 0.336 = 34$
$120 \times 0.664 = 80$	$120 \times 0.336 = 40$
$90 \times 0.664 = 60$	$90 \times 0.336 = 30$
$110 \times 0.664 = 73$	$110 \times 0.336 = 37$

③ 최종적으로 '기대빈도'(즉 이론빈도) 대비 실제 '관측빈도'(observed frequency: O_f)와 '기대빈도'의 차이의 비율값이 얼마나 크게 나타나는지를 봅니다. 관측빈도

	20대	30대	40대	50대	합계
찬성 (E_f)	68 (66)	75 (80)	57 (60)	79 (73)	279
반대 (E_f)	32 (34)	45 (40)	33 (30)	31 (37)	141
	100	120	90	110	420

$$\chi^2 = \frac{\sum (O_f - E_f)^2}{E_f} = \frac{(68-66)^2}{66} + \frac{(75-80)^2}{80} + \cdots$$

$$+ \frac{(33-30)^2}{30} + \frac{(31-37)^2}{37} = 3.032$$

④ 카이제곱 통계량에서의 자유도는 (행의 수−1)(열의 수−1)가 됩니다. 카이제곱값이 크다는 것은 그만큼 각 셀(cell)에서 기대빈도와 관측빈도의 차이가 큰 것을 기대하는 것이므로 "차이가 있다"라는 것을 나타냅니다. 반대로 카이제곱값이 작게 나왔다면, 그것은 "차이가 없다"라는 것을 의미합니다. 계산된 카이제곱값이 큰지 작은지에 대한 판정은 카이제곱표를 참고하게 됩니다.

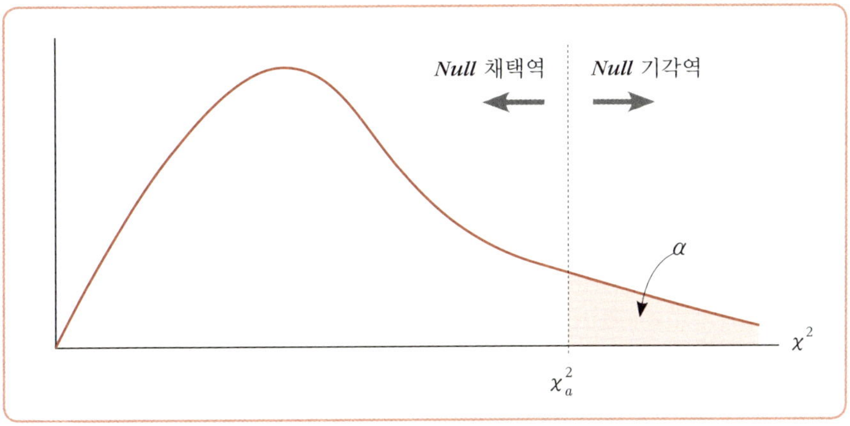

카이제곱 분포표에 따르면 자유도 3인 경우 카이제곱 통계량 3.032는 0.01의 유의수준에서 영가설을 기각하기 위한 임계값 11.345보다 작으며, 0.05의 유의수준의 임계값인 7.815는 물론이고, 0.1 유의수준에서의 임계값인 6.251보다도 작아 영가설을 기각할 수 없습니다. 신뢰수준 90%에서도 찬성과 반대에 대한 연령별 응답유형에 차이가 있음을 나타낼 만한 충분한 증거가 발견되지 않습니다. 연령과 응답유형은 서로 독립적으로 연관성을 지니고 있지 않으며 연령에 따라 응답유형에 차이가 있다고 보기 어렵습니다.

예제 어떤 정당에서 선거에 내보낼 후보자들을 공천함에 있어서 기존 세력과 새로운 세력 사이에 공천갈등이 심하다. A, B, C, D 네 개 지역을 뽑아서 지난 3번의 선거자료를 조사하였고 새로운 인물로 교체된 후보자는 총 157명이었으며 다음과 같이 나타났음을 확인하였다.

	A지역	B지역	C지역	D지역	
선거 1	10	6	12	13	41
선거 2	10	12	19	21	62
선거 3	13	10	13	18	54
	33	28	44	52	157

이상의 조사결과를 바탕으로 각종 선거들에서 4개 지역의 후보교체율이 동질적인 것인지 아닌지를 95%의 신뢰수준에서 판단해 보시오.

해제 만약 선거와 지역이 서로 독립적인 것이라고 가정한다면,

$$P(\text{선거1에서 지역}A\text{의 후보교체}) = P(A\text{지역에서 후보교체}) \times P(\text{선거1에서 후보교체})$$

$$P(A\text{지역에서 후보교체}) = \frac{A\text{지역에서의 후보교체수}}{\text{전체에서 후보교체수}} = \frac{33}{157}$$

$$P(\text{선거1에서 후보교체}) = \frac{\text{선거1에서 후보교체수}}{\text{전체에서 후보교체수}} = \frac{41}{157}$$

따라서, 지역과 선거의 독립성이 전체 157명에 대해서 주어지면, 우리는 선거1에서 A지역의 후보교체수는 $E_{1A} = 157 \cdot \left(\frac{41}{157}\right) \cdot \left(\frac{33}{157}\right)$ 으로 기대값을 구할 수 있다.

$$E_{1A} = 157 \cdot \left(\frac{41}{157}\right) \cdot \left(\frac{33}{157}\right) = 8.62$$

$$E_{1B} = 157 \cdot \left(\frac{28}{157}\right) \cdot \left(\frac{41}{157}\right) = 7.3$$

$$E_{1A} = 157 \cdot \left(\frac{44}{157}\right) \cdot \left(\frac{41}{157}\right) = 11.5$$

$$E_{1A} = 157 \cdot \left(\frac{52}{157}\right) \cdot \left(\frac{41}{157}\right) = 13.57$$

마찬가지의 방식으로 표를 완성하면,

	A	B	C	D
선거 1	8.62	7.3	11.5	13.57
선거 2	13.03	11.06	17.38	20.54
선거 3	11.35	9.63	15.13	17.89

χ^2검정에서 영가설은 "세 개의 선거에서 후보교체율은 지역에 상관없이 동질적이다"이며, 이것을 기각할 수 있는지 아닌지를 보아야 한다.

χ^2의 값을 구하면 $\chi^2 = \sum_{i=1}^{3}\sum_{j=1}^{4}\frac{(O_{ij} - E_{ij})^2}{E_{ij}} = 2.17$로 계산된다.

χ^2값으로 계산된 2.17값의 준거점은 χ^2 도표에서 행이 3, 열이 4인 χ^2의 자유도는 $(3-1)(4-1)=6$, $\alpha=.05$ 유의수준을 기준으로 볼 때 12.6이다. 따라서 $2.17<12.6$이므로 영가설을 기각할 수 없으며, 지역에 상관없이 후보교체율은 동질적이다.

F-분포와 분산분석

사회과학 연구에서는 어떤 집단간·현상간 비교를 통해서 그 일반적인 의미를 도출하는 경우가 많습니다. 사회과학 연구자들은 어떤 현상에 대해서 '많다', '적다', '크다', '작다', '지나치다', '적당하다', '모자라다'라는 어휘를 통해서 최종 평가를 내리게 되는 경우가 많습니다. 하지만, 그런 어휘들을 어떠한 기준에서 판단하여 사용할 것인지 그 기준을 정하는 것은 단순한 문제가 아닐 수 있습니다. 지금까지 단일 집단을 토대로 모집단과 표본 사이의 관련성을 다루었다면, 'F-분포'(Fisher distribution)에 토대한 '분산분석'(analysis of variance: ANOVA)은 3개 이상의 집단에 대해서 평균과 분산을 "상호입체적으로 비교하여," 연구자로 하여금 '많다', '적다', '크다', '작다', '지나치다', '적당하다', '모자라다'라는 의미의 기준점을 마련하는 방법이어서, 사회과학도로서는 분산분석의 방법론에 대한 이해가 중요합니다. 분산분석은 단순히 통계적인 방법론으로 제한되는 것이 아니고, 그 비교방법론적인 논리를 이해한다면 그것을 질적연구방법에도 그대로 적용할 수 있습니다. 앞서서 언급했던 "상호입체적으로 비교한다"고 하였는데, 그것이 ANOVA의 방법론상 핵심철학이 됩니다.

ANOVA

먼저 직관을 얻기 위해서 다음의 그림에 대해서 평가해 봅시다. 분명히 〈상황 1〉에선 동그라미, 세모, 네모가 분명한 차별성을 지니고 있습니다. 〈상황 2〉에선 동그라미, 세모, 네모에 대해서 분명한 차별성을 판단하기 어렵습니다.

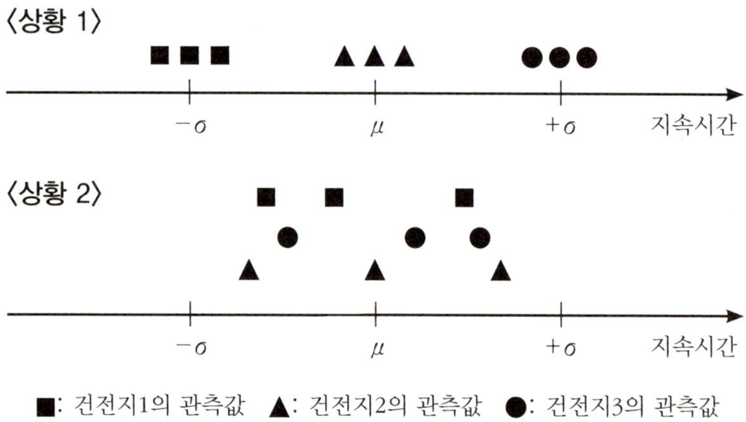

ANOVA는 'F-분포'를 사용하여 집단간의 차별성 여부를 판단해 줍니다. 'F-분포'는 분산비율의 표본분포인데 다음과 같이 표시됩니다. 정규분포를 따르는 두 개의 모집단이 존재하며 이들로부터 각각 n_1, n_2 크기의 표본을 추출하였을 때, 그 분산값이 각각 s_1^2, s_2^2 라고 합시다. 이때 두 집단의 분산값의 비율로 표시되는 확률변수 $F = \left(\frac{s_1^2}{s_2^2}\right)$는 자유도가 (n_1-1), (n_2-1)인 F-분포를 따른다는 것입니다. 따라서 F값을 나타내는 일반적인 형식은 "F[분자의 자유도, 분모의 자유도, α]"로 표시하게 됩니다. 분산분석은 그 분석 내용에 따라서 '일원분산분석'(one-way ANOVA)과 '이원분산분석'(two-way ANOVA)으로 구분됩니다.

일원분산분석

포괄적으로 말하자면, 연구자나 조사자의 입장에서 어떤 실험요인이 가져온 결과물들이 차이가 있는 것인지 없는 것인지에 대한 판단의 근거를 마련해 주는 것이 분산분석입니다. 보다 구체적인 예를 통해서 이해해 봅시다.

연비를 줄이는 승용차 건전지 시연 대회가 있었으며, 최종적으로 4개의 제품이 선발되었습니다. 동일한 차종을 대상으로 하여 10kg 무게의 건전지 1통으로 갈 수 있는 거리(km)를 측정한 결과는 다음과 같이 나타났습니다.

(단위: km)

건전지 1	건전지 2	건전지 3	건전지 4
37	49	33	41
42	38	34	48
45	40	40	40
49	39	38	42
50	50	47	38
45	41	36	41

연구자의 궁극적인 관심은 이들 4개 제품에 차이점이 있다고 판정할 수 있겠는가 하는 것입니다. 어떤 건전지를 사용하느냐(독립변수)가 자동차가 달리는 거리(종속변수)에 영향을 미치는가 하는 것을 분석하는 방법이 필요합니다. 모집단이 k개 있다고 가정할 때, 분산(σ^2)은 모두 같은 값을 가지나 평균(μ_i)은 다를 수 있다고 생각해 볼 수 있습니다. 연구자의 관심은 건전지들의 평균 연비는 다를 수 있느냐에 집중되어 있습니다. 분산분석의 가설검정의 형태는 다음과 같이 나타나게 될 것입니다. 따라서, 분산분석에서의 영가설은 다음과 같이 일반화시켜서 표현해 볼 수 있습니다.

$H_0 = \mu_1 = \mu_2 = \mu_3 = \cdots \mu_k$

H_1: 이 중 적어도 2개의 평균은 서로 같지 않다.

관측값들의 자료를 건전지별로(즉, 표본별로) 평균을 보면 각각 44.7km, 42.8km, 38.0km, 41.7km로 나타나며, 전체 평균은 41.8km입니다. 어떤 건전지를 차량에 장착하느냐에 따라서 연비에 차이가 있는 것처럼 '느껴지기도' 합니다. 하지만, 이것은 '느낌'이며, 왜 그런지 분명하지는 않습니다. 이러한 느낌은 평균값만을 가지고 논한 것에서 비롯됩니다. 평균만 가지고는 건전지들의 연비가 과연 차이가 있는지 정확하게 판단하기 어렵습니다. 이것은 궁극적으로 얼마만큼 각 개별 건전지들의 평균 연비를 신뢰할 수 있을 것인가 하는 문제와 연관됩니다. 만약 어떤 건전지의 평균 연비값이 편차가 큰 관측값들로 이루어졌다면 평균 연비값에 대한 신뢰는 낮아지게 됩니다. 이상을 종합하면 다음과 같은 논리가 가능할 것입니다.

경우	표본들간의 평균 차이	표본 내 관측값들의 차이	결과 해석
1	크다	크다	표본간의 차별성에 대한 불신
2	크다	작다	표본간의 차별성이 가장 명확
3	작다	크다	표본간의 차별성이 가장 모호
4	작다	작다	표본간의 동질성이 가장 명확

경우 2는 표본들의 평균값이 작은 편차값들로부터 계산되어 평균값의 변동성이 적으며(신뢰할 수 있으며), 표본간 평균값의 차이가 분명하기 때문에, 연구자는 어떤 표본을 선택해야 할지 분명해집니다. 반면에 경우 4의 경우는 각 표본들의 평균값을 신뢰할 수 있지만, 표본들 사이에 별 차이가 없는 경우입니다. 경우 1은 비록 표본들의 평균값이 크게 차이가 난다고 해도, 그 평균값이 계산된 관측값들의 편차가 심해서 평균값을 크게 신뢰할 수 없습니다. 경우 3은 평균값은 차이가 없는데, 오히려 개별 평균값 내에서 관측값들간의 편차가 심해서 실험을 다시 하거나, 판단 자체를 할 수 없는 상황이 됩니다. 결론적으로, *F*-통계량의 원리는 표본들간의 평균차이가 크고, 표본 내에서 관측값들의 차이가 적은 경우에 즉, 개별 표본의 평균값에 대한 표본들간의 차이를 분명히 인지할 수 있기 때문에 모든 표본들의 평균값이 동일하다는 '영가설'을 거부하도록 나타납니다. 앞서 언급했듯이 분산값의 비율로 표시되는 *F*-통계량은 다음과 같이 계산됩니다.

$$F = \frac{\text{내생적 효과로부터 계산된 분산}}{\text{외생적 효과로부터 계산된 분산}}$$

분산값이란 결국, 건전지의 성능에 대한 측정값들이 변동하기 때문에 발생하는 것인데, 연구자는 4종류 건전지들의 측정값들이 변동하는 이유를 두 가지 영역으로 나누어 설명할 수 있을 것입니다.

① 건전지별로 차이가 있다는 것입니다. 즉, 건전지들 사이에 주행거리에 차이가 있는 것은 건전지 상품 그 자체의 문제이기 때문이라는 것입니다. 이것은 '내부적 요인'(endogenous effect)이 됩니다. '내부효과'라는 용어 대신에, '실험요인', '처리요인'(treatment factor), '설명되는 요인'(explained factor)등의 용어를 쓰기도 합니다. 내부효과를 가장 잘 설명하는 값은 결국 개별 표본의 평균값이 됩니다. 각 건전지별로 44.7km, 42.8km, 38.0km, 41.7km란 평균값이 건전지의 성능을(즉, 내부효과를) 가장 잘 나타내는 값이 됩니다. 내부적 요인은 모든 표본들을 합한 전체 평균과 각 표

내부적 요인

본 평균값들의 차이에 대한 '제곱합'(sum of squares)으로 표시됩니다. 계산은 편차의 개념이기 때문에 '제곱합'으로 계산합니다. 앞부분의 예시에 대한 '내생적 효과 제곱합'(sum of squares from endogenous effect: SSEN)은 다음과 같이 계산될 것입니다.

$$[(41.8-44.7)^2 \cdot 5+(41.8-42.8)^2 \cdot 5+(41.8-38)^2 \cdot 5+(41.841.7)^2 \cdot 5]=142.46$$

② 아니면, 실험과정에 개입된 여러 가지 '외생적 효과'(exogenous effect)때문에 건전지의 평균값이 차이가 날 수도 있습니다. 비록 동일 제품의 자동차를 사용하여 모든 조건을 거의 같게 만들어 놓고 실험을 한다고 하지만, 자동차 실험에서 당시 운전자의 태도, 도로상태, 기후, 휘발유의 상태 등등이 영향을 미칠 것입니다. 그러면, 이러한 '외부적 요인'(extraneous factor)들을 어떻게 고려할 수 있을 것인가가 관건입니다. 외부적 요인들은 실험에 나타난 관측값들이 하나의 건전지 내에서도 다양하게 변동하면서 관측되는 값들에 나타나 있을 것입니다. 건전지의 고유한 성능과 상관없이 외부요인들 때문에 관측값이 다양하게 변동되면서 관측된다는 것입니다. '외부효과'라는 용어 대신에 '오차요인(error factor), '설명되지 않는 요인(unexplained factor)' 등의 용어를 쓰기도 합니다. 앞부분의 예시에 대한 '외생적 효과 제곱합'(sum of squares from exogenous effect)은 다음과 같이 계산될 것입니다.

외부적 요인

$$\begin{aligned}
&[(44.7-37)^2+\cdots+(44.7-45)^2 \\
&+(42.8-49)^2+\cdots+(42.8-41)^2 \\
&+(38.0-33)^2+\cdots+(38.0-36)^2 \\
&+(41.7-41)^2+\cdots+(41.7-41)^2]=439.5
\end{aligned}$$

③ 그런데, 이상의 내용을 F-통계량으로 하기 위해선 '분산'의 형태로 계산하여야 하므로 '제곱합'을 '자유도'로 나눈 것이 분산이 됩니다.[20] 정리

20) '자유도'는 자유롭게 선택할 수 있는 개체수이며, 내생적 효과에서 자유도는 $(k-1)$로 표시되고[k: 표본의 수], 외생적 효과에서 자유도는 $(N-k)$로 표시됩니다[N: 전체 관측값의 개수].

하면 다음과 같이 표로 정리할 수 있을 것입니다.

변동의 이유	제곱합	자유도	분산	F-통계량
내생적 변동 요인	142.46	3(=4−1)	47.486(=142.46/3)	$2.160\left(=\frac{142.46/3}{439.5/20}\right)$
외생적 변동 요인	439.5	20(=24−4)	21.975(=439.5/20)	
총변동	581.96	23		

'총변동'(total sum of squares)이란 내생적 요인으로부터 비롯된 변동과 외생적 요인으로부터 비롯된 변동을 모두 합한 것입니다. 계산된 *F*-통계량 2.160의 의미는 다음과 같은 순서에 의해서 해석됩니다. 첫째, 현재 *F*-통계량의 영가설은 4개 건전지의 연비 성능 평균값이 동일하다는 것입니다. 만약, 계산된 *F*-통계량 2.160이 *F*-분포표에 나타난 95% 신뢰수준에서 자유도 3과 20인 경우에서의 값보다 크다면 영가설을 기각시킬 수 있습니다. 분산분석에서 기각역은 항상 *F*-분포의 오른쪽 끝부분이 됩니다.[21] 95%의 신뢰수준에서 자유도 3과 20인 경우의 *F*값은 3.0984입니다. 따라서 우리는 영가설을 기각시킬만한 충분한 근거를 가지지 못하므로 영가설을 채택합니다. 결론적으로 네 종류의 건전지는 별 차이가 없는 것으로 결론짓게 됩니다.

이원분산분석

연구자 입장에서 독립변수가(즉, 실험요인이) 종속변수에 미치는 영향력을 보는데 독립변수가 2개 이상인 경우엔 '이원분산분석'(two-way ANOVA)을 사용합니다. '이원분산분석'의 방법론적 논리는 '일원분산분석'

21)

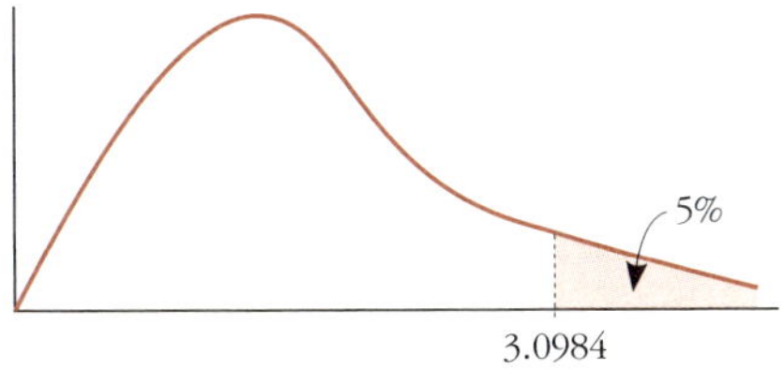

교호작용 (交互作用) 효과

과 동일합니다. 단, 실험요인들끼리의 '교호작용(交互作用) 효과'(interaction effect)를 고려합니다. '교호효과'란 두 변수가 독립적으로 있지 않고 어떤 현상에 같이 존재하는 경우 두 변수의 상호 의존작용으로부터 발생하는 효과를 말합니다. '이원분산분석'은 두 개의 실험요인이 결합되는 교호작용의 측정을 위해서 각각의 조합별로 최소한 두 개 이상의 관측값을 포함하고 있어야 합니다.[22] 예를 통해서 이해해 봅시다.

선거를 앞두고 어떤 국회의원이 SNS(social network service)를 활용하여 유권자들과 효율적으로 대화하고 그들의 의견을 수렴하고 싶어 합니다. 이 국회의원은 세 가지 종류의 이슈들(통일이슈, 세금이슈, 교육이슈)에 대한 자신의 정책적 입장을 선전하기 위한 두 가지 선전홍보전략을 고안하여, 3가지 종류의 이슈들에 대한 자신의 정책적 입장에 어떤 홍보전략이 유권자들로부터의 호응을 얻어내는 데 더 우월한지 알고 싶어 합니다. 고용된 광고홍보회사는 국회의원의 해당 지역구 유권자들을 대상으로 두 가지 선전홍보전략을 3번 시험했고, 홍보시행 결과 우호적으로 동원된 유권자들의 숫자를 정책별로 정리하여 국회의원에게 보고하였습니다. 보고된 내용이 다음과 같다고 가정해 봅시다.

단위(명)

	선전홍보전략 1			선전홍보전략 2		
	1회	2회	3회	1회	2회	3회
통일정책	574	564	550	1092	1086	1065
세금정책	524	573	551	1028	1073	998
교육정책	576	540	592	1066	1045	1055

이 국회의원은 자신의 선전전략의 선택에 있어서 어떤 판단을 할 수 있겠습니까? 이런 경우, 일원분산분석의 경우와 달리 실험요인이 정책적 입장 요인, 홍보전략적 요인으로 두 개 이상이어서 '이원분산분석'을 시행

22) '외생적 효과'를 계산하기 위해서 두 실험변수의 조합 항목들마다 '평균값'이 필요한데, 평균값은 두 개 이상의 관측값이 있어야 가능하기 때문입니다.

하게 됩니다. 구체적인 정책과 연계하여 어떤 전략이 효과를 낼지 구분하게 합니다. 선전홍보전략에 따라서 정책적 입장에 대한 유권자들의 호응정도나 동원정도는 달라질 수 있습니다. 예를 들면, 세금정책에 유리한 홍보전략이 있고, 교육정책에 유리한 홍보전략이 구분될 수도 있다는 의미입니다. 특정 정책적 입장의 경우엔 홍보전략에 상관없이 유권자 동원에 동일한 효과를 갖고 있을런지도 모릅니다. 이원분산분석에선 두 가지 실험효과 사이의 '교호효과'를 추가로 측정합니다. 총변동에서 실험요인들의 교호작용을 제외하게 되면, 총변동에서 표본들간의 평균값의 차이가 갖는 순수효과가 강조되기 때문입니다. 실험요인으로서 정책적 입장에 대한 실험을 A, 홍보전략별 실험을 B라고 표시할 때, '총변동'의 구성요소는 다음과 같습니다.

> 총변동 = 외생적 변동+A로부터의 변동+B로부터의 변동+A와 B 교호작용으로 인한 변동

① 우선 두 개의 실험요인에 대하여(홍보전략별로 그리고 이슈정책별로) 평균값을 구하면 다음과 같을 것입니다.

	선전홍보전략 1				선전홍보전략 2				평균
	1회	2회	3회		1회	2회	3회		
통일정책	574	564	550	562.7 (=1688/3)	1092	1086	1065	1081 (=3243/3)	821.8 (=4931/6)
세금정책	524	573	551	549.3 (=1648/3)	1028	1073	998	1033 (=3099/3)	791.2 (=4747/6)
교육정책	576	540	592	569.3 (=1708/3)	1066	1045	1055	1055.3 (=3166/3)	812.3 (=4874/6)
평균				560.4 (=5044/9)				1056.4 (=9508/9)	808.4 (=14552/18)

② 총변동(SST: Sum of Squares Total)을 나타내는 총제곱합을 구하면 다음과 같습니다.

$$SST = (574-808.4)^2 + (564-808.4)^2 + (550-808.4)^2 + \cdots$$
$$+ (1045-808.4)^2 + (1055\text{-}808.4)^2 = 1{,}117{,}542$$

③ 실험요인 A[SSTR(A): Sum of Squares Treatment]인 '홍보전략'과 실험요인 B인 '정책적 입장'에 대한 '총제곱합'을 각각 구하면 다음과 같습니다.

$$SSTR(A) = [(560.4-808.4)^2 + (1056.4-808.4)^2] \cdot 9$$
$$= 1{,}107{,}072$$

$$SSTR(B) = [(821.8-808.4)^2 + (791.2-808.4)^2 + (812.3-808.4)^2] \cdot 6$$
$$\fallingdotseq 2{,}944$$

④ 외생적 요인(SSEF: Sum of Squares Extraneous Factor)에 대한 '총제곱합'을 구하면 다음과 같습니다.

$$SSEF = (574-562.7)^2 + (564-562.7)^2 + (550-562.7)^2 + \cdots$$
$$+ (1066-1055.3)^2 + (1045-1055.3)^2 + (1055-1055.3)^2$$
$$\fallingdotseq 6{,}387$$

⑤ 실험요인 A와 B의 교호작용으로 인한 '총제곱합'을 구하면 다음과 같습니다.

$$SST - SSTR(A) + SSTR(B) + SSEF = 1{,}139$$

변동의 이유	제곱합	자유도	분산	F-통계량
실험요인 A	1,107,072	1(=2−1)	1,107,072	
실험요인 B	2,944	2(=3−1)	1,472	
실험요인 AB 교호작용	1,139	2[=(3−1)(2−1)]	569.5	
외생적 변동요인	6,387	12[=3·2·(3−1)]	532.25	
총변동	1,117,542	16		

이원분산분석에서 가설검정의 과정은 두 가지로 나뉩니다. 먼저 교호작용 여부에 대한 검정을 거쳐서 교호작용이 통계적으로 유의미한지를 결정해야 합니다. 교호작용이 통계적으로 유의미하다면 지금까지의 계산을 그대로 가져가지만, 만약 교호작용이 없는 것으로 판정된다면, 교호작용이 없는 상황에서의 새로운 ANOVA 표를 만들어야 합니다.

① 먼저 교호작용에 대한 검정을 합니다. 여기서의 검정 F값은 $\frac{\text{교호작용요인}}{\text{외생요인}} = \frac{569.5}{532.25} = 1.069$로 계산됩니다. 영가설은 "실험요인 A와 B의 교호작용이 없다"는 것입니다. $\alpha = .05$ 유의수준에서 자유도 2와 12의 상황을 보면 F값은 3.8853이므로 영가설을 기각하지 못하고 받아들여야만 합니다(1.069〈3.8853). 교호작용이 사실상 없기 때문에 교호작용 항목은 근본적으로 0이 됨을 의미합니다. 외생요인을 가지고 교호작용에 기인한 분산을 구했었기 때문에, 교호작용이 근본적으로 0이라면 외생요인의 자유도의 숫자는 증가할 것이며, 따라서 새로운 외생요인을 구해야 합니다.

② 새로운 ANOVA 표는 다음과 같을 것입니다.

변동의 이유	제곱합	자유도	분산	F-통계량
실험요인 A	1,107,072	1(=2−1)	1,107,072	
실험요인 B	2,944	2(=3−1)	1,472	
실험요인 AB 교호작용	0	0	0	
외생적 변동요인	7,526	14	532.25	
총변동	1,117,542	16		

ⓐ 먼저 실험요인 B인 정책적 차이에 대한 가설검정을 합시다. 여기서의 검정 F값은 $\frac{\text{실험}B\text{요인}}{\text{외생요인}} = \frac{1,472}{537.57} = 2.738$로 계산됩니다. 영가설은 "실험요인 B에서 정책적 차이는 없다"는 것입니다. $\alpha = .05$ 유의수준에서 자유도 2와 14의 상황을 보면 F값은 3.7389이므로 영가설을 기각하지 못하고 받아

들여야만 합니다. 유권자로부터의 호응을 얻어내는 데 정책들간의 차이가 있다고 말할 수 없습니다.

ⓑ 실험요인 A인 홍보전략의 차이에 대한 가설검정을 하면 검정 F값은 $\frac{\text{실험}A\text{요인}}{\text{외생요인}}=\frac{1{,}107{,}072}{537.57}=2{,}059.40$로 계산됩니다. 영가설은 "실험요인 A에서 홍보전략의 차이는 없다"는 것입니다. $\alpha=.05$ 유의수준에서 자유도 1과 14의 상황을 보면 F값은 4.60이므로 2,059.40은 영가설을 기각하기에 충분한 값입니다. 유권자로부터의 호응을 얻어내는 데 선전홍보전략간에는 분명한 차이가 존재한다고 말할 수 있습니다.

이상을 종합하여 해당 지역구의 국회의원은 다음과 같은 경험적 결론에 도달하게 됩니다. 해당 지역구에서 국회의원이 정책적 입장에 대한 결정은 특정 홍보전략이 사용될 때만 유용하다는 것입니다. 해당 조사를 참고할 경우, 해당 국회의원은 자신의 정책적 입장보다 더 근본적으로 선전홍보전략에 대한 그림을 그려야 할 것입니다. ANOVA에서 입체적인 비교의 논리는 질적연구방법에서도 사용될 수 있으니, ANOVA 연산의 원리를 음미하시기 바랍니다.

제 6 장

변량분석들

Ⅰ. 연관성 측정의 논리
Ⅱ. 선형회귀분석
Ⅲ. 비선형회귀분석
Ⅳ. 경로분석
Ⅴ. 요인분석

제6장 변량분석들

앞부분에선 한 개의 확률변수와 그 변수의 성격과 연관된 분포 유형들에 대해서 살펴보았습니다. 사회과학 현상과 관련하여 연구자들은 단순히 한 가지 변수(또는 범주)의 속성뿐만이 아니라, 변수와 변수간의(또는 범주와 범주간의) 연관성에 관심이 있습니다. 어떤 변수들은 특정한 어떤 변수와 '같은 방향'으로 같이 가게 됩니다. 예를 들면, '인구밀집 정도'와 '범죄율'의 연관성을 연구할 수 있습니다. '고밀집 지역'이 '저밀집 지역'보다 더 높은 '범죄율'이 나타날 수 있습니다. '학력수준'과 '소득수준'의 연관성을 연구할 수 있습니다. 높은 학력수준을 지닌 사람들이 낮은 사람들보다 '소득'수준이 더 높을 수 있습니다. '지역'과 '이념성향'간의 연관성을 살펴볼 수도 있습니다. '젊은 사람들'이 '나이 든' 사람들보다 더 진보적인 성향을 지니고 있을 수 있습니다.

공변량

변수들이나 범주들간의 연관성은 변수들간의 '공변량'(covariance)을 분석함으로써 가능합니다. 변수나 범주들간의 '공변량'을 분석하는 것이 '변량분석'(variate analysis)입니다. '공변량'의 개념을 통해서 변수들 또는 범주들 사이에 연관성이 있다 없다라는 상황은 다음과 같은 논리로 되어 있습니다.

어떤 연구자가 사(私)기업체들을 대상으로 사원 1,000명을 조사하여 '소득수준'에 대한 다음과 같은 정보를 얻었다고 가정합시다.

고소득	330
중간소득	340
저소득	330

이 연구자는 '수입' 분포가 골고루 퍼져 있는 정보를 보면서, 추가로 '학력'이란 변수가 '수입'에 영향을 미치는지 조사하려고 합니다. '학력' 변수와 '수입' 변수의 연관성을 알아보기 위해서 사(私)기업체들을 대상으로 사원 1,000명을 다시 한 번 조사하였습니다. '학력' 변수는 교육수준에 따라서 대학교 졸업, 고등학교 졸업, 중학교 졸업이란 3가지의 범주로 분류하였습니다. '수입' 변수는 소득수준에 따라서 고소득, 중간소득, 저소득의 3가지 범주로 분류하였습니다. 조사결과, 다음의 도표 6-1과 같이 나타났다고 가정합시다.[1]

도표 6-1 학력과 수입의 관계(1)

	대학교 졸업	고등학교 졸업	중학교 졸업	합계
고소득	116	109	105	330
중간소득	110	123	107	340
저소득	104	108	118	330
합계	330	340	330	1,000

도표 6-1에서는 졸업 학력과 소득 수준이 고르게 분포되어 있어서, 두 변수 사이에서 특정한 '공변량'을 찾아 보기 어렵습니다. 고소득, 중간소득, 저소득 모든 범주에 있어서 대학교, 고등학교, 중학교 졸업자들이 대략 1/3의 비율로 고르게 분포하고 있습니다. 학력수준이 변한다고, 소득수준이 변하는 어떤 징후를 발견하기 어렵습니다. 이런 경우, 두 변수는 '공변'(共變)하고 있다고 보기 어려우며, 같이 움직이는 것이 아닙니다. 같은 방향으로

1) 일반적으로 독립변수를 열(列, column)에 나타나도록 정리하고, 종속변수를 행(行, row)에 나타나도록 정리합니다. 열은 세로의 성격들이며, 열의 범주들은 가로로 상단에 나열됩니다. 행은 가로의 성격들이며, 행의 범주는 세로로 좌측에 나열됩니다. 여기서는 학력이 독립변수이고 수입이 종속변수가 됩니다.

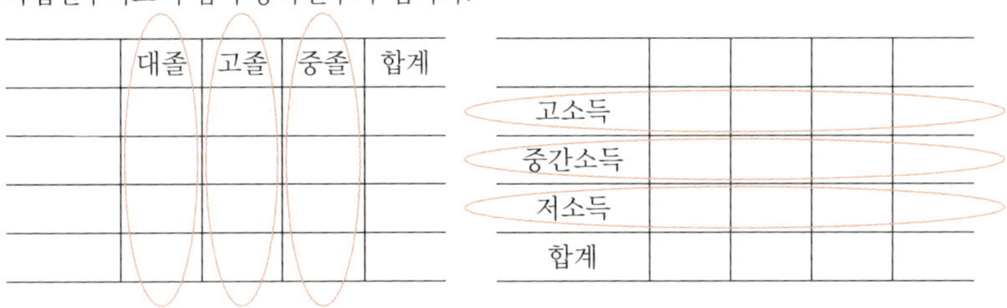

같이 움직이건, 정반대의 방향으로 따로 움직이건, 어떤 범주가 변할 때 다른 특정한 범주가 같이 따라서 변화하지 않는다는 것입니다. 고등학교 졸업에서 대학교 졸업으로 범주가 변하여도 소득수준이 '인지할 만한 정도로' 변화하고 있다고 보기 어렵습니다. 중학교 졸업에서 고등학교 졸업으로 범주가 변하여도 마찬가지 입니다. 연구자는 학력수준과 수입수준 사이에서 특별한 '공변량'을 찾을 수 없으며, 따라서 두 변수 사이에서 연관성을 찾지 못합니다. 반면에, 조사결과가 도표 6-2와 같이 나타났다고 또 다른 상황을 가정해 봅시다.

도표 6-2 학력과 수입의 관계(2)

	대학교 졸업	고등학교 졸업	중학교 졸업	합계
고소득	290	15	25	330
중간소득	30	300	10	340
저소득	10	25	295	330
합계	330	340	330	1,000

도표 6-2에선 학력수준과 소득수준 사이에, 어떤 구체적인 방법을 사용하여 계산을 하지 않더라도, 특정 범주와 특정 범주 사이에서 최빈값이 구분되게 나타나고 있어 두 변수 사이에 '공변'이 일어나고 있음을 알 수 있습니다. 고소득자의 87.8%가 대학졸업자입니다. 중간소득자의 88.2%가 고등학교 졸업자입니다. 저소득자의 89.3%가 중학교 졸업자입니다. 특정 소득수준에 있는 사람들이 특정 학력과 맞물려서 '공변'하고 있습니다. 연구자가 살펴보고 있는 변수 내에서 특정 범주가 같이 가고(움직이고) 있는 것입니다. 도표 6-2에서 연구자는 학력과 수입이 깊은 연관성을 지니고 있으며, 학력이 높을수록 소득수준이 높을 가능성에 대해서 파악하게 됩니다.

I 연관성 측정의 논리

연관성을 '측정한다'는 것은 두 변수의 관계를 하나의 요약된 값으로 표시하는 것을 말합니다. 두 변수가 연관되어 있다는 것은 "한 변수를 가지고 다른 한 변수를 예측할 수 있는 정도"를 의미합니다. 앞서서 도표 6-2에서 두 변수인 '학력'과 '수입'이 연관되어 있다고 할 때, 두 가지 측면에서 한 변수를 가지고 다른 한 변수를 예측하게 됩니다.

앞서서 두 변수가 연관성이 있다는 것은 '공변하는 관계'라고 하였는데, '공변'이란 개념 속에 '예측'의 개념이 내재되어 있습니다. 두 변수가 공변하는 관계에 있다면 한 변수를 가지고 다른 한 변수를 예측할 수 있습니다. 두 변수가 공변의 관계를 전혀 갖고 있지 않다면, 한 변수를 가지고 다른 한 변수를 예측하는 것이 사실상 불가능합니다. 하나의 변수(y)에 대한 정보만 가지고 그 변수의 상황을 규정할 때보다, 또 다른 변수를 가지고(x) y에 대한 예측성을 높일 수 있느냐가 관건입니다. 연관성을 측정한다는 것은 결국 하나의 변수를 가지고 다른 하나의 변수를 예측할 때 생기는 "예측오차를 감소시킬 수 있는 정도"를 측정하는 것이 됩니다. 이것을 '오차비율의 감소 원리'(proportional reduction of error principle)라고 합니다. 결론적으로, 연관성이란 오차의 비율적 감소 원리를 나타낸 수식을 통해서 하나의 요약된 값으로 구현됩니다. 변수 x가 새로이 투입되기 전에 "변수 y로만 발생할 수 있는 오차(E_y)"와 "변수 x가 새로이 투입된 후에 변수 y에 대한 예측오차(E_x)"라는 두 개념이 있다면, E_y에 대한 ($E_y - E_x$)의 비율값으로 두 변수의 연관성을 논할 수 있을 것입니다.

오차비율의 감소 원리

$$\frac{E_y - E_x}{E_y}$$

상식적으로, 어떤 특정 변수를 가장 잘 예측하는 것은 그 변수의 '최빈값'(mode)으로 표시되는 '대표값'일 것입니다. 어떤 변수가 몇 개의 범주로 구성될 때, 그 중 가장 많은 빈도수를 지닌 범주가 그 변수의 대표값이 될 수 있을 것입니다. 예를 들어서, 학력과 수입의 관계가 다음의 도표 6-3과 같이 나타났다고 가정해 봅시다.

도표 6-3 학력과 수입의 관계(3)

	대학교 졸업	고등학교 졸업	중학교 졸업	합계
고소득	330	0	0	330
중간소득	0	340	0	340
저소득	0	0	330	330
합계	330	340	330	1,000

도표 6-3은 수입과 학력 관계에서 가장 극단적인 상황을 묘사하고 있습니다. 중간소득자들은 고등학교 졸업자들로만 대표됩니다. 따라서 고등학교 졸업자의 빈도수를 통해서 중간소득자들을 가장 잘 예측할 수 있습니다. 전적으로, 저소득자는 중학교 졸업 학력자이고, 고소득자는 대학교 졸업 학력자입니다. 빈도가 하나의 특정 범주에 모두 몰려있기 때문에, 소득범주는 학력범주를 가지고 정확하게 예측이 가능합니다.

민주사회에선 '중간계층'(middle class)이 중요한 의미를 지니고, 중간소득자가 340명으로 가장 최대빈도수이므로, 중간소득자를 중심으로 생각해 봅시다. 도표 6-3에서는 각 소득자별로 각 학력에 해당하는 모든 사람들이 존재하기에 소득범주는 학력범주를 가지고 정확히 예측할 수 있었지만, 최대 빈도수인 중간소득자의 빈도수를 가지고 학력을 1,000명을 예측한다면 660명(=1,000−340)은 틀리게 됩니다. 최대빈도수를 중심으로 하는 오차의 논리를 도표 6-1과 도표 6-2에도 적용해 봅시다. 도표 6-1이나 도표 6-2에서 어떻게 오차비율이 증가하고 감소되는가를 살펴보면서 수입변수와 학력변수 사이의 연관성을 논해 봅시다.

도표 6-4 도표 6-1로 나타난 상황에 대한 오차

	대학교 졸업	고등학교 졸업	중학교 졸업	합계
고소득	116(330)			
중간소득		123(340)		
저소득			118(330)	
합계				1,000

도표 6-5 도표 6-2로 나타난 상황에 대한 오차

	대학교 졸업	고등학교 졸업	중학교 졸업	합계
고소득	290(330)			
중간소득		300(340)		
저소득			295(330)	
합계				1,000

도표 6-6 도표 6-3으로 나타난 상황에 대한 오차

	대학교 졸업	고등학교 졸업	중학교 졸업	합계
고소득	330(330)			
중간소득		340(340)		
저소득			230(330)	
합계				1,000

도표 6-4, 도표 6-5, 도표 6-6을 통해서 도표 6-1에 대한 오차는 643이고, 도표 6-2에 대한 오차는 115이고, 도표 6-3에 대한 오차는 0으로 나타남을 알 수 있습니다. 따라서 '오차비율감소'를 도표 6-1, 도표 6-2, 도표 6-3의 경우에 적용해서 각각 계산해 보면 다음과 같습니다.

$$\frac{600-643}{660}=0.026$$

$$\frac{660-115}{660}=0.826$$

$$\frac{600-0}{660}=1$$

정리하면, 도표 6-1과 같이 모든 범주들에서 비슷한 크기로 숫자가 분포되어 학력변수를 새로이 투입해도 소득변수에 대한 어떤 예측에 있어서 변동이 있지 않습니다. 따라서 새로운 변수를 투입하여 기존의 변수를 예측하는 경우 기존의 변수만으로 예측할 때보다 오차가 감소하는 비율이 0.026으로 매우 낮은 수치를 보이고 있습니다. 도표 6-1에선 소득변수와 학력변수는 상관성이 없으며, 변수 x(학력, 독립변수)는 변수 y(소득, 종속변수)에 대하여 예측성도 사실상 없습니다. 도표 6-2의 상황에서는 학력변수가 새로이 투입되는 경우 소득범주들의 분포를 볼 때, 특정 소득범주가 특정 학력범주와 연관성을 맺고 있는 분포가 나타납니다. 오차감소율이 0.826으로 높은 수치를 나타내고 있어서 학력변수와 소득변수는 높은 상관성이 지니고 있습니다. 도표 6-3의 경우는 극단적인 경우로 학력변수가 투입되는 경우 기존의 소득변수의 성격을 예측함에 있어서 오차율은 사실상 0입니다. 두 변수의 조합에서 특정 범주에만 분포되어 있어서 특정 범주로 예측하는 데 오차가 있을 수 없습니다. 두 변수는 완전한 상관관계를 이루고 있습니다.

지금까지 살펴본 '오차비율의 감소 원리'는 변량분석에서 상관성을 논하기 위한 가장 근본적 논리라고 할 수 있습니다. $\frac{E_y - E_x}{E_y}$ 란 "변수 x가 새로이 투입되기 전에 변수 y로만 발생할 수 있는 예측상황(A)"과 "변수 y에 변수 x가 새로이 투입된 후에 변수 y에 대한 예측상황(B)"이란 두 개의 평범한 개념으로 그 비율$\left(\frac{A-B}{A}\right)$을 계산한 것입니다. 두 변수간의 상관성을 측정하는 계수(coefficient)들인 람다(lambda, λ) 계수, 감마(Gamma, γ 또는 G), 켄달의 tau-b(Kendall's tau-b), 피어슨의 r(Pearson's r)은 비록 구체적인 계산 방법에는 차이가 있어도 모두 오차비율 감소 원리의 형식으로 만들어졌습니다. 다음과 같이 정리할 수 있습니다.

측정종류	내용
람다 (lambda, λ)	람다계수는 거트만(Louis Guttman)이 체계화하였는데, 명목변수나 범주변수의 상관성 측정에 사용합니다. 람다값은 '오차비율감소의 원리'와 동일한 내용입니다. 변수 x가 새로이 투입되기 전에 변수 y로만 발생할 수 있는 예측상황(E_y)"과 "변수 y에 변수 x가 새로이 투입된 후에 변수 y에 대한 예측상황(E_x)"이라고 할 때, $$\lambda = \frac{E_y - E_x}{E_y}$$
감마 (Gamma, γ; G)	감마계수는 굿맨(Leo Goodman)과 크루스칼(William Kruskal)이 체계화하였는데, 서열변수의 상관성 측정에 사용합니다. 완전한 연관성을 보이는 경우엔 +1과 −1로 표시되고, 연관성이 없는 경우는 0으로 표시됩니다. 두 변수의 범주에서 동일한 수준에 있는 관측값들의 조합 개수를 N_s(x변수에서도 높은 수준이면서 y변수에서도 높은 수준; x변수에서 낮은 수준이면서 y변수에서도 낮은 수준에 해당하는 짝의 조합들); 두 변수의 범주에서 다른 수준에 있는 관측값들의 조합 개수를 N_d(x변수에서 높은 수준이면서 y변수에서는 낮은 수준; 또는 그 반대)라고 할 때, $$\gamma = \frac{0.5(N_s + N_d) - Min(N_s + N_d)}{0.5(N_s + N_d)}$$ [or 약식계산 $r = \frac{(N_s - N_d)}{(N_s + N_d)}$]
켄달의 tau-b	켄달(Kendall)의 tau-b계수는 서열변수의 연관성 측정에 사용하며 계수값이 취할 수 있는 범위는 $-1 \leq b \leq 1$입니다. +1이나 −1에 근접할수록 두 변수의 연관성이 높은 것이며, 0에 근접할수록 두 변수의 연관성이 낮은 것입니다. 감마변수에서의 두 개념인 N_s와 N_d에 두 가지 개념을 추가합니다. 변수 y의 수준에 상관없이 변수 x에 묶여 있는 관측값들의 조합 개수를 T_x라고 하고, 변수 x의 수준에 상관없이 변수 y에 묶여 있는 관측값들의 조합 개수를 T_y라고 할 때, $$tau-b = \frac{N_s - N_d}{\sqrt{(N_s + N_d + T_y)(N_s + N_d + T_x)}}$$
피어슨의 r	피어슨의 r계수는 등간변수의 연관성 측정에 사용하며, 계수값이 취할 수 있는 범위는 $-1 \leq r \leq 1$입니다. +1이나 −1에 근접할수록 두 변수의 연관성이 높은 것이며, 0에 근접할수록 두 변수의 연관성이 낮은 것입니다. 총제곱합(total sum of squares: TSS), '설명되는 제곱합'(explained sum of squares: ESS), '설명되지 않는 제곱합'(Unexplained sum of squares: USS)의 개념에 기반하여 $$r = \sqrt{\frac{TSS - USS}{TSS}}$$

II 선형회귀분석

사회과학 연구자들은 두 변수 사이의 연관성을 분석함에 있어서 더 정확한 예측 방법이 필요할 수 있습니다. '더 정확한 예측 방법'이란 두 변수의 '강도'(strength)와 연관성의 '방향'(direction)을 동시에 나타낼 수 있음과 동시에 한 변수의 관측값이 다른 한 변수의 관측값을 예측할 수 있는 형식으로 나타내는 것을 말합니다. '선형회귀분석'(線形回歸分析, linear regression analysis)은 한 변수의 값을 통해서 다른 한 변수의 값을 예측할 수 있는 형식을 갖고 있습니다.

연구자의 입장에서 변수들의 관계는 이론적으로 '있음직한 이야기'(plausible scenario)가 가능한 인과관계를 지닌 독립변수와 종속변수입니다. 선형회귀분석의 방법론적 논리는 두 변수 X(독립변수)와 Y(종속변수)가 있을 때, X와 Y의 관계를 X와 Y의 일차함수식인 $Y=a+b\cdot X$의 형태로 표시하는 것입니다. 연구자는 X와 Y의 연관성을 가장 잘 표현할 수 있는 일차함수 $Y=a+b\cdot X$를 만들어야 합니다. 그런 일차함수를 만드는 것에 성공한다면, 역으로 그 일차함수를 바탕으로 X와 Y의 관측값들을 서로 가장 잘 예측하게 될 것입니다. $Y=a+b\cdot X$를 예측도구로 하여 X와 Y의 모든 관측값들을 예측할 때, 가장 오차가 작게끔 하는 것이 요점입니다.

연구자가 X와 Y의 연관성을 예측하기 위한 도구로 일차함수 $Y=a+b\cdot X$를 사용하기 위해선 a값과 b값이 정해져야 합니다. $Y=a+b\cdot X$는 두 개의 '변수'(X, Y)와 두 개의 '상수'(常數, constant)로 이루어져 있습니다. X와 Y는 변수값으로(즉, 관측값으로) 상황과 경우에 따라서 변하는 값이어서 그냥 두고, 상수값인 a값과 b값을 정하면 $Y=a+b\cdot X$의 형태가 만들어지게 됩니다. a값과 b값은 변수 X와 Y로부터 기존에 관측되었던 관측값들로부터 계산되며, 계산 결과 '크기'(두 변수 관계의 강도를 나타내는)와 '부호'(두 변수 관계의 증감 방향을 나타내는)를 갖게 됩니다.

계산의 원리는 '최소자승법'(最小自乘法, least squares method)을 따르는데, 이 방법은 두 변수의 연관성을 예측하기 위해서 만들어진 일차함수와 기존의 관측값들 사이에서 예측오차를 최소화하는 방법입니다. 예측도구인 일차함수가 기존의 관측값들의 관계를 예측함에 있어서 예측오차가 최소화된다는 것은 결국 '원래 관측값'과 '예상되는 관측값' 사이의 편차를 최소화하는 것입니다. 결론적으로, '최소자승법'이란 편차값들의 '제곱합'(sum of squares)을 최소화하는 방법입니다. 다음과 같이 정리해 볼 수 있습니다. 최소자승법

$\hat{Y} = a + b \cdot X$ ($\hat{Y}$는 변수 Y의 예측값을 제공하는 일차함수)

b값은 X의 변화량에 대한 Y의 변화량의 비율($= \frac{\Delta Y}{\Delta X}$)을 나타내며, 통상 '기울기'(slope)라고도 합니다. X의 변화량에 대하여 Y의 변화량이 클 때(즉, b값이 클 때) 두 변수는 강한 상관관계에 있습니다. X의 변화량에 대하여 Y의 변화량이 작을 때(즉, b값이 작을 때) 두 변수는 약한 상관관계에 있습니다. b값은 (+)와 (−)의 부호도 갖게 됩니다. X의 변화량과 Y의 변화량의 증감 방향이 같은 경우, b값은 (+)의 부호로 표시됩니다. X의 변화량과 Y의 변화량의 증감 방향이 서로 반대인 경우, b값은 (−)의 부호로 표시됩니다. a값은 X값이 0일 때 예상되는 Y의 값을 의미합니다. 통상 '절편'(intercept)이라고도 합니다. 변수 X가 변수 Y를 예견하는 상황일 때(즉 예측값에 대한 오차가 Y변수의 관점에서 측정되어질 때) X에 대한 Y의 회귀의 기울기(또는 줄여서 X에 대한 Y의 회귀: the regression of Y on X)를 분석하는 것이 됩니다. X와 Y의 역할이 바뀌면 반대로 Y에 대한 X의 회귀라고 하면 됩니다. a와 b 값은 다음과 같이 계산됩니다.

기울기

절편

$$b = \frac{\sum_{i=1}^{N}(X_i - \bar{X})(Y_i - \bar{Y})}{\sum_{i=1}^{N}(X_i - \bar{X})^2}$$ ($\bar{X}$는 변수 X의 평균값; $\bar{Y}$는 변수 Y의 평균값)

$$a = \bar{Y} - b \cdot \bar{X} = \frac{\sum_{i=1}^{N} Y_i - b \cdot \sum_{i=1}^{N} X_i}{N}$$

실례를 살펴보도록 하겠습니다. 어떤 연구자가 '입법부 선거'(국회의원 선거) 결과에 관심을 갖게 되었는데, 선거결과에 영향을 미치는 것이 어떤 변수인가를 조사하다가 '행정부의 수반인 대통령의 인기도'라는 변수를 생각하게 되었다고 가정해 봅시다. 따라서 과거에 두 변수 사이에서 어떤 관측값들이 나왔는지와 변수 사이의 연관성에 대한 이론들에 대해서 조사하게 되었습니다. 입법부 선거는 그 시기가 대통령 임기 초반, 중간시점, 말기 등에 치러질 수 있습니다. '중간선거'란 대통령의 임기 중반이나 임기 말에 행해지는 것으로 임기 초반 대통령의 대중적 지지도가 선거시점까지 그대로 유지된다면, 대통령의 정당인 여당이 그런대로 의석수를 차지할 것입니다. 하지만, 대통령 임기 중반 이후 대통령의 인기는 임기 초반과 비교하여 상대적으로 낮으며, 따라서 대통령의 정당은 입법부 선거에서 의석수를 잃을 확률이 높습니다. 일반적으로, 중간선거를 하는 경우 야당이 유리하게 됩니다. 미국의 대통령 선거는 4년 주기이며 하원의원 선거는 2년 주기여서, 하원의원 선거의 2번 중에 1번은 중간선거로 치러지고, 1번은 동시선거로 치러집니다.

미국 하원의원 선거에 나타난 의석수를 가지고 '선형회귀분석'을 시행하여 미국 중간선거에서 행정부 수반인 대통령의 대중적 인기도와 입법부 선거에서 대통령 정당의 의석수 증가 감소에 대한 예측공식을 만들어 보도록 하겠습니다. 미국 선거사에 나타난 자료들 중에서 편의상 제 2 차 세계대전 이후인 1946년부터 2010년까지의 자료를 사용하도록 하겠습니다. 실제 관측자료들이 다음과 같이 조사되었습니다.

중간선거연도	대통령	대통령 인기도	의석 감소수
1946	트루만(Truman, 민주당)	32	55
1950	트루만	43	29
1954	아이젠하워(Eisenhower, 공화당)	65	18
1958	아이젠하워	56	48
1962	케네디(Kennedy, 민주당)	67	4
1966	존슨(Johnson, 민주당)	48	47

1970	닉슨(Nixon, 공화당)	56	12
1974	포드(Ford, 공화당)	49	43
1978	카터(Carter, 민주당)	49	16
1982	레이건(Reagan, 공화당)	42	26
1986	레이건	63	5
1990	부시(HW Bush, 공화당)	58	8
1994	클린턴(Clinton, 민주당)	46	54
1998	클린턴	64	−5
2002	부시(W Bush, 공화당)	62	−5
2006	부시	37	30
2010	오바마(Obama, 민주당)	42	63

연구자의 연구목적은 대통령제하에서 입법부 중간선거(mid-term election)의 결과는 현직 대통령의 '인기도'(popularity)와 어떤 함수관계가 있을까 하는 것이었습니다. 대통령의 대중적 인기도를 X(독립변수)라고 하고, 대통령 정당의 감소 의석수를 Y(종속변수)라고 하여 $Y = a + b \cdot X$의 '선형회귀분석'을 시행할 수 있을 것입니다. 선형회귀함수에서 a값과 b값은 실제 관측값들의 개수에 따라서 변하게 됩니다.

앞서 회귀함수에서 계수들을 구하는 연산방식에 대해서 제시한 바 있습니다. 계산은 제법 번거로운 작업이며 시간이 많이 걸립니다. 우리는 다양한 컴퓨터 '통계분석 프로그램들'(SAS, SPSS, Stata, Eviews 등)을 사용하게 됩니다.[2)] 통계분석 프로그램 a값과 b값을 구하면 각각 104.7, −1.5이므로 두 변수의 연관성을 나타내는 일차함수는 $Y = 104.7 - 1.5X$이라고 알려줍

2) 다양한 통계 패키지를 이용하여 쉽게 그 계수를 계산할 수 있습니다. 현재 거의 모든 통계 패키지들은 특정 명령어를 입력한다기보다는 메뉴바(menu bar)를 중심으로 해당 통계 방법을 선택하게[즉, 클릭(click)하게] 되어 있어 사용이 용이합니다. 다음과 같은 순서로 하면 됩니다. ① 우선 하나의 스프레드시트의 행에는 개인별 설문 응답자, 열에는 설문 항목들을 배치하여 해당 관측값들을 입력합니다. ② 해당 스프레드시트상에서 각 변수들을 정의합니다. ③ '회귀분석'(regression analysis) 방법을 선택합니다. ④ 앞서 정의된 변수들 중에서 연구 목적상 독립변수와 종속변수에 해당되는 변수들을 각각 선택합니다. ⑤ 회귀분석을 시행하는 단추를 클릭하면 됩니다.

니다.[3)]

기존의 관측값들로부터 만들어진 $Y = 104.7 - 1.5X$의 공식을 가지고, 대통령의 인기도를 알 수 있으면, 대통령 정당의 의석 감소수를 예측하게 되는 것입니다. 예를 들어, 행정부 수반인 대통령의 인기도가 50%인 상황에서 대통령의 정당이 입법부 선거를 중간선거로 치른다면 $104.7 - 1.5(50) = 29.7$로 나타납니다. 따라서 여당이 중간선거에서 약 30석 정도를 잃게 될 것이란 예측을 하게 됩니다.[4)]

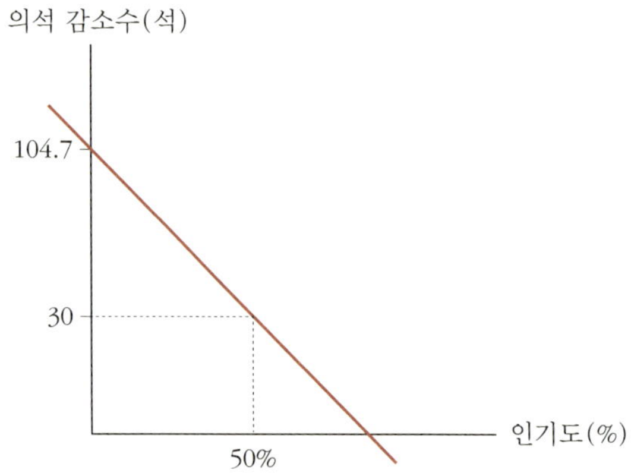

3) 통계프로그램에서 선형회귀분석(linear regression analysis)을 선택하고, 독립변수와 종속변수를 지정하여 프로그램을 수행시키면 다음과 같이 결과가 나타납니다.

계수[a]

모 형		비표준화 계수		표준화 계수	t	유의확률
		B	표준오차	베타		
1	(상수)	104.742	19.299		5.427	.000
	대통령인기도	−1.516	.366	−.730	−4.142	.001

a. 종속변수: 의석수감소량

통계프로그램을 수행하여 나오는 값의 의미에 대한 자세한 설명은 뒷부분의 다중회귀분석(多重回歸分析) 부분을 참조하시면 됩니다.

4) TV 프로그램에서 동물의 세계를 관찰하면서 "동물의 몸무게와 맥박수"의 관계를 분석한 적이 있습니다. 몸무게와 맥박수란 두 변수 사이의 관계는 "몸무게가 무거울수록 맥박수가 느리다"는 것입니다. TV에서 모든 동물들을 몸무게 X축, 맥박수를 Y축으로 하여 각 동물들의 위치를 점으로 표시한 후, 그러한 점들을 대표하는 회귀선을 그려서 보여주었습니다.

문제는 회귀함수 $Y = 104.7 - 1.5X$가 얼마나 정확하게 만들어졌는가인데, 이것을 검증하기 위해서, 이번엔 역으로, 기존 관측값들을 대입하여 어느 정도의 오차가 발생하는지 살펴볼 수 있습니다.

중간선거 연도	대통령	대통령 인기도	의석 감소수 (관찰값)	예측값 (계산값)	오차
1946	트루만(Truman,민주당)	32	55	57	−2
1950	트루만	43	29	40	−11
1954	아이젠하워(Eisenhower, 공화당)	65	18	7	11
1958	아이젠하워	56	48	21	27
1962	케네디(Kennedy, 민주당)	67	4	4	0
1966	존슨(Johnson, 민주당)	48	47	33	14
1970	닉슨(Nixon, 공화당)	56	12	21	−9
1974	포드(Ford, 공화당)	49	43	31	12
1978	카터(Carter, 민주당)	49	16	31	−15
1982	레이건(Reagan, 공화당)	42	26	42	−16
1986	레이건	63	5	10	−5
1990	부시(HW Bush, 공화당)	58	8	18	−10
1994	클린턴(Clinton, 민주당)	46	54	36	18
1998	클린턴	64	−5	9	−14
2002	부시(W Bush, 공화당)	62	−5	12	−17
2006	부시	37	30	49	−19
2010	오바마(Obama, 민주당)	42	63	42	21

실제 관측값과 예측함수로부터 계산된 예측값(추정값) 사이에 '오차'(error)가 발생함을 알 수 있습니다. '오차'는 통상 '잔차'(residual)라고도 합니다. 회귀함수의 내용을 이해하기 위해 통계학적 개념들에 익숙해지는 것이 필요할 것입니다.

앞서 살펴본 a값과 b값은 기존의 관측값들(자료들)로부터 예측함수를 만들어 관측되지 않은 미래 상황에 대한 예측값을 구하기 위한 것이었습니다. 반면에 예측함수가 만들어진 후에는 그 예측함수가 얼마나 미래의 관측값을 잘 예측해 낼 수 있을 것인가에 연관된 개념들이 필요합니다. 잔차들(the *N* residual), 잔차분산(the residual variation), 총분산(total variation), 설명되는 분산(explanined variation), 기울기에 대한 표준오차(standard error)가 그것입니다.

분명한 것은 어떤 미래에 대한 예측값을 만들었을 때, 그 예측값은 '맞는 부분'(fitted value)과 '틀리는 부분'(residual)으로 구성된다는 것입니다.[5] $Y=a+b\cdot X$란 선형함수를 정하는 것이 결국 '기울기'와 '절편'을 구하는 것이라면, 자료가 허용하는 범위 내에서 오차를 가장 적게 하는 $(Min\sum e_i^2)$ 기울기값과 절편값을 계산해 내는 것입니다. 오차를 가장 적게 하는 것은 '관측값'과 '예측값' 사이의 편차의 '제곱합'을 최소화(least sum of squares)하는 것입니다 $[\,Min\sum(Y_i-\hat{Y})^2\,]$.

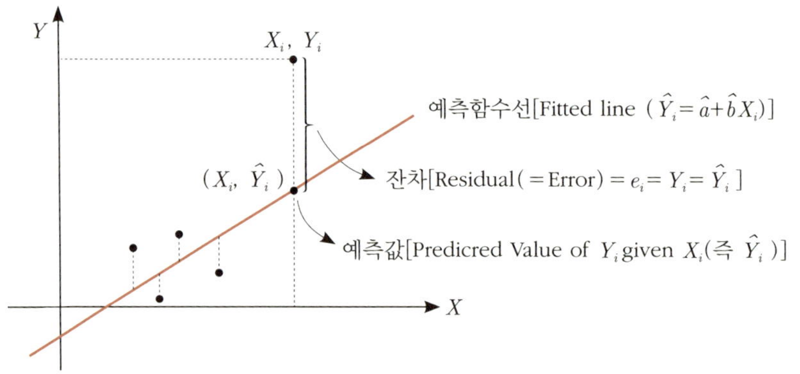

여기서, $(Y_i-\hat{Y})$는 관측값(Y_i)과 예측값들의 평균값($\hat{Y}$)과의 편차입니다. 회귀함수에서 실제 관측값과 실제의 관측값들의 평균값($\bar{Y}$)으로부

5) 회귀선형이 정확하게 관측값들을 예측할 수 없으므로(즉, 관측값들이 정확히 회귀함수선상에 없으므로) 회귀함수를 표현할 때, 잔차(오차, error)를 포함하여 $Y=a+b\cdot X+\varepsilon$[또는 Y란 기대치가 되므로, $E(x)=a+b\cdot x+\varepsilon$] 등으로 표시하는 것이 더 정확한 표현일 것입니다.

터 발생되는 편차는 $(Y_i - \bar{Y})$입니다. 그런데, $(Y_i - \hat{Y})$는 실제의 개별 관측값과 회귀함수로부터 예측된 예측값들과의 편차입니다. $(Y_i - \bar{Y})$속에서 $(Y_i - \hat{Y})$를 '설명되지 않는 편차'(unexplained deviation)이라고 합니다.[6] 다음의 그림과 같이 나타날 것입니다.

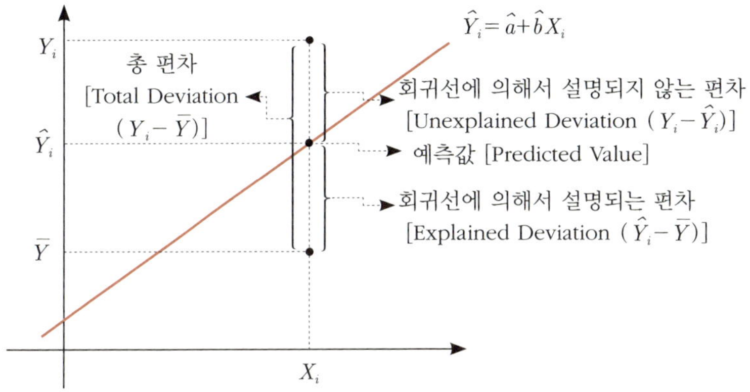

회귀분석에서 두 변수의 연관성의 강도는 r^2(*r-square*; 또는 R^2)로 표시되는데, 그 연산 원리는 앞서 언급한 '오차비율의 감소 원리'의 형식을 따릅니다.

$$r^2 = \frac{\text{전체변동} - \text{설명되지 않는 변동}}{\text{전체변동}} = \frac{\text{회귀함수로 설명되는 변동}}{\text{총변동}} \quad (0 \leq r^2 \leq 1)$$

따라서 회귀분석에서 두 변수의 상관성은 결국 전체분산에 대한 '설명되는 분산'의 비율로 계산되어, '설명력'(explanatory power)이란 개념이 됩니다. 독립변수가 종속변수를 높은 수준에서 설명할 수 있는지 없는지를 나타내게 됩니다. r^2의 값은 '설명되지 않는 분산'의 크기가 얼마나 되느냐에 설명력

6) 설명되지 않는 분산값으로부터 '표준오차'(standard error)를 구할 수 있습니다. 다음과 같이 계산될 것입니다. $\sqrt{\frac{\sum_{i=1}^{N}(Y_i - \hat{Y})^2}{N}}$

따라서 0과 1사이의 값을 취하게 됩니다. '설명되지 않는 분산'이 '전체분산'과 같은 경우엔(즉, 설명되는 분산이 0인 경우엔), r^2값이 0이 되어, 변수 X의 변량은 변수 Y의 변량을 전혀 예측할 수 없다는 의미가 됩니다. 반면에 r^2값이 1인 경우엔 Y의 변량은 X의 변량을 통해서 완벽하게 예측할 수 있다는 의미가 됩니다. 앞서 중간선거에서 입법부 의석수 증감을 예측하기 위한 회귀함수 $Y = 104.7 - 1.5X$에 대한 r^2값은 .533으로 나타납니다. 그 의미는 행정부의 수장인 대통령의 대중적 인기 정도(Y의 변량)는 입법부 선거가 중간선거의 형태로 치러질 경우 여당의 의석 감소수(X의 변량)를 예측하는 데 53.3%의 설명력을 갖고 있음을 의미합니다.

한 개의 변수에서 생기는 변동폭은 '분산'을 통해서 알 수 있고, 두 개

공분산 변수가 연관성을 맺으며 동시에 변하고 있을 때, '공분산'(共分散, covariance)을 통해서 알 수 있습니다. X변수의 편차는 $(X - \bar{X})$가 되고, Y변수의 편차는 $(Y - \bar{Y})$가 됩니다. 두 변수 X와 Y의 '동반 변동폭'은 기대값적인 개념 속에서 서로 곱하면 되므로 $\sum(X - \bar{X})(Y - \bar{Y})$의 형식으로 표시할 수 있습니다. 따라서 관측값들의 수를 고려한 '공분산'은

r값 $\dfrac{\sum(X - \bar{X})(Y - \bar{Y})}{N - 1}$의 형식으로 표시될 것입니다.[7] 이 공분산값은 r값이 되는데 '피어슨 상관계수'(pearson correlation coefficient)라고 하며, 앞서 계

r^2값 산한 r^2값을 제곱근한 값이 됩니다. 앞서 살펴본 회귀함수 $Y = 104.7 - 1.5X$에 대한 r값은 .730(= $\sqrt{.533}$)이 됩니다.

r^2값이나 r값은 관측값과 예측값 사이의 편차와 관련되어 있으므로 선형함수선을 중심으로 관측값들이 얼마나 모여 있는지, 퍼져 있는지에 따라서 결정될 것입니다. 두 변수 X와 Y의 상관성의 강도와 연관의 방향성을 고려하여 다음의 여덟 가지 전형이 있을 것입니다.

---

7) 모집단으로부터 표본을 추출하여 공분산을 계산하는 경우엔 단순히 '표본의 크기'가 아닌 '자유도'의 개념을 적용하여 $\dfrac{\sum(X - \bar{X})(Y - \bar{Y})}{N - 1}$로 계산합니다. 또한 공분산 공식은 편리한 계산을 위하여 다음과 같이 표시하기도 합니다.

$$r = \frac{N\sum XY - (\sum X)(\sum Y)}{\sqrt{\left[N\sum X^2 - (\sum X)^2\right]\left[N\sum Y^2 - (\sum Y)^2\right]}}$$ 이 공식은 연산의 구성단위가 X, Y, XY, X^2, Y^2로 되어 있어서 계산이 간편할 것입니다.

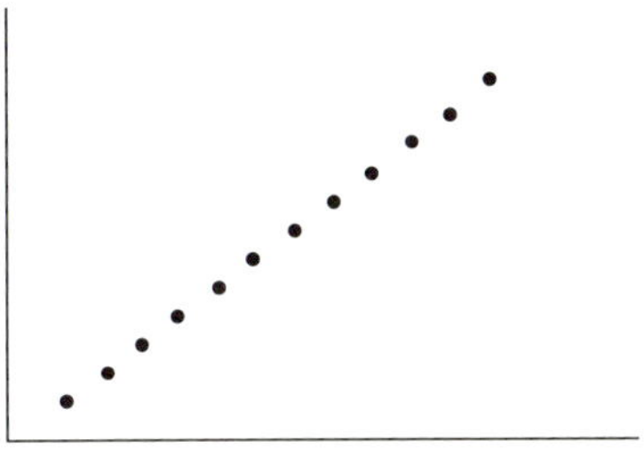

(a) $r=+1$

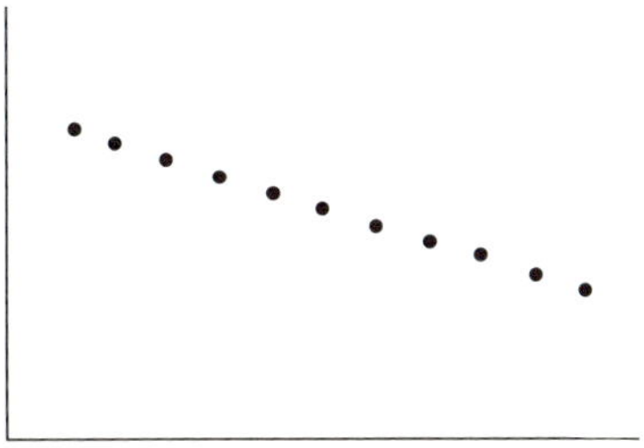

(b) $r=-1$

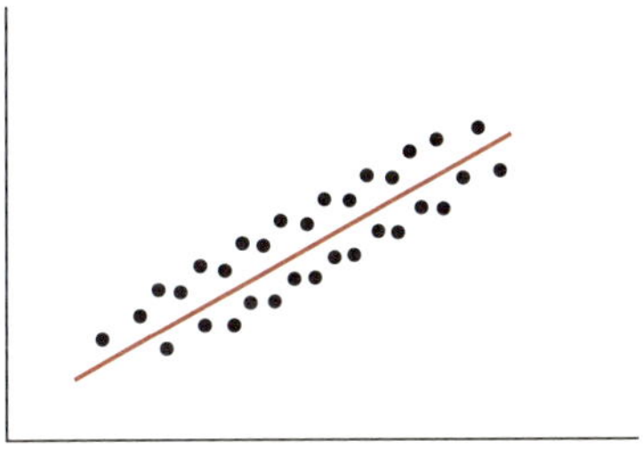

(c) 강한 양의 관계

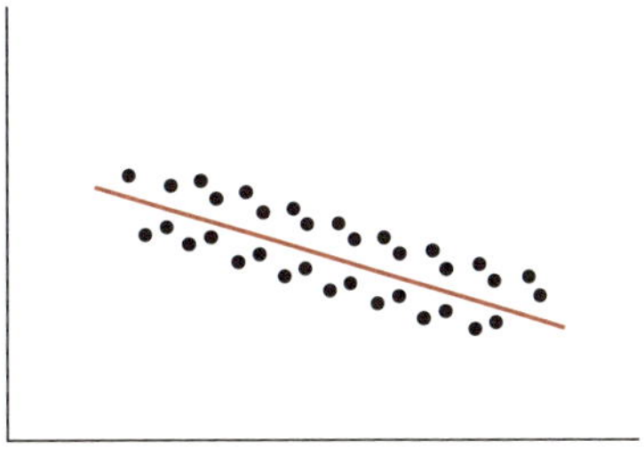

(d) 강한 음의 관계

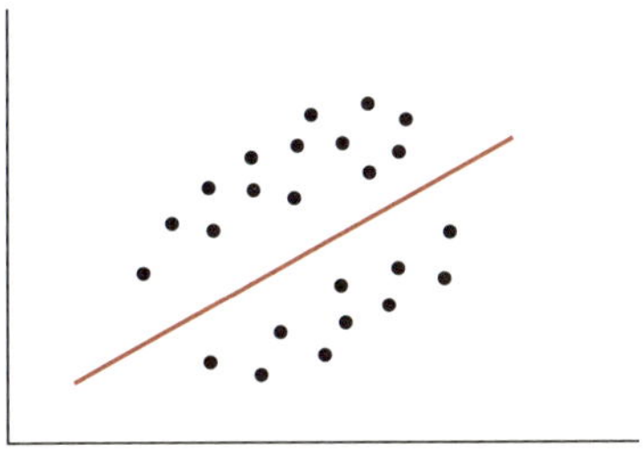

(e) 약한 양의 관계

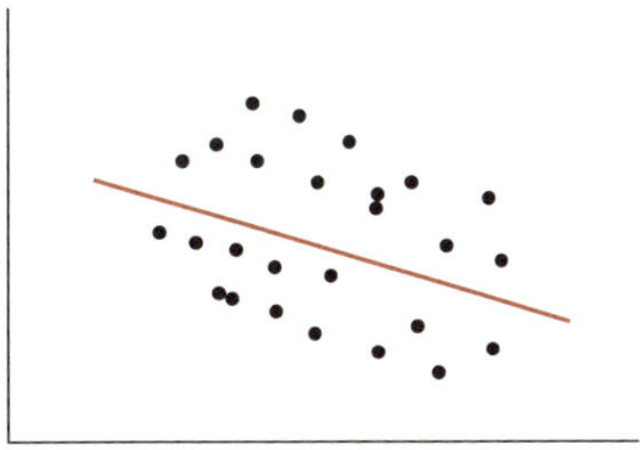

(f) 약한 음의 관계

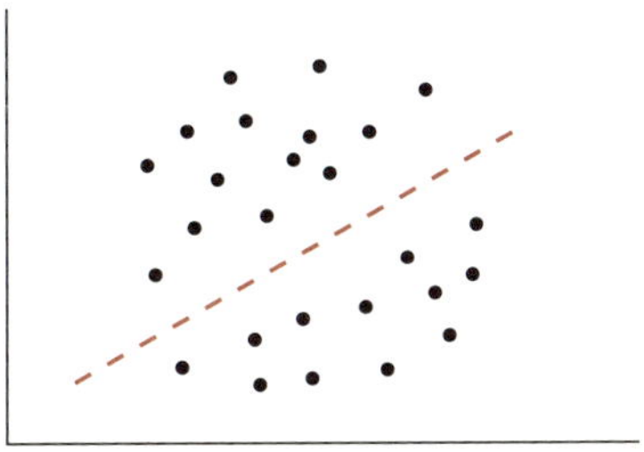

(g) 관계 없음

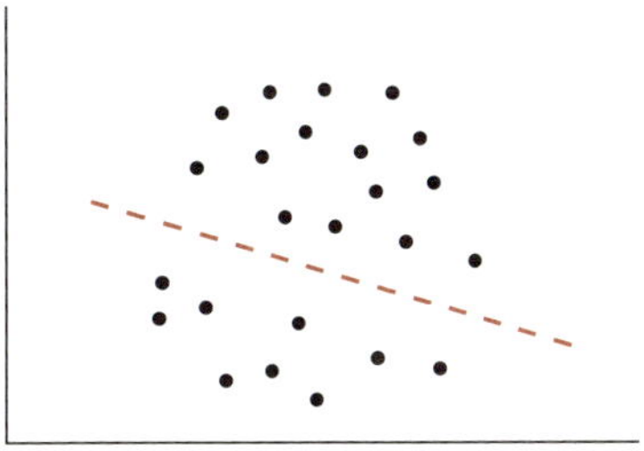

(h) 관계 없음

앞서 두 변수의 연관성을 분석한 회귀함수식 $Y=104.7-1.5X$에서는 한 개의 독립변수만이 사용되었습니다. 일반적으로 연구자는 종속변수에 영향을 미치는 독립변수를 선정함에 있어서 두 개 이상의 독립변수를 상정하게 됩니다. 이것을 '다중회귀분석'(多重回歸分析, multiple regression analysis)이라고 합니다. 따라서 다중회귀식은 다음과 같이 표시될 것입니다.

다중회귀분석

$$Y = a + b_1X_1 + b_2X_2 + \cdots + b_kX_k$$

다중회귀모델에 포함시키는 독립변수의 수를 보통 10개를 넘지 않는 선에서 결정하게 되는데, 이것은 다중회귀분석에서 전제되는 조건들과 상관이 있습니다. 연구자가 종속변수(Y)에 영향을 미친다고 생각하는 독립변수를 k개 상정했다고 가정한다면(X_1, X_2, X_3, ⋯, X_k), 다중회귀분석에서 가정하는 종속변수와 독립변수의 관계는 ①번과 같이 표시되는 상황을 의미합니다.

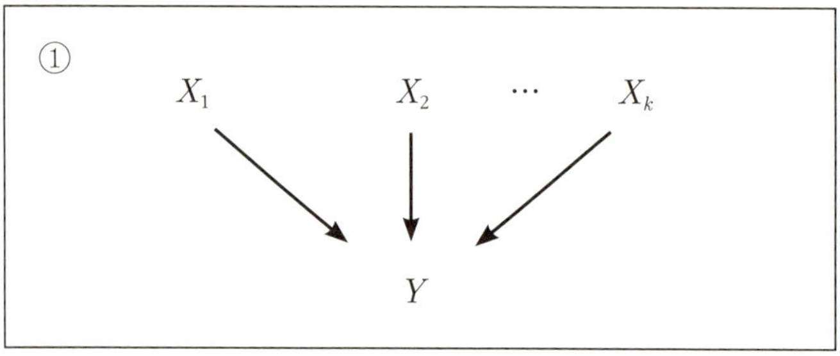

따라서, 다중회귀분석에서 독립변수가 종속변수에 영향을 미침에 있어서 ②, ③, ④와 같은 상황은 ①의 가정에 위배됩니다.

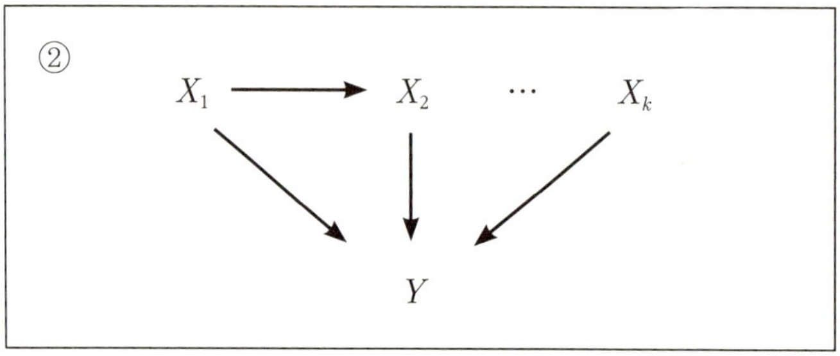

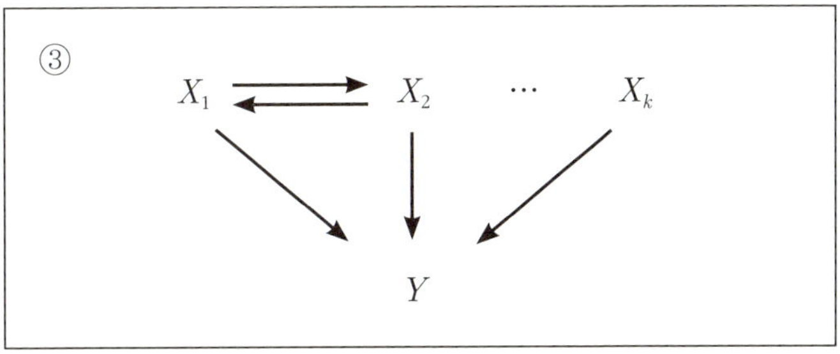

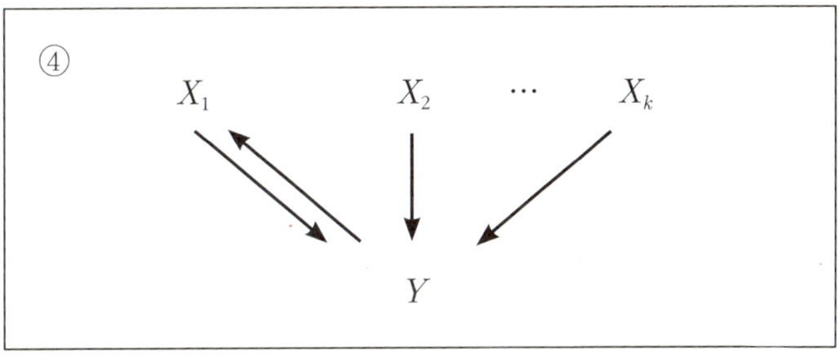

②, ③번의 그림은 독립변수들간에 상호작용이 있는 경우를 말합니다. 어떤 특정의 독립변수가 또 다른 하나의 독립변수에 영향을 미치고 있습니다. 이것은 독립변수들이 '상호 배타적'(mutually exclusive)이 아니어서 독립적이지 못하고, 상호의존효과(또는 교호작용효과, interaction effect)가 있음을 의미합니다. ④번 그림의 상황은 종속변수로부터 독립변수로 환원효과(feedback effect)가 있음을 나타내며 ①의 가정에 위배됩니다. 결론적으로 다중회귀분석에서 종속변수와 독립변수의 관계는 ①의 상황만을 가정하는 것입니다.[8] 앞서 다중회귀분석에서 독립변수의 수를 가능하면 10개를 넘지 않도록 한다고 하였는데, 독립변수의 수가 늘어나게 되면 그만큼 ②와 ③의 가능성이 커져서 ①의 가정이 무너지기 때문입니다.

환원효과

다중회귀분석의 실례를 통해서 설명해 보도록 하겠습니다. 이해의 일

8) 현실적인 사회과학적 현상들에선 변수들간의 '교호작용'을 완전히 배제하기 어렵습니다. ①의 상황에 완벽하게 들어맞는 독립변수와 종속변수의 조합은 거의 없다고 해도 과언이 아닐 것입니다. 이것은 다중회귀분석에서 연산구조가 ①의 상황을 전제로 하여 만들어진 것이기 때문에 가능하면 ①의 상황을 염두에 두면서, 조심스럽게 독립변수를 정해야 함을 의미합니다.

관성을 유지하면서도 가장 간단명료하게 다중회귀분석의 성격을 이해하기 위해서, 앞서 두 변수 회귀분석함수 $Y=104.7-1.5X$에, 조금 극단적이긴 하지만, 한 개의 변수만을 더 추가한 상황을 논의해 봅시다.[9)]

대통령제하에서 의회의 중간선거 결과는 현직 대통령의 대중적 인기도만을 고려하여 예측하였을 때 $r^2=.533(r=.730)$이었습니다. 연구자는 더 높은 설명력을 위해서 독립변수들을 추가하는 것을 고려할 수 있습니다. 연구자는 선거결과는 선거 당시 유권자들이 느끼는 경제상황과 연관될 가능성이 높다고 생각하여, 대통령의 인기도와 더불어 경제상황과 관련된 변수를 채택하기로 결정하였습니다. 그리고 경제상황을 대변할 수 있는 변수를 "1인당 가처분 소득의 증감률(the ratio of disposable income per capita)로 결정하였습니다. 실제의 관측값들은 다음과 같이 조사되었습니다.

중간선거 연도	대통령	대통령 인기도 (%)	의석 감소수	일인당 가처분 소득 증감율 (%)
1946	트루만(Truman,민주당)	32	55	6
1950	트루만(Truman, 민주당)	43	29	10
1954	아이젠하워(Eisenhower, 공화당)	65	18	2
1958	아이젠하워	56	48	3
1962	케네디(Kennedy, 민주당)	67	4	6
1966	존슨(Johnson, 민주당)	48	47	8
1970	닉슨(Nixon, 공화당)	56	12	9
1974	포드(Ford, 공화당)	49	43	10
1978	카터(Carter, 민주당)	49	16	12

9) 다중회귀모델에서 표본에 포함된 관측값의 개수를 최소한 어느 정도의 크기로 "해야만 하는지"에 대한 판단은 모델에 포함된 '독립변수'의 개수(k)와의 상관성 속에서 판단합니다. 다중회귀분석에서 모델에서는 $n>k$이기만 하면 추정이 가능하며 문제가 없습니다. 독립변수의 수가 작다면, 표본의 크기가 작아도 된다는 의미입니다. 회귀모델에서 표본에 포함된 관측값의 개수(n)가 많을수록 더 신뢰성 있는 추정이 가능할 것입니다. 이런 입장에서 본다면 다중회귀모델에서 표본의 크기를 어느 정도의 크기로 하는 것이 "바람직할 것인지"는 두 가지 입장이 있습니다. 일반적으로 독립변수 1개당 최소 5개의 관측값을 상정하기도 하고($\frac{n}{k}\geq 5$), 최소 10개의 관측값을 상정하기도($\frac{n}{k}\geq 10$) 합니다.

1982	레이건(Reagan, 공화당)	42	26	8
1986	레이건(Reagan, 공화당)	63	5	6
1990	부시(HW Bush, 공화당)	58	8	7
1994	클린턴(Clinton, 민주당)	46	54	5
1998	클린턴(Clinton, 민주당)	64	−5	7
2002	부시(W Bush, 공화당)	62	−5	5
2006	부시(W Bush, 공화당)	37	30	7
2010	오바마(Obama, 민주당)	42	63	3

통계분석 프로그램은 회귀함수식이 $Y=136.3-1.7X_1-3.2X_2$라고 알려줍니다. $r^2=.674(r=.821)$로 나타납니다. 연구자의 의도대로 '경제 변수'를 추가하여 입법부 중간선거 결과에 대한 예측 설명력이 증가된 이론을 만들게 되었습니다. 통계분석 프로그램을 이용하여 '회귀분석'을 하게 되면 통계 프로그램은 다음과 같은 도표들을 보여주는데 그 의미를 정확하게 해석해 봅시다.

계수[a]

모 형		비표준화 계수		표준화 계수	t	유의확률
		B	표준오차	베타		
	(상수)	136.296	21.095		6.461	.000
1	대통령인기도	−1.716	.327	−.826	−5.242	.000
	일인당가처분소득증감률	−3.167	1.292	−.386	−2.451	.028

a. 종속변수: 의석수감소량

모형 요약

모 형	R	R 제곱	수정된 R 제곱	추정값의 표준오차	통계량 변화량				
					R 제곱 변화량	F 변화량	df1	df2	유의확률 F 변화량
1	.821[a]	.674	.627	13.45357	.674	14.442	2	14	.000

a. 예측값: (상수), 일인당가처분소득증감률, 대통령인기도

분산분석[b]

모 형		제곱합	자유도	평균 제곱	F	유의확률
	회귀 모형	5227.901	2	2613.950	14.442	.000[a]
1	잔차	2533.981	14	180.999		
	합계	7761.882	16			

a. 예측값: (상수), 일인당가처분소득증감률, 대통령인기도
b. 종속변수: 의석수감소량

㉠ 회귀함수 $Y=a+\cdot b_1X_1+b_2X_2$에서 a, b_1, b_2 계수들의 값은 통계 프로그램상에서 B값으로 나타납니다. 표에서 '상수'(constant)라고 표시되는 부분인 136.3은 절편에 해당하는 a값입니다. 회귀함수에서 절편값은 어떤 특별한 통계적 의미를 갖지 않습니다. 단지 회귀함수식에서 독립변수의 값이 지정되었을 때, 종속변수의 값을 결정하는 데 포함될 뿐입니다. 변수의 이름은 자료 입력시 연구자가 입력하게 됩니다. 각 변수들의 이름하에 b_1, b_2값이 나타납니다. b_1계수값은 -1.716이고 b_2계수의 값은 -3.167입니다. 이로서, 회귀함수의 형태가 $Y=136.3-1.7X_1-3.2X_2$인 것을 알 수 있습니다. 여기서 계수 -1.7의 의미는 다른 독립변수인 '경제상황' 변수를 고정시켰을 때, 대통령의 대중적 인기도와 입법부 중간선거에서 여당의 의석 감소수의 비율은 1.7의 비율로 연관성을 갖는다는 것입니다. 단, 부호가 (−)이기 때문에 대통령의 대중적 인기도와 여당 의석 감소율은 서로 반대로 움직입니다. 종합적으로, 대통령의 인기도 상승 한 단위(관측값에서는 1%)당 대통령 정당의 중간선거에서의 의석수 감소율은 1.7개의 의석수가 낮아진다는 것입니다. 대통령의 인기도가 높을수록 대통령 정당의 의석 감소수가 작아진다는 것입니다. 유권자들의 일인당가처분소득과 여당 의석 감소수는 서로 반대로 움직이며, 연관성은 다른 독립변수를 고정시켰을 때, 3.2의 비율로 나타납니다. 유권자 일인당가처분소득증가 한 단위(관측값에서는 1%)당 대통령 정당의 의석 감소수가 3.2석만큼 낮아진다는 것입니다. 유권자들의 가처분소득이 증가하고 대통령의 인기도도 높다면 입법부 중간선거에서 대통령의 정당이 의석수는 적게 감소될 것입니다.

㉡ 회귀함수 $Y=136.3-1.7X_1-3.2X_2$에서 a, b, c의 계수값으로 사용한 것은 '비표준화 계수'(unstandardized coefficient)입니다. 이 값을 '표준오차'로 나눈 값이 '표준화 계수'(standardized coefficient)인 β(베타, beta)값입니다. '표준화 계수'는 독립변수의 종속변수에 대한 영향력을 상호 비교하기 위한 것입니다. 어떤 독립변수의 관측값은 1~100의 범위에서 관측되고, 어떤 독립변수는 1~10인 경우도 있습니다. '표준화 계수'는 독립변수들 상호간의 '비교성'(comparability)을 높이기 위해 참조하는 정도로만 사용하며, 회귀함수식의 계수로 사용할 수는 없습니다.

㉢ 계수 부분에서 변수에 대한 유의확률을 나타내는 부분은 독립변수가 종속변수에 유의미하게 영향을 미치는 것인지 아닌지를 판정하는 부분이어서 회귀분석에서 가장 중요한 부분이라고 해도 과언이 아닙니다. 종속변수에 대해서 독립변수가 통계적 의미를 지녀야만 우리는 현재 회귀모델에 포함된 독립변수가 종속변수에 영향을 미친다고 주장할 수 있는 것입니다. 이것은 t-검정에 대한 결과입니다. t-검정은 개별 독립변수들의 통계적 유의미성을 검정하는 것입니다. 검정의 논리는, 다른 독립변수인 경제상황 변수가 회귀함수에 그대로 존재할 때, 대통령의 인기도란 독립변수의 변동이 종속변수인 중간선거에서 여당의 의석 감소수의 변동을 설명하는 데 도움을 주느냐 아니냐를 검정하는 것입니다. 따라서 영가설은 "대통령 인기도의 회귀계수가 0이다"(H_0: $b=0$)라는 것을 검정하는 것이며, 이 영가설을 기각하면 회귀모형에 포함된 다른 독립변수들이 그대로 존재하는 상태에서 대통령의 대중적 인기도의 변량값(움직임)은 여당의 의석 감소수의 변량값을 설명하는 데 도움이 된다는 것(즉, 연관성이 있다는 것)이 됩니다. 반대로 영가설을 기각하지 못하면 대통령의 대중적 인기도란 관측값들은 독립변수는 중간선거에서 여당의 의석수 감소율의 변동을 제대로 설명하는 데 도움이 되지 않는다는 것입니다. 해당 분석에선 대통령 인기도 변수의 t-검정 결과는 -5.242란 값이 .000의 유의수준에서 영가설을 기각시킬 수 있음을 나타내고 있습니다. t-검정은 독립변수의 계수가 0이라는 가정에 대한 것이므로 $t=\frac{\text{계수값}-0}{\text{계수값에 대한 표준오차}}=\frac{-1.716-0}{.327}\fallingdotseq-5.242$로 됩니

다.[10] t-검정을 $\alpha = 5\%$(또는 $\alpha = 1\%$)에서 양측검정을 시행할 수 있습니다. t-검정을 $\alpha = 1\%$에서 시행하는 경우 t-검정값인 -5.242는 기각역 안에 있으므로 영가설을 기각할 수 있습니다. 독립변수 '대통령의 대중적 인기도'의 변량은 종속변수인 여당의 의석수 감소율의 변량을 설명하는 데 도움이 된다는 것을 99% 신뢰수준에서 말할 수 있다는 것입니다. 정확하게는 .000 값이므로 거의 100%라고 보면 됩니다. 같은 논리로 '경제상황'을 나타내는 또 다른 독립변수도 95% 신뢰수준에서 종속변수의 변량값을 예측하는 데 도움이 된다고 말할 수 있다는 것입니다. 정확하게는 유의확률이 .028의 값이므로 97.2%의 신뢰수준으로 나타납니다. 관행적으로 통계학에서는 99%와 95%의 신뢰수준을 중심으로 판단하므로 일인당가처분소득증감율 변수는 95%의 신뢰수준에서 종속변수를 설명합니다. 두 독립변수 중에서 대통령의 인기도 변수는 $\alpha = .01\%$에서 영가설을 기각하고, 일인당 가처분 소득 증감율 변수는 $\alpha = .05$에서 영가설을 기각할 수 있습니다. 연구자가 회귀분석을 한 경우 가장 먼저 눈이 가는 곳은 아마 t-검정의 결과일 것입니다. 이 부분은 어떤 독립변수가 종속변수를 설명하는 데 통계적으로 유의미한가를 결정하는 곳이어서 회귀분석에 가장 핵심적인 부분이라고 해도 과언이 아닙니다. 연구 조사자들이 연구서나 보고서를 작성함에 있어서 99% 또는 95% 신뢰수준에서 통계적 의미를 지닌 변수들을 중심으로 종속변수를 설명하여야 설명에 더 설득력을 지닐 것이기 때문입니다. 회귀함수 안에 포함된 모든 독립변수들이 통계적으로 의미를 지녀야 하는 것은 아닙니다. 다른 사람들이 중요하다고 여겨왔던 변수가 새로운 관측값들을 중심으로 살펴보니 통계적 의미를 지니지 않는다는 발견도 새로운 이론에 중요한 부분이 됩니다. 중요치 않은 변수는 다시 제거하기도 하고 변수들의 새로운 조합을 만들기도 하면서 자신의 이론을 예측하기 위한 회귀함수모델을 발전시켜 나갑니다.

㉣ 앞서 t-검정은 개별 독립변수들의 통계적 유의미성을 검정하는 것

10) 5.2477로 계산되는데, 통계분석 결과의 도표엔 5.242로 나타난 것은 소수점 이하 숫자들에 대해 어느 선에서 반올림을 한 상태에서 계산한 것과 소수점 이하 숫자를 모두 두고서 그대로 계산한 것의 차이일 뿐입니다.

이었습니다. 연구자는 자신이 가장 중요하다고 생각하는 두 개의 독립변수를 선택하여 $Y=a+\cdot b_1X_1+b_2X_2$라는 모형을 생각했고, 모형 속에 포함된 독립변수와 종속변수의 실제 관측값들을 가지고 변량의 움직임을 회귀분석을 통해서 분석하였으며, 그 결과 $Y=136.3-1.7X_1-3.2X_2$라는 결과를 얻어냈습니다. 연구자의 회귀모델은 가능한 모든 독립변수들을 포함한 것이 아니며, 단순히 수없이 많은 독립변수들 가운데 두 개의 독립변수를 선택했을 뿐입니다. 따라서 연구자는 유독 자신이 선택한 독립변수들이 얼마나 잘 종속변수를 설명하는 '유효한 모델'인지를 검정할 수 있다면 바람직할 것입니다. 전체 회귀모형이 유용한지에 대한 검정은 F-검정을 사용하며, 이것은 앞서 배운 '분산분석'(ANOVA)의 개념을 그대로 사용합니다. 검정을 위한 영가설은 $H_0: a=b=0$로 표시됩니다. 영가설을 기각할 수 있다면 독립변수들 중에 하나는 최소한 종속변수의 변동에 영향을 주기 때문에 회귀모형이 전체가 유용하지 않다고 말할 수 없다는 것입니다. 표에서 회귀식의 변수들에 의한 변동은 '내생적 효과'이고, 그 밖의 변수들에 의한 것으로 판단되는 변동은 '외생적 효과'입니다. 회귀모델에 포함된 독립변수들에 의한 대한 분산과 외생효과에 의한 분산값의 비율인 F-값이 14.442(=2613.950/180.999)로 나타나고 있습니다.[11] 이 F-값은 .000의 유의확률로 영가설을 기각시킬 수 있음을 나타내고 있습니다. 연구자가 만든 해당 회귀모델은 99%의 신뢰수준에서(거의 100%의 수준에서) 통계적 의미를 지닙니다. 대통령 정당의 중간선거 의석 감소수를 예측하기 위해 대통령의 인기도와 유권자들의 경제상황 상태를 독립변수로 사용하여 만든 회귀함수모델 $Y=136.3-1.7X_1-3.2X_2$은 99% 이상의 신뢰수준을 지닌 꽤 좋은

11) df는 '자유도'(degree of freedom)를 나타내는 것입니다. 총변동(total sum of squares)을 자유도로 나누면 평균변동(mean square)이 됩니다. 자유도는 자료의 자유도($n-1$)와 모델의 자유도(추정계수의 수-1)로 나뉩니다. 해당 분석에서 포함된 자료의 자유도는 변수별 관측값이 17개이니까 16(=17−1)이며[즉 총자유도는 16], 모델의 자유도는 회귀모델에서 세 개의 계수(절편값이 상수 포함)를 추정하는 것이니까 2(=3−1)가 됩니다. 아니면, 총자유도는 ($n-1$; n은 표본에 포함된 자료), 회귀모형에 의한 자유도는 k(독립변수의 수), 외생요인에 의한 자유도는 ($n-k-1$)로 나타냅니다. 이러한 공식에 의해서 계산하면 총자유도 17−1=16, 회귀모형에 의한 자유도 2, 외생효과에 의한 자유도 17−2−1=14가 됩니다.

모델로 평가할 수 있을 것입니다.

ⓜ 앞서 두 변수 회귀분석을 했을 때와 비교하여, 다중회귀함수식의 예측 설명력도 $r^2=.674(r=.821)$로 증가되었습니다. 연구자는 정치적 선거 결과에 대통령의 인기도란 정치적 변수뿐만이 아니라 일인당가처분소득증감율이란 경제적 변수의 중요성에 대해서 확신을 갖게 됩니다. 추가적으로, '조정된 r^2'(adjusted r-square: 또는 수정된 r^2)값이 있는데, 이것은 현재의 회귀모형에서 r^2값과 비교하여 독립변수가 과대포함되었는지 혹은 적합하게 포함되었는지를 판단하는 준거점의 역할을 합니다. 만약 r^2값과 '조정된 r^2'값을 비교하여 '조정된 r^2'의 값이 너무 작다면 이것은 모형에 불필요한 변수들이 포함되었다는 의미이며, 나아가 적합한 변수들의 포함을 다시 한 번 고려하여야 한다는 것을 시사한다고 하겠습니다. 해당 분석에선 '조정된 r^2의 값이 .627로 나타나 r^2의 값 .674와 비교하여 모형이 불필요한 예측변수를 포함한 것은 아닌 것으로 나타납니다.[12] 하지만, 해당 분석의 예는 보다 간명하게 그 의미를 전달하기 위한 목적하에 단지 2개의 독립변수만을 넣은 것이어서 별 의미는 없습니다. 일반적으로 회귀모델을 만들 때는 5 이상 10개 정도의 독립변수들을 사용하여 조합을 만들면서 불필요한 변수가 무엇인지를 판단하게 되며, 이때 유용한 참고 수단이 될 것입니다.

회귀분석 결과 나온 수치값들의 의미를 살펴보았지만, 그러한 수치들은 회귀분석이 이론적으로 가정하는 상황들을 만족하였을 때 의미를 지니게 될 것입니다. 회귀분석을 진행하는 연구자가 고려하여야 할 큰 틀은 두 가지인데, 하나는 보다 근본적으로 '최소자승법'(ordinary least squares: OLS)을 사용하는 선형회귀분석의 이론적 가정에서 파생되는 문제들이고, 또 다른 하나는 독립변수들끼리 상관성이 발생하여 종속변수와 독립변수의 기본적 관계 설정에 위배되는 문제가 발생하는 것입니다.

(i) 앞서, 회귀모형을 $Y=a+b\cdot X$라고 표현하였지만, 더 정확하게 일반

12) 조정된 r^2은 다음과 같이 계산됩니다. $r^2_{adjusted}=1-\left[(1-r^2)\left(\frac{n-1}{n-k-1}\right)\right]$ 여기서 총자유도는 $(n-1$; n은 표본에 포함된 자료), 회귀모형에 의한 자유도는 k(독립변수의 수), 외생요인에 의한 자유도는 $(n-k-1)$로 나타냅니다. 따라서 $1-[(1-0.674)(16/14)]=.627$이 됩니다.

화하여 표현한다면, 잔차항(ε)을 포함한 $Y=a+b\cdot X+\varepsilon$의 형식이 될 것입니다. 왜냐하면, 어떤 회귀모델인 $Y=a+b\cdot X$만으로 관측값들과 예측값의 차이가 없이(즉, 잔차항이 0인) 모델이란 사실상 불가능에 가까울 것입니다. 어떤 회귀모델도 일정 수준의 오차는 피할 수 없을 것입니다. 이론적으로 '최소자승법'(ordinary least squares: OLS)을 사용하는 선형회귀분석은 몇 가지 상황을 가정하고 있습니다.

㉠ 잔차들의 기대값(또는 평균값)은 0인 '정규분포'를 따른다.

㉡ 잔차들의 분산은 관측값에 상관없이 일정하다(同分散性: homoscedasticity).

㉢ 잔차들은 서로 독립적이어서 자기상관성(自己相關性, autocorrelation)이 없다.

첫째, 관측값과 예측값(추정값)의 차이인 '잔차'(residual: ε)에 대한 기대값(또는 평균)이 0인 상황입니다. 즉, 어떤 독립변수의 관측값에 대해서 잔차값들의 기대값(또는 평균값)이 0인 경우 이 잔차에 상응하는 종속변수의 값은 결국 $a+b\cdot X$값이어서, 연구자가 생각하는 $Y=a+b\cdot X$가 회귀모델이 됩니다. 덧붙여서 정규분포를 따른다는 가정하에선 평균값 0을 중심으로 좌우대칭인 분포를 말합니다. 잔차가 기대값 0인 정규분포를 따른다는 원칙에 대한 검증은 잔차에 대한 히스토그램(histogram)이나 '확률도면'(probability plotting)을 통해서 분포의 좌우대칭성과 극단적인 잔차값들을 확인하게 됩니다.[13] 잔차에 대한 히스토그램의 형태가 어느 정도의 비대칭인 상황을 넘어서서 심각한 비대칭인 경우엔 ㉠의 원칙이 무너지는 것으로 판정할 수 있습니다. 만약, '확률도면'을 참조하게 되면, 도면에서 점들이 전반적으로 선형의 모양위에 나열되어야 ㉠의 원칙이 무너지지 않는 것으로 판정하게 됩니다. 대통령 인기도 및 가처분 소득과 여당의 의석수 변

13) 잔차값으로는 그냥 원래의 잔차값을 사용할 수도 있고, '표준화된 잔차값'을 사용할 수도 있습니다. 표준화된 잔차값을 사용하는 경우엔 표준정규분포의 특성상 −3에서 3의 범위에 포함되는 히스토그램이 그려질 것이며, 그런 경우, 특별히 극단적인 값이 존재하지 않음을 시사하는 것이 됩니다.

화의 상관성을 분석하는 해당 회귀분석에 대해서 히스토그램과 확률도면을 구해보면 다음과 같이 나타납니다.[14]

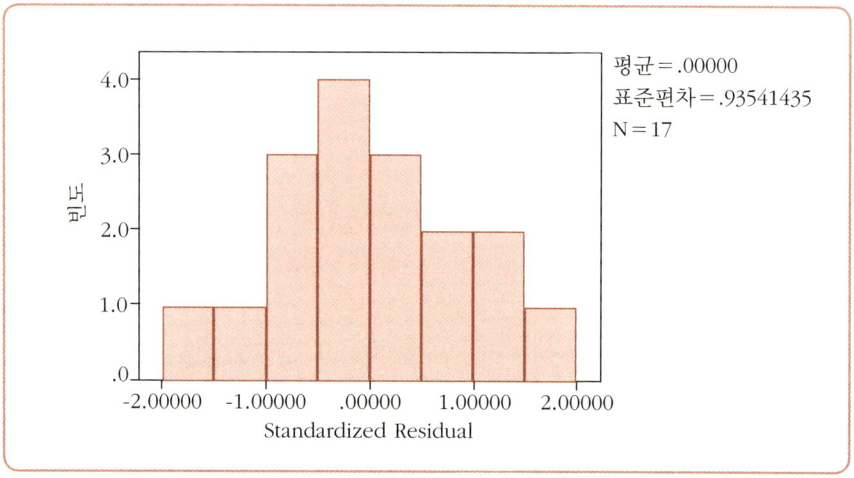

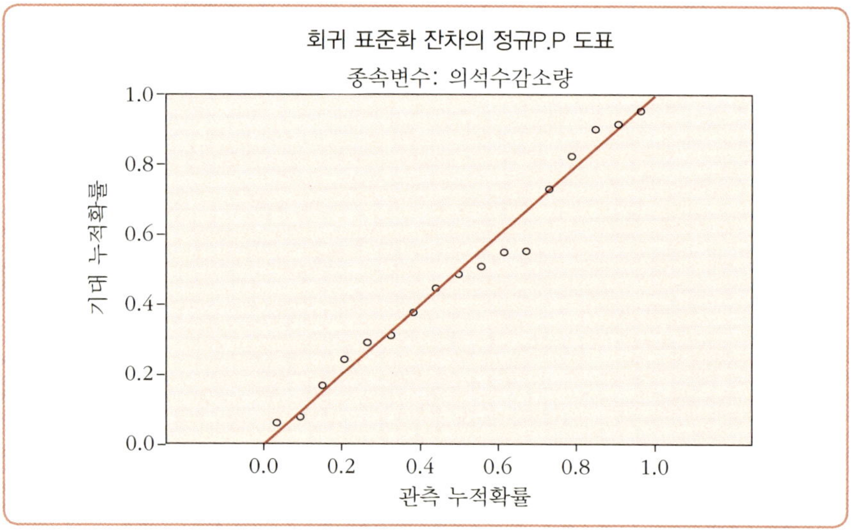

14) 모든 통계프로그램에서 잔차항에 대한 히스토그램과 확률도면을 선택하면 그 결과를 간단히 알 수 있습니다. 히스토그램(histogram)이란 해당 구간에서 관찰된 실제값의 도수(frequency)를 가지고 그 도수를 밀도의 개념(즉, 면적의 개념)으로 나타낸 그래프를 말합니다. 하지만, 어떤 히스토그램은 관찰된 실제값을 갖고서 만드는 것이 아니라, 확률적 예상값을 가지고 만들기도 합니다. 전자를 '경험적 히스토그램'이라고 하고, '후자'를 '확률적 히스토그램'이라고 합니다. 여기서는 경험적 히스토그램을 나타내고 있습니다.

대통령 인기도 및 가처분 소득과 여당의 의석수 변화의 상관성을 분석하는 해당 회귀모델에선 잔차 히스토그램 및 확률도면 그림이 매우 이상적으로 나타나고 있음을 알 수 있습니다. 따라서 모델은 회귀분석이 요구하는 가정들을 만족시키고 있습니다.

둘째, 회귀직선함수는 모든 관측값들을 예측하는 수준이 동일하다면 바람직할 것입니다. 예측하는 수준이 동일하다는 것은 오차항의 분산이 일정한 것을 말합니다. 독립변수의 관측값들이 만들어 내는 분산은 독립변수가 어떤 값을 갖든 항상 동일합니다. 이것은 정규분포에서 그 분포의 폭도 또한 동일하다는 것을 의미합니다.[15] 오차항의 분산이 일정한지 아닌지를 검증하는 수단은 '잔차 그래프'입니다. 잔차 그래프는 평균 0의 선을 중심으로 일정하게 나타나야 하며, 분산이 확장되거나 축소되는 '이분산적'(異分散的, heteroscedastic)형태로 나타난다면 ㉡의 이론적 가정이 훼손되는 상태를 말합니다. 이분산성이 나타나면 그래프가 다음과 같이 나타납니다.

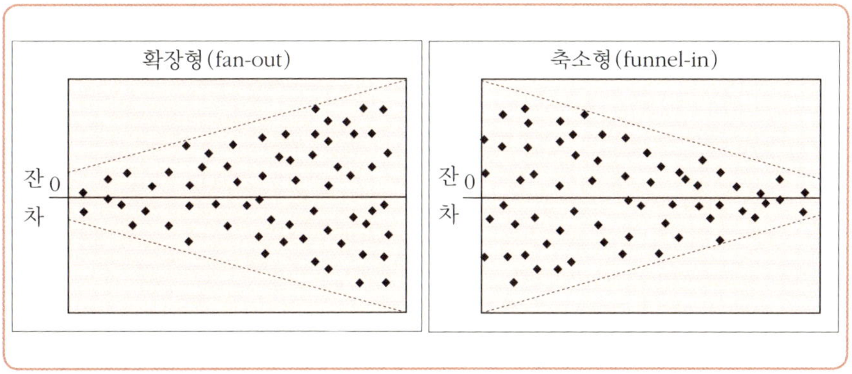

'이분산성'이 나타나면 추정량의 분산을 과소추정하고, 따라서 t값을 과대평가하여 신뢰구간이 좁게 나타나는 문제가 발생됩니다. 결과적으로 회귀모형의 예측값(추정값)이 실제보다 더 유의한 것으로 과대평가됩니다.

15) 이상의 사안들을 종합적으로 이해한다면, 회귀분석에서 분석의 결과 만들어지는 선형은 다음과 같은 그림이 된다는 것을 이제 이해하실 수 있을 것입니다. 관측값 X에 대한 Y의 분포는 똑같은 모습을 갖게 되는 것이며, 그림처럼 폭이 일정한 등분산성(homoscedasticity)하의 정규분포곡선들이 연속적으로 나타날 때, 평균에 해당하는 점을 연결한 선이 회귀선이 됩니다.

이분산성이 나타나지 않는 상황은 잔차 그래프에서 점들이 좁아지거나 넓어지지 않고 골고루 분산되어 있어야 합니다.

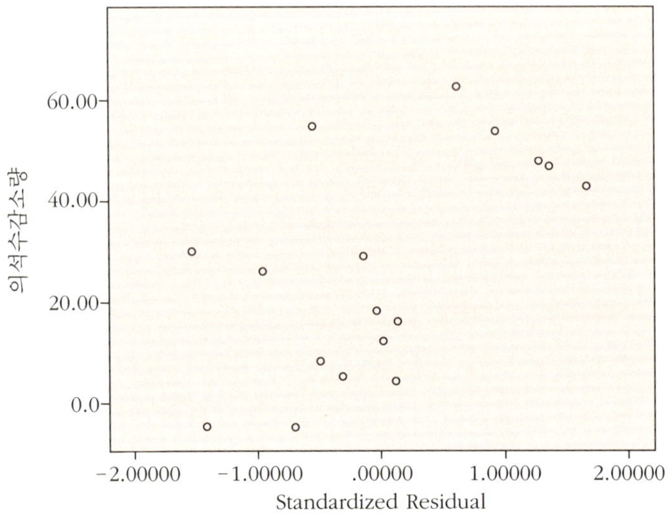

대통령 인기도 및 가처분 소득과 여당의 의석수 변화의 상관성을 분석하는 해당 회귀분석 모델에선 잔차 그래프에서 점들이 비교적 고르게 분포되어 이분산성이 나타나지 않고 있습니다. 중간선거에서 여당의 의석수 변화를 예측하기 위해 대통령의 인기도와 유권자들의 가처분 소득상태를 변수로 분석하는 해당 회귀모델은 꽤 괜찮은 모델임을 알 수 있습니다.

셋째, 회귀직선함수에서 잔차들은 서로 독립적이어야 하는데, 오차들 간에 서로 상관성을 보일 수 있습니다. 자기상관성의 문제는 특히 '종단면 자료'의 성격이 있는 '시계열 자료'(time-series data)에서 나타나는 성향이며, '횡단면 자료'에서는 그다지 문제될 것은 없습니다. 왜냐하면, '종단면 자료'에서는 자료의 입력이 시간 순서대로 입력되어야 하나, 횡단면 자료에서는 자료의 입력 순서가 중요한 것은 아닙니다. 역으로, 종단면 자료에서 나타나는 '자기상관성'은 필연적인 결과물이지만, 횡단면 자료에서 나타나는 '자기상관성'은 단순히 입력 순서에 따른 우연적 결과물일 수도 있다는 것입니다. '자기상관성'이란 다른 변수와의 상관성이 아니라 한 변수 내에서 관측값들끼리 상관성을 갖는 것을 말합니다. 회귀모델에서 자기상관성이 발생하면 t값이 크게 나타나고 신뢰구간이 좁게 나타나는 문제가 발생됩니다. 결과적으로 회귀모형의 전체적인 적합도가 실제보다 더 유의한 것으로 평가됩니다. 이는 보통 '더빈-왓슨 검정'(Durbin-Watson test)을 이용합니다.[16)]

$$DW = \frac{\sum_{t=1}^{n}(e_{t+1} - e_t)^2}{\sum_{t=1}^{n} e_t^2}$$

'더빈-왓슨 검정'에서의 영가설은 "오차들이 자기상관되어 있지 않다"입니다. '더빈-왓슨' 통계량은 0에서 4까지의 값으로 나타나며 값이 2보다 작으면 (+)의 자기상관을, 값이 2보다 크면 (−)의 자기상관을 나타내게 됩니다.[17)]

(ii) '공선성'(共線性, colleniarity)의 문제: 연구자는 자신의 회귀모델에 포함시킨 독립변수들간의 교호작용으로 인해서 회귀모델의 기본 가정에 어긋나는 다음과 같은 상황을 걱정할 수 있습니다. 회귀모델에서 종속변수와 독립변수의 강한 연관성은 연구자가 원하는 바이지만, 독립변수들간의 강한 상관성은 모델을 훼손시킵니다.

16) 자기상관계수[autocorrelation coefficient: 또는 계열상관계수(serial correlation coefficient)]는 분산에 대한 공분산의 비율값($=\frac{공분산}{분산}$)을 말합니다. 시계열 T상에서 τ기간 떨어져 있는 자기상관계수는 다음과 같이 표시됩니다.

$$r_\tau = \frac{\sum_{t=1}^{T-\tau}(x_t - x)(x_{t+\tau} - \overline{x})}{\sum_{t=1}^{T}(x_t - \overline{x})^2}$$

자기상관계수는 한 변수 내에서 시간적 차이를 두고 나타난 관측값들끼리의 상관성입니다. 해당 회귀분석은 한 변수 내의 문제가 아니며, 한 시점에 세 변수 사이에서 일어나는 횡단면 분석입니다.

17) 자기상관성에 대한 해결책은 독립변수(X)와 종속변수(Y)의 관측값들로부터 시계열상의 1차 변화분(first-order difference: 즉 1칸의 시간 간극 사이의 변화)인 $\Delta X(=X_t - X_{t-1})$와 $\Delta Y(=Y_t - Y_{t-1})$값을 계산하여 사용하는 것입니다. 새로이 만들어진 ΔX값들과 ΔY값들을 대상으로 하여 회귀분석을 시행할 수 있을 것입니다.

경제투표(economoic voting) 이론에서도 '지갑투표행태'(pocketbook voting behavior)라고 하여 자신의 호주머니 사정을 고려하여 투표한다는 이론이 있습니다.[18] 대통령의 인기도는 당시 경제상황을 얼마나 잘 운용하느냐와 밀접한 연관성을 지닙니다. 해당 연구에선 '경제상황'에 대한 구체적인 지표로서 "유권자 1인당 가처분 소득"이란 관측값을 사용하고 있습니다. 유권자들이 자기 호주머니 사정이 좋아지면 당시 경제운용의 주체인 대통령의 정당인 여당에 대해서 더 호의적인 행태를 보이게 됩니다. 대통령이 유권자들의 가처분 소득도 더 높은 수준에서 유지하게 하고, 그것이 대통령의 인기도에 영향을 미치고, 인기 있는 대통령의 정당이 입법부 중간선거에서 의석수 감소의 위험에서 벗어날 수 있다는 것입니다. 그렇다면 자신의 회귀모델이 회귀분석의 기본 가정을 어길 수 있는 다음과 같은 개념도가 될 것에 대해서 연구자는 고민할 것입니다.

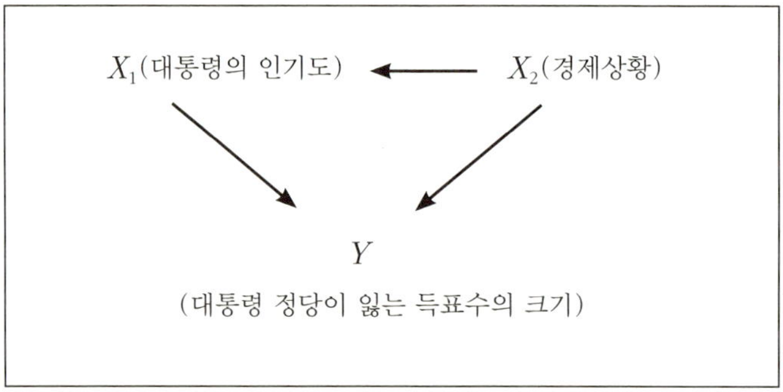

이러한 문제점에 대해서 판단하기 위해서 독립변수들간에 '상관계수행렬표'(correlation coefficent matrix table)를 살펴볼 수 있습니다. 해당 회귀분석 $Y = 136.3 - 1.7X_1 - 3.2X_2$에 포함된 두 독립변수의 상관계수는 $-.249$로 나타나고 있음을 알 수 있습니다.

18) 반대로 유권자가 경제상황을 판단함에 있어서 자신의 호주머니 사정이 좋지 않아도(즉, 자신의 가처분 소득이 낮아도), 전반적인 사회의 경제상황이 좋다면, 좋은 경제상황으로 판단할 수도 있습니다. 유권자들이 자신의 개인적 경제상황보다 사회 전체의 전반적인 고용지표나 물가상승률 등의 경제상황을 먼저 고려하는 경우 '사회지향적 경제투표행태'(socio-tropic voting behavior)라고 합니다.

상관계수

구 분		의석수감소량	대통령인기도	일인당가처분소득 증감율
Pearson 상관	의석수감소량	1.000	−.730	−.181
	대통령인기도	−.730	1.000	−.249
	일인당가처분소득증감률	−.181	−.249	1.000
N	의석수감소량	17	17	17
	대통령인기도	17	17	17
	일인당가처분소득증감률	17	17	17

회귀모형에 포함된 두 개의 독립변수 사이에서 높은 상관성이 있는 것은 '공선성'(共線性, collinearity)이라고 하며, 여러 개의 독립변수들 사이에서 높은 상호 연관성이 발견되는 경우 '다중공선성'(多重共線性, multicollinearity)이 발생한다고 말합니다.[19] 높은 상관성의 정도에 대해서 정해진 규칙이 있는 것은 아니지만, 독립변수들간의 상관계수가 0.7 이상인 경우에는 다중공선성에 해당하므로 독립변수의 선택을 재조정하는 것이 바람직합니다. 해당 분석에서는 −.249로 나타나고 있으므로 두 변수의 다중공선성을 걱정할 단계는 아닌 것으로 나타나고 있습니다.

III 비선형 회귀분석

앞서 두 변수의 상관성을 나타내는 함수로 $Y=a+b\cdot X$를 사용한 것은 '직선함수'를 사용한 것이었습니다. '로지스틱 회귀분석'(logistic regression analysis)은 독립변수와 종속변수의 상관성을 로그(log) 곡선의 형태에 기반

19) 행렬식에 대한 지식이 있는 분들은 설명변수 행렬에서 한 열이 또 다른 한 열이나 여러 열들과 선형결합(linear combination)의 관계를 맺고 있는 상태라고 보면 간단명료하게 이해되실 것입니다.

하여 나타내는 비선형 회귀분석의 대표적인 형태입니다. 다양한 사회과학 현상의 분석에서 종속변수는 몇 개의 범주로 이루어진 명목변수인 경우가 많습니다. 예를 들어서, 어떤 연구자가 선거가 끝난 후에 유권자의 행태를 분석하게 되었습니다. 투표한 사람과 투표하지 않은 사람은 어떤 행태적 차이가 있는지를 알아보고 싶었습니다. 연구자가 어떠한 다양한 독립변수들의 조합을 선택하느냐에 상관없이, 종속변수로 채택한 "유권자의 선거에서 투표 여부" 변수는 '투표한 사람들'의 범주와 '투표하지 않은 사람들'의 범주로 이루어진 명목변수입니다. 이런 상황에서 연구자는 '비선형' 회귀분석 기법인 '로지스틱 회귀분석'을 선택해야 합니다.

왜 '비선형'의 형태가 되었는가 하면 연구자가 분석에서 사용하는 '종속변수'의 범주적 성격(단순히 0과 1값을 갖는 것)을 연속값으로 나타내기 위해서 로그함수(log function)의 곡선 모양으로 변환시켰기 때문입니다. 선형회귀분석에서 종속변수의 값은 이론상 $+\infty$에서 $-\infty$까지 연속선상에서 어떤 값을 취할 수 있습니다. 종속변수가 유권자들의 '투표여부'인 경우 투표한 사람의 범주와 투표하지 않은 사람의 범주는 소위 '더미변수'(dummy variable)처리로서 1과 0값을 갖게 되어 연속적인 값이 아닌 불연속적인 범주형값으로 나타납니다. '더미변수'란 한 변수 내에서 변수를 구성하는 범주의 선택여부를 나타내는 변수를 말합니다. 투표한 사람은 1로 표시되고, 투표하지 않은 사람은 0으로 표시됩니다.[20] 범주형값을 연속적인 값으로 나타내기 위해서는 범주값을 그대로 사용하지 않고, 범주값을 가질 확률값을 사용하는 것입니다. 더 구체적으로 종속변수가 특정한 값을 가질 확률(p)과 특정한 값을 갖기 못할 확률($1-p$)의 비율값($\frac{p}{1-p}$)을 사용합니

20) 범주가 3개 이상인 경우도 있습니다. 예를 들어서 종속변수가 '정당지지자들'이어서 A정당 지지자, B정당 지지자, C정당 지지자로 나뉠 수 있습니다. 또한 어떤 '국가정책에 대한 시민반응'을 종속변수로 사용하는 경우, 찬성하는 사람, 반대하는 사람, 중립적인 사람으로 범주가 구분될 수도 있습니다. 이런 경우엔, 찬성의 범주에선 찬성하는 사람들만 1이 되고, 나머지 두 범주를 선택한 사람들의 값은 0이 됩니다. 중립적인 범주에서는 중립적인 범주를 선택한 사람들만 1이 되고, 나머지 두 범주를 선택한 값들은 0이 됩니다. 반대하는 범주에서도 이와 마찬가지입니다. 로지스틱 분석기법상, 종속변수가 두 개의 범주로 이루어진 경우엔 '이항로지스틱분석'을 하게 됩니다. 종속변수가 세 개 이상의 범주로 이루어진 경우엔 '다항로지스틱분석'을 하게 됩니다.

다. 비율값이란 결론적으로 $\dfrac{\text{어떤 사건이 일어날 확률(event)}}{\text{어떤 사건이 일어나지 않을 확률(no event)}}$의 값으로 생각할 수 있습니다. 따라서 이러한 종속변수의 성격을 감안하여 통계분석의 결과를 해석하는 데 이용하여야 합니다. 단, $\frac{p}{1-p}$는 (+)의 영역에만 한정되므로, 선형회귀분석에서 종속변수들이 0의 값을 중심으로 (+)영역에 대칭적인 (−)영역의 값을 갖을 수 있습니다. 로지스틱 회귀분석에선 0.5값을 중심으로 (+)값과 (−)값을 대칭적으로 갖는 곡선함수를 만들어서 이용하게 됩니다. 또한 선형회귀분석에선 함수가 비례적인 증가와 감소의 성격을 갖고 있으며, 어떤 값 이상이 되면 기하급수적으로 증가하거나 감소하지 않습니다. 비선형함수(즉 곡선함수)를 채택하면, 어떤 특정 영역에서는 지나친 기하급수적 증가와 감소가 나타나는데, 이를 최소화하기 위해 자연로그(natural log: e)를 취한 $\log_e\left(\frac{p}{1-p}\right)$의 값을 종속변수 값으로 사용하는 것입니다. 로지스틱 회귀모델에선 종속변수 y_i의 값을 $\log_e\left[\frac{p_i(y_i=1)}{1-p_i(y_i=1)}\right]$로 변환하여 사용하는 것입니다. 로지스틱 회귀분석에 포함된 독립변수는 일부 또는 전부가 범주형 변수이어도 상관이 없습니다. 중요한 것은 종속변수가 범주형의 성격을 지닌 것이라는 점입니다.

$$\log_e\left[\frac{p_i(y_i=1)}{1-p_i(y_i=1)}\right]=\beta_0+\beta_1x_1+\beta_2x_2+\beta_3x_3+\cdots+\beta_nx_n$$

(β_i는 계수값; x_i는 독립변수)

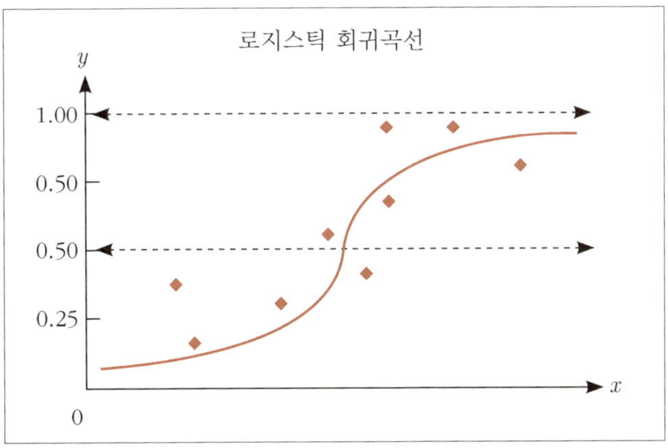

일반 선형회귀모형에서는 독립변수의 관측값이 종속변수의 관측값을 설명함에 '잔차'(residual)를 최소화하는 '최소자승법'(ordinary least squares: OLS)을 사용했습니다.[21] 선형회귀분석에서는 OLS의 원칙에 따라서 계수값이 결정되는 것입니다. 반면에, 비선형회귀모형인 로지스틱 회귀분석에서는 '최대우도측정법'(maximum likelihood ratio: MLE)을 사용합니다. '최대우도측정법'이란 '우도함수'(likelihood function)를 이용하여 독립변수와 종속변수의 관측값들을 정확하게 예측할 수 있는 확률을 최대화하는 측정 방식이며, 이 원칙에 따라서 독립변수의 계수값이 결정됩니다.[22]

실제의 예를 통해서 살펴봅시다. 빔버(Bruce Bimber)가 로지스틱 회귀분석을 사용하여 분석한 미국 시민들의 행태분석 결과입니다. 빔버의 연구 목적은 인터넷 시대에 시민들이 정치정보를 얻으려고 할 때, 인터넷, 텔레비전, 신문이라는 세 개의 서로 다른 매체를 중심으로 각각의 매체로부터 '정보를 얻는 사람들'과 '정보를 얻지 않는 사람들'의 차이들에 어떤 공통의 근본 요인들이 영향을 미치는지 살펴보고자 하였습니다. 빔버는 다양한 대중 매체를 적극적으로 폭넓게 활용하는 시민이 더 많은 정치정보를 획득하게 된다고 봅니다. 시민들의 미디어 활용도는 미디어에서도 부익부 빈익빈의 현상이 일어나지 않을까 궁금해 한 것입니다. 종속변수가 양분화된(dichotomous) 범주로 되어 있으므로 로지스틱 회귀분석을 사용한 것입니다. 분석 설문자료는 미국 선거연구(American National Election Studies)의 2000년 설문자료를 이용하였습니다. 로지스틱 회귀분석 결과는 다음과 같이 나타났습니다.

---

21) 앞서 선형회귀모델에서 최소자승법(최소제곱추정량)을 OLS(ordinary least squares)라고도 합니다. 앞서서 단순히 '최소자승법'이라고 하였지만, 최소자승법은 포괄적인 용어입니다. 참고로 최소자승법의 한 종류인 WLS(weighted least squares: 가중최소제곱추정량)와 같은 방식은 최소제곱법을 적용함에 있어서 오차에 가중값을 주어 모수를 추정하게 됩니다. 또 다른 종류인 GLS(generalized least squares: 일반화최소자승법)도 회귀분석의 기본가정인 등분산성 가정을 충족시킬 수 있도록 변수의 관측값들을 적절히 전환한 후에 최소자승법을 사용합니다.

22) 독립변수의 모든 관측값들이 종속변수값을 가장 잘 예측할 수 있는 확률은 독립변수의 개별 관측값들이 종속변수를 예측할 수 있는 확률을 모두 곱한 '기대값'의 개념으로 나타낼 수 있을 것입니다. 따라서 '우도함수'(L)는 다음과 같은 식이 됩니다.

$$L = \prod_{i=1}^{n} \left[\{p_i(Y_i = 1 | X_1, X_2, \cdots, X_k)\}^{Y_i} \cdot \{1 - p_i(Y_i = 1 | X_1, X_2, \cdots, X_k)\}^{(1-Y_i)} \right]$$

미국 시민들의 미디어 이용에 따른 선거 관심도(2000년)에 대한 로지스틱 회귀분석						
구 분	인터넷으로부터 선거정보 획득		텔레비전의 선거프로그램 시청		신문의 선거보도에 대한 관심	
	B	표준오차	B	표준오차	B	표준오차
학 력	0.38**	0.12	0.20	0.11	0.37**	0.09
연 령	−0.14**	0.01	0.01*	0.01	0.03**	0.01
성 별[23]	−0.34	0.20	−0.46*	0.20	−0.60**	0.17
인 종[24]	−0.15	0.36	0.48	0.34	−0.92**	0.28
뉴스 신뢰도	−0.48**	0.14	0.19	0.13	0.01	0.11
타인 신뢰도	0.38	0.23	−0.14	0.23	−0.23	0.19
타인의 도움	−0.47*	0.24	0.13	0.22	0.36	0.19
선거 관심도	0.73**	0.17	1.03**	0.16	1.01**	0.13
상 수	0.67	0.41	−0.18	0.37	−3.07*	0.35
	N=518		*N*=849		*N*=850	

* = 유의수준 0.05
**= 유의수준 0.01
설문자료: American National Election Studies(2000)

출처: Bruce Bimber, *Information and American Democracy: Technology in the Evolution of Political Power*(New York: Cambridge University Press, 2003), p. 218.

로지스틱 회귀모델에선 종속변수 y_i의 값이 $\log_e\left[\frac{p_i(y_i=1)}{1-p_i(y_i=1)}\right]$로 변환되었기 때문에 계수를 구하는 연산방법에는 차이가 있어도 근본적인 모델의 형식이나 계수 해석방법은 선형회귀분석과 동일합니다. 도표는 응답자가 ㉠ 인터넷을 통해 선거정보를 획득했는지 그렇지 않은지, ㉡ 선거 관련 텔레비전 프로그램을 적어도 한 번 이상 시청했는지 그렇지 않은지, ㉢ 신문에 최소한의 관심을 보였는지 그렇지 않은지로 구분된 세 개의 종속변수에 대해서 8개의 독립변수를 사용하여 '비표준화 회귀계수'(unstandardized regression coefficient)를 구해서 그 영향력을 측정하고 있습니다.[25]

23) 빔버는 그의 분석에서 성별 변수는 남자는 0 여자 1로 코드화하고 있습니다.
24) 빔버는 그의 분석에서 다른 인종 범주들은 하나로 묶고 코카서스/백인을 하나로 묶어서 구분하고 있습니다.
25) 종속변수가 세 개이니까, 회귀분석을 세 번 한 것이며, 그 결과를 하나의 도표로 정리했을 뿐입니다. 더 중요한 것은 한 종속변수 내에서 두 개의 집단을 분리하는 것은 연구자의 몫이라는 점입니다. 예를 들면, 인터넷을 많이 활용하여 정치정보를 얻는 사람들을 어

비표준화 계수에 대한 해석을 하면 다음과 같을 것입니다.

분석결과에 따르면, 선거관심도 변수는 어떤 매체를 이용하건 99%의 신뢰수준에서 종속변수에 영향력을 미치는 공통 변수입니다. 인터넷을 이용하여 선거운동에 대한 정보를 얻는 사람들과 그렇지 않은 사람들, 텔레비전의 선거운동 보도를 관람하며 정보를 얻는 사람들과 그렇지 않은 사람들, 신문에서 선거운동에 관한 정보를 얻는 사람들과 그렇지 않은 사람들을 구분하는 데 '선거관심도' 변수가 공통으로 영향을 미치고 있는 것입니다. 선거관심도가 높을수록 인터넷을 이용하지 않기보다는 이용하여 정보를 얻습니다. 선거관심도가 높을수록 텔레비전의 선거운동 보도를 관람하지 않기보다는 관람하면서 정보를 얻습니다. 선거관심도가 높을수록 신문을 열독하면서 정보를 얻는 것으로 나타나고 있습니다. 민주사회는 다양한 매체를 이용하면서 선거운동에 대한 적극적인 정보획득을 하는 적극적인 사람들과 그렇지 않은 소극적인 사람들로 구분되어 있습니다. 연령변수도 세 종류의 매체에서 정보획득에 적극적인 사람들과 그렇지 않은 사람들을 구분하는 데 유의미합니다. 인터넷과 신문 매체에선 99%의 신뢰수준을 나타내고, 텔레비전 매체에선 95%의 신뢰수준을 나타내고 있습니다. 단, 인터넷의 경우에는 부호가 (−)로 나와 있는 것을 보면 다른 매체들과 달리, 인터넷에 선거정보를 획득하려는 사람들은 나이가 든 사람들보다는 나이가 어린 사람들입니다. 브루스 빔버의 분석은 세 가지 미디어 종류에서 그 미디어를 이용하는 사람들과 그렇지 않은 사람들을 구분하되, 공통의 독립변수들을 사용함으로써 어떤 변수들이 영향을 미치는지에 대한 매트릭스 정보를 제공하는 유용한 연구입니다.

빔버는 21세기를 맞이하여 '인터넷 매체'의 중요성을 추가로 살펴봅니다. '인터넷을 통한 정치정보 이용'이란 독립변수가 실제 시민들의 다양한 정치활동 수준에서 어떻게 나타나는지를 알아보기 위해서 동일한 자료와 동일한 모델하에서 변수들의 조합만 바꾸어서 로지스틱 회귀분석을 시행합니다. 종속변수는 "~ 활동을 했던 사람들"과 "~ 활동을 하지 않았던 사람들"의 범주로 나누어져 있습니다. 시민들의 정치활동과 관련된 다섯 가지 변수

떻게 정의하는가는 연구자의 몫이라는 의미입니다. 이를 어떻게 정의하느냐에 따라서 통계분석 결과가 달라질 수 있습니다.

인데, ㉠ 투표에 참여한 사람들과 하지 않은 사람들, ㉡ 정치선전 메시지[선거운동 기장(記章), 선거 스티커, 선거 입간판 등을 설치]를 표현했던 사람들과 그렇지 않은 사람들, ㉢ 정치행사(정치적 회합·집회·연설회·후보자지지 만찬)에 참여했던 사람들과 그렇지 않은 사람들, ㉣ 후보자나 정당의 선거운동에 참여하여 활동했던 사람들과 그렇지 않은 사람들, ㉤ 후보자·정당·정치집단에 기부를 했던 사람들과 그렇지 않은 사람들의 변수입니다.[26]

미국시민들의 정치참여수준과 인터넷사용 연관성에 관한 로지스틱 회귀분석(2000)

구 분	투표 참여		정치선전 표현		정치행사 참여		선거활동 참여		정당 기부	
	B	표준오차	B	표준오차	B	표준오차	B	표준오차	B	표준오차
학 력	0.55**	0.12	0.03	0.16	0.47	0.25	−0.04	0.33	0.23	0.18
연 령	0.02**	0.01	−0.01	0.01	−0.01	0.01	−0.01	0.02	0.02*	0.01
소 득	0.07*	0.03	0.04	0.04	0.03	0.05	0.05	0.07	0.11**	0.04
성 별	0.13	0.20	0.03	0.27	0.33	0.38	−0.90	0.56	−0.46	0.29
라틴계	−0.10	0.38	−0.87	0.94	0.07	1.02	0.18	1.30	0.53	0.78
인 종	0.38	0.31	0.60	0.41	0.51	0.59	1.05	0.71	0.27	0.50
공직자 접촉	1.31**	0.25	1.07**	0.28	1.14**	0.41	1.53**	0.61	1.10**	0.30
정치 관심도	0.76**	0.16	0.51*	0.22	0.95**	0.34	0.66	0.46	1.27**	0.26
타인 신뢰도	0.52*	0.21	0.57	0.31	0.16	0.41	0.30	0.60	0.34	0.32
효능감	0.24**	0.08	0.04	0.12	0.15	0.17	0.16	0.24	−0.05	0.13
인터넷을 통한 정치 정보획득	0.61*	0.26	0.11	0.31	0.88*	0.41	0.69	0.59	0.79*	0.33
상 수	−3.46**	0.46	−3.91**	0.65	−6.93	1.10	−6.17	1.41	−6.93**	0.86
	N=759		N=759		N=759		N=759		N=759	

* = 유의수준 0.05
** = 유의수준 0.01
공직자 접촉 변수: 선거 동안 응답자가 정당과 접촉했는지의 여부로 측정
효능감 변수: "나 같은 사람들은 정부가 무엇을 하는지에 대해 말하지 않는다"라는 설문항에 대한 동의 여부로 측정
자료 : American National Election Studies(2000)

출처: Bruce Bimber, *Information and American Democracy: Technology in the Evolution of Political Power*(New York: Cambridge University Press, 2003), p. 220.

26) 로지스틱 회귀분석을 다섯 번 하여서 하나의 도표로 정리한 것입니다. 즉 하나의 도표안에 5개의 모델이 있는 것입니다.

해당 로지스틱 회귀분석 결과에 따르면, 연구자가 특히 관심을 지니고 살펴보는 '정치정보획득을 위한 인터넷 사용여부'는 투표했던 사람들과 그렇지 않은 사람들, 정치행사에 참여하여 일했던 사람들과 그렇지 않은 사람들, 정치단체에 돈을 기부했던 사람들과 그렇지 않은 사람들을 구분하는 것에 통계적 유의미성을 지닌 것으로 나타났습니다. 상대적으로 가장 적극적인 정치활동이라고 할 수 있는 정당에 정치자금을 기부하는 사람들은 인터넷을 통해서 정치정보를 얻고 있음을 알 수 있습니다. 모든 정치활동의 종류들에서 인터넷을 통한 정보획득이란 행태가 중요한 것으로 나타나지는 않습니다. 왜 어떤 종류의 정치활동에서는 인터넷을 이용한 정보획득이 중요하게 나타나고, 어떤 종류의 정치활동에서는 그렇지 않은지에 대해서 연구자는 그 이유를 추론하게 될 것입니다. 그러한 이유를 추론하는 과정에서 추가적인 연구가 필요할 수도 있을 것입니다.

다섯 가지 모두 선거에 대한 적극성을 반영하는 정치활동들이어서 그런지, '공직자 접촉경험'이란 변수는 모든 정치활동의 수준에서 공통적으로 중요한 변수임이 나타나고 있습니다. 다양한 수준의 모든 정치활동 수준에서 가장 큰 계수값들(1.31, 1.07, 1.14, 1.53, 1.10)로 나타나고 있습니다. 동시에 '공직자 접촉경험'이란 변수는 모두 .01의 통계적 유의수준입니다.[27] 앞서, 어떤 대중 매체를 이용하느냐가 정치정보 획득과 어떤 상관성이 있는지를 살펴본 모델에서 공통적으로 중요한 변수로 나타났던 소위 '관심도' 변수도 중요하게 나타나고 있지만, '선거활동 참여' 여부에서는 통계적 유의미성이 없는 것으로 나타납니다.

---

27) 저자는 이 변수가 모델에 포함되지 않는 것이 더 바람직하다고 생각합니다. 왜냐하면, 종속변수가 내용적으로 정치적 적극성을 나타내는 것인 상황에서 독립변수도 정치적 적극성을 대변하는 변수이기 때문입니다. 즉, 높게 나와도 해석상에 특별한 의미를 부여하기 어렵습니다. 한 가지 불만을 더 추가한다면, 인종에서 구분하여 특별히 라틴계라는 변수를 따로 취급한 것도 일반적인 상황은 아닙니다. 빔버의 책에 왜 그렇게 했는지에 대한 언급이 없어서 궁금합니다. 빔버가 라틴계는 특별히 다른 인종들보다 더 인터넷 사용의 빈도나 내용에 있어서 특별하다고 판단하여 인종에서 독립시켰을런지도 모릅니다. 연구자들은 자신이 상정한 모델에서 종속변수에 대한 유의미한 변수들이 연구자의 의도대로 나타나기를 원하기 때문에, 독립변수들의 조합을 조정하면서 최적의 모델을 구합니다. 그러한 과정과 관련이 있는 것이 아닌지 추측해 볼 뿐입니다.

IV 경로분석

회귀분석에서 "독립변수가 종속변수에 영향을 미친다"라고 표현하지만, 더 정확하게 표현하자면, 독립변수와 종속변수 사이에 상관성을 말하는 것입니다. 엄밀히 말해서 상관계수는 연관성은 밝혀주지만 '인과관계'를 밝혀주는 것은 아닙니다. 연구자가 변수의 내용과 성격을 고려하여 영향을 줄 것으로 예상되는 변수를 '독립변수'에, 영향을 받는 것으로 예상되는 변수를 '종속변수'의 위치에 놓는 것입니다. 앞서 두 변수 회귀분석의 경우, 독립변수를 '입법부 중간선거 결과'로, 종속변수를 '대통령의 대중적 인기도'로 입력하여 분석해도 똑같은 결과가 나올 것입니다. 하지만, 입법부 중간선거 결과여부가 대통령의 대중적 인기도에 영향을 미친다고 말하는 것보다는, 그 반대의 경우가 더 자연스러울 것입니다.

세 변수 X_1, X_2, X_3가 있다고 가정하여, 변수들간의 연관성을 비교할 수 있는 경우의 수를 통해서 경로분석(經路分析, path analysis)에 대한 논의를 일반화시켜 봅시다.

변수간의 관계	내 용
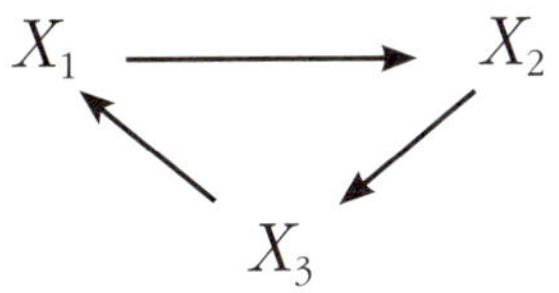	X_1, X_2, X_3의 관계를 "간접적인 양방향 인과관계"(indirect two-way causation)라고 합니다.
	X_1, X_2, X_3의 관계를 "직접적인 양방향 인과관계"(direct two-way causation)라고 합니다.
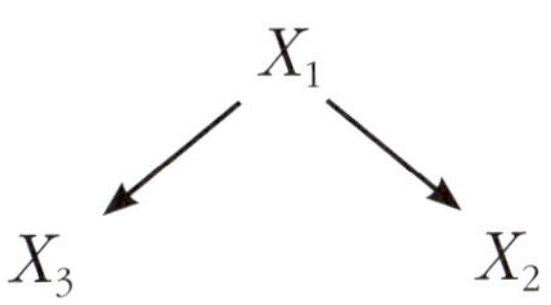	X_1, X_2, X_3에 직접적으로 영향을 미치지만, X_2와 X_3 사이에는 어떤 효과도 없습니다.

간접적인 양방향 인과관계

직접적인 양방향 인과관계

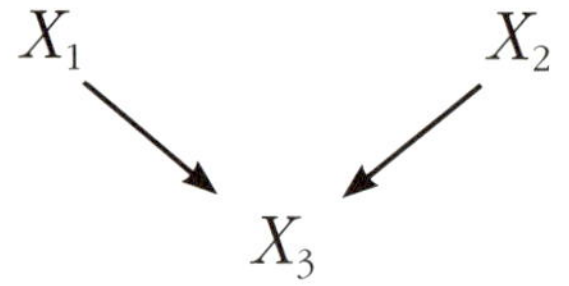	X_1과 X_2는 X_3에 직접적으로 영향을 미치지만, X_1과 X_2 사이에는 어떤 효과도 없습니다. X_1과 X_2가 독립변수이고 X_3가 종속변수인 경우 회귀분석에서 이상적인 형태가 됩니다.
$X_1 \longrightarrow X_2 \longrightarrow X_3$	X_1은 X_2에 대하여 직접효과를 갖고, X_2는 X_3에 대하여 직접효과를 갖습니다. X_1은 X_3에 대하여 간접효과를 갖습니다. X_2는 매개변수가 됩니다.

연구자는 연구를 진행하기 전에 과거로부터의 경험이나 상식적인 추리와 직관을 동원하여 독립변수들간의 연관성에 대한 '있음직한 이야기'를 만들고 이에 따라서 변수들을 배열해 볼 수 있습니다. '경로분석'은 연구 조사자가 분석에 포함된 독립변수들 사이에서 인과관계를 미리 상정하여, 분석에 포함된 변수들을 대상으로 두 변수 변량분석(bivariate analysis)과 다중회귀분석(multiple regression)을 조합하는 분석방법입니다. 경로분석은 다음과 같은 순서로 진행합니다.

① 연구 조사자가 유권자들의 투표행태(voting behavior)에 영향을 미치는 변수에는 어떠한 것들이 있는지 조사하게 되었다고 가정해 봅시다. 몇 개의 변수들을 정해 다음과 같은 연구 가설을 마련하였습니다. 일반적으로 대부분의 사람들은 '정당일체감'(party identification) 변수(X_1)가 유권자들의 투표행태를 결정짓는 데 가장 중요한 변수라고 생각할 것입니다. 자신의 정치적·경제적 성향과 관련하여 상대적으로 더 일체감을 느끼는 정당을 선택하는 것이 인지상정일 것입니다. 또한 후보자 개인에 대한 인물평가 변수(X_2) 역시 투표행태를 결정짓는 중요한 변수가 될 것입니다. 연구자는 후보자나 정당이 선거에서 내세우는 정책이슈도 중요한 변수(X_3)라고 생각하였습니다. 뚜렷한 정당일체감이 없는 경우엔 해당 선거에서 내세우는 정책이슈가 유권자의 투표행태에 영향을 미친다고 볼 수 있을 것입니다. 유권자의 투표행태는 종속변수적인 성격의 것으로 유권자가 특정 정당이나 후보자를 선택하는 결과를 X_4라고 합시다.

연구 조사자는 단순히 $X_2 \rightarrow X_4$, $X_3 \rightarrow X_4$로 생각하는 것이 아니고,

동시에 정당일체감 변수가 인물평가와 정책이슈평가에도 영향을 미치고 있다고 생각하고 있습니다. 종합하면, $X_1 \rightarrow X_4$이기도 하지만, $X_1 \rightarrow X_2$, $X_1 \rightarrow X_3$라고 생각하기에 $X_1 \rightarrow X_2 \rightarrow X_4$, $X_1 \rightarrow X_3 \rightarrow X_4$를 생각하고 있는 것입니다. 소위 X_2와 X_4는 '매개변수'인 셈입니다. 계수 β_{di}를 d가 종속변수, i가 독립변수인 상황에서 두 변수의 상관성 계수라고 하면, 다음과 같은 개념도를 만들어 볼 수 있을 것입니다.

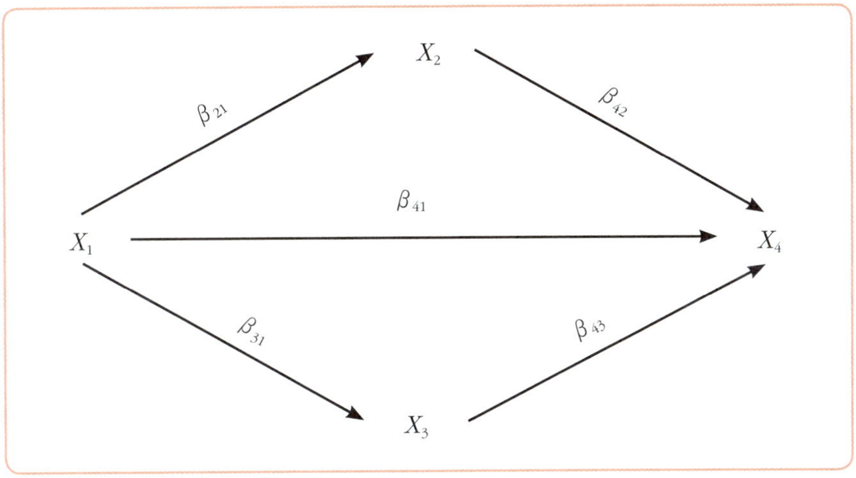

② 앞부분에서 살펴본 회귀분석에서의 OLS 방식으로 경로계수(path coefficient)들을 구합니다. 경로계수는 두 변수 사이에서 개입되는 '매개변수'(intervening variable)가 없는 상태에서 한 변수가 다른 한 변수에 영향을 미치는 '직접효과'(direct effect)를 계산하는 것이 됩니다. 그림에서의 문제는 한 변수가 다른 변수에 영향을 미칠 때, 그 변수가 미치는 영향 이외에도 또 다른 변수들에 의한 효과는 생략되어 있다는 것입니다. 또 다른 변수들에 의한 영향을 고려하여 '잔차변수'(residual variable)를 상정하여야 한다는 의미입니다. '잔차변수'를 고려하는 경우, 두 변수 사이의 계수를 정하기 위해선 실질적으로 다음과 같은 그림의 형태에서 계수값을 정하는 것이 될 것입니다.

직접효과

잔차변수

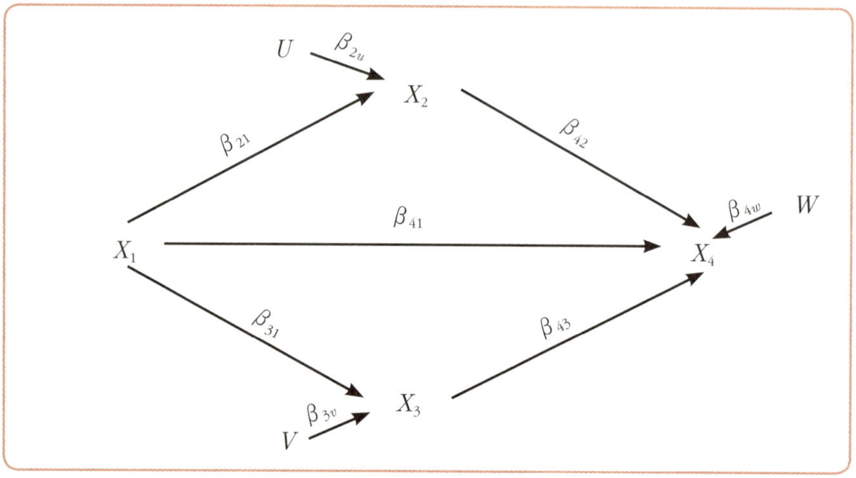

그림에서

$$X_2 = \beta_{21}X_1 + \beta_{2u}U$$
$$X_3 = \beta_{31}X_1 + \beta_{3v}V$$
$$X_4 = \beta_{41}X_1 + \beta_{42}X_2 + \beta_{43}X_3 + \beta_{4w}W$$

세 변수 X_1, X_2, X_3에서 잔차변수들인 β_{2u}, β_{3v}, β_{4w}의 계수는 '설명되지 않는 변량값'이므로

$$\beta_{2u} = \sqrt{1 - r_{2.1}^2}$$
$$\beta_{3v} = \sqrt{1 - r_{3.1}^2}$$
$$\beta_{4w} = \sqrt{1 - r_{4.123}^2}$$

으로 표시될 것입니다.

간접효과

③ 두 변수 사이에서 직접효과가 해당 분석의 틀 속에서 모두 계산되면, 연구자는 특정 변수들을 지정하여 변수들 사이에서 '간접효과'(indirect effect)를 계산합니다. 예를 들어, X_4에 대한 X_1의 간접효과는 X_2를 경유하는 효과인 $(\beta_{21} \times \beta_{42})$와 X_3를 경유하는 효과인 $(\beta_{31} \times \beta_{43})$의 합인 $(\beta_{21} \times \beta_{42})$

$(\beta_{31} \times \beta_{43})$로 계산됩니다.

그러면, 실제로 한국선거를 대상으로 수행되었던 '경로분석'의 결과물을 사용하여 설명해 보도록 하겠습니다. 박찬욱 교수는 경로분석을 통해서 당시 여당이던 '민자당'을 선거에서 선택한 유권자들에게 영향을 미치는 독립변수들이 무엇인지 조사하였습니다(박찬욱 1993). 다음과 같이 나타났습니다.

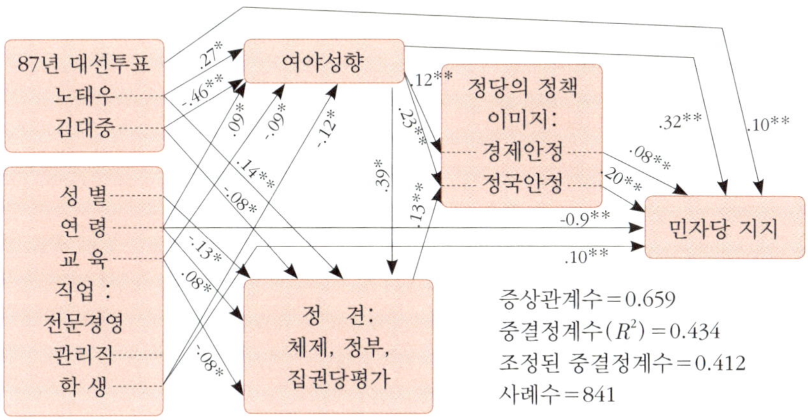

*P < 0.05, **P < 0.00: 통계적으로 유의한 표준경로 계수만 제시함.

출처: 박찬욱, "제14대 국회의원 총선거에서의 정당지지 분석," 이남영 편, 『한국의 선거①』, (서울: 나남, 1993), p. 109.

경로분석은 선거에서 여당인 민자당을 선택한 유권자들의 성향을 밝혀줍니다. 우선, 평소에 '여당성향'을 지닌 사람들입니다. 여당성향과 야당성향이란 추상적인 말인데, '여당성향'이란 어떤 정당이건 현재의 여당을 지지하는 성향으로 여당을 지지해야 더 정국이 안정된다고 믿는 성향으로 해석이 가능합니다. 반면에 '야당성향'이란 현재의 상황을 바꾸어 보려는 성향이며 일종의 '반골기질'(叛骨氣質)로도 해석이 가능할 것입니다. 유권자들에게 "당신은 여당성향입니까, 야당성향입니까?"라고 물었던 설문에 응답된 변수입니다. '여야성향' 변수는 직접효과가 경로계수 0.32로 나타나고 있습니다. 간접효과는 0.07(≒.12×.08+.23×.20+.39×.13×.20)로 크지는 않지만, 통계적으로 유의미하게 나타나고 있습니다. 종합적으로 '여야성향'이란 독립변수는 선거에서 여당에게 투표하는 행태에 직접효과와 간접효과를 합쳐서 0.39의 효과를 보임으로써 인과적 관계가 강하게 나타난다고 할 수 있습니다. 또 다른 변수들에 대해서도 이런 방식으로 직접효과와 간접효과를 계산하여 그 의미를 음미해 보시기 바랍니다. 박찬욱 교수는 당시 '제 1 야당'인 '민주당'을 선거에서 선택했던 유권자들의 행태를 동시에 살펴봅니다. 경로분석의 결과는 다음과 같이 나타났습니다.

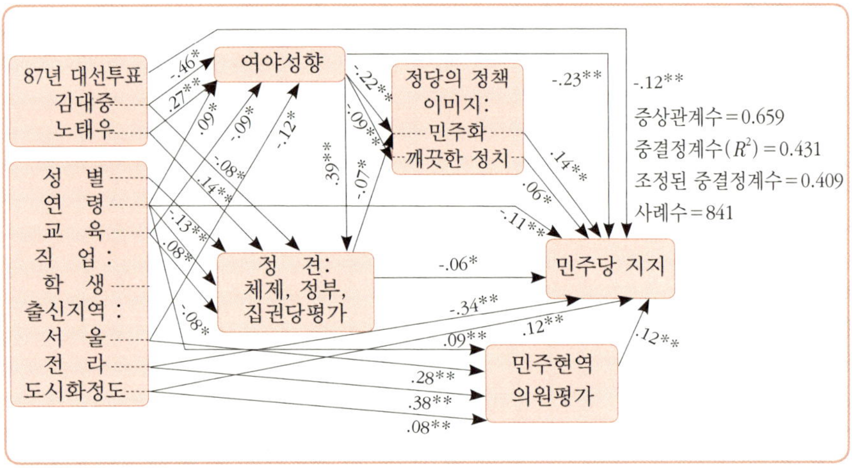

출처: 박찬욱, "제14대 국회의원 총선거에서의 정당지지 분석," 이남영 편, 『한국의 선거①』. (서울: 나남, 1993), p. 111.

야당을 지지했던 유권자를 설명하는 변수에서도 '여야성향' 변수는 중요한 독립변수로 나타나고 있습니다. 야당성향이 강한 경우 민주당 지지로 직접 연결되는 경향(−0.23)이 뚜렷합니다. 그리고 야당성향이 강할수록 민주화 실현을 강조하거나(=−.22×.14), 안정보다는 개혁을 통한 깨끗한 정치를 지향하면서(=−.09×.06) 야당을 지지하고 있습니다. 여야성향이 다양한 경로를 통해서 민주당 지지로 연결되는 간접효과들은 0.06정도(=|−.22×.14|+|.09×.06|+|.39×.07×.14|+|.39×−.061)로 약간의 효과가 있음을 보여줍니다.

V 요인분석

요인분석(factor analysis)이란 많은 수의 상호연관된 변수들을 분류하여 제한된 수의 차원(dimension) 또는 요인(factor)들로 묶어내는 통계기법입니다. 어떤 사회현상을 보다 간명하게 설명하기 위해선 일정한 수준의 추상성이 요구됩니다. 연구자는 사회현상을 설명하는 데 관련된 너무 많은 수의 독립변수들이 나열되어 있을 때 혼란을 느낄 수 있습니다. 나열되어 있는 많은 수의 독립변수들을 연관되는 것들끼리 덩어리로 묶는 기법은 연구자에게 요긴하게 사용될 것입니다. 이때, 하나의 덩어리는 몇 개의 연관되어진 구체적인 변수들을 포괄하는 하나의 추상적 의미를 지닌 덩어리가 됩니다. 이 덩어리가 바로 '요인'(facor)이며, 요인을 만들어내는 것이 '요인분석'입니다.

세부적인 항목들이 나열되어 있을 때 요인분석은 다양한 사안들(또는 항목들)이 나열되어 있는 경우, 그러한 사안들을 정리하기 위해서 상대적으로 높은 연관성을 보이는 변수들끼리 묶어내는 것입니다. 분석대상인 변수들의 수가 아주 많은 경우에는 연관된 변수들을 추려내고 연관성이 없는 변수들은 무시하게 됩니다. 분석대상인 변수들의 수가 적은 경우에도 연관된 변수들을 묶어서 묶인 변수들을 하나의 요인으로 창출하면 연구 개념들이 보다 간명한 수준에서 추상화될 것입니다. 어떤 경우이든지, 관련된 변수들끼리 묶여서 산출된 요인의 수는 독립변수의 수보다는 작을 것입니다. 1980년 미국 대통령 선거 사후조사를 자료로 요인분석의 주요 과정들을 살펴봅시다.[28)]

연구자가 유권자들의 투표행태를 연구하면서 '무투표자'(nonvoters)의 심리상태에 관심을 갖게 되었습니다. 연구자는 '무투표 행태'(nonvoting behavior)가 결국 유권자들의 정치에 대한 소극적 행태와 연관된 심리상태

28) 미국선거설문조사(American National Election Survey: ANES)의 1980년 대통령 선거 사후설문조사(post-election survey) 항목에서 뽑은 것입니다. Youngjae Jin, 1990, Why Don't Americans Vote?: Probit and Logit Analysis in the 1980 American Presidential Election, Master's Thesis in Northwestern University.

에서 비롯되는 것이라고 생각했으며, 유권자들의 소극적 행태가 어떤 정치 상황과 연관되어 있는지를 탐구한다고 가정합시다. 연구자는 우선 정치현상에 대한 유권자들의 인식 변수들을 설문지를 통해 수집하였으며, 선택된 설문항목들은 다음과 같았다고 가정해 봅시다.

변수 번호	질문항
402	정부가 옳게 일하고 있다고 생각하십니까?
403	정부가 모든 사람들의 이익을 위해서 일하고 있다고 생각하십니까?
776	정치권에 있는 정당들 사이에 어떤 의미 있는 차이가 있다고 생각하십니까?
985	어떤 문제를 다룸에 있어서 어떤 특정 정당이 더 잘 다룰 것이라고 생각하십니까?
1030	나 같은 사람은 정부가 하는 일에 대해서 무엇이라 말할 수 없다고 생각하십니까?
1033	공무원들은 나 같은 사람이 하는 말에 그다지 신경 쓰지 않을 것으로 생각하십니까?

출처: American National Election Studies의 1980년 미국 대통령 사후 선거 설문항목

연구자는 이상의 여섯 개 변수들은 유권자들의 정치에 대한 기본적 행태를 결정짓는 심리상태와 연관된 변수로 추출하였습니다. 이들 여섯 개의 설문 항목에 대한 유권자들의 응답은 적극 찬성과 적극 반대를 양 극단으로 하여 3개 내지 5개의 응답 범주로 구성됩니다. 응답자들의 응답을 코딩하여 통계 프로그램에서 요인분석을 시행하면 다음과 같이 나옵니다.

'요인적재점수' (factor loading score) 행렬표[29)]

	요인1 (FACTOR 1)	요인2 (FACTOR 2)	요인3 (FACTOR 3)
V402	.83573	.03743	.01261
V403	.80997	.14105	−.01846
V776	.11819	.05121	.80476
V985	−.12268	.06576	.78514
V1030	.12385	.82079	−.01765
V1033	.05099	.80605	.14222

요인적재점수 행렬표에 의하면 6개의 독립변수들로부터 모두 3개의 요인이 산출되었으며, 연관성을 지닌 두 개의 변수들끼리 묶여서 한 개의 요인을 형성함을 알 수 있습니다. 요인적재점수란 각 변수와 요인간의 상관관계의 크기를 나타내는 값입니다. 일반적으로 요인적재점수에서 요인으로 추출되는 변수는 요인과 변수간의 상관성이 최소 ±0.3의 값을 지닌 경우에 해당합니다. 변수 402와 변수 403이 묶여서 요인1(factor 1)을 산출하고 있습니다. 변수 776과 변수 985가 묶여서 요인3을 산출하고 있습니다. 변수1030과 변수1033이 묶여서 요인2를 산출하고 있습니다.

요인적재점수

요인의 순서에는 특별한 의미가 없으며, 단지 요인과 그 요인에 연관된 변수들간의 연관성의 크기인 요인적재점수의 크기만이 의미를 갖게 됩니다. 3개의 요인으로 정리된 것을 확인한 연구자는 각 요인들에 대한 이름을 지어야 합니다. 그러기 위해서는 요인을 구성하는 변수들을 포괄할 수 있는 어떤 이름을 정해야 합니다. 산출된 세 개의 요인들은 그 요인들을 구성하는 항목들의 성격으로부터 규정됩니다. 각 요인들은 그 요인을 구성하는 항목들로부터 유추하여 이름을 붙이게 됩니다. 요인은 관측값이 아니며, 관측값들로부터 산출된 추상적 수준의 것임을 유의하시기 바랍니다.

요인1을 보면 정부가 옳게 일하고 있다고 생각하느냐, 정부가 모든 사람들을 위해서 일하고 있다고 생각하느냐라는 것에 답하는 설문항목입니다. 여기서 그렇지 않다라고 생각하는 사람들은 일종의 '정치적 냉소주의'(political cynicism)를 지닌 사람들로 생각해 볼 수 있을 것입니다. 앞서 연구 목적이 궁극적으로 선거에서 무투표자의 심리상태를 파악하는 것이었

29) 여기서의 요인 부과 점수는 '배리맥스'(varimax)방식에 의한 것입니다. 요인분석에선 입력된 변수들과 그 변수들로부터 산출되는 요인과의 관계를 나타내는 요인적재량을 구하는데, 이 요인적재량은 원래 요인적재량 행렬(즉, 요인행렬)입니다. 산출되는 요인들과 입력된 변수들 사이의 관계를 보다 더 명확하게 하기 위해서 요인의 축을 회전시키게 되는데 회전방식에 '직각회전'과 '예각회전' 방식이 있습니다. '배리맥스' 방식은 직각회전 방식의 한 종류인데, 요인의 수가 최소화되도록 열을 단순화시키는 방식으로 회전하는 것을 말합니다. 쿼티맥스(quartimax)는 변수의 수를 최소화되도록 행을 단순화시키는 방식으로 회전합니다. 이퀴맥스(equimax)는 이상의 두 가지를 절충하여 균형을 이루도록 열과 행을 동시에 절충하여 균형적으로 단순화시키는 방식으로 회전합니다. 직각회전 방식은 요인 축들간의 상관관계가 없도록 하는 방식이어서 보편적으로 이용되며, 그 중에서도 요인의 수를 최소화하는 배리맥스 방식이 가장 보편적으로 이용됩니다. 연구 의도에 따라서 조정될 것입니다.

고, 무투표자는 '정치적 냉소주의'를 지닌 사람들일 가능성이 큽니다. 정치적 냉소주의에 입각하여 선거라는 정치적 행사에 아예 참여하지 않을 수 있다고 생각해 볼 수 있을 것입니다. 따라서 요인1을 '냉소주의 요인'(factor of cynicism)이라고 명명하는 것이 좋을 듯합니다.

요인2와 연관된 변수들을 살펴보면, 나 같은 사람은 정부가 하는 일에 무엇이라 말할 수 없다, 나 같은 사람이 말해도 공무원들은 신경쓰지 않는다 등입니다. 한마디로 정리하면 민주시민으로서 무기력한 상태를 나타내는 요인이라고 할 수 있을 것입니다. 요인2는 '정치적 무력감'(political powerlessness)이라고 명할 수 있을 것입니다. 정치적 무기력감을 지닌 시민은 그만큼 투표를 하지 않을 개연성이 크다는 추론이 가능합니다.

요인3과 연관된 변수들을 살펴보면, 어떤 정당이나 상관없이 비슷하고, 정당이 특별히 어떤 문제를 잘 해결해 줄 것 같지 않다고 생각하는 유권자들이 연관된 요인일 것이라는 추리가 가능합니다. 이것은 이론상 '정치적 무의미감'(political powerlessness)이라는 요인과 연관된 듯합니다. 어떤 정당이나 유사하니까 어떤 정당이 집권해도 정치는 비슷하게 돌아가며, 정당이 특별히 어떤 문제들을 잘 해결해 줄 것 같지도 않으니 유권자 입장에선 정당에게 어떤 기대를 하는 것이 무의미할 것입니다.

각 요인들의 이름을 명하는 것은 연구 주제나 내용과 관련하여 통계 결과를 해석하는 데 도움을 얻기 위해서이며, 통계적 계산과정에 해당하는 것은 아닙니다. 요인분석에서 가장 핵심이 되는 내용은 '변량값'(variance)과 '공유계수'(communality coefficient)에 대한 의미 해석입니다. 요인분석을 시행하면 앞서 요인적재점수 행렬표와 함께 다음의 도표를 제시해 줍니다.

요인(factor)	고유값(eigenvalue)	변량값(%)	누적 %
1	1.70639	28.4	28.4
2	1.32216	22.0	50.5
3	1.00968	16.8	67.3

'변량값'은 어떤 하나의 요인이 그 요인에 적재된 변수들에 의해서 '설

명되어지는 변량값'(explained variance)을 말합니다. 예를 들면, 요인1은 6개의 변수들 중에서 적재된 2개의 변수(V402와 V403)에 의해서 28.4%가 설명됩니다. 요인2는 적재된 2개의 변수(V1030과 V1033)에 의해서 22%가 설명됩니다. 요인3은 V776과 V985에 의해서 16.8%가 설명됩니다.

고유값

요인별로 나타나는 '고유값'(eigenvalue)이란 요인들을 정함에 있어서 기준이 되는 값입니다. 각 요인별로 적재된 모든 변수의 적재량을 제곱하여 합한 값인데, 이것은 특정 요인에 있어서 일종의 표준화된 분산값을 의미합니다. 요인1의 고유값을 계산하면 $E_1=(.83537)^2+(.80997)^2+(.12385)^2+(.5099)^2+(.11819)^2+(-.12268)^2 \fallingdotseq 1.70639$가 됩니다.[30] 고유값≥1인 경우에 요인으로 포함될 자격을 갖게 되는 것입니다. 세 개의 요인 모두 1보다 큰 고유값을 나타내고 있음을 알 수 있습니다. 종합하면 고유값을 중심으로 요인을 결정하고 그러한 요인들에 대한 변량값을 구해준 것입니다.

공유값

'고유값'이 있으면 '공유값'(communality)도 있을 것입니다. 이번엔 역으로 추출된 요인들이 6개의 변수를 얼마나 잘 설명하는가를 보아야 할 것입니다. 그래야만, 추출된 요인들을 중심으로 분석을 이어갈 수 있기 때문입니다. 요인은 관측값이 아니며, 관측값들로부터 산출된 개념적 수준의 것임을 다시 한 번 유의하시기 바랍니다. 산출된 요인값들이 기존의 변수들을 얼마나 잘 설명하는지를(즉 어떤 수준의 연관성을 갖는지를) 알아야 할 것입니다. 해당 분석에선 다음과 같이 나타납니다.

변수들	공유값(COMMUNALITY)
V402	.70000
V403	.67629
V776	.66123
V985	.63582
V1030	.67255
V1033	.68934

30) 제곱의 형태여서 소수점을 어디에서 정리하느냐에 따라서 값의 차이가 약간 있습니다. 반올림을 한 후에 제곱할 수도 있고, 소수점 10자리까지 그냥 두고 제곱한 후에 결과값을 반올림할 수도 있기 때문입니다.

공유성을 나타내는 계수가 높을수록 원 자료의 정보손실을 최소화하면서 새로운 개념을 산출한 것이 됩니다. 공유성을 나타내는 한 변수의 계수는 이 변수의 추출된 요인들에 있어서 요인적재량을 제곱한 값입니다. 예를 들면 V402의 값은 $C_{V4}=(.83573)^2+(.03743)^2+(.01261)^2 \fallingdotseq .7000$로 계산됩니다. 일반적으로, 공유성은 0.4를 기준으로 판단하여 이보다 낮으면 요인분석에서 제외됩니다.

결론적으로 요인분석에서 공유성을 나타내는 계수는 일종의 요인점수 계수와 같은 역할을 하게 됩니다. 만약 연구자가 요인1의 분석결과를 일반화하여 사용한다면

$$F_{cynicism} = .70000X_1 + .67629X_2$$
$$F_{powerlessness} = .67255X_3 + .68934X_4$$
$$F_{meaninglessness} = .66123X_5 + .63582X_6$$

로 공식화하여 정치과정에 대하여 냉소적인 시민, 무기력함을 느끼는 시민, 무의미하다고 생각하는 시민들의 점수를 구해볼 수 있다는 것입니다. 예를 들어서 1~10점을 기준으로 조사를 통해서 X_1에서 X_6까지 점수를 줄 수 있으며, 수식에 대입하면 시민들의 정치과정에 대한 냉소주의의 수준, 무기력감의 수준, 무의미감의 수준을 알 수 있을 것입니다.

제 7 장

시계열 분석

제7장 시계열 분석

사회과학 연구자들은 '역사성'을 고려하는 어떤 연구를 하게 되는 경우가 다반사입니다. 사회과학적 현상의 의미를 평가하는 단계에서 '횡단적 연구'(cross-sectional analysis)는 한계성을 갖게 마련입니다. '시계열 분석'(time-series analysis)은 '종단적 연구'(longitudinal analysis)를 위한 대표적인 방법의 하나입니다.[1] '시계열 분석'은 어떤 하나의 변수에 대한 과거로부터 현재까지의 자료가 축적되어 있을 경우에 가능합니다. 따라서 현 시점에서 '시계열 분석'을 하려고 해도 연구자의 관심 대상인 변수에 대한 과거의 자료가 없는 경우엔 불가능합니다.

앞서 1946년 이후 21세기에 이르는 시점까지 대통령의 인기도나 유권자들의 경제사정을 중간선거 의석수 변화와 관련하여 세 변수 회귀분석을 시행한 바 있습니다. 그렇다면, 독자들은 그러한 회귀분석은 횡단적 연구인지, 종단적 연구인지를 질문하게 될 것입니다. 앞서의 회귀분석은 자료의 성격상 내용은 종단적 연구의 성격을 반영하고 있습니다. 하지만, 그 방법은 횡단적인 방법을 단위로 이루어지고 있습니다. 즉, 각 해당 연도를 단위로 하여 세 변수의 연관성을 찾아서 그 대표값의 회귀선을 구한 것입니다. 만약, 해당 회귀분석의 내용을 방법론적으로 시계열 분석의 기법을 택한다면, 어떤 특정의 한 변수를 중심으로 그 변수만을 가지고 통계적 방법을 이용하여, 그 변수를 예측하게 됩니다. 예를 들면, 대통령 정당의 중간선거에서의 의석수 증감률에 대한 예측은 다른 변수들(즉, 대통령의 대중적 인기도나 유권자들의 체감 경제상황)과의 상관관계 속에서 다루는 것이 아니라, 그냥 과거의 의석수 증감률 변화에 대한 정보를 가지고 미래의 의석수 증감률 변화를 예측한다는 의미입니다.

---

1) 앞서서 언급했던 '패널자료'(panel data)도 일종의 시계열 자료입니다.

종합하면, '시계열 분석'이란 내용적으로나 방법론적으로 철저하게 '종단적'인 것을 다루게 됩니다. 미래의 일을 예측함에 있어서 가장 보편적으로 쓰는 방법은 과거에 어땠었는지를 생각하여 그 연장선상에서 미래의 모습을 그려보는 것입니다. 여기에는 '이동평균'(移動平均, Moving Average: MA)이란 개념이 기본이 되는데, 이 개념은 어찌 보면 단순하지만 그 효용도는 무궁무진하다고 할 수 있습니다. 이동평균

이동평균

과거에 어땠었는지를 생각하여 미래를 생각함에 있어서 가장 상식적인 아이디어는 현재를 중심으로 과거의 값들을 평균한 값으로 현재 이후를 예측해보는 일이 될 것입니다. 연구자 입장에서 미래의 관측값을 예상하는 방법은 과거에 어땠는지를 살펴보고 그러한 값들을 참고하여 미래의 기대값을 만들어 내는 것입니다. 기대값이니 평균의 개념이 됩니다. 과거처럼 미래도 흘러갈 것이란 개념에는 한계가 있지만, 어쨌든 과거자료를 활용하는 것 이외에는 도리가 없습니다. 단, 어느 정도의 과거기간까지를 참고할 것인가가 핵심입니다. 더 많은 과거로부터의 자료가 미래를 예측하는 데 더 유리할 것 같아도 오히려 최근 몇 일의 자료가 미래를 설명하는 데 더 예측력이 높을 수도 있습니다.

미래의 예측값을 계산하기 위해서 현재의 시점에서 지난 3일간의 평균값을 참고할 수도 있고, 지난 5일간의 평균값을 참고해 볼 수도 있고, 지난 7일간의 평균값을 참고해 볼 수도 있습니다. 이것을 '이동평균'이라고 합니다. 어떤 특정시점을 t라고 하고, 그 시점에서의 관측값을 O_t라고 한다면, 다음과 같은 시계열 속에서 t시점의 이동평균값은 다음과 같이 표시됩니다.

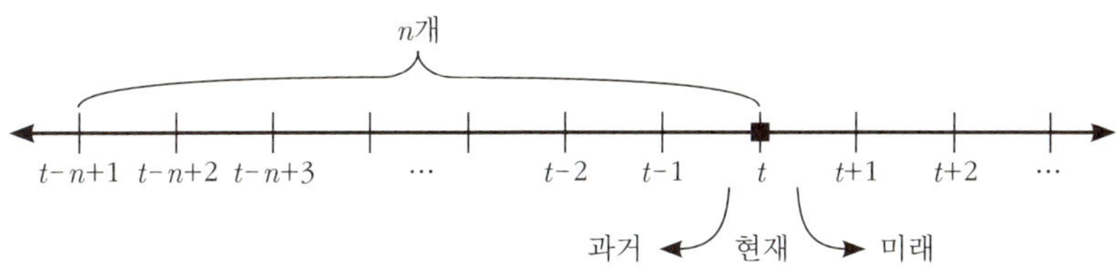

$$MA_t = \frac{O_t + O_{t-1} + O_{t-2} + \cdots + O_{t-n+2} + O_{t-n+1}}{n}$$

이동평균법이란 어떤 한정된 기간 동안의 실제 관측값들에 대한 산술 평균으로서 관측값이 아직 나오지 않은 미래를 예측하기 위한 예측값(X_t)을 구하는 것입니다. 연구자에게 있어서 시점 t에 대한 예측값 X_t는 시점 t의 관측값 O_t보다 시간적으로 앞서서 존재한다는 것에 유의하시기 바랍니다. 하나의 시점에 대해서 예측값과 관측값이 두 개 존재하는 것입니다. 예측값 X_t는 관측값 O_{t-1}까지의 자료를 바탕으로 구하며, 예측이 제대로 되고 있는지를 판단하는 값은 실제 관측에서 사후 발생한 O_t가 됩니다. 마찬가지로 예측값 X_{t+1}은 관측값 O_t까지의 자료를 바탕으로 구한 것입니다. 상위의 공식에서 MA_t는 t시점에서의 관측값 O_t를 포함한 이동평균값이므로 실제 발생할 관측값 O_{t+1}값을 추정하기 위한 예측값 X_{t+1}을 구하는 것이 됩니다.

예측값

관측값

예제 어떤 영화관에서 표를 판매한 기록이 다음과 같을 때 3일, 5일, 7일 '이동평균값'을 구하고, 그 의미에 대해서 설명해 보시오.

	첫 주	둘째 주
일요일	900	800
월요일	400	500
화요일	500	300
수요일	600	300
목요일	300	400
금요일	700	600
토요일	1100	900

해제 현재의 데이터는 실제 관측값이다. 실제 관측값을 가지고 예측값을 만든다. 예를 들면, 두 번째 주 화요일까지의 실측치를 가지고 그 다음날인 수요일의 예측값을 만드는 것이다. 7일의 예를 들어서 7일 이동평균값을 구하기

위해서, 가장 최근일로부터 7일에 대한 이동평균값을 계산하면 다음과 같다.
둘째 토요일의 시점: (900+600+400+300+300+500+800)/7=543
둘째 금요일의 시점: (600+400+300+300+500+800+1100)/7=571
둘째 목요일의 시점: (400+300+300+500+800+1100+700)/7=586
·
·
·
둘째 일요일의 시점: (800+1100+700+300+600+500+400)/7=629
첫째 토요일의 시점: (1100+700+300+600+500+400+900)/7=643

이러한 내용을 3일, 5일에도 적용하여 정리하면 다음과 같다.

실제 관측값	3일 이동평균	5일 이동평균	7일 이동평균	
1 (1-일)	900			
2 (1-월)	400			
3 (1-화)	500			
4 (1-수)	600	600		
5 (1-목)	300	500		
6 (1-금)	700	467	540	
7 (1-토)	1100	533	500	
8 (2-일)	800	700	640	643
9 (2-월)	500	867	700	629
10(2-화)	300	800	680	643
11(2-수)	300	533	680	614
12(2-목)	400	367	600	571
13(2-금)	600	333	460	586
14(2-토)	900	433	420	571
		633	500	543

7일 이동평균법에 의한 예측값과 관측값과의 오차가 가장 적을 때는 둘째 주 금요일(14표) 정도였으며, 일반적으로 판매량을 예측함에 있어서 큰 오차가

나타난다. 특히 둘째 주 수요일은 두 배 이상 차이가 난다(614/300). 일요일과 토요일에는 많은 사람들이 관람하고 있는데, 예측값들이 모두 큰 차이를 보이고 있다. 단순이동평균법은 모든 관측값이 동일한 가중치로 평균 계산되어 요일별 특성을 무시하고 있다. 하지만, 그러한 것이 요일적 특성인지 아니면 단순히 또 다른 요인들에 의한 것인지는 분명치 않다. 단, 일반적인 의미에서 극장표 판매량이 휴일이나 주말에 보다 많은 관객들이 몰린다는 것과 상관이 있는 것이라면 단순이동평균법이 요일별 특성을 반영하기에는 어려움이 있는 듯하다. 마찬가지로, 보다 적은 기간을 중심으로 예측값을 결정하는 3일과 5일 이동평균법도 관측값과는 오차가 제법 크게 나타나고 있다.

예제와 해제에 나타났듯이 여러분들은 이동평균법이 갖고 있는 문제점에 대한 직관이 생기셨을 것입니다. 좀 더 자세히 방법상의 논리를 살펴보면서 이동평균법이 갖는 문제점과 그 해결방안을 생각해 보겠습니다.

현재의 시점을 t라고 하고, t시점에서의 관측값(Observation)을 O_t라고 합시다. 현재의 t시점에서 가장 가까운 미래 $t+1$시점에 실제 관측값(O_{t+1})을 추측하기 위한 예상값(X_{t+1})을 추정해 본다고 가정해 봅시다. 연구자는 3일 이동평균값을 사용할 수도 있고, 5일 이동평균값을 사용할 수도 있고, 7일 이동평균값을 사용할 수도 있습니다. 3일 이동평균값은 $(O_t+O_{t-1}+O_{t-2})/3$이 됩니다. 5일 이동평균값은 $(O_t+O_{t-1}+O_{t-2}+O_{t-3}+O_{t-4})/5$가 되고, 7일 이동평균값은 $(O_t+O_{t-1}+O_{t-2}+O_{t-3}+O_{t-4}+O_{t-5}+O_{t-6})/7$이 됩니다. 현재 시점에서 시간이 흘러서 $t+2$의 시점에 있다고 가정해 봅시다. $t+2$시점에서의 3일 이동평균값은 $(O_{t+2}+O_{t+1}+O_t)/3$이 됩니다. 5일 이동평균값은 $(O_{t+2}+O_{t+1}+O_t+O_{t-1}+O_{t-2})/5$가 되고, 7일 이동평균값은 $(O_{t+2}+O_{t+1}+O_t+O_{t-1}+O_{t-2}+O_{t-3}+O_{t-4})/7$이 됩니다.

연구 조사자 입장에선 t시점에서 미래 시점인 $t+1$시점에서 실제값인 O_{t+1}값을 알 수 없어서 3일 이동평균값, 5일 이동평균값, 그리고 7일 이동평균값 등을 활용한 예측값 X_{t+1}을 구하여 실제 관측값 O_{t+1}의 값을 예측하는 것입니다.

$$(O_t+O_{t-1}-O_{t-2})/3=X_{t+1} \quad \cdots ①$$

$$(O_t + O_{t-1} + O_{t-2} + O_{t-3} + O_{t-4})/5 = X_{t+1} \quad \cdots ②$$

$$(O_t + O_{t-1} + O_{t-2} + O_{t-3} + O_{t-4} + O_{t-5} + O_{t-6})/7 = X_{t+1} \quad \cdots ③$$

시간적으로 t시점에서 $t+1$시점에 대한 예측값 X_{t+1}은 실제상황이 벌어진 후에 존재하는 관측값 O_{t+1}보다 앞서서 존재할 것입니다. 연구자가 t시점에서 X_{t+1}을 구했고, $t+1$시점에서 실제의 관측값 O_{t+1}을 얻었습니다. 현실적으로 이동평균법이 상당 수준에서 미래 시점의 관측값을 예측했다면 현실적으론 다음과 같이 표현될 수 있습니다.

$$(O_t + O_{t-1} + O_{t-2})/3 \fallingdotseq O_{t+1} \quad \cdots ④$$

$$(O_t + O_{t-1} + O_{t-2} + O_{t-3} + O_{t-4})/5 \fallingdotseq O_{t+1} \quad \cdots ⑤$$

$$(O_t + O_{t-1} + O_{t-2} + O_{t-3} + O_{t-4} + O_{t-5} + O_{t-6})/7 \fallingdotseq O_{t+1} \quad \cdots ⑥$$

결론적으로 이동평균법이 이론적으로 $X_{t+1} = O_{t+1}$이면 좋겠지만, 현실적으로 $Min|O_{t+1} - X_{t+1}|$인 상황을 상정해야 할 것입니다. 문제는 "O_{t+1}값에 가장 근사값으로 나타나는 X_{t+1}의 값은 ①, ②, ③ 중에서 어떤 것일까?" 하는 것입니다. 이동평균값을 계산할 때 가장 문제가 되는 것은 이동평균값을 계산하는 기간을 3일로 할지, 5일로 할지, 아니면 7일로 할지입니다. 이동평균값의 과거 측정값의 적정 개수를 정하는 것이 가장 큰 문제가 됩니다. 이동평균의 기간을 정하는 것은 상황에 따라서 그 상황에 합당한 이유에 따르게 될 것입니다.

어떤 자료가 증가하거나 감소하는 추세에 있다면, 최근 시점을 중심으로 상대적으로 짧은 기간의 이동평균법이 긴 기간의 이동평균법보다 더 실측치에 가까운 예측값을 도출해 낼 수 있을 것입니다. 하지만 이것은 자료의 규칙성에서 기인한(즉, 어느 정도 일정한 비율로 증가하고 있는) 성격에 따른 것이고, 다음의 다양한 시계열 유형들을 보면 이동평균법에서 적정한 시기를 정하는 것은 궁극적으로 과거 관측값들의 성향을 파악하는 것이 실측치에 가까운 예측값을 만들어내는 데 중요함을 알 수 있습니다. 어떤 변수에 대한 과거 관측값들로부터 그 변수에 대한 미래의 값을 예측한다는 것은 여러 가지 상황에 따라서 다를 것입니다. 다양한 경우들이 있지만, 일반적으로 다음과 같은 3가지 시계열 상황을 상정해 볼 수 있을 것입니다.

추세 상황1: 변동과정에 일정한 추세가 나타난 경우

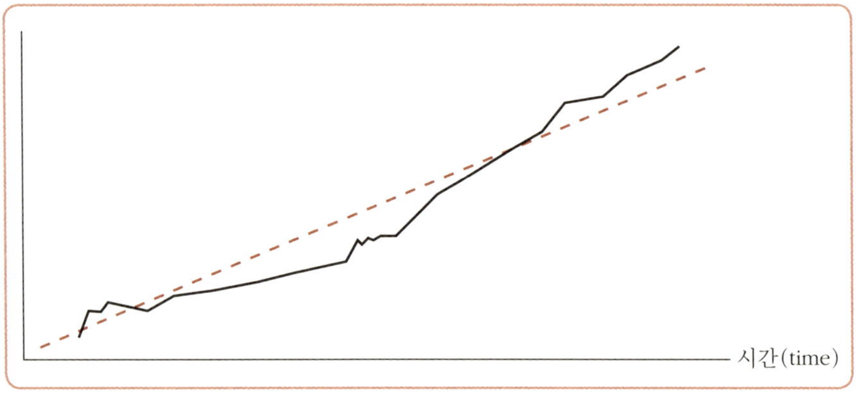

주기성 상황2: 변동과정에 주기성이 나타난 경우

상황3: 변동과정에 불규칙성이 나타나는 경우

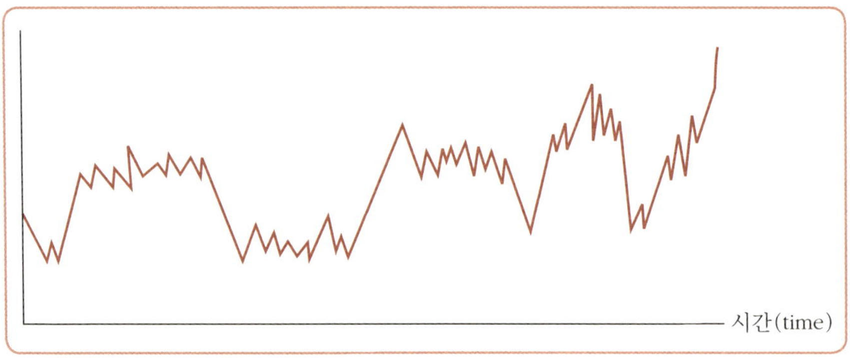

일반적으로, ⓐ 과거 시계열 자료를 참조하면서 어떤 뚜렷한 증감의 추세과정에 있을 경우엔 기간을 단기적으로 하여 이동평균값을 구합니다. ⓑ 단순히 증가하거나 감소하는 추세가 아닌 주기적인 변동을 포함한 자료들의 경우엔 주기성을 포함하는 중기적인 기간을 대상으로 이동평균값을 구합니다. 짧은 기간에 이러한 성격들이 포함될 수 없기 때문입니다. ⓒ 시계열 자료상에 불규칙성이 심하게 나타나는 경우엔 기간을 보다 장기적으로 하여 이동평균값을 구합니다. 물론 여기서 단기, 중기, 장기라는 것은 상대적인 개념일 뿐입니다.

예측값과 관측값(즉 실제값) 사이의 오차를 작게 하는 이동평균법이 효과적인 것이며, 이는 궁극적으로 어떤 적정 시기를 선택할지의 문제와 연관된 것입니다. 이러한 문제를 논하기 위해서 (i) 먼저, 오차 계산법에 대해서 살펴보고, (ii) 오차를 작게 할 수 있는 방법들에 대해서 살펴보겠습니다.

시계열 오차측정법

오차를 측정하는 방법에는 '평균절대편차'(Mean Absolute Deviation: MAD)와 '평균제곱오차'(Mean Square Error: MSE) 방식이 있습니다. 평균절대편차는 각 시점에서 예측편차를 평균한 개념입니다. 시계열상 각 시점들에서의 관측값들과 예측값들의 차이에 대한 평균값입니다. $t-1$시점까지의 자료로부터 계산된 예측값 X_t와 실제값인 관측값 O_t와의 차이인 예측오차(e_t)에 대한 평균값이므로 다음과 같이 표시됩니다.

평균절대편차

평균제곱오차

$$MAD = \frac{\sum_{t=1}^{n}|e_t|}{n} \quad [\text{이 경우, } e_t = O_t - X_t]$$

여기서 예측오차(e_t)의 크기가 중요한 것이지 부호가 중요한 것은 아니므로 제곱값인 e_t^2으로 하여 오차제곱평균을 사용할 수도 있는데, 그것이 평균제곱오차 방식입니다. 다음과 같이 표시됩니다.

$$MSE = \frac{\sum_{t=1}^{n} e_t^2}{n}$$

MAD와 MSE는 그 값이 작을수록 실제 관측값과 예상 계산값 사이에 값의 차이가 작다는 것을 의미하니까, 값이 작을수록 좋은 예측능력을 갖습니다. 하지만 MAD나 MSE는 오차의 크고 작음을 나타내지, 예측의 값이 실제값보다 크게 예측되고 있는지 작게 예측되고 있는지를 알려주지 못합니다. 예측값이 실제 관측값을 제대로 예측하고 있는가에 대해서 추적지표(Tracking Signal: TS)가 이용됩니다.

추적지표

$$TS = \frac{\sum_{t=1}^{n} e_t}{MAD}$$

TS는 양의 값을 가질 때, 예측값이 실제 관측값보다 작은 숫자를 예측하고 있다는 것을 뜻합니다. 반대로, 음의 값을 가질 때, 예측값이 실제 관측값보다 큰 숫자를 예측하고 있다는 것을 뜻합니다.

예제 앞의 예제에 대해서 절대평균편차값과 추적지표값을 구하고 3가지 이동평균법에 대해서 평가해 보시오.

해제 앞서서 3일, 5일, 7일에 대한 이동평균분석 결과와 각 예측오차는 다음과 같다.

	관측값	3일 MA		5일 MA		7일 MA	
1 (1-일)	900						
2 (1-월)	400						
3 (1-화)	500		예측오차				
4 (1-수)	600	600	0				
5 (1-목)	300	500	−200		예측오차		
6 (1-금)	700	467	233	540	160		
7 (1-토)	1100	533	567	500	600		예측오차

8 (2-일)	800	700	100	640	160	643	157
9 (2-월)	500	867	−367	700	−200	629	−129
10(2-화)	300	800	−500	680	−380	643	−343
11(2-수)	300	533	−233	680	−380	614	−314
12(2-목)	400	367	33	600	−200	571	−171
13(2-금)	600	333	267	460	140	586	14
14(2-토)	900	433	467	420	480	571	329
		633		500		543	

각 이동평균법에 대한 예측오차로부터 MAD와 TS를 구하면 다음과 같다.

3일 이동평균	270(=2967/11)	1.36(=367/270)
5일 이동평균	300(=2700/9)	1.27(=380/300)
7일 이동평균	208(=1457/7)	−2.20(=−457/208)

MAD값을 기준으로 한다면, 7일 이동평균에 의한 예측값과 가장 바람직한 예측법이 된다. 요일마다 표 판매량의 차이가 심해서 일주일의 평균값이 가장 좋은 예측지표일 가능성이 있다.[2] 실제로 요일별로 세 가지 이동평균간의 예측오차를 비교하면 7일 이동평균이 전반적으로 가장 낮음을 알 수 있다.[3] 하지만, TS값을 기준으로 할 경우엔, 7일 이동평균에 의한 예측값이 가장 낮은 적합도를 갖고 있다. TS가 일주일 이동평균의 경우 (−)로 표시된다는 것은 예측값을 관측값보다 높게 평가하는 것인데(즉, 판매량을 높게 예측한다는 것인데), 이러한 현상은 궁극적으로 실제 관측값의 성격이 요일별로 매우 불규칙한 특성을 지니고 있기 때문에(즉, 주말이 아닌 평일의 극장표 판매량이 너무 낮기 때문에) 일어난 현상이다.

다시 처음의 논의로 돌아갑시다. "④, ⑤, ⑥ 중에서 가장 현실성이

2) 주말과 주중의 극장표 판매량의 편차가 크기 때문에 보다 짧은 시기를 대상으로 평균하는 방법이 좋을 듯하지만, 반드시 그렇지도 않은 것이 3일 평균법을 이용한다고 하더라도, 월요일과 화요일이 편차가 큰 일요일만을 평균값에 포함하므로(즉, 다른 요일들을 포함하면 주말로 인한 큰 편차값에 대한 상쇄효과를 가져올 수 있으므로) 오히려 편차가 더 크게 나타나고 있습니다.

3) 공통된 7개의 시기만을 대상으로(8, 9, 10, 11, 12, 13, 14의 시기) 계산된 경우는 다음과

있는 이동평균법은 어떤 것인가?"를 논하면서, 이동평균법이 평균값을 계산하는 기간을 정하는 문제 때문에 상당히 임의적일 수 있어 미래를 예측하는 과학적인 방식으로는 미흡하다고 생각할 수 있습니다. 불규칙한 성격의 관측값들을 갖고 단순한 이동평균값을 이용하는 것은 효과적이지 않습니다. 하지만, 정작 '현실성'을 생각한다면 여전히 이동평균법은 강력하면서도 기초적인 미래 예측기법 중의 하나가 될 수 있습니다. 만약, 우리가 예측하려고 하는 것이 정확한 '값'(point)이라기보다는 '경향성'(tendency)이라고 한다면, ④, ⑤, ⑥이 중요한 것이 아니라, 보통 네 가지 정도의 형식으로 구분해 볼 수 있는 ⑦, ⑧, ⑨, ⑩이 중요한 것입니다. 달리 말해서, 관측값이 어떤 증가와 감소라는 경향성이나 방향성을 지닌 경우 이동평균법은 더 적합하게 사용될 수 있다는 말이 됩니다.

$(O_t+O_{t-1}+O_{t-2})/3<(O_t+O_{t-1}+O_{t-2}+O_{t-3}+O_{t-4})/5$ and
$(O_t+O_{t-1}+O_{t-2}+O_{t-3}+O_{t-4})/5<(O_t+O_{t-1}+O_{t-2}+O_{t-3}+O_{t-4}+O_{t-5}+O_{t-6})/7\cdots$ ⑦

$(O_t+O_{t-1}+O_{t-2})/3>(O_t+O_{t-1}+O_{t-2}+O_{t-3}+O_{t-4})/5$ and
$(O_t+O_{t-1}+O_{t-2}+O_{t-3}+O_{t-4})/5>(O_t+O_{t-1}+O_{t-2}+O_{t-3}+O_{t-4}+O_{t-5}+O_{t-6})/7\cdots$ ⑧

$(O_t+O_{t-1}+O_{t-2})/3<(O_t+O_{t-1}+O_{t-2}+O_{t-3}+O_{t-4})/5$ and
$(O_t+O_{t-1}+O_{t-2}+O_{t-3}+O_{t-4})/5>(O_t+O_{t-1}+O_{t-2}+O_{t-3}+O_{t-4}+O_{t-5}+O_{t-6})/7\cdots$ ⑨

$(O_t+O_{t-1}+O_{t-2})/3>(O_t+O_{t-1}+O_{t-2}+O_{t-3}+O_{t-4})/5$ and
$(O_t+O_{t-1}+O_{t-2}+O_{t-3}+O_{t-4})/5<(O_t+O_{t-1}+O_{t-2}+O_{t-3}+O_{t-4}+O_{t-5}+O_{t-6})/7\cdots$ ⑩

⑦, ⑧, ⑨, ⑩의 의미를 하나씩 살펴보겠습니다. 복잡한 것 같지만 매우 단순합니다. ⑦의 경우, t시점을 중심으로 3일 이동평균값보다 5일 이동평균값이 크고, 5일 이동평균값보다는 7일 이동평균값이 크게 나타나고 있

같습니다.

	MAD	TS
3일 이동평균	281(=1967/7)	−0.83(=−233/281)
5일 이동평균	277(=1940/7)	−1.37(=−380/277)
7일 이동평균	208(=1457/7)	−2.20(=−457/208)

습니다. 즉, t시점에서 t+1시점을 보면서 감소하는 경향(또는 추세)에 있다고 말할 수 있을 것입니다. 한달, 세달, 그리고 1년에 대한 이동평균값이라고 해도 마찬가지일 것입니다. 과거 한달 이동평균치보다 과거 세달 이동평균치가 크고, 과거 세달 이동평균치보다 과거 1년 이동평균치가 크다면 거시적으로 감소하는 추세가 나타난다고 할 수 있습니다. ⑧의 경우는 마찬가지의 논리에 의해서 증가하는 추세에 있다고 말할 수 있습니다. 정확한 값을 계산하는 데는 문제가 있어도 경향성을 알 수는 있습니다. 증가 감소의 경향성을 안다면 어떤 근사값을 계산하는 데도 도움이 될 것입니다.

⑨의 경우, 3일 이동평균값보다 5일 이동평균값이 큰데, 반면에 7일 이동평균값은 5일 이동평균값보다는 작게 나타났습니다. 이것은 감소하다가 증가하는 경향을 말합니다. ⑩의 경우는, 마찬가지의 논리로 증가하다가 감소하는 경향을 말합니다. 이러한 논리는 보통 주식시장(stock market)에서 빈번히 이용됩니다. 현재의 시점을 중심으로 과거 단기이동평균이 장기이동평균보다 높다면 주식값이 증가하는 추세이며, 장기이동평균선이 단기이동평균선보다 높다면 주식값이 감소하는 추세로 해석될 수 있기 때문입니다. 시계열 자료상에 불규칙한 변동이 심한 경우엔 상대적으로 기간을 길게 하여 이동평균값을 구합니다. 시계열 추세가 단순히 증가하거나 감소하는 추세가 아닌 불규칙하거나 중장기적으로 주기적인 증감을 반복하는 경우엔 데이터들이 모두 같은 방식으로 취급되는 단순이동평균 방법으론 예측성이 떨어지게 됩니다.

가중이동평균법(Weighted Moving Average: WMA)

앞서 제시한 단순이동평균법의 가장 큰 약점은 어느 특정 기간 내의 이동평균값을 구성하는 모든 관측값들이 동일한 가중치(加重値, weighted value)로서 계산되어 미래의 예측값을 계산한다는 점입니다. 이를 극복하기 위해서 특정 시기에 가중치(加重値, weighted value)를 두고 예측값을 계산해 볼 수 있습니다. 시기별로 시기가 갖고 있었던 특수한 상황을 고려

가중이동평균법

하여 그 시기의 관측값마다 구분되는 가중값을 고려한 '가중이동평균법'(weighted moving average: WMA)은 다음과 같이 표시될 것입니다.

$$WMA_t = w_1 O_t + w_2 O_{t-1} + w_3 O_{t-2} + \cdots + w_{n-1} O_{t-n+2} + w_n O_{t-n+1}$$

(이 경우, $w_1 + w_2 + w_3 + \cdots + w_{n-1} + w_n = 1$)

문제는 가중이동평균법이 보다 세련된 의미에서의 기대값(expected value)의 개념이 될 수 있지만, 각각의 데이터 모두에게 차별화된 가중값을 각각 부여해야 한다는 것이 쉽지 않은 일입니다. 차별화된 가중치를 어떻게 부여할까에 대한 기준들 자체가 또 다른 이론들을 필요로 합니다. 복잡하고 번거로운 작업이며, 방법론적으로 현실성이 낮아질 수 있습니다. 수없이 많은 각 시기마다 구분된 가중치를 정하는 것 자체가 풀기 어려운 고차방정식의 성격을 지녀서 이론으로서의 효율성이 낮습니다.

하나의 가중값을 기준으로 하여도 먼 과거보단 가까운 과거자료에 보다 더 높은 가중값을 부여할 수 있습니다. 우리의 상식이나 직관은 현재와 가장 가까운 과거의 값이 먼 과거의 값보다 미래를 예측하는 데 더 유용하다고 생각할 수 있기 때문입니다.

지수평활법

지수평활법(Exponential Smoothing Method: ESM)은 최근의 자료일수록 더 높은 가중값이 부여되게 하는 방법입니다. t시점까지의 관측값 O_t가 존재하는 경우 지수평활법에 의한 예측값(X_{t+1}) 계산법은 t시점에서의 관측값에는 연구자가 원하는 비율값(α: 이 경우, $0 < \alpha < 1$)을 부여하고, $t-1$시점까지의 이동평균 예측값에는 $(1-\alpha)$의 비율값을 부여하는 방법이 됩니다. 두 개의 시점간의 관계를 중심으로 지수평활법을 표현하면

$$MA_t = \alpha O_t + (1-\alpha) MA_{t-1}$$

로 표시됩니다.

여기서, MA_{t-1}을 풀어서 쓰면, $MA_{t-1} = \alpha O_{t-1} + (1-\alpha) MA_{t-2}$와 같이 표시됩니다.

마찬가지로 MA_{t-2}를 풀어서 쓰면, $MA_{t-2} = \alpha O_{t-2} + (1-\alpha) MA_{t-3}$과 같

이 표시되어, 이러한 과정은 반복됩니다.[4)]

지수평활법에 의한 이동평균값 MA_t는 가장 최근인 t시점에선 실제 관측값을 사용하고, 그 이전인 $t-1$시점까지는 예측값들을 가중평균한 값이 됩니다. 중요한 것은 α값이 크면 클수록 상대적으로 가장 최근의 관측값이 예측값에 크게 반영된다는 것입니다. 이 방식은 대표적인 가중값을 한 개만(즉, α값만) 정하면 됩니다. α값을 정하는 요령은 지수평활법의 연산 구조상 불규칙한 변동이 적은 경우엔 상대적으로 큰 α값을 정합니다. 반대로 불규칙한 경우엔 작은 α값으로 정하게 됩니다. 가중치 값을 한 개만 정하니까 간단하지만, 역으로 적합한 하나의 값을 찾는 것은 쉽지 않은 일입니다. α값은 시행착오 속에서 직관적으로 적합한 값을 찾게 되는 것 외엔 뚜렷한 대안이 있기 어렵습니다.[5)]

예제 아래는 어떤 담배 회사의 연도별 판매량 수치(단위: 1,000갑)이다. 데이터를 바탕으로 2000년도에서 2011년도 판매량을 지수평활법에 의해서 예측값을 구하고, α값을 어떻게 정하는 것이 바람직한 것인지에 대해서 논해 보시오.

---

4) 지수평활법 공식에서 대입의 절차를 진행하여 나가면,

$$\begin{aligned} MA_t &= \alpha O_t + (1-\alpha) MA_{t-1} \\ &= \alpha O_t + (1-\alpha)[\alpha O_{t-1} + (1-\alpha) MA_{t-2}] \\ &= \alpha O_t + \alpha(1-\alpha) O_{t-1} + (1-\alpha)^2 MA_{t-2} \\ &= \alpha O_t + \alpha(1-\alpha) O_{t-1} + (1-\alpha)^2[\alpha O_{t-2} + (1-\alpha) MA_{t-3}] \\ &= \alpha O_t + \alpha(1-\alpha) O_{t-1} + \alpha(1-\alpha)^2 O_{t-2} + (1-\alpha)^3 MA_{t-3} \\ &\vdots \end{aligned}$$

와 같이 X_t, X_{t-1}, $X_{t-2}, \cdots$ 계속되므로 모든 자료들을 α값으로 가중평균하고 있음을 알 수 있습니다. 지수평활 이동평균법이란 가중치가 최근의 시점에 가까울수록 증가되어 지수함수(exponential function)의 곡선과 같은 형태를 이룹니다. $X_{t+1} = \alpha \sum_{k=0}^{t-1} (1-\alpha)^k O_{t-k} + (1-\alpha)^t X_1$ 로 일반화된 표현이 가능할 것입니다.

5) 가중치 한 개의 값을 어떻게 정할 것인가 하는 것은 중요한 일이며, 여전히 쉽지 않은 과제입니다. 하지만, 연구자의 입장에선 경험적 자료들을 통해서, 심지어는 직관을 포함하여 한 개의 가중치를 정하는 것은 그다지 어려운 일은 아닐 것입니다. 두 개의 시기를 중심으로 보다 최근의 자료에 과반수의 가중치를 정할 수도 있고, 1/3의 가중치를 정할 수도 있고, 80% 내지 90%의 가중치를 줄 수도 있습니다. 일반적으로 α값은 시행착오에 의지하면서 적합한 값을 찾게 됩니다.

연도	판매량
2000	855
2001	880
2002	935
2003	981
2004	1031
2005	1061

연도	판매량
2006	1140
2007	1213
2008	1242
2009	1286
2010	1344

해제 지수평활법은 α값을 어떻게 정하느냐가 중요하다. α값이 갖을 수 있는 0과 1사이의 비율값에서 두 개의 대조적인 경우를 비교하기 위해서 높은 값 0.9와 낮은 값 0.2로 정하여 이를 비교해 보자. 예측값은 첫 번째 관측값이 존재한 이후에 가능하며 초기값 O_1는 855이다.

$\alpha=0.9$인 경우, X_1, X_2, X_3 등은 다음과 같이 계산된다.

$$X_1=(0.9)(855)+(1-0.9)(855)=855$$

$$X_2=(0.9)(880)+(1-0.9)(855)=878$$

$$X_3=(0.9)(935)+(1-0.9)(878)=929$$

마찬가지로, $\alpha=0.2$인 경우엔

$$X_1=(0.2)(855)+(1-0.2)(855)=855$$

$$X_2=(0.2)(880)+(1-0.2)(855)=860$$

$$X_3=(0.2)(935)+(1-0.2)(860)=875$$

	실관측값 (O_t)	$\alpha=0.9$인 경우		$\alpha=0.2$인 경우	
		예측값(X_t)	오차	예측값(X_t)	오차
1	855				
2	880	855	25	855	25
3	935	878	57	860	75
4	981	929	52	875	106
5	1031	976	55	896	135
6	1061	1026	35	923	138

7	1140	1058	82	951	189
8	1213	1132	81	989	224
9	1242	1205	37	1034	208
10	1286	1238	48	1076	210
11	1344	1281	63	1118	226
		1338		1632	

지금 예제에 나타난 데이터는 변동성이 작다고 볼 수 있다. 따라서 계수 α의 중간값인 0.5를 기준으로 생각한다면 관측값의 변동성이 작은 경우에 더 많은 가중치를 부여했던 경우($\alpha=0.9$)가 그렇지 않은 경우($\alpha=0.2$)보다 예측오차가 작게 나타나고 있음을 알 수 있다. 현재 담배 판매량 데이터는 앞서서 보았던 극장표 판매량 데이터는 좋은 대조가 된다. 추가적으로 지금의 담배 판매량 데이터를 가지고 MAD와 TS값을 직접 계산해 보고 내용을 음미해 보기 바란다.

지수평활법은 t시점에서 $t+1$시점을 예측하기 위해서 t시점의 실제 관측값과 $t-1$시점까지의 예측값들을 조합하여 사용하였습니다. 연구자는 지수평활법의 논리를 기초로 하여 시계열상의 어떤 추세를 미리 상정하고 예측값을 구할 수도 있는데, 이것이 바로 '추세조정 지수평활법'입니다. 방법은 시계열상에서 각 시점별로 추세예측값(Y_t)을 따로 구하여 이를 예측값(X_{t+1})에서 종합적으로 고려하는 것입니다. 지수평활법에서는 내일의 예측값을 구하기 위해서 오늘의 실제 관측값과 어제까지로부터 계산된 오늘의 예측값만이 필요했습니다. '추세조정지수평활법'(trend-adjusted exponential smooting method)은 지수평활법에 기초하여, $t+1$시점에 대한 예측값(X_{t+1})을 구하기 위해서 두 가지 절차를 거쳐 각 절차를 합한 값이 최종값이 됩니다.

추세조정지수평활법

① t시점에서의 관측값과 $t-1$시점까지 각 시점에서의 이동평균값(MA_t)과 추세를 반영하는 값(Y_t)을 구분해서 반영하는 것입니다.

$MA_t = \alpha O_t + (1-\alpha)(MA_{t-1} + Y_{t-1})$ (이 경우, $0 < \alpha < 1$)로 표시됩니다.

② 여기서 t시점에 대한 추세예측값(Y_t)은 α와는 구분되는 별도의 가중값 β를 설정하여 최종 예측값(X_{t+1})에 고려합니다.

$Y_t = \beta(MA_t - MA_{t-1}) + (1-\beta) Y_{t-1}$ (이 경우, $0 < \beta < 1$)로 표시됩니다.

③ 결론적으로, t시점까지의 자료를 바탕으로 $t+1$시점에 대한 최종 예측값은 이상 두 가지 상황을 종합하여 다음과 같이 표시됩니다.

$X_{t+1} = MA_t + Y_t$

추세조정법은 논리적으로 세련되어 있지만, 궁극적으로 α값과 β값을 시행착오에 의해서 찾아야만 합니다. 통계 프로그램을 이용하여 최적의 α값과 β값을 구해 볼 수도 있을 것입니다. 하지만, 기본적으로, 적당한 값을 찾는 과정은 '자기발견적 접근법'(heuristic approach)일 수밖에 없습니다. 복잡한 문제를 푸는 데 있어서 시행착오를 반복평가하여 스스로 문제해결을 발견해 나가는 방식은 효과적인 방법론이라고 말하기 어려운 것입니다.

사회과학분야에서 연구자들에게 궁극적으로 필요한 것은 관측값들로부터 '추세선'을 구하는 것이라는 것에 착안한다면, 관측된 데이터에서 기간을 독립변수로 하고($t=1,\ 2,\ 3,\ 4, \cdots n-1,\ n$), 관측값을 종속변수로 '회귀선'(regression line)을 구하는 것이 궁극적인 해결방법일 것입니다. 이 경우 기울기 값은 Y_1의 값으로, 절편의 값은 X_1의 값으로 이용할 수 있습니다. 결국 추세선이란 회귀선을 의미하므로 회귀선을 구하면 될 것입니다. 회귀선의 개념이 매우 유용하게 사용됨을 알 수 있을 것입니다. 회귀선에 대해서는 앞에서 설명하였습니다.

예제 앞서 예제에서 다룬 담배판매량의 데이터를 사용하여 '추세조정지수평활법'으로 예측값을 구하여 '단순지수평활법'에서의 예측값과 비교해 보시오. 예측을 위한 '회귀선'(regression line)을 구하여 2012년도의 담배판매량을 예측해 보시오.

해제 지수평활법과의 비교를 위해서 우선 $\alpha=0.2$로 하고, $\beta=0.2$인 경우를 상정하여 구해 보도록 합시다. 매출액 평균 증가율은 대략 50정도로 하여 Y_t의 초기값은 $Y_0=50$으로 합시다. $MA_0=855$이므로

$MA_1=0.2(855)+(1-0.2)(855+50)=895$
$Y_1=0.3(895-855)+(1-0.3)(50)=47$
$X_2=895+47=942$

$MA_2=0.2(800)+(1-0.2)(895+47)=929.6$
$Y_2=0.3(904.4-895)+(1-0.3)(47)=43.3$
$X_3=929.6+43.3=972.9$
$MA_3=0.2(935)+(1-0.2)(929.6+43.3)=965.3$
$Y_3=0.3(965.3-929.6)+(1-0.3)(43.3)=41$
$X_4=965.3+41=1006.3$

이상을 반복하면

	실관측값(O_t)	지수평활법		추세조정법	
		예측값(X_t)	오차	예측값(X_t)	오차
1	855				
2	880	855	25	942	−62
3	935	860	75	972.9	−37.9
4	981	875	106	1006.3	−25.3
5	1031	896	135	1040.7	−9.7
6	1061	923	138	1077.7	−16.7
7	1140	951	189	1112.3	27.7
8	1213	989	224	1157.4	55.6
9	1242	1034	208	1211.5	30.5
10	1286	1076	210	1262.3	23.7
11	1344	1118	226	1313.9	30.1
		1632		1367.2	

전반적으로 추세조정법을 사용한 경우가 지수평활법을 사용한 경우보다 더 오차가 적게 나타남을 알 수 있다. 두 개의 계수를 정해서 보다 복잡한 계산을 하였음에도 불구하고 오차가 더 크게 나타났다면 무엇인가 잘못된 것이다. 계수의 값을 조정하여야 할 것이다.

회귀선을 만들기 위해서 연도를 재척도화(rescaling)하여 2005년은 $t=0$, 2000년은 $t=-5$, 2010년은 $t=5$로 할 수 있을 것이다. 이때, $\sum t_i = 0$, $\sum T_i = 11{,}968$, $\sum t_i^2 = 110$, $\sum t_i T_i = 5{,}413$로 계산된다. 따라서 회귀선은 $\overline{T} = \hat{a} + \hat{b} \cdot \overline{t}$ 라고 할 때, $\hat{b} = \dfrac{5413}{110} \fallingdotseq 49.2$, $\hat{a} = \overline{T} - \hat{b} \cdot \overline{t} = \dfrac{11{,}960}{11} \fallingdotseq 1088$로 계산된다. 따라서, 회귀선은 $\hat{T} = 1088 + 49.2 \cdot t$가 된다.

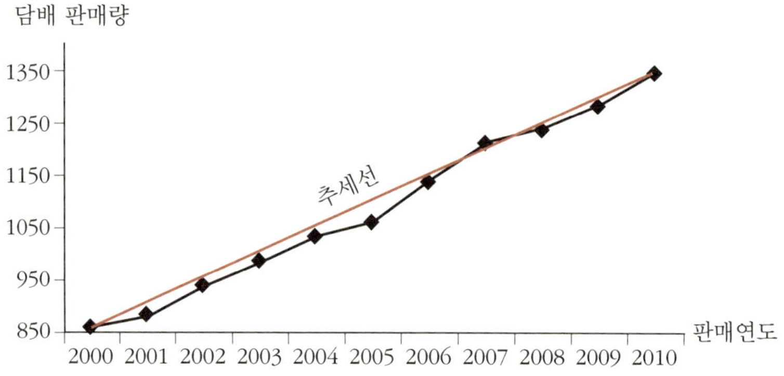

2011년은 $t=6$에 해당하며, $\hat{T} = 1088 + (49.2) \cdot 6 = 1{,}383.2$ 이고 단위가 1000갑인 경우 138,832,000갑을 판매할 것으로 예상된다.

제 8 장

비모수 통계

제8장 비모수 통계

통계는 모집단으로부터 추출한 '표본의 크기'를 바탕으로 '모집단의 분포'의 성격을 추정하는 데 필요한 지식입니다. 일반적으로 '표본의 크기'는 95%신뢰수준에서 ±3% 정도의 오차범위를 상정하는 1,000개로 표본의 크기를 정하고, '모집단의 분포'는 정규분포, t-분포, F-분포, χ^2분포 등을 사용하였습니다. 이상의 통계를 '모수통계'(母數統計, parametric statistics)라고 합니다.

하지만, 현실세계에서 '표본의 크기'가 작거나($n \leq 20$), '모집단의 분포'에 대해서 어떤 가정을 할 수 없는 상황이 있을 것입니다. 그런 경우에 사용하는 방법이 '비모수 통계'(非母數統計, non-parametric statistics)입니다. 비모수 통계 방법은 논리적으로 중요하다기보다, 어떤 특정 상황에 따른 기법으로서 중요한 것입니다.

방법론상, 비모수 통계의 가장 큰 특징은 관측값을 그대로 이용하기보다는 관측값들에 순서를 매긴 결과 만들어진 '순위값'을 활용하여 변수들의 연관성을 측정한다는 것입니다. 결론적으로 비모수 통계에선 분석의 목적이 변수간의 상관관계를 밝히는 것이건, 평균값 등에 대한 가설검정의 과정이건, 그 핵심은 '관측값'에 순위를 부여하여 이에 상응하는 '순위값'을 만드는 것입니다.

순위값

스피어만 순위상관계수

사회과학 연구조사 과정에서 연구 조사자들에게 가장 핵심적인 수행은 두 변수의 상관관계를 구하는 것입니다. 모수 통계에서 두 변수 x와 y 사이의 연관성을 나타내는 상관계수는 두 변수의 변량분석을 통해서 이루어진 바 있습니다. 연구자들의 분석 대상인 변수들은 등간척도나 비율척도를 지닌 변수가 아니고, 명목변수, 범주변수, 서열변수인 경우가 많습니다. 명목변수, 범주변수, 서열변수적인 성격이 있는 변수들은 관측값들에 더하기, 빼기, 곱하기, 나누기 등의 단순 계산을 적용하기 어렵습니다. 이런 변수들간의 상관성에 관한 측정은 '스피어만의 순위상관계수'(Spearman's rank correlation: r_s)를 사용할 수 있습니다.

두 변수 x와 y가 순위를 나타내는 '순위값'의 성격을 갖는 경우, 두 변수의 "비모수적 상관관계"(nonparametric correlation)는 두 변수의 순위값의 '차이값'($d_i = x_i - y_i$)이고, '차이값'의 개수가 n개라고 한다면, '스피어만 순위상관계수'(r_s)는 다음과 같이 정의됩니다. 비모수적 상관관계

$$r_s = 1 - \frac{6\sum_{i=1}^{n} d_i^2}{n(n^2-1)}$$

'순위상관계수'에선 '관측값'으로부터 새롭게 생성된 '순위값'이 관측값을 대신하여 분석에 사용됨을 알 수 있습니다. 두 모집단 사이에 비모수적 상관관계를 측정함에 있어서 영가설은 "두 변수 사이에는 상관성이 존재하지 않는다"입니다. 순위상관계수는 $-1 \le r_s \le 1$의 범위로 나타납니다. 두 변수의 상관성이 높은 경우 +1(양의 상관성)과 −1(음의 상관성)로 근접하며, 상관성이 약한 경우 0의 값에 근접합니다. 따라서, 단측검정의 경우, 양의 상관관계를 상정하는 경우엔 r_s값이 클수록, 음의 상관관계를 상정하는 경우는 r_s값이 작을수록 영가설(두 변수 사이에 상관관계가 없다)을 기각하게 될 가능성이 높아질 것입니다.

예제 한국 아이스하키 리그에는 10개의 팀이 있으며 전반기 페넌트 레이스와 후반기 페넌트 레이스로 나뉘어서 운영되고 있다. 전반기 페넌트 레이스와 후반기 페넌트 레이스에서 각 팀들의 순위에 대하여 스피어만 순위상관계수를 구하고 아이스하키 리그의 성격을 규정해 보시오.

	전반기 레이스	후반기 레이스
갑	3	8
을	6	3
병	2	7
정	10	9
무	8	5
기	7	6
경	1	2
신	4	1
임	5	10
계	9	4

해제

팀 이름	전반기 레이스	후반기 레이스	d_i	d_i^2
갑	3	8	−5	25
을	6	3	3	9
병	2	7	−5	25
정	10	9	1	1
무	8	5	3	9
기	7	6	1	1
경	1	2	−1	1
신	4	1	3	9
임	5	10	−5	25
계	9	4	5	25
				121

$r_s = 1 - \frac{6(121)}{10(10^2-1)} = 1 - 0.733 = 0.267$ 로 계산된다. 아이스하키 리그의 특성은 두 가지로 규정된다. 첫째, 전반기 레이스와 후반기 레이스는 양의 관계를 갖고 있다. 즉, 전반기 레이스에서 좋은 성적이 후반기 레이스에서의 좋은 성적을 예상할 수 있다는 것이다. 둘째, 하지만 스피어만 순위상관계수의 값이 취할 수 있는 범위는 $-1 \le r_s \le 1$이고, 양의 상관관계를 갖는 경우 $0 \le r_s \le 1$인 것을 감안할 때, 0.267은 약한 상관성이라고 할 수 있다. 결론적으로, 전반기 레이스 성적과 후반기 레이스 성적은 약한 상관성을 갖고 있어 리그에서의 팀들의 실력 격차가 심하지 않은 것으로 판단해 볼 수 있다.

윌콕슨 부호-순위 검정

연구자가 $H_0: \mu = \mu_0$와 같이 평균에 대한 검정을 하는 경우 모집단이 정규분포를 이루거나 t-분포를 이루는 경우를 다루었습니다. 하지만, 모집단의 분포가 정규분포를 이룬다는 가정을 할 수 없고, 표본의 크기도 작은 경우엔 '부호-순위 검정'을 시행할 수 있습니다. '윌콕스 부호-순위 검정'(Wilcoxon's signed-rank test)은 다음과 같이 진행합니다.

부호-순위 검정

① 관측값의 부호를 정합니다: 연구자가 관측값들을 대상으로 영가설에서의 평균값 μ_0보다 크면 (+) 부호를 부여하고, 작으면 (−) 부호를 부여합니다. 만약, 관측값이 μ_0와 일치하면 해당 관측값을 표본에서 제외시켜(즉, 표본의 크기가 그만큼 작아지고), 분석 대상으로 삼지 않습니다.[1)]

② 관측값에 '순서값'을 정합니다: 비모수통계의 분석에선 관측값을 직접 분석한다기보다 관측값으로부터 생성된 '순위값'을 사용합니다. '관측값'(x_i)과 '평균값'(μ_0)의 '차이값'($d_i = x_i - \mu_0$)의 '절대값'($|d_i|$)을 구하여 가장 작은 $|d_i|$값을 갖는 관측값에 1을 부여하고, 큰 $|d_i|$의 순서대로 2, 3, 4, 5를 부여해 나갑니다. 단, $|d_i|$값이 같은 관측값들이 여러 개인 경우엔 그들이 해당하는 순위를 동등하게 하여 그 산술평균값을 취합니다. 예를 들면, $|d_i|$값이 같은 값이 두 개이며, 순서상 4, 5번에 해당한다면, $4.5(=\frac{4+5}{2})$값이 두 관측값의 '순서값'이 됩니다.

③ 동일한 부호별로 '순위값'들의 합을 구합니다. $d_i > 0$인 것들의 순위값들로 합을 구하고(T^+) $d_i < 0$인 것들의 순위값들로 합을 구합니다(T^-). 궁극적으로 T^+값과 T^-를 비교하여 더 작은 값[$Min(T^+, T^-)$]을 영가설 검정의 임계값으로 이용합니다.

1) 이 부분까지만 분석하게 되면, 그것은 단순히 '부호검정'이 됩니다. '부호검정'은 영가설($H_0: \mu = \mu_0$)이 옳다면 관측값들이 (+) 부호를 가질 확률이나 (−) 부호를 가질 확률 모두가 0.5가 되어, $p = 0.5$인 이항분포를 따르게 될 것입니다.

예제 어떤 분포가 대칭이면서 연속적인 분포로 나타난다. 18개의 표본을 무작위로 뽑아서 중앙값($\xi_{0.5}$)과의 편차를 구했더니 1.5, −0.5, 1.6, 0.4, 2.3, −0.8, 3.2, 0.9, 2.9, 0.3, 1.8, −0.1, 1.2, 2.5, 0.6, −0.7, 1.9, 1.3으로 나타났다. 영가설 "$\xi_{0.5}=75$" (대안가설 $\xi_{0.5}>75$)을 .01 유의수준에서 검정하시오.

해제 만약 영가설이 사실이라면, 표본에 추출된 18개의 값들과 75라는 값 사이의 편차는 문제에서처럼 나타날 것이다. 이것은 부호화된 순위의 합이 0에 근접할 것을 의미한다. 따라서 윌콕스 부호-순위 검정을 시행할 수 있다.

(i) 먼저 편차값들을 절대값의 오름차순으로 정리한다.
−0.1, 0.3, 0.4, −0.5, 0.6, −0.7, −0.8, 0.9, 1.2, 1.3, 1.5, 1.6, 1.8, 1.9, 2.3, 2.5, 2.9, 3.2가 된다.
(ii) 부호화된 순위는 다음과 같다.
−1, 2, 3, −4, 5, −6, −7, 8, 9, 10, 11, 12, 13, 14, 15, 16, 17, 18이 된다.

$$T^{+}=\sum(\text{양의 순위들})=2+3+5+\sum_{i=8}^{18} i=153$$

$$T^{-}=\sum|\text{음의 순위들}|=1+4+6+7=18$$

$$\frac{T^{+}-\frac{n(n+1)}{4}}{\sqrt{\frac{n(n+1)(2n+1)}{24}}}$$ 이 대략 표준정규분포를 따른다고 할 수 있다. 그러므로

$$P\left(\frac{T^{+}-\frac{n(n+1)}{4}}{\sqrt{\frac{n(n+1)(2n+1)}{24}}}\right)=.01$$ 를 구하는 것이 된다.

$$\frac{T^{+}-\frac{n(n+1)}{4}}{\sqrt{\frac{n(n+1)(2n+1)}{24}}}>2.236$$

$$\frac{153-\frac{18(18+1)}{4}}{\sqrt{\frac{18(18+1)(2\cdot 18+1)}{24}}}=\frac{153-85.5}{22.96}=2.94$$

2.94 > 2.236이므로 영가설 "중앙값은 75이다"를 기각할 수 있으며, 대안가설인 "중앙값은 75 이상이다"를 받아들이게 된다.

클루스칼-월리스 검정

'클루스칼-월리스 검정'(Kruskal-Wallis Test)은 k개의 모집단들에 대해서 k개의 표본을 얻어 모집단들이 동일한지 아닌지를 검정하는 방법입니다. 클루스칼-월리스 검정에서 영가설은 비교 모집단들의 평균은 같다(H_0: $\mu_1=\mu_2=\cdots=\mu_k$)이고, 대립가설은 최소한 하나의 평균값은 다르다가 됩니다. 자료에서 표본의 크기가 $n_1, n_2, \cdots, n_k$로 구성되고, 관측값들은 표본내, 표본간 서로 독립이며, 연구의 대상이 되는 변수는 연속형으로서 순서척도인 경우입니다.

표본				
1	2	3	…	k
$x_{1,1}$	$x_{2,1}$	$x_{3,1}$	…	$x_{k,1}$
$x_{1,2}$	$x_{2,2}$	$x_{3,2}$	…	$x_{k,2}$
$x_{1,3}$	$x_{2,3}$	$x_{3,3}$	…	$x_{k,3}$
··	··	··		··
··	··	··		··
··	··	··		··
x_{1,n_1}	x_{2,n_2}	x_{3,n_3}	…	x_{k,n_k}

k개의 표본에서 관측값들의 총 개수는 $n=\sum_{i=1}^{k} n_i$ 이므로, 가장 작은 값

에 1, 그 다음 작은 값에 2의 식으로 가장 큰 값까지 순위를 할당합니다. 관측값에서 동점이 여러 개인 경우엔 동점이 없는 경우에 할당받을 수 있는 순위들을 모두 합하여 산술평균값을 취한 후에 동일한 값을 순위값들에 배정합니다. k개의 모집단이 동일하다면, 순위가 낮거나 아니면 순위가 높은 관측값들이 어느 한 표본에 몰려있지 않다는 추리가 가능할 것입니다. 클루스칼-윌리스 검정통계량은 표본의 수가 k개인 경우 자유도가 $k-1$인 χ^2 통계량을 사용합니다.

$$\chi^2 = \frac{12}{n(n+1)} \sum_{i=1}^{k} \left(R_i - \frac{n_i(n+1)}{2} \right)^2$$

R_i는 i번째 표본에서 관측값들에 할당된 순위의 합이고, $\frac{n_i(n+1)}{2}$는 i번째 처리에 대한 순위의 기대합(expected sum)을 나타냅니다. 간편 계산 공식은

기대합

$$\chi^2 = \frac{12}{n(n+1)} \sum_{i=1}^{k} \frac{R_i^2}{n_i} - 3(n+1)$$

로 표시됩니다.

예제 입국이 기하급수적으로 증가하는 공항이 있다. 테러에 대한 위험성 때문에 공항 입국을 위해서 검색대에 최신형 기계를 납품한 3개 회사의 기계성능에 대해서 무작위로 검사한 결과 1시간에 검색할 수 있는 인원수가 다음과 같이 나타났다. 3종류의 공항검색기에는 차이가 있는가?

검색 기계	1시간 통과 인원수				
A	340	345	330	342	338
B	339	333	334		
C	347	343	349	355	

해제 영가설은 $\mu_A = \mu_B = \mu_C$이다.

관측값	해당 기계			순위값	A 순위	B 순위	C 순위
330	A			1	1		
333		B		2		2	
338	A			3	3		
339		B		4		4	
340	A			5	5		
342	A			6	6		
343			C	7			7
344		B		8		8	
345	A			9	9		
347			C	10			10
349			C	11			11
355			C	12			12

로 정리된다. 여기에, 클루스칼-윌리스의 간편계산공식

$\chi^2 = \frac{12}{n(n+1)} \sum_{i=1}^{k} \frac{R_i^2}{n_i} - 3(n+1)$을 이용하면,

$$\chi^2 = \frac{12}{n^2 - n} \sum_{i=1}^{k} \left[\frac{R_1^2}{n_1} + \frac{R_2^2}{n_2} + \frac{R_3^2}{n_3} \right] - 3(n+1)$$

$n = 12$, $R_1 = 24$, $R_2 = 14$, $R_3 = 40$, $n_1 = 5$, $n_2 = 3$, $n_3 = 4$을 대입하여 계산하면 5.66이 된다. χ^2통계량에서 5.66은 유의수준 5%인 경우 자유도 3, 4, 5 어느 것에서나 영가설을 기각시킬 수 있는 통계량이다. 결론적으로 A, B, C 세 대의 서로 다른 공항검색기는 1시간에 인원 검색수에 있어서 통계적으로 유의미한 차이가 있는 기계이다.

프리드만 검정 통계량

프리드만 검정 통계량은 클루스칼-월리스 검정과 동일한 상황에서 사용되는 또 다른 방식입니다. 앞서 클루스칼-월리스 검정이 χ^2 분포표를 사용한다면, 프리드만 검정 통계량은 F 분포표를 사용합니다.

예를 들어 봅시다. 민주주의가 제대로 기능하는지를 판단하는 변수들 중의 하나는 지방자치 수준입니다. 지방자치가 제대로 기능하기 위해선 그 지방의 재정자립도가 중요합니다. 중앙정부의 예산 지원에 의존하면 사실상 지방자치가 어렵습니다. 각 지방자치단체들은 그 지방의 자치단체장을 중심으로 지역에 많은 시설들을 유치하려고 합니다. 5명의 심판관이 신공항건설을 위해서 4개의 도시에서 제출한 신공항유치 지원서를 심사하고 있다고 합시다. 신공항건설을 위한 4개 도시에 대한 심판관의 점수는 객관적 평가와 심판관 자신의 주관성이 혼합된 나름대로의 점수입니다.

4개 도시에 대해서 다음과 같이 점수가 나왔다고 할 때, 이들 심판관들의 점수 평가에 차이가 있는지 없는지를 판단하기 위해서 사용되는 통계량이 '프리드만 검정 통계량'입니다. 프리드만 검정 통계량의 영가설은 "모든 심판관들의 점수 평가에는 차이가 없다"라는 것이며, 카이제곱 분포를 기준으로 합니다. 해당 예는 A, B, C, D 네 개의 모집단이 있고(k), 갑, 을, 병, 정, 무 5개의 평가 주체(x)가 있습니다. 5개의 평가 주체가 4개의 평가 대상물들에 대해 평가를 하여 형성된 '순위값'은 평가주체별로 표시한 후에 대상물별로 순위값 총점(r_i)을 계산하면 다음과 같습니다.

	갑	을	병	정	무	합계(r_i)
A	9.5 (1)	7.5 (2)	8.0 (1)	7.5 (1)	7.5 (2)	7
B	8.5 (2)	8.5 (1)	6.0 (3)	6.5 (2)	4.0 (4)	12
C	3.5 (4)	6.0 (3)	5.0 (4)	6.0 (3)	5.5 (3)	17
D	5.5 (3)	5.0 (4)	7.0 (2)	3.5 (4)	8.5 (1)	14

프리드만 검정 통계량의 공식은 $FR = \frac{12}{ck(k+1)}\sum_{i=1}^{k} r_i^2 - 3x(k+1)$이므로, 비교 평가 대상인 모집단 $k=4$, 평가 주체 $x=5$, 모집단에 대한 평가 주체들의 '순위값'의 합계를 $r_i=7$, 12, 17, 14라고 한다면 프리드만 검정 통계량은 6.36으로 계산됩니다. F 분포표에서 자유도 3(=4−1)인 경우 .05의 유의수준에서 영가설의 기각역에 해당하지 않습니다. 따라서, 네 후보지에 대한 다섯 심사위원의 평가에 어떤 차이점이 있다고 말할 수 없습니다.

부록(Appendice) I

[1] 전반적 생활태도 조사
[2] 자장면에 대한 국민인식 및 태도조사
[3] 정치·경제에 대한 국민 인식조사
[4] 국민이념성향조사(I)
[5] 국민이념성향조사(II)
[6] 여론주도층조사
[7] 재정혁신 정착을 위한 설문
[8] 대통령 선거 사전조사(I)
[9] 대통령 선거 사전조사(II)
[10] KBS·MBC·SBS 방송사 공동 출구조사
[11] 대통령 선거 사후조사
[12] Voice of the People, 2007

부록에 실제 설문조사에 사용되었던 다양한 유형의 설문지들을 수록하여 독자들의 방법론에 대한 이해를 돕고자 합니다. 독자들은 각각의 설문지가 갖고 있는 설문 목적이나 배경 등과 관련된 거시적 개요들을 먼저 파악한 후에 이를 미시적인 측정 방법들과 연관시켜 이해하는 것이 바람직합니다. 상호 구분되는 내용과 특성을 지닌 12개의 설문지들을 선정하였습니다. 부록에 수록된 설문지들은 해당 설문 조사 기관으로부터 교재 수록용으로 한정하여 사용할 것을 전제로 승인받았음을 밝혀둡니다. 자료 제공에 협조해 주신 한국갤럽(Korea Gallup), 리서치 앤 리서치(Research & Research), 티엔 소프레스(TNS: TN Sofres), 한국사회과학데이터센터(KSDC: Korean Social Science Data Center)에 감사의 말씀을 드립니다.

[1] 전반적 생활태도 조사: 2006년 전국 소비자 행태 조사 [TNS: www.tns-global.co.kr; 2006, 5]

시민들은 경제생활 주체로서 소비자 의식 및 행태를 갖고 있으며, 정치생활 주체로서 유권자 의식 및 행태를 갖게 됩니다. 해당 설문지는 소비자로서의 행태에 대한 전반적인 태도를 조사하는 설문지 입니다. 단순히 어떤 특정 상품에 대하여 특정 회사의 제품에 대한 선호여부를 조사하는 것이 아니라 소비자로서 일상 생활 속에서의 기본 의식과 행태를 조사하는 설문지입니다. 설문항목들이 꽤 많기 때문에 '면접원'이 동원되어 설문조사를 하고 있음을 알 수 있습니다. 보통 일반인들을 대상으로 전화조사를 통해서 가능한 설문조사 항목은 10문항이 최대라고 생각하면 될 것입니다.

[2] 자장면에 대한 국민인식 및 태도조사 [TNS: www.tns-global.co.kr; 2009, 4]

해당 설문지는 특별한 내용을 다루고 있습니다. 해당 설문지가 특별한 이유는 온 국민이 모두 익숙한 한 가지 항목에 대해서 상당히 구체적인 조사가 이루어지고 있다는 점입니다. 한국에서 '자장면'이란 국민음식으로서, 물가 판단의 대표적 기준이 되는 항목입니다. 그 시대 자장면 값은 그 시대 물가를 판단하는 기준 중의 하나라고 해도 과언이 아닙니다. 구체적인 조사가 가능한 것은 자장면이란 아이템이 한국의 경제 지표나 음식 문화의 변화와 관련해서 중요한 것 이상으로, 모든 국민들이 그것에 대해서 익숙하기 때문입니다. 국민적 관심사와 연관된 하나의 항목에 대한 국민들의 상세한 인식에 관해서 조사할 때 유용하게 참고할 수 있는 짜임새 있는 설문지라고 할 수 있습니다.

[3] 정치 · 경제에 대한 국민 인식조사
[한국갤럽조사연구소: www.gallup.co.kr; 2010, 11]

앞서 시민들의 행태를 조사함에 있어서 '소비자'로서의 의식이나 행태를 조사한 설문지를 보았는데, 해당 설문지는 정치와 경제영역을 동시에 조사하고 있습니다. 민주사회에서 시민들은 소비자로서 경제 영역에서의 활동만으로 살아가는 것은 아닙니다. 보다 근본적으로 시민이란 국가의 정치영역에 포함되어 인생을 살게 되며, 따라서 정치 영역에 대한 의식과 태도를 지니게 됩니다. 해당 설문지는 정치 영역과 경제 영역을 동시에 조사하고 있으며, 두 영역에 대한 의식과 행태를 이해하는 데 필요한 중요한 항목들이 짜임새 있게 조사되고 있는 좋은 설문지라고 판단됩니다. 단, [1]의 설문지와 비교하여 더 전문적인 항목들이 포함되어 있음을 알 수 있습니다. 나름대로 어려운 항목들도 포함되고, 항목 수도 많기 때문에 '면접 조사원'들의 역할이 중요할 듯합니다.

[4] 국민이념성향조사 (I)
[한국사회과학데이터센터: www.ksdc.re.kr; 2002, 4]

[5] 국민이념성향조사 (II)
[한국사회과학데이터센터 : www.ksdc.re.kr; 2007, 5]

[4]와 [5]는 '국민의 이념성향'을 조사하는 설문지입니다. 국민의 이념성향을 조사한다고 함은 소위 얼마나 많은 국민들이 보수인지, 진보인지, 우파인지, 좌파인지 등을 조사하는 설문지입니다. 국민이념성향은 설문지 [3]에서

간단히 조사할 수도 있습니다. 하지만, 어떤 한 사람의 이념을 조사한다는 것은 그렇게 단순치가 않아서 이렇게 구체화되어 조사되지 않으면, 이념조사의 정확도가 떨어질 수 있습니다. 이것은 '이념'이란 것에 대한 사람들의 인식을 조사하는 방법과 연관되어 있습니다. 이것은 '주관성 측정'과 '객관성 측정'의 문제 때문에 그렇습니다. 주관성 측정과 객관성 측정이란 의미는 응답자의 응답 결과를 주관적인 영역의 것으로 한정할 것인지, 아니면 객관적인 영역에 까지 확대하여 해석할 것인지를 의미합니다. 예를 들어 보겠습니다. 이혼율이 증가하고 있어서 사회적으로 문제가 되기도 합니다. 하지만 이혼을 하는 경우, 당사자들은 나름대로의 이유를 갖고 있을 것입니다. 어떤 TV 방송국에서 "우리 사회의 이혼, 그 원인은 무엇인가?"라는 주제로 관계자들을 모아서 토론을 한다고 가정합시다. TV 방송국은 전문 여론조사 기관에 의뢰하여 결혼한 성인 남녀들을 대상으로 다음과 같은 설문과 응답을 조사하였습니다. 설문들 중에 다음의 3가지 항목이 포함되어 있다고 합시다.

설문–1: 당신은 당신의 부인(남편)을 사랑하십니까?

① 아주 사랑한다 ② 사랑하는 편이다 ③ 그저 그렇다
④ 싫어하는 편이다 ⑤ 아주 싫어하는 편이다.

설문–2: "당신은 당신의 부인(남편)과 갈등이 생기는 경우 대화 시간을 갖습니까?

① 수시로 대화한다 ② 대화하려고 노력한다
③ 대화할 수도 있다 ④ 대화로 해결하지 않는다.

설문–3: "당신은 당신의 부인(남편)과의 기념일을 챙기고 있습니까?

① 기념될 만한 일은 모두 챙긴다 ② 챙길려고 노력한다
③ 챙길 수도 있다 ④ 생각하지 않고 있다.

결론적으로 말하자면, 설문-1 이 주관적 측정이고 설문-2, 설문-3은 객관적 측정입니다. 극단적인 예로, 설문-1에서 ①이라고 대답해도, 설문-2와 설문-3에서 각각 ④로 답한 사람도 있을 수 있습니다. 비록 내가 내 자신은 아무리 부인을 사랑한다고 말해도(주관적 측정), 실제로 어떤 행동을 하고

있는지를 살펴보니, 부인을 사랑하는 수준이라고 말하기 어렵습니다. 객관적이란 용어를 구태여 사용하지 않더라고, 사회의 보편적인 통념에 따른 상식으로는 부인을 사랑하지 않는 상황에 더 가까울 것입니다. 물론 대화와 기념일을 챙기는 것으로 그가 부인을 사랑하는 것을 측정할 수 있느냐는 것이 논란거리이지만, 이런 일이 일어날 수 있음을 인식하는 것 자체가 중요합니다. 아무리 설문-1에서 ①과 ②에 응답한 비율이 70%라고 할지라도, 설문-2와 설문-3에서 ③과 ④에서 응답한 비율이 80%라면 이것은 각각의 결혼한 성인 남녀들은 단지 사랑한다고 생각할 뿐 사랑한다면 실제로 그렇게 표현하는 행위는 제한되어 있다고 할 수밖에 없습니다. 설문-1에 의거해서 우리나라 이혼율이 높은 이유는 단지 우발적인 것으로서, 앞으로 문제없을 것이란 해석은 분명 문제가 있습니다.

이번에는 이념조사를 직접적으로 다루어 봅시다. 다음과 같은 설문들이 조사되었다고 가정합시다.

설문–1: 당신은 보수입니까, 진보입니까?

① 극단적 보수 ② 보수 ③ 중도 ④ 진보 ⑤ 극단적 진보

설문–2: 당신은 '군사 방위비'를 증액시키는 것에 찬성하십니까?

① 절대 찬성 ② 찬성 ③ 반대 ④ 절대 반대

설문–3: 당신은 '사회 복지비'를 증액시키는 것에 찬성하십니까?

① 절대 찬성 ② 찬성 ③ 반대 ④ 절대 반대

응답 유형을 큰 틀 속에서 다음과 같이 정리하여 도표로 나타낼 수 있으며, 이를 비교 시각에서 분석해 볼 수 있습니다.

	주관적 측정	객관적 측정	내 용
유형 1	우	우	
유형 2	좌	좌	
유형 3	우	좌	
유형 4	좌	우	

즉, 아무리 내가 주관적으로 좌파다 우파라고 대답해도(즉, 주관적 측정항목들에서는), 좌파와 우파라면 통념적으로 기대되는 좌파와 우파가 보여주는 가치 체계에선(즉, 객관적 측정항목들에서는) 그 반대로 대답할 가능성이 있다는 것입니다. 반면에 통념적으로 생각하는 좌파와 우파의 가치로 일관되게 대답하는 가능성도 있습니다. 특히 어떤 사람이 객관적 측정 중에서도 설문-2에서는 좌파의 가치에, 설문-3에서는 우파의 가치에 응답할 수도 있습니다. 역으로, 설문-2에서는 우파의 가치에 설문-3에서는 좌파의 가치에 응답할 수도 있겠죠. 이런 경우는 "이념적 혼재"상황을 말하게 됩니다. 즉, 내가 아무리 좌파나 우파라고 주관적 차원에서 나의 '정체성'을 규정하더라도, 객관적 가치에선 좌파와 우파의 가치를 동시에 갖고 있을 수 있다는 것입니다. 이것을 또 다른 사회과학적 용어로 가치가 각 집단 내에서 '교차되어'(cross-cutting) 존재한다고 합니다.

단순히 설문-1에 의존하여 우리 사회는 좌파가 더 많다라든지, 우파가 더 많다라는 주장은 사실을 호도할 가능성이 있습니다. 설문-1의 주관적 측정은 그 나름대로의 의미도 있습니다. 적어도 각 개인이 자신의 정체성을 그렇게 생각하는 것은 '양심의 자유'의 영역이며, 이는 그 나름대로의 의미가 존재합니다. 하지만, 적어도 우리 사회의 좌파 우파의 성향을 분석할 땐, 반드시 설문-2나 설문-3을 동시에 조사하여, 실제적인 좌파와 우파의 객관적 가치 성향을 함께 참조하여야만 합니다.

설문지 [4]는 2002년에, 설문지 [5]는 2007년에 '국민들의 이념성향'을 조사하기 위해서 사용된 설문지 인데, 거의 대부분의 항목들이 같지만 몇 개의 항목들에는 차이가 있습니다. 이것은 국민들의 이념성향과 관련하여, 해당 시기에 사회에 존재했던 '중요한 이슈'(salient issues)들이 해당 시기에 특별히 포함되었기 때문입니다. 설문항목들을 작성할 때는 주제와 연관하여 그 당시 사회에서 중요한 이슈에 대한 국민들의 의식을 조사할 필요가 있습니다. 그 중요한 이슈를 중심으로 당시 국민들의 의식이 극명하게 드러나기 때문입니다. 정리하면, 두 개의 설문지는 한국 사회에서 이념과 연계되어 특별히 부각되는 사회적 쟁점들을 선정하여 이념에 대한 '객관성 측정'을 시도하고 있습니다. 두 시기의 설문지를 비교해 보시기 바랍니다. 설문지 [4]와 설문지 [5]는 '이념'을 측정함에 있어서 고려해야 하는 항목들인 '주관성 측정', '객관성 측정', '당시 사회에 존재하는 중요한 이슈'들에 대한 체계적인 이해가 적합하게 반영된 설문 조사지라고 할 수 있습니다.

[6] 여론주도층조사
[한국사회과학데이터센터: www.ksdc.re.kr; 2005. 3]

여론 조사는 일반인들을 대상으로 한 경우, 조사되는 내용의 전문성이나 구체성에 제약을 받게 됩니다. 국가 기관에선 포괄적으로 국가운영에 대한 정보를 얻기 위해서 전문가들을 대상으로 설문조사를 진행할 수도 있습니다. 설문 항목들의 내용들이 어렵고 길지만, 전문가 조사에서는 별로 구애받지 않고 있음을 알 수 있습니다.

[7] 재정혁신 정착을 위한 설문
[한국사회과학데이터센터: www.ksdc.re.kr/databank; 2005. 2]

해당 설문지는 어떤 해당 기관 내에서 그 기관에 연관된 사람들을 대상으로 의견을 조사하는 설문지입니다. 어떤 기관이 기관의 발전을 위해서 의견을 수렴하는 경우, 기관 밖의 제 3 자들로부터 의견을 듣기도 하지만, 우선적으로 기관내 구성원들의 생각을 파악하는 것이 필요할 것입니다. 해당 설문지는 공기관에서 사용되었던 설문지로서 조사의 목적이 명료하면서도 구성원들의 전반적인 의식을 유기적으로 조사함에 있어서 구체성을 동시에 지닌 좋은 설문지라고 판단됩니다.

[8] 대통령 선거 사전조사 (I)
[리서치 앤 리서치: www.randr.co.kr; 2002. 9]

[9] 대통령 선거 사전조사 (II)
[리서치 앤 리서치: www.randr.co.kr; 2002. 12]

[8]과 [9]의 설문지는 선거 사전조사(pre-election survey) 설문지입니

다. 두 개의 시기(9월과 12월)에 사용된 설문지를 동시에 제시한 이유는, 해당 선거일을 앞 둔 설문지가 보다 더 간단함을 알 수 있습니다. 9월의 설문지는 설문항목이 많아서 전화 조사로 바람직한 형태는 아닙니다. 선거 사전조사의 목적은 당선자 예측이기 때문에, 구태여 이렇게 많은 항목들이 조사될 필요는 제한될 것입니다. 선거가 임박한 시기에 이루어지는 조사는 선거예측의 의미가 보다 강조되어 설문지 항목 수가 축소되어 조사되고 있음을 알 수 있습니다.

[10] KBS · MBC · SBS 방송사 공동 출구조사 [TNS: www.tns-global.co.kr; 2010. 6]

지방 선거 당일 경기도 유권자들을 대상으로 사용되었던 출구(出口)조사지입니다. 누구를 선택했는지 한 가지만 물어봅니다. 방송국들은 선거당일 선거방송을 하면서 출구조사를 발표하여 후보자나 정당에 대한 선거승패를 예측합니다. 선거 사전조사는 선거 이전에 투표자와 무투표자를 모두 조사하여 선거 결과를 예측합니다. 출구 조사는 당일에 선거를 한 투표자들만을 대상으로 조사하여 선거결과를 예측하니 그 정확도가 높게 나타나는 것은 당연할 것입니다.

[11] 대통령 선거 사후조사 [한국사회과학데이터센터: www.ksdc.re.kr; 1997, 12]

앞서 선거 사전조사에서 조사의 목적상 자세히 조사할 필요가 없다고 하였는데, 일반적으로 해당 선거와 관련된 보다 자세한 유권자 의식 및 행태 조사는 사후조사(post-election survey)에서 하게 됩니다. 사후조사는 일반적으로 연구 목적이 크게 작용합니다. 해당 선거와 관련하여 보다 많은 설문 항목들이 조사되면서 유권자들의 의식과 행태가 조사되는 것입니다.

[12] Voice of the People, 2007 [Gallup International Association: www.gallup-international.com, 2007]

마지막으로, 국가별로, 지역별로, 기관별로 설문지가 개발되기도 하지만, 지구적 범위에서 국가의 경계를 뛰어넘는 조사도 필요합니다. '민주주의'란 것은 인류 보편의 가치입니다. 한국식 민주주의와 영국식 민주주의가 따로 존재하는 것이 아닙니다. 해당 설문지는 어떤 국가들에서든지 민주 시민 의식을 조사하는 데 사용되는 공통의 설문지로 개발된 설문지입니다. 민주주의에 대한 현재 진행 상황과 관련하여 간단하면서도 기초적인 핵심 항목들이 조사되고 있음을 볼 수 있습니다.

[1]

ID :

2006 년 전국 소비자 행태조사 질문지

제1부

전반적 생활태도 조사

안녕하십니까?
우선 본 조사에 참여해 주셔서 대단히 감사드립니다.
본 조사는 전국 소비자 여러분들의 생활양식과 매체이용행동, 그리고 제품 구매행태 등을 알아보고자 실시하고 있습니다.
본 조사는 공익 목적으로 소비자 여러분들의 생활양식 및 태도를 파악하고자 기획되었습니다.
귀하께서는 통계학적 추출기준에 따라 무작위로 선정되셨으며, 귀하의 의견은 통계적으로만 활용되며 귀하의 신상 및 응답내용에 대해서는 절대 공개하지 않을 것을 약속드립니다. 번거롭더라도 국내 관련산업의 발전을 위해 협조 부탁드립니다.

2006년 5월 (주) T N S Korea
서울, 경기, 인천 - ○○○(☎ 02-3779-4413)
○○○(☎ 02-3779-4381)
○○○(☎ 02-3779-4415)
경남, 제주 - ○○○(☎ 051-802-2456)
경북, 강원 - ○○○(☎ 053-214-1479)
충남, 충북 - ○○○(☎ 042-221-4101)
전남, 전북 - ○○○(☎ 062-676-4974)

응답자 성명		이메일주소	( ) @ ( )
응답자 연락처		핸 드 폰	
응답자 주소	( ) 시(도) ( ) 구(시) ( ) 동(읍/면) ( ) 번지 ( ) 호		
응 답 일 시	월 일 시 분 부터 ~ 시 분 까지 분간		
면접원 성명		면접원 코드	
질문지 배포일		질문지 회수일	
검증원 확인		감 독 자 확인	
에디팅 확인		코 딩 원 확인	
검 증	■ 1차 월 일 ■ 2차 월 일 ■ 3차 월 일		
1. 성 별	1) 남자 2) 여자	2. 결 혼	1) 미혼 2) 기혼
3. 연 령	보기번호 실제 만 나이 세 01) 13~14세 02) 15~19세 03) 20~24세 04) 25~29세 05) 30~34세 06) 35~39세 07) 40~44세 08) 45~49세 09) 50~54세 10) 55~59세 11) 60~64세		
4. 거주지역	01) 서울 02) 부산 03) 대구 04) 인천 05) 광주 06) 대전 07) 울산 08) 경기 09) 강원 10) 충북 11) 충남 12) 전북 13) 전남 14) 경북 15) 경남 16) 제주		
5. 직 업	01) 행정관료직 02) 전문직 03) 사무직 04) 판매/서비스직 05) 기능직 06) 노무직 07) 학생 08) 주부 09) 무직 10) 농업 11) 기타		
6. 주택형태	1) 아파트 2) 단독주택 3) 다세대/빌라/연립/기타		

◆ 2006년 전국 소비자 행태조사 ◆

여가생활

1. 72악양4 즘 가장 6심구 가)고 계디 것은 고음 중 무엇입들21)서핑/원 [ ]

05) 가사6계	0)) 건강	03) 2드
04) 노후	05) 외2(몸2,성) 상)	06) 영영
02) 헬업	0텬) 자람수육(자육ㅋ건강 상)	09) 재산증4
50) 주택	55) 직장영양의 일	5)) 진학
53) 취직	54))격ㅋ/성)격	55) 학업성)(학생에 응답)
56) 능력6발(학원수강 상)	92))승(격체))	9텬) 니고

). 72악양연 0))/) 출퇴근 또연 상2자(2고 계만들21

☐ 5 한고　　☐)) 1한고 ▶ [문3]으로 가시오

)-5. 주2 출퇴근(상2자)9 영연 8) 자통수단구 /용2 만들21
한번 /동 9 기가) /상의 자통수단구 같/ /용2셔야 할 경포영연 모두 말씀화 주구4.

☐ 5 9Cㅋ9외ㅋ좌석ㅋ마구버스	☐)) 택9	☐ 3))2철ㅋ전철
☐ 4) 승용차(자가용)	☐ 5) 자전거	☐ 6) 오토바이
☐ 7) 통근(스쿨)버스	☐ 8) 걸어다님	☐ 9) 기타

2-2 (정기적으로 출퇴근 하는 직업인 경우) 귀하께서는 일주일에 몇 일이나 근무하십니까? [ ]

1) 4일이하	2) 5일	3) 6일	4) 7일
5) 격주 5일 근무	6) 격주6일(한달2번쉼)	7) 기타	

여가등간이란 ? (TV, 라시오, 신문, 잡O 이용등간 포함)
직)/학교 등에서 근무/공부O등는 등간과 식사/)소/세면/)면 등 생활O등는 데 필)적인 등간을 제5O고 귀O께서 특르히 정당진 일 없이 마음대로 행동O3) 골는 모든 등간을 O미O9).(TV, 라시오 등/)취등간기 포함)

3. 귀하께서는 위에서 제시한 여가시간이 하루에 평균 어느 정도나 됩니까?

잡(월~5)		토요일		일요일	
[ ] 시간	[ ] 분	[ ] 시간	[ ] 분	[ ] 시간	[ ] 분

4. 귀하께서 여가활동으로 **가장 자주** 하시는 것은 어떤 것인지 **하나만** 골라주세요. [ ]
아래 표는 가나다순으로 되어 있습니다.

01) 가정용 TV 게임	02) 각종수집(수석,우표 등)	03) 골 프	04) 꽃꽂이
05) 낚 시	06) 노래부르기	07) 농 구	08) 당 구
09) 독 서	10) 등 산	11) 라켓볼/스쿼시	12) 모형만들기
13) 미술감상	14) 바둑/장기	15) 배드민턴	16) 볼 링
17) 사교댄스	18) 사진촬영	19) 싸이클/자전거타기	20) 서 예
21) 서핑/윈드서핑	22) 수 영	23) 스포츠 현장관람	24) 스쿠버
25) 스 키	26) 승 마	27) 악기연주	28) 야 구
29) 양 재(옷만들기)	30) 에어로빅	31) 연극감상	32) 헬스(기구운동)
33) 영 화(영화,비디오,DVD감상포함/케이블,위성 통한 영화 시청 제외)			34) 요 가
35) 요 리	36) 원 예	37) 음악감상	38) 인라인스케이팅
39) 자동차 드라이브(본인)	40) 전자오락실	41) 조 깅	42) 축 구
43) 탁 구	44) 태권도 등 격투기	45) 테니스	46) 영화/비디오 제작(8mm/디지털)
47) 편물/수예/십자수	48) PC (게임,인터넷 등)	49) 화투(고스톱)/카드(PC게임제외)	50) 햄/아마추어 무선
51) TV시청	52) 라디오청취	53) 신문읽기	54) 잡지읽기
55) 수면(낮잠)	56) 마라톤	97) 기타	98) 없다

여가생활

◆ 2006년 전국 소비자 행태조사 ◆

5. 귀하께서는 최근 1년간 하루 이상의 국내여행을 몇 번 다녀오셨습니까?
(여행을 위한 하루의 소풍과 같은 것은 여행으로 인정하고 결혼식이나 모임을 위한 여행은 여행으로 볼 수 없음)
(없을 경우에는 총 횟수에 0을 기입)

국내여행 [ ] 번

6. 귀하께서는 최근 1년간 하루 이상의 해외여행을 몇 번 다녀오셨습니까? (해외출장 포함)
(없을 경우에는 총 횟수에 0을 기입)

해외여행 [ ] 번

7. 귀하께서는 평소 스트레스를 어느 정도 느끼고 계십니까? [ ]

1) 전혀 안 느낌	2) 안 느낌	3) 별로 안 느낌
4) 약간 느낌	5) 느낌	6) 매우 많이 느낌

8. 귀하께서 스트레스를 느끼실 때에 주로 어떤 방법으로 스트레스를 푸시는지 하나만 골라 주세요. **(하나만)** [ ]

01) 충분히 잠을 잔다	02) 가까운 사람과 대화한다	03) 운동/스포츠를 한다
04) 분위기/화장을 바꾼다	05) 여행/드라이브를 간다	06) 게임을 한다
07) 기타 취미에 열중한다	08) 술을 마신다	09) 좋아하는 음식을 먹는다
10) 심호흡/명상을 한다	11) 책을 읽는다	12) 담배를 피운다
13) 쇼핑/물건을 산다	14) 의사와 상담한다	15) 그냥 참는다
97) 기타(자세히 기록) (________________)		
98) 없다	99) 모르겠다	

영화/VTR/DVD

1. 귀하께서는 지난 3개월 동안 극장에서 영화를 보신 적이 있나요?

☐ 1) 예 ☐ 2) 아니오 ▶ **[문4]로 가시오**

2. 귀하께서 영화에 대한 정보를 가장 많이 얻고 있는 곳은 어디입니까? **(하나만)** [ ]

1) TV	2) 라디오	3) 신문
4) 잡지	5) 인터넷	6) 친구(주변사람)
7) 포스터	8) 기타	

3. 귀하께서는 영화관에서 나오는 광고를 어떻게 보시는지요? [ ]

1) 광고는 모두 자세히 본다
2) 광고는 모두 대충 보고 관심이 가는 광고는 자세히 본다
3) 광고는 전반적으로 대충 보기만 한다
4) 광고는 별로 보지 않는다
5) 광고는 아예 보지 않는다

◆ 2006년 전국 소비자 행태조사 ◆

영화/VTR/DVD

4. 귀댁에는 VTR이 있습니까?

☐ 1) 예　　　☐ 2) 아니오 ▶ [문5]로 가시오

4-1. 귀하께서는 한달에 비디오를 평균 몇 편 정도 보십니까? ☐ 편

5. 귀댁에는 DVD 플레이어가 있습니까? (컴퓨터에 장착된 DVD-ROM 포함)

☐ 1) 예　　　☐ 2) 아니오 ▶ [문6]으로 가시오

5-1. 귀하께서는 한달에 DVD를 평균 몇 편 정도 보십니까? ☐ 편

'VTR'이나 'DVD 플레이어' 중 적어도 하나의 기기를 보유하고 있는 사람에게만 [문6]과 [문7]을 질문. 둘 다 없는 경우에는 아래 'TV이용' [문1]로 가시오.

6. 귀하께서 주로 보시는 비디오나 DVD 장르는 무엇입니까? (하나만) ☐

01) 순수 애정물　　02) 무술영화　　03) 첩보/액션물
04) 예술영화　　05) SF(공상과학영화)　　06) 공포영화
07) 다큐멘터리　　08) 성인 에로물　　09) 만화영화
10) 종교영화　　11) 코미디　　12) 보지않는다
97) 기타

7. 귀하께서는 비디오나 DVD에서 나오는 광고를 얼마나 보십니까? (하나만) ☐

1) 모두 자세히 본다
2) 관심가는 광고만 자세히 본다
3) 광고를 보기는 하나 관심있게 보지는 않는다
4) 틀어만 놓고 보지는 않는다
5) 광고가 나오면 빨리 돌린다

TV이용

1. 귀댁에서 시청이 가능한 TV는 모두 몇 대인가요? (TV카드를 장착한 컴퓨터 제외)

총 ☐ 대

1-1. 귀댁에서 시청 가능한 TV 중에 디지털 TV가 있습니까?

☐ 1) 있다 ☐ 대　☐ 2) 없다 ▶ [문2]로 가시오

우리나라에는 2001년 하반기부터 KBS, MBC, SBS 등 지상파 TV에서 디지털 시험방송을 실시하고 있습니다. 디지털 방송은 디지털 방송 수신용 안테나를 설치하거나 케이블 TV 또는 위성방송 가입을 통해 시청하실 수 있습니다. 셋탑 박스 외장형 디지털 TV의 경우 별도의 셋탑박스를 설치해야 합니다.

1-2. 귀댁에서는 현재 디지털 TV 방송의 수신 상태가 어떻습니까? ☐

1) 잘 볼 수 있다
2) 수신상태가 안좋지만 (화면이 끊기는 경우가 있지만)수신된다
3) 전혀 볼 수 없다
9) 모르겠다/무응답

TV이용

2. 귀댁에서는 어떠한 방법으로 TV를 시청하십니까?

TV가 2대 이상이고 각각 수신방법이 다르면 모두 말씀해 주시고 이어지는 질문에도 응답해 주세요

1) 일반 공중파 TV(개인/공동 안테나 이용) ☐ ▶ [문 2-1]로
2) 케이블TV/중계유선방송(보급형 포함) ☐ ▶ [문 2-2]로
3) 위성방송/스카이라이프 ☐ ▶ (다음페이지[스카이라이프]로)

2-1. 귀댁에서 앞으로 1년 이내에 케이블 TV에 가입하실 의향은 어느 정도입니까? ☐

1) 이미 가입함 | 2) 가입할 의향 있음 3) 가입할 의향 없음 4) 모르겠다 | ▶ (다음페이지 [스카이라이프]로)

2-2. 귀댁에서 케이블 TV 혹은 중계 유선에 가입하신 가장 큰 이유는 무엇입니까? (하나만) ☐

1) TV방송이 잘 안나와서
2) 좀더 다양한 채널을 볼 수 있어서
3) 재방송, 지역방송 등 케이블 TV/중계 유선에서 나오는 프로그램을 보려고
4) 주위의 권유로
5) EBS 수능강의 시청 때문에
6) 종일 방송하기 때문에
7) 공동가입 되어있어서
8) 디지털 방송을 보기 위해서
9) 가격이 저렴해서
10) 기타 ____________

2-3. 귀댁에서는 향후 케이블 TV를 계속 보실것인지, 다른 서비스로 바꾸실 것인지를 알아보고자 합니다. 다음 질문에 대해 귀하의 의견과 가장 가까운 항목을 하나만 골라 주세요. ☐

1) 케이블 TV를 해지할 것이다
2) 케이블 TV를 해지하고 스카이라이프로 전환할 것이다
3) 돈을 더 내고 더 많은 수의 케이블 TV 채널을 볼 수 있는 서비스로 바꿀 것이다
4) 돈을 더 적게 내고 더 적은 수의 케이블 TV 채널을 보는 서비스로 바꿀 것이다
5) 현재 보고 있는 케이블 TV를 계속 이용할 것이다
6) 현재 보고 있는 케이블 TV에 8000원 정도의 돈을 더 내고 캐치온이나 스파이스TV 같은 유료채널을 신청할 것이다.

2-4. KBS, MBC, EBS, SBS(민방)를 제외한 케이블 TV/ 중계유선 채널을 하루평균 몇시간 정도 시청하십니까?

평일(월~금)	토요일	일요일
☐ 시간 ☐ 분	☐ 시간 ☐ 분	☐ 시간 ☐ 분

▶ 평일과 토요일, 일요일 모두 시청하지 않을 경우에는 **다음페이지로 가시오**

2-5. 귀하께서 가장 자주 시청하시는 케이블 TV 혹은 중계유선방송 채널은 무엇입니까? [보기카드] 제시

☐

◆ 2006년 전국 소비자 행태조사 ◆

스카이라이프

1. 귀댁에서는 현재 스카이라이프에 가입하셨습니까?

☐ 1) 예 ▶ [문3]으로 가시오　　☐ 2) 아니오 ▶ [문2]로 가시오

2002년 3월 개국한 디지털 위성방송 스카이라이프는 160여개 채널로 구성되어 있으며 일반 소비자가 수신하려면 4만원 가량의 설치비와 별도의 수신기(안테나)가격을 지불한 후, 매월 일정액의 요금을 납부해야 합니다.

2. 귀댁에서는 향후 스카이라이프에 가입하실 의향이 있습니까?

☐ 1) 예 ▶ 아래 [문3]으로 가시오
☐ 2) 아니오
☐ 3) 잘 모르겠다 → ▶ 다음 페이지 'TV시청행태' [문1]로 가시오

3. 현재 가입하셨거나 향후 가입하신다면 다음 중 어느 조건으로 가입하셨(하시겠)습니까? ☐

1) 스카이 그린(보급형) : 55개 채널, 월 12,000원
2) 스카이 무비(경제형) : 55개 채널 + 9개 전문 영화 채널, 월 14,000원
3) 스카이 패밀리(기본형) : 118개 채널, 월 20,000원
4) 기타(스카이 플래티늄, 스카이 골드, 스카이 레드 등)

4. 귀댁에서 스카이라이프에 가입하신 또는 가입할 의향이 있으신 가장 큰 이유는 무엇입니까? (하나만) ☐

1) 좀더 다양한 채널을 볼 수 있어서　　2) 가격이 저렴해서
3) 고품질의 화면을 볼 수 있어서　　4) 주위의 권유로
5) 종일 방송하기 때문에　　6) 지상파 TV가 잘 안나와서
7) EBS 수능강의를 시청하기 위해　　8) 디지털 방송을 보기 위해　　9) 기타

스카이라이프 가입자만 응답해 주세요 (5~7)

5. 귀댁에서 향후 스카이라이프를 계속 보실것인지, 다른 서비스로 바꾸실 것인지를 알아보고자 합니다. 다음 질문에 대해 귀하의 의견과 가장 가까운 항목을 골라 주세요. (하나만) ☐

1) 스카이라이프를 해지할 것이다.
2) 스카이라이프를 해지하고 케이블TV로 전환할 것이다
3) 돈을 더 내고 더 많은 수의 스카이라이프 채널을 볼 수 있는 서비스로 바꿀 것이다
4) 돈을 더 적게 내고 더 적은 수의 스카이라이프 채널을 보는 서비스로 바꿀 것이다
5) 현재 보고 있는 스카이라이프를 계속 볼 것이다
6) 현재 보고 있는 스카이라이프를 계속 보면서, 8000원 정도의 돈을 더 내고 캐치온이나 스파이스TV 같은 유료 채널을 시청할 것이다.

6. 귀하께서는 KBS, MBC, EBS, SBS(민방)를 제외한 스카이라이프 채널을 **하루 평균** 몇 시간 정도 시청하십니까?

평일(월~금)	토요일	일요일
☐ 시간 ☐ 분	☐ 시간 ☐ 분	☐ 시간 ☐ 분

▶ 평일과 토요일, 일요일 모두 시청하지 않을 경우에는 다음페이지로 가시오

7. 그러면 스카이라이프 채널 중 가장 즐겨보시는 채널은 어떤 것인지 골라주세요. (하나만) – [보기카드] 제시

☐

◆ 2006년 전국 소비자 행태조사 ◆

TV시청행태

1. 귀하께서는 평일과 주말에 KBS, MBC, SBS(지역민방포함), EBS와 같은 지상파 채널을 **하루 평균** 몇 시간 정도 시청하십니까?

평일(월~금)	토요일	일요일
[ ] 시간 [ ] 분	[ ] 시간 [ ] 분	[ ] 시간 [ ] 분

▶ **평일과 토요일, 일요일 모두 시청하지 않을 경우에는 9페이지 '라디오 청취행태'[문1]로 가시오**

2. 귀하께서 TV를 시청하실 때 가장 즐겨보시는 프로그램은 어떤 종류입니까? **(하나만)** [ ]

01) 뉴스/보도 02) 다큐멘터리 03) 드라마 04) 영화
05) 어린이/만화 06) 쇼/오락 07) 생활정보 08) 토크쇼
09) 스포츠 10) 코미디 11) 기타 (______________)
99) 모르겠다

3. 그러면 귀하께서 가장 즐겨보시는 TV채널은 어느 것입니까? **(하나만)** [ ]

1) KBS-1 2) KBS-2 3) MBC(문화방송) 4) EBS(교육방송)
5) SBS 등 지역민방(PSB, TBC, KBC, TJB, UBC, JTV, CJB, GTB, JIBS)

3-1. 그렇다면 (문3의 응답)채널을 가장 즐겨보시는 이유는 무엇입니까? **(하나만)** [ ]

1) 재미있는 프로그램이 많아서 2) 프로그램이 다양해서 3) 프로그램 질과 수준이 높아서
4) 그냥 습관적으로 5) 채널 이미지가 좋아서 6) 화면수신상태가 좋아서
7) 광고가 적거나 없어서 8) 가족이 즐겨보고 있어서 9) 기타(______________)

3-2. 귀하께서 가장 즐겨보시는 그 방송 채널에서 가장 마음에 든다고 생각하시는 프로그램 종류는 어떤 것 인지 다음 보기 중에서 말씀해 주세요. **(하나만)** [ ]

01) 뉴스/보도 02) 다큐멘터리 03) 드라마 04) 영화
05) 어린이/만화 06) 쇼/오락 07) 생활정보 08) 토크쇼
09) 스포츠 10) 코미디 11) 기타 (______________)
98) 없다 99) 모르겠다

4. 귀하께서는 평소 집에서 TV를 시청하실 때 가족들 중에서는 주로 어떤 분과 함께 TV를 보시는 편입니까? **(하나만)** [ ]

1) 조부모 2) 부모 3) 배우자 4) 자녀
5) 형제/자매 6) 가족 모두 7) 본인 혼자 8) 기타

4-1. 가족들과 함께 TV를 보실 때에는 주로 어떤 분이 보실 채널을 결정하십니까? **(하나만)** [ ]

1) 조부모 2) 부모 3) 배우자 4) 자녀
5) 형제/자매 6) 본인 7) 기타

5. 귀하께서는 평소 어떤 일을 하시면서 TV를 보십니까? **(하나만)** [ ]

1) 집안 일을 하면서 2) 식사를 하면서 3) 공부/ 일 등을 하면서 4) 신문/잡지 등을 읽으면서
5) 가족과 대화하면서 6) 컴퓨터/인터넷을 하면서 7) TV만 본다 8) 기타 (______________)

6. 귀하께서는 평소 주로 어떤 목적으로 TV를 시청하시는지 골라 주세요. **(하나만)** [ ]

1) 특별한 목적 없이 습관적으로 본다 2) 새로운 정보나 지식을 얻기 위해 본다
3) 교양을 쌓기 위해서 본다 4) 흥미, 오락을 위해서 본다
5) 시간을 보내기 위해서 본다 6) 기타 (______________)

◆ 2006년 전국 소비자 행태조사 ◆

TV시청행태

7. 귀하께서 관심을 가지시는 TV 프로그램이 있을 경우에는 평소 어떤 방식으로 시청하십니까? (하나만) ☐
   1) 인터넷 다시보기나 녹화를 해서라도 꼭 시청하려고 하는 편
   2) 되도록 해당 시간대에 보려고 하는 편　　3) 시간이 될 때에만 가끔 보는 편
   4) 별로 보려고 하지 않는 편　　5) 기타 (______________)

8. 귀하께서는 평소 TV를 시청하실 때 주로 어떠한 이유로 채널을 바꾸십니까? (하나만) ☐
   1) 거의 습관적으로　　2) 보는 프로그램이 재미없어서　　3) 다른 프로그램을 보려고
   4) 광고를 보기 싫어서　　5) 보던 프로그램이 끝나서　　6) 채널을 잘 바꾸지 않는다
   7) 기타(_______)

9. 귀하께서 평소 TV를 시청하실 때 광고가 나오면 어떻게 하십니까? (하나만) ☐
   1) 대부분 자세히 본다　　2) 대부분 대충 보는 편이다　　3) 관심있는 것만 자세히 본다
   4) 채널을 바꾸지는 않지만 보지도 않는다　5) 전혀 보지않고 다른 채널로 바로 돌린다　6) 기타 → [문10]으로 가시오

   9-1. [문9의 1), 2), 3) 응답자] 그렇다면 귀하께서 광고를 보시는 가장 큰 이유는 무엇입니까? (하나만) ☐
   1) 광고 내용이 재미있어서　　2) 광고 모델을 보기 위해서
   3) 제품 정보를 얻기 위해서　　4) 광고 후 시작하는 프로그램을 기다리다가
   5) 채널을 바꿀 수 없거나 바꾸기가 귀찮아서　　6) 그냥 습관적으로　　7) 기타

10. 귀하께서는 평소 관심 있는 프로그램을 시청하실 때 프로그램 시작전에 나오는 광고와 끝난 후 나오는 광고 중 어느 광고를 더 많이 보시는 편입니까? (하나만) ☐
   1) 프로그램이 시작하기 전에 나오는 광고　　2) 프로그램이 끝난 후에 나오는 광고
   3) 둘 다 많이 본다　　4) 둘 다 보지 않는다

TV방송사 평가

1. 귀하께서는 TV채널의 이미지, 방영 프로그램 등을 놓고 볼 때, 다음 각 채널에 대해 어떻게 생각하십니까?

구 분	전혀 마음에 안든다 ①	마음에 안든다 ②	다소 마음에 안든다 ③	다소 마음에 든다 ④	어느 정도 마음에 든다 ⑤	매우 마음에 든다 ⑥
1. KBS-1 TV	☐	☐	☐	☐	☐	☐
2. KBS-2 TV	☐	☐	☐	☐	☐	☐
3. MBC-TV	☐	☐	☐	☐	☐	☐
4. SBS-TV(민방포함)	☐	☐	☐	☐	☐	☐

2. 만약 제가 말씀드리는 TV 프로그램 종류를 보셔야 한다면 어떤 방송국의 것을 가장 보고 싶으십니까? 가장 볼만하다고 생각하는 곳 하나만 골라 주세요. 만약 차이가 없다고 생각하신다면 5번에 표시해 주세요.

구 분	KBS-1	KBS-2	MBC	SBS(민방)	차이없음/모르겠다
1. 아침뉴스	☐	☐	☐	☐	☐
2. 저녁 8시/9시뉴스	☐	☐	☐	☐	☐
3. 심야뉴스	☐	☐	☐	☐	☐
4. 주말 연속극/드라마	☐	☐	☐	☐	☐
5. 월화 미니시리즈	☐	☐	☐	☐	☐
6. 수목 미니시리즈	☐	☐	☐	☐	☐
7. 일일 연속 아침 드라마	☐	☐	☐	☐	☐
8. 일일 연속 저녁 드라마	☐	☐	☐	☐	☐
9. 쇼 프로	☐	☐	☐	☐	☐
10. 코미디	☐	☐	☐	☐	☐

◆ 2006년 전국 소비자 행태조사 ◆

TV방송사 평가

구 분	KBS-1	KBS-2	MBC	SBS(민방)	차이없음
11. 국내영화 / 외국영화	☐	☐	☐	☐	☐
12. 가족코미디 / 시트콤	☐	☐	☐	☐	☐
13. 토크쇼	☐	☐	☐	☐	☐
14. 교양 / 생활정보	☐	☐	☐	☐	☐
15. 아침여성교양 프로	☐	☐	☐	☐	☐
16. 청소년 프로	☐	☐	☐	☐	☐
17. 어린이 프로 (만화 / 인형극)	☐	☐	☐	☐	☐
18. 퀴즈 프로	☐	☐	☐	☐	☐
19. 스포츠 뉴스	☐	☐	☐	☐	☐
20. 스포츠 중계	☐	☐	☐	☐	☐
21. 토론/대담 프로	☐	☐	☐	☐	☐
22. 시사/고발프로	☐	☐	☐	☐	☐
23. 다큐멘터리	☐	☐	☐	☐	☐

3. 이번에는 제가 말씀드리는 항목별로 가장 적합하다고 생각하시는 방송국을 하나만 골라 표시해 주세요.
만약 차이가 없다고 생각하신다면 5번에 표시해 주세요.

구 분	KBS-1	KBS-2	MBC	SBS(민방)	차이없음
1.재미있다	☐	☐	☐	☐	☐
2.신뢰감을 준다	☐	☐	☐	☐	☐
3.감각적이다	☐	☐	☐	☐	☐
4.신속하다	☐	☐	☐	☐	☐
5.독창적이다	☐	☐	☐	☐	☐
6.전통적이다	☐	☐	☐	☐	☐
7.교양적이다	☐	☐	☐	☐	☐
8.공정하다	☐	☐	☐	☐	☐
9.미래지향적이다	☐	☐	☐	☐	☐
10.품격있다	☐	☐	☐	☐	☐
11.습관적으로 먼저 본다	☐	☐	☐	☐	☐
12.유익한 정보를 제공한다	☐	☐	☐	☐	☐
13.온 가족이 함께 즐길 수 있다	☐	☐	☐	☐	☐

4. 그렇다면 각 방송사에서 방송되는 각 프로그램 유형을 어떻게 생각하십니까?

보 기 ① 전혀 마음에 안듬 ② 마음에 안듬 ③ 다소 마음에 안듬 ④ 다소 마음에 듬 ⑤ 어느 정도 마음에 듬 ⑥ 매우 마음에 듬

구 분	KBS-1 TV						KBS-2 TV						MBC-TV						SBS-TV(민방포함)					
	①	②	③	④	⑤	⑥	①	②	③	④	⑤	⑥	①	②	③	④	⑤	⑥	①	②	③	④	⑤	⑥
	전혀 마음에 안듬	마음에 안듬	다소 마음에 안듬	다소 마음에 듬	어느정도 마음에 듬	매우 마음에 듬	전혀 마음에 안듬	마음에 안듬	다소 마음에 안듬	다소 마음에 듬	어느정도 마음에 듬	매우 마음에 듬	전혀 마음에 안듬	마음에 안듬	다소 마음에 안듬	다소 마음에 듬	어느정도 마음에 듬	매우 마음에 듬	전혀 마음에 안듬	마음에 안듬	다소 마음에 안듬	다소 마음에 듬	어느정도 마음에 듬	매우 마음에 듬
1. 뉴스/보도	☐	☐	☐	☐	☐	☐	☐	☐	☐	☐	☐	☐	☐	☐	☐	☐	☐	☐	☐	☐	☐	☐	☐	☐
2. 드라마	☐	☐	☐	☐	☐	☐	☐	☐	☐	☐	☐	☐	☐	☐	☐	☐	☐	☐	☐	☐	☐	☐	☐	☐
3. 영화	☐	☐	☐	☐	☐	☐	☐	☐	☐	☐	☐	☐	☐	☐	☐	☐	☐	☐	☐	☐	☐	☐	☐	☐
4. 쇼/오락	☐	☐	☐	☐	☐	☐	☐	☐	☐	☐	☐	☐	☐	☐	☐	☐	☐	☐	☐	☐	☐	☐	☐	☐
5. 스포츠	☐	☐	☐	☐	☐	☐	☐	☐	☐	☐	☐	☐	☐	☐	☐	☐	☐	☐	☐	☐	☐	☐	☐	☐
6. 다큐멘터리	☐	☐	☐	☐	☐	☐	☐	☐	☐	☐	☐	☐	☐	☐	☐	☐	☐	☐	☐	☐	☐	☐	☐	☐
7. 생활정보	☐	☐	☐	☐	☐	☐	☐	☐	☐	☐	☐	☐	☐	☐	☐	☐	☐	☐	☐	☐	☐	☐	☐	☐
8. 어린이/만화	☐	☐	☐	☐	☐	☐	☐	☐	☐	☐	☐	☐	☐	☐	☐	☐	☐	☐	☐	☐	☐	☐	☐	☐

◆ *2006년 전국 소비자 행태조사* ◆

라디오 청취 행태

1. 귀하께서는 평일과 토요일, 일요일에 각각 **하루 평균** 몇시간 정도 라디오 방송을 들으십니까?

평일(월~금)	토요일	일요일
☐ 시간 ☐ 분	☐ 시간 ☐ 분	☐ 시간 ☐ 분

▶ **평일과 토요일, 일요일 모두 듣지 않을 경우에는 11페이지 '신문'[문1]로 가시오**

2. 귀하께서 라디오를 들으실 때 가장 즐겨 들으시는 프로그램은 어떤 종류입니까? **(하나만)** ☐

01) 뉴스	02) 교통정보	03) 시사/칼럼/경제
04) 교육/학습	05) 생활정보	06) 종합 와이드프로
07) 국내외 대중음악	08) 클래식음악	09) 민요/국악
10) 스포츠중계/뉴스	11) 종교	12) 기타(______)

3. 귀하께서 가장 즐겨 청취하시는 라디오 방송국 채널이 무엇인지 말씀해 주세요. **(하나만)** ☐
(FM주파수로도 나오는 AM 방송(표준 FM)을 들으시는 경우에는 원래 AM을 기준으로 응답해 주세요)

01) KBS-1 라디오(표준FM)	02) KBS-1 FM	03) KBS-2 라디오(해피FM)
04) KBS-2 FM(쿨FM)	05) KBS-3 라디오	06) MBC-AM(표준FM)
07) MBC-FM(FM4U)	08) SBS-AM(러브FM)	09) SBS-FM(파워FM)
10) TBS-FM(서울교통)	11) EBS-FM(교육)	12) CBS-AM(기독교/표준FM)
13) CBS-FM(기독교)	14) FEBC-AM/FM(극동/미션FM)	15) BBS-FM(불교)
16) DEMA-FM(국군)	17) GUGAK-FM(국악)	18) PBC-FM(평화)
19) AFN-AM	20) AFN-FM	21) K-FM(경기)
22) TBN-FM(지방교통)	23) PSB-FM(부산)	24) UBC-FM(울산)
25) TBC-FM(대구)	26) TJB-FM(대전)	27) CJB-FM(청주)
28) KBC-FM(광주)	29) JTV-FM(전주)	30) WBS-FM(원음)
31) Sunny FM(라디오 인천)	32) GTB-FM(강원)	33) JIBS-FM(제주)

3-1. 앞의 문3에서 말씀하신 라디오 채널을 즐겨 청취하는 가장 큰 이유는 무엇입니까? **(하나만)** ☐

01) 재미있어서	02) 습관적으로	
03) 광고가 없어서	04) 진행자들이 마음에 들어서	
05) 특정 프로그램을 듣기 위해서	06) 수신 음질이 좋아서	
07) 노래 선곡이 좋아서	08) 원하는 정보를 많이 제공해 주어서	
09) 뉴스가 신속해서	10) 방송참여 기회가 많아서	11) 기타 (________)

3-2. 가장 즐겨 들으시는 그 방송채널에서 가장 마음에 드는 프로그램 종류를 말씀해 주세요. **(하나만)** ☐

01) 뉴스	02) 교통정보	03) 시사/칼럼/경제
04) 교육/학습	05) 생활정보	06) 종합 와이드프로
07) 국내외 대중음악	08) 클래식음악	09) 민요/국악
10) 스포츠중계/뉴스	11) 종교	12) 기타 (________)

라디오 청취 행태

◆ 2006년 전국 소비자 행태조사 ◆

4. 귀하께서 다음 말씀드리는 라디오 방송사의 라디오 프로그램, 이미지 등 전반을 놓고 볼 때, 다음 각 라디오 방송사에 대해 어떻게 생각하십니까?

구 분	전혀 마음에 안든다 ①	마음에 안든다 ②	다소 마음에 안든다 ③	다소 마음에 든다 ④	어느 정도 마음에 든다 ⑤	매우 마음에 든다 ⑥
1. KBS 라디오	☐	☐	☐	☐	☐	☐
2. MBC 라디오	☐	☐	☐	☐	☐	☐
3. SBS 라디오	☐	☐	☐	☐	☐	☐
4. CBS(기독교방송)라디오	☐	☐	☐	☐	☐	☐
5. BBS(불교방송)라디오	☐	☐	☐	☐	☐	☐
6. PBC(평화방송)라디오	☐	☐	☐	☐	☐	☐
7. FEBC(극동방송)라디오	☐	☐	☐	☐	☐	☐

5. 이번에는 제가 말씀드리는 항목별로 가장 적합하다고 생각하시는 라디오 방송채널을 하나만 골라 ○표해 주세요.

구 분	KBS 라디오	MBC 라디오	SBS 라디오	CBS (기독교방송)	BBS (불교방송)	PBC (평화방송)	FEBC (극동방송)
1. 신뢰감을 준다 ……………	☐	☐	☐	☐	☐	☐	☐
2. 공정하다……………………	☐	☐	☐	☐	☐	☐	☐
3. 친밀감을 준다 ……………	☐	☐	☐	☐	☐	☐	☐
4. 교양적이다…………………	☐	☐	☐	☐	☐	☐	☐
5. 재미있다……………………	☐	☐	☐	☐	☐	☐	☐
6. 감동을 준다 ………………	☐	☐	☐	☐	☐	☐	☐
7. 유익한 정보를 제공한다 …	☐	☐	☐	☐	☐	☐	☐

6. 귀하께서 평소 주로 어떤 장소에서 라디오를 들으십니까? **(하나만)** ☐

1) 집　　2) 학교/직장
3) 자가교통수단　　4) 대중교통수단
5) 기 타

7. 귀하께서 평소 주로 어떤 목적으로 라디오를 들으시는지 골라 주세요. **(하나만)** ☐

1) 특별한 목적없이 습관적으로　　2) 새로운 정보나 지식을 얻기 위해
3) 교양을 쌓기 위해　　4) 하던 일을 지루하지 않게 하려고
5) 시간을 보내기 위해서　　6) 흥미, 오락을 위해서
7) 기타 (자세히 기록) ______________________

8. 귀하께서 평소 라디오를 들으실 때 채널을 바꾸게 되는 가장 큰 이유는 무엇입니까? **(하나만)** ☐

1) 거의 습관적으로　　2) 듣던 프로그램이 재미없어서　　3) 다른 프로그램을 들으려고
4) 광고를 듣기 싫어서　　5) 듣던 프로그램이 끝나서　　6) 채널을 잘 바꾸지 않는다
7) 기타

9. 귀하께서는 평소 라디오를 들으실 때 광고가 나오면 어떻게 하십니까? **(하나만)** ☐

1) 전혀 듣지 않고 다른 채널로 바로 돌린다　2) 채널을 바꾸지는 않지만 듣지도 않는다
3) 관심있는 것만 자세히 듣는다　　4) 대부분 대충 듣는 편이다
5) 자세히 전부 듣는다

10. 평소 어떤 일을 하시면서 라디오를 들으십니까? **(하나만)** ☐

1) 특별한 일을 하지 않고 라디오만 듣는다　2) 일/공부를 하면서 라디오를 듣는다
3) 책, 신문, 잡지 등을 읽으면서 듣는다　　4) 거의 하루 종일 틀어 놓고 지낸다
5) 운전하면서 듣는다　　6) 대중교통으로 이동하면서 듣는다　　7) 기타

◆ 2006년 전국 소비자 행태조사 ◆

신 문

1. 귀하께서 **하루 평균** 몇 분 정도 신문(종이신문, 무료일간지 포함)을 읽으십니까?

평일(월~금)	토요일	일요일
[ ] 시간 [ ] 분	[ ] 시간 [ ] 분	[ ] 시간 [ ] 분

▶ 평일과 토요일, 일요일 모두 읽지 않을 경우에는 다음페이지 [문12]로 가시오

2. 귀하께서 평소 가장 즐겨 읽으시는 신문 종류는 어떤 것입니까? (하나만) [ ]

1) 종합일간지 2) 경제지 3) 스포츠지
4) 영자 신문 5) 지방지 6) 특수 전문지
7) 무료일간지(메트로, 데일리포커스, am7, 스포츠한국, 데일리 줌 등)
8) 기타 9) 대중 없음

3. **하루 평균** 몇 개 정도의 신문을 보십니까?

하루 평균 [ ] 개 정도

4. 평소 신문을 읽으실 때 어떤 종류의 기사들에 가장 관심을 가지고 즐겨 읽으십니까? (하나만) [ ]

01) 종합(1면) 02) 정치 03) 경제
04) 사회 05) 문화/교양 06) 스포츠
07) 여성 08) 취미/레저 09) 지역/지방
10) TV방송 안내 11) 학습/교육 12) 독자투고
13) 연예/오락 14) 주식/재테크 15) 국제/외신
16) 사설/해설 17) 기획특집 18) 광고
19) 만화/만평 20) 소설 21) 과학기술
22) 건강/의학 23) 부동산 97) 기타
98) 대중없다 99) 모르겠다

5. 귀하께서는 평소에 주로 어떤 목적으로 신문을 읽으십니까? (하나만) [ ]

1) 특별한 목적없이 습관적으로 2) 새로운 정보나 지식을 얻기 위해
3) 교양을 쌓기 위해 4) 흥미, 오락을 위해서
5) 시간을 보내기 위해서 6) 기타

6. 귀하께서 평소 신문기사를 읽으실 때 신문광고를 보는 정도는 어떠한 편입니까? (하나만) [ ]

1) 전혀 보지 않음 2) 보지 않음 3) 별로 보지 않음
4) 대충 봄 5) 어느 정도 봄 6) 거의 다 봄

7. 귀하께서 신문을 읽으실 경우, 다음중 주로 어떤 경로로 읽게 되십니까? (하나만) [ ]
(돌려보기란 : 직접 구입하지 않고 남이 읽거나 비치된 것을 읽는 것을 뜻합니다. 무료 일간지도 포함)

1) 정기구독(집) 2) 정기구독(직장/가게) 3) 가판구매
4) 돌려보기 5) 기타 (____________)

신 문

◆ 2006년 전국 소비자 행태조사 ◆

8. 귀하께서는 최근 일주일 이내에 무료일간지를 읽으신 적이 있으십니까?

(무료일간지: 타블로이드판으로 지하철, 버스정류장 등에서 무료로 배포되는 신문. 독자의 돈을 받지 않는 대신 광고 수입으로 운영되며, 현재 메트로, am7, 데일리 포커스, 스포츠 한국, 데일리 줌 등이 있음)

☐ 1) 있다 ☐ 2) 없다 ▶ [문12]로 가시오

9. 귀하께서 무료 일간지를 보시는 가장 큰 이유는 무엇입니까? (하나만) ☐

1) 기사의 질이 일반 신문과 크게 다르지 않아서
2) 재미있는 기사가 많아서
3) 주로 버스나 지하철로 이동 중에 읽기 때문에 별도의 신문읽는 시간을 벌어주어서
4) 버스나 지하철에서 무료함을 달래기 위해 습관적으로
5) 버스나 지하철 등 붐비는 곳에서 읽기에 적당한 사이즈라서
6) 기타

10. 귀하께서는 무료 일간지를 읽게 되면서, 이전과 비교하여 일반 신문을 읽는 것에 변화가 있습니까?
(평일 기준) (하나만) ☐

1) 일반 신문을 읽는 시간이 많이 늘었다.
2) 일반 신문을 읽는 시간이 약간 늘었다
3) 변화 없다.
4) 일반 신문을 읽는 시간이 약간 줄었다.
5) 일반 신문을 읽는 시간이 많이 줄었다.

11. 귀하께서는 무료 일간지를 읽으실 때 광고를 보시는 정도는 어떠한 편입니까? (하나만) ☐

1) 전혀 보지 않음 2) 보지 않음 3) 별로 보지 않음 4) 대충 봄
5) 어느 정도 봄 6) 거의 다 봄

12. 최근 일주일 이내에 인터넷 상에서 뉴스, 신문을 읽으셨습니까?

☐ 1) 예 ☐ 2) 아니오 ▶ 다음 페이지 [문1]로 가시오

13. 그렇다면 "종이 신문의 인터넷 사이트"와 "인터넷 신문/포털사이트" 중 어느 사이트에서 주로 많이 읽으십니까?

1) 종이 신문의 인터넷 사이트 ☐ ▶ [문13-1]로 가시오
2) 인터넷신문/포털사이트 ☐ ▶ [문13-2]로 가시오

13-1. 주로 보시는 종이신문의 인터넷 사이트는 무엇입니까? (하나만) ☐

01) 경향신문	02) 국민일보	03) 동아일보	04) 문화일보
05) 서울신문	06) 세계일보	07) 조선일보	08) 중앙일보
09) 한겨레	10) 한국일보	11) 스포츠조선	12) 스포츠서울
13) 스포츠투데이	14) 굿데이	15) 일간스포츠	16) 머니투데이
17) 매일경제	18) 서울경제	19) 파이낸셜 뉴스	20) 한국경제
21) 헤럴드경제	22) 연합뉴스	23) 지방지	24) 기타

13-2. 주로 보시는 인터넷 신문이나 포털 사이트는 무엇입니까? (하나만) ☐

01) 오마이뉴스	02) 딴지일보	03) 프레시안	04) 다음
05) 네이버	06) 야후	07) 네이트	08) MSN/Hotmail
09) 파란	10) 엠파스	11) 기타	

◆ 2006년 전국 소비자 행태조사 ◆

잡 지

1. 귀하께서는 한달에 평균 몇 개의 잡지를 보십니까?
(직접 구입하지 않고 남이 주거나 두고 간 것을 읽거나 비치된 것을 읽는 것도 포함)

▶ 한달에 평균 [ ] 개 **0개인 경우에는 다음페이지 '인터넷이용' [문1]로 가세요.**

2. 귀하께서는 한번 잡지를 읽으실 때 보통 얼마나 오래 읽으십니까? **(하나만)** [ ]

1) 10분 미만 2) 10~20분 미만 3) 20~30분 미만
4) 30분~1시간 미만 5) 1~2시간 미만 6) 2시간 이상

3. 귀하께서는 평소 잡지를 어떤 경로를 통해 읽게 되십니까? **(하나만)** [ ]
(돌려보기란 : 직접 구입하지 않고 남이 읽거나 비치된 것을 읽는 것을 뜻합니다)

1) 정기구독 2) 직접구입
3) 돌려보기 4) 대여점에서 대여해서

4. 귀하께서 평소 가장 즐겨 읽으시는 잡지는 어떤 유형인지 말씀해 주세요. **(하나만)** [ ]

01) 경제주간지 02) 시사주간지 03) 영화/연예주간지
04) 시사/교양월간지 05) 여성월간지 06) 컴퓨터/과학지
07) 경제/경영월간지 08) 학생/아동월간지 09) 예술문화월간지
10) 골프/스포츠지 11) 등산/낚시/여행지 12) 자동차지
13) 비디오/오디오 14) 만화지 15) 패션/섬유지
16) 외국어 학습지 17) 식품요식업지 18) 유통/상품지
19) 생활문화정보지 20) 육아/유아지 97) 기타
98) 없다 99) 모르겠다

5. 귀하께서는 평소에 주로 어떤 목적으로 잡지를 읽으시는지 골라 주세요. **(하나만)** [ ]

1) 특별한 목적없이 습관적으로 2) 새로운 정보나 지식을 얻기 위해
3) 교양을 쌓기 위해 4) 흥미, 오락을 위해서
5) 시간을 보내기 위해서 6) 광고를 보려고
7) 기타 (____________)

6. 귀하께서 잡지를 읽으실 때 전체적으로 잡지광고를 보는 정도는 어떠한 편입니까? **(하나만)** [ ]

1) 전혀 보지 않음 2) 보지 않음 3) 별로 보지 않음
4) 대충 봄 5) 어느 정도 봄 6) 거의 다 봄

인터넷 이용

◆ 2006년 전국 소비자 행태조사 ◆

1. 귀댁에 컴퓨터가 있습니까?

☐ 1) 예 ☐ 2) 아니오 ▶ [문2]로 가시오

1-1. 컴퓨터를 주로 이용하시는 분은 어느 분이십니까? (하나만) ☐

1) 본인 2) 배우자 3) 자녀
4) 부모 5) 형제 자매 6) 기타

2. 귀하께서는 현재 인터넷을 이용하고 계십니까?

☐ 1) 이용하고 있음 ☐ 2) 이용하고 있지 않음 ▶ 17페이지 매체비교 [문1]로 가시오

3. 귀하께서는 일주일에 총 몇 시간 정도 인터넷을 이용하십니까?

일주일 총 ☐ 시간 정도

4. 귀하께서 주로 인터넷을 이용하시는 장소는 어느 곳입니까? (하나만) ☐

1) 집 2) 학교/직장 3) 인터넷 PC/게임방
4) 공공장소(도서관 등) 5) 기타

5. 인터넷을 주로 이용하시는 목적은 무엇입니까? (하나만) ☐

01) E-Mail 02) 정보검색 03) 동호회 활동(까페 등)
04) 네트워크 게임/오락 05) 채팅 06) 홈뱅킹
07) 증권/주식거래 08) 개인 홈페이지 접속/관리(블로그 포함) 09) 인터넷 쇼핑
10) 경품행사 응모 11) 자료 다운로드(MP3, 동영상 애니메이션,쿠폰 등)
12) 기타 (____________)

6. 인터넷에서 주로 이용하는 정보는 무엇입니까? (하나만) ☐

01) 뉴스 02) 게임정보 03) 음악정보
04) TV/연예정보 05) 영화/연극/공연정보 06) 도서정보
07) 레저/여행정보 08) 스포츠정보 09) 컴퓨터정보
10) 교육/학술정보 11) 기업정보 12) 구매/쇼핑정보
13) 성인정보 14) 건강/의료정보 15) 금융/증권정보
16) 부동산정보 17) 육아/여성정보 18) 취업정보
19) 기타 (________________________)

7. 인터넷 사이트에 대한 정보는 주로 어디에서 얻습니까? (하나만) ☐

01) 광고 02) TV 프로그램 03) 라디오 프로그램
04) 신문 기사 05) 잡지 기사 06) 검색엔진
07) 이용 중인 서비스 08) 이용 중인 웹 사이트 09) 주위의 소개/추천 10) 기타

7-1. ([문7]에 '01)광고'라고 답한 응답자만) 구체적으로 어떤 광고매체를 통해 인터넷 사이트에 대한 정보를 얻습니까? (하나만) ☐

1) TV광고 2) 신문광고 3) 라디오광고
4) 잡지광고 5) 인터넷 광고 6) 버스/지하철 광고
7) 기타 (____________________)

◆ 2006년 전국 소비자 행태조사 ◆

인터넷 이용

8. 인터넷 쇼핑몰에서 물건을 구입해 보신 적이 있습니까?

☐ 1) 예 ▶ [문8-1]로
☐ 2) 아니오 ▶ [문8-3]으로

8-1. (인터넷 쇼핑몰에서 물건을 구입해본 응답자만) 어떤 품목을 구입해 보셨습니까? **(모두)**

☐ 01) 의류	☐ 02) 가방	☐ 03) 전자제품(가전/디지털카메라/휴대폰 등)
☐ 04) 컴퓨터 및 주변기기	☐ 05) 소프트웨어	☐ 06) 음반
☐ 07) 서적(책)	☐ 08) 가구 및 인테리어 제품	☐ 09) 영화/공연 티켓
☐ 10) 식품	☐ 11) 스포츠용품	☐ 12) 꽃배달 서비스
☐ 13) 화장품	☐ 14) 아동용품	☐ 15) 생활용품
☐ 16) 자동차용품	☐ 17) 보석/악세사리류	☐ 18) 기타 (________________)

8-2. 인터넷에서 물품을 구입하시는 가장 큰 이유는 무엇입니까? **(하나만)** ☐

01) 가격이 저렴해서	02) 구하기 어려운 물건을 구입할 수 있어서	
03) 상품 질이 우수해서	04) 매장에 직접 가지 않아도 되어서	
05) 상품이 다양해서	06) 여러 물건들을 비교해 볼 수 있어서	
07) 시간이 절약돼서	08) 어느 시간대든지 이용할 수 있어서	
09) 호기심으로	10) 주위의 권유로	11) 기타 (____________________)

8-3. (인터넷 쇼핑몰에서 물건을 구입해 보지 않은 응답자만)인터넷 쇼핑몰을 통해서 물건을 구입해 보시지 않은 이유는 무엇입니까? **(하나만)** ☐

01) 이용할 줄 몰라서	02) 개인 정보가 유출될 수 있어서	03) 해당 상품을 직접 확인해 볼 수가 없어서
04) 배달기간이 길어서	05) 쇼핑하는 재미가 없어서	06) 상품이 다양하지 않아서
07) 신용카드 보안문제/신용카드가 없어서	08) 상품을 믿을 수 없어서/ 정상 제품이 아닐 것 같아서	
09) 기타 (________________)		

9. 귀하께서는 최근 3개월 이내 인터넷을 통해 KBS-1TV, KBS-2TV, MBC, SBS(민방포함), EBS 프로그램을 시청하신 적이 있습니까?

☐ 1) 예 ☐ 2) 아니오 ▶ **(다음 페이지 [문10]으로 가시오)**

9-1. 귀하께서 인터넷을 통해 가장 자주 보시는 지상파 TV 채널은 무엇입니까? **(하나만)** ☐

1) KBS-1TV 및 2TV 2) MBC 3) SBS (민방 포함) 4) EBS

9-2. 귀하께서는 인터넷을 통해 지상파 TV를 얼마나 자주 보십니까? ☐

1) 거의 매일	2) 일주일에 3~4번	3) 일주일에 두번
4) 일주일에 한번	5) 2~3주에 한번	6) 한 달에 한번 정도
7) 2~3달에 한번정도	8) 이보다 드물게	

9-3. 귀하께서 인터넷을 통해 가장 즐겨보시는 지상파 TV 프로그램은 어떤 종류입니까? **(하나만)** ☐

1) 뉴스/보도	2) 다큐멘터리	3) 드라마
4) 영화	5) 어린이/만화	6) 쇼/오락
7) 생활정보	8) 토크쇼	9) 스포츠
10) 코미디	11) 기타	

9-4. 귀하께서 인터넷을 통해 지상파TV를 시청하시는 가장 큰 이유는 무엇입니까? **(하나만)** ☐

1) 못 본 것을 보기 위해서 2) 본 것을 다시 보기 위해서 3) 실시간 TV방송을 보기 위해서

인터넷 이용

10. 귀하께서는 최근 3개월 이내에 인터넷을 통해 지상파 라디오 프로그램을 들으신 적이 있습니까?

☐ 1) 예 ☐ 2) 아니오 ▶ **(다음 페이지 매체비교 [문1]로 가시오)**

10-1. 귀하께서 인터넷을 통해 가장 자주 들으시는 라디오 채널은 다음중 무엇인지 골라 주세요. **(하나만)** ☐

01) KBS-1 라디오(표준FM) 02) KBS-1 FM
03) KBS-2 라디오(해피FM) 04) KBS-2 FM(쿨FM)
05) KBS-3 라디오 06) MBC-AM(표준FM)
07) MBC-FM(FM4U) 08) SBS-AM(러브FM)
09) SBS-FM(파워FM) 10) TBS-FM(서울교통)
11) EBS-FM(교육) 12) CBS-AM(기독교/표준FM)
13) CBS-FM(기독교) 14) FEBC-AM/FM(극동/미션FM)
15) BBS-FM(불교) 16) DEMA-FM(국군)
17) GUGAK-FM(국악) 18) PBC-FM(평화)
19) K-FM(경기) 20) TBN-FM(지방교통)
21) PSB-FM(부산) 22) UBC-FM(울산)
23) TBC-FM(대구) 24) TJB-FM(대전)
25) CJB-FM(청주) 26) KBC-FM(광주)
27) JTV-FM(전주) 28) WBS-FM(원음)
29) Sunny FM(라디오 인천) 30) GTB-FM(강원)

10-2. 귀하께서는 인터넷을 통해 지상파 라디오를 얼마나 자주 들으십니까? ☐

1) 거의 매일 2) 일주일에 3~4번
3) 일주일에 두번 4) 일주일에 한번
5) 2~3주에 1번 6) 한 달에 한번 정도
7) 2~3달에 한번정도 8) 이보다 드물게

10-3. 귀하께서 인터넷을 통해 라디오를 들으시는 이유는 무엇때문입니까? **(하나만)** ☐

1) 못 들은 것을 듣기 위해 2) 들은 것을 다시 듣기 위해서
3) 실시간 라디오 방송을 듣기 위해서 4) '보이는 라디오'를 보기 위해서
5) 기타

◆ 2006년 전국 소비자 행태조사 ◆

매체 비교

1. 평소 다음의 6대 매체들을 접하실때 어느정도나 관심을 가지시는지요?
   귀하께서 관심을 갖고 접하시는 정도를 각각 매체별로 말씀해 주세요. 해당되는 칸에 표시해 주세요

TV						라디오						신문						잡지						인터넷						케이블/위성					
전혀 관심 없음 ①	관심 없음 ②	다소 관심 없음 ③	다소 관심 있음 ④	관심 있음 ⑤	매우 관심 있음 ⑥	전혀 관심 없음 ①	관심 없음 ②	다소 관심 없음 ③	다소 관심 있음 ④	관심 있음 ⑤	매우 관심 있음 ⑥	전혀 관심 없음 ①	관심 없음 ②	다소 관심 없음 ③	다소 관심 있음 ④	관심 있음 ⑤	매우 관심 있음 ⑥	전혀 관심 없음 ①	관심 없음 ②	다소 관심 없음 ③	다소 관심 있음 ④	관심 있음 ⑤	매우 관심 있음 ⑥	전혀 관심 없음 ①	관심 없음 ②	다소 관심 없음 ③	다소 관심 있음 ④	관심 있음 ⑤	매우 관심 있음 ⑥	전혀 관심 없음 ①	관심 없음 ②	다소 관심 없음 ③	다소 관심 있음 ④	관심 있음 ⑤	매우 관심 있음 ⑥
□	□	□	□	□	□	□	□	□	□	□	□	□	□	□	□	□	□	□	□	□	□	□	□	□	□	□	□	□	□	□	□	□	□	□	□

2. 제가 말씀 드리는 항목별로 각 매체에 대해 동의하시는 정도를 말씀해 주세요

	TV						라디오						신문					
구분	전혀 아니다 ①	아니다 ②	약간 아니다 ③	약간 그렇다 ④	그렇다 ⑤	매우 그렇다 ⑥	전혀 아니다 ①	아니다 ②	약간 아니다 ③	약간 그렇다 ④	그렇다 ⑤	매우 그렇다 ⑥	전혀 아니다 ①	아니다 ②	약간 아니다 ③	약간 그렇다 ④	그렇다 ⑤	매우 그렇다 ⑥
1. 재미있다	□	□	□	□	□	□	□	□	□	□	□	□	□	□	□	□	□	□
2. 신뢰감을 준다	□	□	□	□	□	□	□	□	□	□	□	□	□	□	□	□	□	□
3. 교양적이다	□	□	□	□	□	□	□	□	□	□	□	□	□	□	□	□	□	□
4. 공정하다	□	□	□	□	□	□	□	□	□	□	□	□	□	□	□	□	□	□
5. 신속하다	□	□	□	□	□	□	□	□	□	□	□	□	□	□	□	□	□	□
6. 유익한 정보를 제공한다	□	□	□	□	□	□	□	□	□	□	□	□	□	□	□	□	□	□

	잡지						인터넷						케이블/위성					
구분	전혀 아니다 ①	아니다 ②	약간 아니다 ③	약간 그렇다 ④	그렇다 ⑤	매우 그렇다 ⑥	전혀 아니다 ①	아니다 ②	약간 아니다 ③	약간 그렇다 ④	그렇다 ⑤	매우 그렇다 ⑥	전혀 아니다 ①	아니다 ②	약간 아니다 ③	약간 그렇다 ④	그렇다 ⑤	매우 그렇다 ⑥
1. 재미있다	□	□	□	□	□	□	□	□	□	□	□	□	□	□	□	□	□	□
2. 신뢰감을 준다	□	□	□	□	□	□	□	□	□	□	□	□	□	□	□	□	□	□
3. 교양적이다	□	□	□	□	□	□	□	□	□	□	□	□	□	□	□	□	□	□
4. 공정하다	□	□	□	□	□	□	□	□	□	□	□	□	□	□	□	□	□	□
5. 신속하다	□	□	□	□	□	□	□	□	□	□	□	□	□	□	□	□	□	□
6. 유익한 정보를 제공한다	□	□	□	□	□	□	□	□	□	□	□	□	□	□	□	□	□	□

3. 이번에는 아래의 내용별로 6대 매체의 광고들이 어느정도 효과가 있다고 생각하시는지요?
   소비자의 관점에서 귀하께서 각 매체별로 동의하시는 정도를 말씀해 주세요.

	TV						라디오						신문					
구분	전혀 아니다 ①	아니다 ②	약간 아니다 ③	약간 그렇다 ④	그렇다 ⑤	매우 그렇다 ⑥	전혀 아니다 ①	아니다 ②	약간 아니다 ③	약간 그렇다 ④	그렇다 ⑤	매우 그렇다 ⑥	전혀 아니다 ①	아니다 ②	약간 아니다 ③	약간 그렇다 ④	그렇다 ⑤	매우 그렇다 ⑥
1. 신제품에 대한 정보를 알 수 있다	□	□	□	□	□	□	□	□	□	□	□	□	□	□	□	□	□	□
2. 제품의 특성을 알 수 있다	□	□	□	□	□	□	□	□	□	□	□	□	□	□	□	□	□	□
3. 기업, 제품이나 상표를 오래 기억하게 한다	□	□	□	□	□	□	□	□	□	□	□	□	□	□	□	□	□	□
4. 기업, 제품에 대해 좋은 이미지를 갖게 한다	□	□	□	□	□	□	□	□	□	□	□	□	□	□	□	□	□	□

	잡지						인터넷						케이블/위성					
구분	전혀 아니다 ①	아니다 ②	약간 아니다 ③	약간 그렇다 ④	그렇다 ⑤	매우 그렇다 ⑥	전혀 아니다 ①	아니다 ②	약간 아니다 ③	약간 그렇다 ④	그렇다 ⑤	매우 그렇다 ⑥	전혀 아니다 ①	아니다 ②	약간 아니다 ③	약간 그렇다 ④	그렇다 ⑤	매우 그렇다 ⑥
1. 신제품에 대한 정보를 알 수 있다	□	□	□	□	□	□	□	□	□	□	□	□	□	□	□	□	□	□
2. 제품의 특성을 알 수 있다	□	□	□	□	□	□	□	□	□	□	□	□	□	□	□	□	□	□
3. 기업, 제품이나 상표를 오래 기억하게 한다	□	□	□	□	□	□	□	□	□	□	□	□	□	□	□	□	□	□
4. 기업, 제품에 대해 좋은 이미지를 갖게 한다	□	□	□	□	□	□	□	□	□	□	□	□	□	□	□	□	□	□

매체 비교

◆ 2006년 전국 소비자 행태조사 ◆

4. 제가 말씀드리는 항목별로 각 매체의 광고에 대해 동의하시는 정도를 말씀해 주세요.

구분	TV						라디오						신문					
	전혀 아니다 ①	아니다 ②	약간 아니다 ③	약간 그렇다 ④	그렇다 ⑤	매우 그렇다 ⑥	전혀 아니다 ①	아니다 ②	약간 아니다 ③	약간 그렇다 ④	그렇다 ⑤	매우 그렇다 ⑥	전혀 아니다 ①	아니다 ②	약간 아니다 ③	약간 그렇다 ④	그렇다 ⑤	매우 그렇다 ⑥
1. 구입할 때 도움이 된다	□	□	□	□	□	□	□	□	□	□	□	□	□	□	□	□	□	□
2. 사고싶은 충동을 느끼게 한다	□	□	□	□	□	□	□	□	□	□	□	□	□	□	□	□	□	□
3. 재미있다	□	□	□	□	□	□	□	□	□	□	□	□	□	□	□	□	□	□
4. 감각적이다	□	□	□	□	□	□	□	□	□	□	□	□	□	□	□	□	□	□
5. 화제거리를 만든다	□	□	□	□	□	□	□	□	□	□	□	□	□	□	□	□	□	□
6. 기억에 오래 남는다	□	□	□	□	□	□	□	□	□	□	□	□	□	□	□	□	□	□
7. 광고 때문에 제품을 산 적이 있다	□	□	□	□	□	□	□	□	□	□	□	□	□	□	□	□	□	□

구분	잡지						인터넷						케이블/위성					
	전혀 아니다 ①	아니다 ②	약간 아니다 ③	약간 그렇다 ④	그렇다 ⑤	매우 그렇다 ⑥	전혀 아니다 ①	아니다 ②	약간 아니다 ③	약간 그렇다 ④	그렇다 ⑤	매우 그렇다 ⑥	전혀 아니다 ①	아니다 ②	약간 아니다 ③	약간 그렇다 ④	그렇다 ⑤	매우 그렇다 ⑥
1. 구입할 때 도움이 된다	□	□	□	□	□	□	□	□	□	□	□	□	□	□	□	□	□	□
2. 사고싶은 충동을 느끼게 한다	□	□	□	□	□	□	□	□	□	□	□	□	□	□	□	□	□	□
3. 재미있다	□	□	□	□	□	□	□	□	□	□	□	□	□	□	□	□	□	□
4. 감각적이다	□	□	□	□	□	□	□	□	□	□	□	□	□	□	□	□	□	□
5. 화제거리를 만든다	□	□	□	□	□	□	□	□	□	□	□	□	□	□	□	□	□	□
6. 기억에 오래 남는다	□	□	□	□	□	□	□	□	□	□	□	□	□	□	□	□	□	□
7. 광고 때문에 제품을 산 적이 있다	□	□	□	□	□	□	□	□	□	□	□	□	□	□	□	□	□	□

◆ 2006년 전국 소비자 행태조사 ◆

광고매체 비교

1. 제가 말씀드리는 다음의 광고들을 평소에 얼마나 자주 접하시게 되는지와 관심을 어느정도 가지시는지 그 정도를 말씀해 주세요

보 기 ① 전혀 없음 ② 거의 없음 ③ 별로 없음 ④ 어느 정도 있음 ⑤ 자주 있음 ⑥ 매우 있음

구 분	접촉빈도 ① 전혀 없음	② 거의 없음	③ 별로 없음	④ 어느 정도 있음	⑤ 자주 있음	⑥ 매우 있음	관심갖는 정도 ① 전혀 없음	② 거의 없음	③ 별로 없음	④ 어느정도있음	⑤ 자주있음	⑥ 매우 있음
1. TV 광고	☐	☐	☐	☐	☐	☐	☐	☐	☐	☐	☐	☐
2. 라디오 광고	☐	☐	☐	☐	☐	☐	☐	☐	☐	☐	☐	☐
3. 신문 광고	☐	☐	☐	☐	☐	☐	☐	☐	☐	☐	☐	☐
4. 잡지 광고	☐	☐	☐	☐	☐	☐	☐	☐	☐	☐	☐	☐
5. 인터넷광고(e-mail제외)	☐	☐	☐	☐	☐	☐	☐	☐	☐	☐	☐	☐
6. 케이블TV에 나오는 광고	☐	☐	☐	☐	☐	☐	☐	☐	☐	☐	☐	☐
7. 위성방송에 나오는 광고	☐	☐	☐	☐	☐	☐	☐	☐	☐	☐	☐	☐
8. 건물옥상/벽면의 옥외간판광고	☐	☐	☐	☐	☐	☐	☐	☐	☐	☐	☐	☐
9. 건물옥상/벽면의 옥외 동영상이 나오는 칼라비젼 광고	☐	☐	☐	☐	☐	☐	☐	☐	☐	☐	☐	☐
10. 지하철 전동차 안의 광고(동영상 칼라비젼 광고 포함)	☐	☐	☐	☐	☐	☐	☐	☐	☐	☐	☐	☐
11. 지하철역 구내의 광고(동영상 칼라비젼 광고 포함)	☐	☐	☐	☐	☐	☐	☐	☐	☐	☐	☐	☐
12. 버스안/옆면의 광고	☐	☐	☐	☐	☐	☐	☐	☐	☐	☐	☐	☐
13. 버스정거장에 부착된 광고	☐	☐	☐	☐	☐	☐	☐	☐	☐	☐	☐	☐
14. 전단지(찌라시)형태의 광고	☐	☐	☐	☐	☐	☐	☐	☐	☐	☐	☐	☐
15. 우편물(DM)로 오는 광고	☐	☐	☐	☐	☐	☐	☐	☐	☐	☐	☐	☐

2. 귀하께서 보신 광고 중에서 가장 기억에 남는 광고는 어떤 광고였는지요? 이름을 구체적으로 말씀해 주세요.

(기억이 안 나면 내용으로) **(하나만)** 기억나는 광고 ( ) ☐

2-1. 귀하께서 가장 좋아하시는 광고모델을 **한 사람만** 말씀해 주세요. 광고 모델 = (________________) ☐

3. 평소 제가 말씀드리는 광고 유형에 대해서 어느 정도 마음에 들어하시는지 보기 중에서 귀하의 생각과 일치하는 정도를 골라 주세요.

보 기 ① 전혀 마음에 안듬 ② 마음에 안듬 ③ 다소 마음에 안듬 ④ 다소 마음에 듬 ⑤ 마음에 듬 ⑥ 매우 마음에 듬

구 분	마음에 드는 정도 ① 전혀 마음에 안듬	② 마음에 안듬	③ 다소 마음에 안듬	④ 다소 마음에 듬	⑤ 마음에 듬	⑥ 매우 마음에 듬
1. 유머가 있어서 재미있는 광고	☐	☐	☐	☐	☐	☐
2. 전통이나 인간적 유대감을 강조하는 광고	☐	☐	☐	☐	☐	☐
3. 유아들이나 어린이들이 등장하는 광고	☐	☐	☐	☐	☐	☐
4. 일반 소비자가 등장하는 광고	☐	☐	☐	☐	☐	☐
5. 동물이 등장하는 광고	☐	☐	☐	☐	☐	☐
6. 애니메이션이나 만화가 나오는 광고	☐	☐	☐	☐	☐	☐
7. 사회저명인사가 나오는 광고	☐	☐	☐	☐	☐	☐
8. 유명 연예인이 나오는 광고	☐	☐	☐	☐	☐	☐
9. 외국의 탤런트/스포츠 스타가 나오는 광고	☐	☐	☐	☐	☐	☐
10. 성적인 느낌을 강조하는 광고	☐	☐	☐	☐	☐	☐
11. 경쟁제품과 자기제품을 비교하는 광고	☐	☐	☐	☐	☐	☐
12. 제품의 이미지만을 강조하는 광고	☐	☐	☐	☐	☐	☐
13. 제품의 내용만을 강조하는 광고	☐	☐	☐	☐	☐	☐
14. 무슨 광고인지 알 수 없게 하여 호기심을 자극하는 광고	☐	☐	☐	☐	☐	☐

광고매체 비교

4. 평소에 TV에서 나오는 다음의 광고들에 어느 정도 관심을 가지시는지 그 정도를 말씀해 주세요

보 기 ① 전혀관심 없음 ② 거의관심 없음 ③ 별로관심 없음 ④ 어느 정도 관심 있음 ⑤ 관심 있음 ⑥ 매우 관심 있음

구 분	관심 갖는 정도					
	① 전혀 관심 없음	② 거의관심없음	③ 별로 관심없음	④ 어느 정도 관심 있음	⑤ 관심 있음	⑥ 매우관심있음
1. 음료 광고	☐	☐	☐	☐	☐	☐
2. 스낵/아이스크림 등 제과 광고	☐	☐	☐	☐	☐	☐
3. 우유 및 유제품 광고	☐	☐	☐	☐	☐	☐
4. 라면/커피 등 식품 광고	☐	☐	☐	☐	☐	☐
5. 맥주/전통주 등 술 광고	☐	☐	☐	☐	☐	☐
6. 샴푸/세제 등 생활용품 광고	☐	☐	☐	☐	☐	☐
7. 화장품 광고	☐	☐	☐	☐	☐	☐
8. 자동차 광고	☐	☐	☐	☐	☐	☐
9. 의약품 광고	☐	☐	☐	☐	☐	☐
10. 냉장고/TV 등 전자제품 광고	☐	☐	☐	☐	☐	☐
11. 컴퓨터 및 주변 기기 광고	☐	☐	☐	☐	☐	☐
12. 휴대폰/이동전화 서비스 광고	☐	☐	☐	☐	☐	☐
13. 초고속 통신 서비스 광고	☐	☐	☐	☐	☐	☐
14. 가구 광고	☐	☐	☐	☐	☐	☐
15. 의류 광고	☐	☐	☐	☐	☐	☐
16. 은행/카드/증권/보험 등 금융광고	☐	☐	☐	☐	☐	☐
17. 학습 관련 제품 광고 (학습지 및 교재 등)	☐	☐	☐	☐	☐	☐
18. 아파트 광고	☐	☐	☐	☐	☐	☐
19. 디지털 기기 광고 (디지털 카메라 등)	☐	☐	☐	☐	☐	☐
20. 패밀리레스토랑/패스트푸드/피자 등 외식 브랜드 광고	☐	☐	☐	☐	☐	☐
21. 공익 광고	☐	☐	☐	☐	☐	☐

정보유형별 선호매체

1. 귀하께서는 다음에 대한 정보를 얻기 위해, TV, 신문, 라디오, 잡지, 인터넷 중에서 어느 매체를 주로 이용하시는 편인가요? 가장 많이 이용하시는 것을 하나만 말씀해 주세요.

구 분	TV	신문	잡지	라디오	인터넷	케이블/위성
1. 정치 ································	☐	☐	☐	☐	☐	☐
2. 경제(경제일반, 증권동향, 재테크 등)···	☐	☐	☐	☐	☐	☐
3. 사회(이슈,사건/사고 등) ···	☐	☐	☐	☐	☐	☐
4. 문화/레저 ······················	☐	☐	☐	☐	☐	☐
5. 기술/IT정보/컴퓨터 ········	☐	☐	☐	☐	☐	☐
6. 제품정보/쇼핑 관련 ········	☐	☐	☐	☐	☐	☐
7. 생활(살림, 육아정보 등)/교육 ···	☐	☐	☐	☐	☐	☐
8. TV 프로그램/연예정보······	☐	☐	☐	☐	☐	☐

◆ 2006년 전국 소비자 행태조사 ◆

DMB

1. 귀하께서는 DMB 서비스를 들어보거나 알고 계신지요?

☐ 1) 예 ☐ 2) 아니오

DMB는 이동멀티미디어방송으로서 이동 중 TV, 라디오, 데이터 방송 등을 보거나 들을 수 있는 서비스입니다.
DMB에는 위성DMB와 지상파DMB의 두 종류가 있습니다.
■ 위성DMB
- 위성을 이용하여 전국에서 최대 37개(TV 11개, 라디오 26개)채널 시청 가능
- 지상파방송의 콘텐츠 일부 시청 가능 - 이용료 : 가입비 2만원, 사용료 월 1만3천원
■ 지상파DMB
- 지역별로 최대 28개(TV 7개, 라디오 13개, 데이터 8개) 채널시청 가능
- 지상파방송의 콘텐츠 80%이상 시청 가능(수도권 한정, 지방은 2007년부터 시청 가능) - 이용료 무료

2. 귀하께서는 DMB 서비스를 이용하고 있습니까? (하나만)

☐ 1) 현재 이용하고 있다 → [문3]으로 가시오
☐ 2) 현재는 이용하고 있지 않지만, 향후 이용할 의향이 있다 → [문3]으로 가시오
☐ 3) 현재 이용하고 있지 않으며, 앞으로도 이용하지 않을 것이다 → [문2-1]로 가시오

2-1. 귀하께서 DMB 서비스를 이용하고 싶지 않은 이유는 무엇입니까? ☐ ▶ 응답후 인구학적 특성으로 가시오)

1) 볼만한 내용이 없을것 같아서/컨텐츠가 부족해서
2) 서비스가 되지 않는 지역이 많아서
3) TV 등 방송을 즐겨보지 않아서
4) 사이즈가 작은 화면으로 보고 싶지 않아서
5) DMB가 가능한 단말기를 원하지 않아서
6) 이용 요금이 부담스러워서
7) 기타 ( )

3. 귀하께서는 현재 어떤 DMB 서비스를 이용하고 있습니까?
또, 향후 이용하신다면 어떤 DMB 서비스를 이용하실 예정입니까? **(복수응답가능)**

☐ 1) 위성 DMB ☐ 2) 지상파 DMB ▶ [문3-1]로 가시오

3-1. (현재 지상파 DMB 이용자만 응답하세요-[문2]에서 1번, [문3]에서 2번 응답자만)
지상파 DMB 채널 중 가장 선호하는 채널은 무엇입니까?

☐ 1) KBS/SBS/MBC 등 기존 지상파 3사 ☐ 2) YTN ☐ 3) 신규채널(U1, 1 to 1)

4. 귀하께서는 현재 DMB 서비스 중 어떤 채널을 주로 이용하십니까? 또, 향후 이용하신다면 어떤 채널을 주로 이용하실 예정입니까? **(하나만)** ☐

1) TV방송 2) 라디오 방송 3) 데이터 방송 (문자,숫자 등 데이터위주의 방송서비스:교통,증권정보 등)

5. 귀하께서는 현재 어떤 DMB 단말기를 사용하고 있습니까?
또, 향후 사용하신다면 어떤 형태의 단말기를 이용하실 것 같습니까? **(복수응답가능)**

☐ 1) 휴대폰과 겸용할 수 있는 단말기
☐ 2) 차량에 부착되어 있는 단말기
☐ 3) PC(노트북 포함)와 겸용할 수 있는 단말기
☐ 4) 기타 (전용 단말기, 디지털 카메라 등)

6. 귀하께서는 주로 어떤 장소에서 DMB 서비스를 이용하고 있습니까?
또, 향후 이용하신다면 어떤 장소에서 주로 이용하실 것 같습니까? **(하나만)** ☐

1) 교통수단 이용시 2) 학교 3) 집 4) 사무실
5) 공공장소 6) 기타( )

7. 귀하께서는 하루에 DMB 서비스를 얼마나 이용하십니까? 또, 향후 이용하신다면 얼마나 이용하실 것 같습니까? **(하나만)** ☐
1) 30분 이내 2) 30분~1시간미만 3) 1시간~2시간미만 4) 2시간 이상

DMB

◆ 2006년 전국 소비자 행태조사 ◆

8. 귀하께서는 다음의 DMB 서비스를 한번 이용하실 때 몇 분 가량 이용하십니까?
또, 향후 이용하신다면 한번 이용하실 때 대체로 몇 분 가량 이용하실 것 같습니까? TV [ ] 라디오 [ ]

TV방송	① 10분 이내	② 10분~30분 이내	③ 30분~50분 이내	④ 50분 이상
라디오방송	① 10분 이내	② 10분~30분 이내	③ 30분~50분 이내	④ 50분 이상

9. 귀하께서는 현재 어떤 시간대에 DMB 를 많이 이용하고 있습니까? 또, 향후 이용하실 경우, 어느 시간대에 가장 많이 이용하시겠습니까? 많이 이용하시는(이용하실) 시간대 5개를 순서대로 1~5까지 직접 표시해 주십시오 (많이 이용하는 시간대가 5개 미만일 경우는 이용하는 만큼만 표시해 주세요)

코드	시 간 대	순서표기
1	아침 시간 (오전 6시~ 7시)	[ ]
2	출근 시간 (오전 7시~10시)	[ ]
3	오전 시간 (오전 10시~12시)	[ ]
4	점심 시간 (오후 12시~ 2시)	[ ]
5	오후 시간 (오후 2시~ 6시)	[ ]
6	퇴근 시간 (오후 6시~ 8시)	[ ]
7	저녁 시간 (오후 8시~10시)	[ ]
8	밤 시간 (오후 10시~자정)	[ ]
9	심야 시간 (자정~오전 6시)	[ ]

10. 귀하께서는 현재 DMB의 콘텐츠 중 어떤 것을 주로 이용하십니까?
또, 향후 이용하신다면 어떤 것을 주로 이용하실 예정입니까? **(하나만)** [ ]

1) 드라마 2) 뉴스 3) 음악
4) 교통 정보 5) 영어방송 6) 증권/경제
7) 문화, 예술,레저 8) 영화 9) 스포츠
10) 오락프로 (토크쇼/ 코미디) 11) 기타(____________)

11. 귀하께서는 DMB 서비스 이용 중 광고가 나오면 어떻게 하시겠습니까? **(하나만)** [ ]

1) 대체로 자세히 본다
2) 대충 본다
3) 관심있는 것만 자세히 본다
4) 채널을 바꾸지는 않지만 보지도 않는다
5) 전혀 보지 않고 곧바로 다른 채널로 바꾼다

12. 향후 지상파 DMB 서비스에서 가장 시급히 해결해야 할 과제는 무엇이라고 생각하세요? **(하나만)** [ ]

1) 전국방송(수도권 뿐만아니라 전국에서 시청 가능해야 함)
2) 음영 지역 해소(지하철, 지하 등에서 이용이 가능해야 함)
3) 컨텐츠 보강 4) 기타

◆ 2006년 전국 소비자 행태조사 ◆

인구사회적 특성

※ 마지막으로 통계처리를 위해 몇 가지만 더 여쭈어 보겠습니다.

1. 귀하께서는 현재 무슨일을 하고 계십니까? (자세히 기록해 주세요) [ ]

01) 주부(일정 직업없이 가사/육아 생활에 종사)
02) 학생(중고등, 대학, 대학원생)
03) 무직(일정 직업이 없는 자)

[행정관료직]
04) 경영자(종업원 20인 이상)
05) 행정, 관리 공무원, 군인/경찰(5급이상 공무원)
06) 회사원1(부장이상)
07) 회사원2(100인 이상 회사의 과장/차장급)

[전 문 직]
08) 대학교수(시간강사 이상)
09) 교사(초, 중, 고교, 특수학교 정식교사)
10) 의사, 한의사, 약사, 간호사
11) 변호사, 판사, 검사, 변리사, 회계/세무사
12) 종교, 언론, 예술, 체육 관련 종사자
13) 기술전문가(건축, 컴퓨터, 디자인, 항공, 항해 전문가)

[사 무 직]
14) 회사원(100인 미만 회사의 차장/과장/대리/사원)
15) 회사원(100인 이상 회사의 대리/사원)
16) 일반공무원(6급이하)
17) 시민/사회 단체, 정당 종사자

[판매, 서비스직]
18) 자영업(가게/상점 주인, 개인택시 기사)
19) 소자본 경영자(종업원 20인 미만 업체 경영)
20) 매장 판매 직원, 방문 판매원, 상품 중개인
21) 서비스직(학원강사, 학습지교사, 미용사, 음식점, 레저 관련 종사자 등)

[기능/노무직]
22) 기능직(운전기사, 생산직 근로자, 기능공, 기계정비/설치 등)
23) 노무직(청소/세탁 종사자, 수위/관리인, 파출부, 일용 노무직 등)

[농림수산업]
24) 농업, 축산업, 원예업
25) 수산업, 양식업
26) 광업

98) 기타 (자세히 기록)

____

2. 귀하의 최종 학력은? [ ]

01) 정규교육 없음	02) 초등학교 졸업	03) 중학교 졸업
04) 고등학교 졸업	05) 전문대학 졸업	06) 대학교 졸업
07) 대학원 졸업	08) 중학교 재학	09) 고등학교 재학
10) 전문대학 재학	11) 대학교 재학	12) 대학원 재학

3. 귀하의 종교는 ? [ ]

1) 없다	2) 개신교	3) 불교
4) 천주교	5) 기타	

4. 귀댁은 다음 중 어떤 형태로 살고 계십니까? [ ]

1) 자가	2) 전세	3) 월세
4) 영구임대	5) 사택/기타	

5. 귀댁에서 함께 살고 있는 가족은 귀하를 포함해서 모두 몇 분입니까? 총 [ ] 명
(**▶1명일 경우에는 다음 페이지 [문7]로 가시오)**

6. 현재 함께 살고 계시는 가족은 몇 세대로 구성 되어 있나요? [ ]

1) 조부모+부모+자녀 (3세대 이상)	2) 부모 + 자녀 (2세대)	3) 부부 둘만
4) 형제/자매	5) 기타 (__________)	

인구사회적 특성

◆ 2006년 전국 소비자 행태조사 ◆

7. (기혼자에게만 질문) 귀하은 결혼하신지 얼마나 되셨나요? (미혼은 [문8]로 가시오)

만 ☐ 년 (1년 미만은 1년으로)

7-1. 귀하는 자녀가 있으십니까? (결혼한 자녀 포함)

☐ 1) 없다 ▶ [문7-3]으로 가시오 ☐ 2) 있다

7-2. 귀하의 자녀는 다음 연령대(나이는 만 나이 기준)에 모두 몇명입니까? 총(☐)명

1) 0~2세 ☐ 명 2) 3세~6세 ☐ 명

3) 7세~12세 ☐ 명 4) 13세~18세 ☐ 명

5) 19세~23세 ☐ 명 6) 24세 이상 ☐ 명

7-3. 현재 두 분께서는 맞벌이를 하고 계십니까? ☐

1) 부부 모두 일함 2) 남편만 일함 3) 아내만 일함 4) 모두 일하지 않음

8. 귀댁에서 정기적인 소득이 있는 분은 모두 몇명입니까? ☐ 명

9. 귀댁의 월평균 소득은 ? (월급, 임대료, 이자수입, 보너스 등의 모든 소득을 합해서 말씀해 주세요) ☐

1) 99만원 이하 2) 100~149만원 3) 150~199만원 4) 200~249만원
5) 250~299만원 6) 300~399만원 7) 400~499만원 8) 500만원 이상
9) 잘 모르겠음

10. 귀하는 현재 정기적인 월 소득이 있으십니까?

☐ 1) 있다 ☐ 2) 없다 ▶ [문12]로 가시오

11. 귀하 본인의 한달 평균 소득은 얼마입니까 ? (평균 ☐ 만원) ☐

1) 99만원 이하 2) 100~149만원 3) 150~199만원 4) 200~249만원
5) 250~299만원 6) 300~399만원 7) 400~499만원 8) 500만원 이상

12. 귀하 본인의 한달 평균 용돈은 얼마나 되십니까 ?

(자신을 위해 쓰는 순수한 용돈(생활비제외)) ☐ 만원 정도

13. 귀댁의 생활수준은 귀하가 생각하시기에 다음 중 어디에 해당됩니까? ☐

1) 하층 2) 중하층 3) 중층 4) 중상층 5) 상층

14. (기혼자에게만 질문) 작년과 비교했을 때 귀댁의 한달 평균 소득은 어떻게 변한 것 같습니까? ☐

1) 매우 줄었음 2) 다소 줄었음 3) 별 차이없음 4) 다소 늘었음 5) 매우 늘었음

15. (기혼자에게만 질문) 귀댁에서는 저축, 보험, 연금, 주식과 같은 저축액을 빼고, 공과금, 교육비, 교통비, 식품비, 세금등과 같은 것을 모두 포함해 한 달 생활비로 어느 정도나 사용하십니까?

한달 평균 ☐ 만원 정도

◆ 2006년 전국 소비자 행태조사 ◆

인구사회적 특성

16. **(기혼자에게만 질문)** 귀하께서는 작년과 비교했을 때 올 해 다음 각 항목에 대한 귀댁의 지출이 어떻게 변했는지 말씀해 주세요(해당번호에 ○표시 하시오)

보 기 ① 매우 줄었음 ② 약간 줄었음 ③ 거의 같음 ④ 약간 늘었음 ⑤ 매우 늘었음

가계소비 지출	지출 변화 정도 ① 매우 줄었음	② 약간 줄었음	③ 거의 같음	④ 약간 늘었음	⑤ 매우 늘었음
1) 식료품 (주식,부식, 기호식품 등)	☐	☐	☐	☐	☐
2) 의류 · 제화 (옷, 신발)	☐	☐	☐	☐	☐
3) 보건의료 (의약품, 병원비 등)	☐	☐	☐	☐	☐
4) 교육 (납입금, 교재 및 참고서, 학원비와 같은 사교육비)	☐	☐	☐	☐	☐
5) 교통비 (대중교통, 개인교통, 자가용 구입 및 유지비 등)	☐	☐	☐	☐	☐
6) 레저 · 여가 (TV·컴퓨터·피아노 구입비, 여행비, 외식비, 오락시설 이용료, 유둥 강습료 등)	☐	☐	☐	☐	☐
7) 통신비 (이동전화 서비스, 초고속 통신, 전화비 등)	☐	☐	☐	☐	☐
8) 세금 및 공과금	☐	☐	☐	☐	☐
9) 기타 소비 지출 (이/미용, 장신구, 경조비, 관혼상제비)	☐	☐	☐	☐	☐

17. **(18세 이상만 질문)** 귀하께서 현재 투자하고 계신 재테크 방법을 금액이 많은 순서대로 말씀해 주세요.

▶ 아래표의 투자금액 순위에 순위번호를 기록해 주세요 **(현재 투자하고 계신 재테크에 대해서만 적어주세요)**

재테크 방법	17. 투자 금액 순위
1) 은행 저축/적금	☐
2) 주식	☐
3) 부동산	☐
4) 투자신탁	☐
5) 연금/보험	☐
6) 사채(계 포함)	☐
7) 기타(__________)	☐
8) 안한다 ▶ **[문18]로 가시오**	

18. **(18세이상만 질문)** 귀하께서는 여유 자금이 생긴다면 어디에 가장 많이 투자하시겠습니까? **(하나만)** ☐

1) 은행저축/적금 2) 주식 3) 부동산
4) 투자신탁 5) 연금/보험 6) 사채(계)
7) 기타 8) 모르겠다

19. **(18세이상만 질문)** 귀하께서 (문18번의 응답)에 투자 하려고 하는 이유는 무엇인지요? **(하나만)** ☐

1) 고정된 수익 때문에 2) 안정적이어서 3) 수익율이 높아서
4) 이용하기가 쉬워서 5) 주위에서 권해서 6) 세금을 줄일수 있어서
7) 특별한 이유는 없다 8) 기타 (구체적으로 기록) __________

감사의 글

성실하게 질문에 응해 주셔서 대단히 감사합니다!
질문지나 조사와 관련하여 의문사항이 있으시면 언제라도 저희에게 연락해 주시면 바로 응답해 드리겠습니다.

[책임자 성명 : ______________]

지역실사조직 연락처 :

[면접원 성명 : ______________]

담당 면접원 연락처 :

응답자 자택 약도

모르는 사람도 찾아갈 수 있도록 인근지형을 자세히 표시해 주시기 바랍니다

[2]

tns research international

서울특별시 영등포구 여의도동 14-15
안원빌딩 5층 (우 150-010)
Tel: 3779-4300 Fax: 761-4590

지역/동	

ID				

Job No. ________ **자장면에 대한 국민인식 및 태도조사** 2009.4

CONTACT – VERIFICATION COVER SHEET

응답자 관련

성 명 ____________

전 화 번 호 ____________ 기 타 연 락 처 ____________

주 소 ____________

면접원 관련

면접일시 2009/ 4/

1차시도	2차시도	3차시도
/	/	/

면접진행

시 작 시 각 ____________ 종 료 시 각 ____________

면 접 원 성 명 ____________ 면 접 원 번 호 ____________

이 조사를 수행한 면접원으로서, 이 조사가 면접원 지시사항과 ICC/ESOMAR의 국제규준에 맞게 진행되어 정확하고 완전한 것임을 증명합니다.

면접원 서명 ____________

QUALITY CONTROL

EDITING		VALIDATION		CODING	
완성	예 아니오	Date	________	Date	________
결과	양호 보통 불량	Remark	________	Remark	________
Editor#	________	Validator#	________	Coder#	________

인사/소개

안녕하세요. 저는 여론조사 전문기관 TNS의 면접원 OOO 입니다.
지금 저희는 언론사와 함께 짜장면에 관한 국민 여러분의 생각을 조사하고 있습니다. 잠시만 시간을 내 주시면 고맙겠습니다.

스크리닝 질문

SQ0. ○○님께서 받으신 전화는 집전화입니까? 직장 전화입니까?
1) 집 2) 회사/직장이나 가게 ⇒ **설문 중단**

SQ1. ○○님께서 현재 거주하시는 지역은 어디입니까?
1) 서울 2) 부산 3) 대구 4) 인천 5) 광주 6) 대전 7) 울산 8) 경기
9) 강원 10) 충북 11) 충남 12) 전북 13) 전남 14) 경북 15) 경남 16) 제주

SQ2. 올해 나이는 만으로 어떻게 되십니까? (실제 나이를 적으세요: ________세)

SQ3. 연령 쿼터 체크
1) 20대(19세 포함) 2) 30대 3) 40대 4) 50대 5) 60세 이상

SQ4. 성별(묻지 말고 목소리로 판단해서 적으세요)
1) 남자 2) 여자

SQ5. 선생님께서 거주하시는 행정구역은 '동'이십니까, '읍면'이십니까?
1) 동 2) 읍면(리 포함)

'모르겠다'라고 응답하는 경우 반드시 재질문하고 그래도 모르겠다고 하면 99)로 표기하세요

[인사말] 저희는 지금 자장면 혹은 짜장면에 대한 국민들의 생각을 조사하고 있습니다. 이때 자장면은 일반적인 짜장면 뿐만 아니라 간짜장, 삼선짜장 등이 다 포함되는 넓은 의미로 이해해 주십시오.

<짜장면 선호도>

1. 선생님께서 점심시간에 외식할 메뉴를 고르고 있다고 가정하겠습니다. 이때 자장면 혹은 짜장면은 몇 번째로 먹고 싶은 음식이 될까요?
   (　　　) 번째

2. 선생님께서는 자장면 혹은 짜장면을 한 달에 몇 번 정도 드시는 편입니까?
   (　　　) 회

3. 선생님께서는 자장면 혹은 짜장면을 먹는 것을 좋아하십니까?
   ① 매우 좋아한다(▶문 3-1 로)
   ② 좋아하는 편이다(▶문 3-1 로)
   ③ 별로 좋아하지 않는다(▶문 3-2 로)
   ④ 전혀 좋아하지 않는다(▶문 3-2 로)

3-1. (문3 '①②좋아한다' 응답자만) 좋아하시는 가장 큰 이유는 무엇입니까? **(보기 로테이션)**
   ① 맛있어서
   ② 가격이 저렴해서
   ③ 배달을 시켜서 먹기 편해서
   ④ 음식이 금방 나오고 빨리 먹을 수 있어서
   ⑤ 먹고 나면 다른 음식보다 든든해서

3-2. (문3 '③④좋아하지 않는다' 응답자만) 좋아하시지 않는 가장 큰 이유는 무엇입니까? **(보기 로테이션)**
   ① 맛이 마음에 들지 않아서
   ② 비위생적으로 느껴져서
   ③ 몸에 좋지 않을 것 같아서
   ④ 춘장이 묻거나 튀는 것이 신경 쓰여서
   ⑤ 먹고 난 후에 금방 허기가 지는 것 같아서

4. 다른 음식보다 자장면 혹은 짜장면이 유독 먹고 싶은 날이나 순간이 있다면 언제입니까? 자유롭게 한 가지만 말씀해 주십시오.

<짜장면 표기>

5. 선생님께서는 일상생활에서 대화를 나누실 때 '짜장면'이라고 말씀하십니까?, '자장면'이라고 말씀하십니까?
   ① 자장면(▶문 5-1 로)
   ② 짜장면

5-1. (문5에서 '①자장면'응답자) 자장면이라고 말할 때 얼마나 익숙하십니까?
   ① 쉽게 익숙해졌고 지금도 자연스럽다
   ② 한동안 불편했지만 지금은 익숙하다
   ③ 지금도 말할 때마다 불편하다

6. 자장면이란 말을 언제 처음 들어보셨습니까?
   (　　　　) 년 전

7. 외래어 표기법에 따르면 '자장면'이 맞고 '짜장면'은 틀린 표현인데요. 선생님께서는 이에 대해 어떻게 생각하십니까?
   ① 외래어 표기법에 맞게 자장면이라고 해야 한다
   ② 외래어 표기법을 고쳐서 짜장면으로 해야 한다 (▶문 7-1 로)

7-1. (문7에서 ②응답자만) 왜 짜장면이라고 해야 한다고 생각하는 가장 큰 이유는 무엇입니까? **(보기 로테이션)**
   ① 오래전부터 짜장면이라고 불러왔기 때문에 다시 되돌려야 한다
   ② 자장면의 발음이 불편하고 어색하다
   ③ 짜장면은 외래어가 아니라 이미 우리 말이기 때문에 발음대로 표기해야 한다

<짜장면의 유래>

8. 우리가 지금 먹고 있는 짜장면은 어느 나라 음식이라고 생각하십니까?
   ① 한국(▶문 8-1 로)
   ② 중국(▶문 8-2 로)
   ③ 일본
   ④ 기타

8-1. (문8 '① 한국' 응답자만) 짜장면이 한국 음식이라고 생각하시는 이유는 무엇입니까? (보기 로테이션)

① 태어나서 줄곧 한국에서 짜장면을 먹어왔기 때문에
② 중국에 가서 짜장면을 먹어 보니 한국 짜장면과는 완전히 달라서
③ 중국에서 유래 됐지만 지난 100 년 동안 완전히 한국화 된 음식이기 때문에
④ 짜장면은 한국에만 있는 음식이기 때문에

8-2. (문8 '②중국' 응답자만) 짜장면이 중국음식이라고 생각하시는 이유는 무엇입니까? **(보기 로테이션)**
① 보통 중국집에서 팔고 있으므로
② 중국인 화교가 처음 만든 것으로 알고 있어서
③ 중국 본토에도 짜장면이 있다고 들어서
④ 다른 한국 음식과는 형태나 맛이 달라서

<짜장면의 변화>

9. 선생님께서 옛날 처음 드셔본 짜장면과 지금의 짜장면을 비교해 보면 맛에 변화가 있습니까?
① 더 맛있어졌다
② 별 차이가 없다
③ 더 맛없어졌다

10. 예전의 짜장면과 지금의 짜장면을 비교해보면 가장 맛의 차이가 느껴지는 부분은 무엇입니까? **(보기 로테이션)**
① 면발
② 춘장
③ 야채의 종류
④ 고기의 양
⑤ 없다(면접원 : 읽어주지 말 것)

11. 10년 전과 비교할 때에 짜장면을 먹는 횟수에 변화가 있습니까?
① 늘어났다
② 비슷하다
③ 줄어들었다(▶문 11-1 로)

11-1. (문11 '③줄어들었다' 응답자만) 짜장면을 예전보다 덜 드시는 가장 큰 이유는 무엇입니까? **(보기 로테이션)**
① 짜장면 맛이 예전보다 못해서
② 예전보다 외식 메뉴가 다양해져서
③ 몸에 좋아 보이지 않아서
④ 싸구려 음식처럼 느껴져서

<짜장면의 맛>

12. 선생님께서는 짜장면 하면 제일 먼저 연상되는 맛은 무엇인가요? 순서대로 두가지만 골라주세요. (보기 로테이션)
① 달콤함
② 짠맛
③ 느끼한맛
④ 담백함
⑤ 매콤함
⑥ 감칠맛

13. 짜장면의 맛을 결정하는 가장 중요한 요소는 무엇이라고 보십니까? **(보기 로테이션)**
① 면발
② 춘장
③ 양파, 양배추 등의 야채
④ 고기

<짜장면과 건강>

14. 짜장면이 우리 몸에 좋은 음식이라고 보십니까? 그렇지 않다고 보십니까?
① 좋은 음식이다(▶문 14-1 로)
② 보통이다
③ 나쁜 음식이다(▶문 14-2 로)

14-1. (문14 '①좋은 음식이다' 응답자만) 짜장면이 몸에 좋은 음식이라고 보시는 가장 큰 이유는 무엇입니까?(보기 로테이션)
① 지금도 많은 사람들이 즐겨 먹고 있으므로
② 춘장이 발효 식품이므로
③ 야채와 고기 등을 한꺼번에 먹을 수 있어 골고루 영양을 취할 수 있기 때문에
④ 짜장면이 유해하다는 얘기를 들은 적이 없어서

14-2. (문14 '③나쁜 음식이다' 응답자만) 짜장면이 몸에 좋지 않은 음식이라고 보시는 가장 큰 이유는 무엇입니까? 순서대로 두가지만 골라주세요. **(보기 로테이션)**
① 짜고 자극적인 맛 때문에
② 조리 및 배달과정의 위생 상태에 의심이 가서
③ 신선한 재료를 사용하지 않는 것 같아서
④ 조미료와 첨가물이 많이 들어가는 것 같아서
⑤ 음식이 기름지고 칼로리가 높아 보여서

<짜장면 가격>

15. 짜장면의 가격이 다른 음식에 비해 어떤 수준이라고 생각하십니까?
   ① 비싼 편이다
   ② 적당하다
   ③ 싼 편이다

16. 만일 맛과 품질을 높인 짜장면이 나온다면, 어느 정도의 금액까지 지불하실 용의가 있으십니까?
   (   )원

<기타>

17. 선생님께서는 우리의 짜장면이 세계인이 즐겨 찾는 음식으로 발전할 가능성이 어느 정도 있다고 보십니까?
   ① 지금 상태로도 발전 가능성이 있다
   ② 지금보다 맛과 품질을 높인다면 가능할 것이다
   ③ 세계인의 입맛을 만족시키기에는 힘들어 보인다

<배경질문>

※ 마지막으로 통계처리를 위해 몇 가지만 여쭈어 보겠습니다

DQ1. ○○님의 직업은 무엇입니까?
① 농업/임업/어업
② 자영업 (상업,소규모장사,개인택시운전사 등)
③ 판매/서비스직 (상점점원,세일즈맨,방문판매원,미용사 등)
④ 기능/숙련직 (운전기사,세탁,선반,목공,기능공 등)
⑤ 일반 작업직 (현장직업,일용노무직,청소관리,경비원 등)
⑥ 사무직 (차장이하 사무직,초중고교사,6급이하 공무원)
⑦ 경영/관리직 (5급이상 공무원,기업체 부장이상)
⑧ 전문자유직(변호사,의사,건축사,교수,예술가,종교지도자등)
⑨ 가정주부 (가사와 육아만 하는 전업주부)
⑩ 학생
⑪ 무직
⑫ 기타

DQ2. ○○님 댁의 월평균 가구 총소득은 대략 어느 정도입니까?
① 70만원 이하 ② 71-100만원
③ 101-150만원 ④ 151-200만원
⑤ 201-250만원 ⑥ 251-300만원
⑦ 301-400만원 ⑧ 401-500만원
⑨ 501만원 이상

DQ3. 한 달에 평균 외식(집에서 요리하지 않고 배달시키거나 사먹는 것)을 몇 번이나 하십니까?
① 0~2회
② 3~5회
③ 6~10회
④ 11~15회
⑤ 16~20회
⑥ 21회~30회
⑦ 30회 이상

※ 응답해 주셔서 대단히 감사합니다

[3]

110-054 서울시 종로구 사직동 208 TEL(02)3702-2100 / FAX(02)3702-2121/E-mail: info @gallup.co.kr / internet: www.gallup.co.kr
affiliated with GALLUP INTERNATIONAL
한국갤럽 GALLUP KOREA

A1-5

GALLUP-201013201

정치 · 경제에 대한 국민 인식조사

안녕하십니까?
저는 한국갤럽조사연구소에서 근무하는 면접원 ○○○입니다.

이번 저희 연구소에서는 민주주의 제도와 경제체제 등 정치·경제문제 전반에 관한 국민들의 생각에 대해 조사하고 있습니다.

제가 여쭙는 질문에는 맞고 틀리는 답이 없으며, 귀하의 응답은 이런 의견을 갖고 있는 사람이 몇 %라는 식으로 통계를 내는 데만 사용됩니다. 또한 이 조사의 결과는 학문적인 연구를 위해서만 사용될 것이며, 그 외의 목적으로는 결코 사용되지 않습니다.

바쁘시더라도 잠시만 시간을 내어 응답해 주시면 큰 도움이 되겠습니다. 감사합니다.

2010년 11월
한국갤럽조사연구소
소장 박무익
연구원 정현정 / 김재민
실사연구원 진선영
주소 서울시 종로구 사직동 208번지
전화 (02)3702 - 2607

▣ 지점 : ☐☐☐ 6-8

▣ 지역 : 1. 서울 2. 부산 3. 대구 4. 인천 5. 광주 6. 대전 7. 울산 9-10
8. 경기 9. 강원 10. 충북 11. 충남 12. 전북 13. 전남 14. 경북 15. 경남

▣ 지역크기 : 1. 대도시 2. 중·소도시 3. 읍 4. 면 11

SQ 1) 귀하의 연세는 올해 **만으로** 어떻게 되십니까?
12-13
만 ________ 세 ──▶ **만 18세 이하 조사 중단**

SQ 2) **성 별** : 1. 남자 2. 여자
14

먼저, '경제'에 관해 여쭙겠습니다

문 1) ○○님은 현재 우리나라의 전반적인 경제사정이 얼마나 좋다고 생각하십니까? 혹은 나쁘다고 생각하십니까?
15

1. 매우 좋다
2. 좋은 편이다
3. 좋지도 않고 나쁘지도 않다
4. 나쁜 편이다
5. 매우 나쁘다

8. 모르겠다
9. 무응답

문 2) 그럼 1년 전에 비해서는 우리나라 경제사정이 얼마나 더 좋아졌다고 보십니까? 혹은 더 나빠졌다고 보십니까?
16

1. 훨씬 더 좋아졌다
2. 약간 더 좋아졌다
3. 비슷하다/변함없다
4. 약간 더 나빠졌다
5. 훨씬 더 나빠졌다

8. 모르겠다
9. 무응답

문 3) 요즘 ○○님 댁의 경제사정은 얼마나 좋다고 생각하십니까? 혹은 나쁘다고 생각하십니까?
17

1. 매우 좋다
2. 좋은 편이다
3. 좋지도 않고 나쁘지도 않다
4. 나쁜 편이다
5. 매우 나쁘다

8. 모르겠다
9. 무응답

문 4) 그럼, 1년 전에 비해서는 귀하 댁의 경제사정은
18 얼마나 더 좋아졌습니까? 혹은 더 나빠졌습니까?

1. 훨씬 더 좋아졌다
2. 약간 더 좋아졌다
3. 비슷하다/변함없다
4. 약간 더 나빠졌다
5. 훨씬 더 나빠졌다

8. 모르겠다
9. 무응답

지금부터는 '정치'에 관해 여쭙겠습니다

문 5) ○○님은 우리나라의 전반적인 정치상황이 얼마나
19 좋다고 생각하십니까? 혹은 나쁘다고 생각하십니까?

1. 매우 좋다
2. 좋은 편이다
3. 좋지도 않고 나쁘지도 않다
4. 나쁜 편이다
5. 매우 나쁘다

8. 모르겠다
9. 무응답

문 6) ○○님은 우리나라의 정치가 올바른 방향으로 가고
20 있다고 생각하십니까?
혹은 잘못된 방향으로 가고 있다고 생각하십니까?

1. 올바른 방향으로 가고 있다
2. 잘못된 방향으로 가고 있다

8. 모르겠다
9. 무응답

문 7) ○○님은 이명박 정부의 주요 공직자들이 얼마나
21 부패했다고 생각하십니까?
혹은 부패하지 않았다고 생각하십니까?

1. 매우 부패했다
2. 다소 부패한 편이다
3. 별로 부패하지 않았다
4. 전혀 부패하지 않았다

8. 모르겠다
9. 무응답

문 8) ○○님은 정부 공직자들이 얼마나 자주 권력을
22 남용하거나 법을 어긴다고 생각하십니까?

1. 자주 그렇다
2. 때때로 그렇다
3. 별로 그렇지 않다
4. 전혀 그렇지 않다

8. 모르겠다
9. 무응답

문 9) ○○님은 정부 공직자들이 중요한 정보를 얼마나
23 자주 국민에게 감춘다고 생각하십니까?
혹은 감추지 않는다고 생각하십니까?

1. 자주 감춘다
2. 가끔 감춘다
3. 별로 감추지 않는다
4. 전혀 감추지 않는다

8. 모르겠다
9. 무응답

(보기카드 1 제시)
문10) ○○님은 이명박 정부가 우리 사회의 문제들을
24-25 처리하는 방식에 전반적으로 얼마나 만족하십니까?
혹은 불만족하십니까?
'매우 불만족'을 1점, '매우 만족'을 10점으로
할 때, 1점부터 10점까지의 점수 중에서 말씀해
주십시오.

매우 불만족									매우 만족	모르겠다	무응답
1	2	3	4	5	6	7	8	9	10	98	99

(보기카드 2 제시)
문11) 우리국민 중에는 민주주의와 다른 통치 방식을
채택하면 우리나라가 더 좋아질 것이라고 주장하는
사람들이 있습니다. 다음의 각 견해에 대해
○○님의 생각을 '매우 동의한다', '약간 동의한다',
'약간 반대한다', '매우 반대한다' 중에서 말씀해
주십시오.
(면접원 : ㉮~㉰를 각각 읽어줄 것)

		매우 동의한다	약간 동의한다	약간 반대한다	매우 반대한다	모르겠다	무응답
26	㉮ 군대가 나라를 통치해야 한다	1	2	3	4	8	9
27	㉯ 국회와 선거제도를 없애고 강력한 지도자가 모든 것을 결정해야 한다	1	2	3	4	8	9
28	㉰ 정당 하나만 선거에 참여시키고 국정을 맡도록 해야 한다	1	2	3	4	8	9

(보기카드 2 제시)
문12) 다음의 각 견해에 대해 ○○님의 생각을 '매우 동의한다', '약간 동의한다', '약간 반대한다', '매우 반대한다' 중에서 말씀해 주십시오.
(면접원 : ㉮~㉳를 각각 읽어줄 것)

		매우 동의한다	약간 동의한다	약간 반대한다	매우 반대한다	모르겠다	무응답
29	㉮ 나라가 어려운 상황에 처했을 때 이를 해결하기 위해서라면 정부는 법을 어겨도 괜찮다	1	2	3	4	8	9
30	㉯ 어떤 사안이 사회적으로 논의되어야 할지는 정부가 결정해야 한다	1	2	3	4	8	9
31	㉰ 판사들은 중요한 판결을 내릴 때 정부의 입장을 받아들여야 한다	1	2	3	4	8	9
32	㉱ 국회가 정부를 끊임없이 감시하면 정부는 중요한 일을 해낼 수가 없다	1	2	3	4	8	9
33	㉲ 정치나 정부가 하는 일이 너무나 복잡해서 나 같은 사람들은 때때로 이해하기가 힘들다	1	2	3	4	8	9
34	㉳ 나 같은 사람들은 정부가 하는 일에 어떠한 영향도 주지 못한다	1	2	3	4	8	9
35	㉴ 나는 정치에 참여할 수 있는 능력을 갖고 있다	1	2	3	4	8	9

(보기카드 3 제시)
문13) 다음 정부들 중에서, ○○님은 어느 정부가 **가장 좋은 정부**라고 생각하십니까?
그럼, 어느 정부가 **가장 나쁜 정부**라고 생각하십니까?

· 가장 좋은 ________ · 가장 나쁜 ________
36 37

1. 박정희 정부
2. 전두환 정부
3. 노태우 정부
4. 김영삼 정부
5. 김대중 정부
6. 노무현 정부
7. 이명박 정부

8. 모르겠다
9. 무응답

(보기카드 3 제시)
문14) 다음 정부들 중에서, **가장 민주적인 정부**는 어느 정부라고 생각하십니까?
그럼, **가장 비민주적인 정부**는 어느 정부라고 생각하십니까?

· 가장 민주적______ · 가장 비민주적_______
38 39

1. 박정희 정부
2. 전두환 정부
3. 노태우 정부
4. 김영삼 정부
5. 김대중 정부
6. 노무현 정부
7. 이명박 정부

8. 모르겠다
9. 무응답

지금부터는, '정부'에 관해 여쭙겠습니다

(보기카드 4 제시)
문15) ○○님은 다음 각각의 항목에 얼마나 동의하십니까? 혹은 동의하지 않으십니까? '매우 동의한다', '약간 동의한다', '별로 동의하지 않는다', '전혀 동의하지 않는다' 중에서 골라 주십시오.
(면접원 : ㉮~㉵를 각각 읽어줄 것)

		매우 동의한다	약간 동의한다	별로 동의하지 않는다	전혀 동의하지 않는다	모르겠다	무응답
40	㉮ 언론 기관들은 우리 정부를 자유롭게 비판할 수 있다	1	2	3	4	8	9
41	㉯ 언론 기관들은 여당과 야당을 동등하게 다룬다	1	2	3	4	8	9
42	㉰ 선거는 자유롭고 공정하다	1	2	3	4	8	9
43	㉱ 정부는 모든 국민들을 동등하게 대한다	1	2	3	4	8	9
44	㉲ 정부는 국민의 의사에 따라 통치하고 있다	1	2	3	4	8	9
45	㉳ 정부는 국민을 위해 일하고 있다	1	2	3	4	8	9
46	㉴ 나 같은 사람들에게도 법은 공정하게 집행되고 있다	1	2	3	4	8	9
47	㉵ 법원은 부자나 권력을 가진 사람도 죄를 지으면 항상 처벌한다	1	2	3	4	8	9
48	㉶ 사람들은 두려움 없이 자신의 생각을 자유롭게 표현할 수 있다	1	2	3	4	8	9
49	㉷ 사람들은 두려움 없이 어느 조직이든 자유롭게 가입할 수 있다	1	2	3	4	8	9

문16) ○○님은 인권침해 문제를 다루는 정부 기관을 알고 계십니까?
50

1. 알고 있다
2. 모른다 ──▶ **문17)로 갈 것**

문16-1) 그럼 어느 기관으로 알고 계십니까?
51

1. 국가인권위원회
2. 다른 기관

8. 기억나지 않는다
9. 무응답

지금부터는 '민주주의'에 관해 여쭙겠습니다

(보기카드 5 제시)

문17) 다음의 각 사항이 **민주주의를 실천**하는데 어느 정도 필수적인 것인지 말씀해 주십시오. '매우 필수적이다', '약간 필수적이다', '별로 필수적이지 않다', '전혀 필수적이지 않다' 중에서 말씀해 주십시오.
(면접원 : ㉮~㉯를 각각 읽어줄 것)

		매우 필수적이다	약간 필수적이다	별로 필수적이지 않다	전혀 필수적이지 않다	모르겠다	무응답
52	㉮ 자유로운 선거를 통해서 정치 지도자를 선택하는 것	1	2	3	4	8	9
53	㉯ 질서를 유지하기 위해서 집회와 시위를 금지하는 것	1	2	3	4	8	9
54	㉰ 의회의 승인 없이 법을 선포하는 것	1	2	3	4	8	9
55	㉱ 정치적 견해를 자유롭게 표현하는 것	1	2	3	4	8	9
56	㉲ 언론기관이 정부를 비판하지 못하게 하는 것	1	2	3	4	8	9
57	㉳ 여자와 남자가 같은 권리를 갖도록 하는 것	1	2	3	4	8	9

문18-1) ○○님은 정부 지도자들은 '국민들이 원하는 것을 따라야 한다'고 생각하십니까? 혹은 '국민에게 최선이라고 판단되는 것을 시행해야 한다'고 생각하십니까?
58

1. 국민들이 원하는 것을 따라야 한다
2. 국민에게 최선이라고 판단되는 것을 시행해야 한다

8. 모르겠다
9. 무응답

문18-2) ○○님은 '국민을 좀 더 잘 살게 하는 것이 더 중요하다'고 생각하십니까? 혹은 '자유롭게 경쟁하는 선거를 통해서 정부 지도자를 선출하는 것이 더 중요하다'고 생각하십니까?
59

1. 국민들을 좀 더 잘 살게 하는 것이 더 중요하다
2. 자유롭게 경쟁하는 선거를 통해서 정부 지도자를 선출하는 것이 더 중요하다

8. 모르겠다
9. 무응답

문18-3) ○○님은 정부가 정책을 만들 때는 '국민 다수가 선호하는 것을 따라야 한다'고 생각하십니까? 혹은 '국민 전체의 이익을 고려해야 한다'고 생각하십니까?
60

1. 국민 다수가 선호하는 것을 따라야 한다
2. 국민 전체의 이익을 고려해야 한다

8. 모르겠다
9. 무응답

문18-4) ○○님은 '빈부차이를 줄이는 것이 우선시 되어야 한다'고 생각하십니까? 혹은 '정치적 자유를 보호하는 것이 우선시 되어야 한다'고 생각하십니까?
61

1. 빈부차이를 줄이는 것이 우선시 되어야 한다
2. 정치적 자유를 보호하는 것이 우선시 되어야 한다

8. 모르겠다
9. 무응답

(보기카드 6 제시)

문19) 정치체제에 관한 다음 견해 중 ○○님의 생각과 가장 가까운 것은 어느 것입니까?
62

1. 민주주의가 다른 어떤 형태의 정부보다 **항상** 더 낫다
2. **상황에 따라서는** 독재정치가 더 낫다
3. 나 같은 사람에게는 민주 정부나 독재 정부나 **상관없다**

8. 모르겠다
9. 무응답

문20) '경제발전'과 '민주화'의 두 가지 국가 목표 중 ○○님은 어떤 것이 더 중요하다고 생각하십니까?
63

1. 경제발전이 더 중요하다
2. 민주화가 더 중요하다
3. 똑같이 중요하다

8. 모르겠다
9. 무응답

문21) ○○님은 민주주의가 우리 사회의 문제들을 해결할 수 있다고 생각하십니까? 혹은 해결할 수 없다고 생각하십니까?
64

1. 문제들을 해결할 수 있다
2. 문제들을 해결할 수 없다

8. 모르겠다
9. 무응답

(보기카드 7 제시)
문22) ○○님은 다음 각 상황에 얼마나 동의하십니까? 혹은 동의하지 않으십니까?
(면접원 : ㉮~㉱를 각각 읽어줄 것)

		매우 동의	약간 동의	약간 반대	매우 반대	모르겠다	무응답
65	㉮ 정치 지도자에게는 기존 질서를 무시해서라도 목표를 달성하는 것이 중요하다	1	2	3	4	8	9
66	㉯ 지도자는 자신의 견해가 옳다고 믿는다면 반대하는 사람들이 많더라도 그들과 타협을 거부해야 한다	1	2	3	4	8	9
67	㉰ 지도자는 자신의 정치적 견해와 다른 사람들의 견해도 인정해야 한다	1	2	3	4	8	9
68	㉱ 지도자는 다수의 지지를 받는다면 소수의 견해를 무시해도 된다	1	2	3	4	8	9

(보기카드 8 제시)
문23) '완전 독재'를 1점, '완전 민주주의'를 10점으로 할 때, ○○님은 다음 각 경우에 대해 몇 점을 주시겠습니까?

완전 독재									완전 민주주의	모르겠다	무응답
1	2	3	4	5	6	7	8	9	10	98	99

㉮ 전두환 대통령 시절에는 우리나라가 몇 점 정도에 있었다고 생각하십니까?

69-70 ________점

㉯ 노무현 대통령 시절에는 우리나라가 몇 점 정도에 있었다고 생각하십니까?

71-72 ________점

㉰ 현재는 우리나라가 몇 점 정도에 있다고 생각하십니까?

73-74 ________점

㉱ 현재 우리나라가 몇 점 정도에 있었으면 좋겠다고 생각하십니까?

75-76 ________점

㉲ 5년 후에는 우리나라가 몇 점 정도에 있을 것이라고 생각하십니까?

77-78 ________점

㉳ 현재 북한은 몇 점 정도에 있다고 생각하십니까?

79-80 ________점

(보기카드 9 제시)
문24) 현재 민주주의가 우리나라 실정에 얼마나 적합한
81-82 제도라고 생각하는지 다음 보기의 점수로 말씀해 주십시오. 점수는 10점으로 갈수록 보다 '적합한' 상태를, 1점으로 갈수록 보다 '부적합한' 상태를 의미합니다.

완전 부적합									완전 적합	모르겠다	무응답
1	2	3	4	5	6	7	8	9	10	98	99

(보기카드 10 제시)
문25) ○○님은 현재 우리나라의 민주주의에 전반적으로
83-84 얼마나 만족하십니까? 혹은 만족하지 않으십니까? '매우 불만족'을 1점, '매우 만족'을 10점으로 했을 경우 몇 점인지 말씀해 주십시오.

매우 불만족									매우 만족	모르겠다	무응답
1	2	3	4	5	6	7	8	9	10	98	99

문26) '단점이 있기는 하지만 우리나라의 현재 민주주의
85 정치체제가 과거 어느 정치체제보다 우리에게 가장 좋다'라는 말에 동의하십니까? 혹은 동의하지 않으십니까?

1. 매우 동의한다
2. 약간 동의한다
3. 약간 반대한다
4. 매우 반대한다

8. 모르겠다
9. 무응답

문27) ○○님은 우리나라의 정치 지도자들을 어느 정도
86 신뢰하십니까? 혹은 신뢰하지 않으십니까?

1. 매우 신뢰한다
2. 약간 신뢰한다
3. 별로 신뢰하지 않는다
4. 전혀 신뢰하지 않는다

8. 모르겠다
9. 무응답

문28) ○○님은 현재 민주주의 체제가 위기에 처한다면,
87 이 체제를 지켜내기 위한 시민운동에 참여하실 의사가 얼마나 있으십니까? 혹은 없으십니까?

1. 매우 있다
2. 약간 있다
3. 별로 없다
4. 전혀 없다

8. 모르겠다
9. 무응답

지금부터는 '정치참여'에 관해 여쭙겠습니다

문29) ○○님은 정치에 얼마나 관심이 있습니까?
B6 혹은 관심이 없습니까?

1. 매우 있다
2. 약간 있다
3. 별로 없다
4. 전혀 없다

8. 모르겠다
9. 무응답

문30) ○○님은 정치나 정부활동에 대해 다른 사람들과
7 얼마나 자주 대화를 나누십니까?

1. 매일
2. 일주일에 4~5회
3. 일주일에 2~3회
4. 일주일에 한번
5. 한달에 한번
6. 한달에 한번 미만
7. 전혀 하지 않는다

8. 모르겠다
9. 무응답

문31) ○○님은 우리나라에서 대통령 선거가
8 몇 년 마다 있는지 알고 계십니까?

1. 알고 있다
2. 모른다 ──▶ **문32)로 갈 것**

문31-1) 그럼 몇 년으로 알고 계십니까?
9

1. 5년
2. 다른 대답

8. 기억나지 않는다
9. 무응답

문32) ○○님은 지난 2007년에 있었던 17대 대통령선거에
10 투표하셨습니까?

1. 그렇다
2. 아니다 ──▶ **문34)로 갈 것**
3. 기억이 안난다
4. 투표권이 없었다

8. 모르겠다
9. 무응답

문33) 그럼 누구에게 투표하셨습니까?
11

1. 이명박
2. 정동영
3. 이회창
4. 문국현
5. 그 외 후보자

8. 기억나지 않는다
9. 무응답

문34) ○○님은 지난 2007년 대선 결과에 얼마나
12 만족하십니까? 혹은 불만족하십니까?

1. 매우 만족한다
2. 조금 만족한다
3. 조금 불만족 한다
4. 매우 불만족 한다

8. 모르겠다
9. 무응답

문35) ○○님은 선거 활동의 위법 여부를 감시하고
13 통제하는 정부 기관을 알고 계십니까?

1. 알고 있다
2. 모른다 ──▶ **문36)로 갈 것**

문35-1) 그럼 어느 기관으로 알고 계십니까?
14

1. 중앙선거관리위원회
2. 다른 기관

8. 기억나지 않는다
9. 무응답

(보기카드 11 제시)
문36) 현재 우리나라에는 한나라당, 민주당, 자유선진당,
15 민주노동당, 창조한국당, 진보신당, 국민참여당 등의
정당이 있습니다.
○○님은 이 중 어느 정당을 지지하십니까?

1. 한나라당	5. 창조한국당
2. 민주당	6. 진보신당
3. 자유선진당	7. 국민참여당
4. 민주노동당	8. 기타정당

9. 없다/비슷하다/모르겠다/무응답

(보기카드 11 제시)
문36-1) 그럼, 어느 정당을 조금이라도 더 호감이
16 가십니까?

1. 한나라당	5. 창조한국당
2. 민주당	6. 진보신당
3. 자유선진당	7. 국민참여당
4. 민주노동당	8. 기타정당

9. 없다/비슷하다/모르겠다/무응답

(보기카드 11 제시)
문37) 그럼, 어느 정당을 가장 반대하십니까?
17

1. 한나라당	5. 창조한국당
2. 민주당	6. 진보신당
3. 자유선진당	7. 국민참여당
4. 민주노동당	8. 기타정당

9. 없다/비슷하다/모르겠다/무응답

문38) ○○님은 현재 국회에서 가장 많은 의석을
18 차지하고 있는 정당이 어느 정당인지 알고 계십니까?

1. 알고 있다
2. 모른다 ——▶ **문39)로 갈 것**

문38-1) 그럼 어느 정당으로 알고 계십니까?
19

1. 한나라당
2. 다른 정당

8. 기억나지 않는다
9. 무응답

문39) ○○님은 현재 민주당 대표가 누구인지 알고
20 계십니까?

1. 알고 있다
2. 모른다 ——▶ **문40)으로 갈 것**

문39-1) 그럼 누구라고 알고 계십니까?
21

1. 손 학규
2. 다른 대답

8. 기억나지 않는다
9. 무응답

문40) ○○님은 **TV, 라디오, 신문**에서 정치뉴스를 얼마나
22 자주 보거나 들으십니까?

1. 매일
2. 일주일에 4~5회
3. 일주일에 2~3회
4. 일주일에 한번
5. 한달에 한번
6. 한달에 한번 미만
7. 전혀 보거나 듣지 않는다

8. 모르겠다
9. 무응답

문41) 그럼, **인터넷**으로는 정치 뉴스를 얼마나 자주
23 보거나 들으십니까?

1. 매일
2. 일주일에 4~5회
3. 일주일에 2~3회
4. 일주일에 한번
5. 한달에 한번
6. 한달에 한번 미만
7. 전혀 보거나 듣지 않는다

8. 모르겠다
9. 무응답

(보기카드 12 제시)

문42) ○○님은 지난 일년 동안 다음의 각 활동을 하셨습니까?
(면접원 : ㉮~㉵를 각각 읽어줄 것)

		했다	하지 않았다	모르겠다	무응답
24	㉮ 정치인이나 공무원과 공적으로 만난적이 있다	1	2	8	9
25	㉯ 정당이나 다른 정치 단체에서 일했다	1	2	8	9
26	㉰ 선거에서 특정 후보자를 위해서 일했다	1	2	8	9
27	㉱ 불법적인 시위에 참가했다	1	2	8	9
28	㉲ 탄원서에 서명했다	1	2	8	9
29	㉳ 합법적인 시위에 참가했다	1	2	8	9
30	㉴ 정당이나 다른 정치 단체에 기부했다	1	2	8	9
31	㉵ 선거 뱃지나 스티커를 달고 다녔다	1	2	8	9

문43) 지난 6월 2일 지방선거 때 ○○님은 특정 정당이나
32 후보를 투표해 달라는 부탁을 누군가에게 받으신 적이 있습니까?

1. 있다
2. 없다

8. 기억나지 않는다
9. 무응답

문44) 그럼, ○○님께서 특정 정당이나 후보에게 투표해
33 달라고 다른 사람에게 부탁하신 적은 있으십니까?

1. 있다
2. 없다

8. 기억나지 않는다
9. 무응답

문45) ○○님은 지방선거가 몇 년마다 있는지 알고
34 계십니까?

1. 알고 있다
2. 모른다 ——▶ **문46)으로 갈 것**

문45-1) 그럼 몇 년으로 알고 계십니까?
35

1. 4년
2. 다른 대답

8. 기억나지 않는다
9. 무응답

지금부터는 '이념적 성향'에 관해 여쭙겠습니다

(보기카드 13 제시)
문46) 정치적인 태도를 보수와 진보로 나누어서 '매우 보수적이다'를 1점, '매우 진보적이다'를 10점으로 한다고 가정하고, 다음 질문에 대답해 주십시오.
(면접원 : ㉮~㉱를 각각 읽어줄 것)

매우 보수적이다									매우 진보적이다	모르겠다	무응답
1	2	3	4	5	6	7	8	9	10	98	99

㉮ ○○님의 정치적인 태도는 어디쯤에 해당된다고 생각하십니까?

36-37 ________점

㉯ 그럼, 이명박 대통령은 어디에 해당된다고 생각하십니까?

38-39 ________점

㉰ ○○님이 지지하는 정당은 어디에 해당된다고 생각하십니까?
(면접원 : 문 36-1에서 9. 없다 응답자는 0에 표기할 것)

40-41 ________점
0. 호감 가는 정당이 없다

㉱ ○○님이 가장 반대하는 정당은 어디에 해당된다고 생각하십니까?
(면접원 : 문 37에서 9. 없다 응답자는 0에 표기할 것)

42-43 ________점
0. 반대하는 정당이 없다

(보기카드 14 제시)
문47) ○○님께서는 우리 정부가 **북한 정부에 대해 동조하는 사람들**에 대해 다음의 조치를 취하는 것에 얼마나 찬성하십니까? 혹은 반대하십니까?
(면접원 : ㉮~㉱를 각각 읽어줄 것)

		매우 찬성	약간 찬성	약간 반대	매우 반대	모르겠다	무응답
44	㉮ 공적인 모임이나 집회를 여는 것을 금지하는 것	1	2	3	4	8	9
45	㉯ 공직선거에 출마하는 것을 금지하는 것	1	2	3	4	8	9
46	㉰ 공직자나 공무원이 되지 못하게 하는 것	1	2	3	4	8	9
47	㉱ 그들의 단체를 불법단체로 규정하는 것	1	2	3	4	8	9

지금부터는 '시민 사회'에 관해 여쭙겠습니다

(보기카드 15 제시)
문48) ○○님은 **'대부분의 사람들은 기회만 있으면**
48-49 **나를 이용하려 들 것이다'**고 생각하십니까? 아니면 **'공정하게 대할 것이다'**고 생각하십니까? '매우 이용하려 들 것'을 1점, '매우 공정하게 대할 것'을 10점으로 할 경우, 몇 점 인지 말씀해 주십시오.

매우 이용하려 들 것									매우 공정하게 대할 것	모르겠다	무응답
1	2	3	4	5	6	7	8	9	10	98	99

문49) ○○님은 **'우리나라 사람들은 대체로 남을**
50 **도우려 한다'**고 생각하십니까? 아니면 **'자신만을 위한다'**고 생각하십니까?

1. 남을 도우려한다
2. 자신만을 위한다
3. 경우에 따라 다르다

8. 모르겠다
9. 무응답

문50) ○○님은 **'대부분의 사람들은 신뢰할 수 있다'**고
51 생각하십니까? 아니면 **'사람들을 대할 때 매우 조심해야 한다'**고 생각하십니까?

1. 대부분의 사람들은 신뢰할 수 있다
2. 사람들을 대할 때 매우 조심해야 한다

8. 모르겠다
9. 무응답

문51) ○○님은 '지금 곤경에 처한 사람을 도와주면
52 훗날 내가 곤경에 처했을 때 다른 누군가가 나를 도와 줄 것이다'라는 의견에 얼마나 동의하십니까? 혹은 동의하지 않으십니까?

1. 매우 동의한다
2. 동의하는 편이다
3. 동의하지 않는 편이다
4. 매우 동의하지 않는다

8. 모르겠다
9. 무응답

(보기카드 16 제시)

문52) ○○님은 다음의 사람들을 얼마나 신뢰하십니까? '매우 신뢰', '약간 신뢰', '별로 신뢰 안함', '전혀 신뢰 안함' 중에서 말씀해 주십시오.
(면접원 : ㉮~㉲를 각각 읽어줄 것)

		매우 신뢰	약간 신뢰	별로 신뢰 안함	전혀 신뢰 안함	모르겠다	무응답
53	㉮ 가족	1	2	3	4	8	9
54	㉯ 친척	1	2	3	4	8	9
55	㉰ 친구	1	2	3	4	8	9
56	㉱ 이웃	1	2	3	4	8	9
57	㉲ 처음 만나는 사람	1	2	3	4	8	9

(보기카드 17 제시)

문53) ○○님은 다음 각 단체에 가입이 되어서 활동을 하고 있는지, 가입은 했지만 활동은 하지는 않는지, 가입하지 않으셨는지 아닌지 말씀해 주세요.
(면접원 : ㉮~㉻를 각각 읽어줄 것)

		가입해서 활동	가입 했지만 비활동	비가입
58	㉮ 학부모회	1	2	3
59	㉯ 반상회, 지역주민모임	1	2	3
60	㉰ 종교모임	1	2	3
61	㉱ 운동모임, 야외활동모임	1	2	3
62	㉲ 취미모임, 문화모임	1	2	3
63	㉳ 노동조합	1	2	3
64	㉴ 전문직 혹은 사업, 농업 단체	1	2	3
65	㉵ 은퇴자, 노인, 여성 클럽 등 사회적 클럽	1	2	3
66	㉶ 정당 혹은 다른 정치적 집단	1	2	3
67	㉷ 자선단체, 사회봉사단체	1	2	3
68	㉸ 시민단체	1	2	3
69	㉹ 향우회	1	2	3
70	㉺ 환경단체	1	2	3
71	㉻ 전우회	1	2	3
72	ⓐ 기타 단체 (적을 것 : ________)	1	2	

지금부터는 '인터넷, 사회 연결망'에 관해 여쭙겠습니다

(보기카드 18 제시)

문54) ○○님은 다음 기기들을 보유하고 계십니까?
(면접원 : ㉮~㉰를 각각 읽어줄 것)

		예	아니오
C5	㉮ 데스크탑 컴퓨터	1	2
6	㉯ 노트북 컴퓨터	1	2
7	㉰ 휴대전화(핸드폰)	1	2

문55) ○○님은 인터넷을 사용하십니까?
8

1. 예
2. 아니오 ──▶ **문59)로 갈 것**

문56) 그럼 얼마나 자주 인터넷을 사용하십니까?
9-10

1. 매일
2. 일주일에 4-5번
3. 일주일에 2-3번
4. 일주일에 한번
5. 한달에 4-5번
6. 한달에 한번
7. 한달에 한번 미만

98. 모르겠다
99. 무응답

문57) 그럼 얼마나 자주 이메일(전자우편)을
11-12 사용하십니까?

1. 매일
2. 일주일에 4-5번
3. 일주일에 2-3번
4. 일주일에 한번
5. 한달에 4-5번
6. 한달에 한번
7. 한달에 한번 미만
8. 전혀 쓰지 않는다

98. 모르겠다
99. 무응답

문58) ○○님은 다음 카페, 네이버 카페 등 인터넷 클럽에 가입되어 있습니까?
그럼, 싸이월드, 페이스북, 트위터 같은 소셜 네트워크 사이트는요?

		예 (가입)	아니오 (비가입)
13	㉮ 인터넷 클럽	1	2
14	㉯ 소셜 네트워크 사이트	1	2

(보기카드 19 제시)
문59) ○○님은 휴대전화나 인터넷으로 다음의 활동들을 하신 적이 있으신가요?
(면접원 : ㉮~㉶를 각각 읽어줄 것)

		있다	없다
15	㉮ 정치나 정부활동에 관한 뉴스를 읽었다	1	2
16	㉯ 정치 집단이나 선거 후보자의 웹사이트를 방문했다	1	2
17	㉰ 싸이월드, 페이스북, 트위터 같은 소셜 네트워크 사이트를 통해 정치 집단에 가입했다	1	2
18	㉱ 소셜 네트워크 사이트에서 선거 후보자를 '친구'로 등록했다	1	2
19	㉲ 정치적인 내용의 이메일이나 문자메세지를 보냈다	1	2
20	㉳ 정치적인 내용의 이메일이나 문자 메시지를 받았다	1	2
21	㉴ 정치적 사건에 관해 토론했다	1	2
22	㉵ 정치적이거나 사회적인 이슈에 관해 블로그에 글을 올렸다	1	2
23	㉶ 인터넷에 정치적인 뉴스를 올렸다	1	2

(보기카드 20 제시)
문60) ○○님은 다음의 각 사항이 **좋은 시민이 되기 위한 조건**으로 얼마나 중요하다고 생각하십니까?
'전혀 중요하지 않다'는 0점, '매우 중요하다'는 10점으로 할 때 0점에서 10점까지의 점수 중에서 말씀해 주십시오.

전혀 중요하지 않다										매우 중요하다	모르겠다	무응답
0	1	2	3	4	5	6	7	8	9	10	98	99

24-25 ㉮ 나보다 불우한 사람들을 돕는 것 ________점

26-27 ㉯ 선거에서 투표하는 것 ________점

28-29 ㉰ 언제나 법과 규범을 따르는 것 ________점

30-31 ㉱ 다른 사람의 의견과는 별도로 자신의 의견을 정하는 것 ________점

32-33 ㉲ 자원봉사단체에서 활동하는 것 ________점

34-35 ㉳ 정치나 시민활동에 적극적으로 참여하는 것 ________점

36-37 ㉴ 다른 사람들과 협의해서 자신의 의견을 정하는 것 ________점

38-39 ㉵ 개인의 권리를 주장할 수 있는 것 ________점

40-41 ㉶ 사회에 대한 의무를 모두 수행하려고 하는 것 ________점

42-43 ㉷ 부당한 정부정책을 적극적으로 비판하는 것 ________점

(보기카드 21 제시)
문61) 다음에는 몇몇 사람들이 그들의 이익만을 위해서 종종 선택하는 활동들이 있습니다. ○○님은 다음의 각 활동을 할 수도 있다고 생각하십니까? 혹은 절대 해서는 안된다고 생각하십니까?
'절대 해서는 안된다'를 0점, '할 수도 있다'를 10점으로 할 때, 0점에서 10점까지의 점수 중에서 말씀해 주십시오.

절대 해서는 안된다										할 수도 있다	모르겠다	무응답
0	1	2	3	4	5	6	7	8	9	10	98	99

44-45 ㉮ 지불할 세금을 속이는 것 ________점

46-47 ㉯ 공공시설이나 서비스 이용 요금을 안내는 것 ________점

48-49 ㉰ 군복무를 회피하는 것 ________점

50-51 ㉱ 취직을 하기 위해 거짓말을 하는 것 ________점

52-53 ㉲ 결혼하기 위해 거짓말을 하는 것 ________점

54-55 ㉳ 받을 자격이 없는 정부보조를 받는 것 ________점

56-57 ㉴ 선거 당선을 위하여 투표자에게 거짓말 하는 것 ________점

58-59 ㉵ 자녀를 좋은 학교에 보내기 위해 위장전입을 하는 것 ________점

60-61 ㉶ 나이든 부모를 돌보지 않는 것 ________점

62-63 ㉷ 어린 자녀를 돌보지 않는 것 ________점

(보기카드 22 제시)
문62) ○○님은 본인의 삶에 전반적으로 얼마나
64-65 만족하십니까? 혹은 불만족하십니까?
'매우 불만족'을 1점, '매우 만족'을 10점으로 할 때, 1점부터 10점까지의 점수 중에서 말씀해 주십시오.

매우 불만족									매우 만족	모르겠다	무응답
1	2	3	4	5	6	7	8	9	10	98	99

**지금까지 질문에 응해 주셔서 대단히 감사합니다.
마지막으로 자료 분류를 위해 몇 가지만 더 여쭙겠습니다.
이 항목들은 통계적인 자료 분류 목적 이외에는 결코 사용되지 않을 것을 약속드립니다.**

직업) ○○님의 직업은 무엇입니까?
66-67

1. 농업·수산업·축산업 (가족종사자 포함)
2. 자영업 (종업원 9명 이하의 소규모 업소 주인 및 가족 종사자, 약국, 개인택시운전사)
3. 판매직·서비스직 (상점점원, 세일즈맨, 보험설계사 등)
4. 기능공·숙련공 (중장비·트럭 운전사, 전자·가전제품 A/S 기술자, 숙련공 등)
5. 일반작업직 (토목 관계의 현장 작업, 청소, 수위, 육체 노동 등)
6. 사무직·기술직 (일반회사 사무직, 기술직, 유치원·학교 교사, 회사에 소속된 웹디자이너·컴퓨터 프로그래머 등)
7. 경영관리직 (5급 이상의 고급공무원, 교장, 기업체 부장 이상의 직위 등)
8. 전문직 (대학교수, 변호사, 의사, 회계사, 종교인, 언론인, 예술가, 고소득 프리랜서 등)
9. 가정주부
10. 학생 (중학생, 고등학생, 대학생, 대학원생)
11. 무직
12. 은퇴
13. 기타 (적을 것 : ____________________)

학력) ○○님은 학교를 어디까지 마치셨습니까?
68 **(중퇴는 포함되지 않음)**

1. 초등학교 이하
2. 중학교
3. 고등학교
4. 전문대학 재학/졸업
5. 4년제 대학교 이상 재학/졸업

8. 말할 수 없다

고향) ○○님의 고향은 어디입니까?
69

1. 서울
2. 인천/경기
3. 강원
4. 대전/충청
5. 광주/전라
6. 대구/경북
7. 부산/울산/경남
8. 제주
9. 이북/해외

소득) ○○님 댁의 월 평균 가계소득(세전)은 상여금, 연금, 임대소득, 이자소득, 생활보조금 등을 포함하여 얼마나 됩니까? 다음의 보기에서 골라 주십시오.
70-71

1. 49만원 이하
2. 50 ~ 99만원
3. 100 ~ 149만원
4. 150 ~ 199만원
5. 200 ~ 249만원
6. 250 ~ 299만원
7. 300 ~ 349만원
8. 350 ~ 399만원
9. 400 ~ 499만원
10. 500 ~ 599만원
11. 600 ~ 699만원
12. 700 ~ 799만원
13. 800 ~ 899만원
14. 900 ~ 999만원
15. 1,000만원 이상

주거) ○○님께서 현재 살고 계신 집의 주거형태는 어떻게 되십니까?
72

1. 본인 소유의 집
2. 전세
3. 월세
4. 돈을 내지 않고 거주
5. 기타 (적을 것 : ____________________)

♠ 지금까지 설문에 응답해 주셔서 대단히 감사합니다 ♠

면접원 기록표			
응답자 이름			
응답자 주소			
응답자 연락처	1. 일반전화 (D6-8 지역번호) - (9-12 국) - (13-16 번호) 2. 휴대폰 (17-19) - (20-23) - (24-27)		
조사일시	____월 ____일 28-29 30-31 ____시 ____분부터 ____시 ____분까지 (　　)분간 (반드시 적어주세요) 32-33		
협조정도	1. 상 2. 중 3. 하 34		
조사원 이름		지역	조사원 ID 35-39

Supervisor	검 증 원
40	

[4]

안녕하십니까? 저는 스무개 대학 연구 협의체인 한국사회과학데이터센터의 여론조사원 ○○○입니다. 본 조사는 맞고 틀리는 답이 있는 것이 아닙니다. 선생님의 의견과 다른 사람들의 의견을 합하여 통계자료로 이용될 뿐 선생님의 개인정보는 절대로 유출되지는 않습니다. 선생님의 생각이나 의견을 솔직히 말씀해 주시면 감사하겠습니다.

문1) ~ 문13) 다음의 문장을 들어보시고 어느 정도 찬성 혹은 반대하시는지 말씀해 주십시오.

문1) 체제와 상관없이 민족적 차원에서 북한에 대한 지원은 가능한 한 많이 해야 한다.

① 전적으로 찬성한다. ② 대체로 찬성한다.
③ 대체로 반대한다. ④ 전적으로 반대한다.
⑨ 모름/무응답(읽어주지 말 것)

문2) 다수의 국민이 반대하더라도 국가지도자는 소신대로 나라를 이끌어 가야 한다.

① 전적으로 찬성한다. ② 대체로 찬성한다.
③ 대체로 반대한다. ④ 전적으로 반대한다.
⑨ 모름/무응답(읽어주지 말 것)

문3) 기업이 스스로 개혁을 못한다 하더라도 기업활동에 정부는 간섭하지 말아야 한다.

① 전적으로 찬성한다. ② 대체로 찬성한다.
③ 대체로 반대한다. ④ 전적으로 반대한다.
⑨ 모름/무응답(읽어주지 말 것)

문4) 정부는 경제성장의 혜택을 나누어주는 일보다는 경제를 성장시키는 일에 더 치중해야 한다.

① 전적으로 찬성한다. ② 대체로 찬성한다.
③ 대체로 반대한다. ④ 전적으로 반대한다.
⑨ 모름/무응답(읽어주지 말 것)

문5) 정당한 목적을 가진 시위라도 사회규범을 해치면 규제해야 한다.

① 전적으로 찬성한다. ② 대체로 찬성한다.
③ 대체로 반대한다. ④ 전적으로 반대한다.
⑨ 모름/무응답(읽어주지 말 것)

문6) 사회의 잘못된 점은 무리가 따르더라도 빠르게 고쳐나가야 한다.
① 전적으로 찬성한다. ② 대체로 찬성한다.
③ 대체로 반대한다. ④ 전적으로 반대한다.
⑨ 모름/무응답(읽어주지 말 것)

문7) 한반도 안보문제와 관련하여 우리와 의견이 다르더라도 우방인 미국의 의견을 따르는 편이 낫다.
① 전적으로 찬성한다. ② 대체로 찬성한다.
③ 대체로 반대한다. ④ 전적으로 반대한다.
⑨ 모름/무응답(읽어주지 말 것)

문8) 고등학교의 평준화 제도 대신 학부모의 경제능력이나 자녀의 학업능력에 따라 학교를 자유롭게 선택할 수 있게 해야 한다
① 전적으로 찬성한다. ② 대체로 찬성한다.
③ 대체로 반대한다. ④ 전적으로 반대한다.
⑨ 모름/무응답(읽어주지 말 것)

문9) 국가가 전력, 통신, 철도 등 국가기간산업을 소유하면 경쟁력이 떨어지므로 민간에 넘겨야 한다.
① 전적으로 찬성한다. ② 대체로 찬성한다.
③ 대체로 반대한다. ④ 전적으로 반대한다.
⑨ 모름/무응답(읽어주지 말 것)

문10) 정부는 세금을 더 거두어서라도 가난한 사람들에 대한 지원을 늘려야 한다.
① 전적으로 찬성한다. ② 대체로 찬성한다.
③ 대체로 반대한다. ④ 전적으로 반대한다.
⑨ 모름/무응답(읽어주지 말 것)

문11) 사회 질서를 지키기 위해서는 예술활동의 자유를 제한하더라도 영화나 소설 작품 등은 검열해야 한다.
① 전적으로 찬성한다. ② 대체로 찬성한다.
③ 대체로 반대한다. ④ 전적으로 반대한다.
⑨ 모름/무응답(읽어주지 말 것)

문12) 공무원도 일반 근로자이기 때문에 공무원이 노동조합을 만드는 것을 허용해야 한다.

① 전적으로 찬성한다. ② 대체로 찬성한다.
③ 대체로 반대한다. ④ 전적으로 반대한다.
⑨ 모름/무응답(읽어주지 말 것)

문13) 선생님은 국가보안법에 대해 들어보신 적이 있으십니까?

① 들어본 적 있다.(문14 부터) ② 들어 본적 없다. ☞문15부터

문14) (들어본 적이 있다면)선생님은 국가보안법 문제와 관련해서 다음 네 가지 중 어느 의견에 동의하십니까?

① 절대 폐지해서는 안 된다.
② 북한의 변화에 따라 처리해야 한다.
③ 북한의 변화와 관계없이 부분적으로 개정해야 한다.
④ 전면 폐지해야 한다.
⑨ 모름/무응답(읽어주지 말 것)

문15) ~ 문19) 다음의 질문을 듣고 말씀해 주십시오.

문15) 선생님의 이념적 성향은 다음 중 어디에 해당된다고 생각하십니까?

① 매우 보수적이다. ② 다소 보수적인 편이다. ③진보도 보수도 아니다.
④ 다소 진보적인 편이다. ⑤ 매우 진보적이다.
⑨ 모름/무응답(읽어주지 말 것)

문16) 올 12월 대통령선거에서 한나라당 후보로 이회창, 민주당 후보로 노무현씨가 출마하면 선생님께서는 누구를 지지하시겠습니까?

① 한나라당 이회창 ② 민주당 노무현 ⑨ 모름/무응답(읽어주지 말 것)

문17) 올 12월 대통령선거에서 한나라당 후보로 이회창, 민주당 후보로 노무현, 새로운 정당 후보로 박근혜, 민주노동당 후보로 권영길씨가 출마하면 선생님께서는 누구를 지지하시겠습니까?

① 한나라당 이회창 ② 민주당 노무현
③ 신당 박근혜 ④ 민주노동당 권영길
⑨ 모름/무응답(읽어주지 말 것)

문18) 선생님은 현재 어느 정당을 지지하고 계십니까?
① 한나라당 ② 민주당 ③ 자민련 ④ 민국당 ⑤ 민주노동당
⑥ 사회당 ⑦ 없음 ⑨ 모름/무응답(읽어주지 말 것)

문19) 선생님은 지난 97년 대통령 선거에서 어느 후보에게 투표하셨습니까?
① 김대중 ② 이회창 ③ 이인제 ④ 권영길 ⑤ 기타후보
⑥ 투표하지 않았음(기권) ⑦ 투표권이 없었음
⑨ 모름/무응답(읽어주지 말 것)

다음은 통계적 처리를 위하여 개인적인 사항을 몇가지 여쭙겠습니다. 통계적 처리 이외의 용도로는 전적으로 사용되지 않습니다.

문20) 선생님의 직업은?
(직업코드표 참조)

문21) 선생님은 다음 중 어느 연령대에 속하십니까?
① 20대 ② 30대 ③ 40대 ④ 50대 이상
⑨ 모름/무응답(읽어주지 말 것)

문22) 선생님의 월평균 수입액은 어느 정도 이십니까?
① 100만원 미만 ② 100만원~250만원 ③ 250만원 이상
⑨ 모름/무응답(읽어주지 말 것)

문23) 선생님의 학력은 어떻게 되십니까?
① 중졸이하 ② 고졸 ③ 대재 이상 ⑨ 모름/무응답(읽어주지 말 것)

[5]

국 민 이 념 성 향 조 사	면접원 ID	응답자 ID

안녕하십니까? 저는 비영리 학술단체인 한국사회과학데이터센터의 면접원 000입니다. 저희는 지금 한국사회의 이념갈등 해소를 위한 학문적 연구의 일환으로 국민이념성향조사를 실시하고 있습니다. 본 조사에서 수집된 00님 개인에 대한 정보는 절대 노출되지 않으니, 00님의 생각이나 의견을 솔직하게 말씀해 주시길 바랍니다. 00님이 주신 의견은 학술연구의 귀중한 자료로만 활용하겠습니다. 2007년 5월 3일~4일

SQ1.전화번호	-	SQ2.성　별	남　/　여
SQ3.전화기록ID	(ID :　　　)	SQ4.나　이	만 (　　　) 세
SQ5.학　력	①중졸 이하 ②고졸 ③대재 이상 ④무응답	SQ6.가정소득	① 최상위 ② 중상위 ③ 중간 ④ 중하위 ⑤ 최하위
SQ7.직　업	①농림어업 ②자영업 ③화이트칼라 ④블루칼라 ⑤가정주부 ⑥학생 ⑦전문직/공무원 ⑧무직 ⑨무응답		
SQ8.출 신 지	①서울 ②인천/경기 ③강원 ④대전/충청 ⑤광주/전라 ⑥대구/경북 ⑦부산/울산/경남 ⑧제주 ⑨이북/기타 ⑩무응답		

■ 다음 문장을 들으시고 어느 정도 찬성 혹은 반대하시는지 말씀해 주십시오.

구　분	찬성한다		반대한다		모름/무응답
	전적으로	대체로	대체로	전적으로	
문1) 체제와 상관없이 민족적 차원에서 북한에 대한 지원은 가능한 한 많이 해야 한다.	①	②	③	④	⑨
문2) 한반도 안보문제와 관련하여 우리와 의견이 다르더라도 우방인 미국의 의견을 따르는 편이 낫다.	①	②	③	④	⑨
문3) 고등학교의 평준화 제도 대신 학부모의 경제능력이나 자녀의 학업능력에 따라 학교를 자유롭게 선택할 수 있게 해야 한다.	①	②	③	④	⑨
문4) 다소 기업이 부담이 되더라도 근로자의 권익보호를 위해 비정규직 노동자들을 정규직으로 바꾸는 것이 바람직하다.	①	②	③	④	⑨
문5) 정부는 세금을 더 거둬서라도 가난한 사람들에 대한 지원을 늘려야 한다.	①	②	③	④	⑨
문6) 정부는 경제성장의 혜택을 나누어주는 일보다는 경제를 성장시키는 일에 더 치중해야 한다.	①	②	③	④	⑨
문7) 기업이 스스로 개혁을 못한다 하더라도 기업활동에 정부는 간섭하지 말아야 한다	①	②	③	④	⑨
문8) 우리가 다소 불이익을 당하더라도 외국인 노동자의 인권은 반드시 보장되어야 한다	①	②	③	④	⑨

문9) 정부는 종합토지세 외에 일정 공시지가 기준을 초과하는 토지와 주택소유자에 별도로 국세를 부과하는 종합부동산세를 신설했습니다. 00님께서는 종합부동산세 신설에 대해 어떻게 생각하십니까?
① 전적으로 찬성한다　② 대체로 찬성한다
③ 대체로 반대한다　④ 전적으로 반대한다
⑨ 모름/무응답 **(읽어주지 말 것)**

문10) 지난 4월 한국과 미국간에 관세를 없애고 자유롭게 무역을 하는 자유무역협정(FTA)이 타결되었습니다. 00님께서는 한국과 미국이 자유무역협정(FTA)을 체결하는 것에 대해 어떻게 생각하십니까?
① 전적으로 찬성한다　② 대체로 찬성한다
③ 대체로 반대한다　④ 전적으로 반대한다
⑨ 모름/무응답 **(읽어주지 말 것)**

문11) 00님께서는 국가보안법 문제와 관련하여 다음 네 가지 중 어느 의견에 동의하십니까?
① 절대 폐지해서는 안 된다
② 북한의 변화에 따라 처리해야 한다
③ 북한의 변화와 관계없이 부분적으로 개정해야 한다
④ 전면 폐지해야 한다
⑨ 모름/무응답 **(읽어주지 말 것)**

문12) 00님께서는 앞으로 어떤 성격의 정당이 우리나라를 이끌어가야 한다고 생각하십니까?
① 진보정당 ② 중도정당 ③ 보수정당
⑨ 모름/무응답 **(읽어주지 말 것)**

문13) 00님께서는 본인의 이념적 성향이 다음 중 어디에 해당된다고 생각하십니까?
① 매우 진보적이다 ② 다소 진보적인 편이다
③ 진보도 보수도 아닌 중도다 ④ 다소 보수적인 편이다
⑤ 매우 보수적이다 ⑨ 모름/무응답 **(읽어주지 말 것)**

■ 문14~문16을 로테이션 하십시오

문14) 00님께서는 '진보'라는 단어를 들으면 무엇이 가장 먼저 떠오르십니까?
( )

문15) 00님께서는 '중도'라는 단어를 들으면 무엇이 가장 먼저 떠오르십니까?
( )

문16) 00님께서는 '보수'라는 단어를 들으면 무엇이 가장 먼저 떠오르십니까?
( )

문17) 00님께서는 다음 중 우리나라의 차기 대통령으로 누가 가장 낫다고 생각하십니까? (지지후보 없다/무응답) 그럼 조금이라도 낫다고 생각하는 후보는요?
① 강금실 ② 권영길 ③ 김근태 ④ 노회찬 ⑤ 문국현
⑥ 박근혜 ⑦ 손학규 ⑧ 심상정 ⑨ 원희룡 ⑩ 이명박
⑪ 정동영 ⑫ 천정배 ⑬ 한명숙
⑲ 없음/모름/무응답 **(읽어주지 말 것)**

문18~문20) 다음은 정당 이미지에 관한 사항입니다. 다음 정당의 이름을 들으시고 '매우 진보적'이라고 생각하시면 ①, '다소 진보적인 편'이라고 생각하시면 ②, '보수도 진보도 아닌 중도'라고 생각하시면 ③, '다소 보수적인 편'이라고 생각하시면 ④, '매우 보수적'이라고 생각하시면 ⑤ 라고 말씀하시면 됩니다.

구 분	매우 진보	다소 진보	중도	다소 보수	매우 보수	모름/무응답
문18) 한나라당	①	②	③	④	⑤	⑨
문19) 열린우리당	①	②	③	④	⑤	⑨
문20) 민주노동당	①	②	③	④	⑤	⑨

문21) 00님께서는 지난 2002년 대통령 선거에서 어느 후보에게 투표하셨습니까?
① 이회창 ② 노무현 ③ 권영길 ④ 기타
⑤ 기권했다 **(읽어주지 말 것)** ⑥ 투표권이 없었다 **(읽어주지 말 것)**
⑨ 모름/무응답 **(읽어주지 말 것)**

문22) 00님께서는 현재 어느 정당을 지지하고 계십니까?
① 한나라당 ② 열린 우리당 ③ 민주당 ④ 민주노동당
⑤ 국민중심당 ⑥ 기타 ⑧ 없음 **(읽어주지 말 것)**
⑨ 모름/무응답 **(읽어주지 말 것)**

(위쪽에 있는 인구통계사항을 확인하십시오)

감사합니다. 안녕히 계십시오.

[6]

현대사회연구소
Korea Institute of Social Studies

여론주도층조사

ID				
	-			

안녕하십니까?

본 조사는 사회과학분야 전문 연구기관인 **현대사회연구소**의 의뢰를 받아 「한국사회과학데이터센터」에서 실시하는 학술연구조사입니다.

본 조사의 모든 응답내용은 비밀이 보장되며, 옳고 그름이 있는 것이 아니므로 평소 느끼시는 바를 그대로 말씀해 주시기 바랍니다. 감사합니다.

2005년 3월

한국사회과학데이터센터

문의전화 : 사회조사팀장 김장호 (02) 786-8061, 016-349-8877

설문지 기재방법

객관식	보기 번호(①, ②, ③ 등)에 ○ 또는 ✓표시를 해 주십시오. (예, ① 또는 ✓①)
주관식	괄호 안 또는 밑줄 위에 기재해 주십시오.

응답자 기재사항

소속기관 : (　　　　　　　　　　　　　) 성 별 : ① 남자 ② 여자

직 책 : (　　　　　　　　　　　　　)

분야경력

① 5년 미만 ② 5년 이상 10년 미만 ③ 10년 이상 15년 미만

④ 15년 이상 20년 미만 ⑤ 20년 이상

작성일시 : 2005년 월 일 시 분 ~ 시 분 (분간)

작성장소 : (　　　　　　　　　　　　　)

응답자명 및 연락처(확인용으로만 사용합니다) :

검 증 원 : ㉠ (기재하지 마십시오)

I. 이념에 대해 몇 가지 여쭙겠습니다.

1. 선생님께서는 한국사회의 현실을 이해하기 위하여 좌·우 또는 진보·보수와 같은 이념이 어느 정도 중요하다고 생각하십니까? 0~10점 사이의 점수로 말씀해 주시면 됩니다. **0점은 전혀 중요하지 않은 것을, 10점은 매우 중요한 것을 말합니다.**

전혀 중요하지 않다 ←→ 매우 중요하다

⓪ ① ② ③ ④ ⑤ ⑥ ⑦ ⑧ ⑨ ⑩

2. 선생님께서는 다음 정당들과 본인의 이념성향에 대해 0~10점 사이의 점수로 말씀해 주십시오. **0점은 매우 진보적인 것을, 5점은 중도를, 10점은 매우 보수적인 것을 말합니다.**

정당구분	매우 진보 ←										→ 매우 보수
2-1. 열린우리당	⓪	①	②	③	④	⑤	⑥	⑦	⑧	⑨	⑩
2-2. 한나라당	⓪	①	②	③	④	⑤	⑥	⑦	⑧	⑨	⑩
2-3. 민주노동당	⓪	①	②	③	④	⑤	⑥	⑦	⑧	⑨	⑩
2-4. 민주당	⓪	①	②	③	④	⑤	⑥	⑦	⑧	⑨	⑩
2-5. 응답자자신	⓪	①	②	③	④	⑤	⑥	⑦	⑧	⑨	⑩

3. 지난 17대 총선이후 각 정당의 의정활동을 고려할 때, 각 정당의 정책을 이념적으로 평가해 주십시오. **0점은 매우 진보적인 것을, 5점은 중도를, 10점은 매우 보수적인 것을 말합니다.**

정당구분	매우 진보 ←										→ 매우 보수
3-1. 열린우리당	⓪	①	②	③	④	⑤	⑥	⑦	⑧	⑨	⑩
3-2. 한나라당	⓪	①	②	③	④	⑤	⑥	⑦	⑧	⑨	⑩
3-3. 민주노동당	⓪	①	②	③	④	⑤	⑥	⑦	⑧	⑨	⑩
3-4. 민주당	⓪	①	②	③	④	⑤	⑥	⑦	⑧	⑨	⑩

4. 한국사회의 이념갈등을 묘사할 때 좌파와 우파, 진보와 보수 중 어느 것이 맞다고 생각하십니까?

① 좌파와 우파 ② 진보와 보수

5. 한국사회의 이념성향을 좌파와 우파로 묘사할 때 선생님께서는 좌파와 우파 중 어디에 속한다고 생각하십니까?

① 좌파 ② 우파

6. 그렇다면, 한국사회의 이념성향을 진보와 보수로 묘사할 때 선생님께서는 진보와 보수 중 어디에 속한다고 생각하십니까?

① 진보 ② 보수

7. 선생님께서는 노무현 정부가 좌파와 우파 중 어느 쪽에 더 가깝다고 생각하십니까? 0~10점 사이의 점수로 말씀해 주시면 됩니다. **0점은 극단적인 좌파인 것을, 10점은 극단적인 우파인 것을 말합니다.**

극단적인 좌파 ←→ 극단적인 우파

⓪ ① ② ③ ④ ⑤ ⑥ ⑦ ⑧ ⑨ ⑩

8. 그렇다면, 선생님께서는 노무현 정부가 진보와 보수 중 어느 쪽에 더 가깝다고 생각하십니까? 0~10점 사이의 점수로 말씀해 주시면 됩니다. **0점은 가장 진보적인 것을, 10점은 가장 보수적인 것을 말합니다.**

매우 진보 ←→ 매우 보수

⓪ ① ② ③ ④ ⑤ ⑥ ⑦ ⑧ ⑨ ⑩

9. 노무현 정부 출범 이후 좌파·우파 또는 진보·보수와 같은 이념논쟁이 심화되어 왔습니다. 이러한 상황에 대해 국론이 분열되어 국민통합을 해친다는 우려의 목소리가 있습니다. 선생님께서는 이러한 주장에 대해 어떻게 생각하십니까?

① 전적으로 공감한다 ② 공감하는 편이다
③ 그저 그렇다
④ 공감하지 않는 편이다 ⑤ 전혀 공감하지 않는다

10. 한국정당들은 이념이나 정책보다 지역주의 등 연고주의, 인물중심정당의 틀을 벗어나지 못하고 있다는 비판이 있습니다. 한국정당이 이념, 정책중심으로 발전하지 못하는 근본적인 이유는 무엇이라고 생각하십니까?

____

____

____

____

Ⅱ. 다음은 개헌에 관한 사항입니다.

11. 현재의 헌법체계가 21C 국가발전을 저해하고 있다는 주장이 있습니다. 선생님께서는 이러한 의견에 대해 어느 정도 동의하십니까?

① 전적으로 동의한다 (☞**문11-1**로) ② 동의하는 편이다 (☞**문11-1**로)
③ 동의하지도 반대하지도 않는다 (☞**문12**로)
④ 반대하는 편이다 (☞**문12**로) ⑤ 전적으로 반대한다 (☞**문12**로)

11-1. **(문11에서 ① 또는 ② 라고 응답하신 분만)** 개헌을 해야 하는 이유는 무엇입니까?

① 정치·권력사이의 견제와 균형을 위해 ② 의회정치의 활성화를 위해
③ 효율적인 정부구조조정을 위해 ④ 깨끗하고 생산적인 정치를 위해
⑤ 기타 (적어주십시오 :)

11-2. (**문11에서 ① 또는 ② 라고 응답하신 분만**) 그렇다면, 개헌을 언제 하는 것이 가장 바람직하다고 생각하십니까?

① 빠를수록 좋다
② 노무현 정권 임기 내에 해야 한다
③ 다소 시간이 걸리더라도 철저한 준비 후 차기 정권에서 해야 한다

11-3. (**문11에서 ① 또는 ② 라고 응답하신 분만**) 그렇다면, 개헌이 어떠한 방식에 의해 진행되어야 한다고 생각하십니까?

① 정치권의 합의를 통해
② 국민청원을 통해
③ 국민적 요구에 의한 정치권의 합의를 통해
④ 기타 (적어주십시오 :)

12. 우리나라 헌법 제66조와 제70조에서 5년 단임 대통령 중심제를 규정하고 있습니다. 선생님께서는 이러한 규정을 유지해야 한다고 생각하십니까? 개정해야 한다고 생각하십니까?

① 유지해야 한다
② 개정해야 한다

13. 현재 우리나라 정부구조는 대통령 중심제입니다. 한국의 정치발전을 위해 다음 중 어떤 정부구조가 바람직하다고 생각하십니까?

① 국민이 뽑은 대통령이 국정운영을 책임지는 현행 대통령제
② 대통령제는 유지하나 대통령과 국무총리간에 권력을 나누는 분권형 대통령제
③ 국회에서 선출된 수상이 국정운영을 책임지는 의원내각제
④ 국무총리를 없애고 국민이 직접 선출하는 정·부통령제(running mate)
⑤ 기타 (적어주십시오 :)

14. 우리나라 대통령의 임기는 헌법 제70조에 명시된 바와 같이 5년 단임으로 되어 있습니다. 그러나 현행의 5년 단임제가 대통령제의 책임성과 안정성을 저해한다는 비판이 있습니다. 만일 이 제도를 바꾸게 된다면 선생님께서는 어떻게 바꾸는 것이 바람직하다고 생각하십니까?

① 7년 단임제
② 4년 중임제
③ 4년 연임제
④ 현행(5년 단임제) 유지해야 한다
⑤ 기타 (적어주십시오 :)

Ⅲ. 다음은 정치개혁에 관한 사항입니다.

15. 선생님께서는 다음 사항 중 어떤 부분이 먼저 개혁되어야 한다고 생각하십니까? 가장 중요한 것 2가지만 골라 주십시오.

1순위 ( ) **2순위 ( )**

① 공명선거를 위한 선거법 개정
② 깨끗한 정치를 위한 정치자금법 개정
③ 생산적인 의정활동을 위한 국회법 개정
④ 선거사범의 엄중한 처리를 위한 사법문화 개혁
⑤ 지역주의 완화를 위한 선거구제 개혁
⑥ 민주적인 정당 활동을 위한 정당법 개정
⑦ 기타 (적어주십시오 :)

16. 정치개혁을 실시할 때, 일시에 모두 처리하는 것과 단계적으로 하나씩 진행하는 것 중 어떤 방식이 바람직하다고 생각하십니까?

① 일시에 진행하는 것이 바람직하다 ② 단계적으로 진행하는 것이 바람직하다

17. 지역주의의 결과로서 나타난 지역정당구조가 쉽게 해체되지 않고 있습니다. 혹자는 차라리 지역정당을 현실화하여 각 지역을 대표하는 정당간의 경쟁체제로 가는 것이 국가발전을 위해 오히려 이롭다고 주장하고 있습니다. 선생님께서는 이러한 의견에 대해 어느 정도 동의하십니까?

① 전적으로 동의한다 ② 동의하는 편이다
③ 동의하지도 반대하지도 않는다
④ 반대하는 편이다 ⑤ 전적으로 반대한다

18. 선생님께서는 다음 중 어떠한 제도가 한국정치발전을 위해 바람직하다고 생각하십니까?

18-1. 정당제도	① 양당제(열린우리당과 한나라당 같은 주요 정당만 2개인 것) ② 다당제(주요정당과 군소정당들을 포함하여 정당이 3개 이상인 것)
18-2. 선거제도	① 소선거구제(하나의 선거구에서 한명을 뽑는 방식) ② 중선거구제(하나의 선거구에서 2~5명을 뽑는 방식) ③ 대선거구제(하나의 선거구에서 5명 이상을 뽑는 방식)

19. 현재 시장, 도지사를 뽑는 광역자치단체장 선거뿐만 아니라 구청장 또는 군수를 뽑는 기초자치단체장 선거에서도 정당 공천이 이루어지고 있습니다. 선생님께서는 기초자치단체장선거 후보의 정당공천에 대해 어떻게 생각하십니까?

① 기초자치단체장선거 후보의 정당공천은 필요하다
② 기초자치단체장선거 후보의 정당공천은 필요없다

20. 현재 대통령선거, 지방선거, 그리고 국회의원선거 등 주요 선거의 주기가 다르기 때문에 개헌을 해서라도 동시에 실시하는 것이 효율적이라는 지적이 있습니다. 선생님께서는 선거 주기에 대한 다음의 보기 중 어떤 것이 바람직하다고 생각하십니까?

구 분	①	②	③	④	⑤
대통령선거	●	●	●	×	현행대로 실시해야한다
국회의원선거	●	×	●	●	
지방선거	●	●	×	●	

(●는 동시에 실시하는 것을, ×는 동시에 실시하지 않는 것을 말함.)

21. 현재 헌법재판소의 기능이 의회나 행정부에 비해 보다 강력하여 3부 간의 견제와 균형이 무너지고 있다는 비판이 있습니다. 선생님께서는 이러한 비판에 대해 어떻게 생각하십니까?

① 전적으로 공감한다 ② 공감하는 편이다
③ 그저 그렇다
④ 공감하지 않는 편이다 ⑤ 전혀 공감하지 않는다

22. 지방자치가 본격적으로 시작된 지 10여년이 지났습니다. 선생님께서는 현재 운영되고 있는 지방자치제도의 문제점 중 가장 심각한 문제는 무엇이라고 생각하십니까?

① 명목적인 지방자치제도 ② 지역 이기주의 심화
③ 지역간 불균형 심화 ④ 지방자치단체의 지방자치제도 운영 미숙
⑤ 주민의 자치의식 부족 ⑥ 지방자치단체 장에 대한 견제장치 미흡
⑦ 기타 (적어주십시오 :)

Ⅳ. 다음은 경제에 관한 사항입니다.

23. 노무현 정부는 집권이후, 성장보다는 공정분배를 강조하는 경제정책을 실시해 왔습니다. 선생님께서는 이러한 정부의 경제정책방향에 대해 어느 정도 동의하십니까?

① 전적으로 동의한다 ② 동의하는 편이다
③ 동의하지도 반대하지도 않는다
④ 반대하는 편이다 ⑤ 전적으로 반대한다

24. 노무현 정부는 출자총액제한제 적용기준 완화, 분식회계 2년간 유예 등 대기업에게 유리한 실용주의 노선을 걷고 있습니다. 선생님께서는 이러한 방향 선회에 대해 어느 정도 동의하십니까?

① 전적으로 동의한다 ② 동의하는 편이다
③ 동의하지도 반대하지도 않는다
④ 반대하는 편이다 ⑤ 전적으로 반대한다

25. 야당에서는 정부의 시장개입을 최소화해야 한다고 주장하고 있습니다. 선생님께서는 이러한 주장에 대해 어느 정도 동의하십니까?

① 전적으로 동의한다 ② 동의하는 편이다
③ 동의하지도 반대하지도 않는다
④ 반대하는 편이다 ⑤ 전적으로 반대한다

26. 현재 노무현 정부가 실시하고 있는 부동산 정책에 대해 얼마나 성공적이라고 생각하십니까?

① 매우 성공적이다 ② 성공적인 편이다
③ 아직 모르겠다
④ 성공적이지 못한 편이다 (☞문**26-1**로) ⑤ 전혀 성공적이지 못하다 (☞문**26-1**로)

26-1. (**문26에서 ④ 또는 ⑤ 라고 응답하신 분만**) 선생님께서는 노무현 정부의 부동산 정책이 성공적이지 못하다고 말씀하셨습니다. 그 이유는 무엇인지 말씀해 주십시오.

____

____

____

27. 현재 노무현 정부가 실시하고 있는 연·기금 정책에 대해 얼마나 신뢰하십니까?

① 매우 신뢰헌다 ② 신뢰하는 편이다
③ 아직 모르겠다
④ 신뢰하지 못하는 편이다 (☞문**27-1**로) ⑤ 전혀 신뢰하지 못하다 (☞문**27-1**로)

27-1. (**문27에서 ④ 또는 ⑤ 라고 응답하신 분만**) 선생님께서는 노무현 정부의 연·기금 정책을 신뢰하지 못한다고 말씀하셨습니다. 그 이유는 무엇인지 말씀해 주십시오.

____

____

____

Ⅴ. 다음은 사회현안에 관한 사항입니다.

28. 기존의 남성중심의 호주제 폐지가 국회를 통과했습니다. 그럼에도 불구하고 일부에서는 사회적인 혼란, 전통의 붕괴 등을 염려하는 목소리가 상존하고 있습니다. 선생님께서는 호주제 폐지에 대해 어떻게 생각하십니까?

① 찬성한다　　② 반대한다 (☞문**28-1**로)

28-1. (문**28**에서 ② 라고 응답하신 분만) 선생님께서는 호주제 폐지를 반대한다고 말씀하셨습니다. 그 이유는 무엇인지 말씀해 주십시오.

____

____

____

29. 선생님께서는 현재 진행되고 있는 양성평등정책이 향후 어떻게 진행되어야 바람직하다고 생각하십니까?

① 보다 강화되어야 한다　　② 현재정도의 수준이면 된다
③ 역차별의 우려가 있어 다소 약화되어야 한다

30. 저출산으로 인해 가족붕괴, 노동인력의 고령화 등 각종 문제가 예견되고 있습니다. 선생님께서는 정부차원에서 출산 장려책으로 어떠한 정책이 필요하다고 생각하십니까? (현재 신생아 수당 등 아동수당제 도입, 자녀 출산시 명수에 따라 국민연금 1~3년 면제, 연말정산 때 자녀 소득공제폭 확대, 저소득층 자녀 학원비 등 교육비 지원, 불임치료 기구 수입시 관세 감면 등을 추진 중에 있습니다)

____

____

____

____

Ⅵ. 다음은 사법개혁에 관한 사항입니다.

31. 현재 사법부가 정치권력으로부터 자유롭지 못하기 때문에 개혁을 하여 권력으로부터 독립을 보장하여야 한다는 주장이 있습니다. 선생님께서는 이러한 주장에 대해 어떻게 생각하십니까?

① 전적으로 공감한다 (☞문**31-1**로)　　② 공감하는 편이다 (☞문**31-1**로)
③ 그저 그렇다
④ 공감하지 않는 편이다　　⑤ 전혀 공감하지 않는다

31-1. (문**31**에서 ① 또는 ② 라고 응답하신 분만) 선생님께서는 사법부의 독립보장이 필요하다고 말씀하셨습니다. 그렇다면, 사법부가 독립적이지 못한 이유는 무엇이라고 생각하십니까?

① 국민의 법 경시 풍조
② 국가권력이 대통령에게 과도하게 집중되어 있기 때문에(인사권 등)
③ 기타 (적어주십시오　　　　　　　　)

32. 사법 개혁의 방향과 내용에 대해 선생님께서 생각하시는 내용을 말씀해 주십시오.
(예, 배심원제, law school제, 법조일원화, 일수벌금제, ... 등에 대해)

Ⅶ. 다음은 남북통일과 안보에 관한 사항입니다.

33. 선생님께서는 김대중 정부시절과 비교해 볼 때, 노무현 정부 하에서 남·북한 관계가 개선되었다고 보십니까? 악화되었다고 보십니까?

① 크게 개선되었다　　② 다소 개선되었다
③ 잘 모르겠다
④ 다소 악화되었다 (☞문**33-1**로)　　⑤ 크게 악화되었다 (☞문**33-1**로)

33-1. (문**33**에서 ④ 또는 ⑤ 라고 응답하신 분만) 선생님께서는 현재의 남·북한 관계가 김대중 정부시절보다 악화되었다고 말씀하셨습니다. 그 이유는 무엇인지 말씀해 주십시오.

34. 지난 2000년 6월 15일 김대중 전 대통령과 김정일 국방위원장이 상호체제인정, 민간교류, 경제협력, 대화채널의 다양화, 통일이후의 국체에 대한 사항 등의 내용을 주로 하는 6.15남북공동선언을 하였습니다.

<6.15 남북공동선언 내용>

1. 남과 북은 나라의 통일문제를 그 주인인 우리 민족끼리 서로 힘을 합쳐 자주적으로 해결해 나가기로 하였다.
2. 남과 북은 나라의 통일을 위한 남측의 연합 제안과 북측의 낮은 단계의 연방제안이 서로 공통성이 있다고 인정하고 앞으로 이 방향에서 통일을 지향시켜 나가기로 하였다.
3. 남과 북은 올해 8·15에 즈음하여 흩어진 가족, 친척 방문단을 교환하며 비전향 장기수 문제를 해결하는 등 인도적 문제를 조속히 풀어 나가기로 하였다.
4. 남과 북은 경제협력을 통하여 민족경제를 균형적으로 발전시키고 사회·문화·체육·보건·환경 등 제반 분야의 협력과 교류를 활성화하여 서로의 신뢰를 다져 나가기로 하였다.
5. 남과 북은 이상과 같은 합의사항을 조속히 실천에 옮기기 위하여 빠른 시일 안에 당국 사이의 대화를 개최하기로 하였다.

선생님께서는 6.15 남북공동선언이 현재의 상황을 고려할 때 어떠한 문제점이 있다고 보십니까?

35. 사회 일각에서는 북한 핵문제가 해결되기 전에는 북한에 대한 지원을 해서는 안된다는 주장이 있습니다. 선생님께서는 이러한 주장에 대해 어떻게 생각하십니까?

① 전적으로 공감한다 ② 공감하는 편이다
③ 그저 그렇다
④ 공감하지 않는 편이다 ⑤ 전혀 공감하지 않는다

36. 선생님께서는 남북통일을 위해 정부가 가장 먼저 해야 할 일은 무엇이라고 생각하십니까?

37. 선생님께서는 어떤 형태의 통일이 바람직하다고 생각하십니까?

38. 현재 노무현 정부의 대북정책은 남북간 포괄적 협력을 토대로 평화체제를 구축하는 것을 기본으로 합니다. 사회 일각에서는 노무현 정부의 대북정책이 과거 김대중 정부의 햇볕정책을 계승한 것이라는 의견이 있습니다. 선생님께서는 이러한 의견에 대해 어떻게 생각하십니까?

① 전적으로 공감한다 (☞문**38-1**로) ② 공감하는 편이다 (☞문**38-1**로)
③ 그저 그렇다 (☞문**39**로)
④ 공감하지 않는 편이다 (☞문**38-2**로) ⑤ 전혀 공감하지 않는다 (☞문**38-2**로)

38-1. **(문38에서 ① 또는 ② 라고 응답하신 분만)** 선생님께서는 노무현 정부의 대북정책이 과거 김대중 정부의 대북정책을 계승한 것이라는 의견에 공감한다고 말씀하셨습니다. 그렇다면, 어떤 점에서 그렇게 생각하시는지 말씀해 주십시오.

38-2. **(문38에서 ④ 또는 ⑤ 라고 응답하신 분만)** 선생님께서는 노무현 정부의 대북정책이 과거 김대중 정부의 대북정책을 계승한 것이라는 의견에 공감하지 않는다고 말씀하셨습니다. 그렇다면, 어떤 점에서 그렇게 생각하시는지 말씀해 주십시오.

39. 선생님께서는 김대중 정부시절과 비교해 볼 때, 노무현 정부 하에서 한·미 동맹관계가 개선되었다고 보십니까? 악화되었다고 보십니까?

① 크게 개선되었다 ② 다소 개선되었다
③ 잘 모르겠다
④ 다소 악화되었다 (☞문**39-1**로) ⑤ 크게 악화되었다 (☞문**39-1**로)

39-1. (문**39**에서 ④ 또는 ⑤ 라고 응답하신 분만) 선생님께서는 현재의 한·미 동맹관계가 김대중 정부시절보다 악화되었다고 말씀하셨습니다. 그 이유는 무엇인지 말씀해 주십시오.

____

____

____

____

Ⅷ. 다음은 교육에 관한 사항입니다.

40. 작년의 수학능력고사 부정 시험을 시작으로 학교성적비리와 부정 편입학, 대학의 논술 시험 부정 문제 등 교육관련 문제들이 불거지고 있습니다. 이에 대해 일부에서는 교육계에 대한 전면적인 개혁이 이루어져야 한다는 주장이 있습니다. 선생님께서는 이러한 주장에 대해 어떻게 생각하십니까?

① 전적으로 공감한다 (☞문**40-1**로) ② 공감하는 편이다 (☞문**40-1**로)
③ 그저 그렇다 (☞문**41**로)
④ 공감하지 않는 편이다 (☞문**40-2**로) ⑤ 전혀 공감하지 않는다 (☞문**40-2**로)

40-1. (문**40**에서 ① 또는 ② 라고 응답하신 분만) 선생님께서는 교육개혁이 필요하다는 주장에 공감한다고 말씀하셨습니다. 그렇다면, 개혁의 수준과 정도에 대해서는 어떻게 생각하십니까?

____

____

____

____

40-2. (문**40**에서 ④ 또는 ⑤ 라고 응답하신 분만) 선생님께서는 교육개혁이 필요하다는 주장에 공감하지 않는다고 말씀하셨습니다. 그렇다면, 앞에서 언급한 문제들을 어떻게 해결해야 한다고 생각하십니까?

____

____

____

____

41. 대학입시에서 전국의 고등학교를 서열화하여 대학입학 전형에 반영하는 고교등급제를 지난 입학전형에서 일부 대학이 적용하여 논란이 되었습니다. 선생님께서는 고교등급제에 대해 어떻게 생각하십니까?

① 찬성한다 ② 반대한다

42. 선생님께서 고교등급제에 대해 찬성 혹은 반대하시는 이유를 말씀해 주십시오.

43. 현재 학교운영위원들이 뽑는 교육감 대신 교육담당 부단체장(부지사 또는 부시장)을 신설하되 시·도지사가 지방의회의 동의를 받아 임명하거나, 시·도지사의 러닝메이트로 해서 주민들이 직접 선출하게 하자는 주장이 있습니다. 선생님께서는 이러한 주장에 대해 어떻게 생각하십니까?

① 전적으로 공감한다 ② 공감하는 편이다
③ 그저 그렇다
④ 공감하지 않는 편이다 ⑤ 전혀 공감하지 않는다

44. 현재 공교육 정책의 문제점은 무엇인지 말씀해 주십시오.

그 해결책은 무엇이라고 생각하시는지 말씀해 주십시오.

45. 현재 사교육 정책의 문제점은 무엇인지 말씀해 주십시오.

그 해결책은 무엇이라고 생각하시는지 말씀해 주십시오.

Ⅸ. 마지막으로 몇 가지 더 여쭙겠습니다.

46. 선생님께서는 필요한 정보를 얻을 때 다음 중 어느 매체에 가장 많이 의존하십니까?

① TV ② 신문 ③ 인터넷
④ 라디오 ⑤ 잡지 ⑥ 기타 (적어주십시오 :)

47. 선생님께서는 신문, 방송, 잡지 등 언론에 대해 얼마나 신뢰하십니까?

① 매우 신뢰한다 ② 신뢰하는 편이다
③ 그저 그렇다
④ 신뢰하지 못하는 편이다 ⑤ 전혀 신뢰하지 못하다

다음은 통계처리를 위한 질문입니다.

SQ1. 선생님 연령은 다음 중 어디에 해당되십니까?

① 30대 ② 40대 ③ 50대 ④ 60대 이상

SQ2. 선생님 학력은 어떻게 되십니까?

① 고졸 이하 ② 학사 ③ 석사 ④ 박사

♣ 오랜 시간 설문에 응해주셔서 진심으로 감사드립니다. ♣

[7]

재정혁신 정착을 위한 설문

기획예산처 재정운영 T/F에서는 재정혁신 및 '06년 예산편성 등과 관련하여 여러분이 평소에 생각하고 계신 바를 수렴하여 정책수립에 반영하고자 합니다.

본 조사는 상기 목적 이외에는 사용되지 않으며, 귀하의 응답자료는 절대 비밀을 유지할 것을 약속드리오니 성실하고 정확한 답변을 부탁드립니다.

2005년 2월 3일

* 저자(이강호)가 업무 담당자로 참석하여 설문서를 직접 작성하여 만든 것임

기 획 예 산 처
재정운영 T/F

【기획예산처에 대한 전반적인 평가】

1. 기획예산처가 추진하고 있는 예산총액배분 자율편성제도 등 4대 재정혁신에 대해 어떻게 평가하십니까?

① 매우 잘 하고 있다
② 잘하고 있다
③ 그저 그렇다
④ 잘하지 못하고 있다.
⑤ 아주 못하고 있다

2. 기획예산처 직원들의 친절도는 어떠하다고 생각하십니까?

① 매우 친절하다
② 친절하다
③ 그저 그렇다
④ 불친절하다
⑤ 매우 불친절하다

3. 기획예산처 직원들의 자질과 업무처리 효율성은 어떻다고 생각하십니까?

① 아주 우수하고 효율적이다
② 우수하나 비효율적이다
③ 우수하지 못하나 효율적으로 처리하려고 노력한다
④ 우수하지도 못하고 비효율적이다
⑤ 그저 그렇다

4. 기획예산처 직원들의 청렴도는 어떠하다고 생각하십니까?

① 타부처보다 훨씬 청렴하다
② 타부처보다 비교적 청렴하다
③ 타부처와 비슷하다
④ 타부처보다 비교적 덜 청렴하다
⑤ 타부처보다 훨씬 덜 청렴하다

5. 기획예산처 직원들의 청렴도가 개선되고 있다고 생각하십니까?

① 아주 개선되고 있다
② 비교적 개선되고 있다
③ 변화가 없다
④ 개선되고 있지 않다
⑤ 전혀 개선되고 있지 않다

【예산총액배분 자율편성제도】

6. 작년에 처음 실시한 Top-down 제도에 대한 전반적인 평가는?

① 바람직한 제도이며, 잘 이행되고 있다
② 바람직한 제도이나 앞으로 보완할 점이 많다
③ 바람직한 제도는 아니나 잘 이행되고 있다
④ 바람직한 제도도 아니며 잘 이행되지도 못하고 있다
⑤ 기타 (   )

7. Top-down 제도 도입의 가장 큰 성과는 무엇이라고 생각하십니까? (2가지 선택)

① 부처의 자율성 확대
② 과다요구 개선
③ 자율적인 사업구조 조정
④ 부처의 정책과 연계 강화
⑤ 신중한 신규사업 추진
⑥ 기타 (   )

8. Top-down 제도에 있어 앞으로 보완할 점은 무엇이라고 생각하십니까?(2가지 선택)

① 지출한도(Ceiling)의 합리적 설정
② 전략적 재원배분
③ 대내외 여건변화 반영
④ 전문가의 의견수렴
⑤ 기획예산처의 예산조정(심의) 방식 개선
⑥ 각 부처의 의견수렴
⑦ 기타 (   )

9. Top-down 제도가 성공적으로 정착하기 위해 가장 중요한 사항은 무엇이라고 생각하십니까?(2가지 선택)

① 재원의 전략적 배분
② 지출한도 준수
③ 예산편성기준 · 세부지침의 명확화
④ 부처 자율편성기간 확대 등 예산편성 일정 조정
⑤ 지출한도 설정시 충분한 검토 · 협의
⑥ 지출한도내에서의 자율성 확대
⑦ 교육 및 홍보강화
⑧ 기타 (   )

10. '05년 예산편성시 지출한도는 합리적으로 설정되었다고 생각하십니까?

① 매우 합리적 이었다
② 비교적 합리적 이었다
③ 예전과 별차이가 없었다
④ 오히려 비합리적 이었다
⑤ 기타 (   )

11. 다음연도 예산의 연도별 지출한도 결정을 위해 우선적으로 고려해야할 사항은 무엇이라고 생각하십니까? (2가지 선택)

① 부처의 주요 업무계획 변동사항
② 부처별 성과계획서에 따른 성과지표
③ 불용액 여부 등 예산집행실적
④ 여건변화에 의한 신규수요 등 변동요인
⑤ 전년도 지출한도
⑥ 기타 (   )

12. 작년 예산편성과정에서 가장 아쉬웠던 점은 무엇인가요?(주관식)

<예> 지출한도 설정시 충분한 의견 개진기회 결여, 사전 국무위원 토론회 미개최 등

13. '05년 예산편성과정에서 애로사항은 무엇이었습니까?(주관식)

14. 예산총액배분 자율편성제도를 도입하여 과다요구-대폭삭감 위주의 관행이 어느 정도 개선되었다고 생각하십니까?

① 매우 개선되었다
② 다소 개선되었다
③ 이전과 별차이가 없었다
④ 업무량만 늘어났지 오히려 악화되었다
⑤ 매우 악화되었다

15. 예산총액배분 자율편성제도 도입으로 예산설명 등 업무가 줄어들었다고 생각하십니까?

① 매우 줄어들었다
② 다소 줄어들었다
③ 이전과 별차이가 없었다
④ 오히려 업무량이 늘었다
⑤ 기타 (   )

16. Top-down 제도의 개선을 위해서 예산 협의방법, 기획예산처의 예산심의 등 절차 개선이 필요한 경우 어떻게 개선되어야 한다고 생각하십니까? (주관식)

【예산편성방식 및 업무부담】

17. '찾아가는 예산협의제'를 어떻게 생각하십니까?

① 매우 바람직한 제도로 적극 확대 필요
② 점점 확대할 필요
③ 작년 수준이면 적당
④ 점점 축소할 필요
⑤ 불필요한 제도로 폐지 필요

18. '05년 예산편성과정에서 부처의 참여정도가 확대되었다고 생각하십니까?

① 예년에 비해 매우 확대
② 예년에 비해 조금 확대
③ 예년과 비슷한 수준
④ 예년에 비해 조금 축소
⑤ 예년에 비해 매우 축소

19. 참여가 확대되어야 할 부문이 어디라고 생각하십니까?

① 지출한도 설정단계
② 부처 자율편성단계
③ 기획예산처 예산협의 · 조정단계
④ 기타 (   )

20. 기획예산처 예산심의과정에 부처 예산담당자가 참석하여 설명할 수 있는 기회에 대해 어떻게 생각하십니까?

① 적극 확대해야 한다
② 1~2회의 기회가 주어져야 한다
③ 지금과 같은 방식이 좋다
④ 비공식 협의를 자주 갖는 것으로 족하다
⑤ 기타

21. 예산 심의방식의 개선을 위해 가장 바뀌어야할 부분은 무엇이라고 생각하십니까?(복수선택 가능)

① 개별사업 계수조정방식의 심의행태
② 부처의견을 무시하는 기획예산처의 권위주의적인 행태
③ 획일적인 비목별 통제방식
④ 불명확한 기준 및 지침 제시
⑤ 원칙없는 심의조정

22. 예산편성방식의 개선에 따라 부처의 업무부담은 어떻게 변화되었습니까?

① 예년보다 더 늘었다.
② 예년과 비슷한 수준이다.
③ 예년보다 다소 감소했다.

23. 예산편성과정에서 구체적으로 업무부담이 감소된 부분은?

(1) 요구현황 설명( ), 사업 설명( ), 1차심의 준비 지원( ), 문제사업 설명( ), 기타( )

(2) 대기시간( ), 업무 예측 가능성( ), 절대적인 작업량( ), 자료 표준 양식( ), 기타( )

24. 예산편성과정에서 오히려 업무부담이 증가된 부분은?

(1) 요구현황 설명( ), 사업 설명( ), 1차심의 준비 지원( ), 문제사업 설명( ), 기타( )

(2) 대기시간( ), 업무 예측 가능성( ), 절대적인 작업량( ), 자료 표준 양식( ), 기타( )

25. 국가재정운용계획 수립, Top-Down제도 도입 등 재정혁신에 따라 새로 추가된 업무를 수행하는데 있어 가장 큰 애로사항은 무엇입니까?

① 전문 인력 부족
② 경험미숙 및 자료 축적 부족
③ 간부 및 직원들의 인식 부족
④ 변화에 대한 저항
⑤ 기타

26. Top-Down제도 도입전과 비교하여 부처내 기획예산담당관실의 위상이 어떻게 달라졌습니까?

① 매우 높아졌다
② 비교적 높아졌다
③ 차이가 없다
④ 낮아졌다
⑤ 아주 낮아졌다

【'06년 예산편성지침】

27. '06년 예산규모가 정부가 하는 일에 비해 어떻다고 생각하십니까?

① 지나치게 크다 ( )
② 다소 크다 ( )
③ 적당하다 ( )
④ 다소 작다 ( )
⑤ 지나치게 작다

28. 내년 예산에서 지원을 늘려야 할 분야와 줄여야 할 분야를 2개씩 선택해 주십시오.

(1) 지원확대 분야 :
(2) 지원축소 분야 :

<예시> ① 교육인적자원개발, ② 사회간접자본, ③ 농어촌, ④ 산업 및 중소기업, ⑤ 사회복지, ⑥ 문화관광, ⑦ 환경, ⑧ 국방, ⑨ 외교통일, ⑩ 일반행정, ⑪ 지방재정지원, ⑫ R&D, ⑬ 정보화, ⑭ 국가균형발전

29. 예산편성지침에서 규정하고 있는 내용이 적당한가?

① 지나치게 자세하다 ( )
② 비교적 자세하다 ( )
③ 적당하다 ( )
④ 다소 추상적이다 ( )
⑤ 너무 추상적이다

※ 기타 예산편성 및 기획예산처의 업무처리 방식, 청렴도 재고 등과 관련하여 건의하실 사항이 있다면 자유스럽게 기술하여 주십시오.

※ 성실한 답변에 감사드립니다.
※ 통계목적상 간단한 약력을 기록해 주시면 감사하겠습니다.

○ 소속 : ① 기획예산처, ② 기타부처(청)
○ 직급 : ① 기획관리실장, ② 기획관리관, ③ 과장, ④ 4급, ⑤ 5급
○ 담당업무 : ① 예산, ② 기금, ③ 기타(　　　　)
○ '05년 예산편성시 담당여부 : ① 담당, ② 금년 신규

[8]

접근문	대선 관련 전국민 여론조사 2002. 09.				

안녕하세요? 여기는 여론조사 전문기관인 리서치 앤 리서치입니다.
저희 연구소에서는 세계일보와 공동으로 12월 대통령선거와 관련한 국민여론을 조사하게 되었습니다. 선생님의 응답은 보도자료로만 활용될 것이며, 개인정보나 개인의 응답 내용은 절대 공개되지 않습니다. 바쁘시더라도 문항이 몇 개 안되니 잠시만 시간을 내어 주시면 고맙겠습니다.

SQ1. 거주지
① 서울 ② 부산 ③ 대구 ④ 인천 ⑤ 광주 ⑥ 대전 ⑦ 울산 ⑧ 경기
⑨ 강원 ⑩ 충북 ⑪ 충남 ⑫ 전북 ⑬ 전남 ⑭ 경북 ⑮ 경남 ⑯ 제주

SQ2. 거주규모 ① 대도시 ② 중소도시 ③ 군지역

SQ3. 성별(목소리로 판단할 것!) ① 남자 ② 여자

SQ4. 연령(만 세) → 만20세 미만은 면접중단 !!

1. ○○님께서는 오는 12월 실시될 대통령 선거에 투표하시겠습니까?
① 반드시 할 것이다 ② 아마 할 것이다
③ 아마 하지 않을 것이다 ④ 절대 하지 않을 것이다

2. 오는 12월 대통령 선거에 한나라당에서 이회창씨, 민주당에서 노무현씨, 민주노동당에서 권영길씨, 현재 무소속인 정몽준씨, 이한동씨 등이 출마한다면, ○○님께서는 누구를 지지하시겠습니까?
① 한나라당 이회창 ② 민주당 노무현 ③ 민주노동당 권영길
④ 무소속 정몽준 ⑤ 무소속 이한동 ⑥ 기타(적을 것 : ________________)
【⑧ 없음 ⑨ 모름/무응답】 ☞ *불러주지 말 것!!*

2-1. (문2에서 ⑧,⑨ 응답자만) 그래도 그 중 누가 당선되는 것이 조금이라도 나은 것 같습니까?
① 권영길 ② 노무현 ③ 이한동
④ 이회창 ⑤ 정몽준 ⑥ 기타(적을 것 : ____________)

3. *(문2와 2-1에서 지지후보를 밝힌 경우에 한해)* 그럼 ○○님께서는 앞으로 상황의 변화에 관계없이 현재 지지하는 후보를 12월 대선까지 계속 지지하시겠습니까? 아니면 상황에 따라 다른 후보를 지지하실 수도 있습니까?
① 상황에 관계없이 계속 지지하겠다 ② 상황에 따라 다른 후보를 지지할 수도 있다

4. 그럼, 이회창씨, 노무현씨, 정몽준씨 세 후보만 출마한다면 ○○님께서는 누구를 지지하시겠습니까?
① 이회창 ② 노무현 ③ 정몽준
【⑧ 없음 ⑨ 모름/무응답】 ☞ *불러주지 말 것!!*

4-1. (문4에서 ⑧,⑨ 응답자만) 그래도 그 중 누가 당선되는 것이 조금이라도 나은 것 같습니까?
① 이회창 ② 노무현 ③ 정몽준

5. 그럼, 이회창씨에 맞서, 노무현 후보와 정몽준 후보가 연합하여 그 대표로 노무현씨가 출마한다면, ○○님께서는 누구를 지지하시겠습니까?
① 이회창 ② 노무현
【⑧ 없음 ⑨ 모름/무응답】 ☞ *불러주지 말 것!!*

5-1. (문5에서 ⑧,⑨ 응답자만) 그래도 그 중 누가 당선되는 것이 조금이라도 나은 것 같습니까?
① 이회창 ② 노무현

6. 그럼, 이회창씨에 맞서, 노무현 후보와 정몽준 후보가 연합하여 그 대표로 정몽준씨가 출마한다면, ○○님께서는 누구를 지지하시겠습니까?
① 이회창 ② 정몽준
【⑧ 없음 ⑨ 모름/무응답】 ☞ *불러주지 말 것!!*

6-1. (문6에서 ⑧,⑨ 응답자만) 그래도 그 중 누가 당선되는 것이 조금이라도 나은 것 같습니까?
① 이회창 ② 정몽준

7. ○○님께서 누구를 지지하시는가와는 상관없이 오는 12월 대통령선거에서 누가 당선될 것으로 예상하십니까?
① 권영길 ② 노무현 ③ 이한동
④ 이회창 ⑤ 정몽준 ⑥ 기타(적을 것 : ____________)

8. ㅇㅇ님께서 지지하시는 정당은 어느 당입니까?
① 한나라당 ② 민주당 ③ 민주노동당 ④ 자민련
⑤ 기타(적을 것 : ______________)
【⑧ 없음 ⑨ 모름/무응답】 ☞ 불러주지 말 것!!

8-1. (문8에서 ⑧,⑨ 응답자만) 그래도 조금이라도 더 호감이 가는 정당은 어느 정당입니까?
① 한나라당 ② 민주당 ③ 민주노동당
④ 자민련 ⑤ 기타(적을 것 : ______________)

9. ㅇㅇ님께서는 이번 대통령선거에서 정권교체가 더 중요하다고 보십니까? 아니면 세대교체가 더 중요하다고 보십니까?
① 정권 교체 ② 세대 교체

10. ㅇㅇ님께서는 다음의 국정 분야 중 어느 분야에서 가장 일을 잘할 것 같은 후보가 이번 대통령선거에서 당선되기를 바라십니까?
① 정치 개혁 ② 경제 발전 ③ 남북관계 개선
④ 부정부패 척결 ⑤ 국민통합

11. ㅇㅇ님께서는 지난 1997년 대선에서 어느 후보를 지지하셨습니까? 그냥 편하게 말씀해주십시오.
① 김대중 ② 이회창 ③ 이인제 ④ 권영길
⑤ 기타후보 ⑥ 선거권 없었음

12. ㅇㅇ님께서 보시기에 이회창 후보의 아들 병역비리 의혹 문제가 이번 대선에 어느 정도 영향을 미칠 것 같습니까?
① 매우 큰 영향을 미칠 것이다 ② 어느 정도 영향을 미칠 것이다
③ 별로 영향을 미치지 않을 것이다 ④ 전혀 영향을 미치지 않을 것이다

13. 정몽준씨의 대선 출마와 관련하여, 일부에서는 재벌이 정치권력까지 가지려 한다는 부정적인 견해가 있습니다. ㅇㅇ님께서는 그러한 견해에 동의하십니까? 동의하지 않으십니까?
① 매우 동의한다 ② 동의하는 편이다
③ 동의하지 않는 편이다 ④ 전혀 동의하지 않는다

14. 민주당의 노무현 후보는 민주당 밖의 일부 개혁 성향 세력과 연합하여 신당을 창당하려고 합니다. 한편, 민주당 일각에서는 개혁 신당이 아니라 정몽준 또는 다른 세력이나 정당과 합쳐야 한다고 주장하고 있습니다. ㅇㅇ님께서는 앞으로 노무현 후보가 어떻게 하는 것이 좋다고 생각하십니까?
① 개혁 신당을 창당하는 것이 좋다
② 정몽준 세력과만 합쳐 통합신당을 창당하는 것이 좋다
③ 정몽준 뿐만 아니라 이한동, 자민련 등과도 함께 하는 통합 신당을 창당하는 것이 좋다

※ 마지막으로 통계처리를 위해 몇 가지 여쭙겠습니다. ※

SQ5) 실례지만 학교는 어디까지 마치셨습니까?
① 초등졸 이하 ② 중졸 ③ 고졸 ④ 대재 이상

SQ6) ㅇㅇ님의 직업은 무엇입니까?
① 농/임/어업 종사자(가족 종사자 포함)
② 자영업자(소규모 장사 및 가족종사자, 개인택시운전사 등)
③ 입법공무원/ 고위임직원 및 관리자(정부/기업 고위 임원, 일반관리자 등)
④ 전문가 (의사, 약사, 변호사, 회계사, 교수, 작가, 예술가 등)
⑤ 기술공 및 준전문가 (컴퓨터 관련 준전문가, 경찰, 소방수, 철도기관사 등)
⑥ 사무종사자 (일반사무 종사자, 공무원, 교사 등)
⑦ 서비스종사자 (이·미용사, 보안서비스 종사자, 음식서비스 종사자 등)
⑧ 판매종사자 (상점점원, 보험설계사, 나레이터 모델 및 홍보종사자 등)
⑨ 기능원 및 관련기능 종사자 (광부, 전지·전자장비 설비 및 정비 종사자, 수공예 종사자 등)
⑩ 장치/기계조작 및 조립종사자 (건설 및 기타 이동장치 운전종사자, 자동차 운전 종사자 등)
⑪ 단순노무종사자(배달, 운반, 세탁, 기사, 청소원, 경비원 등)
⑫ 학생 ⑬ 전업주부 ⑭직업군인 ⑮무직 ⑯기타(적을 것: ______________)

SQ7) ㅇㅇ님의 아버님의 고향은 어디입니까? (주부일 경우 친정아버님의 고향을 물어볼 것!)
① 서울 ② 부산/울산/경남 ③ 대구/경북 ④ 인천/경기
⑤ 광주/전라 ⑥ 대전/충청 ⑦ 강원 ⑧ 제주 ⑨ 이북

[9]

접근문	대선 여론조사 2002. 12.

안녕하십니까? 여론조사 전문기관인 리서치 앤 리서치입니다.
이번에 저희 연구소에서는 이번 대통령 선거에 관한 여론조사를 하게 되었습니다. ○○님의 응답은 어떤 의견이 몇 %라는 식으로 보도될 것이며, ○○님 개인의 응답내용은 절대 공개되지 않을 것입니다. 문항이 몇 개 안되니 잠시만 시간을 내주시면 감사하겠습니다.

SQ1. 거주지
① 서울 ② 부산 ③ 대구 ④ 광주 ⑤ 인천 ⑥ 대전 ⑦ 울산 ⑧ 경기
⑨ 강원 ⑩ 충북 ⑪ 충남 ⑫ 전북 ⑬ 전남 ⑭ 경북 ⑮ 경남 ⑯ 제주

SQ2. 성별(목소리로 판단할 것!) ① 남자 ② 여자

SQ3. ○○님의 연령은 어떻게 되십니까? **(적을 것:________세)** ***(만 20세 미만 면접중단)***

1. ○○님께서는 오는 12월 대통령선거에 투표하시겠습니까?
① 반드시 할 것이다 ② 아마 할 것이다
③ 아마 하지 않을 것이다 ④ 절대 하지 않을 것이다

2. 이번 대통령선거에 한나라당 이회창씨, 민주당 노무현씨, 하나로국민연합 이한동씨, 민주노동당 권영길씨, 사회당 김영규씨, 호국당 김길수씨, 무소속 장세동씨가 출마합니다. ○○님께서는 이 중 누구에게 투표하시겠습니까?
① 한나라당 이회창 ② 민주당 노무현 ③ 하나로국민연합 이한동
④ 민주노동당 권영길 ⑤ 사회당 김영규 ⑥ 호국당 김길수
⑦ 무소속 장세동 ***⑨ 모르겠다/무응답(불러주지 말 것!)(☞2-1번으로!)***

2-1. ***(문 2에서 ⑨번을 응답한 경우만)*** 그래도, 만약 투표하신다면 누구에게 하시겠습니까?
① 한나라당 이회창 ② 민주당 노무현 ③ 하나로국민연합 이한동
④ 민주노동당 권영길 ⑤ 사회당 김영규 ⑥ 호국당 김길수
⑦ 무소속 장세동 ***⑨ 모르겠다/무응답(불러주지 말 것!)(☞2-2번으로!)***

2-2. ***(문 2-1에서 ⑨번을 응답한 경우만)*** 그럼, 이회창 후보와 노무현 후보만을 생각한다면 누가 당선되는 것이 우리나라를 위해 조금이라도 낫다고 생각하십니까?
① 한나라당 이회창 ② 민주당 노무현

3. ○○님께서 누구를 지지하시는가와 상관없이, 이번 대통령선거에서 누가 당선될 것으로 예상하십니까?
① 이회창 ② 노무현 ③ 권영길 ④ 기타 후보

※ 이제 끝으로 통계처리를 위해 몇 가지 여쭙겠습니다. ※

SQ4. 실례지만 학교는 어디까지 마치셨습니까?
① 초등졸이하 ② 중졸 ③ 고졸 ④ 대재이상

SQ5. ○○님의 직업은 무엇입니까?
① **농/임/어업 종사자**(가족 종사자 포함)
② **자영업자**(소규모 장사 및 가족종사자, 개인택시운전사 등)
③ **공무원 및 관리자**(정부/기업 고위 임원, 일반관리자등)
④ **전문가** (의사, 약사, 변호사, 회계사, 교수, 작가, 예술가 등)
⑤ **기술공 및 준전문가** (컴퓨터 관련 준전문가, 경찰, 소방수, 철도기관사 등)
⑥ **사무종사자** (일반사무 종사자, 공무원, 교사 등)
⑦ **서비스종사자** (이·미용사, 보안서비스 종사자, 음식서비스 종사자등)
⑧ **판매종사자** (상점점원, 보험설계사, 나레이터 모델 및 홍보종사자 등)
⑨ **기능원 및 관련기능 종사자** (광부, 전지·전자장비 설비 및 정비 종사자, 수공예 종사자 등)
⑩ **장치/기계조작 및 조립종사자** (건설 및 기타 이동장치 운전종사자, 자동차 운전 종사자 등)
⑪ **단순노무종사자**(배달, 운반, 세탁, 기사, 청소원, 경비원 등)
⑫ **학생** ⑬ **전업주부** ⑭**직업군인** ⑮**무직** ⑯**기타**(적을 것:________)

SQ6. ○○님 아버님의 고향은 어디입니까?***(결혼한 주부의 경우 친정아버지의 고향을 물을 것)***
① 서울 ② 부산/울산/경남 ③ 대구/경북 ④ 광주/전라 ⑤ 인천/경기 ⑥ 대전/충청
⑦ 강원 ⑧ 제주/이북 ⑨ 기타

[10]

KBS · MBC · SBS 방송사 공동 출구조사

문1. 통계처리를 위해 필요하오니, 귀하의 성별과 연령에 각각 O표해 주십시오.

성별	① 남성	② 여성			
연령 (만나이)	① 20대(19세 포함)	② 30대	③ 40대	④ 50대	⑤ 60대 이상

경기도지사 선거

문2. 어느 **후보**에게 **투표**하셨습니까? 빈 칸에 ◯표해 주십시오.

기호 1	한 나 라 당	김 문 수	
기호 7	진 보 신 당	심 상 정	
기호 8	국민참여당	유 시 민	

경기도 교육감 선거

문3. 어느 **후보**에게 **투표**하셨습니까? 빈 칸에 ◯표해 주십시오.

강 원 춘		1
한 만 용		2
김 상 곤		3
정 진 곤		4

응답해 주신 내용은 통계 자료로만 이용됩니다. 협조해 주셔서 감사합니다.

[11]

第15대 대통령선거에 대한 유권자 의식조사

안녕하십니까?

저희 『21세기정책개발연구회』는 『중앙선거관리위원회』와 공동으로 전국민 여론조사를 실시하고 있습니다. 선생님께서 응답해 주시는 내용은 오직 통계처리를 위한 것일 뿐 응답내용은 철저하게 비밀이 보장됩니다. 선생님께서 성실히 응답해 주시는 이 자료는 올바르고 공명한 선거문화 정착을 위한 귀중한 자료로 사용될 것입니다.

협조에 감사드립니다.

21세기정책개발연구회장　이　남　영

1. 선생님께서는 이번 선거에 얼마나 관심이 있으셨습니까? ☐

(　) ① 매우 관심이 많았다　(　) ② 조금 관심이 있었다
(　) ③ 별로 관심이 없었다　(　) ④ 전혀 관심이 없었다

2. 선생님께서는 이번 선거에 투표하셨습니까? ☐

(　) ① 투표했다　☞ 문2-1로
(　) ② 투표하지 않았다　☞ 문2-8로

2-1. (투표를 한 경우) 어느 후보를 찍으셨습니까? ☐

(　) ① 이회창 (　) ② 김대중 (　) ③ 이인제 (　) ④ 권영길
(　) ⑤ 허경영 (　) ⑥ 김한식 (　) ⑦ 신정일

2-2.투표를 하시면서 찍으신 후보자에 대해 얼마나 만족하셨습니까? ☐

(　) ① 매우 만족하였다　(　) ② 대체로 만족하였다
(　) ③ 별로 만족하지 않았다　(　) ④ 불만족하였다

2-3. 누구를 찍을지 언제 결정하셨습니까? ☐

(　) ① 투표당일에　(　) ② 투표 2-3일 전에
(　) ③ 투표일전 1주일경에　(　) ④ 투표일전 2주일경에
(　) ⑤ 투표일전 1달경에　(　) ⑥ 투표일 1달 이상 전에

2-4. 찍고자 하는 후보를 바꾸신적이 있습니까? ☐

(　) ① 있다　☞ 문 2-5로
(　) ② 없다　☞ 문 2-8로

2-5. 찍고자 하는 후보를 바꾸셨다면 언제 바꾸셨습니까?

( ) ① 투표당일 ( ) ② 투표일 2-3일전 ( ) ③ 투표일 4-7일 전
( ) ④ 투표일 1-2주 전 ( ) ⑤ 투표일 2주전 이상

2-6. (있다면) 먼저 찍으려던 후보는 누구입니까?

( ) ① 이회창 ( ) ② 김대중 ( ) ③ 이인제 ( ) ④ 기타( )

2-7. (있다면) 왜 찍으려던 후보를 바꾸셨습니까?

( ) ① 지지하는 후보가 당선될 가능성이 없어서
( ) ② 싫어하는 후보가 당선되지 않도록
( ) ③ 신문 방송을 통해 특정후보에 대한 호의적인 사실을 알게 되어
( ) ④ 일련의 비리폭로때문에
( ) ⑤ 북한의 위협때문에
( ) ⑨ 무응답

2-8. (기권을 한 경우) 왜 기권하셨습니까?

( ) ① 찍을 만한 후보가 없어서
( ) ② 투표를 하든 안하든 선거결과에 영향이 없다고 보기 때문에
( ) ③ 정치나 선거에 관심이 없기 때문에
( ) ④ 누가 당선되어도 마찬가지이기 때문에
( ) ⑤ 후보자간의 차이가 별로 없기 때문에
( ) ⑥ 개인사정때문에

3. 선생님은 투표하시기 전에 이번 선거결과를 어떻게 예상했습니까?

( ) ① 당선자가 압도적인 표차로 당선되리라 예상했다
( ) ② 당선자가 아주 적은 차이로 당선되리라 예상했다
( ) ③ 경쟁이 치열해서 예측할 수 없었다

4. 지난 92년 제14대 대통령선거때 선생님은 어떤 후보자를 찍으셨습니까?

( ) ① 김영삼 ( ) ② 김대중 ( ) ③ 정주영 ( ) ④ 이종찬 ( )
( ) ⑤ 박찬종 ( ) ⑥ 김옥선 ( ) ⑦ 백기완 ( ) ⑧ 기권
( ) ⑨ 무응답 ( ) ⑩ 무투표권

5. 지난 96년 15대 국회의원 선거때 선생님께서는 어느 당 후보자를 찍었습니까?

( ) ① 신한국당 ( ) ② 국민회의 ( ) ③ 민주당 ( ) ④ 자민련
( ) ⑤ 무소속 ( ) ⑥ 기권 ( ) ⑦ 무투표권 ( ) ⑨ 무응답

6. 선생님께서는 누구를 찍을지 결정하실 때 어떤 점을 가장 고려하셨습니까? □

( ) ① 정책/공약 ( ) ② 선거법 준수여부
( ) ③ 소속정당 ( ) ④ 인물/국정수행능력
( ) ⑤ 출신지역 ( ) ⑥ 정치능력
( ) ⑦ 기타 ( )

7. 선거기간 중에 타인으로부터 구체적으로 특정후보를 지지해 달라는 부탁을 받은 적이 있습니까? □

( ) ① 있다 ( ) ② 없다

8. 선생님께서 가장 좋아하는 후보는 누구였습니까?

( ) ① 이회창 ( ) ② 김대중 ( ) ③ 이인제 ( ) ④ 권영길
( ) ⑤ 허경영 ( ) ⑥ 김한식 ( ) ⑦ 신정일

9. 선생님께서 가장 싫어하는 후보는 누구였습니까?

( ) ① 이회창 ( ) ② 김대중 ( ) ③ 이인제 ( ) ④ 권영길
( ) ⑤ 허경영 ( ) ⑥ 김한식 ( ) ⑦ 신정일

10. 어떤 정당에게 이번 경제위기(IMF)에 가장 큰 책임이 있다고 생각하십니까?

( ) ① 한나라당 ( ) ② 국민회의 ( ) ③ 국민신당
( ) ④ 어느 정당이라 말하기 어렵다

11.선거기간중에 누구를 찍을지 주위 사람들과 자주 이야기를 나누었습니까? □

( ) ① 매우 자주 했다 ( ) ② 자주 했다 ( ) ③ 가끔했다
( ) ④ 별로 하지 않았다 ( ) ⑤ 전혀 하지 않았다

12. 후보자들에 대하여 알 수 있는 방법 중 다음의 어느 것이 가장 도움이 되었습니까? 2개만 골라 표시해 주십시오. □□

( ) ① 현수막
( ) ② 선전벽보
( ) ③ 후보자 홍보인쇄물
( ) ④ 옥내연설회 및 거리연설 · 대담
( ) ⑤ 텔레비전,라디오
( ) ⑥ 신문
( ) ⑦ 다른 사람과의 대화

13.선생님께서는 선거기간중에 후보자들의 선거운동중 다음과 같은 것을 얼마나 자주 보셨습니까?

. 13-1. TV토론 : 여러 후보자가 사회자의 질문에 대하여 대담 · 토론하는 형식 □

( ) ① 모두 보았다 ( ) ② 거의 보았다
( ) ③ 거의 보지않았다 ( ) ④ 전혀 보지않았다

13-2. TV연설 : 한 사람의 후보자 또는 연설원이 20분정도 정강·정책 등 설명

( ) ① 자주 보았다 ( ) ② 가끔 보았다
( ) ③ 거의 보지않았다 ( ) ④ 전혀 보지않았다

13-3. TV광고 : 1분정도의 광고

( ) ① 자주 보았다 ( ) ② 가끔 보았다
( ) ③ 거의 보지않았다 ( ) ④ 전혀 보지않았다

13-4. 신문광고

( ) ① 자주 보았다 ( ) ② 가끔 보았다
( ) ③ 거의 보지않았다 ( ) ④ 전혀 보지않았다

13-5.(텔레비젼 방송을 시청하신 경우) 얼마나 관심을 갖고 시청하셨습니까?

( ) ① 관심을 갖고 시청하였다 ( ) ② 그냥 시청하였다

13-6. 이번 선거에는 대규모 옥외집회가 없어지고 텔레비전을 이용한 선거운동이 활발했습니다. 선생님께서 지지후보를 결정하실 때 얼마나 영향을 얼마나 받았다고 생각하십니까?

( ) ① 많은 영향을 받았다 ( ) ② 어느 정도 영향을 받았다
( ) ③ 별로 영향을 받지 않았다 ( ) ④ 전혀 영향을 받지 않았다

14. 선생님께서는 여·야 성향을 말할 때 어느 쪽에 가깝다고 생각하십니까?

( ) ① 여에 가깝다 ( ) ② 야에 가깝다 ( ) ③ 어느 쪽도 아니다

15. 우리나라에 현재 있는 정당 가운데 선생님께서는 어느 정당을 가장 좋아하십니까?

( ) ① 한나라당 ( ) ② 국민회의 ( ) ③ 국민신당
( ) ④ 기타 ( ) ( ) ⑤ 없다

16. 우리나라의 현재 있는 정당 가운데 선생님께서는 어느 정당을 가장 싫어하십니까?

( ) ① 한나라당 ( ) ② 국민회의 ( ) ③ 국민신당
( ) ④ 기타( ) ( ) ⑤ 없다

17. DJP 연합(국민회의와 자민련의 연합공천)에 대하여 어떻게 생각하십니까?

( ) ① 찬성한다 ( ) ② 반대한다 ( ) ③ 잘 모르겠다

18. 전체적으로 볼 때 김영삼 정부가 국정운영을 얼마나 잘 했다고 생각하십니까?

( ) ① 아주 잘하고 있다 ( ) ② 잘 하고 있는 편이다 ( ) ③ 그저 그렇다
( ) ④ 잘 못하는 편이다 ( ) ⑤ 아주 못하고 있다

19. 진보·보수 성향을 말할 때 선생님께서는 자신이 어느 쪽에 더 가깝다고 생각하십니까?

( ) ① 상당히 보수적이다 ( ) ② 약간 보수적이다 ( ) ③ 중도적이다
( ) ④ 약간 진보적이다 ( ) ⑤ 상당히 진보적이다 ( ) ⑥ 모르겠다

19-1. 선생님께서는 안정과 변화중에서 어느쪽이 더 중요하다고 생각하십니까?

( ) ① 안정 ( ) ② 변화 ( ) ③ 모르겠다

19-2. 정부예산이 한정되어 있는 경우 국방비와 복지비 중에서 어느 분야에 지출을 늘리는 것이 보다 시급하다고 생각하십니까?

( ) ① 국방비 ( ) ② 복지비 ( ) ③ 모르겠다

20. 다음의 후보들에 대해 진보·보수 성향을 평가하신다면 어디쯤 있을 것으로 생각하십니까?

이회창	( )① 아주보수	( )② 보수	( )③ 중도	( )④ 진보	( )⑤ 아주진보	( )⑤ 모르겠음
김대중	( )① 아주보수	( )② 보수	( )③ 중도	( )④ 진보	( )⑤ 아주진보	( )⑤ 모르겠음
이인제	( )① 아주보수	( )② 보수	( )③ 중도	( )④ 진보	( )⑤ 아주진보	( )⑤ 모르겠음

21. 선생님께서는 우리나라가 직면한 가장 중요한 문제 두개를 중요한 순서대로 말씀해 주십시오.

( ) ① 물가 ( ) ② 고용안정 ( ) ③ 경제성장 ( ) ④ 중소기업육성
( ) ⑤ 주택·부동산 ( ) ⑥ 농촌 ( ) ⑦ 지역화합 ( ) ⑧ 정권교체
( ) ⑨ 3김청산 ( ) ⑩ 세대교체 ( ) ⑪ IMF 위기 ( ) ⑫ 부정부패
( ) ⑬ 교통 ( ) ⑭ 정치화합 ( ) ⑮ 교육 ( ) ⑯ 안보
( ) ⑰ 통일 ( ) ⑱ 기타 ( )

22. 지금 선생님께서 지적하신 문제에 대하여 어느 후보가 가장 잘 해결할 수 있을 것으로 보십니까?

( ) ① 이회창 ( ) ② 김대중 ( ) ③ 이인제
( ) ④ 권영길 ( ) ⑤ 기타 ( )

23. 투표하실 때 아래사항중 어느 것을 후보자의 선택기준으로 가장 많이 고려했습니까?

( ) ① 내 개인의 발전 ( ) ② 내가 살고 있는 지역의 발전 ( ) ③ 국가의 발전

24. 선생님이 대통령후보들 중 한 후보에게 투표결정을 하는데 어느 지역출신인가를 얼마나 고려하십니까?

( ) ① 매우 많이 고려한다 ( ) ② 약간 고려한다 ( ) ③ 거의 고려하지 않는다
( ) ④ 전혀 고려하지 않는다 ( ) ⑤ 모르겠다

25. 선생님은 자신의 출신도 때문에 다음과 같은 일을 경험한 적이 있습니까?

인간적 모욕	( ) ① 있다	( ) ② 없다
금전적 손해	( ) ① 있다	( ) ② 없다
취업상의 불이익	( ) ① 있다	( ) ② 없다
승진상의 불이익	( ) ① 있다	( ) ② 없다
소속집단으로부터의 따돌림	( ) ① 있다	( ) ② 없다

26. 선생님께서는 다음의 경우에 각 지역출신 주민을 어떻게 생각하십니까?

1. 가족의 배우자로서

	찬성	중간	반대
서울			
경기			
강원			
충청			
전라			
경상			
제주			
이북			

2. 사업의 동반자로서

	찬성	중간	반대
서울			
경기			
강원			
충청			
전라			
경상			
제주			
이북			

27. 선생님의 집안경제 사정에 국가의 경제정책이 영향을 미쳤다고 생각하십니까?

( ) ① 많이 좋아졌다 ( ) ② 약간 좋아졌다 ( ) ③ 별로 달라진 것이 없다
( ) ④ 약간 나빠졌다 ( ) ⑤ 많이 나빠졌다 ( ) ⑥ 모르겠다

28. 선생님은 선생님의 개인생활에 얼마나 만족하고 계십니까?

( ) ① 매우 만족 ( ) ② 약간 만족 ( ) ③ 약간 불만족
( ) ④ 매우 불만족 ( ) ⑤ 모르겠다

29. 선생님의 생활정도는 어떻다고 생각하십니까?

( ) ① 아주 잘 산다 ( ) ② 잘 사는 편이다 ( ) ③ 보통이다
( ) ③ 못사는 편이다 ( ) ④ 아주 어렵다

30. 선생님께서는 다음의 의견에 대해 평소 공감하고 계신지, 반대하고 계신지 여쭙고자 합니다.

항목	내 용	정말 그렇다	그런 편이다	그렇지 않은편이다	절대 그렇지않다	응답
1	"정치인들은 나같은 사람이 어떤 생각을 하는지에 대해 별로 관심이 없다."	①	②	③	④	
2	"일반적으로 정치인(대통령, 국회의원)은 당선된 후 선거때 행동과는 상당히 다르다."	①	②	③	④	
3	"정당들은 사람들이 무슨 생각을 하는지 보다는 표에만 관심이 있다."	①	②	③	④	
4	"나같은(나 정도의)사람에게는 투표만이 정부가 어떻게 해야 되는지에 대해 말할수 있는 유일한 방법이다."	①	②	③	④	
5	"나 같은 사람이 정부가 하는 일에 대해 뭐라고 평가할 수는 없다."	①	②	③	④	
6	"나 같은 사람에게는 정치나 장부가 하는 일이 너무 복잡해서 어떻게 되가고 있는 것인지 이해할 수가 없다."	①	②	③	④	
7	"투표는 아주 많은 사람들이 하기 때문에 내가 투표하는가 안하는가는 그리 중요하지 않다."	①	②	③	④	
8	"만약 내가 지지하는 후보(또는 정당)가선거에서 이길 확률이 없다면, 내가 투표하는 것은 별로 의미가 없다."	①	②	③	④	

31. 한국의 민주주의와 정치발전을 위해서 다음중 어떤 제도가 우리나라 정치에 알맞다고 생각하십니까? ☐

( ) ① 대통령 중심제 ( ) ② 내각 책임제
( ) ③ 어떤 제도건 상관없다 ( ) ④ 잘 모르겠다

32 . 선생님께서는 이번 선거가 과거 선거와 비교하여 어느 정도 공명하게 치러졌다고 생각하십니까? ☐

( ) ① 아주 공명했다. ┐ ☞ 문 33으로
( ) ② 대체로 공명했다. ┘
( ) ③ 별로 공명하지 못했다. ┐ ☞ 문 34로
( ) ④ 전혀 공명하지 못했다. ┘
( ) ⑤ 잘 모르겠다.

33 . (공명했다고 응답하신 경우에만 답하십시오) 이번 선거가 공명하게 치러진데 큰 역할을 한 것은 무엇이라고 생각하십니까?

( ) ① 대규모 옥외집회가 없어지는 등 선거운동방법의 변화
( ) ② 유권자들의 공명선거의식 향상
( ) ③ 정당, 후보자 및 선거운동원들의 선거법 준수
( ) ④ 선거관리위원회의 공정한 선거관리 및 적극적인 감시활동
( ) ⑤ 매스콤의 공정한 보도
( ) ⑥ 시민, 사회단체의 감시활동 강화
( ) ⑦ 기타( )

34 . (공명하지 못했다라고 응답하신 경우에만 답하십시오) 이번 선거가 공명하지 못한 이유는 무엇이라고 생각하십니까?

( ) ① 정당・후보자측의 상호비방, 흑색선전
( ) ② 유권자들의 공명선거에 대한 시민의식결여
( ) ③ 언론의 불공정한 보도
( ) ④ 금권선거(금품, 향응, 선심관광 제공)
( ) ⑤ 관권선거(공직자의 선거개입)
( ) ⑥ 선거관리의 불공정성
( ) ⑦ 사직당국(검찰, 경찰)의 소극적, 편파적인 단속
( ) ⑧ 기타( )

35 선거 개시전에 여론조사가 빈번하게 실시되어 언론에 공표되었습니다. 지지후보를 결정하는데 얼마나 영향을 받으셨습니까?

( ) ① 많은 영향을 받았다.
( ) ② 어느 정도 영향을 받았다
( ) ③ 별로 영향을 받지 않았다
( ) ④ 전혀 영향을 받지 않았다

36 . 이번 선거기간에 다음과 같은 일을 직접 경험하신 적이 있으십니까? 있는대로 모두 말씀하여 주십시오

항목	내용	있다	없다	응답
1	후보자에 대한 흑색선전이나 비방을 경험한 일	①	②	
2	금전・물품을 받은 일	①	②	
3	음식을 접대받은 일	①	②	
4	관광을 간 일	①	②	
5	취직이나 이권 등의 약속을 받은일	①	②	
6	공직자(통・반장 등)로부터 특정후보의지지를 부탁받은 일	①	②	
7	직장상사로부터 특정후보의 지지를 부탁받은 일	①	②	

※ 문36에서 항목 ①에 대해 (V)있다고 응답한 경우 ☞ 문 37로
※ 문36에서 항목 ①에 대해 (V)없다고 응답한 경우 ☞ 문 39로

37. (후보자에 대한 흑색선전이나 비방을 경험했다면) 누구로부터 또는 어떠한 것을 통하여 흑색선전이나 비방을 들으셨습니까? □

( ) ① 가족으로부터
( ) ② 친지나 주위사람으로부터
( ) ③ 신문, 잡지를 통해
( ) ④ 텔레비전・라디오를 통하여
( ) ⑤ PC통신을 통해
( ) ⑥ 각종 유인물을 통해
( ) ⑦ 기타( )

38. (후보자에 대한 흑색선전이나 비방을 경험했다면) 선생님께서는 그러한 경험이 후보자를 선택할 때 어떠한 영향을 주었다고 생각하십니까? □

( ) ① (흠이 있다고) 비방받은 정당이나 후보자는 선택하지 않았다.
( ) ② (상대후보를) 비방하는 정당이나 후보자는 선택하지 않았다.
( ) ③ 비방이나 흑색선전의 영향을 받지 않았다.
( ) ④ 모르겠다.

39. 왜 흑색선전이나 상호비방이 근절되지 않는다고 생각하십니까? □

( ) ① 언론기관이 사실확인없이 보도하기 때문에
( ) ② 정당, 후보자가 당선을 위해서라면 무슨짓이라도 하기 때문에
( ) ③ 선관위가 관리를 잘못 했기 때문에
( ) ④ 검찰이 정치적인 문제에 개입하려 하지 않기 때문에
( ) ⑤ 사람들이 선거때마다 흔히 있는 일이라 생각하기 때문에

40. 선생님께서는 공명선거를 위해서 가장 필요한 것은 다음 중 무엇이라고 생각하십니까? □

( ) ① 정당, 후보자측의 선거법준수와 정견・정책중심의 선거운동
( ) ② 지역감정 배제 등 유권자의 의식변화
( ) ③ 사직당국(검찰/경찰)의 선거사범에 대한 강력한 단속
( ) ④ 언론의 공정한 보도와 감시활동
( ) ⑤ 선거관리위원회의 보다 활발한 감시 및 단속활동
( ) ⑥ 시민, 사회단체의 공명선거 캠페인과 감시활동

41. 선생님께서는 보다 공명한 선거풍토를 만들기 위하여 유권자로서 어떻게 하는 것이 좋다고 생각하십니까? □

( ) ① 공명선거를 위한 시민, 사회단체의 활동에 참여
( ) ② 선거부정사례 신고, 고발하기
( ) ③ 위법한 선거운동을 한 후보자에게는 표를 안주기
( ) ④ 모르겠다

42. 이번 선거에서 중앙선거관리위원회의 공명선거 캠페인을 보신적이 있으십니까? 있는대로 말씀해 주십시오.

항목	내용	있다	없다	응답
1	텔레비젼	①	②	
2	라디오	①	②	
3	신문, 잡지, 포스터	①	②	
4	거리의 가두 캠페인	①	②	
5	현수막, 전광판, 현판 등 시설물	①	②	
6	홍보책자(팸플릿)	①	②	
7	본적이 없다	①	②	

※ 시설물 : 선전탑, 육교현판, 청사현판, 애드벌룬, 비행선

43. 선거관리위원회의 공명선거 캠페인이 공명성을 높이는데 얼마나 효과가 있었다고 생각하십니까? ☐

( ) ① 많은 효과가 있었다
( ) ② 어느 정도 효과가 있었다
( ) ③ 별로 효과가 없었다
( ) ④ 전혀 효과가 없었다

44. 이번 선거에서 선거관리위원회가 선거관리를 얼마나 공정하게 하였다고 생각하십니까? ☐

( ) ① 아주 공정했다
( ) ② 대체로 공정했다
( ) ③ 별로 공정하지 못했다
( ) ④ 전혀 공정하지 못했다

45. 이번 선거에서 정부가 얼마나 중립을 잘 지켰다고 생각하십니까? ☐

( ) ① 매우 잘 지켰다
( ) ② 대체로 잘 지켰다
( ) ③ 별로 지키지 못했다
( ) ④ 전혀 지키지 못했다

46. 이번 선거에서 언론의 보도는 얼마나 공정했다고 생각하십니까? ☐

( ) ① 매우 공정했다
( ) ② 대체로 공정했다
( ) ③ 별로 공정하지 못했다
( ) ④ 전혀 공정하지 못했다
( ) ⑤ 모르겠다

47. 이번 선거에서 정당 · 후보자 등 선거운동관계자의 선거법준수 정도에 대하여 어떻게 생각하십니까? □

( ) ① 매우 잘 지켰다고 생각한다
( ) ② 대체로 잘 지켰다고 생각한다
( ) ③ 별로 지키지 않았다고 생각한다
( ) ④ 매우 지키지 않았다고 생각한다
( ) ⑤ 모르겠다

48. 각종 시민 · 사회단체가 공명선거분위기 조성을 위하여 기여한 정도는 어떠하다고 생각하십니까? □

( ) ① 매우 기여했다
( ) ② 대체로 기여했다
( ) ③ 별로 기여하지 못했다
( ) ④ 전혀 기여하지 못했다
( ) ⑤ 모르겠다

49. 이제 선거는 끝나고 당선자가 결정되었습니다. 선생님께서는 선거결과에 대해 어떻게 생각하십니까? □

( ) ① 승복한다
( ) ② 불만족스럽지만 승복한다
( ) ③ 승복하기 힘들다
( ) ④ 승복할 수 없다

50. 선생님께서는 선거사범에 대한 사법처리가 어떻게 이루어지고 있다고 생각하십니까? □

( ) ① 매우 엄정하다 ( ) ② 대체로 엄정하다
( ) ③ 대체로 엄정하지 못하다 ( ) ④ 전혀 엄정하지 못하다 ( ) ⑤ 잘모르겠다

51. 선생님의 연세는? (나이) 만 □□세

52. 선생님의 교육정도는? □

( ) ① 초등학교 이하 ( ) ② 중졸 이하 ( ) ③ 고졸 이하 ( ) ④ 대졸 이상

53. 선생님의 종교는 무엇입니까? □

( ) ① 불교 ( ) ② 기독교 ( ) ③ 천주교 ( ) ④ 유교 ( ) ⑤ 천도교
( ) ⑥ 원불교 ( ) ⑦ 기타( ) ( ) ⑧없음

54. 선생님 댁의 전체수입은 한달 평균 어느정도 됩니까? □

( ) ① 40만원미만 ( ) ② 40-69만원 ( ) ③ 70-89만원 ( ) ④ 90-119만원
( ) ⑤ 120-149만원 ( ) ⑥ 150-179만원 ( ) ⑦ 180-219만원 ( ) ⑧ 220-249만원
( ) ⑨ 250만원 이상

55. 선생님 댁의 식구 수는 선생님을 포함하여 몇 명입니까? □

( ) ① 1명 ( ) ② 2명 ( ) ③ 3명 ( ) ④ 4명 ( ) ⑤ 5명
( ) ⑥ 6명 ( ) ⑦ 7명 ( ) ⑧ 8명 ( ) ⑨ 8명이상

56. 선생님의 출신지역은? □

( ) ① 서울 ( ) ② 경기 ( ) ③ 강원 ( ) ④ 충청
( ) ⑤ 전라 ( ) ⑥ 경상 ( ) ⑦ 제주 ( ) ⑧ 이북

57. 선생님의 직업은? 선생님이 가구주(주수입원)가 아닌 경우는 가구주의 직업도 같이 표시해 주십시오. □ □

① 본인 ( ) ② 가구주 ( )

전문직

01. 의사
02. 약사.간호사
03. 변호사,판사, 검사
04. 대학교수, 연구원
05. 교사, 학원강사
06. 언론인, 방송인
07. 엔지니어(무엇:)
08. 목사, 신부, 승려
09. 예능 및 예술인

공무원

11. 고급공무원(4급 서기관 이상, 총경이상)
12. 일반공무원(5급 사무관 이하, 경정 이하)
13. 군인(영관급 이상)
14. 군인(위관급, 하사관)
15. 기능직 공무원(무엇:)
16. 고용직 공무원(무엇:)

기업체

21. 중역, 임원(이사급 이상)
22. 중간 관리직 사원(부장, 차장, 과장급)
23. 사무직 사원(계장, 대리, 평사원)
24. 중소기업 사장(무엇:)

판매, 서비스직

31. 상점주인(무엇:)
32. 음식점,여관, 세탁소 등의 주인 (무엇:)
33. 복덕방, 부동산 중개인
34. 점원
35. 주방장, 이발사, 미용사
36. 행상, 노점상
37. 파출부, 우유 배달부
38. 영업직(보험직)

생산직

41. 생산감독(주임 및 반장)
42. 숙련공(무엇:)
43. 공장근로자(무엇:)
44. 자동차 중장비 운전사
45. 막노동, 단순노동자
46. 가내 수공업(무엇:)

농어민

51. 부농(6,000평이상)
52. 중농(3,000-5,999평)
53. 소농(1,500-2,999평)
54. 빈농(1,500평 미만), 소작
55. 선원, 어부
56. 축산,낙농업자
57. 수산업자(선주, 양식업 경영자)

기타

61. 학생
62. 주부
63. 무직
64. 정년 퇴직, 연금생활자
65. 군인(사병), 공익요원, 전경
66. 기타(무엇:)

* 오랜 시간 내주셔서 감사합니다.

※ 면접원 기재사항

1. 조사지역의 규모

( ) 1. 대도시
( ) 2. 중소도시
( ) 3. 군지역

2. 조사대상자의 성별

( ) 1. 남자
( ) 2. 여자

3. 면접지역 : 시/도 구/시/군
동/읍 면/리

4. 면접조사원

이름 : 연락처 :
면접일시 :

[12]

ICPSR | INTER-UNIVERSITY CONSORTIUM FOR POLITICAL AND SOCIAL RESEARCH

ICPSR 21441

Voice of the People, 2007

Gallup International Association

Data Collection Instrument

Inter-university Consortium for
Political and Social Research
P.O. Box 1248
Ann Arbor, Michigan 48106
www.icpsr.umich.edu

Terms of Use

The terms of use for this study can be found at:
http://www.icpsr.umich.edu/cocoon/ICPSR/TERMS/21441.xml

GALLUP INTERNATIONAL

QUESTIONNAIRE **ID Number: Columns 1-4**

VOICE OF THE PEOPLE 2007

INTRODUCTION:
Your usual introduction, but add:
Gallup International is conducting the Voice of the People survey in more than 60 countries around the world, asking people like you for their views and opinions.

Now I would like to ask your opinion about some political issues…

Q1. Would you say that [this country] is governed by the will of the people? **SINGLE CODE**

Yes	1
No	2
Don't know/no answer	9

Q2. Do you feel that elections in [this country] are free and fair? **SINGLE CODE**

Yes	1
No	2
Don't know/no answer	9

Q3. Please tell me whether you agree or disagree with the following statements. Is that strongly or slightly? **ROTATE ORDER. SINGLE CODE FOR EACH STATEMENT**

		Agree strongly	Agree slightly	Disagree slightly	Disagree strongly	DK/ NA
a	Democracy may have problems but it is the best system of government	1	2	3	4	9
b	In general, I am satisfied with democracy	1	2	3	4	9
c	Global warming is having a serious impact now in the area where I live	1	2	3	4	9

Q4. There are three basic types of attitudes concerning the society where you live in. Please choose the one which best describes your own opinion **READ OUT – SINGLE CODE**

The entire way our society is organized must be radically changed by revolutionary action	1
Our society must be gradually improved by reforms	2
Our present society must be valiantly defended against all subversive forces.	3
DK	9

Q5. Does your household take any of the following actions to try to help protect the environment:**? READ OUT AND ROTATE – MULTIPLE Punch 1 if mentioned, 0 if not**

a	Recycling/creating less waste
b	Using less energy (gas, electricity) in the house
c	Using less water
d	Using a car less/take more public transport
e	Using less spray products/ Using spray products that don't affect the ozone
f	Using less batteries/ replace common batteries with rechargeable batteries
g	Other
h	None
i	DK/ NA

GALLUP INTERNATIONAL

Q6. For the world becomes a better place, do you believe that the global influence of the following major powers should increase, should decrease, or should remain about the same as now? **READ OUT - ROTATE ORDER**

		Increase	Decrease	Remain about the same	DK/ NA
a	United States	1	2	3	9
b	European Union	1	2	3	9
c	Russia	1	2	3	9
d	India	1	2	3	9
e	China	1	2	3	9
f	Iran	1	2	3	9
g	South Africa	1	2	3	9
h	Brazil	1	2	3	9

Q7. What is your personal ideological/political leaning? **READ OUT - ROTATE ORDER**

Very Left Wing	1
Left of Centre (or centre-left)	2
Centre	3
Right of Centre (or centre-right)	4
Very Right Wing	5
DK/NA	9

DEMOGRAPHICS *(IDEM 2006)*
Complete for all respondents

D1.Sex:
Male 1
Female 2

D2. Age:

Code:
Under 30 1
30 – 50 2
51 - 65 3
65 + 4

D3. Total household income before taxes
Please ask household income as you would normally ask it in your country and then re-code as follows

Low (Bottom quintile/20%) 1
Medium low (Second quintile/20%) 2
Medium (Third quintile/20%) 3
Medium high (Fourth quintile/20%) 4
High (Top quintile/20%) 5
Refused/Don't know/no answer 9

D4. Education: Highest attained
No education/ only basic education 1
Secondary school 2
High level education (e.g university) 3
DK/ NA 9

D5. Employment
Which of the following best describes your own present employment status?
READ IN ORDER. CODE ONE.
Working full or part time (include self-employed) 1
Unemployed 2
Not working (student, housewife) 3
Retired 4
DK/ NA 9

GALLUP INTERNATIONAL

D6. Religion
Do you consider yourself to be.........
READ IN APPROPRIATE ORDER FOR COUNTRY. CODE ONE

Roman Catholic	01
Russian or Eastern Orthodox	02
Protestant	03
Other Christian	04
Hindu	05
Muslim	06
Jewish	07
Buddhist	08
Other	09
Nothing (DO NOT READ)	10
Refuse/ DK	99

WT. Weighting
Please correct any imbalances in your data by weighting before sending it, so that you provide a representative sample of the population (or a representative sample of the stated universe, if this is not a total population sample). **Each individual respondent's weight needs to be written onto columns 39-48 of the record. The first 4 columns (39-41) will refer to the *whole number* (including leading zeros). Column 42 contains the *decimal*. Finally columns 43-48 must contain the *decimal places* (including zeros).**
See these examples:
Respondent with a weight of 2.4567 must have 002.456700 in columns 39-48.
Respondent with a weight of 122.001 must have 122.001000 in columns 39-48.

부록(Appendice) Ⅱ

[1] 이항분포표

$$P(X=x)=\binom{n}{x}p^x(1-p)^{n-x}$$

		p									
n	x	.05	.10	.15	.20	.25	.30	.35	.40	.45	.50
1	0	.9500	.9000	.8500	.8000	7500	.7000	.6500	.6000	.5500	.5000
	1	.0500	.1000	.1500	.2000	.2500	.3000	.3500	.4000	.4500	.5000
2	0	.9025	.8100	.7225	.6400	.5625	.4900	.4225	.3600	.3025	.2500
	1	.0950	.1800	.2550	.3200	.3750	.4200	.4550	.4800	.4950	.5000
	2	.0025	.0100	.0225	.0400	.0625	.0900	.1225	.1600	.2025	.2500
3	0	.8574	.7290	.6141	.5120	.4219	.3430	.2746	.2160	.1664	.1250
	1	.1354	.2430	.3251	.3840	.4219	.4410	.4436	.4320	.4084	.3750
	2	.0071	.0270	.0574	.0960	.1406	.1890	.2389	.2880	.3341	.3750
	3	.0001	.0010	.0034	.0080	.0156	.0270	.0429	.0640	.0911	.1250
4	0	.8145	.6561	.5220	.4096	.3164	.2401	.1785	.1296	.0915	.0625
	1	.1715	.2916	.3685	.4096	.4219	.4116	.3845	.3456	.2995	.2500
	2	.0135	.0486	.0975	.1536	.2109	.2646	.3105	.3456	.3675	.3750
	3	.0005	.0036	.0115	.0256	.0469	.0756	.1115	.1536	.2005	.2500
	4	.0000	.0001	.0005	.0016	.0039	.0081	.0150	.0256	.0410	.0625
5	0	.7738	.5905	.4437	.3277	.2373	.1681	.1160	.0778	.0503	.0312
	1	.2036	.3280	.3915	.4096	.3955	.3602	.3124	.2592	.2059	.1562
	2	.0214	.0729	.1382	.2048	.2637	.3087	.3364	.3456	.3369	.3125
	3	.0011	.0081	.0244	.0512	.0879	.1323	.1811	.2304	.2757	.3125
	4	.0000	.0004	.0022	.0064	.0146	.0284	.0488	.0768	.1128	.1562
	5	.0000	.0000	.0001	.0003	.0010	.0024	.0053	.0102	.0185	.0312
6	0	.7351	.5314	.3771	.2621	.1780	.1176	.0754	.0467	.0277	.0156
	1	.2321	.3543	.3993	.3932	.3560	.3025	.2437	.1866	.1359	.0938
	2	.0305	.0984	.1762	.2458	.2966	.3241	.3280	.3110	.2780	.2344
	3	.0021	.0146	.0415	.0819	.1318	.1852	.2355	.2765	.3032	.3125
	4	.0001	.0012	.0055	.0154	.0330	.0595	.0951	.1382	.1861	.2344
	5	.0000	.0001	.0004	.0015	.0044	.0102	.0205	.0369	.0609	.0938
	6	.0000	.0000	.0000	.0001	.0002	.0007	.0018	.0041	.0083	.0156
7	0	.6983	.4783	.3206	.2097	.1335	.0824	.0490	.0280	.0152	.0078
	1	.2573	.3720	.3960	.3670	.3115	.2471	.1848	.1306	.0872	.0547
	2	.0406	.1240	.2097	.2753	.3115	.3177	.2985	.2613	.2140	.1641
	3	.0036	.0230	.0617	.1147	.1730	.2269	.2679	.2903	.2918	.2734
	4	.0002	.0026	.0109	.0287	.0577	.0972	.1442	.1935	.2388	.2734
	5	.0000	.0002	.0012	.0043	.0115	.0250	.0466	.0774	.1172	.1641
	6	.0000	.0000	.0001	.0004	.0013	.0036	.0084	.0172	.0320	.0547
	7	.0000	.0000	.0000	.0000	.0001	.0002	.0006	.0016	.0037	.0078

계속

n	x	.05	.10	.15	.20	.25	.30	.35	.40	.45	.50
						p					
8	0	.6634	.4305	.2725	.1678	.1001	.0576	.0319	.0168	.0084	.0039
	1	.2793	.3826	.3847	.3355	.2670	.1977	.1373	.0896	.0548	.0312
	2	.0515	.1488	.2376	.2936	.3115	.2965	.2587	.2090	.1569	.1094
	3	.0054	.0331	.0839	.1468	.2076	.2541	.2786	.2787	.2568	.2188
	4	.0004	.0046	.0185	.0459	.0865	.1361	.1875	.2322	.2627	.2734
	5	.0000	.0004	.0026	.0092	.0231	.0467	.0808	.1239	.1719	.2188
	6	.0000	.0000	.0002	.0011	.0038	.0100	.0217	.0413	.0703	.1094
	7	.0000	.0000	.0000	.0001	.0004	.0012	.0033	.0079	.0164	.0312
	8	.0000	.0000	.0000	.0000	.0000	.0001	.0002	.0007	.0017	.0039
9	0	.6302	.3874	.2316	.1342	.0751	.0404	.0207	.0101	.0046	.0020
	1	.2985	.3874	.3679	.3020	.2253	.1556	.1004	.0605	.0339	.0176
	2	.0629	.1722	.2597	.3020	.3003	.2668	.2162	.1612	.1110	.0703
	3	.0077	.0446	.1069	.1762	.2336	.2668	.2716	.2508	.2119	.1641
	4	.0006	.0074	.0283	.0661	.1168	.1715	.2194	.2508	.2600	.2461
	5	.0000	.0008	.0050	.0165	.0389	.0735	.1181	.1672	.2128	.2461
	6	.0000	.0001	.0006	.0028	.0087	.0210	.0424	.0743	.1160	.1641
	7	.0000	.0000	.0000	.0003	.0012	.0039	.0098	.0212	.0407	.0703
	8	.0000	.0000	.0000	.0000	.0001	.0004	.0013	.0035	.0083	.0176
	9	.0000	.0000	.0000	.0000	.0000	.0000	.0001	.0003	.0008	.0020
10	0	.5987	.3487	.1969	.1074	.0563	.0282	.0135	.0060	.0025	.0010
	1	.3151	.3874	.3474	.2684	.1877	.1211	.0725	.0403	.0207	.0098
	2	.0746	.1937	.2759	.3020	.2816	.2335	.1757	.1209	.0763	.0439
	3	.0105	.0574	.1298	.2013	.2503	.2668	.2522	.2150	.1665	.1172
	4	.0010	.0112	.0401	.0881	.1460	.2001	.2377	.2508	.2384	.2051
	5	.0001	.0015	.0085	.0264	.0584	.1029	.1536	.2007	.2340	.2461
	6	.0000	.0001	.0012	.0055	.0162	.0368	.0689	.1115	.1596	.2051
	7	.0000	.0000	.0001	.0008	.0031	.0090	.0212	.0425	.0746	.1172
	8	.0000	.0000	.0000	.0001	.0004	.0014	.0043	.0106	.0229	.0439
	9	.0000	.0000	.0000	.0000	.0000	.0001	.0005	.0016	.0042	.0098
	10	.0000	.0000	.0000	.0000	.0000	.0000	.0000	.0001	.0003	.0010
11	0	.5688	.3138	.1673	.0859	.0422	.0198	.0088	.0036	.0014	.0005
	1	.3293	.3835	.3248	.2362	.1549	.0932	.0518	.0266	.0125	.0054
	2	.0867	.2131	.2866	.2953	.2581	.1998	.1395	.0887	.0513	.0269
	3	.0137	.0710	.1517	.2215	.2581	.2568	.2254	.1774	.1259	.0806
	4	.0014	.0158	.0536	.1107	.1721	.2201	.2428	.2365	.2060	.1611
	5	.0001	.0025	.0132	.0388	.0803	.1321	.1830	.2207	.2360	.2256
	6	.0000	.0003	.0023	.0097	.0268	.0566	.0985	.1471	.1931	.2256
	7	.0000	.0000	.0003	.0017	.0064	.0173	.0379	.0701	.1128	.1611
	8	.0000	.0000	.0000	.0002	.0011	.0037	.0102	.0234	.0462	.0806
	9	.0000	.0000	.0000	.0000	.0001	.0005	.0018	.0052	.0126	.0269
	10	.0000	.0000	.0000	.0000	.0000	.0000	.0002	.0007	.0021	.0054
	11	.0000	.0000	.0000	.0000	.0000	.0000	.0000	.0000	.0002	.0005

계속

n	x	.05	.10	.15	.20	.25	.30	.35	.40	.45	.50
						p					
12	0	.5404	.2824	.1422	.0687	.0317	.0138	.0057	.0022	.0008	.0002
	1	.3413	.3766	.3012	.2062	.1267	.0712	.0368	.0174	.0075	.0029
	2	.0988	.2301	.2924	.2835	.2323	.1678	.1088	.0639	.0339	.0161
	3	.0173	.0853	.1720	.2362	.2581	.2397	.1954	.1419	.0923	.0537
	4	.0021	.0213	.0683	.1329	.1936	.2311	.2367	.2128	.1700	.1208
	5	.0002	.0038	.0193	.0532	.1032	.1585	.2039	.2270	.2225	.1934
	6	.0000	.0005	.0040	.0155	.0401	.0792	.1281	.1766	.2124	.2256
	7	.0000	.0000	.0006	.0033	.0115	.0291	.0591	.1009	.1489	.1934
	8	.0000	.0000	.0001	.0005	.0024	.0078	.0199	.0420	.0762	.1208
	9	.0000	.0000	.0000	.0001	.0004	.0015	.0048	.0125	.0277	.0537
	10	.0000	.0000	.0000	.0000	.0000	.0002	.0008	.0025	.0068	.0161
	11	.0000	.0000	.0000	.0000	.0000	.0000	.0001	.0003	.0010	.0029
	12	.0000	.0000	.0000	.0000	.0000	.0000	.0000	.0000	.0001	.0002
13	0	.5133	.2542	.1209	.0550	.0238	.0097	.0037	.0013	.0004	.0001
	1	.3512	.3672	.2774	.1787	.1029	.0540	.0259	.0113	.0045	.0016
	2	.1109	.2448	.2937	.2680	.2059	.1388	.0836	.0453	.0220	.0095
	3	.0214	.0997	.1900	.2457	.2517	.2181	.1651	.1107	.0660	.0349
	4	.0028	.0277	.0838	.1535	.2097	.2337	.2222	.1845	.1350	.0873
	5	.0003	.0055	.0266	.0691	.1258	.1803	.2154	.2214	.1989	.1571
	6	.0000	.0008	.0063	.0230	.0559	.1030	.1546	.1968	.2169	.2095
	7	.0000	.0001	.0011	.0058	.0186	.0442	.0833	.1312	.1775	.2095
	8	.0000	.0000	.0001	.0011	.0047	.0142	.0336	.0656	.1089	.1571
	9	.0000	.0000	.0000	.0001	.0009	.0034	.0101	.0243	.0495	.0873
	10	.0000	.0000	.0000	.0000	.0001	.0006	.0022	.0065	.0162	.0349
	11	.0000	.0000	.0000	.0000	.0000	.0001	.0003	.0012	.0036	.0095
	12	.0000	.0000	.0000	.0000	.0000	.0000	.0000	.0001	.0005	.0016
	13	.0000	.0000	.0000	.0000	.0000	.0000	.0000	.0000	.0000	.0001
14	0	.4877	.2288	.1028	.0440	.0178	.0068	.0024	.0008	.0002	.0001
	1	.3593	.3559	.2539	.1539	.0832	.0407	.0181	.0073	.0027	.0009
	2	.1229	.2570	.2912	.2501	.1802	.1134	.0634	.0317	.0141	.0056
	3	.0259	.1142	.2056	.2501	.2402	.1943	.1366	.0845	.0462	.0222
	4	.0037	.0349	.0998	.1720	.2202	.2290	.2022	.1549	.1040	.0611
	5	.0004	.0078	.0352	.0860	.1468	.1963	.2178	.2066	.1701	.1222
	6	.0000	.0013	.0093	.0322	.0734	.1262	.1759	.2066	.2088	.1833
	7	.0000	.0002	.0019	.0092	.0280	.0618	.1082	.1574	.1952	.2095
	8	.0000	.0000	.0003	.0020	.0082	.0232	.0510	.0918	.1398	.1833
	9	.0000	.0000	.0000	.0003	.0018	.0066	.0183	.0408	.0762	.1222
	10	.0000	.0000	.0000	.0000	.0003	.0014	.0049	.0136	.0312	.0611
	11	.0000	.0000	.0000	.0000	.0000	.0002	.0010	.0033	.0093	.0222
	12	.0000	.0000	.0000	.0000	.0000	.0000	.0001	.0005	.0019	.0056
	13	.0000	.0000	.0000	.0000	.0000	.0000	.0000	.0001	.0002	.0009
	14	.0000	.0000	.0000	.0000	.0000	.0000	.0000	.0000	.0000	.0001

계속

n	x	p .05	.10	.15	.20	.25	.30	.35	.40	.45	.50
15	0	.4633	.2059	.0874	.0352	.0134	.0047	.0016	.0005	.0001	.0000
	1	.3658	.3432	.2312	.1319	.0668	.0305	.0126	.0047	.0016	.0005
	2	.1348	.2669	.2856	.2309	.1559	.0916	.0476	.0219	.0090	.0032
	3	.0307	.1285	.2184	.2501	.2252	.1700	.1110	.0634	.0318	.0139
	4	.0049	.0428	.1156	.1876	.2252	.2186	.1792	.1268	.0780	.0417
	5	.0006	.0105	.0449	.1032	.1651	.2061	.2123	.1859	.1404	.0916
	6	.0000	.0019	.0132	.0430	.0917	.1472	.1906	.2066	.1914	.1527
	7	.0000	.0003	.0030	.0138	.0393	.0811	.1319	.1771	.2013	.1964
	8	.0000	.0000	.0005	.0035	.0131	.0348	.0710	.1181	.1647	.1964
	9	.0000	.0000	.0001	.0007	.0034	.0116	.0298	.0612	.1048	.1527
	10	.0000	.0000	.0000	.0001	.0007	.0030	.0096	.0245	.0515	.0916
	11	.0000	.0000	.0000	.0000	.0001	.0006	.0024	.0074	.0191	.0417
	12	.0000	.0000	.0000	.0000	.0000	.0001	.0004	.0016	.0052	.0139
	13	.0000	.0000	.0000	.0000	.0000	.0000	.0001	.0003	.0010	.0032
	14	.0000	.0000	.0000	.0000	.0000	.0000	.0000	.0000	.0001	.0005
	15	.0000	.0000	.0000	.0000	.0000	.0000	.0000	.0000	.0000	.0000
16	0	.4401	.1853	.0743	.0281	.0100	.0033	.0010	.0003	.0001	.0000
	1	.3706	.3294	.2097	.1126	.0535	.0228	.0087	.0030	.0009	.0002
	2	.1463	.2745	.2775	.2111	.1336	.0732	.0353	.0150	.0056	.0018
	3	.0359	.1423	.2285	.2463	.2079	.1465	.0888	.0468	.0215	.0085
	4	.0061	.0514	.1311	.2001	.2252	.2040	.1553	.1014	.0572	.0278
	5	.0008	.0137	.0555	.1201	.1802	.2099	.2008	.1623	.1123	.0667
	6	.0001	.0028	.0180	.0550	.1101	.1649	.1982	.1983	.1684	.1222
	7	.0000	.0004	.0045	.0197	.0524	.1010	.1524	.1889	.1969	.1746
	8	.0000	.0001	.0009	.0055	.0197	.0487	.0923	.1417	.1812	.1964
	9	.0000	.0000	.0001	.0012	.0058	.0185	.0442	.0840	.1318	.1746
	10	.0000	.0000	.0000	.0002	.0014	.0056	.0167	.0392	.0755	.1222
	11	.0000	.0000	.0000	.0000	.0002	.0013	.0049	.0142	.0337	.0667
	12	.0000	.0000	.0000	.0000	.0000	.0002	.0011	.0040	.0115	.0278
	13	.0000	.0000	.0000	.0000	.0000	.0000	.0002	.0008	.0029	.0085
	14	.0000	.0000	.0000	.0000	.0000	.0000	.0000	.0001	.0005	.0018
	15	.0000	.0000	.0000	.0000	.0000	.0000	.0000	.0000	.0001	.0002
	16	.0000	.0000	.0000	.0000	.0000	.0000	.0000	.0000	.0000	.0000
17	0	.4181	.1668	.0631	.0225	.0075	.0023	.0007	.0002	.0000	.0000
	1	.3741	.3150	.1893	.0957	.0426	.0169	.0060	.0019	.0005	.0001
	2	.1575	.2800	.2673	.1914	.1136	.0581	.0260	.0102	.0035	.0010
	3	.0415	.1556	.2359	.2393	.1893	.1245	.0701	.0341	.0144	.0052
	4	.0076	.0605	.1457	.2093	.2209	.1868	.1320	.0796	.0411	.0182
	5	.0010	.0175	.0668	.1361	.1914	.2081	.1849	.1379	.0875	.0472
	6	.0001	.0039	.0236	.0680	.1276	.1784	.1991	.1839	.1432	.0944
	7	.0000	.0007	.0065	.0267	.0668	.1201	.1685	.1927	.1841	.1484

계속

n	x	.05	.10	.15	.20	.25	.30	.35	.40	.45	.50
17	8	.0000	.0001	.0014	.0084	.0279	.0644	.1134	.1606	.1883	.1855
	9	.0000	.0000	.0003	.0021	.0093	.0276	.0611	.1070	.1540	.1855
	10	.0000	.0000	.0000	.0004	.0025	.0095	.0263	.0571	.1008	.1484
	11	.0000	.0000	.0000	.0001	.0005	.0026	.0090	.0242	.0525	.0944
	12	.0000	.0000	.0000	.0000	.0001	.0006	.0024	.0081	.0215	.0472
	13	.0000	.0000	.0000	.0000	.0000	.0001	.0005	.0021	.0068	.0182
	14	.0000	.0000	.0000	.0000	.0000	.0000	.0001	.0004	.0016	.0052
	15	.0000	.0000	.0000	.0000	.0000	.0000	.0000	.0001	.0003	.0010
	16	.0000	.0000	.0000	.0000	.0000	.0000	.0000	.0000	.0000	.0001
	17	.0000	.0000	.0000	.0000	.0000	.0000	.0000	.0000	.0000	.0000
18	0	.3972	.1501	.0536	.0180	.0056	.0016	.0004	.0001	.0000	.0000
	1	.3763	.3002	.1704	.0811	.0338	.0126	.0042	.0012	.0003	.0001
	2	.1683	.2835	.2556	.1723	.0958	.0458	.0190	.0069	.0022	.0006
	3	.0473	.1680	.2406	.2297	.1704	.1046	.0547	.0246	.0095	.0031
	4	.0093	.0700	.1592	.2153	.2130	.1681	.1104	.0614	.0291	.0117
	5	.0014	.0218	.0787	.1507	.1988	.2017	.1664	.1146	.0666	.0327
	6	.0002	.0052	.0301	.0816	.1436	.1873	.1941	.1655	.1181	.0708
	7	.0000	.0010	.0091	.0350	.0820	.1376	.1792	.1892	.1657	.1214
	8	.0000	.0002	.0022	.0120	.0376	.0811	.1327	.1734	.1864	.1669
	9	.0000	.0000	.0004	.0033	.0139	.0386	.0794	.1284	.1694	.1855
	10	.0000	.0000	.0001	.0008	.0042	.0149	.0385	.0771	.1248	.1669
	11	.0000	.0000	.0000	.0001	.0010	.0046	.0151	.0374	.0742	.1214
	12	.0000	.0000	.0000	.0000	.0002	.0012	.0047	.0145	.0354	.0708
	13	.0000	.0000	.0000	.0000	.0000	.0002	.0012	.0045	.0134	.0327
	14	.0000	.0000	.0000	.0000	.0000	.0000	.0002	.0011	.0039	.0117
	15	.0000	.0000	.0000	.0000	.0000	.0000	.0000	.0002	.0009	.0031
	16	.0000	.0000	.0000	.0000	.0000	.0000	.0000	.0000	.0001	.0006
	17	.0000	.0000	.0000	.0000	.0000	.0000	.0000	.0000	.0000	.0001
	18	.0000	.0000	.0000	.0000	.0000	.0000	.0000	.0000	.0000	.0000
19	0	.3774	.1351	.0456	.0144	.0042	.0011	.0003	.0001	.0000	.0000
	1	.3774	.2852	.1529	.0685	.0268	.0093	.0029	.0008	.0002	.0000
	2	.1787	.2852	.2428	.1540	.0803	.0358	.0138	.0046	.0013	.0003
	3	.0533	.1796	.2428	.2182	.1517	.0869	.0422	.0175	.0062	.0018
	4	.0112	.0798	.1714	.2182	.2023	.1491	.0909	.0467	.0203	.0074
	5	.0018	.0266	.0907	.1636	.2023	.1916	.1468	.0933	.0497	.0222
	6	.0002	.0069	.0374	.0955	.1574	.1916	.1844	.1451	.0949	.0518
	7	.0000	.0014	.0122	.0443	.0974	.1525	.1844	.1797	.1443	.0961
	8	.0000	.0002	.0032	.0166	.0487	.0981	.1489	.1797	.1771	.1442
	9	.0000	.0000	.0007	.0051	.0198	.0514	.0980	.1464	.1771	.1762
	10	.0000	.0000	.0001	.0013	.0066	.0220	.0528	.0976	.1449	.1762

(column header p spans .05–.50)

계속

n	x	.05	.10	.15	.20	.25	.30	.35	.40	.45	.50
19	11	.0000	.0000	.0000	.0003	.0018	.0077	.0233	.0532	.0970	.1442
	12	.0000	.0000	.0000	.0000	.0004	.0022	.0083	.0237	.0529	.0961
	13	.0000	.0000	.0000	.0000	.0001	.0005	.0024	.0085	.0233	.0518
	14	.0000	.0000	.0000	.0000	.0000	.0001	.0006	.0024	.0082	.0222
	15	.0000	.0000	.0000	.0000	.0000	.0000	.0001	.0005	.0022	.0074
	16	.0000	.0000	.0000	.0000	.0000	.0000	.0000	.0001	.0005	.0018
	17	.0000	.0000	.0000	.0000	.0000	.0000	.0000	.0000	.0001	.0003
	18	.0000	.0000	.0000	.0000	.0000	.0000	.0000	.0000	.0000	.0000
	19	.0000	.0000	.0000	.0000	.0000	.0000	.0000	.0000	.0000	.0000
20	0	.3585	.1216	.0388	.0115	.0032	.0008	.0002	.0000	.0000	.0000
	1	.3774	.2702	.1368	.0576	.0211	.0068	.0020	.0005	.0001	.0000
	2	.1887	.2852	.2293	.1369	.0669	.0278	.0100	.0031	.0008	.0002
	3	.0596	.1901	.2428	.2054	.1339	.0716	.0323	.0123	.0040	.0011
	4	.0133	.0898	.1821	.2182	.1897	.1304	.0738	.0350	.0139	.0046
	5	.0022	.0319	.1028	.1746	.2023	.1789	.1272	.0746	.0365	.0148
	6	.0003	.0089	.0454	.1091	.1686	.1916	.1712	.1244	.0746	.0370
	7	.0000	.0020	.0160	.0545	.1124	.1643	.1844	.1659	.1221	.0739
	8	.0000	.0004	.0046	.0222	.0609	.1144	.1614	.1797	.1623	.1201
	9	.0000	.0001	.0011	.0074	.0271	.0654	.1158	.1597	.1771	.1602
	10	.0000	.0000	.0002	.0020	.0099	.0308	.0686	.1171	.1593	.1762
	11	.0000	.0000	.0000	.0005	.0030	.0120	.0336	.0710	.1185	.1602
	12	.0000	.0000	.0000	.0001	.0008	.0039	.0136	.0355	.0727	.1201
	13	.0000	.0000	.0000	.0000	.0002	.0010	.0045	.0146	.0366	.0739
	14	.0000	.0000	.0000	.0000	.0000	.0002	.0012	.0049	.0150	.0370
	15	.0000	.0000	.0000	.0000	.0000	.0000	.0003	.0013	.0049	.0148
	16	.0000	.0000	.0000	.0000	.0000	.0000	.0000	.0003	.0013	.0046
	17	.0000	.0000	.0000	.0000	.0000	.0000	.0000	.0000	.0002	.0011
	18	.0000	.0000	.0000	.0000	.0000	.0000	.0000	.0000	.0000	.0002
	19	.0000	.0000	.0000	.0000	.0000	.0000	.0000	.0000	.0000	.0000
	20	.0000	.0000	.0000	.0000	.0000	.0000	.0000	.0000	.0000	.0000

[2] 포와송분포표

$$P(X=x)=\frac{e^{-\mu}\mu^{x}}{x}$$

					μ					
x	0.005	0.01	0.02	0.03	0.04	0.05	0.06	0.07	0.08	0.09
0	0.9950	0.9900	0.9802	0.9704	0.9608	0.9512	0.9418	0.9324	0.9231	0.9139
1	0.0050	0.0099	0.0192	0.0291	0.0384	0.0476	0.0565	0.0653	0.0738	0.0823
2	0.0000	0.0000	0.0002	0.0004	0.0008	0.0012	0.0017	0.0023	0.0030	0.0037
3	0.0000	0.0000	0.0000	0.0000	0.0000	0.0000	0.0000	0.0001	0.0001	0.0001
x	0.1	0.2	0.3	0.4	0.5	0.6	0.7	0.8	0.9	1.0
0	0.9048	0.8187	0.7408	0.6703	0.6065	0.5488	0.4966	0.4493	0.4066	0.3679
1	0.0905	0.1637	0.2222	0.2681	0.3033	0.3293	0.3476	0.3595	0.3659	0.3679
2	0.0045	0.0164	0.0333	0.0536	0.0758	0.0988	0.1217	0.1438	0.1647	0.1839
3	0.0002	0.0011	0.0033	0.0072	0.0126	0.0198	0.0284	0.0383	0.0494	0.0613
4	0.0000	0.0001	0.0002	0.0007	0.0016	0.0030	0.0050	0.0077	0.0111	0.0153
5	0.0000	0.0000	0.0000	0.0001	0.0002	0.0004	0.0007	0.0012	0.0020	0.0031
6	0.0000	0.0000	0.0000	0.0000	0.0000	0.0000	0.0001	0.0002	0.0003	0.0005
7	0.0000	0.0000	0.0000	0.0000	0.0000	0.0000	0.0000	0.0000	0.0000	0.0001
x	1.1	1.2	1.3	1.4	1.5	1.6	1.7	1.8	1.9	2.0
0	0.3329	0.3012	0.2725	0.2466	0.2231	0.2019	0.1827	0.1653	0.1496	0.1353
1	0.3662	0.3614	0.3543	0.3452	0.3347	0.3230	0.3106	0.2975	0.2842	0.2707
2	0.2014	0.2169	0.2303	0.2417	0.2510	0.2584	0.2640	0.2678	0.2700	0.2707
3	0.0738	0.0867	0.0998	0.1128	0.1255	0.1378	0.1496	0.1607	0.1710	0.1804
4	0.0203	0.0260	0.0324	0.0395	0.0471	0.0551	0.0636	0.0723	0.0812	0.0902
5	0.0045	0.0062	0.0084	0.0111	0.0141	0.0176	0.0216	0.0260	0.0309	0.0361
6	0.0008	0.0012	0.0018	0.0026	0.0035	0.0047	0.0061	0.0078	0.0098	0.0120
7	0.0001	0.0002	0.0003	0.0005	0.0008	0.0011	0.0015	0.0020	0.0027	0.0034
8	0.0000	0.0000	0.0001	0.0001	0.0001	0.0002	0.0003	0.0005	0.0006	0.0009
9	0.0000	0.0000	0.0000	0.0000	0.0000	0.0000	0.0001	0.0001	0.0001	0.0002
x	2.1	2.2	2.3	2.4	2.5	2.6	2.7	2.8	2.9	3.0
0	0.1225	0.1108	0.1003	0.0907	0.0821	0.0743	0.0672	0.0608	0.0050	0.0498
1	0.2572	0.2438	0.2306	0.2177	0.2052	0.1931	0.1815	0.1703	0.1596	0.1494
2	0.2700	0.2681	0.2652	0.2613	0.2565	0.2510	0.2450	0.2384	0.2314	0.2240
3	0.1890	0.1966	0.2033	0.2090	0.2138	0.2176	0.2205	0.2225	0.2237	0.2240
4	0.0992	0.1082	0.1169	0.1254	0.1336	0.1414	0.1488	0.1557	0.1622	0.1680
5	0.0417	0.0476	0.0538	0.0602	0.0668	0.0735	0.0804	0.0872	0.0940	0.1008
6	0.0146	0.0174	0.0206	0.0241	0.0278	0.0319	0.0362	0.0407	0.0455	0.0504
7	0.0044	0.0055	0.0068	0.0083	0.0099	0.0118	0.0139	0.0163	0.0188	0.0216
8	0.0011	0.0015	0.0019	0.0025	0.0031	0.0038	0.0047	0.0057	0.0068	0.0081
9	0.0003	0.0004	0.0005	0.0007	0.0009	0.0011	0.0014	0.0018	0.0022	0.0027
10	0.0001	0.0001	0.0001	0.0002	0.0002	0.0003	0.0004	0.0005	0.0006	0.0008
11	0.0000	0.0000	0.0000	0.0000	0.0000	0.0001	0.0001	0.0001	0.0002	0.0002
12	0.0000	0.0000	0.0000	0.0000	0.0000	0.0000	0.0000	0.0000	0.0000	0.0001
x	3.1	3.2	3.3	3.4	3.5	3.6	3.7	3.8	3.9	4.0
0	0.0450	0.0408	0.0369	0.0334	0.0302	0.0273	0.0247	0.0224	0.0202	0.0183
1	0.1397	0.1304	0.1217	0.1135	0.1057	0.0984	0.0915	0.0850	0.0789	0.0733
2	0.2165	0.2087	0.2008	0.1929	0.1850	0.1771	0.1692	0.1615	0.1539	0.1465
3	0.2237	0.2226	0.2209	0.2186	0.2158	0.2125	0.2087	0.2046	0.2001	0.1954
4	0.1734	0.1781	0.1823	0.1858	0.1888	0.1912	0.1931	0.1944	0.1951	0.1954
5	0.1075	0.1140	0.1203	0.1264	0.1322	0.1377	0.1429	0.1477	0.1522	0.1563
6	0.0555	0.0608	0.0662	0.0716	0.0771	0.0826	0.0881	0.0936	0.0989	0.1042
7	0.0246	0.0278	0.0312	0.0348	0.0385	0.0425	0.0466	0.0508	0.0551	0.0595
8	0.0095	0.0111	0.0129	0.0148	0.0169	0.0191	0.0215	0.0241	0.0269	0.0298
9	0.0033	0.0040	0.0047	0.0056	0.0066	0.0076	0.0089	0.0102	0.0116	0.0132
10	0.0010	0.0013	0.0016	0.0019	0.0023	0.0028	0.0033	0.0039	0.0045	0.0053
11	0.0003	0.0004	0.0005	0.0006	0.0007	0.0009	0.0011	0.0013	0.0016	0.0019
12	0.0001	0.0001	0.0001	0.0002	0.0002	0.0003	0.0003	0.0004	0.0005	0.0006
13	0.0000	0.0000	0.0000	0.0000	0.0001	0.0001	0.0001	0.0001	0.0002	0.0002
14	0.0000	0.0000	0.0000	0.0000	0.0000	0.0000	0.0000	0.0000	0.0000	0.0001
x	4.1	4.2	4.3	4.4	4.5	4.6	4.7	4.8	4.9	5.0
0	0.0166	0.0150	0.0136	0.0123	0.0111	0.0101	0.0091	0.0082	0.0074	0.0067
1	0.0679	0.0630	0.0583	0.0540	0.0500	0.0462	0.0427	0.0395	0.0365	0.0337
2	0.1393	0.1323	0.1254	0.1188	0.1125	0.1063	0.1005	0.0948	0.0894	0.0842
3	0.1904	0.1852	0.1798	0.1743	0.1687	0.1631	0.1574	0.1517	0.1460	0.1404
4	0.1951	0.1944	0.1933	0.1917	0.1898	0.1875	0.1849	0.1820	0.1789	0.1755

계속

	μ									
x	4.1	4.2	4.3	4.4	4.5	4.6	4.7	4.8	4.9	5.0
5	0.1600	0.1633	0.1662	0.1687	0.1708	0.1725	0.1738	0.1747	0.1753	0.1755
6	0.1093	0.1143	0.1191	0.1237	0.1281	0.1323	0.1362	0.1398	0.1432	0.1462
7	0.0640	0.0686	0.0732	0.0778	0.0824	0.0869	0.0914	0.0959	0.1002	0.1044
8	0.0328	0.0360	0.0393	0.0428	0.0463	0.0500	0.0537	0.0575	0.0614	0.0653
9	0.0150	0.0168	0.0188	0.0209	0.0232	0.0255	0.0280	0.0307	0.0334	0.0363
10	0.0061	0.0071	0.0081	0.0092	0.0104	0.0118	0.0132	0.0147	0.0164	0.0181
11	0.0023	0.0027	0.0032	0.0037	0.0043	0.0049	0.0056	0.0064	0.0073	0.0082
12	0.0008	0.0009	0.0011	0.0014	0.0016	0.0019	0.0022	0.0026	0.0030	0.0034
13	0.0002	0.0003	0.0004	0.0005	0.0006	0.0007	0.0008	0.0009	0.0011	0.0013
14	0.0001	0.0001	0.0001	0.0001	0.0002	0.0002	0.0003	0.0003	0.0004	0.0005
15	0.0000	0.0000	0.0000	0.0000	0.0001	0.0001	0.0001	0.0001	0.0001	0.0002
x	5.1	5.2	5.3	5.4	5.5	5.6	5.7	5.8	5.9	6.0
0	0.0061	0.0055	0.0050	0.0045	0.0041	0.0037	0.0033	0.0030	0.0027	0.0025
1	0.0311	0.0287	0.0265	0.0244	0.0225	0.0207	0.0191	0.0176	0.0162	0.0149
2	0.0793	0.0746	0.0701	0.0659	0.0618	0.0580	0.0544	0.0509	0.0477	0.0446
3	0.1348	0.1293	0.1239	0.1185	0.1133	0.1082	0.1033	0.0985	0.0938	0.0892
4	0.1719	0.1681	0.1641	0.1600	0.1558	0.1515	0.1472	0.1428	0.1383	0.1339
5	0.1753	0.1748	0.1740	0.1728	0.1714	0.1697	0.1678	0.1656	0.1632	0.1606
6	0.1490	0.1515	0.1537	0.1555	0.1571	0.1584	0.1594	0.1601	0.1605	0.1606
7	0.1086	0.1125	0.1163	0.1200	0.1234	0.1267	0.1298	0.1326	0.1353	0.1377
8	0.0692	0.0731	0.0771	0.0810	0.0849	0.0887	0.0925	0.0962	0.0998	0.1033
9	0.0392	0.0423	0.0454	0.0486	0.0519	0.0552	0.0586	0.0620	0.0654	0.0688
10	0.0200	0.0220	0.0241	0.0262	0.0285	0.0309	0.0334	0.0359	0.0386	0.0413
11	0.0093	0.0104	0.0116	0.0129	0.0143	0.0157	0.0173	0.0190	0.0207	0.0225
12	0.0039	0.0045	0.0051	0.0058	0.0065	0.0073	0.0082	0.0092	0.0102	0.0113
13	0.0015	0.0018	0.0021	0.0024	0.0028	0.0032	0.0036	0.0041	0.0046	0.0052
14	0.0006	0.0007	0.0008	0.0009	0.0011	0.0013	0.0015	0.0017	0.0019	0.0022
15	0.0002	0.0002	0.0003	0.0003	0.0004	0.0005	0.0006	0.0007	0.0008	0.0009
16	0.0001	0.0001	0.0001	0.0001	0.0001	0.0002	0.0002	0.0002	0.0003	0.0003
17	0.0000	0.0000	0.0000	0.0000	0.0000	0.0001	0.0001	0.0001	0.0001	0.0001
x	6.1	6.2	6.3	6.4	6.5	6.6	6.7	6.8	6.9	7.0
0	0.0022	0.0020	0.0018	0.0017	0.0015	0.0014	0.0012	0.0011	0.0010	0.0009
1	0.0137	0.0126	0.0116	0.0106	0.0098	0.0090	0.0082	0.0076	0.0070	0.0064
2	0.0417	0.0390	0.0364	0.0340	0.0318	0.0296	0.0276	0.0258	0.0240	0.0223
3	0.0848	0.0806	0.0765	0.0726	0.0688	0.0652	0.0617	0.0584	0.0552	0.0521
4	0.1294	0.1269	0.1205	0.1162	0.1118	0.1076	0.1034	0.0992	0.0952	0.0912
5	0.1579	0.1549	0.1519	0.1487	0.1454	0.1420	0.1385	0.1349	0.1314	0.1277
6	0.1605	0.1601	0.1595	0.1586	0.1575	0.1562	0.1546	0.1529	0.1511	0.1490
7	0.1399	0.1418	0.1435	0.1450	0.1462	0.1472	0.1480	0.1486	0.1489	0.1490
8	0.1066	0.1099	0.1130	0.1160	0.1188	0.1215	0.1240	0.1263	0.1284	0.1304
9	0.0723	0.0757	0.0791	0.0825	0.0858	0.0891	0.0923	0.0954	0.0985	0.1014
10	0.0441	0.0469	0.0498	0.0528	0.0558	0.0588	0.0618	0.0649	0.0679	0.0710
11	0.0245	0.0265	0.0285	0.0307	0.0330	0.0353	0.0377	0.0401	0.0426	0.0452
12	0.0124	0.0137	0.0150	0.0164	0.0179	0.0194	0.0210	0.0227	0.0245	0.0264
13	0.0058	0.0065	0.0073	0.0081	0.0089	0.0098	0.0108	0.0119	0.0130	0.0142
14	0.0025	0.0029	0.0033	0.0037	0.0041	0.0046	0.0052	0.0058	0.0064	0.0071
15	0.0010	0.0012	0.0014	0.0016	0.0018	0.0020	0.0023	0.0026	0.0029	0.0033
16	0.0004	0.0005	0.0005	0.0006	0.0007	0.0008	0.0010	0.0011	0.0013	0.0014
17	0.0001	0.0002	0.0002	0.0002	0.0003	0.0003	0.0004	0.0004	0.0005	0.0006
18	0.0000	0.0001	0.0001	0.0001	0.0001	0.0001	0.0001	0.0002	0.0002	0.0002
19	0.0000	0.0000	0.0000	0.0000	0.0000	0.0000	0.0000	0.0001	0.0001	0.0001
x	7.1	7.2	7.3	7.4	7.5	7.6	7.7	7.8	7.9	8.0
0	0.0008	0.0007	0.0007	0.0006	0.0006	0.0005	0.0005	0.0004	0.0004	0.0003
1	0.0059	0.0054	0.0049	0.0045	0.0041	0.0038	0.0035	0.0032	0.0029	0.0027
2	0.0208	0.0194	0.0180	0.0167	0.0156	0.0145	0.0134	0.0125	0.0116	0.0107
3	0.0492	0.0464	0.0438	0.0413	0.0389	0.0366	0.0345	0.0324	0.0305	0.0286
4	0.0874	0.0836	0.0799	0.0764	0.0729	0.0696	0.0663	0.0632	0.0602	0.0573
5	0.1241	0.1204	0.1167	0.1130	0.1094	0.1057	0.1021	0.0986	0.0951	0.0916
6	0.1468	0.1445	0.1420	0.1394	0.1367	0.1339	0.1311	0.1282	0.1252	0.1221
7	0.1489	0.1486	0.1481	0.1474	0.1465	0.1454	0.1442	0.1428	0.1413	0.1396
8	0.1321	0.1337	0.1351	0.1363	0.1373	0.1382	0.1388	0.1392	0.1395	0.1396
9	0.1042	0.1070	0.1096	0.1121	0.1144	0.1167	0.1187	0.1207	0.1224	0.1241
10	0.0740	0.0770	0.0800	0.0829	0.0858	0.0887	0.0914	0.0941	0.0967	0.0993
11	0.0478	0.0504	0.0531	0.0558	0.0585	0.0613	0.0640	0.0667	0.0695	0.0722

계속

	μ									
x	7.1	7.2	7.3	7.4	7.5	7.6	7.7	7.8	7.9	8.0
12	0.0283	0.0303	0.0323	0.0344	0.0366	0.0388	0.0411	0.0434	0.0457	0.0481
13	0.0154	0.0168	0.0181	0.0196	0.0211	0.0227	0.0243	0.0260	0.0278	0.0296
14	0.0078	0.0086	0.0095	0.0104	0.0113	0.0123	0.0134	0.0145	0.0157	0.0169
15	0.0037	0.0041	0.0046	0.0051	0.0057	0.0062	0.0069	0.0075	0.0083	0.0090
16	0.0016	0.0019	0.0021	0.0024	0.0026	0.0030	0.0033	0.0037	0.0041	0.0045
17	0.0007	0.0008	0.0009	0.0010	0.0012	0.0013	0.0015	0.0017	0.0019	0.0021
18	0.0003	0.0003	0.0004	0.0004	0.0005	0.0006	0.0006	0.0007	0.0008	0.0009
19	0.0001	0.0001	0.0001	0.0002	0.0002	0.0002	0.0003	0.0003	0.0003	0.0004
20	0.0000	0.0000	0.0001	0.0001	0.0001	0.0001	0.0001	0.0001	0.0001	0.0002
21	0.0000	0.0000	0.0000	0.0000	0.0000	0.0000	0.0000	0.0000	0.0001	0.0001
x	8.1	8.2	8.3	8.4	8.5	8.6	8.7	8.8	8.9	9.0
0	0.0003	0.0003	0.0002	0.0002	0.0002	0.0002	0.0002	0.0002	0.0001	0.0001
1	0.0025	0.0023	0.0021	0.0019	0.0017	0.0016	0.0014	0.0013	0.0012	0.0011
2	0.0100	0.0092	0.0086	0.0079	0.0074	0.0068	0.0063	0.0058	0.0054	0.0050
3	0.0269	0.0252	0.0237	0.0222	0.0208	0.0195	0.0183	0.0171	0.0160	0.0150
4	0.0544	0.0517	0.0491	0.0466	0.0443	0.0420	0.0398	0.0377	0.0357	0.0337
5	0.0882	0.0849	0.0816	0.0784	0.0752	0.0722	0.0692	0.0663	0.0635	0.0607
6	0.1191	0.1160	0.1128	0.1097	0.1066	0.1034	0.1003	0.0972	0.0941	0.0911
7	0.1378	0.1358	0.1338	0.1317	0.1294	0.1271	0.1247	0.1222	0.1197	0.1171
8	0.1395	0.1392	0.1388	0.1382	0.1375	0.1366	0.1356	0.1344	0.1332	0.1318
9	0.1256	0.1269	0.1280	0.1290	0.1299	0.1306	0.1311	0.1315	0.1317	0.1318
10	0.1017	0.1040	0.1063	0.1084	0.1104	0.1123	0.1140	0.1157	0.1172	0.1186
11	0.0749	0.0776	0.0802	0.0828	0.0853	0.0878	0.0902	0.0925	0.0948	0.0970
12	0.0505	0.0530	0.0555	0.0579	0.0604	0.0629	0.0654	0.0679	0.0703	0.0728
13	0.0315	0.0334	0.0354	0.0374	0.0395	0.0416	0.0438	0.0459	0.0481	0.0504
14	0.0182	0.0196	0.0210	0.0225	0.0240	0.0256	0.0272	0.0289	0.0306	0.0324
15	0.0098	0.0107	0.0116	0.0126	0.0136	0.0147	0.0158	0.0169	0.0182	0.0194
16	0.0050	0.0055	0.0060	0.0066	0.0072	0.0079	0.0086	0.0093	0.0101	0.0109
17	0.0024	0.0026	0.0029	0.0033	0.0036	0.0040	0.0044	0.0048	0.0053	0.0058
18	0.0011	0.0012	0.0014	0.0015	0.0017	0.0019	0.0021	0.0024	0.0026	0.0029
19	0.0005	0.0005	0.0006	0.0007	0.0008	0.0009	0.0010	0.0011	0.0012	0.0014
20	0.0002	0.0002	0.0002	0.0003	0.0003	0.0004	0.0004	0.0005	0.0005	0.0006
21	0.0001	0.0001	0.0001	0.0001	0.0001	0.0002	0.0002	0.0002	0.0002	0.0003
22	0.0000	0.0000	0.0000	0.0000	0.0001	0.0001	0.0001	0.0001	0.0001	0.0001
x	9.1	9.2	9.3	9.4	9.5	9.6	9.7	9.8	9.9	10.0
0	0.0001	0.0001	0.0001	0.0001	0.0001	0.0001	0.0001	0.0001	0.0001	0.0000
1	0.0010	0.0009	0.0009	0.0008	0.0007	0.0007	0.0006	0.0005	0.0005	0.0005
2	0.0046	0.0043	0.0040	0.0037	0.0034	0.0031	0.0029	0.0027	0.0025	0.0023
3	0.0140	0.0131	0.0123	0.0115	0.0107	0.0100	0.0093	0.0087	0.0081	0.0076
4	0.0319	0.0302	0.0285	0.0269	0.0254	0.0240	0.0226	0.0213	0.0201	0.0189
5	0.0581	0.0555	0.0530	0.0506	0.0483	0.0460	0.0439	0.0418	0.0398	0.0378
6	0.0881	0.0851	0.0822	0.0793	0.0764	0.0736	0.0709	0.0682	0.0656	0.0631
7	0.1145	0.1118	0.1091	0.1064	0.1037	0.1010	0.0982	0.0955	0.0928	0.0901
8	0.1302	0.1286	0.1269	0.1251	0.1232	0.1212	0.1191	0.1170	0.1148	0.1126
9	0.1317	0.1315	0.1311	0.1306	0.1300	0.1293	0.1284	0.1274	0.1263	0.1251
10	0.1198	0.1210	0.1219	0.1228	0.1235	0.1241	0.1245	0.1249	0.1250	0.1251
11	0.0991	0.1012	0.1031	0.1049	0.1067	0.1083	0.1098	0.1112	0.1125	0.1137
12	0.0752	0.0776	0.0799	0.0822	0.0844	0.0866	0.0888	0.0908	0.0928	0.0948
13	0.0526	0.0549	0.0572	0.0594	0.0617	0.0640	0.0662	0.0685	0.0707	0.0729
14	0.0342	0.0361	0.0380	0.0399	0.0419	0.0439	0.0459	0.0479	0.0500	0.0521
15	0.0208	0.0221	0.0235	0.0250	0.0265	0.0281	0.0297	0.0313	0.0330	0.0347
16	0.0118	0.0127	0.0137	0.0147	0.0157	0.0168	0.0180	0.0192	0.0204	0.0217
17	0.0063	0.0069	0.0075	0.0081	0.0088	0.0095	0.0103	0.0111	0.0119	0.0128
18	0.0032	0.0035	0.0039	0.0042	0.0046	0.0051	0.0055	0.0060	0.0065	0.0071
19	0.0015	0.0017	0.0019	0.0021	0.0023	0.0026	0.0028	0.0031	0.0034	0.0037
20	0.0007	0.0008	0.0009	0.0010	0.0011	0.0012	0.0014	0.0015	0.0017	0.0019
21	0.0003	0.0003	0.0004	0.0004	0.0005	0.0006	0.0006	0.0007	0.0008	0.0009
22	0.0001	0.0001	0.0002	0.0002	0.0002	0.0002	0.0003	0.0003	0.0004	0.0004
23	0.0000	0.0001	0.0001	0.0001	0.0001	0.0001	0.0001	0.0001	0.0002	0.0002
24	0.0000	0.0000	0.0000	0.0000	0.0000	0.0000	0.0000	0.0001	0.0001	0.0001

[3] 표준정규분포표

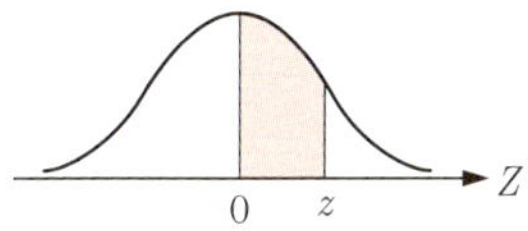

Z	0.00	0.01	0.02	0.03	0.04	0.05	0.06	0.07	0.08	0.09
0.0	0.0000	0.0040	0.0080	0.0120	0.0160	0.0199	0.0239	0.0279	0.0319	0.0359
0.1	0.0398	0.0438	0.0478	0.0517	0.0557	0.0596	0.0636	0.0675	0.0714	0.0753
0.2	0.0793	0.0832	0.0871	0.0910	0.0948	0.0987	0.1026	0.1064	0.1103	0.1141
0.3	0.1179	0.1217	0.1255	0.1293	0.1331	0.1368	0.1406	0.1443	0.1480	0.1517
0.4	0.1554	0.1591	0.1628	0.1664	0.1700	0.1736	0.1772	0.1808	0.1844	0.1879
0.5	0.1915	0.1950	0.1985	0.2019	0.2054	0.2088	0.2123	0.2157	0.2190	0.2224
0.6	0.2257	0.2291	0.2324	0.2357	0.2389	0.2422	0.2454	0.2486	0.2517	0.2549
0.7	0.2580	0.2611	0.2642	0.2673	0.2704	0.2734	0.2764	0.2794	0.2823	0.2852
0.8	0.2881	0.2910	0.2939	0.2967	0.2995	0.3023	0.3051	0.3078	0.3106	0.3133
0.9	0.3159	0.3186	0.3212	0.3238	0.3264	0.3289	0.3315	0.3340	0.3365	0.3389
1.0	0.3413	0.3438	0.3461	0.3485	0.3508	0.3531	0.3554	0.3577	0.3599	0.3621
1.1	0.3643	0.3665	0.3686	0.3708	0.3729	0.3749	0.3770	0.3790	0.3810	0.3830
1.2	0.3849	0.3869	0.3888	0.3907	0.3925	0.3944	0.3962	0.3980	0.3997	0.4015
1.3	0.4032	0.4049	0.4066	0.4082	0.4099	0.4115	0.4131	0.4147	0.4162	0.4177
1.4	0.4192	0.4207	0.4222	0.4236	0.4251	0.4265	0.4279	0.4292	0.4306	0.4319
1.5	0.4332	0.4345	0.4357	0.4370	0.4382	0.4394	0.4406	0.4418	0.4429	0.4441
1.6	0.4452	0.4463	0.4474	0.4484	0.4495	0.4505	0.4515	0.4525	0.4535	0.4545
1.7	0.4554	0.4564	0.4573	0.4582	0.4591	0.4599	0.4608	0.4616	0.4625	0.4633
1.8	0.4641	0.4649	0.4656	0.4664	0.4671	0.4678	0.4686	0.4693	0.4699	0.4706
1.9	0.4713	0.4719	0.4726	0.4732	0.4738	0.4744	0.4750	0.4756	0.4761	0.4767
2.0	0.4772	0.4778	0.4783	0.4788	0.4793	0.4798	0.4803	0.4808	0.4812	0.4817
2.1	0.4821	0.4826	0.4830	0.4834	0.4838	0.4842	0.4846	0.4850	0.4854	0.4857
2.2	0.4861	0.4864	0.4868	0.4871	0.4875	0.4878	0.4881	0.4884	0.4887	0.4890
2.3	0.4893	0.4896	0.4898	0.4901	0.4904	0.4906	0.4909	0.4911	0.4913	0.4916
2.4	0.4918	0.4920	0.4922	0.4925	0.4927	0.4929	0.4931	0.4932	0.4934	0.4936
2.5	0.4938	0.4940	0.4941	0.4943	0.4945	0.4946	0.4948	0.4949	0.4951	0.4952
2.6	0.4953	0.4955	0.4956	0.4957	0.4959	0.4960	0.4961	0.4962	0.4963	0.4974
2.7	0.4965	0.4966	0.4967	0.4968	0.4969	0.4970	0.4971	0.4972	0.4973	0.4974
2.8	0.4974	0.4975	0.4976	0.4977	0.4977	0.4978	0.4979	0.4979	0.4980	0.4981
2.9	0.4981	0.4982	0.4982	0.4983	0.4984	0.4984	0.4985	0.4985	0.4986	0.4986
3.0	0.4987	0.4987	0.4987	0.4988	0.4988	0.4989	0.4989	0.4989	0.4990	0.4990
3.1	0.4990	0.4991	0.4991	0.4991	0.4992	0.4992	0.4992	0.4992	0.4993	0.4993
3.2	0.4993	0.4993	0.4994	0.4994	0.4994	0.4994	0.4994	0.4995	0.4995	0.4995
3.3	0.4995	0.4995	0.4995	0.4996	0.4996	0.4996	0.4996	0.4996	0.4996	0.4997
3.4	0.4997	0.4997	0.4997	0.4997	0.4997	0.4997	0.4997	0.4997	0.4997	0.4998
3.5	0.4998									
4.0	0.49997									
4.5	0.499997									
5.0	0.4999997									

[4] t-분포표

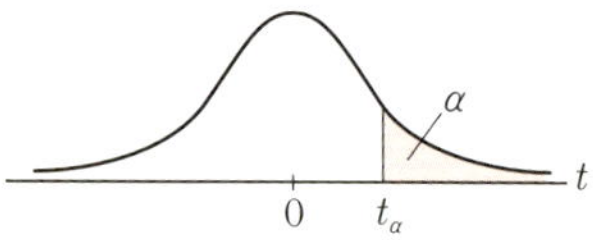

자유도	오른쪽 꼬리면적 α							
	.1	.05	.025	.01	.005	.0025	.001	.0005
1	3.078	6.314	12.706	31.821	63.657	127.32	318.31	636.62
2	1.886	2.920	4.303	6.965	9.925	14.089	22.327	31.598
3	1.638	2.353	3.182	4.541	5.841	7.453	10.214	12.924
4	1.533	2.132	2.776	3.747	4.604	5.598	7.173	8.610
5	1.476	2.015	2.571	3.365	4.032	4.773	5.893	6.869
6	1.440	1.943	2.447	3.143	3.707	4.317	5.208	5.959
7	1.415	1.895	2.365	2.998	3.499	4.029	4.785	5.408
8	1.397	1.860	2.306	2.896	3.355	3.833	4.501	5.041
9	1.383	1.833	2.262	2.821	3.250	3.690	4.297	4.781
10	1.372	1.812	2.228	2.764	3.169	3.581	4.144	4.587
11	1.363	1.796	2.201	2.718	3.106	3.497	4.025	4.437
12	1.356	1.782	2.179	2.681	3.055	3.428	3.930	4.318
13	1.350	1.771	2.160	2.650	3.012	3.372	3.852	4.221
14	1.345	1.761	2.145	2.624	2.977	3.326	3.787	4.140
15	1.341	1.753	2.131	2.602	2.947	3.286	3.733	4.073
16	1.337	1.746	2.120	2.583	2.921	3.252	3.686	4.015
17	1.333	1.740	2.110	2.567	2.898	3.222	3.646	3.965
18	1.330	1.734	2.101	2.552	2.878	3.197	3.610	3.922
19	1.328	1.729	2.093	2.539	2.861	3.174	3.579	3.883
20	1.325	1.725	2.086	2.528	2.845	3.153	3.552	3.850
21	1.323	1.721	2.080	2.518	2.831	3.135	3.527	3.819
22	1.321	1.717	2.074	2.508	2.819	3.119	3.505	3.792
23	1.319	1.714	2.069	2.500	2.807	3.104	3.485	3.767
24	1.318	1.711	2.064	2.492	2.797	3.091	3.467	3.745
25	1.316	1.708	2.060	2.485	2.787	3.078	3.450	3.725
26	1.315	1.706	2.056	2.479	2.779	3.067	3.435	3.707
27	1.314	1.703	2.052	2.473	2.771	3.057	3.421	3.690
28	1.313	1.701	2.048	2.467	2.763	3.047	3.408	3.674
29	1.311	1.699	2.045	2.462	2.756	3.038	3.396	3.659
30	1.310	1.697	2.042	2.457	2.750	3.030	3.385	3.646
40	1.303	1.684	2.021	2.423	2.704	2.971	3.307	3.551
60	1.296	1.671	2.000	2.390	2.660	2.915	3.232	3.460
120	1.289	1.658	1.980	2.358	2.617	2.860	3.160	3.373
∞	1.282	1.645	1.960	2.326	2.576	2.807	3.090	3.291

[5] 카이제곱분포표

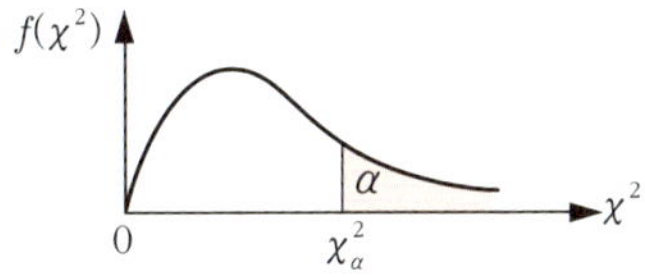

자유도	$\chi^2_{0.995}$	$\chi^2_{0.990}$	$\chi^2_{0.975}$	$\chi^2_{0.950}$	$\chi^2_{0.900}$
1	0.0000393	0.0001571	0.0009821	0.0039321	0.0157908
2	0.0100251	0.0201007	0.0506356	0.102587	0.210720
3	0.0717212	0.114832	0.215795	0.351846	0.584375
4	0.206990	0.297110	0.484419	0.710721	1.063623
5	0.411740	0.554300	0.831211	1.145476	1.61031
6	0.675727	0.872085	1.237347	1.63539	2.20413
7	0.989265	1.239043	1.68987	2.16735	2.83311
8	1.344419	1.646482	2.17973	2.73264	3.48954
9	1.734926	2.087912	2.70039	3.32511	4.16816
10	2.15585	2.55821	3.24697	3.94030	4.86518
11	2.60321	3.05347	3.81575	4.57481	5.57779
12	3.07382	3.57056	4.40379	5.22603	6.30380
13	3.56503	4.10691	5.00874	5.89186	7.04150
14	4.07468	4.66043	5.62872	6.57063	7.78953
15	4.60094	5.22935	6.26214	7.26094	8.54675
16	5.14224	5.81221	6.90766	7.96164	9.31223
17	5.69724	6.40776	7.56418	8.67176	10.0852
18	6.26481	7.01491	8.23075	9.39046	10.8649
19	6.84398	7.63273	8.90655	10.1170	11.6509
20	7.43386	8.26040	9.59083	10.8508	12.4426
21	8.03366	8.89720	10.28293	11.5913	13.2396
22	8.64272	9.54249	10.9823	12.3380	14.0415
23	9.26042	10.19567	11.6885	13.0905	14.8479
24	9.88623	10.8564	12.4011	13.8484	15.6587
25	10.5197	11.5240	13.1197	14.6114	16.4734
26	11.1603	12.1981	13.8439	15.3791	17.2919
27	11.8076	12.8786	14.5733	16.1513	18.1138
28	12.4613	13.5648	15.3079	16.9279	18.9392
29	13.1211	14.2565	16.0471	17.7083	19.7677
30	13.7867	14.9535	16.7908	18.4926	20.5992
40	20.7065	22.1643	24.4331	26.5093	29.0505
50	27.9907	29.7067	32.3574	34.7642	37.6886
60	35.5346	37.4848	40.4817	43.1879	46.4589
70	43.2752	45.4418	48.7576	51.7393	55.3290
80	51.1720	53.5400	57.1532	60.3915	64.2778
90	59.1963	61.7541	65.6466	69.1260	73.2912
100	67.3276	70.0648	74.2219	77.9295	82.3581

계속

자유도	$\chi^2_{.100}$	$\chi^2_{.050}$	$\chi^2_{.025}$	$\chi^2_{.010}$	$\chi^2_{.005}$
1	2.70554	3.84146	5.02389	6.63490	7.87944
2	4.60517	5.99147	7.37776	9.21034	10.5966
3	6.25139	7.81473	9.34840	11.3449	12.8381
4	7.77944	9.48773	11.1433	13.2767	14.8602
5	9.23635	11.0705	12.8325	15.0863	16.7496
6	10.6446	12.5916	14.4494	16.8119	18.5476
7	12.0170	14.0671	16.0128	18.4753	20.2777
8	13.3616	15.5073	17.5346	20.0902	21.9550
9	14.6837	16.9190	19.0228	21.6660	23.5893
10	15.9871	18.3070	20.4831	23.2093	25.1882
11	17.2750	19.6751	21.9200	24.7250	26.7569
12	18.5494	21.0261	23.3367	26.2170	28.2995
13	19.8119	22.3621	24.7356	27.6883	29.8194
14	21.0642	23.6848	26.1190	29.1413	31.3193
15	22.3072	24.9958	27.4884	30.5779	32.8013
16	23.5418	26.2962	28.8454	31.9999	34.2672
17	24.7690	27.5871	30.1910	33.4087	35.7185
18	25.9894	28.8693	31.5264	34.8053	37.1564
19	27.2036	30.1435	32.8523	36.1908	38.5822
20	28.4120	31.4104	34.1696	37.5662	39.9968
21	29.6151	32.6705	35.4789	38.9321	41.4010
22	30.8133	33.9244	36.7807	40.2894	42.7956
23	32.0069	35.1725	38.0757	41.6384	44.1813
24	33.1963	36.4151	39.3641	42.9798	45.5585
25	34.3816	37.6525	40.6465	44.3141	46.9278
26	35.5631	38.8852	41.9232	45.6417	48.2899
27	36.7412	40.1133	43.1944	46.9630	49.6449
28	37.9159	41.3372	44.4607	48.2782	50.9933
29	39.0875	42.5569	45.7222	49.5879	52.3356
30	40.2560	43.7729	46.9792	50.8922	53.6720
40	51.8050	55.7585	59.3417	63.6907	66.7659
50	63.1671	67.5048	71.4202	76.1539	79.4900
60	74.3970	79.0819	83.2976	88.3794	91.9517
70	85.5271	90.5312	95.0231	100.425	104.215
80	96.5782	101.879	106.629	112.329	116.321
90	107.565	113.145	118.136	124.116	128.229
100	118.498	124.342	129.561	135.807	140.169

[6] F-분포표

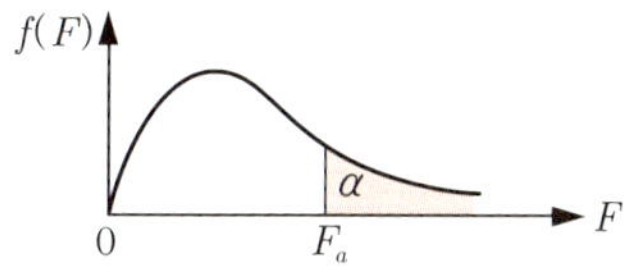

(a) $\alpha = .10$

v_2 \ v_1 (분모의 자유도 \ 분자의 자유도)	1	2	3	4	5	6	7	8	9
1	39.86	49.50	53.59	55.83	57.24	58.20	58.91	59.44	59.86
2	8.53	9.00	9.16	9.24	9.29	9.33	9.35	9.37	9.38
3	5.54	5.46	5.39	5.34	5.31	5.28	5.27	5.25	5.24
4	4.54	4.32	4.19	4.11	4.05	4.01	3.98	3.95	3.94
5	4.06	3.78	3.62	3.52	3.45	3.40	3.37	3.34	3.32
6	3.78	3.46	3.29	3.18	3.11	3.05	3.01	2.98	2.96
7	3.59	3.26	3.07	2.96	2.88	2.83	2.78	2.75	2.72
8	3.46	3.11	2.92	2.81	2.73	2.67	2.62	2.59	2.56
9	3.36	3.01	2.81	2.69	2.61	2.55	2.51	2.47	2.44
10	3.29	2.92	2.73	2.61	2.52	2.46	2.41	2.38	2.35
11	3.23	2.86	2.66	2.54	2.45	2.39	2.34	2.30	2.27
12	3.18	2.81	2.61	2.48	2.39	2.33	2.28	2.24	2.21
13	3.14	2.76	2.56	2.43	2.35	2.28	2.23	2.20	2.16
14	3.10	2.73	2.52	2.39	2.31	2.24	2.19	2.15	2.12
15	3.07	2.70	2.49	2.36	2.27	2.21	2.16	2.12	2.09
16	3.05	2.67	2.46	2.33	2.24	2.18	2.13	2.09	2.06
17	3.03	2.64	2.44	2.31	2.22	2.15	2.10	2.06	2.03
18	3.01	2.62	2.42	2.29	2.20	2.13	2.08	2.04	2.00
19	2.99	2.61	2.40	2.27	2.18	2.11	2.06	2.02	1.98
20	2.97	2.59	2.38	2.25	2.16	2.09	2.04	2.00	1.96
21	2.96	2.57	2.36	2.23	2.14	2.08	2.02	1.98	1.95
22	2.95	2.56	2.35	2.22	2.13	2.06	2.01	1.97	1.93
23	2.94	2.55	2.34	2.21	2.11	2.05	1.99	1.95	1.92
24	2.93	2.54	2.33	2.19	2.10	2.04	1.98	1.94	1.91
25	2.92	2.53	2.32	2.18	2.09	2.02	1.97	1.93	1.89
26	2.91	2.52	2.31	2.17	2.08	2.01	1.96	1.92	1.88
27	2.90	2.51	2.30	2.17	2.07	2.00	1.95	1.91	1.87
28	2.89	2.50	2.29	2.16	2.06	2.00	1.94	1.90	1.87
29	2.89	2.50	2.28	2.15	2.06	1.99	1.93	1.89	1.86
30	2.88	2.49	2.28	2.14	2.05	1.98	1.93	1.88	1.85
40	2.84	2.44	2.23	2.09	2.00	1.93	1.87	1.83	1.79
60	2.79	2.39	2.18	2.04	1.95	1.87	1.82	1.77	1.74
120	2.75	2.35	2.13	1.99	1.90	1.82	1.77	1.72	1.68
∞	2.71	2.30	2.08	1.94	1.85	1.77	1.72	1.67	1.63

(a) **계속**

v_2 \ v_1	분자의 자유도									
분모의 자유도	10	12	15	20	24	30	40	60	120	∞
1	60.19	60.71	61.22	61.74	62.00	62.26	62.53	62.79	63.06	63.33
2	9.39	9.41	9.42	9.44	9.45	9.46	9.47	9.47	9.48	9.49
3	5.23	5.22	5.20	5.18	5.18	5.17	5.16	5.15	5.14	5.13
4	3.92	3.90	3.87	3.84	3.83	3.82	3.80	3.79	3.78	3.76
5	3.30	3.27	3.24	3.21	3.19	3.17	3.16	3.14	3.12	3.10
6	2.94	2.90	2.87	2.84	2.82	2.80	2.78	2.76	2.74	2.72
7	2.70	2.67	2.63	2.59	2.58	2.56	2.54	2.51	2.49	2.47
8	2.54	2.50	2.46	2.42	2.40	2.38	2.36	2.34	2.32	2.29
9	2.42	2.38	2.34	2.30	2.28	2.25	2.23	2.21	2.18	2.16
10	2.32	2.28	2.24	2.20	2.18	2.16	2.13	2.11	2.08	2.06
11	2.25	2.21	2.17	2.12	2.10	2.08	2.05	2.03	2.00	1.97
12	2.19	2.15	2.10	2.06	2.04	2.01	1.99	1.96	1.93	1.90
13	2.14	2.10	2.05	2.01	1.98	1.96	1.93	1.90	1.88	1.85
14	2.10	2.05	2.01	1.96	1.94	1.91	1.89	1.86	1.83	1.80
15	2.06	2.02	1.97	1.92	1.90	1.87	1.85	1.82	1.79	1.76
16	2.03	1.99	1.94	1.89	1.87	1.84	1.81	1.78	1.75	1.72
17	2.00	1.96	1.91	1.86	1.84	1.81	1.78	1.75	1.72	1.69
18	1.98	1.93	1.89	1.84	1.81	1.78	1.75	1.72	1.69	1.66
19	1.96	1.91	1.86	1.81	1.79	1.76	1.73	1.70	1.67	1.63
20	1.94	1.89	1.84	1.79	1.77	1.74	1.71	1.68	1.64	1.61
21	1.92	1.87	1.83	1.78	1.75	1.72	1.69	1.66	1.62	1.59
22	1.90	1.86	1.81	1.76	1.73	1.70	1.67	1.64	1.60	1.57
23	1.89	1.84	1.80	1.74	1.72	1.69	1.66	1.62	1.59	1.55
24	1.88	1.83	1.78	1.73	1.70	1.67	1.64	1.61	1.57	1.53
25	1.87	1.82	1.77	1.72	1.69	1.66	1.63	1.59	1.56	1.52
26	1.86	1.81	1.76	1.71	1.68	1.65	1.61	1.58	1.54	1.50
27	1.85	1.80	1.75	1.70	1.67	1.64	1.60	1.57	1.53	1.49
28	1.84	1.79	1.74	1.69	1.66	1.63	1.59	1.56	1.52	1.48
29	1.83	1.78	1.73	1.68	1.65	1.62	1.58	1.55	1.51	1.47
30	1.82	1.77	1.72	1.67	1.64	1.61	1.57	1.54	1.50	1.46
40	1.76	1.71	1.66	1.61	1.57	1.54	1.51	1.47	1.42	1.38
60	1.71	1.66	1.60	1.54	1.51	1.48	1.44	1.40	1.35	1.29
120	1.65	1.60	1.55	1.48	1.45	1.41	1.37	1.32	1.26	1.19
∞	1.60	1.55	1.49	1.42	1.38	1.34	1.30	1.24	1.17	1.00

(b) $\alpha = .05$

v_2 \ v_1 (분자의 자유도)	1	2	3	4	5	6	7	8	9
1	161.4	199.5	215.7	224.6	230.2	234.0	236.8	238.9	240.5
2	18.51	19.00	19.16	19.25	19.30	19.33	19.35	19.37	19.38
3	10.13	9.55	9.28	9.12	9.01	8.94	8.89	8.85	8.81
4	7.71	6.94	6.59	6.39	6.26	6.16	6.09	6.04	6.00
5	6.61	5.79	5.41	5.19	5.05	4.95	4.88	4.82	4.77
6	5.99	5.14	4.76	4.53	4.39	4.28	4.21	4.15	4.10
7	5.59	4.74	4.35	4.12	3.97	3.87	3.79	3.73	3.68
8	5.32	4.46	4.07	3.84	3.69	3.58	3.50	3.44	3.39
9	5.12	4.26	3.86	3.63	3.48	3.37	3.29	3.23	3.18
10	4.96	4.10	3.71	3.48	3.33	3.22	3.14	3.07	3.02
11	4.84	3.98	3.59	3.36	3.20	3.09	3.01	2.95	2.90
12	4.75	3.89	3.49	3.26	3.11	3.00	2.91	2.85	2.80
13	4.67	3.81	3.41	3.18	3.03	2.92	2.83	2.77	2.71
14	4.60	3.74	3.34	3.11	2.96	2.85	2.76	2.70	2.65
15	4.54	3.68	3.29	3.06	2.90	2.79	2.71	2.64	2.59
16	4.49	3.63	3.24	3.01	2.85	2.74	2.66	2.59	2.54
17	4.45	3.59	3.20	2.96	2.81	2.70	2.61	2.55	2.49
18	4.41	3.55	3.16	2.93	2.77	2.66	2.56	2.51	2.46
19	4.38	3.52	3.13	2.90	2.74	2.63	2.54	2.48	2.42
20	4.35	3.49	3.10	2.87	2.71	2.60	2.51	2.45	2.39
21	4.32	3.47	3.07	2.84	2.68	2.57	2.49	2.42	2.37
22	4.30	3.44	3.05	2.82	2.66	2.55	2.46	2.40	2.34
23	4.28	3.42	3.03	2.80	2.64	2.53	2.44	2.37	2.32
24	4.26	3.40	3.01	2.78	2.62	2.51	2.42	2.36	2.30
25	4.24	3.39	2.99	2.76	2.60	2.49	2.40	2.34	2.28
26	4.23	3.37	2.98	2.74	2.59	2.47	2.39	2.32	2.27
27	4.21	3.35	2.96	2.73	2.57	2.46	2.37	2.31	2.25
28	4.20	3.34	2.95	2.71	2.56	2.45	2.36	2.29	2.24
29	4.18	3.33	2.93	2.70	2.55	2.43	2.35	2.28	2.22
30	4.17	3.32	2.92	2.69	2.53	2.42	2.33	2.27	2.21
40	4.08	3.23	2.84	2.61	2.45	2.34	2.25	2.18	2.12
60	4.00	3.15	2.76	2.53	2.37	2.25	2.17	2.10	2.04
120	3.92	3.07	2.68	2.45	2.29	2.17	2.09	2.02	1.96
∞	3.84	3.00	2.60	2.37	2.21	2.10	2.01	1.94	1.88

(행: 분모의 자유도 v_2)

(b) **계속**

v_2 \ v_1	분자의 자유도									
분모의 자유도	10	12	15	20	24	30	40	60	120	∞
1	241.9	243.9	245.9	248.0	249.1	250.1	251.1	252.2	253.3	254.3
2	19.40	19.41	19.43	19.45	19.45	19.46	19.47	19.48	19.49	19.50
3	8.79	8.74	8.70	8.66	8.64	8.62	8.59	8.57	8.55	8.53
4	5.96	5.91	5.86	5.80	5.77	5.75	5.72	5.69	5.66	5.63
5	4.74	4.68	4.62	4.56	4.53	4.50	4.46	4.43	4.40	4.36
6	4.06	4.00	3.94	3.87	3.84	3.81	3.77	3.74	3.70	3.67
7	3.64	3.57	3.51	3.44	3.41	3.38	3.34	3.30	3.27	3.23
8	3.35	3.28	3.22	3.15	3.12	3.08	3.04	3.01	2.97	2.93
9	3.14	3.07	3.01	2.94	2.90	2.86	2.83	2.79	2.75	2.71
10	2.98	2.91	2.85	2.77	2.74	2.70	2.66	2.62	2.58	2.54
11	2.85	2.79	2.72	2.65	2.61	2.57	2.53	2.49	2.45	2.40
12	2.75	2.69	2.62	2.54	2.51	2.47	2.43	2.38	2.34	2.30
13	2.67	2.60	2.53	2.46	2.42	2.38	2.34	2.30	2.25	2.21
14	2.60	2.53	2.46	2.39	2.35	2.31	2.27	2.22	2.18	2.13
15	2.54	2.48	2.40	2.33	2.29	2.25	2.20	2.16	2.11	2.07
16	2.49	2.42	2.35	2.28	2.24	2.19	2.15	2.11	2.06	2.01
17	2.45	2.38	2.31	2.23	2.19	2.15	2.10	2.06	2.01	1.96
18	2.41	2.34	2.27	2.19	2.15	2.11	2.06	2.02	1.97	1.92
19	2.38	2.31	2.23	2.16	2.11	2.07	2.03	1.98	1.93	1.88
20	2.35	2.28	2.20	2.12	2.08	2.04	1.99	1.95	1.90	1.84
21	2.32	2.25	2.18	2.10	2.05	2.01	1.96	1.92	1.87	1.81
22	2.30	2.23	2.15	2.07	2.03	1.98	1.94	1.89	1.84	1.78
23	2.27	2.20	2.13	2.05	2.01	1.96	1.91	1.86	1.81	1.76
24	2.25	2.18	2.11	2.03	1.98	1.94	1.89	1.84	1.79	1.73
25	2.24	2.16	2.09	2.01	1.96	1.92	1.87	1.82	1.77	1.71
26	2.22	2.15	2.07	1.99	1.95	1.90	1.85	1.80	1.75	1.69
27	2.20	2.13	2.06	1.97	1.93	1.88	1.84	1.79	1.73	1.67
28	2.19	2.12	2.04	1.96	1.91	1.87	1.82	1.77	1.71	1.65
29	2.18	2.10	2.03	1.94	1.90	1.85	1.81	1.75	1.70	1.64
30	2.16	2.09	2.01	1.93	1.89	1.84	1.79	1.74	1.68	1.62
40	2.08	2.00	1.92	1.84	1.79	1.74	1.69	1.64	1.58	1.51
60	1.99	1.92	1.84	1.75	1.70	1.65	1.59	1.53	1.47	1.39
120	1.91	1.83	1.75	1.66	1.61	1.55	1.50	1.43	1.35	1.25
∞	1.83	1.75	1.67	1.57	1.52	1.46	1.39	1.32	1.22	1.00

(c) $\alpha = .025$

v_2 \ v_1 (분모의 자유도 \ 분자의 자유도)	1	2	3	4	5	6	7	8	9
1	647.8	799.5	864.2	899.6	921.8	937.1	948.2	956.7	963.3
2	38.51	39.00	39.17	39.25	39.30	39.33	39.36	39.37	39.39
3	17.44	16.04	15.44	15.10	14.88	14.73	14.62	14.54	14.47
4	12.22	10.65	9.98	9.60	9.36	9.20	9.07	8.98	8.90
5	10.01	8.43	7.76	7.39	7.15	6.98	6.85	6.76	6.68
6	8.81	7.26	6.60	6.23	5.99	5.82	5.70	5.60	5.52
7	8.07	6.54	5.89	5.52	5.29	5.12	4.99	4.90	4.82
8	7.57	6.06	5.42	5.05	4.82	4.65	4.53	4.43	4.36
9	7.21	5.71	5.08	4.72	4.48	4.32	4.20	4.10	4.03
10	6.94	5.46	4.83	4.47	4.24	4.07	3.95	3.85	3.78
11	6.72	5.26	4.63	4.28	4.04	3.88	3.76	3.66	3.59
12	6.55	5.10	4.47	4.12	3.89	3.73	3.61	3.51	3.44
13	6.41	4.97	4.35	4.00	3.77	3.60	3.48	3.39	3.31
14	6.30	4.86	4.24	3.89	3.66	3.50	3.38	3.29	3.21
15	6.20	4.77	4.15	3.80	3.58	3.41	3.29	3.20	3.12
16	6.12	4.69	4.08	3.73	3.50	3.34	3.22	3.12	3.05
17	6.04	4.62	4.01	3.66	3.44	3.28	3.16	3.06	2.98
18	5.98	4.56	3.95	3.61	3.38	3.22	3.10	3.01	2.93
19	5.92	4.51	3.90	3.56	3.33	3.17	3.05	2.96	2.88
20	5.87	4.46	3.86	3.51	3.29	3.13	3.01	2.91	2.84
21	5.83	4.42	3.82	3.48	3.25	3.09	2.97	2.87	2.80
22	5.79	4.38	3.78	3.44	3.22	3.05	2.93	2.84	2.76
23	5.75	4.35	3.75	3.41	3.18	3.02	2.90	2.81	2.73
24	5.72	4.32	3.72	3.38	3.15	2.99	2.87	2.78	2.70
25	5.69	4.29	3.69	3.35	3.13	2.97	2.85	2.75	2.68
26	5.66	4.27	3.67	3.33	3.10	2.94	2.82	2.73	2.65
27	5.63	4.24	3.65	3.31	3.08	2.92	2.80	2.71	2.63
28	5.61	4.22	3.63	3.29	3.06	2.90	2.78	2.69	2.61
29	5.59	4.20	3.61	3.27	3.04	2.88	2.76	2.67	2.59
30	5.57	4.18	3.59	3.25	3.03	2.87	2.75	2.65	2.57
40	5.42	4.05	3.46	3.13	2.90	2.74	2.62	2.53	2.45
60	5.29	3.93	3.34	3.01	2.79	2.63	2.51	2.41	2.33
120	5.15	3.80	3.23	2.89	2.67	2.52	2.39	2.30	2.22
∞	5.02	3.69	3.12	2.79	2.57	2.41	2.29	2.19	2.11

(c) **계속**

v_2 \ v_1 (분모의 자유도 \ 분자의 자유도)	10	12	15	20	24	30	40	60	120	∞
1	968.6	976.7	984.9	993.1	997.2	1001	1006	1010	1014	1018
2	39.40	39.41	39.43	39.45	39.46	39.46	39.47	39.48	39.49	39.50
3	14.42	14.34	14.25	14.17	14.12	14.08	14.04	13.99	13.95	13.90
4	8.84	8.75	8.66	8.56	8.51	8.46	8.41	8.36	8.31	8.26
5	6.62	6.52	6.43	6.33	6.28	6.23	6.18	6.12	6.07	6.02
6	5.46	5.37	5.27	5.17	5.12	5.07	5.01	4.96	4.90	4.85
7	4.76	4.67	4.57	4.47	4.42	4.36	4.31	4.25	4.20	4.14
8	4.30	4.20	4.10	4.00	3.95	3.89	3.84	3.78	3.73	3.67
9	3.96	3.87	3.77	3.67	3.61	3.56	3.51	3.45	3.39	3.33
10	3.72	3.62	3.52	3.42	3.37	3.31	3.26	3.20	3.14	3.08
11	3.53	3.43	3.33	3.23	3.17	3.12	3.06	3.00	2.94	2.88
12	3.37	3.28	3.18	3.07	3.02	2.96	2.91	2.85	2.79	2.72
13	3.25	3.15	3.05	2.95	2.89	2.84	2.78	2.72	2.66	2.60
14	3.15	3.05	2.95	2.84	2.79	2.73	2.67	2.61	2.55	2.49
15	3.06	2.96	2.86	2.76	2.70	2.64	2.59	2.52	2.46	2.40
16	2.99	2.89	2.79	2.68	2.63	2.57	2.51	2.45	2.38	2.32
17	2.92	2.82	2.72	2.62	2.56	2.50	2.44	2.38	2.32	2.25
18	2.87	2.77	2.67	2.56	2.50	2.44	2.38	2.32	2.26	2.19
19	2.82	2.72	2.62	2.51	2.45	2.39	2.33	2.27	2.20	2.13
20	2.77	2.68	2.57	2.46	2.41	2.35	2.29	2.22	2.16	2.09
21	2.73	2.64	2.53	2.42	2.37	2.31	2.25	2.18	2.11	2.04
22	2.70	2.60	2.50	2.39	2.33	2.27	2.21	2.14	2.08	2.00
23	2.67	2.57	2.47	2.36	2.30	2.24	2.18	2.11	2.04	1.97
24	2.64	2.54	2.44	2.33	2.27	2.21	2.15	2.08	2.01	1.94
25	2.61	2.51	2.41	2.30	2.24	2.18	2.12	2.05	1.98	1.91
26	2.59	2.49	2.39	2.28	2.22	2.16	2.09	2.03	1.95	1.88
27	2.57	2.47	2.36	2.25	2.19	2.13	2.07	2.00	1.93	1.85
28	2.55	2.45	2.34	2.23	2.17	2.11	2.05	1.98	1.91	1.83
29	2.53	2.43	2.32	2.21	2.15	2.09	2.03	1.96	1.89	1.81
30	2.51	2.41	2.31	2.20	2.14	2.07	2.01	1.94	1.87	1.79
40	2.39	2.29	2.18	2.07	2.01	1.94	1.88	1.80	1.72	1.64
60	2.27	2.17	2.06	1.94	1.88	1.82	1.74	1.67	1.58	1.48
120	2.16	2.05	1.94	1.82	1.76	1.69	1.61	1.53	1.43	1.31
∞	2.05	1.94	1.83	1.71	1.64	1.57	1.48	1.39	1.27	1.00

(d) $\alpha = .01$

v_2 \ v_1	분자의 자유도								
분모의 자유도	1	2	3	4	5	6	7	8	9
1	4,052	4,999.5	5,403	5,625	5,764	5,859	5,928	5,982	6,022
2	98.50	99.00	99.17	99.25	99.30	99.33	99.36	99.37	99.39
3	34.12	30.82	29.46	28.71	28.24	27.91	27.67	27.49	27.35
4	21.20	18.00	16.69	15.98	15.52	15.21	14.98	14.80	14.66
5	16.26	13.27	12.06	11.39	10.97	10.67	10.46	10.29	10.16
6	13.75	10.92	9.78	9.15	8.75	8.47	8.26	8.10	7.98
7	12.25	9.55	8.45	7.85	7.46	7.19	6.99	6.84	6.72
8	11.26	8.65	7.59	7.01	6.63	6.37	6.18	6.03	5.91
9	10.56	8.02	6.99	6.42	6.06	5.80	5.61	5.47	5.35
10	10.04	7.56	6.55	5.99	5.64	5.39	5.20	5.06	4.94
11	9.65	7.21	6.22	5.67	5.32	5.07	4.89	4.74	4.63
12	9.33	6.93	5.95	5.41	5.06	4.82	4.64	4.50	4.39
13	9.07	6.70	5.74	5.21	4.86	4.62	4.44	4.30	4.19
14	8.86	6.51	5.56	5.04	4.69	4.46	4.28	4.14	4.03
15	8.68	6.36	5.42	4.89	4.56	4.32	4.14	4.00	3.89
16	8.53	6.23	5.29	4.77	4.44	4.20	4.03	3.89	3.78
17	8.40	6.11	5.18	4.67	4.34	4.10	3.93	3.79	3.68
18	8.29	6.01	5.09	4.58	4.25	4.01	3.84	3.71	3.60
19	8.18	5.93	5.01	4.50	4.17	3.94	3.77	3.63	3.52
20	8.10	5.85	4.94	4.43	4.10	3.87	3.70	3.56	3.46
21	8.02	5.78	4.87	4.37	4.04	3.81	3.64	3.51	3.40
22	7.95	5.72	4.82	4.31	3.99	3.76	3.59	3.45	3.35
23	7.88	5.66	4.76	4.26	3.94	3.71	3.54	3.41	3.30
24	7.82	5.61	4.72	4.22	3.90	3.67	3.50	3.36	3.26
25	7.77	5.57	4.68	4.18	3.85	3.63	3.46	3.32	3.22
26	7.72	5.53	4.64	4.14	3.82	3.59	3.42	3.29	3.18
27	7.68	5.49	4.60	4.11	3.78	3.56	3.39	3.26	3.15
28	7.64	5.45	4.57	4.07	3.75	3.53	3.36	3.23	3.12
29	7.60	5.42	4.54	4.04	3.73	3.50	3.33	3.20	3.09
30	7.56	5.39	4.51	4.02	3.70	3.47	3.30	3.17	3.07
40	7.31	5.18	4.31	3.83	3.51	3.29	3.12	2.99	2.89
60	7.08	4.98	4.13	3.65	3.34	3.12	2.95	2.82	2.72
120	6.85	4.79	3.95	3.48	3.17	2.96	2.79	2.66	2.56
∞	6.63	4.61	3.78	3.32	3.02	2.80	2.64	2.51	2.41

(d) 계속

v_2 \ v_1	분자의 자유도									
분모의 자유도	10	12	15	20	24	30	40	60	120	∞
1	6,056	6,106	6,157	6,209	6,235	6,261	6,287	6,313	6,339	6,366
2	99.40	99.42	99.43	99.45	99.46	99.47	99.47	99.48	99.49	99.50
3	27.23	27.05	26.87	26.69	26.60	26.50	26.41	26.32	26.22	26.13
4	14.55	14.37	14.20	14.02	13.93	13.84	13.75	13.65	13.56	13.46
5	10.05	9.89	9.72	9.55	9.47	9.38	9.29	9.20	9.11	9.02
6	7.87	7.72	7.56	7.40	7.31	7.23	7.14	7.06	6.97	6.88
7	6.62	6.47	6.31	6.16	6.07	5.99	5.91	5.82	5.74	5.65
8	5.81	5.67	5.52	5.36	5.28	5.20	5.12	5.03	4.95	4.86
9	5.26	5.11	4.96	4.81	4.73	4.65	4.57	4.48	4.40	4.31
10	4.85	4.71	4.56	4.41	4.33	4.25	4.17	4.08	4.00	3.91
11	4.54	4.40	4.25	4.10	4.02	3.94	3.86	3.78	3.69	3.60
12	4.30	4.16	4.01	3.86	3.78	3.70	3.62	3.54	3.45	3.36
13	4.10	3.96	3.82	3.66	3.59	3.51	3.43	3.34	3.25	3.17
14	3.94	3.80	3.66	3.51	3.43	3.35	3.27	3.18	3.09	3.00
15	3.80	3.67	3.52	3.37	3.29	3.21	3.13	3.05	2.96	2.87
16	3.69	3.55	3.41	3.26	3.18	3.10	3.02	2.93	2.84	2.75
17	3.59	3.46	3.31	3.16	3.08	3.00	2.92	2.83	2.75	2.65
18	3.51	3.37	3.23	3.08	3.00	2.92	2.84	2.75	2.66	2.57
19	3.43	3.30	3.15	3.00	2.92	2.84	2.76	2.67	2.58	2.49
20	3.37	3.23	3.09	2.94	2.86	2.78	2.69	2.61	2.52	2.42
21	3.31	3.17	3.03	2.88	2.80	2.72	2.64	2.55	2.46	2.36
22	3.26	3.12	2.98	2.83	2.75	2.67	2.58	2.50	2.40	2.31
23	3.21	3.07	2.93	2.78	2.70	2.62	2.54	2.45	2.35	2.26
24	3.17	3.03	2.89	2.74	2.66	2.58	2.49	2.40	2.31	2.21
25	3.13	2.99	2.85	2.70	2.62	2.54	2.45	2.36	2.27	2.17
26	3.09	2.96	2.81	2.66	2.58	2.50	2.42	2.33	2.23	2.13
27	3.06	2.93	2.78	2.63	2.55	2.47	2.38	2.29	2.20	2.10
28	3.03	2.90	2.75	2.60	2.52	2.44	2.35	2.26	2.17	2.06
29	3.00	2.87	2.73	2.57	2.49	2.41	2.33	2.23	2.14	2.03
30	2.98	2.84	2.70	2.55	2.47	2.39	2.30	2.21	2.11	2.01
40	2.80	2.66	2.52	2.37	2.29	2.20	2.11	2.02	1.92	1.80
60	2.63	2.50	2.35	2.20	2.12	2.03	1.94	1.84	1.73	1.60
120	2.47	2.34	2.19	2.03	1.95	1.86	1.76	1.66	1.53	1.38
∞	2.32	2.18	2.04	1.88	1.79	1.70	1.59	1.47	1.32	1.00

[7] Wilconxon 검정을 위한 T의 임계값

N	2α α	.15 .075	.10 .050	.05 .025	.04 .020	.03 .015	.02 .010	.01 .005
4		0						
5		1	0					
6		2	2	0	0			
7		4	3	2	1	0	0	
8		7	5	3	3	2	1	0
9		9	8	5	5	4	3	1
10		12	10	8	7	6	5	3
11		16	13	10	9	8	7	5
12		19	17	13	12	11	9	7
13		24	21	17	16	14	12	9
14		28	25	21	19	18	15	12
15		33	30	25	23	21	19	15
16		39	35	29	28	26	23	19
17		45	41	34	33	30	27	23
18		51	47	40	38	35	32	27
19		58	53	46	43	41	37	32
20		65	60	52	50	47	43	37
21		73	67	58	56	53	49	42
22		81	75	65	63	59	55	48
23		89	83	73	70	66	62	54
24		98	91	81	78	74	69	61
25		108	100	89	86	82	76	68
26		118	110	98	94	90	84	75
27		128	119	107	103	99	92	83
28		138	130	116	112	108	101	91
29		150	140	126	122	117	110	100
30		161	151	137	132	127	120	109
31		173	163	147	143	137	130	118
32		186	175	159	154	148	140	128
33		199	187	170	165	159	151	138
34		212	200	182	177	171	162	148
35		226	213	195	189	182	173	159
40		302	286	264	257	249	238	220
50		487	466	434	425	413	397	373
60		718	690	648	636	620	600	567
70		995	960	907	891	872	846	805
80		1318	1276	1211	1192	1168	1136	1086
90		1688	1638	1560	1537	1509	1471	1410
100		2105	2045	1955	1928	1894	1850	1779

[8] Spearman 순위상관계수표

α는 H_0:ρ_s=0인 단측검정에 해당되므로 양측검정의 경우 2를 곱해야 한다. 역으로, 유의수준을 α로 하는 양측검정은 $\frac{\alpha}{2}$에 해당되는 임계값을 선택하면 된다.

n	α.5	α.025	α.01	α.005
5	.900	–	–	–
6	.829	.886	.943	–
7	.714	.786	.893	–
8	.643	.738	.833	.881
9	.600	.683	.783	.833
10	.564	.648	.745	.794
11	.523	.623	.736	.818
12	.497	.591	.703	.780
13	.475	.566	.673	.745
14	.457	.545	.646	.716
15	.441	.525	.623	.689
16	.425	.507	.601	.666
17	.412	.490	.582	.645
18	.399	.476	.564	.625
19	.388	.462	.549	.608
20	.377	.450	.534	.591
21	.368	.438	.521	.576
22	.359	.428	.508	.562
23	.351	.418	.496	.549
24	.343	.409	.485	.537
25	.336	.400	.475	.526
26	.329	.392	.465	.515
27	.323	.385	.456	.505
28	.317	.377	.448	.496
29	.311	.370	.440	.487
30	.305	.364	.432	.478

[9] Durbin–Watson 검정표

자유도 $\alpha = .05$

	독립변수의 수 k									
	$k=1$		$k=2$		$k=3$		$k=4$		$k=5$	
	d_L	d_U	d_L	d_U	d_L	d_U	d_L	d_U	d_L	d_U
15	1.08	1.36	0.95	1.54	0.82	1.75	0.69	1.97	0.56	2.21
16	1.10	1.37	0.98	1.54	0.86	1.73	0.74	1.93	0.62	2.15
17	1.13	1.38	1.02	1.54	0.90	1.71	0.78	1.90	0.67	2.10
18	1.16	1.39	1.05	1.53	0.93	1.69	0.82	1.87	0.71	2.06
19	1.18	1.40	1.08	1.53	0.97	1.68	0.86	1.85	0.75	2.02
20	1.20	1.41	1.10	1.54	1.00	1.68	0.90	1.83	0.79	1.99
21	1.22	1.42	1.13	1.54	1.03	1.67	0.93	1.81	0.83	1.96
22	1.24	1.43	1.15	1.54	1.05	1.66	0.96	1.80	0.86	1.94
23	1.26	1.44	1.17	1.54	1.08	1.66	0.99	1.79	0.90	1.92
24	1.27	1.45	1.19	1.55	1.10	1.66	1.01	1.78	0.93	1.90
25	1.29	1.45	1.21	1.55	1.12	1.66	1.04	1.77	0.95	1.89
26	1.30	1.46	1.22	1.55	1.14	1.65	1.06	1.76	0.98	1.88
27	1.32	1.47	1.24	1.56	1.16	1.65	1.08	1.76	1.01	1.86
28	1.33	1.48	1.26	1.56	1.18	1.65	1.10	1.75	1.03	1.85
29	1.34	1.48	1.27	1.56	1.20	1.65	1.12	1.74	1.05	1.84
30	1.35	1.49	1.28	1.57	1.21	1.65	1.14	1.74	1.07	1.83
31	1.36	1.50	1.30	1.57	1.23	1.65	1.16	1.74	1.09	1.83
32	1.37	1.50	1.31	1.57	1.24	1.65	1.18	1.73	1.11	1.82
33	1.38	1.51	1.32	1.58	1.26	1.65	1.19	1.73	1.13	1.81
34	1.39	1.51	1.33	1.58	1.27	1.65	1.21	1.73	1.15	1.81
35	1.40	1.52	1.34	1.58	1.28	1.65	1.22	1.73	1.16	1.80
36	1.41	1.52	1.35	1.59	1.29	1.65	1.24	1.73	1.18	1.80
37	1.42	1.53	1.36	1.59	1.31	1.66	1.25	1.74	1.19	1.80
38	1.43	1.54	1.37	1.59	1.32	1.66	1.26	1.74	1.21	1.79
39	1.43	1.54	1.38	1.60	1.33	1.66	1.27	1.74	1.22	1.79
40	1.44	1.54	1.39	1.60	1.34	1.66	1.29	1.72	1.23	1.79
45	1.48	1.57	1.43	1.62	1.38	1.67	1.34	1.72	1.29	1.78
50	1.50	1.59	1.46	1.63	1.42	1.67	1.38	1.72	1.34	1.77
55	1.53	1.60	1.49	1.64	1.45	1.68	1.41	1.72	1.38	1.77
60	1.55	1.62	1.51	1.65	1.48	1.69	1.44	1.73	1.41	1.77
65	1.57	1.63	1.54	1.66	1.50	1.70	1.47	1.73	1.44	1.77
70	1.58	1.64	1.55	1.67	1.52	1.70	1.49	1.74	1.46	1.77
75	1.60	1.65	1.57	1.68	1.54	1.71	1.51	1.74	1.49	1.77
80	1.61	1.66	1.59	1.69	1.56	1.72	1.53	1.74	1.51	1.77
85	1.62	1.67	1.60	1.70	1.57	1.72	1.55	1.75	1.52	1.77
90	1.63	1.68	1.61	1.70	1.59	1.73	1.57	1.75	1.54	1.78
95	1.64	1.69	1.62	1.71	1.60	1.73	1.58	1.75	1.56	1.78
100	1.65	1.69	1.63	1.72	1.61	1.74	1.59	1.76	1.57	1.78

참고문헌

김영석. 1999. 『사회조사 방법론: SPSS WIN 통계분석』. 서울: 나남출판.

김용학. 2011. 『생각, 엮고 허물고 뒤집어라: 경계를 넘나드는 크로스 씽킹』. 파주: 21세기북스.

류근관. 2011. 『통계학』. 제 2판. 파주: 법문사.

박정식, 윤영선, 박래수. 2011. 『현대통계학』. 서울: 다산출판사.

이남영 편. 1993. 『한국의 선거①』. 서울: 나남.

이남영 편. 1998. 『한국의 선거②: 제15대 대통령선거를 중심으로』. 서울: 푸른길.

이종성, 강봉규, 한종철. 1982. 『교육심리 측정·평가』. 서울: 종각출판.

이지문. 2011. "한국 민주주의의 질적 고양을 위한 추첨제 도입방안연구." 연세대학교 대학원 박사학위논문.

이훈영. 2008. 『(이훈영교수의) 연구조사방법론』. 서울: 도서출판 청람.

중앙선거관리위원회 선거관리팀. 2008. 『제 18대 국회의원선거 총람』. 과천: 선거관리위원회.

채서일. 2003. 『사회과학조사방법론』. 제 2판. 서울: 학현사.

최필선, 민인식(역). 2009. 『(경영경제) 통계학』. 서울: McGraw-Hill Korea; David P. Doane, Lori E. Seward. *Essential Statistics In Business And Economics*. (Boston: Irwin/McGraw-Hill, 1998).

Babbie, Earl. 1998. *The Practice of Social Reserach*, 8th ed. CA: Wadsworth.

Bacon, Francis. 2001(1605). *The advancement of learning*. New York: Modern Library.

Bimber, Bruce Allen. 2003. *Information and American democracy: technology in the evolution of political power*. New York: Cambridge University Press.

Brecht, Arnold. 1959. *Political theory: The foundations of twentieth-century political thought*. Princeton, N.J: Princeton University Press.

Campbell, Donald Thomas., Stanley, Julian Cecil. 1963. *Experimental and quasi-experimental designs for research*. Chicago: Rand McNally.

Chalmers, Alan Francis. 1982. *What is this thing called science?: an assessment of the nature and status of science and its methods*, 2nd ed. St. Lucia, Qld.: University of Queensland Press.

Cook, Thomas Dixon., Campbell, Donald Thomas. 1979. *Quasi-experimentation: design & analysis issues for field settings*. Boston: Houghton Mifflin.

Descartes, René. 1912. *A discourse on method*. New York: E. P. Dutton & Co.

Easton, David. 1966. *Varieties of political theory*. Englewood Cliffs, N.J.: Prentice-Hall.

Freedman, David., Pisani, Robert., Purves, Roger. 1978. *Statistics*. New York:W.W.Norton & Co.

Frankfort-Nachmias, Chava., Nachmias, David. 2007. *Research methods in the social sciences*, 7th ed. New York: Worth Publishers.

Fogiel, Max Fogiel, Max(ed.). 1985. *The Statistics Problem Solver*. New York: Research & Education Association.

Homans, George. Casper. 1964. "Contemporary theory in sociology." Robert E. Lee Faris, ed. *Handbook of modern sociology*. Chicago: Rand McNally.

Hume, David. 1911(1739). *A treatise of human nature*. v.1, v.2. New York: E. P. Dutton & co.

Inglehart, Ronald. 1990. *Culture shift in advanced industrial society*. Princeton, N.J: Princeton University Press.

Jin, Youngjae. 1990. "*Why Don't Americans Vote? -- Probit and Logit Analysis*." Master's Thesis. Political Science Northwestern University.

Johnston, Jack, 1987. *Econometric Method*, 3rd ed. New York: McGraw-Hill.

Kidder, Louise H. 1980. *Research Method in Social Relations*, 4th ed. New York: Holt, Rinehart and Winston.

Knoke, David., Bohrnstedt, George W. 2002. *Statistics for social data analysis*, 4th ed. ITASCA, ILL: F.E. Peacock Publishers.

Kuhn, Thomas Samuel. 1996. *The structure of scientific revolutions*. Chicago, IL: University of Chicago Press.

Lakatos, Imre. 1978. *The methodology of scientific research programmes*. Cambridge: Cambridge University Press

Lazarsfeld, Paul Felix., Berelson, Bernard., Gaudet, Hazel. 1948. *The people's choice: how the voter makes up his mind in a presidential campaign*. New York: Columbia Univ. Press.

Merton, Robert King. 1968. *Social theory and social structure*. New York: Free Press.

Oppenheim, Abraham Naftali. 1966. *Questionnaire design, interviewing and attitude measurement*. New York: Continuum International Publishing Group.

Popper, Karl Raimund. 1961. *The poverty of historicism*, 2nd ed. London: Routledge & Kegan Paul.

Popper, Karl Raimund. 1968. *The logic of scientific discovery*, 2nd Harper torchbook ed. New York: Harper & Row.

Wallace, Walter L. 1988. "Toward a Disciplinary Matrix in Sociology."" Neil Joseph Smelser, ed. *Handbook of Sociology*. Newbury Park, CA: Sage. pp.23-76.

Wanderer, Jules J. 1969. "An index of riot severity and some correlates." *American Journal of Sociology*. Vol. 74, No. 5(Mar. 1969).

Weber, Max; translated by Talcott Parsons. 2003. *The Protestant ethic and the spirit of capitalism*. Mineola, New York: Dover Publications.

Wimmer, Roger D., Dominick, Joseph R. 1994. *Mass Media Research: An Introduction*. Belmont. CA: Wadsworth Publishing Company.

Wonnacott, Thomas H., Wonnacott, Ronald J. 1990. *Introductory statistics for business and economics*, 4th ed. New York: Wiley

국문색인

ㅂ

ㅇ

영문색인

[Q]

[R]

[S]

[T]

[U]

[V]

진영재(陳英宰)

경기도 안성 태생으로 연세대학교 정치외교학과를 졸업하고, University of California, Irvine에서 정치학 박사 학위를 받았다. 현재 연세대학교 정치외교학과 교수로 재직하고 있으며, 대통령직 인수위원회 위원, 국회의장 자문위원, 국가정보원 자문위원 등을 역임하였다. Oxford Round Table member와 International IDEA member로도 활동하며, 국내외에서 많은 연구 논문과 단행본을 출판하였다.

사회과학 연구조사 방법론

2011년 9월 5일 초판인쇄
2011년 9월 10일 초판발행

저 자 진 영 재
발행인 안 종 만
발행처 (주) 박영사
서울특별시 종로구 평동 13-31번지
전화 (733)6771 FAX (736)4818
등록 1959. 3. 11. 제300-1959-1호(倫)

www.pakyoungsa.co.kr e-mail: pys@pakyoungsa.co.kr

정 가 29,000원 ISBN 978-89-6454-172-2